O Direito Vivo

Emerson Wendt
Valquiria P. Cirolini Wendt
(organizadores)

O Direito Vivo

Homenagem a Renata Almeida da Costa, PhD

BRASPORT

Rio de Janeiro
2020

Editor: Sergio Martins de Oliveira
Gerente de Produção Editorial: Marina dos Anjos Martins de Oliveira
Editoração Eletrônica: Abreu's System
Capa: Use Design

D598 O direito vivo : homenagem a Renata Almeida da Costa, PhD / Emerson Wendt, Valquiria P. Cirolini Wendt (organizadores).– Rio de Janeiro: Brasport, 2020.
448 p. ; il ; 17 x 24 cm.

Inclui bibliografia.
ISBN 978-65-88431-02-3

1. Direito. 2. Sociologia. I. Wendt, Emerson. II. Wendt, Valquiria P. Cirolini. III. Costa, Renata Almeida da. IV. Título.

CDU 316:34

Catalogação na fonte: Bruna Heller (CRB10/2348)

Índice para catálogo sistemático:
Sociologia 316
Direito 34

BRASPORT Livros e Multimídia Ltda.
Rua Washington Luís, 9, sobreloja – Centro
20230-900 Rio de Janeiro-RJ
Tels. Fax: (21)2568.1415/3497.2162
e-mails: marketing@brasport.com.br
vendas@brasport.com.br
editorial@brasport.com.br
www.brasport.com.br

Prefácio

Germano Schwartz

Criada nas quebradas da Carlos Gomes, em Passo Fundo, como gosta de lembrar Ricardo Tonial, amigo de infância, a professora Renata Almeida da Costa seguiu um caminho acadêmico que, na minha opinião, com essa homenagem, encontra seu ápice na academia. É uma trilha em que se percebem suas raízes e por meio da qual se notam, claramente, suas asas.

A professora Renata é filha de um casal em que a liderança é algo natural e herdada tanto por meio de Maria Helena, sua mãe, quanto por seu pai, Evandir. Saídos, ambos, da cidade de Rio Grande, ganharam o Rio Grande em suas respectivas profissões. Ele, gerente de banco; ela, por seu turno, professora de Letras, diretora e coordenadora em quase todas as escolas por onde passou. Os dois encontraram em Passo Fundo o local para terem sua filha e residirem.

Faço essa digressão para ressaltar três aspectos da vida da professora Renata. Um deles, talvez desconhecido pela maioria de seus leitores, é o fato de que seu primeiro emprego foi no sistema bancário (Bradesco). Aduza-se o invejável domínio da língua portuguesa na oralidade e na escrita. O último aspecto é a liderança aliada à capacidade de mobilizar seus alunos. Tudo isso passa, também, inegavelmente, por duas pessoas que são sua maior influência na vida: Evandir e Maria Helena. E a Renata é – e sempre foi – o maior orgulho de ambos.

"Renatinha", apelido carinhoso dado a ela somente para aqueles que a conheceram nessa época (Dinda Dulce, Ivanete, Tia Celi, amigos da Carlos Gomes, entre outros), fez o vestibular em Direito na Universidade de Passo Fundo e na Federal de Rio Grande. Passou, com sobras, em ambos. Optou por realizar sua graduação em sua cidade natal.

No curso de Direito da Universidade de Passo Fundo a professora Renata, desde cedo, apaixonou-se pelas ciências criminais e uma de suas primeiras incursões no campo foi participar de um grupo de estudos existente na comarca de Passo Fundo, liderado por dois magistrados locais (Eugênio Fachini e Luís Aires). Direito Alternativo.

Desde aquela época (segunda metade da década de noventa do século passado), portanto, Amilton Bueno de Carvalho passou a ser um dos referenciais teóricos da então estudante de graduação, que, aliás, sempre quis ser pesquisadora. A vontade de viver da pesquisa jurídica era rara naquela cidade, ainda mais na área que ela escolheu.

O Desembargador Amilton Bueno de Carvalho é figura central nessa caminhada, como se verá depois, pois Renata não descansaria enquanto não trabalhasse com ele. Qual a razão? Aprender. Renata aprende com quem admira. A admiração sempre se dá no plano intelectual e faz com que, até hoje, ela estranhe, por demais, a idolatria a jogadores de futebol, por exemplo.

E, veja-se, o texto que abre a presente homenagem é do ABC (Amilton Bueno de Carvalho) em sua fase nietzschiana (um autor de preferência da homenageada). Amilton, logo no início de seu artigo, diz: "Para Renata, com carinho". Os dois, Renata e ABC, sabem que as relações em uma verdadeira academia são de conhecimento e de respeito mútuo. Se Renata, junto com Salo e outros, organizou um livro em homenagem ao ABC, agora é a vez de Amilton escrever para Renata. Renatinha, por certo, nunca esperou isso, pois aprendeu de seu pai – e levou isso para a vida – que se faz o bem sem querer retorno. Contudo, Renata, o bem atrai o bem.

Graduada no ano de 1998, a professora Renata logrou aprovação no Exame de Ordem de modo imediato e mudou-se para Porto Alegre com um único intuito: aprimorar seus conhecimentos na área das ciências criminais. Na capital dos gaúchos cursou a Especialização em Ciências Criminais da Universidade Federal do Rio Grande do Sul. De há muito que ela esperava ter aula com um importante autor da área. Naquele dia, entretanto, o docente precisou ser substituído por um jovem pesquisador: Salo de Carvalho. Imagino que a Renata tenha sido uma das primeiras alunas do Salo, o mesmo Salo que, também nascido em Passo Fundo, em 2002, prefaciaria o primeiro livro da homenageada.

A trajetória da Professora Renata é marcada por essa aula involuntária. Ela e Salo, entre concordâncias e discordâncias, firmaram uma parceria intelectual que dura mais de vinte anos. Talvez ambos não tenham percebido o tamanho do tempo em que travam discussões. Salo foi professor da Renata na época mais feliz da vida dela, isto é, quando cursou o Mestrado em Ciências Criminais da Pontifícia Universidade Católica do Rio Grande do Sul (2000-2002). Hoje Salo é colega da homenageada no PPGD em Direito da Universidade La Salle. E seguem discutindo...

Sei que Salo não titubeou em escrever o texto que faz parte dessa coletânea. O mais interessante é que o texto veio com outro grande presente. A presença de Mariane, uma grande interlocutora de Salo e Renata nas questões da intersecção entre a criminologia e o feminismo. Como sou suspeito para falar de Salo e Mariane, deixo que os leitores percebam a qualidade do que ambos pesquisam e escrevem.

No ano de 2000 a homenageada, com Salo na banca, ingressa no Mestrado em Ciências Criminais da PUCRS. Como já referi anteriormente, trata-se da fase em que a professora Renata mais aproveitou em termos de conhecimento. Desde ali, a partir de seus professores, ela se inspira em alguns autores. Talvez Ferrajoli seja sua maior influência.

Eu estava ao lado da Renata quando Sandra Martini oportunizou, em uma tarde de um calor romano insuportável, que a homenageada conhecesse o autor que tanto admirava. Nesse dia, e eu a entendo, eu vi pela primeira vez a já professora e autora travar e preferir não seguir com a proposta. O episódio está narrado no texto que Sandra produziu para a obra.

Imagine, então, abrir um livro em sua homenagem – o que já é algo grande por si só – e lá dentro encontrar um texto inédito de seu marco teórico? Luigi Ferrajoli fez isso e, com a tradução de Sandra, podemos conhecer seu pensamento contemporâneo. Assim como Evandir fazia, contando a todos os seus amigos as conquistas de Renatinha, tenho certeza de que Valentina crescerá ouvindo o dia em que a mamãe foi homenageada pelo Ferrajoli.

Outra das autoras que a professora Renata sempre admirou é Vera Regina Pereira de Andrade, pessoa que, somente tempos depois, no *Sociology of Law* da Universidade La Salle de 2018, a homenageada veio a conhecer. E, posso dar o testemunho, tratou-se de uma conversa há muito esperada. Quando a professora Vera também se une à homenagem, ainda mais abordando a questão da necessária observação criminológica a partir da brasilidade, tenho certeza de que há, aqui, um ciclo que se renova de modo intermitente.

Ainda no ano de 2000, mais precisamente no segundo semestre, a professora Renata recebe o convite para lecionar na Faculdade de Direito da Universidade de Passo Fundo, lá permanecendo até o ano de 2007. O mais interessante, típico de seu caráter obstinado, é o modo pelo qual a homenageada aceita a proposta. Como todos os docentes que iniciam em carreira, várias disciplinas foram ofertadas, algumas, claro, estranhas à sua área. Ela diz não e (re)afirma que somente lecionaria na área de ciências criminais, mesmo que isso significasse deixar de ser contratada.

A Universidade de Passo Fundo (UPF) forjou a pesquisadora e a docente Renata Almeida da Costa, fazendo nela aflorar, além da intrínseca condição de escritora, duas virtudes raras: (a) a capacidade de influenciar, de orientar e de (re)descobrir pesquisadores na área de ciências criminais; e (b) a qualidade de conseguir organizar eventos e cursos de relevância na área.

Já no ano de 2001, a professora Renata abre um grupo de pesquisa na área de ciências criminais na UPF e tem vários – vários mesmos – alunos e alunas, que, durante aqueles anos, criaram o gosto pelo estudo dessa área por influência da homenageada. Para destacar apenas dois entre tantos: Alexandre Matzenbacher e Isabel Fauth. Esta última compunha o grupo das "Renatetes", apelido dado por alguns discentes às pesquisadoras da professora Renata. A Isabel, quase vinte anos depois, já delegada de polícia em Santa Catarina e mestre em Direito (Universidade La Salle), aborda, em seu texto, um dos temas daquele grupo de estudos: a cultura do medo. O artigo, conhecendo a Renata, somente por essas razões, não é menos importante que os demais.

Foi na Universidade de Passo Fundo, enquanto coordenador geral dos Cursos de Direito, que vi a prova latente do profissionalismo da professora Renata. Ela coordenava, entre os anos de 2002 e 2003, o curso de especialização em Ciências Criminais da Universidade de Passo Fundo, por ela proposto e idealizado. Era um sábado pela manhã. O ano era o de 2003. Seu pai, Evandir, depois de muita luta e de muita bravura de toda a família, cedeu ao famigerado câncer. Ela estava lecionando na especialização mencionada. Coube a mim dar o recado. Ela ouviu. Pediu para dar a aula até o intervalo. E assim o fez. Somente depois se dirigiu a Porto Alegre (300 quilômetros de distância), local em que seu pai falecera acompanhado de sua amada Maria Helena. Como e de que maneira ela conduziu aqueles minutos de aula é algo que me pergunto até hoje. Alguns de seus alunos à época comentam o episódio comigo cada vez que me encontram. Lecionar é a experiência máxima para a Renata e a sala de aula é um local "sagrado". Acabar aquele encontro talvez tenha sido a forma de homenagear seu querido pai, seu grande amigo.

Já em 2004, junto com seu amigo Luiz Fernando Pereira Neto, a professora Renata organizou o Encontro Gaúcho de Ciências Criminais, pensado para ser um local de congregação das mais variadas tendências das ciências criminais. O evento foi grandioso desde o início e, até hoje, é realizado na Universidade de Passo Fundo. Por meio do evento, por exemplo, o professor Jacinto Coutinho, autor de um texto da presente obra, estreitou ainda mais sua cumplicidade intelectual com a homenageada. Ademais, diga-se, a cidade de Passo Fundo passou a se tornar, inclusive porque dois livros foram publicados a partir do evento, um local onde todos os pesquisadores da área têm como referência nas ciências criminais.

Também na Universidade de Passo Fundo, como membro da banca de seleção de novos professores, Renata conheceu o jovem docente Augusto Jobim, agora professor do PPGD em Ciências Criminais da PUCRS. Com sua verve de pesquisador nato, Guto tornou-se, ao longo do tempo, um interlocutor da homenageada.

No ano de 2006 chegou o momento de a homenageada fazer seus estudos de doutoramento na Universidade do Vale do Rio dos Sinos, concluído no ano de 2010 com um período de estágio-sanduíche na *University of Reading*, na Inglaterra, sob orientação de Michael King.

Entremeios, com sua alma inquieta, Renata, professora estabelecida e pesquisadora de renome, toma uma decisão radical. Mudar-se para Porto Alegre? A razão? Queria aprender as ciências criminais a partir de um local inovador: a Quinta Câmara Criminal do Tribunal de Justiça do Rio Grande do Sul.

É nesse momento, no ano de 2008, como advertido anteriormente, que os caminhos do ABC e da Professora Renata voltam a se cruzar. Lá, trabalhando no gabinete do "Des", ela firmou duas grandes amizades: Henrique e Rafael. Ambos, ainda, ensinaram por demais a ela. Agora defensores públicos no estado do Rio Grande do Sul, os "gurizes" não se furtaram em participar da coletânea.

Também da época do Tribunal de Justiça, o Desembargador Diógenes Ribeiro, da mesma Quinta Câmara, agora colega no PPGD da Universidade La Salle, produziu, junto com o aluno de mestrado da professora Renata, Douglas Ribeiro, um artigo que demonstra o respeito e a admiração entre ambos.

Não se esqueça de que a professora Renata jamais abandonou a docência, exercida durante os anos de 2008 a 2015, de modo intercalado, em Porto Alegre, na FADERGS e na UniRitter. Nesta última instituição, a homenageada conheceu Dani Rudnicki, hoje colega no PPGD da Universidade La Salle, e ele, com Rodrigo, escreveu um texto inovador sobre o papel dos indígenas, rotulados como inimigos, na ditadura militar brasileira.

Desde o ano de 2012, a professora Renata se dedicou a um grande projeto da Universidade La Salle: constituir um PPGD em Sociologia do Direito. Um sonho construído a várias mãos. Na minha opinião, a La Salle encontrou a melhor versão da profissional, uma vez que já se encontrava formada nos vários âmbitos referidos. Uma pesquisadora pronta e uma docente de mão cheia. Não é por acaso que desde o ano de 2018 ela se tornou coordenadora do PPGD, e, durante sua gestão, aprovou o Doutorado em Direito e Sociedade, único no país.

Na Universidade La Salle a homenageada tem como colega o Dr. Leonel Ohlweiler, que, com sua grandeza, veio a se juntar ao texto final. A admiração intelectual e, no plano pessoal, que Renata nutre pelo colega vai além das linhas acadêmicas. Seu texto transborda essa reciprocidade. E é também naquela IES que Daniel Achutti e Raffaella Pallamolla desenvolvem inovadoras pesquisas sobre a justiça restaurativa no âmbito criminal. Os dois se fazem presentes com um texto para a felicidade da Renata.

Preciso dizer, todavia, que o maior prazer da Renata enquanto docente é orientar. Trata-se daquelas orientadoras exigentes e que quase levam o(a) orientando(a) à exaustão. Quase sempre esses orientandos(a)s tornam-se seus amigos e essa amizade extrapola o âmbito acadêmico, caso dos organizadores. Emerson e Valquíria, além de alunos do PPGD da Universidade La Salle, foram/são orientandos de Renata. Nada define melhor esse aspecto da homenageada do que a frase de Sandra em seu texto: "uma leoa protegendo seus alunos". Parafraseando Diógenes em uma paragem de Oñati: "só eu posso brigar com eles". Tenho certeza de que Emerson e Valquíria sabem do que estou falando, e, mais certeza ainda, tem a Renata na defesa dos trabalhos dos seus orientandos. Basta ver o texto dos dois orientandos citados, o de Valquíria em conjunto com Josiane Becker, para se entender o porquê.

Não é novidade para mim, portanto, que vários dos orientandos(a)s e/ou alunos(as) da professora Renata tenham participado da obra: é o caso da Laís, do Norberto, do Mário, do Cláudio, da Karen e da Tamires. Todos, sem exceção, demonstram o estado da arte atingido pela professora Renata em termos de orientação. São artigos profundos e conectados com a sociedade, o que, particularmente, considero deveras importante.

No ano de 2015, a professora Renata realizou seu pós-doutorado no respeitável Instituto Internacional de Sociologia Jurídica de Oñati, o local que ela diz ser seu cantinho no mundo. O IISJ é o braço acadêmico do *Research Committee on Sociology of Law* (RCSL), a mais importante agremiação de sociólogos do Direito. Sua presidente, a primeira mulher da história do RCSL, a alemã Ulrike Schultz, esteve, em 2019, em Recife, quando Renata se tornou a primeira mulher presidente da história da Associação Brasileira de Pesquisadores de Sociologia do Direito (ABRASD). A professora Ulrike fez questão de participar da obra e seu texto é um presente tanto para Renata quanto para os leitores.

Em seus vinte anos de atividades docentes, como se pôde ver, tem-se que a presente obra configura-se como um espelho de uma vida bem vivida e de uma vocação natural de uma pessoa ímpar e singular. Alguém que inspira e que certamente não passa despercebida.

Por todas essas razões é que eu e, há seis anos, Valentina, sentimo-nos extremamente alegres e felizes por testemunhar a trilha acadêmica percorrida por Renata. Fomos/somos expectadores privilegiados de compartilhar a vida com alguém que nunca deixou de ser quem de fato é (algo raríssimo na academia) e temos/tivemos a sorte de tê-la ao nosso lado em todos os momentos felizes e tristes de nossa tripla jornada nessas duas décadas.

Sorte minha, sorte da Valentina e sorte de seus alunos/pesquisadores/amigos.

Pra você guardei o amor que nunca soube dar
O amor que tive e vi sem me deixar
Sentir sem conseguir provar
Sem entregar
E repartir

Pra você guardei o amor
Que sempre quis mostrar
O amor que vive em mim vem visitar
Sorrir, vem colorir solar
Vem esquentar
E permitir

....

Guardei
Sem ter por que
Nem por razão
Ou coisa outra qualquer
Além de não saber como fazer
Pra ter um jeito meu de me mostrar

Achei
Vendo em você
E explicação nenhuma isso requer
Se o coração bater forte e arder
No fogo o gelo vai queimar

(Nando Reis)

Germano Schwartz
Porto Alegre, RS, durante o abril da pandemia da COVID-19.

O (E)FEITO "RAC" SOBRE A SOCIOLOGIA DO DIREITO NO BRASIL

Apresentação por Emerson Wendt

Robert King Merton em seus estudos de sociologia da ciência chamou de "o efeito Mateus" os "padrões de má alocação do reconhecimento do trabalho científico" (MERTON, 2013, p. 204), quando os pesquisadores mais proeminentes "obtêm créditos desproporcionalmente grandes por suas contribuições", ao passo que outros pesquisadores "relativamente desconhecidos tendem a obter créditos desproporcionalmente pequenos por suas contribuições ocasionalmente comparáveis" (MERTON, 2013, p. 203) e, mesmo nas publicações conjuntas, o destaque, o maior crédito, é para o pesquisador/cientista mais conhecido[1].

Pensamos nesse aspecto quando decidimos homenagear Renata Almeida da Costa (RAC) – a orientadora, a advogada, a Pós-doutora em Direito, a esposa, a professora, a mãe (a ordem está aleatória propositalmente) –, nesta obra, visando a estabelecer o correto e justo reconhecimento de sua contribuição ao Direito e, mais especificamente, à Sociologia do Direito no Brasil e, quiçá, no mundo. Não é à toa que suas pesquisas têm se debruçado nas transformações da sociedade e o quanto isso "afeta" o Direito e o quanto este impõe sua ordem, seu sistema, àquela, de maneira indiscriminada e sem considerar as diferenças culturais, econômicas e sociais, produzindo, portanto, uma igualdade e liberdade que são formais, porém, não percebidas materialmente, pelas pessoas, grupos, comunidades, tribos e nações, especialmente pelos menos favorecidos economicamente. Portanto, a atenção ao "direito vivo", aquele advindo do seio da sociedade, merece ser observado, precisa ser pesquisado e compreendido.

---

[1] O termo "O efeito Mateus" deriva do primeiro livro do Novo Testamento, o Evangelho segundo Mateus (13:12 e 25:29): "para todo aquele que tem, mais será dado e ele terá abundância; mas daquele que não tem, será tirado inclusive o que não tem".

Outro fator motriz agregado à personalidade de RAC, especialmente no contexto acadêmico, é seu apelo e conteúdo crítico, sempre voltado aos questionamentos, não só de posicionamentos dogmáticos, mas de sua interação com o mundo social, ou seja, de como a sociedade percebe tal norma, tal regra, e como isso se interconecta e/ou desconecta os sistemas entre si, Sociedade e Direito, mas também interage com outros sistemas, o Econômico, o Político, a Moral etc. Compreender então, através da pesquisa empírica, especialmente a pesquisa de campo, a sociedade é uma das principais tarefas e desejos de RAC, uma ferrenha pesquisadora da Sociologia do Direito, especialmente do campo penal.

Conhecemo-nos academicamente e pessoalmente em 2014 e, embora a primeira impressão – em razão do histórico e profissões envolvidas – não pudesse ter sido a melhor – ambos sabemos do que estou dizendo –, muros e portas foram abertos e prevaleceram os debates, em alto nível, no ensino e na aprendizagem do Direito e da Sociologia. Foi minha orientadora no Mestrado e com ela aprendi muito. Fez o prefácio da obra "Internet & Direito Penal", resultante da dissertação do Mestrado em Direito e Sociedade da Universidade La Salle – Canoas – RS, onde é, atualmente, a Coordenadora do Programa de Pós-Graduação em Direito, Mestrado e Doutorado em Direito e Sociedade, o único do país com o viés da Sociologia do Direito. Também é minha orientadora no Doutorado do mesmo programa. Aliás, o Doutorado em Direito da Unilasalle só foi possível em razão do empenho e da dedicação de RAC. E seguimos sempre, discutindo e amadurecendo as concepções necessárias à formação do conhecimento crítico e atual, fugindo das mesmices e do puro dogmatismo jurídico, tão comum em nossas universidades.

Daí surgiu a amizade com ela e com Germano. Aliás, quando referi a ideia ao Germano, a surpresa e alegria foram enormes. Ajudou-me na indicação dos integrantes da homenagem, "os que não poderiam faltar", ao que agradeço muito. Como não poderia ser diferente, Germano foi convidado a escrever o Prefácio. Convidei Valquiria, minha parceira de vida, profissão e estudos, também orientanda de RAC, a organizar comigo o livro e, com alegria, aceitou o encargo com satisfação. Sim, satisfação por poder homenagear RAC com uma obra à altura da sua importância e do seu tempo.

Certamente, não será a primeira homenagem em livros que receberá, pois ainda contribuirá muito para a Sociologia do Direito no Brasil, na América Latina e no mundo. Ao ser eleita a primeira mulher Presidente da Associação Brasileira de Pesquisadores em Sociologia do Direito – ABRASD[2], fundada em 2010, Renata Almeida da Costa

---

2 Site da ABRASD: <https://www.abrasd.com.br/>.

inscreve seu nome na história da Sociologia do Direito brasileira, não só como pesquisadora, mas também como líder e gestora.

Ao organizar, a partir de 2015, as várias edições do *Sociology of Law*, promovidas em Canoas pela Universidade La Salle, inscreveu a cidade e a Universidade como um polo de debate sobre o Direito e a Sociedade e os movimentos que lhe são constantes e correlatos. As produções acadêmicas daí resultantes serão lembradas e citadas historicamente, bem como as participações dos mais importantes sociólogos e filósofos mundiais, como André-Jean Arnaud, Casemiro Ferreira, Boaventura de Souza Santos, François Ost, Michel Maffesoli, dentre outros. É, no dizer de Luigi Ferrajoli, a necessária interlocução entre o direito vigente e o direito vivente! Aliás, é mais que isso, é "o Direito vivo"!

Concluo essa apresentação com a satisfação pessoal e acadêmica de poder conduzir esse projeto ao lado de Valquiria, tendo certeza de que "o efeito Mateus" aplicar-se-á à Prof.ª Drª Renata Almeida da Costa tão-somente como pesquisadora protagonista!

Canoas, maio de 2020, em plena ascensão dos casos de COVID-19 no Brasil.

Emerson Wendt

Referências

MERTON, Robert King. **Ensaios de sociologia da ciência.** Organização e posfácio de Anne Marcovich e Terry Shinn. São Paulo: 34, 2013.

Para além da pesquisa empírica no Direito

Apresentação por Valquiria P. Cirolini Wendt

Quando o Emerson me falou sobre a ideia de organizar um livro em homenagem à Renata Almeida da Costa, nossa "eterna" orientadora, no mês de novembro de 2019, logo fiquei muito feliz e dei todo o apoio para o projeto, como não poderia ser diferente.

Conheci a Prof.ª Renata no ano de 2014, por intermédio do Emerson, seu orientando, na 1ª Turma do Mestrado em Direito e Sociedade da La Salle Canoas, e desde a nossa primeira conversa sempre fui incentivada por ela a investir na atividade acadêmica, na pesquisa científica, a fazer mestrado e, assim, tudo começou!

Ainda em 2014 (segundo semestre) fui aprovada na seleção para a 2ª Turma do Mestrado em Direito e Sociedade da La Salle Canoas e, em razão do tema de meu projeto de pesquisa, fui orientanda da Prof.ª Renata. A partir deste momento a admiração pela pessoa, pela profissional e pela pesquisadora só fez aumentar.

Por todo o conhecimento adquirido no período do mestrado, em especial a pesquisa desenvolvida (pesquisa de campo com coleta e análise de casos de homicídios de vítimas LGBT em Porto Alegre e o estudo sobre a necessidade de um incremento penal, com a criminalização da homofobia) e o estágio docente que fiz sob orientação da Prof.ª Renata, fui desenvolvendo a paixão pela docência, assim como também pela pesquisa empírica. Atualmente, como professora da disciplina de Metodologia da Pesquisa Científica na Pós-Graduação da Gestão da Investigação Criminal e do Curso de Formação de Delegados de Polícia, ambos na Academia da Polícia Civil do Rio Grande do Sul, sou uma incentivadora da pesquisa de campo, por entender a importância e o grande diferencial das pesquisas realizadas a partir de dados coletados e analisados empiricamente.

Para quem conhece Renata Almeida da Costa, sabe que não há desafio que ela não encare! No ano de 2015 foi convidada a falar sobre a "descriminalização das drogas" em um evento na Academia de Polícia do Rio Grande do Sul, organizado pelo Departamento Estadual de Investigações do Narcotráfico – DENARC, para um público basicamente composto por policiais civis. Foi um sucesso e, depois desse dia, foi convidada a participar de diversos outros eventos organizados pela Polícia Civil e para os policiais gaúchos. No ano de 2018 recebeu o título de Professora emérita da Academia de Polícia do Rio Grande do Sul.

Esse reconhecimento se refletiu no interesse dos policiais pela academia e pela pesquisa, fato verificado a partir da observação de que em todas as edições de seleção do Mestrado em Direito – e agora Doutorado da Unilasalle/Canoas –, onde a homenageada é a atual Coordenadora, há alunos policiais civis gaúchos.

Perdoe-me por esse relato pessoal sobre a minha história acadêmica, mas não poderia deixar de fazê-lo na apresentação desta obra de homenagem à Renata Almeida de Costa, pois é uma forma de demonstrar o quanto pode fazer a diferença na vida e no futuro de um(a) aluno(a) a possibilidade de ser guiado por uma pessoa (docente, orientadora, pesquisadora, autora, amiga...) como ela foi para mim e como outros personagens desta obra também o foram e continuam sendo para ela.

Assim, agradeço ao Emerson Wendt (meu esposo) por poder fazer parte deste projeto e deixo aqui a minha homenagem a quem me guiou no caminho do mestrado, me tornou pesquisadora, autora e docente! Minha amiga e minha eterna orientadora Renata Almeida de Costa.

Canoas, em maio de 2020.

Valquiria P. Cirolini Wendt

Sumário

O QUE NIETZSCHE E MAIAKOVSKI DIRIAM A UM JUIZ DE GOIÂNIA SOBRE "CONDUTA SOCIAL"?

Amilton Bueno de Carvalho[1]

Para Renata, com carinho.

> "Com relação à CONDUTA SOCIAL, verifico ser desfavorável ao réu, tendo em vista que afirmou em juízo... possuir vícios com drogas (crack), ser músico e viver na época dos fatos em função da droga, conduta que obviamente representa fator de desagregação e é repudiada socialmente, motivo pelo qual **reputo esta circunstância como negativa**".

Início

Primeiro: a citação anterior foi extraída da sentença prolatada no processo nº 201203626112, datada de 21 de agosto de 2017, da comarca da capital do Estado de Goiás. Ali o acusado foi denunciado por crime de furto qualificado, modalidade tentada. O fato ocorrera em 06 de outubro de 2012 e o aumento da pena pela dita "conduta social" foi de seis meses, restando finalizada em dois anos de reclusão, em regime semiaberto (reincidente).

Como olho o direito (e, por consequência, penal) fora do usual predominante, recebo, com alguma frequência, sentenças que chamam atenção pelo inusitado. Mais direto e

---

[1] Ex-Desembargador do Tribunal de Justiça do RGS. Doutor Honoris Causa pela Faculdade de Ciências Sociais de Florianópolis (CESUSC). Doutor Honoris Causa pela Faculdade Direito de Cachoeiro do Itapemirim. Membro do Instituto dos Advogados do Rio Grande do Sul, da Associação dos Juízes para a Democracia e do Conselho Científico do Instituto Latinoamericano de Altos Estudos – Colômbia. Professor Visitante em cursos de pós-graduação em Direito Penal e Processo Penal. Autor e coautor de diversos livros, entre eles: "Direito Penal a Marteladas – algo sobre Nietzsche e o Direito"; "Eles, os Juízes Criminais, Vistos por Nós, o Juízes Criminais"; "Magistratura e Direito Alternativo" e "Garantismo Penal Aplicado". Palestrante em nível nacional e internacional.

agressivo: meu olhar é "marginal" – aquele que está em conflito com o emergente do senso comum que impera no meio jurídico-penal. E a expressão é marginal mesmo: não estar "dentro", não comungar com o que vinga – a repetição punitivista que aí está!

Assim foi que recebi a sentença cuja análise da conduta social será objeto do presente artigo – veio de jurista insatisfeito com a maldade irracional que, sob aplausos do rebanho, passeia pelos foros do país; dos poucos que ousam resistir ao poder que, para Ferrajoli, tende ao abuso, mas que, para mim, é sempre abusivo. Ou seja, dos raros a quem **Nietzsche** louva:

> A tais homens, 'que me importam de algum modo', eu desejo sofrimentos, abandono, doença, abuso, desonra – desejo que o mais profundo desprezo de si, o martírio da desconfiança em relação a si, a miséria do superado não permaneçam desconhecidos para eles: não tenho nenhuma compaixão por eles, porque lhes desejo a única coisa que pode demonstrar hoje se alguém possui VALOR ou não – QUE ELE RESISTA [...] (**Fragmentos Póstumos**, 1885-1887, 10(103)).

Segundo: deixo claro, absurdamente claro mesmo para aqueles que odeiam clareza, que o presente trabalho não tem nada, absolutamente nada, de pessoal (nem sequer conheço o magistrado que prolatou o ato sentencial ora objeto de análise): tudo está no campo de ideias que divergem absurdamente – mas que, sob a ótica da maioria, o entendimento correto é o do magistrado sentenciante.

E o faço porque tenho interesse acadêmico pela matéria em pauta – décadas tenho produzido livros e textos na busca de entender o que "se passa pelas cabeças dos juízes" ao sentenciar (bem possível, alguém dirá, que tudo está em querer entender o que passou "pela minha cabeça", porque fui magistrado por mais de trinta anos). Objeto de estudo, portanto.

De outro lado, está-se frente a processo de natureza pública (aqui talvez a vital condição da democracia: a publicidade dos atos do poder). E, em assim sendo, toda a humanidade tem interesse na fundamentação das sentenças penais condenatórias: todo humano tem direito de saber por que razões outro humano vai ser dirigido a masmorras por ordem de outro humano.

Cuida-se da vida de alguém que caminha para ser destruído por ato de agente do Estado: temos o dever de saber se está ocorrendo ou não alguma injustiça – não é apenas uma pessoa que vai para o presídio: é a vida que para lá vai. E se vida é "continuum", no olhar nietzschiano, toda a história da humanidade fica abalada pelo ato condenatório, toda a humanidade sofre: o futuro carregará a construção da vida de um humano no local onde vive a des-vida (cárcere).

Nietzsche:

> "O tornar-se arrasta atrás de si o haver sido" (**Aurora**, af. 49).
>
> O futuro é tanto uma condição do presente quanto o é o passado. "O que terá de ser e deverá ser é o fundamento daquilo que é" (**Fragmentos Póstumos**, n. 241, novembro de 1882 a fevereiro de 1883).
>
> Supondo que digamos sim em um único instante, então não dissemos sim apenas para nós mesmos, mas também para toda a existência. Pois não se acha nada por si, nem em nós mesmos nem nas coisas: e se apenas uma única vez nossa alma tiver tremido e entoado uma corda de alegria, então foram necessárias todas as eternidades para condicionar esse acontecimento uno – e toda a eternidade foi bem-vinda, redimida, justificada e afirmada nesse único instante de nosso dizer sim. (**Fragmentos Póstumos**, 7 (38), 1885-1887).
>
> [...] uma condenação do curso conjunto das coisas. Pois nele não há nada isolado: o que há de mais ínfimo carrega o todo; sobre a tua pequena injustiça se assenta toda a construção do futuro: o todo é concomitantemente condenado em cada crítica, que toque no que há de menor. (**Fragmentos Póstumos**, 7 (62), p. 264).

Heidegger:

> Mas como tudo isso pode acontecer se de qualquer modo todas as coisas correm apenas umas atrás das outras, tal como o tempo bem o mostra: o tempo junto ao qual o ainda-não-agora se torna agora e junto ao qual o agora também já é um não-mais-agora e isso no constante assim-por-diante? (**Nietzsche**, I-241, Forense Universitária, 2010).

Aliás, é o ato sentencial penal o momento vital em que o juiz sela compromisso com a vida: no sentido de seu declínio ou no de sua elevação! E, no caso em debate, são seis meses em cárcere que podem custar a destruição da vida – **Nietzsche** ensina que a função da filosofia é elevar a vida: e cadeia é não-vida!

Como se viu na chamada do presente trabalho, o acusado teve sua conduta social reputada negativa por (a) "possuir vícios com drogas", (b) "ser músico" e (c) "viver na época dos fatos em função da droga".

A palavra do acusado foi tomada pelo juiz como valor absoluto – aliás, confesso. Ele conta que morava na rua porque perdera a esposa pelo uso de droga. Praticou o crime para conseguir dinheiro para suportar a dependência. No momento do interrogatório já estava há três anos sem uso de droga.

A conduta social, resquício do moralismo medieval, ainda teima estar no nosso sistema – e é levada em conta no momento da sentença penal. **Cezar Roberto Bitencourt,** no seu **Tratado de Direito Penal**, parte geral 1, p. 703, 10ª edição, Forense, diz que aí "deve-se analisar o conjunto do comportamento do agente em seu meio social, na família, na sociedade, na empresa, na associação de bairro etc.". **Juarez Cirino dos Santos**, na **Teoria da Pena**, edição 2005, Lumen Juris, 112-113, ensina: "o conceito de **conduta social,** como conjunto de comportamentos relevantes e/ou significativos da vida do autor". E acrescenta que, para a jurisprudência, é vista como "o significado de comportamento do autor nos papéis de pai/mãe, marido/esposa, filho, aluno, membro da comunidade, profissional, cidadão etc.". **Salo de Carvalho**, no nosso "**Aplicação da Pena e Garantismo**", pela Lumen Juris, também agita o tema.

O que se vê do sistema legalizado é o encampar – e, por consequência, fazer gerar efeitos perversos no momento sublime da aplicação da pena – a vida do cidadão: o que ele faz de "bom" ou de "ruim", segundo a visão dos "bons" – moralismo espetacular: algo como prêmio para a criança tida como bem comportada. Ou seja: algo fora da acusação que se lhe imputa – o Estado não tem o direito de penalizar (aumentar a pena é, por óbvio, penalizar ainda mais) pelo mero comportamento não criminal da pessoa.

Ao direito penal não interessa (principalmente para prejudicar) se o agente é ou não bom pai, marido, empregado, cidadão – outros campos do direito são apropriados ao debate desses temas. Tal circunstância é própria para fazer valer o direito penal do autor, tanto a gosto dos perseguidores de plantão.

Na diretiva que defendo, há jurisprudência de vanguarda – antiga, é verdade – do Tribunal de Justiça Gaúcho que teve por inconstitucional referida circunstância quando prejudica o cidadão:

> PENA. DOSIMETRIA. CIRCUNSTÂNCIAS JUDICIAIS DA PERSONALIDADE E CONDUTA SOCIAL. IMPOSSIBILIDADE DE AGRAVAR A PUNIÇÃO. As circunstâncias judiciais da conduta social e personalidade, previstas no art. 59 do CP, só devem ser consideradas para beneficiar o acusado e não para lhe agravar mais a pena. A punição deve levar em conta somente as circunstân-

> cias e consequências do crime. E excepcionalmente minorando-a face a boa conduta e/ou a boa personalidade do agente. Tal posição decorre da garantia constitucional da liberdade, prevista no artigo 5º da Constituição Federal. Se é assegurado ao cidadão apresentar qualquer comportamento (liberdade individual), só responderá por ele, se a sua conduta (*lato senso*) for ilícita. Ou seja, ainda que sua personalidade ou conduta social não se enquadre no pensamento médio da sociedade em que vive (mas seus atos são legais), elas não podem ser utilizadas para o efeito de aumentar sua pena, prejudicando-o. **(APELAÇÃO-CRIME-SEXTA CÂMARA –** Nº 70000907659 – 15-12-2000).

Mais, desde meu olhar, a decisão em análise apresenta outros problemas:

(**a**) como disse, a decisão tem por desfavorável três condutas do acusado: "vício" com droga; ser "músico"; e viver em "função da droga".

Ora, se o réu tem "vício" de usar droga, isso tem como consequência viver "em função da droga", se assim não fosse "vício" não seria e sim mero uso social, eventual, recreativo. Ou seja, vício, para ser vício, tem que abalar o aparato psíquico de tal forma que se vive em razão daquilo que faz com que seja suportável a vida.

E como o aumento da pena foi de seis meses para as três condutas, que na verdade duas é que são, o aumento teria que ser de quatro meses – mais dois meses em cárcere: pode custar a vida! E não se pode fazer a pessoa sofrer um dia além do que a legalidade penal – sempre a síntese da maldade – exige!

(**b**) há mais. O julgador entendeu que o acusado era "viciado" em droga: incorporou o preconceito moralista de que a pessoa é dependente de droga por mera vontade, por mero defeito de personalidade, por ser mau caráter. Todavia, o que para ele é "vício" para os estudiosos é dependência química, doença, portanto. E doença séria, como o é o alcoolismo, por exemplo – alcança a pessoa e todo seu grupo social, levando a condutas não suportadas pelas hipócritas pessoas de "bem" ("– ah, meus amigos! onde foram o bem e os bonzinhos? Por onde andará a inocência de tais mentiras?" **Nietzsche, Fragmentos do Espólio**, 28(67), outubro 1884-início 1885): moram na rua, vestem-se mal, não são perfumadas, como o são os pequenos burgueses.

Em sendo assim, evidente que a dependência, doença que é, não pode causar aumento de pena – **diminuir seria possível**. Ninguém, ao menos que eu saiba nestes tempos cruéis, ousou ter por má conduta social o fato de alguém sofrer de câncer, miopia (mesmo intelectual), ou qualquer outra doença.

O próprio sistema autoriza diminuição da pena pela dependência química (arts. 45 e 46, Lei nº 11.343/06).

Nem ao menos se levou em conta, para estabelecer a dita conduta social, o fato de o acusado já estar em sobriedade há mais de três anos, como refere no interrogatório. Ora, qualquer pessoa minimamente informada sabe o que representa a luta (pessoal e familiar) para fugir do crack – uma tarefa que raros conseguem. Mas isso não teve a menor importância, o que interessa é ele ter sido "viciado" e não "estar" em luta recuperatória constante – somos bons para punir o "mal", mas não para premiar o "bem" – o "gozo" é pela dor e não pela luta em favor da vida – seríamos cruéis, mesmo que inconscientemente?

O que gera maior escândalo – a vontade de apenar ao máximo de pena (im)possível ou condenar sempre – é o seguinte: como se viu, a pessoa teve aumento de pena carcerária de quatro meses porque "viciado" e viver em função da "droga" (dois meses seria porque "músico"). No entanto, no sistema, o crime pelo uso de droga não leva ao resultado cadeia – a pessoa é processada e condenada pelo uso de droga, mas a sanção não será prisional.

Todavia, pela lógica sentencial, o uso de droga gera má conduta social e eleva a pena carcerária em quatro meses. Ou seja, a má conduta social pelo uso é mais perversa, gravosa, alarmante, do que o crime propriamente dito: como suportar/justificar tamanha contradição?

Meio

Mas o que realmente me levou a produzir este texto foi o julgador reconhecer como má conduta o fato do agente ser **músico, ousar ser músico**!

Confesso: neste momento fiquei chocado – bem possível porque jamais tive capacidade para ser músico: é algo demais para minha (in)competência! Quanta inveja de Gil, Chico, Caetano, Elis, Bethânia, Rita Lee, Mozart, Chopin, Wagner, Lennon, ao infinito: essas pessoas de "**má conduta social**"!

Assim, a partir de **Nietzsche** procuro enfrentar o tema.

A arte

Arte (gênero onde se localiza a música, o "ser músico") para **Nietzsche** tem aproximação forte com a filosofia. Aliás, a "Grécia trágica, anterior à era da filosofia e do socratismo, valoriza a atividade artística – e não a atividade do conhecimento – como a mais nobre da vida humana", como anota **Patrick Wotling (Vocabulário de Friedrich Nietzsche**, Martins Fontes, 2011, p. 19 e seguintes), que acrescenta: "A reflexão sobre a arte é uma preocupação constante da reflexão de Nietzsche, que renova seu estatuto de fio a pavio". Desde a "metafísica do artista, apresentada em **O nascimento da tragédia**, à fisiologia da arte", para um além de definir o belo: refletir o ponto de vista daquele que produz e repensá-la desde a teoria dos valores.

Na apresentação de **A Filosofia na Era Trágica dos Gregos** (L&PM, 2011, p. 15), **Gabriel Valladão Silva** diz que

> [...] essa **intuição estética** que permite aos filósofos pré-socráticos libertarem-se do previamente pensado para inventarem a filosofia. É o elemento estético que os torna de fato **os primeiros**, confirmando o parentesco entre filosofia e **arte**. Aquilo que o verso é para o poeta, é para o filósofo o pensamento dialético.

Em **Nietzsche** os artistas estão além dos filósofos: "naquilo que realmente importa, concedo ao artista mais razão do que a todos os filósofos até hoje: eles não esqueceram o grande veio no qual a vida corre; amaram as coisas "deste mundo", – amaram os seus sentidos" (**A Vontade de Poder**, 820, p. 410, Contraponto, 2008).

Em **Gaia Ciência** (aforismo 370), **Nietzsche** deixa claro que, desde seu ponto de vista, filosofia e arte têm como ponto comum o compromisso com a vida:

> Toda arte, toda filosofia, pode ser vista como remédio e socorro, a serviço da vida que cresce e que luta: elas pressupõem sempre sofrimento e sofredores. Mas existem dois tipos de sofredores, os que sofrem de **abundância de vida**, que querem uma arte dionisíaca e também uma visão e compreensão trágica da vida – e depois os que sofrem de **empobrecimento de vida**, que buscam o silêncio, quietude, mar liso, redenção de si mediante a arte e o conhecimento, ou a embriaguez, o entorpecimento, a convulsão, a loucura.

Enfim, no que diz com os valores artísticos, ele se pergunta: "foi a fome ou a abundância que aí se fez criadora" ou, ainda antes, "atentar se a causa da criação é o desejo de fixar, de eternizar, de **ser**, ou o desejo de destruição, de mudança, do novo, do futuro, de **vir a ser**".

Christian Niemeyer (**Léxico de Nietzsche**, Loyola, 2014, p. 61 e seguintes) leciona: para o filósofo, a arte diz com um **criar**, bem como um **pensar** sobre, que se converte na **existência** "digna de ser vivida". É que para **Nietzsche** a vida é feia, sofrida, dolorosa, sem sentido – então para suportá-la, para poder viver o homem inventou a arte: "transformar aqueles pensamentos enojados sobre o terrível ou o absurdo da existência em representações com as quais se pode viver", pois "a grandeza e a imprescindibilidade da arte estão no fato de que ela "provoca a APARÊNCIA de um mundo mais simples, de uma solução mais rápida para o enigma da vida".

Ou seja, a arte elabora uma espécie de limpeza da vida: separa o que a eleva daquilo que a declina: "... **arte** é justamente aquilo que sublinha **as linhas principais**, que mantém os traços decisivos, que deixa muita coisa de fora" (**Fragmentos Póstumos**, 26 (424), 1884-1885), por quê? Ora, "arte é essencialmente **afirmação, benção, divinização da existência..." (Fragmentos Póstumos**, 14 (47), 1887-1889).

Retomando, a arte para tirar a vida do insuportável e levá-la ao suportável: como a filosofia, repito, tem compromisso com a vida: "arte e nada além da arte! Ela é a grande possibilitadora da vida, a grande sedutora para a vida, o grande estimulante da vida" (**Fragmentos Póstumos**, 17 (3), n. 2, 1887-1889).

Seu valor é tão grandiosamente humano que ultrapassa até a própria verdade: "... a arte **tem mais valor** do que a verdade" (local antes citado, n. 4, bem como em **A Vontade de Poder**, Contraponto, 2008, p. 824, n. 822). E por quê? "A verdade é feia: **nós temos a arte**, para que não pereçamos junto à verdade" (**Fragmentos Póstumos**, local antes citado, 16 (40), n. 6). Para fortes, "... a arte é mais do que uma diversão e entretenimento; ela é um **tratamento**..." (idem, 14 (22)).

No **Humano, Demasiado Humano** (Companhia de Bolso, 2000), **Nietzsche** reafirma a necessidade da arte para que a vida se torne minimamente digna de ser vivida: "A arte torna suportável a visão da vida, colocando sobre ela o véu do pensamento impuro" (aforismo 151). A seguir, af. 154, ele diz que os gregos antigos "sabiam que apenas através da arte a própria miséria pode se tornar leite".

A arte, sob o olhar nietzschiano, dá apoio teórico para os anarquistas: "a arte tem a tarefa de aniquilar o Estado" (**Sabedoria Para Depois de Amanhã**, Martins Fontes, 2005, p. 5), porque ela só tem sentido se revolucionária: "Abaixo a arte que não a uma revolução social e à unificação do povo!" (p. 51), ela está na contramão da passividade: "a fuga do tédio é a mãe das artes" (p. 66). A arte não é caminho do rebanho, mas sim do homem superior: "O essencial na arte continua sendo sua **perfeição** existencial, sua produção da perfeição e da plenitude" (p. 278). Enfim, é instrumento da vontade de potência: "toda arte atua **como um tônico**, aumenta a força, inflama o prazer (ou seja, a sensação de força)... o feio, ou seja, a contradição da arte, aquilo que é **excluído** da arte, o seu não" (p. 281).

N'outro momento, **Nietzsche** é mais claro no que diz sobre a relação da arte com a vida: "o essencial nessa concepção é o conceito da arte em relação à vida: ela é entendida como a grande estimuladora, tanto psicológica quanto fisiológica, como aquilo que **impulsiona** sempre à vida, à vida eterna..." (**Fragmentos Finais**, ed. UNB, 2002, p. 149). Entre os gregos, o que aproximava os humanos dos deuses era a arte: "ela quer dizer que a dor humana, se sabemos extrair dela uma bela emoção, nos eleva à condição dos deuses. A arte, que nos dá essas emoções, nos diviniza" (**Charles Andler, Nietzsche – Vida e Pensamento**, vol. I, p. 614, ed. PUC, Rio, 2016).

Em **Wagner em Bayreuth**, Zahar, 2009, **Nietzsche** ensina que: "o amor e a justiça tornam-se poderosos em um ponto, precisamente no domínio da arte, e devem propagar-se segundo a lei de sua necessidade interior e não à imobilidade de sua primeira crisálida" (p. 61). Logo a seguir (p. 88), ele retoma a necessidade da arte para que a vida seja suportável: "nós, pelo contrário, precisamos da arte justamente porque nos tornamos, **diante do real**, aqueles que podem ver: e precisamos do dramaturgo universal para que ele nos liberte, ao menos algumas horas, da terrível tensão que o homem capaz de ver sente entre si próprio e as tarefas que lhe foram impostas".

Nos **Fragmentos Póstumos** de 1869-1874, volume I, Tecnos, Madrid, 2010, vem o seguinte:

a) "Única posibilidad de la vida: en el arte" (3 [60], p.110).
b) "Los griegos son los artistas de la **vida**: tienen sus dioses para poder vivir, no para alejarse de la vida" (3 [62], p. 111).
c) "**Como surge el arte**? Como medicina para el conocimiento" (7 [152], p. 195).
d) "Sólo el arte nos puede salvar" (19 [319], p. 412).

Nietzsche chama atenção do rebanho: não é qualquer um que sabe o que é arte, qual o seu sentido – o rebanho não o alcança:

> "Sólo las almas ambiciosas y tensas saben lo que es arte y lo que es alegría" (**Aforismos**, A La Mínima – Renacimiento, Sevilla, 2013, p. 50, seleção de **Luis B. Pietrafesa**).

A música (aquela que gera "má conduta social")

Christian Niemeyer, na obra citada, diz que "música é um tema essencial na vida de Nietzsche. Janz via nela "a única realidade na existência espiritual de Nietzsche, que compreende toda sua vida". Aliás, ele mesmo fora "talentoso pianista e, acima de tudo, em sua juventude, um ativo compositor" (p. 386).

Charles Andler, na obra citada, I-111, narra que Nietzsche entendia que os gregos (como os alemães) eram povo de músicos, para tanto tomou o saber de Schopenhauer: a música como a arte mais geral que existe – não usa visão, ideia, sequer necessidade da voz humana (bastando a voz das coisas) e "que poderia existir ainda que não existisse mundo vivo". É a "linguagem universal", "comove o coração diretamente", "fala apenas do sofrimento e da alegria, únicas modificações do querer", "dispõe de todos os meios de expressão", "exprime a quintessência das emoções", "descreve não apenas a vida humana, mas toda a vida".

Aliás, a pessoa que mais marcou o filósofo foi músico (Wagner), com quem manteve relação complexa, ambígua, sofrida, às vezes amorosa e outras carregada de raiva. Wagner (e sua esposa Cosima) foi recorrente na sua obra, inclusive tema de livros. Para alguns, Wagner representaria a figura paterna perdida ainda quando criança: "eu declaro Wagner o maior benfeitor da minha vida", "Balançando as coisas, eu não teria suportado minha juventude sem a música de Wagner" (Ecce Homo, L&PM, 2003, p. 58-59).

Em **Por que Nietzsche?**, Achiamé, Rio, p. 99, Carol Guimarães narra que a música, na obra do pensador, pode ser abordada em dúplice mirada: a relação com Wagner e sua obra e no que diz respeito à totalidade de seu pensamento. Narra que a primeira obra dele já fora marcada "pela audição das obras de Wagner" (A Origem da Tragédia no Espírito da Música).

Mas o que Nietzsche queria da música? "Que ela seja alegre, serena, profunda como uma tarde de outubro. Que ela seja peculiar, animada, suave, uma mulher pequena e doce, de humildade e graça" (Ecce Homo, mesmo local).

A obra de Nietzsche é marcada por referências à importância da música!

Rüdiger Safranski, um dos mais importantes biógrafos do pensador (**Nietzsche – Biografia de uma tragédia**, Geração Editorial, 2011), assim começa sua obra: "o verdadeiro mundo é a música. A música é o Inaudito. Quando a ouvimos, pertencemos ao SER. Assim Nietzsche a vivenciava. Era tudo para ele. Não devia cessar nunca. Mas ela cessa, e por isso temos o problema de como continuar vivendo quando a música acaba" ... "pode-se dizer que toda a filosofia de Nietzsche é uma tentativa de manter-se vivo ainda que a música tenha acabado" (p. 14).

Mais adiante, ele refere: "a música seria a mais antiga linguagem universal, compreensível a todo mundo, e mesmo assim intraduzível em qualquer outro idioma" ... "A música existe até antes da confusão das línguas em Babel, e como ainda hoje é o único meio de comunicação universal, podemos encará-la como um poder que triunfa sobre a confusão das línguas" (p. 89).

Mas Nietzsche enfrenta o valor da música em inúmeros momentos:

a) "Em relação à música, toda comunicação por meio de palavras é de um tipo disfarçado; a palavra dilui e emburrece; a palavra despersonaliza: a palavra torna o incomum em comum" (Fragmentos Póstumos, 10 (60), 1885-1887).
b) "Melos [melodia] significa, conforme sua raiz, um calmante, não porque seja calmo em si, mas porque seus efeitos acalmam" (A Gaia Ciência, Cia. das Letras, 2001, af. 84, p.112).
c) "Amo eu a música? Não sei – com frequência também a odeio. Mas a música me ama – e assim que alguém me abandona, ela me aparece de repente, querendo ser amada" (Fragmentos do Espólio, 4 (73), nov. 1882 a fev. 1883).
d) "Quão pouco é necessário para a felicidade! O som de uma gaita-de-foles. – **Sem a música a vida seria um erro**. O alemão imagina até Deus cantando canções" (O Crepúsculo dos Ídolos, af. 33, Cia. das Letras, 2006, p. 14 – grifo meu).
e) "No lado oposto está o som! Ele não pertence ao mundo das aparências, mas fala do que nunca aparece, eternamente compreensível. Vincula enquanto o olho separa" (Sabedoria Para Depois de Amanhã, 18 (8), p. 20).
f) "O que necessito é uma música que faça com que se esqueça o sofrimento; que faça com que a vida animal se sinta divinizada e triunfe; que dê vontade de dançar; que talvez, indagando cinicamente, tenha-se uma boa digestão" (Sabedoria Para Depois de Amanhã, 7 (7), p 233).
g) "Através da música as paixões gozam a si mesmas" (Além do Bem e do Mal, Cia. de Bolso, 2005, af. 106). Ou, poeticamente: "eu poderia imaginar uma música em que a rara magia seria nada mais saber de bem e mal, sobre a qual talvez alguma

saudade marinheira, sombras douradas e suaves fraquezas apenas passassem vez por outra: uma arte que de longe percebesse, fugindo em sua direção, as cores de um mundo moral declinante, já quase incompreensível, e fosse hospitaleira e profunda o bastante para colher esses refugiados tardios" (af. 255).

h) "A Barcarola de Chopin. – Quase todas as condições e maneiras de vida têm um momento feliz. É ele que os bons artistas sabem pescar. Um tal momento possui até mesmo a vida no litoral, essa vida enfadonha, suja insalubre, que transcorre na proximidade da mais barulhenta e ávida gentalha: esse instante feliz Chopin colocou de tal forma em sons, na Barcarola, que até os deuses, ao ouvi-la, teriam desejo de passar longas tardes estendidos numa canoa" (O Andarilho e Sua Sombra, af. 160).

i) "El poeta pone en juego el instinto de conocimiento, el músico le deja descansar. ¿Pueden realmente coexistir el uno al lado del otro? Cuando nos abandonamos a la música no hay ninguna palabra en nuestra cabeza, lo cual es un gran alivio" (Aforismos, loc. cit., p. 263).

j) "La buena música no tiene nunca un "público"; no es ni puede ser para el público: es cosa de elegidos" (Aforismos, mesmo local).

k) "La música es un lenguaje, que es susceptible de ser clarificado infinitamente" (Fragmentos Póstumos, loc. citado, 2 [10], p. 91).

l) "La música como arte no nacional: pero eso se pueden salvar por ella las naciones" (idem, 9 [59], 263).

m) "La música, en cuanto arte universal, no nacional y atemporal, es el único arte floreciente para nosotros el arte total y el mundo artístico. Por eso, la música redime" (idem, 9 [90], p. 270).

n) "Nosotros, que tenemos la máxima aptitud para la música, vemos en ella la única esperanza universal para el arte" (idem, 13 [2], p. 310).

o) "La música como suplemento del lenguaje: muchos estímulos y estados de total excitación, que no puede representar el lenguaje, los reproduce la música" (idem, 19 [143], p. 376).

p) "La música es un antiquísimo medio para hablar con más claridad: por eso se usa en las relaciones con los dioses" (idem, G [1], 1872, p. 642).

Fim

Recupero: para o ato sentencial, sem menor importância o valor da arte, no geral, e o da música, no particular, para a humanidade: o que realmente importa é a necessidade incontida (consciente ou não) de punir: o princípio da maior sanção possível – haja ou não fundamento, haja ou não necessidade, haja ou não racionalidade que a sustente, mesmo que tudo possa alcançar ausência de significado humano.

És músico? "**Reputo esta circunstância como negativa**", e em negrito. De onde virá tamanho preconceito? Tamanho ódio? Talvez não seja pelo "ser músico", mas porque réu e pobre e esgualepado, porque os selecionamos para sempre sofrer, haja ou não motivo, basta estarem vivos. Aqueles que deles queremos nos livrar, determinando para eles seu lugar no mundo (fora das praças, das ruas, em faxina legal): os cárceres, já que o sistema ainda não nos permite **matar** diretamente, os destruímos aos poucos. E aqui talvez tenha até despertado raiva (inconsciente) por estar recuperado – ora, já se viu, um destinado ao sofrimento ansiar não ser mais aquilo para o qual é destinado por nós, os homens "bons", os hipócritas homens de "bem", os asquerosos selecionadores dos bons, nós, e dos maus, eles!

Mas, no "visível", o humano recebeu aumento de pena por ser músico – má conduta social.

O que lhe diria Maiakovski?

Logo que recebi a sentença, lembrei do poeta e dramaturgo da revolução russa, o poeta de Lenin: Vladimir Maiakovski (Bagdati, Geórgia, 19 de julho de 1893 – Moscou, Rússia, 14 de abril de 1930) autor do poema **"Conversa sobre poesia com o Fiscal de Rendas".**

Ali ele mantém diálogo com um fiscal de rendas sobre o lugar do poeta na sociedade proletária, na revolução russa: teria responsabilidade por débitos fiscais tal como os donos de terras e empresários – não era tido como "trabalhador", portanto: um parasita porque não trabalhava e vivia a explorar os que realmente trabalhavam. Ele defende que o poeta era sim trabalhador e não tinha, então, "má conduta social". E se o fiscal assim não entendesse, termina a poesia desafiando o burocrata a ser poeta (talvez músico?):

> [...]
> A palavra do poeta é a tua ressurreição.
> a tua imortalidade cidadão burocrata.
> Daqui a séculos, do papel toma um verso
> e o tempo ressuscita.
>
> Cidadão fiscal de rendas, eu encerro.
> Pago 5 rublos e risco todos os zeros.
> Tudo o que quero é um palmo de terra ao lado
> dos mais pobres camponeses e operários.

> Porém, se vocês pensam que se trata apenas
> de copiar palavras a esmo,
> eis aqui, camaradas, minha pena:
> podem escrever vocês mesmos!

O que lhe diria Nietzsche?

"**Aos mais fortes**. – A vocês, espíritos mais fortes e orgulhosos, pede-se apenas uma coisa: não lancem um novo fardo sobre nós, mas tomem algo de nosso fardo para si, já que são os mais fortes! Vocês gostam de fazer o contrário, no entanto: pois **vocês** querem voar, e por isso devemos **nós** carregar o seu fardo, além do nosso: ou seja, devemos rastejar!" (**Aurora**, af. 514).

Em outro lugar, acho que Nietzsche (que sempre deixou claro que combate ideias e jamais pessoas) seria mais contundente:

> [...]Quanto mais medíocre, fraco, submisso e covarde é o homem, tanto mais coisas ele postulará como **males**: nele o império do mal é o mais avultado: o homem mais baixo verá o império do mal (isto é, o império do que lhe é proibido, do que é seu inimigo) por toda parte (**A Vontade de Poder**, n. 1025).

E ele findaria, com anseio amoroso, buscando que o amor nos seduza e nos salve:

> Seduzir para o amor – Devemos temer quem odeia a si próprio pois seremos vítimas de sua cólera e de sua vingança. Cuidemos, então, de seduzi-lo para o amor a si mesmo (**Aurora**, aforismo 517).

O que eu diria? Sempre quis ser músico: meu sonho. Não me foi possível sê-lo: sou surdo-musical. Incompetente para música – me tornei magistrado!

Um (des)encontro entre Renata e Ferrajoli

Sandra Regina Martini[1]

E se è vero che nei tempi brevi non possiamo farci illusioni, è anche vero che la storia c'insegna che i diritti non cadono dal cielo, e un sistema de effettive graranzie non nasce a tavolino né si construisce in pochi anni e neppure in poche decenne.

Luigi Ferrajoli

Fazer uma tradução de Ferrajoli para um livro em homenagem à Renata Almeida Costa é um grande desafio por várias razões: primeiro, porque não sou tradutora profissional (embora já tenha feito várias traduções); segundo, porque se trata de uma mulher que faz a história[2] e prepara futuros; terceiro, porque o autor Luigi Ferrajoli é um homem que também faz história e constrói futuros.

Ambos os autores são referência na luta por um Direito que ultrapasse os limites do formalismo e do dogmatismo; ambos veem o direito como um importante fator de transformação social; ambos estão comprometidos em fazer do Direito, como diz Ferrajoli, um sistema de efetiva garantia; ambos entendem que o Direito não cai do

---

[1] Pesquisadora Produtividade 2 CNPq e Pesquisadora Gaúcha FAPERGS, destaque entre as 50 cientistas brasileiras protagonistas, conforme o site <http://www.openciencia.com.br/>. Coordenadora do Mestrado em Direitos Humanos e professora do Centro Universitário Ritter dos Reis (UniRitter), professora-visitante no programa de pós-graduação em Direito da UFRGS (PPGD) e no programa de pós-graduação em Direito da UFMS.

[2] Para Resta: "as palavras da lei não falam de retórica nem enfaticamente põem em prática saberes. Assim, eu leria o direito vivente, agindo sobre o caráter daquela tradição sem tempo que atua sobre a eternidade da tradição, que agrupa passado e futuro, que cultiva e busca o ajuste da soberania; *deo auctore*, lê-se no *incipit* da *Constitutio Tanta*, a qual serve como pano de fundo à grande antiga compilação." Direito Vivente.

céu, mas é fruto das ações humanas, é fruto daquilo que temos capacidade e comprometimento para decidir.

Renata e Ferrajoli não se conhecem pessoalmente, e aqui é preciso um parêntese para explicar que poderiam ter se conhecido... em um verão quente europeu, em 2017[3], o professor Ferrajoli me convida para um chá na sua casa, e eu imediatamente disse que queria apresentar-lhe uma colega: RENATA ALMEIDA DA COSTA. O professor Ferrajoli ficou encantado com a possibilidade de encontrar Renata..., porém ela não pôde ir. Sugeri que ela fosse outro dia encontrá-lo, mas, por inibição, ela decidiu não ir[4]....

Em dezembro de 2019, participei, junto com Prof. Ferrajoli, de um livro em homenagem ao meu grande professor ELIGIO RESTA. Naquela ocasião, fui incumbida de pedir algum texto do Prof. Ferrajoli para publicar no livro em homenagem à Renata e assim o fiz. Para tal, descrevi quem era a Renata e depois de toda minha descrição acadêmica, tive de comentar com o professor que a Renata era aquela professora que ficou com vergonha de tomar chá na casa dele!

Esta é a Renata: uma "loba" ao defender seus alunos, ao mesmo tempo em que é uma mulher inibida para encontrar um de seus ídolos acadêmicos. Minha relação com esta grande mulher é de muita admiração, respeito e amizade. Por isso, atrevo-me a fazer uma breve introdução à tradução utilizando como referência a Metateoria do Direito de Eligio Resta, bem como o seu Direito Vivente.

Por que falar em Direito Vivente? Qual o sentido? A resposta está nas primeiras páginas do livro de Resta: "reabre alguma paixão quente a fórmula "direito vivente"; indica que há uma *vida* do direito a distanciar o olhar de sua frieza notarial".[5]

A vida do e no Direito só existe quando seus operadores, ao decidirem juridicamente, buscam na frieza da legislação interpretações vinculadas à realidade cotidiana, pois o Direito é, também, aquilo que as comunidades entendem e vivenciam como Direito. Não por nada Eugen Erlich afirma que o Direito não se constitui somente com normas

---

3 Na ocasião, estávamos na Escola de Verão de Fermo (IT). Participaram do "tal" chá a Prof.ª Janaína Sturza Machado (UNIJUI), Bárbara Simões, Graziela Constanza (Bolsistas Capes/UniRitter) e Fernanda Biavatti (graduanda de Direito UniRitter).

4 Para 2021, o Prof. Ferrajoli já se comprometeu a vir no seminário de Sociologia Jurídica em Canoas, ou seja, a tese de que a montanha não vai a Maomé não vai funcionar!!!! Espero que ambos possam se abraçar fraternalmente.

5 RESTA, Eligio. Diritto vivente. Bari: Laterza, 2008. Trad. Larissa Ribeiro. Disponível em: <https://www.academia.edu/7583541/O_Direito_Vivente_Eligio_Resta>. Acesso em: 17 jul. 2020. p. 1.

jurídicas, legitimadas pelo Estado; o Direito está na conduta social: é somente na sociedade que as normas sociais se produzem e se reproduzem. Eligio Resta, seguindo Erlich, convida-nos para "escavar" com profundidade histórica e cultural os problemas sociojurídicos. Para Resta[6], a vida no/do Direito Vivente é:

> O vivente, assim, é o produto de uma separação, de um "trágico" destacar-se da unidade, de uma corrupção que obriga tudo o que vem à existência a se submeter à lei do "fazer justiça à injustiça". O ponto é exatamente este. Justiça e injustiça (*adikìa*, ausência de justiça) apresentam-se como cúmplices e rivais, como na *arché*, que é *princípio* e *comando*; incorporam o sentido da existência que, tendo vindo à luz, retorna, por necessidade, à morte segundo a ordem do tempo. Vida e morte são as palavras do vivente para Anaximandro, e incorporam-se em uma ideia de justiça que obrigará a se pagar a culpa pela injustiça. Pagar pela injustiça significa restituir o equivalente da culpa através de um cálculo contábil que leis preverão e juízes aplicarão: chamar-se-á justiça comutativa, capaz de transformar culpas e danos em penas, graças ao comando da lei (*archè*). A *commutatio* é, então, cálculo, jogo de equivalentes entre uma culpa visível (*phaneré*, que aparece) e uma pena prevista. Pode-se dizer que se refere ao mundo fenomênico, o qual aparece e é visível e que, em razão disso, um juiz poderá sancionar.

No direito atual, vemos, constantemente, essa cumplicidade rival entre justiça e injustiça que se apresenta como vida e morte. Aqui, podemos trazer a ideia, também abordada por Eligio Resta, sobre o medicamento: o mesmo medicamento que salva é o que pode matar. A questão é saber o quanto o Direito atual mata ou salva; ou, ainda, quanto através da morte encontramos a vida.

O que entra em jogo é o pressuposto fundante do Direito atual: deve decidir, e uma decisão sempre poderia ser diferente da que foi tomada. Então uma nova pergunta se apresenta: quais os fundamentos de quem decide o que decide? É, exatamente, no decidir que o Direito pode se apresentar como vida ou como morte ou, talvez pior, como "culpa", ou seja, justiça e injustiça referem-se reciprocamente, pois, segundo Resta, não pode haver justiça senão em relação à injustiça; assim, na relação do Direito Vivente, essa cumplicidade precisa estar no elenco das reflexões sociojurídicas.

---

[6] RESTA, Eligio. Diritto vivente. Bari: Laterza, 2008. Trad. Larissa Ribeiro. Disponível em: <https://www.academia.edu/7583541/O_Direito_Vivente_Eligio_Resta>. Acesso em: 17 jul. 2020. p. 24-25.

O tempo do Direito Vivente é o agora!!! Embora, muitas vezes, o Direito se apresente "atrasado", o vivo do Direito Vivente tem de ser o "agora", pois é no presente que decidimos um Direito passado e, nesse processo, estabelecemos vínculos com o futuro. Assim, o direito vivente só pode regular o tempo sendo por ele regulado[7]; por isso, a "fórmula" vivente nos permite projetar futuros, com todos os riscos inerentes nessa projeção, na qual alguns anacrônicos pressupostos sejam retomados, em especial, a FRATERNIDADE.

Esse pressuposto esquecido nas masmorras de Revolução Francesa se apresenta como inquietante, pois trata das várias dimensões do viver em sociedade, em que não se pode esquecer do "outro" com quem fazemos pactos.

A fraternidade é vivida por Renata, Ferrajoli e Resta; por isso, essa tradução faz sentido! Concorde nas páginas seguintes. Boa leitura!

---

[7] Aqui, o desafio do direito vivente para Eligio Resta: "O desafio do direito vivente é alto, e, por isso, sua aposta é a de "enganar" a guerra e a violência, evitando reduzir-se ao que, de Hobbes em diante, se definiu como a simples interrupção da guerra".

Direito vivente e direito vigente

Luigi Ferrajoli[1]

1. Direito vivente

Um dos livros mais bonitos e complexos de Eligio Resta é "Direito Vivente", publicado pela editora Laterza, em 2008. Com a expressão "direito vivente", Resta se refere à incorporação, no direito, da vida em todas as suas múltiplas manifestações, da vida "do direito" à vida "no direito" e, por isso, às múltiplas e variantes formas de regulação jurídica da vida. Neste breve artigo, me ocuparei de uma constatação de vivente mais habitual e banal e, todavia, fundamental: aquela na qual "direito vivente" se distingue e se contrapõe ao "direito vigente".

Chamarei de "direito vigente" o direito empiricamente existente, isto é, o conjunto (fechado, finito e determinado) dos enunciados normativos, que são as costumeiras coisas (postas) pela legislação e materialmente "existentes", independentemente dos significados a ele atribuídos pelo intérprete. Chamarei, em contrapartida, de "direito vivente" o direito interpretado e concretamente aplicado, ou seja, o conjunto dos significados normativos (aberto, indefinido e indeterminado) associado pela jurisprudência e pela ciência jurídica, através de interpretação e argumentação dos enunciados do direito vigente. É claro que o direito vivente, produzido pela prática jurídica, é a outra face do direito vigente produzido pelo legislador, no sentido de que o implica e é implicado em, pelo menos, uma de suas possíveis interpretações.

Essa ambivalência do direito positivo depende da sua natureza inteiramente linguística. O direito é um mundo de sinais e de significados, que tem, entre eles, uma

---

1 Professor Emérito de Filosofia do Direito, Universidade de Roma TRE. Texto originariamente publicado em: ANASTASIA, Stefano; GONNELLA, Patrizio (orgs.) **I paradossi del diritto:** saggi in omaggio a Eligio Resta. Roma: Roma Ter Press, 2019. Tradução para o português de Sandra Regina Martini.

relação de implicação recíproca, não havendo nenhum sinal sem, pelo menos, um significado, e isso associável a um intérprete; nem nenhum significado sem o sinal que é o objeto de interpretação. O direito vigente, isto é, o conjunto de sinais da língua jurídica, é criado pela legislação. O direito vivente é produzido pelos juízes mediante pronúncias justificáveis ou motivadas ou argumentadas como aplicações do direito vigente preexistente. Legislação e jurisdição estão, entre elas, na relação que existe entre língua e linguagem jurídica. A legislação cria a língua na qual são formulados os enunciados legislativos: definem as regras de uso, por exemplo, das palavras "furto" ou "fraude" ou "empréstimo", enunciando os elementos constitutivos. A jurisdição faz uso da língua legal para nominar, na linguagem operativa e, especificamente, judiciária, os fatos colocados em juízo: nos nossos exemplos para esclarecer tais fatos, "furto" ou "fraude" ou "empréstimo". É, então, evidente que a produção do direito vivente é largamente condicionada pela prática jurídica, isto é, pelos precedentes, assim como a linguagem e sua evolução são largamente condicionadas pela prática linguística consolidada nos usos da língua.

Assim, as diversas fontes de legitimação dos dois direitos: autoridade política, isto é, a criação legislativa de novo direito vigente, aquela inovação e transformação do sistema jurídico (*auctoritas non veritas facit legem*, segundo a clássica máxima hobbesiana); a (verdade) processual, isto é, a averiguação dos pressupostos de fato e de direito do direito vivente na "linguagem" do direito vigente, segundo a máxima inversa *veritas non auctoritas facit iucidium*. São estes o sentido e a valência garantista da separação dos poderes: nem o legislador pode produzir o direito vivente, nem o juiz pode produzir o direito vigente.

Assim, podemos bem dizer que uma clara distinção entre direito vigente e direito vivente, no sentido aqui precisado, não existia no direito pré-moderno, que era do tipo prevalentemente *sapienzale*[2], jurisprudencial e doutrinário. A distinção é fruto da modernidade, isto é, da afirmação do princípio da legalidade e do monopólio estatal da produção jurídica, graças ao qual todo o direito vai se constituindo como um dado empírico objetivo, identificando-se com os textos normativos produzidos pelo legislador. Somente desde então se pode falar do direito como um direito inteiramente "positivo" ou "vigente" ou "existente". Por outro lado, com a introdução das Constituições, tornou-se direito vigente ou positivo também o conjunto dos direitos e dos princípios de justiça, estes estipulados e supraordenados, graças à sua rigidez, para todo o direito positivo. Se é assim formado um "direito constitucional vigente",

[2] Difícil traduzir esta palavra, mas ela significa uma elaboração dos "sábios", isto é, dos juristas escolhidos com base na sua experiência. [N. da T.]

sobre esta base se desenvolveu um "direito constitucional vivente", constituído das tantas e muito diversas interpretações dos seus princípios. O direito constitucional vivente é, também, ancorando no direito constitucional positivo ou vigente, formado dos enunciados da Constituição objeto de interpretação. Dizemos, portanto, que, no ordenamento italiano, a corte de cassação censura o direito vivente, deixando intacto o direito vigente. A corte constitucional censura, ao contrário, o direito vigente, anulando as leis por contraste com as normas constitucionais viventes. A primeira intervém nos significados, e estes sobre a linguagem do direito, o mesmo sobre a validade do uso dos sinais legislativos por parte dos juízes de mérito. A segunda, quando não se limita a recomendar interpretações compatíveis com a Constituição, intervém nos sinais, e estes sobre a própria base da língua do direito ou mesmo sobre a validade dos mesmos sinais produzidos pelo legislador.

2. Enunciados e normas

Retomando uma famosa distinção, ligada também ao caráter linguístico do direito, aquela entre enunciados normativos e norma, dizemos que os enunciados são relativamente mudos, já que vivem somente através da sua interpretação e da sua aplicação aos casos concretos, os quais somente conferem os seus significados. Estes significados, em função da vagueza e da indeterminação semântica dos enunciados, são comumente múltiplos e são, por isso, o futuro de uma decisão, mesmo argumentada, sobre a sua plausibilidade. É prova disso a pluralidade de interpretações diversas e, muitas vezes, opostas que se confrontam em qualquer processo: aquela proposta pelas partes – da acusação e da defesa, do autor e do réu –, aquelas formuladas nos diversos graus dos procedimentos, até mesmo aqueles que se contrapõem nos órgãos judiciários vinculados entre teses da maioria e opiniões dissidentes.

Tudo isso não elimina o caráter não criativo, mas, sim, o cognitivo do modelo normativo da jurisdição. É claro que o direito vivente produzido pela jurisdição é o êxito de uma ampla discricionariedade interpretativa, tornada inevitável até agora pelo caráter polissêmico dos enunciados normativos, que comumente admitem mais interpretações: uma discricionariedade hoje em crescimento enorme em função do dissenso, quantitativo e qualitativo, da legislação. Entretanto, isso não justifica a tese, hoje dominante, do caráter criativo da jurisdição, senão sobre a base de uma noção alargada de "criação" e de uma noção estreita de "cognição". Os sustentadores do caráter criativo da jurisdição de fato – dos neoconstitucionalistas principialistas aos teóricos da hermenêutica jurídica – chamam de "criação" a interpretação discricional só porque esta, inevitavelmente, admite as partes de qualquer outro conhecimento empírico, um ato de vontade na ordem dos significados vez por vez associados aos textos normativos. Desse modo, estes assinalam, com um paradoxo aparente, a mesma concessão ingênua, e no plano epistemológico insustentável, pelo conhecimento e pela verdade judiciária, como conhecimento e verdade absoluta, que esses reprovam e sustentam, segundo a fórmula de Montesquieu e de Beccaria, que os juízes podem ser a "boca da lei", e a jurisdição pode consistir unicamente em um "silogismo perfeito". Karl Popper chamou "verificacionistas desiludidos" aqueles que, por causa da impossibilidade de alcançar uma verdade empírica absoluta como pretendem aqueles que ele chamou de verificacionistas iludidos, refugiam-se no ceticismo e no irracionalismo. Parafraseando Popper, podemos chamar "iluministas desiludidos" os juristas e os teóricos do direito que, frente à possibilidade de alcançar a cognição e uma verdade judiciária absolutamente certa, aquilo que aqueles creem possível alcançar, os "iluministas iludidos", como Montesquieu e Beccaria, terminam por cair no criacionismo e no irracionalismo.

No fundo da questão da qual estamos falando, existe, então, uma diversa concessão do conhecimento e da verdade. Os criacionistas associam o cognitivismo e, então, a ideia de verdade processual a um insustentável objetivismo ontológico e à ideia estreita de verdade empírica, aquela verdade absoluta. Contudo, uma similar concessão estreita do conhecimento e da verdade é insustentável, no plano epistemológico, no que diz respeito não somente à interpretação e à cognição judiciária, mas a qualquer conhecimento empírico. As verdades absolutas são, de fato, aquelas tautológicas da verdade e da matemática. Lá onde a tese interpretativa, não menos que aquela conservativa de qualquer conhecimento empírico, implica sempre escolhas e decisões argumentadas sobre a sua "verdade", sem que isso comprometa o caráter cognitivo e a natureza de aplicação da (ou sujeição à) lei.

Em suma, uma vez que liberamos a ideia ilusória, de caráter puramente descritivo e avaliativo da interpretação, é fácil revelar que a inevitável discricionariedade interpretativa que se manifesta na aplicação da lei não autoriza o ceticismo e o anticognitivismo interpretativo, tanto mais que o óbvio de caráter relativo e aproximativo de qualquer verdade empírica, também fruto de argumentação e decisão, não autoriza o ceticismo cognoscitivo. O juiz, brevemente, não constata, nem "encontra", nem "descobre", nem "registra" o significado de um dado enunciado normativo, mas nem mesmo o "cria" ou o "produz" ou o "inventa". Simplesmente o argumenta como mais plausível ou fundado em outros significados, mesmo abstratamente possíveis: porque mais aderente ao significado corrente e às palavras do texto normativo, ou porque mais em acordo com as normas constitucionais, ou porque mais coerente com os significados de outros enunciados normativos, ou porque mais aderente àqueles atribuídos em casos precedentes, ou, ainda, por outros motivos. Esses espaços decisionais de discricionariedade são inerentes a qualquer outra atividade cognoscitiva.

3. Verdade e cognição

A questão não é acadêmica, mas tem enormes implicações práticas nos aspectos constitucionais do estado de direito. O anticognitivismo jurisdicional hoje dominante, de fato, não comporta somente uma noção de "verdade" e de "cognição" no plano epistemológico insustentável. Esta contradiz, sobretudo, os princípios da separação dos poderes e da submissão dos juízes à lei, na força dos quais a criação de um novo direito é de competência da legislação e, por isso, na democracia, de órgãos politicamente representativos, enquanto a jurisdição é legitimada unicamente pela aplicação da lei. Ao contrário, a distinção entre direito vigente, de competência da legislação, e direito vivente, de competência da jurisdição, permite esclarecer os termos da questão com uma clarificação do significado que associamos às nossas palavras. Devemos, de fato, distinguir dois significados de "criatividade" comumente associados indistintamente à jurisdição: "em sentido próprio ou forte" com "criatividade da jurisdição" e com "jurisdição como fonte" se entende o poder do juiz de criar um novo direito, além da lei e até mesmo contra a lei; "em sentido impróprio ou frágil", com essas mesmas expressões, se entende a ampla discricionariedade interpretativa e, por isso, argumentativa, inevitavelmente conectada à aplicação da lei.

É evidente a inaceitabilidade da tese da criatividade da jurisdição no primeiro significado, que, claramente, contradiz o princípio de legalidade, aquele da sujeição dos juízes à lei e aquele da separação dos poderes: se nos encontramos frente a uma efetiva criação de um novo direito por parte dos juízes, devemos reconhecer o colapso da legalidade, sem condições de oferecer ao juízo nenhuma ancoragem legal, e, por isso, uma regressão ao direito jurisprudencial pré-moderno, ou mesmo – e é a hipótese mais frequente – a violação da lei por parte do juiz. Entretanto, a mesma tese é inaceitável também no segundo sentido, impróprio ou frágil, já que essa, confundindo, com base em uma insustentável concessão puramente descritivista e mecanicista do conhecimento, o inevitável espaço da "discricionariedade interpretativa" do juiz com a "criação" do direito, termina por eliminar o confim entre "legítima" interpretação e "ilegítima" criação e, por isso, para envolver as tentações criadoras da jurisdição que de tudo necessitam fora do que ser encorajado.

A questão, portanto, não é simplesmente terminológica. As nossas teorias não são somente descritivas, mas performativas. É inegável que falar genericamente de "criatividade da jurisdição" equivale a oferecer um aval à ilegítima criatividade jurisprudencial em sentido forte; a ofuscar a natureza cognitiva da jurisdição e os limites da discricionariedade interpretativa; a contradizer os princípios da sujeição dos juízes à lei e da separação dos poderes; e, por isso, a minar a legitimação da independência dos juízes. Em função do hodierno caos legislativo, os espaços da discricionariedade interpretativa são já muito amplos para desaconselhar que se ampliem ulteriormente, teorizando e legitimando o criacionismo da jurisdição, destinado, inevitavelmente, a degenerar no dispositivo judiciário.

"Interpretação criativa", "jurisdição criativa", "jurisdição como fonte" são, assim, contradições em termos. Dispomos de um vocabulário muito rico que nos permite usar duas palavras distintas para denominar duas atividades radicalmente diversas: "interpretação" do direito existe para designar a aplicação ao caso colocado em juízo, e "criação" de novo direito para designar a produção de normas não nominativas para aplicação de outras normas. Certamente, os juízes, nestes anos, viram ampliar enormemente – da crescente complexidade e da indeterminação da legislação, de suas lacunas e de suas antonímias – a sua discricionariedade interpretativa. Exatamente por isso, a última coisa de que se sente necessidade é autorizar e, além disso, a criar novo direito, eliminando o confim entre legítima discricionariedade interpretativa e ilegítima criação judiciária e, assim, minando as bases da sua legitimação.

GENDER EFFECTS IN ARBITRATION

Ulrike Schultz[1]

Historically women had been excluded from legal studies and admission to the legal profession due to presumed gender characteristics. They were considered to be too soft for the tough legal work and not able to judge objectively. A law of 1922 finally gave women the right to be admitted to legal professions but it took to 1927 till the first woman judge could adjudicate. (SCHULTZ, 2003b, 273).

Since the 1980s the numbers of female law students have risen continuously and in most countries they make the majority of law students. In Germany they started to exceed men soon after the turn of the millennium. Meanwhile in many countries

[1] Ulrike Schultz is a lawyer and retired Senior Academic at the FernUniversität Hagen. She was for thirty years head of the didactics unit for the law faculty, is specialised in European law, the sociology of the legal professions, and questions of gender and law, has set up and organised several further education programmes at her university, such as Women and Law, Legal Skills Training, Law Related Education, Virtual International Gender Studies and a Gender Module in the Master of Laws. She has headed several big national research projects, amongst them "Women in Leading Position in the Judiciary in Northrhine-Westfalia", "Women Law Professors in Germany" (jurpro). She works as communication trainer for lawyers and the judiciary. She has taken part in and organised many international socio-legal projects. She has been member of the International socio-legal Group on the Comparative Studies of the Legal Profession since its inception in 1980, has been chair of the group from 2010 to 2014, and has been heading the Women/Gender in the Legal Profession subgroup since 1994. She has been main organiser of several workshops on legal profession and socio-legal issues. Together with Gisela Shaw she has edited comprehensive international collections on Women in the World's Legal Professions (2003), Women in the Judiciary (2012), Gender and Judging (2013) and Gender and Judicial Education (2016), Gender and Careers in the Legal Academy (2020). She is co-editor of a quarterly journal for equal opportunities officers, on the editorial board of several journals, is an EU ethics-consultant, and has been working as consultant and teacher for national (GIZ, Böll-Foundation, IRZ) and international organisations (EIGE, ODIHR) in international projects on gender and democracy. In 2018 she was elected President of the Research Committee for the Sociology of Law RCSL in the International Sociological Association. For details: <www.ulrikeschultz.de>; <www.fernuni-hagen.de/jurpro>.

more women work as judges than men, in Germany they are close to parity. The number of female advocates (*Anwältinnen*) has risen from 4.5% in 1970 to 35% in 2019, even a little more women than men have been amongst the newly admitted in recent years. In top positions in the big international law firms they are with app. 10% however grossly underrepresented. As arbitrators they are underrepresented too. In 2004 only 4% of those listed in the Guide of the World's Leading Experts in Commercial Arbitration were women.[2] But women are on the rise – yet slowly. At the International Court of Arbitration the number of appointments and confirmations of women arbitrators rose to 273 in 2018, representing 18.4% of the total.[3] In spite of this growth in numbers, there is evidence that it is particularly difficult for women to get the big cases to judge.

Women deserve their equal share. They are legally as qualified as men and even more women than men take course in mediation, negotiation and communication techniques. And women push for a larger share of the work. In 2005 ArbitralWomen, a not-for-profit company dedicated to fostering the role of women in international dispute resolution, through networking, communications and training, was founded. In 2018 the second edition of a book on women pioneers in dispute resolution was published giving 78 biographical stories of role models.[4] ICC launched a Gender Balance Pledge in late 2018, which commits to give women greater visibility, to increase gender diversity in panel discussions at conferences and better reflect it across its global networks.

What are the impediments which still hinder them and what – on the other hand will be the consequences of a further rise in the number of women arbitrators?

Female practitioners have faced, and continue to face, many challenges and prejudices in a traditional male dominated arena. Gender stereotypes connected to different roles in procreation and the classical share in household and family work are strongly rooted in our societies. Classical stereotypical attributes leading to prejudice are: soft, good, emotional, lenient, caring, sensitive, empathetic, neat, dutiful, helpful, illogical, fearful, talkative, although some of them describe attitudes which could lead to a better adjudication practice. Men on the other hand are often connected

---

2 Michael D. Goldhaber (2004) "Madame La Presidente – A woman who sits as president of a major arbitral tribunal is a rare creature. Why?" TDM 3, <www.transnational-dispute-management.com>.

3 ICC Dispute Resolution 2018 Statistics, p. 11. July 2018 marked a historical moment for ICC as the World Council – ICCs supreme governing body – appointed 88 women and 88 men as court members for the 2018-2021 term, thus establishing full gender parity for that group.

4 <https://www.arbitralwomen.org/women-pioneers-in-dispute-resolution/>.

with attributes like: strong, brave, tough, authoritarian, dominant, logical, proud, intelligent, objective, assertive, which not all describe desirable characteristics for professional work.

Stereotypes force women to prove their competence over and over again. Stereotypes are often underestimated, they create an unconscious bias, an invisible barrier which is difficult to combat or even detect. And if women seem tough and strong, they may be considered less likeable. Stereotypes and prejudice create expectations, positive and negative ones.

Whether women are somewhat different from men or whether they are just seen as different is a highly contested question. There has been an explosion of theories and research in this field in the past several years. There are some biological differences, in psychology differences are described and have been tested, in sociology for decades differences – gender and by some scholars also sex differences – have been declared as socially constructed, although in recent years theories looking at the individual and not the group have prevailed, in psychology the majority of experts seem to agree that sex and gender differences in mind and behaviour are there, but neither purely biological nor purely social in origin, the proportions keep on being negotiated.

Of course, not only gender matters, but age, ethnicity (race), faith, worldview, individual values, cultural background, disability, sexual identity and orientation, social status, economic status, life experience, family status, all these intersecting. On the other hand, becoming a lawyer is a welding process over many years, legal education and professional work lead to homogenizing perceptions, orientation and attitudes, lawyers inhale a profession specific identity, learn specific cultural codes which are geared towards ingroup behaviour of a guild of jurists. The legal habitus is a synthesis of biographical dispositions, typical experiences in student life and the acculturation to the cultural norms, values and practice in the legal field – which however have to be seen in different national and cultural settings. In international cases with actors from different countries and cultures things become even more complicated through intercultural differences which may lead to misunderstandings, misconceptions, misapprehensions.

When we started our big international comparative project on women lawyers[5] in the 1980s gender difference theory was still en vogue in line with claims in the early

---

5 Schultz, Shaw: Women in the World's Legal Professions, 2003; Gender and Judging, 2013; Schultz, Shaw et al. Gender and Careers in the Legal Academy, 2020.

years of the second women's movement that women are the "better", more peaceful part of humanity. The research question we phrased was therefore: do women change the profession? Does the profession change women? I specifically dealt with the subject under the title "Do women judge better – or differently?".

There are testimonies by prominent women about the female influence on judging. When Barak Obama nominated Sonia Sotomayor as Supreme Court judge in 2009, her qualities and competence were questioned in public. She commented: "I would hope that a wise Latina woman with the richness of her experiences would more often than not reach a better conclusion than a white male who hasn't lived that life".

Brenda Hale, the first British Law Lord and the first female President of the UK Supreme Court which was created in 2009, said in a Bar Reform Lecture at Inner Temple in London dealing with "The unique perspective of women judges on the law" in 2004: "the incorporation of difference on the bench subtly changes and, ultimately, improves the judicial product".

Jutta Limbach, our first female President of the German Federal Constitutional Court, phrased it more carefully in her opening speech at the German Judges Day in 1995 which went under the theme of "Changing Justice": "do women change the third power (i.e. the judiciary)? Are we witnessing in our administration of justice the emergence of a feminine element, articulated through empathy and leniency? Or is it that the judiciary and the study of law tend to have greater appeal for women who are structured similarly to men?" [6]

We have followed the question if women judge differently and the causes and consequences of it over the past decades. The results cannot be fully generalized as the special case, the special situation and setting and circumstances of a case play a role.

Gender matters in any kind of gender coded cases. And not only the gender of the judge matters but also the gender of the parties to the proceedings, the lawyers, the witnesses.

I will give some examples from the past twenty years to depict the dimensions of the issue.

---

[6] It has to be kept in mind that in the application of common law there is more space for individual swing than in the application of civil law.

Differences in adjudication have been reported in family law cases and they were similar in a number of different countries: in custody cases women tended to have more empathy with women, in alimony cases they tended to be less generous to women asking for financial support. An explanation could be that they as working women had less understanding for these women than male judges.

There is extensive research in the U.S. on gender effects in workplace sexual harassment cases (e.g. Boyd, Epstein, Martin, 2010). A so-called 'panel effect' was discovered: male judges were more likely to find for plaintiffs when at least one female judge was on the panel. They obviously assigned the competence in these cases to their female colleagues. Similar results have been reported in racial harassment cases. African-American judges and white judges as a group perceive racial harassment differently. In administrative law, female judges have extended the right of asylum to cases of threatened female genital mutilation (Rackley, 2008), and female immigration judges in the United States were overall 44 percent more likely to grant asylum than their male colleagues (Menkel-Meadow, 2009). These are examples for decisions in a pro-woman fashion or at least in the case of asylum cases of more lenient judgments.

Gender effects have also become visible in social law cases. In Germany the female judges in the Social Appeal Court of North Rhine-Westphalia differed from their male colleagues in their vote whether Viagra should be paid for by health insurance, and the German Attorney General, Juliane Kokott, at the European Court of Justice, advocated uniform tariffs for insurance for men and women, whereas previously women had to pay more than men.

In an interview with a male court president, he told me that he presumed that he as a football-fan probably would have a different view of a "football"-case, maybe coming to another result than his female colleagues. I could give other similar examples although judges are very reluctant to admit that personal opinions might influence their judgment, subscribing to the rule of objectivity as basic value of their work.

In criminal law we found a mixed evidence of either more rigid or more lenient attitudes of female judges, also in cases of violence and sexual abuse. Criminal cases open a broad gateway for sexist arguments as perpetrator's (also witnesses and victim's) personality and act are evaluated. Women could get a bonus if conforming to stereotypical gender role – being subservient, gentle, helpless. Role-breakers run a risk of less sympathetic treatment, may get stiffer sentences. Criminal proceedings serve not only as an investigation into their conduct, but also evaluation of expectations regarding their role as women. In cases used in further education at the German Judges' Academy we found that the attending women overall passed more lenient sentences than their male colleagues.

Do women judges promote substantive justice?

We found evidence that they may use a more interdisciplinary approach (de Groot; Kohen), avoid the rigid application of universal rules and narrow doctrinal decisions, they had a tendency "to redraw the boundary between the legal and the social". Do they reach more balanced decisions? Research in Brazil concluded that they tended to be more sensitive in understanding the cases, research from Australia and the U.K. showed that women were more aware of women's need. Further research is needed on the question whether they try to avoid contentious solutions more often than their colleagues. From several countries we got over many years evidence, and this is a hard fact, that women judges are not or less corrupt than their male colleagues (Syria, Kenya, Uganda, Pakistan, Bulgaria).

Gender definitely matters in the communication process in the proceedings, and this can influence the outcome. The behaviour of the actors, resulting sympathy and antipathy, has effects.

Do women listen better? Is their style of leading the proceedings and their style of interrogation friendlier, better? There is some evidence from family law proceedin-gs in France and criminal law proceedings in Germany. In socio-linguistic research in Israeli courts female lawyers showed more emotional concern for their clients, realized and made explicit drawbacks for women in divorce and mediation, female judges showed more caring attitudes. In the phrasing of judgments also differences were found, that women wrote more in a pro-women fashion. Are the communication strategies different? The linguist Deborah Tannen (1990) has given empirical proof of a gendered style of communication, that for women it is important to create a good atmosphere in any type of conversation, which may need time, she characterizes it as a language of relatedness, creating bonds, for men it is important to quickly negotiate their status in a hierarchical order, she calls it language of report. In the Israeli and in German research accordingly examples of male dominance were described e.g. of men showing less respect for other female actors in court.

To go back to Brenda Hale's statement: do women therefore improve the judicial product?

The evidence presented neither confirms nor refutes the initially by Carol Gilligan in her famous book "In a different voice" presented thesis of women's other voice as regards the outcome of cases. The conclusion that suggests itself is that it is not so much the female judges' work results that are different, but their attitudes, their style of work and their communicative behaviour. As they also bring in different life experiences, their influence should not be underestimated. Considering the outcome of their work, they feel first and foremost obligated to do their job properly and employ whatever they have learned at law school, and also to fit in with the rules and norms of their profession. The examples given show that parties do not need to fear that they will be treated less equitably by female judges. But it is necessary to work against old-fashioned gender images to give women equal chances and the recognition they deserve. Women should be aware of the obstacles created by stereotypes and prejudice and know how to react, to show their strength and competence. Gender sensitivity is needed – for men and women, as gender stereotypes are persistent:

A few years ago I had written an editorial for a judges' journal. The editor in charge wrote to the colleague who had commissioned the article: "Herewith the corrections for the editorial the style of which strikes me as masculine and harsh rather than feminine and gentle. Never mind".

For further references

BOYD, Christina L.; EPSTEIN, Lee; MARTIN, Andrew D. Untangling the Causal Effects of Sex on Judging. **American Journal of Political Science**, vol. 54 n. 2, Apr. 2010, p. 389-411. Disponível em: <https://cpb-us-w2.wpmucdn.com/sites.wustl.edu/dist/4/1744/files/2019/01/Untangling-the-Causal-Effects-of-Sex-on-Judging--2kdni0p.pdf>. Acesso em: 10 jul. 2020.

CHOI, Stephen J. et al. Judging Women. **Journal of Empirical Legal Studies**, vol. 8, n. 3, 2011, p. 504–532.

DE GROOT-VAN LEUWEN, Leny E. Women in the Dutch Legal Profession (1950-2000). *In:* SCHULTZ, Ulrike; SHAW, Gisela (eds.). **Women in the World's Legal Professions.** (Oñati International Series in Law and Society). Oxford: Hart, 2003, p. 341-351.

GILLIGAN, Carol. **In a Different Voice:** psychological theory and women's development. Cambridge: Harvard University Press, 1982.

JUNQUEIRA, Eliane Botelho. Women in the Judiciary: a perspective from Brazil. *In:* SCHULTZ, Ulrike; SHAW, Gisela (eds.). **Women in the World's Legal Professions.** (Oñati International Series in Law and Society). Oxford: Hart, 2003, p. 437-450.

KAMAU, Winifred. Women Judges and Magistrates in Kenya: challenges, opportunities and contributions. *In*: SCHULTZ, Ulrike; SHAW, Gisela. **Gender and Judging.** (Oñati International Series in Law and Society). Oxford: Hart, 2013, p. 167-190.

KOHEN, Beatriz. Family Judges in the City of Buenos Aires: a view from within. **International Journal of the Legal Profession**, vol. 15, n. 1-2, 2008, p. 111-122

LIMBACH, Jutta. Im Namen des Volkes – Richterethos in der Demokratie. **Deutsche Richterzeitung (DRiZ)**, 74, 1995, p. 425-430.

MATHER, Lynn. Gender in Context: women in Family Law. *In:* SCHULTZ, Ulrike; SHAW, Gisela (eds.). **Women in the World's Legal Professions.** (Oñati International Series in Law and Society). Oxford: Hart, 2003, p. 33-47.

MENKEL-MEADOW, Carrie. Asylum in a Different Voice: Judging Immigration Claims and Gender. *In*: RAMJI-NOGALES, Jaya; SCHOENHOLZ, Andrew I.; SCHRAG, Philip G. (eds.) **Refugee Roulette:** disparities in asylum adjudication and proposals for reform. NYU Press, 2009. Georgetown University Law Center Public Law & Legal Theory Research Paper n. 10–24 and University of California, Irvine School of Law, Legal Studies Research Paper n. 2010-14. Disponível em: <http://papers.ssrn.com/sol3/papers.cfm?abstract_id=1586402>. Acesso em: 10 jul. 2020.

OBERLIES, Dagmar. **Tötungsdelikte zwischen Männern und Frauen:** eine Untersuchung geschlechtsspezifischer Unterschiede aus dem Blickwinkel gerichtlicher Rekonstruktionen. Pfaffenweiler: Zentaurus, 1995.

OWOR, Maureen; MUSOKE, Harriet D. Neglect of Gender Questions in the Vocational Stage of Judicial Education in Uganda. **International Journal of the Legal Profession**, vol. 21, n. 3, 2014, p. 281-296.

RACKLEY, Erika. What a Difference Difference Makes: gendered harms and judicial diversity. **International Journal of the Legal Profession**, vol. 15, n. 1-2, 2008, p. 37-56.

SCHULTZ, Ulrike et al (eds.). **Gender and Careers in the Legal Academy**. Oxford: Hart, 2020.

SCHULTZ, Ulrike. Do Female Judges Judge Better? *In*: SONNEVELD, Nadia; LINDBEKK, Monika (eds.). **Women Judges in the Muslim World:** a comparative study of discourse and practice (Women and gender: The Middle East and the Islamic world). Leiden: Brill, 2017, p. 23-50.

SCHULTZ, Ulrike. Do German Judges Need Gender Education? *In*: SCHULTZ, Ulrike; SHAW, Gisela. **Gender and Judging.** (Oñati International Series in Law and Society). Oxford: Hart, 2013b, p. 585-598.

SCHULTZ, Ulrike. Haben Frauen in der Anwaltschaft schlechte Karten? Eine rechtssoziologische Betrachtung. **BRAK-Mitteilungen**, Okt. 2018, p. 223-231. Disponível em: <http://www.brak-mitteilungen.de/media/BRAK_2018_05.pdf>. Acesso em: 10 jul. 2020.

SCHULTZ, Ulrike. I was noticed and I was asked ...: Women's Careers in the Judiciary. Results of an Empirical Study for the Ministry of Justice in Northrhine-Westfalia, Germany. *In*: SCHULTZ, Ulrike; SHAW, Gisela. **Gender and Judging.** (Oñati International Series in Law and Society). Oxford: Hart, 2013a, p. 145-166.

SCHULTZ, Ulrike. Juristische Sozialisation. *In*: BOULANGER, Christian; ROSENSTOCK, Julika (zus. mit Anja Böning). **Studienbuch Interdisziplinäre Rechtsforschung**. Baden-Baden: Nomos, 2018, p. 191-203.

SCHULTZ, Ulrike. Sexism in Law and the Impact of Gender Stereotypes in Legal Proceedings. **Fight for the Public Space:** when personal is political. Tiflis: South Caucasus Regional Office, Heinrich Böll Stiftung, 2016, p. 97-108. Disponível em: <https://ge.boell.org/en/2016/12/29/fight-public-space-when-private-political>. Acesso em: 10 jul. 2020.

SCHULTZ, Ulrike. Sexismo. *In*: MAIA, Rui Leandro et al. **Dicionário – Crime, Justiça e Sociedade**. Lisboa: Sílabo, 2016, p. 444-446.

SCHULTZ, Ulrike. The Status of Women Lawyers in Germany. *In:* SCHULTZ, Ulrike; SHAW, Gisela (eds.). **Women in the World's Legal Professions.** (Oñati International Series in Law and Society). Oxford: Hart, 2003b, p. 271-291.

SCHULTZ, Ulrike. Women in the World's Legal Professions: overview and synthesis. *In:* SCHULTZ, Ulrike; SHAW, Gisela (eds.). **Women in the World's Legal Professions.** (Oñati International Series in Law and Society). Oxford: Hart, 2003a, p. xxv-lxii.

SCHULTZ, Ulrike. Women Lawyers in Germany: perception and construction of femininity. *In:* SCHULTZ, Ulrike; SHAW, Gisela (eds.). **Women in the World's Legal Professions.** (Oñati International Series in Law and Society). Oxford: Hart, 2003c, p. 295-321.

SCHULTZ, Ulrike; SHAW, Gisela (eds.). **Women in the Judiciary.** Abingdon: Routledge. (Reprint of the special issue 15 (1-2) of the International Journal of the Legal Profession on Gender and Judging), 2008.

SCHULTZ, Ulrike; SHAW, Gisela, eds. Introduction: Gender and Judging: Overview and Synthesis. *In*: SCHULTZ, Ulrike; SHAW, Gisela. (eds.). **Gender and Judging.** Oxford: Hart, 2013b, p. 3-47.

SCHULTZ, Ulrike; SHAW, Gisela. (eds.). **Gender and Judging.** Oxford: Hart, 2013a.

SCHULTZ, Ulrike; SHAW, Gisela; DAWSON, Brettel (eds.). **Gender and Judicial Education.** London; New York: Routledge, 2016.

SOMMERLAD, Hillary. Let History Judge? Gender, Race, Class and Performative Identity: a study of women judges in England and Wales. *In*: SCHULTZ, Ulrike; SHAW, Gisela. (eds.) **Gender and Judging.** Oxford: Hart, 2013, p. 355–375.

TANNEN, Deborah. **You Just Don't Understand**: women and men in conversation. New York: Ballantine, 1990.

Liberalismo, neoliberalismo e polícia

Jacinto Nelson de Miranda Coutinho[1]
e Nikolai Olchanowski[2]

RESUMO. Apresenta-se um quadro do liberalismo político, cujo traço essencial é o individualismo, com enormes consequências para a construção do Estado. Depois, discute-se como o neoliberalismo, em essência, nega o pensamento liberal clássico. Substitui-se a ideia de causa-efeito pela de ação eficiente, apontando para um Estado mínimo. De duas funções, porém, não se abre mão: caridade e polícia. Inserta na lógica neoliberal, a polícia deve atuar conforme o princípio da eficiência. Cabe à polícia agir rápido, para desde logo mostrar a força do caso penal. O lugar da polícia, na lógica neoliberal, é prioritário. Para isso, porém, necessita de um pensar estratégico, com meios próprios e adequados, assim como pessoal especializado.

Palavras-chave. Liberalismo. Neoliberalismo. Polícia. Eficiência.

Não é tarefa simples, por óbvio, dar uma definição de liberalismo. Matteucci (1986, p. 686-705) fala numa "definição difícil", aludindo à facilidade com que autores caem, de um lado, em graves equívocos teóricos e, de outro, em fugas para o que chamam de "liberalismos".

Seguindo Lacey (1988, p. 143), o que se quer aqui é tão somente indicar os traços definidores da corrente política liberal. Não obstante a enorme variedade de compreensões que poderiam ser rotuladas de liberais, parece um conceito comum a to-

---

1 Professor Titular de Direito Processual Penal da UFPR (aposentado). Professor dos Programas de Pós-Graduação em Ciências Criminais da PUCRS e da Faculdade Damas, Recife. Presidente de Honra do Observatório da Mentalidade Inquisitória. Advogado.

2 Mestre e doutorando em Direito pela UFPR. Especialista em Direito Penal e Criminologia pelo ICPC-Curitiba. Advogado.

das elas uma noção de individualismo, a ponto de ser lícito afirmar que "liberalismo significa individualismo" (MATTEUCCI, 1986, p. 689).

Grosso modo, individualismo é a crença em características inatas do indivíduo. Características essas que seriam independentes, pois encontradas em um plano diverso de qualquer meio no qual ele se encontre.

Trata-se da injunção kantiana de tomar os homens como agentes morais. É um imperativo que não poderá ser extraído da experiência. Não é de nenhum contato com o mundo, de nenhum meio e, portanto, de nenhum sentimento, inclinação ou emoção sensorial que se trata (KANT, 1995, p. 68).

Significa afirmar que o indivíduo surge para o meio social já dotado de uma série de características e atributos prévios. E qualquer arranjo social e político deverá respeitá-los (LACEY, 1988, p. 144).

Evidente que a concepção de um estado de natureza, ou seja, de um estado em que os homens se encontram antes de ingressarem em relações político-sociais tem seu papel. Uma ideia de valores pré-sociais, a serem garantidos ao máximo pela associação política dos homens, é um traço claro do contratualismo.

O melhor exemplo desse tipo de teorização é a descrição inicial de um estado de natureza de Robert Nozick em seu "Anarchy, State, and Utopia" (NOZICK, 1974)[3]. Nozick, vale dizer, cabe aqui por levar às últimas consequências as linhas gerais do liberalismo. Fala-se em um *ultraliberalismo* nozickiano (ARAUJO, 2003, p. 272-286).

Deposita-se nos indivíduos uma carga de valores inatos, independentes e anteriores aos arranjos políticos que porventura se construam. Agem os indivíduos, mesmo no estado de natureza, "dentro dos limites da lei da Natureza" (LOCKE, 1823, p. 106).

Não é sem importância o fato de Nozick começar seu raciocínio afirmando que "indivíduos têm direitos".

A figura do indivíduo liberal será a de um ser racional, isto é, capaz de raciocinar sobre os fins e as consequências de suas ações: a razão é privilegiada sobre a emoção; a intuição é reduzida ou excluída.

---

3 Veja-se especialmente o Prefácio (p. ix-xv) e a Parte 1 – *State-of-Nature Theory, or How to Back into a State without Really Trying* (p. 2-147).

Agir racionalmente, por outro lado, permite atribuir *responsabilidade* aos homens. Serão a racionalidade e responsabilidade características reais e fontes de limites normativos nas formas com as quais os humanos devem ser tratados, particularmente por instituições políticas.

Lida-se aqui diretamente com a justificação moral e com a organização do Estado. Tomando, mais uma vez, Nozick como exemplo mais radical, basta olhar para o caminho que o filósofo americano concebe para que os indivíduos entrem em relações políticas: são decisões racionais, baseadas em atitudes voluntárias, a ponto de podermos apontar para um princípio de *Voluntas non fit injuria* (o que é voluntário não pode ser injusto).

Adicione-se a isso a negação do paternalismo, de um lado, e a busca pela neutralidade, de outro. Uma noção liberal de mundo deve conter um espaço não desprezível de não interferência. Somente a garantia de um tal espaço permite a verdadeira liberdade dos indivíduos, de modo que suas capacidades e suas individualidades sejam plenamente desenvolvidas.

Claro, toda a construção política deve se pautar pela preservação e defesa desses direitos pré-políticos. Como corolário, a busca pela "excelência", tão cara aos clássicos, deve ser eliminada da esfera pública. Nega-se, assim, um paternalismo estatal e se estabelece um princípio de neutralidade. Está aqui uma condição para aquilo que Metteucci chama de "verdadeira liberdade liberal".

A "verdadeira liberdade liberal", por outro lado, exige uma constante preocupação com conceitos como justiça, igualdade e direitos individuais. A própria justificativa do contratualismo kantiano se pauta firmemente na defesa de direitos individuais. Preocupação esta que se relaciona, como já dito, com a estrutura jurídica do Estado:

> Esses valores incluem coerência entre leis, possibilidade de conformidade, congruência entre as regras declaradas e as respostas oficiais, não retroatividade, clareza, estabilidade relativa, publicidade e generalidade. Todos valores que se relacionam mais ou menos diretamente a algum dos aspectos identificados do liberalismo, conduzindo a uma situação em que o ser racional e responsável é livre para planejar sua vida de modo a evitar, na medida do possível, a intervenção coerciva da lei penal (LACEY, 1988, p. 149).[4]

Como se vê, adotar uma justificativa *liberal* para o Estado não é sem consequência.

---

[4] Tradução livre.

Desde há muito tem-se discutido o papel de um pensamento economicista nos variados ramos do direito criminal (MIRANDA COUTINHO, 1999, p. 37-49).

Sobre os fundamentos postos pela Sociedade de Mont Pèrelin e com a proeminência de Hayek e Friedman, encontrou-se uma vertente de negação do pensamento liberal clássico, alcunhada, dissimuladamente, de *neo*liberalismo. Uma vertente que desvincula a liberdade da igualdade e, mais dramaticamente, sepulta a fraternidade – nada mais distante da aludida centralidade da preocupação com direitos individuais característica da teorização kantiana.

Claro, esses fundamentos não poderiam deixar de tomar como alvo formas de Estado. E, em Hayek, isso demandava um câmbio epistemológico profundo: era necessário substituir a ideia de *causa-efeito* pela de *ação eficiente*. Aquele que não age eficientemente, que age não previsivelmente, é um entrave. A lógica *natural* do mercado deveria reger a sociedade, substituindo uma noção abstrata de razão – tão cara, como se sabe, ao verdadeiro liberalismo. Diminui-se o homem, em suma.

O Estado pensado como realizador das promessas da modernidade é um empecilho. Só pode ser admitido, portanto, em sua forma mínima. De duas funções, porém, Hayek não abre mão: caridade e polícia.

É certo que, de forma condizente ao *verdadeiro* liberalismo, despontaria uma esfera penal mínima. Afinal, a esfera de interferência sobre as liberdades individuais deveria ser reduzida; e o papel paternalista do Estado sobre a moral individual seria negado, a ponto de a atribuição de responsabilidade recair somente sobre atos exteriores etc.

Contudo, ao entrar na esfera penal, a epistemologia neoliberal vai na contramão da história – esquece-se da preocupação com direitos e da tendência à limitação do espaço do Estado na via dos indivíduos. Sintomáticas são as mais variadas vertentes dos "movimentos de lei e ordem", calcados na *ameaça constante*, no medo da lei; e um direito penal máximo.

Para que o ideal neoliberal se perfectibilize – Estado só como *polícia* e *caridade* – é sintomático que é necessária uma polícia equipada. Afinal, ela é tida como uma das funções essenciais, insubstituível. Por evidente que isso parece estar ligado a uma constatação simples: a *caridade* é necessária para que os *excluídos* não perturbem a produção – um dos eixos centrais do modelo neoliberal –, assim como a *polícia* deve estar a postos para garantir que isso não aconteça. Por trás, uma lógica decorrente do *princípio da eficiência*.

Se o fundamento epistêmico, então, passa a ser a *eficiência*, a avaliação do trabalho da polícia se dará em razão do que ela produz, mas, quiçá, principalmente, em função da velocidade para dispor dos casos penais. Não à toa, formas processuais penais tendem a seguir à risca a receita neoliberal: flexibilizar e desburocratizar[5].

Abrem-se espaços de negociação e apuram-se os casos penais de modo a que dispender recursos deve ser *rentável*[6].

Não há tempo para longos processos, com forte exigência de produção de provas, extensos debates entre acusação e defesa e sentenças minuciosas. É preciso que o caso seja resolvido o quanto antes, para que a polícia – que ganha certa centralidade no sistema penal, em detrimento dos custosos e morosos Judiciário e Ministério Público, por exemplo – fique livre para apurar os próximos casos penais.

Ora, a própria justificação da pena se dá em função de um preciso cálculo de custos, capaz de fornecer uma punição "ótima". Entram no cálculo (1) o número de ofensas e o custo por elas gerado, (2) o número de ofensas punidas, (3) o número de prisões, condenações e custos da polícia, (4) o número de condenações e os custos de penas de prisão ou de outra natureza, (5) o número de ofensas e os custos privados em segurança (BECKER, 1968, p. 169-217).

Nessa lógica, o potencial criminoso é tomado – ou deve ser tomado – como alguém que sempre calcula o risco de ser "pego" e sopesa esse risco com a dureza da punição. Trata-se de um paradoxo: de um lado, o modelo neoliberal leva todos à competição, na qual deve-se vencer, quem sabe a qualquer preço. Embora ingênuo, aposta-se em um *fair play*. De outro lado, pune-se a conduta daquele que, para vencer, arrisca-se traspassando o limite das regras na competição. A corrupção, por exemplo, pode ser lida nesta chave.

Para o Estado e, por ele, a autoridade policial, o maior peso desse cálculo sempre recairá nos primeiros momentos após a descoberta do fato definido como criminoso: se o tempo é curto, é necessário colher o maior número possível de informações, para apresentá-las de uma só vez ao infrator e à sua defesa.

No cenário ideal, a defesa logo percebe a *força* do caso penal; e ele a incentiva a abrir mão do processo e negociar, quiçá mirando um ganho no resultado final.

---

5 O fato de que acima de 95% dos casos penais americanos não sejam mais acertados por júri, mas sim por espaços de negociação entre acusação e defesa é sintomático. Ver Bibas (2011).

6 Veja-se, por exemplo, os impactos dessa lógica na formulação das políticas criminais: Dieter (2013).

Há, portanto, uma "gestão do risco". Assim, se antes havia um cálculo sobre o risco no cometimento do crime, agora o investimento se volta para o processo. São as propensões ou aversões ao risco do processo que determinarão se e sob quais termos um possível compromisso será firmado entre acusação e defesa (CHURCH, 1979, p. 509-525). Não se trata de nada mais do que uma concessão dos bens que cada parte possui: o MP desiste de obter a pena máxima (ou aquela razoavelmente prevista para aquele crime e acusado) e o acusado/investigado desiste da absolvição, confessando.

Para que esse cálculo exista, no entanto, desde o primeiro momento é necessário que a polícia seja capaz de mostrar a *força* do caso penal. E, por óbvio, sua capacidade de agir e sua eficiência dependerão diretamente de treinamento, recursos humanos, recursos científicos e tecnológicos.

Em Becker (1968, p. 204), antecipar a pena e condenar rapidamente reduz os custos totais das ofensas/crimes e, portanto, aumenta o bem-estar social. Aumenta-se, assim, a *eficiência* de uma política pública sempre custosa.

Becker (1968, p. 205) emprega aqui o conceito de elasticidade, a fim de determinar os impactos que alterações e certas variáveis têm no resultado – medido sempre em *eficiência*. Crimes *elásticos* são aqueles em que o cálculo de custos e benefícios pelo potencial criminoso é mais influenciável pelo acréscimo de incentivos. Crimes passionais, por exemplo, são menos *elásticos* do que crimes como fraudes ou contra a legislação concorrencial.

Como consequência, não surpreende que, nessa lógica, o foco dos investimentos na polícia deve ser naquelas ofensas/crimes para os quais variações na aludida "gestão do risco" terão mais impacto. A corrupção, tomada em sentido amplo como violação às regras do mercado, passa a ser o maior alvo.

Becker é claro: aumentar salários de policiais, implementar novas tecnologias (pela data do escrito – 1968 – as novidades citadas são datiloscopia, balística, digitalização e análise química), reorganizar a estrutura das polícias é custoso. Entretanto, se esses dispêndios forem compensados pelo declínio no número geral de ofensas/crimes e na aplicação de punições mais rigorosas (exemplares), há ganho de bem-estar.

O fato, em suma, é que, sem dúvida, pode-se questionar o acerto do pensamento economicista (neoliberal) no direito criminal, diretamente em choque com os ideais do liberalismo. O que não se pode, por simples incompatibilidade, é endossar esse pensamento sem realizar o que de mais primário ele exige: ter uma polícia organizada, capaz de agir rápido, apurar fatos, colher informações e construir narrativas consistentes.

Em tempos de *pensamento economicista neoliberal*, mesmo com um *Estado mínimo*, é *prioritário o lugar da polícia*.

Antes de tudo, isso deve ser entendido.

Ser prioritário significa – no modelo neoliberal – não se opor a ele nenhum argumento de falta de recursos, seja porque poderiam não existir, seja porque os investimentos deveriam ser feitos, com prioridade, em outras áreas. Afinal, para *caridade* e *polícia* os recursos sempre deveriam estar disponíveis.

Por elementar, tal linha de raciocínio é contestável, mas não dentro do modelo neoliberal. A intervenção estatal se dará, então, com prioridade, nesses dois espaços (*caridade* e *polícia*), superando-se as demais áreas, nas quais a própria sociedade deve resolver os problemas.

Em consequência, de um mero órgão estatal alojado – em geral – dentro do Poder Executivo (e dependente de recursos sempre escassos), como sucede hoje, no modelo neoliberal esse lugar prioritário da polícia faz com que ela tenha que ser *eficiente*.

Eficiência, aqui, é elucidar os casos penais e sobre eles aglutinar conhecimentos e meios de demonstração deles em tempos breves, não raro muito breves. Enfim, colher elementos de conhecimento que possam, depois, como provas, ser produzidos nos processos, tudo em um sistema processual do qual o modelo sempre foi aquele do *common law* norte-americano. Trata-se de um processo que tem por fundamento um sistema acusatório ou adversarial, como querem alguns.

Se é assim, a regra é a *oralidade* (em detrimento da escritura), com um *conjunto de audiências* onde tudo – ou quase tudo – ocorre. Nesta base, o papel dos participantes é predefinido, conforme a Constituição e as leis, cabendo ao juiz, quase que exclusivamente, *dicere ius* e, assim, *juris dictio*. A burocracia, por evidente, na qual os juízes se enleiam no sistema brasileiro atual, é, para eles, perda de tempo, e demarcam um agir *ineficiente*, o qual pode ser feito com *eficiência* por qualquer outra pessoa com capacidade para tanto, deixando-os livres para o que importa, a função jurisdicional. O MP, nesse quadro, assume papel de real importância, ligado não só ao *controle externo da atividade policial* (a fim de que seja *eficiente*), mas, sobretudo, porque deve, no processo, provar o crime sobre o qual se funda a imputação, sem o que, primeiro, não consegue demonstrar que tem um *caso penal* para ser investigado; depois, para ser processado e, por fim, para fundar uma condenação. A defesa, da sua parte, socorrida pela *presunção de inocência*, atua diante das provas e, assim, não se pode fiar tão só no *in dubio pro reo*, de modo que lhe é aconselhável, se for o caso, lançar mão da *investigação defensiva*.

Vê-se, logo, a importância do *"lugar" das partes* (sempre em função da Constituição e das leis) e das *provas*. O juiz, por exemplo, cumprindo seu papel constitucional e legal, não está predisposto para fazer aquilo que, pela Constituição e as leis – repita-se – cabe ao MP. Ao juiz, *juris dictio*. Ao MP, acusar e produzir a prova que lhe compete; do contrário, deve o juiz absolver.

O MP, porém, em que pese nos demais sistemas da região tenha o comando das investigações para obter o conhecimento necessário e, com ele, os meios de prova, no Brasil segue debaixo da Constituição da República e, assim, deve depender dos órgãos de investigações da polícia, ao qual poderá controlar.

Isso ressalta, desde logo, a *importância fundamental do agir policial*, ao qual se pretende tenha *eficiência*.

Ora, em um sistema como aquele projetado pelos princípios e regras constitucionais, de todo acusatório/adversarial, com oralidade e um conjunto de audiências, tudo começa logo após a *notitia criminis*, mormente quando ela ocorre com a prisão em flagrante. Em geral em 24 horas o preso é apresentado em audiência a um *juiz das garantias*, que deve prover a higidez da estrutura constitucional e legal, relaxando a prisão se for o caso ou tomando outras medidas de natureza cautelar. Trata-se de uma audiência preliminar ou de formalização. Tem ela – para o que aqui interessa – grande importância porque, além do controle precitado, pode comportar um *acordo* que, em definitivo, conclua o processo; e com decisão de mérito (algo que pode ocorrer, também, nas demais audiências).

Esse quadro mostra, com tal hipótese de *plea bargaining*, a relevância induvidosa do conhecimento obtido na esfera da investigação preliminar, na audiência transformado em prova. Logo, o MP leva à audiência elementos de prova que foram obtidos, em geral, pela polícia, fazendo ressaltar a necessidade de um agir *eficiente* desde logo.

Para assim agir, necessita-se de um *pensar estratégico*, com *meios próprios e adequados*, assim como *pessoal especializado*. Ora, se em 24h é necessário se ter provas suficientes para – quem sabe – obter-se um acordo sobre o caso penal, é preciso prova bastante a demonstrar que, mais tarde, no julgamento, aquelas provas, por si sós, já seriam suficientes para a condenação, tudo de modo a se poder incentivar a confissão e, com ela, o acerto, o qual deve, de regra, permitir que o acusado não vá preso em regime fechado.

A referida prova, como se percebe, é resultado de um agir *eficiente* de uma polícia preparada para seu mister; e sem a qual o sistema processual acusatório não funciona adequadamente.

Enfim, o sistema acusatório já existia e funcionava muito bem antes do neoliberalismo e seu modelo fundado no *princípio da eficiência*, razão por que a adoção dele não depende das posturas neoliberais.

Elas, porém, se forem adotadas em sua maior radicalidade, não devem negligenciar o lugar que a polícia ocupa no modelo e, por isso, para se ter *ações eficientes*, é preciso que impere a *prioridade* que tem. Sem isso, ajuda a naufragar o próprio modelo, se é que ele é de alguma serventia.

Referências

ARAUJO, Cicero. Nozick e o Estado. *In*: AGUIAR, Odilon Alves; OLIVEIRA, Manfredo; SAHD, Luiz Felipe Netto de Andrade e Silva (orgs.). **Filosofia política contemporânea.** Petrópolis: Vozes, 2003, p. 272-286.

BECKER, Gary. Crime and punishment: an economic approach. **Journal of Politics and Economics**, vol. 76, n. 2, Mar.-Apr. 1968, p. 169-217.

BIBAS, Stephanos. Regulating the Plea-Bargaining Market: From Caveat Emptor to Consumer Protection. **California Law Review**, vol. 99, 2011, p. 1117-1161.

BOBBIO, Norberto; MATTEUCCI, Nicola; PASQUINO, Gianfranco. **Dicionário de política.** 2.ed. Brasília: Editora Universidade de Brasília, 1986, p. 686-705.

CHURCH JR., Tomas W. In Defense of "Bargain Justice". **Law & Society Review**, vol. 13, n. 2, Winter 1979, p. 509-525.

DIETER, Maurício Stegemann. **Política Criminal Atuarial:** a criminologia do fim da história. Rio de Janeiro: Revan, 2013.

KANT, Immanuel. **Fundamentação da metafísica dos costumes.** Trad. Paulo Quintela. Porto: Porto Editora, 1995, p. 68.

LACEY, Nicola. **State punishment:** political principles and community values. London; New York: Routlege, 1988, p. 143.

LOCKE, John. Two Treatises of Government. *In*: LOCKE, John. **The works of John Locke.** Vol. V. London: Printed for Thomas Tegg; W. Sharpe and Son; G. Offor; G. and J. Robinson; J. Evans and Co, 1823, p. 106.

MIRANDA COUTINHO, Jacinto Nelson de. O papel do pensamento economicista no direito criminal de hoje. **Revista da Faculdade de Direito da UFPR**, vol. 31, 1999, p. 37-49.

NOZICK, Robert. **Anarchy, State, and Utopia.** Oxford: Blackwell Publishers, 1974.

O RISCO NO DIREITO: O MEDO NA SOCIEDADE CONTEMPORÂNEA[1]

Diógenes V. Hassan Ribeiro[2]
e Douglas Cunha Hassan Ribeiro[3]

RESUMO. A hipercomplexidade da sociedade contemporânea impõe a necessidade de decidir. A decisão leva ao risco diante da contingência. O sistema jurídico/direito, que apresenta expectativas comportamentais que devem ser estabilizadas normativamente, constituídas de decisões, procura controlar (antecipando/ganhando) tempo. O resultado, entretanto, é criar mais risco. O medo, por seu turno, é social e consiste na consequência do risco. Portanto, a solução do risco na sociedade atual impõe a necessidade de criar mais risco com suas especificações, problematizando o próprio problema: um paradoxo.

Palavras-chave. Controle. Direito. Medo. Risco. Sociedade contemporânea.

1. Introdução

Como concluir que a sociedade atual é uma das mais seguras que já existiram, se ela mesma é que *se sente* mais amedrontada do que as anteriores? Tratando do medo como *social*, vê-se que o medo é consequência do risco na sociedade atual, cuja característica principal é a sua hipercomplexidade, o que decorre também da contingência. Assim, o risco está muito mais presente na sociedade contemporânea, pois há muitas possibilidades de escolhas.

---

1 Com o presente texto pretendemos homenagear, de forma singela, a professora Renata Almeida da Costa, tratando de tema das suas pesquisas acadêmicas. Não poderíamos deixar de participar desta obra coletiva, considerando a amizade e o carinho que temos pela professora Renata, pessoa que sempre se apresenta com uma simpatia e um carisma pessoal – que lhe é natural – e que encanta a todos com quem encontra no ritmo da vida.

2 Mestre e doutor (2001 e 2006 – UNISINOS). Pós-doutor (2017 – CES/FEUC – COIMBRA). Desembargador TJRS. Professor PPGD/UNILASALLE, mestrado e doutorado.

3 Mestre (2015 – Unilasalle), Doutorando (2017-2020, Unisinos), advogado.

Nesse passo, a função do Direito não reside em garantir comportamentos, mas, sim, em assegurar expectativas, de tal modo que o Direito permite um maior grau de confiança, isto é: é possível viver em uma sociedade mais complexa. Para tanto, o Direito pretende controlar o tempo, de tal maneira que a norma jurídica estabelece aquilo que se deve esperar do futuro com *decisões* presentes (risco).

Todavia, como se verá, para reduzir a complexidade, é necessária uma seleção forçada, i.e., uma *decisão*, de tal modo que, ao reduzir a complexidade, o Direito cria mais complexidade interna. Em verdade, nessa busca por uma sociedade mais segura, o que acaba ocorrendo é o desenvolvimento do risco, aumentando-o e delimitando-o ao mesmo tempo (codificação binária).

2. O medo na sociedade contemporânea

A sociedade atual *sente-se* insegura, ameaçada e amedrontada, mais inclinada ao pânico – e, por consequência, desejosa por segurança – que as sociedades anteriores, muito embora, pelo menos nos países ditos mais desenvolvidos, a mesma sociedade atual está entre as mais seguras que já existiram. É com tal afirmação que Bauman começa a abordar a confiança e o medo na cidade (BAUMAN, 2009, p. 1).

Aliás, Bauman aponta que a psicanálise já tratou desse tema. Sigmund Freud aponta que os sofrimentos humanos – inclusive o medo de sofrer e o medo em si – derivam do "poder superior da natureza, da fragilidade de nossos próprios corpos e da inadequação das normas que regem os relacionamentos mútuos dos seres humanos na família, no Estado e na sociedade" (BAUMAN, 2009, p. 1). É dizer, o medo tem sua origem no (i) poder superior da natureza, (ii) na fragilidade de nossos corpos e (iii) na inadequação das normas sociais.

Com efeito, Bauman conclui que os dois primeiros medos já estão, em maior medida, controlados pelo conhecimento dos limites do que somos capazes de fazer, uma vez que se sabe não ter o poder de dominar totalmente a natureza e que não nos tornaremos imortais (BAUMAN, 2009, p. 1). Todavia, o terceiro tipo de medo há de ser mais complicado, denominando-o, a propósito, de "a miséria de origem *social*" (BAUMAN, 2009, p. 2). Ora, tudo o que foi feito pela sociedade também pode ser *refeito* e também – pode-se dizer – *desfeito*: "não se entende por que os regulamentos estabelecidos por nós mesmos não representam... benefício e proteção para cada um de nós" (BAUMAN, 2009, p. 2).

Ademais, Bauman – citando Castel – diz que a insegurança moderna não deriva da perda da segurança, mas, sim, da "'nebulosidade (*ombre portée*) de seu objetivo', num mundo social que 'foi organizado em função da contínua e laboriosa busca de proteção e segurança'" (BAUMAN, 2009, p. 2). Desse modo, ao perceber que não se pode alcançar a insegurança – não obstante haja uma convicção de obter uma segurança completa –, tende-se a relacionar a causa do fracasso a um ato mau e premeditado de um delinquente (BAUMAN, 2009, p. 2).

Em outra obra, Bauman lança à tona o conceito de "medo derivado", ou "medo de segundo grau", para explicar o medo na sociedade atual (BAUMAN, 2008, p. 9). Trata-se, pois, de um rastro de uma experiência passada de enfrentamento da ameaça direta, i.e., de um resquício que sobrevive ao encontro e se torna um fator importante na modelagem da conduta humana, mesmo que não haja mais uma ameaça direta (BAUMANN, 2008, p. 9). Assim, embora Bauman (2008, p. 9) o classifique como uma estrutura mental[4], o medo derivado é, em verdade, um medo *social*, tanto que possibilita sua difusão pela sociedade global. Melhor dito, não se trata de que o medo não seja mental – ou até mesmo biológico, quando das reações nervosas por sinapses –, mas também é social, razão por que (como o próprio Bauman, de certo modo, mencionou) se desprende daquela dita ameaça *direta*, aquela experiência real de insegurança, para tornar-se um medo culturalmente reciclado que muda as expectativas sociais (BAUMAN, 2008, p. 9).

Nesse contexto, a operação que se reproduz socialmente é, inevitavelmente, a comunicação. A comunicação é a única operação genuinamente social (LUHMANN, 2007, p. 57). É nesse sentido que, então, a comunicação pressupõe o concurso de um grande número de sistemas psíquicos (indivíduos), muito embora a comunicação não possa ser imputada a nenhuma consciência isolada (LUHMANN, 2010, p. 293). Assim, a despeito de que necessita da "'participação' de consciências" (GUIBENTIF, 2012, p. 171), a comunicação apenas comunica com a comunicação de modo operacionalmente clausurado. Há um contato imediato da comunicação com a consciência, "sem que os acontecimentos internos da mesma (pensamentos) atuem como participantes da cadeia de comunicação" (LUHMANN, 2010, p. 275).

A comunicação consiste na síntese de três diferentes seleções: da seleção de uma informação; da seleção da expressão dessa informação; e da seleção da compreensão ou incompreensão dessa expressão da informação (LUHMANN, 1991, p. 152-).

---

4 "O 'medo derivado' é uma estrutura mental estável que pode ser mais bem descrita como o sentimento de ser *suscetível* ao perigo (...)" (BAUMAN, 2008, p. 9).

Veja-se que há inúmeras possibilidades de informação que *Alter* poderia expressar a *Ego* (o que digo?) (MANSILLA; NAFARRATE, 2008, p. 70), deve haver uma seleção, portanto. Igualmente, ao perguntar-se como digo tal informação, *Alter* seleciona uma expressão entre várias. Diante disso, vê-se uma diferença entre *informação* e *expressão da informação* (ou dar-a-conhecer (MANSILLA; NAFARRATE, 2008, p. 70) ou ato de comunicar (LUHMANN, 2010, p. 297), de modo a distinguir a comunicação da percepção (MANSILLA; NAFARRATE, 2008, p. 71). É dizer, a informação é heterorreferente, referindo-se ao entorno da comunicação: a algo que ela não é; e a expressão da comunicação, a seu turno, é autorreferente, referindo-se a si mesma (MANSILLA; NAFARRATE, 2008, p. 71).

Na compreensão ou incompreensão (o que entendo?), *Ego* também deve realizar uma seleção, deve ser capaz de distinguir entre informação e expressão da informação (MANSILLA; NAFARRATE, 2008, p. 71). Dessa forma, a comunicação tem um significado maior do que a pura expressão e o envio de uma mensagem, de tal modo que a comunicação exige uma (in)compreensão, a qual não é parte da atividade do comunicador, nem pode ser atribuída a ele (MANSILLA; ARNOLD, 2007, p. 113). Uma vez que nenhum desses componentes pode, isoladamente, constituir a comunicação (LUHMANN, 2010, p. 297), a (in)compreensão realiza a autopoiese do sistema, de tal maneira que – afastando-se do que cada um entende em sua consciência, dado que tem sua autopoiese própria – o sistema social produz a sua própria compreensão e incompreensão: "pode-se comunicar sobre o entendido, o mal-entendido, o não compreendido, mas tudo isso, certamente, sob a especificação da autopoiesis do sistema de comunicação, e não conforme o que cada um dos participantes pensa, ou deseja" (LUHMANN, 2010, p. 298).

Em vista disso tudo, não se pode deixar de reconhecer que o medo é deveras social. Nesse passo, veja-se a presença do *risco* na atualidade. Com efeito, o risco refere-se à possibilidade de danos futuros devido a decisões particulares, porquanto as decisões tomadas no presente condicionam o futuro, não obstante não se saiba de que modo, devendo-se tomá-las sem ter uma consciência suficiente do que sucederá (CORSI; ESPOSITO; BARALDI, 1996, p. 141). O risco caracteriza-se pelo fato de que, embora haja a possibilidade de consequências negativas, convém, de toda maneira, decidir melhor de um modo do que de outro (CORSI; ESPOSITO; BARALDI, 1996, p. 141).

Diante disso, considera-se que o risco depende da atribuição dos danos resultantes de uma *decisão* tomada no/pelo sistema (CORSI; ESPOSITO; BARALDI, 1996, p. 141). Nesse contexto, diferencia-se o risco do perigo. Por perigo, entende-se haver uma possibilidade de dano digna de atenção; fala-se de risco somente quando o dano seja possível como consequência de uma *decisão* tomada no (e pelo) sistema, sendo que não poderia acontecer sem que se houvesse tomado tal decisão (CORSI; ESPOSITO; BARALDI, 1996, p. 142): "El peligro de mojarse en caso de lluvia (un evento incontrolable en el medio ambiente) se ha transformado en riesgo con el invento del paraguas, ya que el peligro de empaparse ahora es consecuencia de la decisión de echar (o no) mano de él" (CORSI; ESPOSITO; BARALDI, 1996, p. 142). E, nesse sentido, nota-se que todo risco gera *mais risco* (ulteriores) (CORSI; ESPOSITO; BARALDI, 1996, p. 142), tal como o caso de perder-se o guarda-chuva, mesmo quando já se tenha decido não correr o risco de molhar-se, ou de a chuva, torrencial, não ser impedida, naquele momento, de molhar, mas que poderia ter sido impedida de molhar um pouco mais tarde.

E, assim, a avaliação do risco e a possibilidade de aceitar os danos mudam fortemente dependendo do ponto de vista: se se trata do *risco* ou do *perigo*. Ora, pode-se aceitar o risco que, entretanto, pode gerar perigo para outras pessoas, muito embora se saiba que a consequência da decisão tomada (risco) é muito mais danosa do que o dano causado por quem não tomou tal decisão (perigo). Isso é nitidamente visto na decisão de fumar, a qual implica danos para outros que não aceitaram o risco de fumar, ainda que se saiba ser muito mais danoso fumar do que respirar o ar contaminado. Por conseguinte, há um relevante problema sociológico, uma vez que as decisões geram consequências para quem não as tomou: "[...] las decisiones que toma uno (dispuesto a afrontar los riesgos que de allí resulten), se constituyen en peligro para los otros, en particular para aquellos en los que recaen las consecuencias". (CORSI; ESPOSITO; BARALDI, 1996, p. 143).

A possibilidade de converter qualquer fato em dano está presente em toda decisão, razão por que qualquer receita sobre a *prudência* já não ajuda mais. Nesse sentido, vê-se que a argumentação racional não tem mais o condão de convencer a pessoa afetada pelo risco, tendo em vista a, por vezes, incongruência com relação à atribuição do risco, de modo a não se aceitar o risco decorrente da decisão[5]. Por conseguinte, de suma importância é o fato de que a ineficácia da explicação racional remete à consequência de que a obtenção de mais informação não leva a uma diminuição do risco, mas, sim, ao revés, ao seu aumento, dado que se aumenta o âmbito de possibilidades para decidir.

---

5 "Teniendo en cuenta la diferencia con respecto a la atribución, ninguna argumentación racional puede convencer a la persona afectada: por ejemplo, convencer a aquellos que habitan en una zona respecto a la construcción de una central nuclear y de aceptar el riesgo derivado de esa decisión (aunque se tenga conciencia de que una catástrofe es estadísticamente improbable)" (CORSI; ESPOSITO; BARALDI, 1996, p. 142).

Trata-se, pois, da complexidade. É dizer, a existência sempre de mais possibilidades do que se pode realizar (LUHMANN, 1983, p. 45). E, mais tecnicamente, o conceito de complexidade implica a noção de *elemento* e de *relação*, de tal modo que não é mais possível pôr todo elemento em relação com os outros. Assim, faz-se necessário uma seleção forçada (LUHMANN, 1983, p. 46), que implica contingência, a qual significa que algo pode ou não ser, i.e., é algo não necessário nem impossível (MANSILLA; ARNOLD, 2007, p. 103), reconhecendo-se que as possibilidades apontadas poderiam ser diferentes das esperadas e revelando-se o perigo do desapontamento e a necessidade de assumir-se riscos (LUHMANN, 1983, p. 45-46). Desse modo, pode-se ver que o medo contemporâneo é consequência do risco da sociedade, cujo fator fundamental é a hipercomplexidade e a contingência da sociedade atual.

3. Direito e risco

O risco é uma das formas de controlar/vincular o tempo, é dizer, uma das formas com que a sociedade controla sua própria renovação, ao controlar/vincular estados futuros com *decisões* presentes (CORSI; ESPOSITO; BARALDI, 1996, p. 142). E, por sua vez, a norma jurídica (lei) orienta-se pelo risco, i.e., também é uma forma de controlar/vincular o tempo. Com efeito, a norma jurídica estabelece aquilo que se deve esperar do futuro, sendo válida, mesmo que a expectativa da norma seja transgredida (CORSI; ESPOSITO; BARALDI, 1996, p. 142).

Nesse passo, relembrando que a sociedade é (re)constituída por comunicação, cumpre destacar que o Direito é sociedade: é, em verdade, um dos seus subsistemas. Em sendo o elemento da sociedade a comunicação, o sistema da sociedade observa seu comunicar e, portanto, auto-observa-se (LUHMANN, 2007, p. 697). Dado que necessita da comunicação, a auto-observação exige uma comunicação autorreferencial, i.e., uma comunicação que indique o sistema de comunicação e que se refira a si própria como parte do sistema (LUHMANN, 1982, p. 136). A sociedade, por sua vez, não conhece sistemas sociais além de suas fronteiras, razão por que não pode se observar a partir de fora (LUHMANN, 2007, p. 63) (observador externo). Os sistemas psíquicos, por sua vez, podem observar a sociedade a partir de fora, entretanto isso, socialmente, não tem consequência nenhuma (MANSILLA; NAFARRATE, 2008, p. 502). Por conseguinte, a sociedade constitui o caso extremo de auto-observação, não podendo atuar fora dela mesma. Dessa forma, distinções como Economia e Sociedade, Direito e Sociedade, Estado e Sociedade não são permitidas, uma vez que não se pode pensar na Economia, no Direito, no Estado etc. fora da sociedade senão como sua realização (LUHMANN, 2007, p. 65). Desse modo, a descrição da sociedade não pode ser realizada fora da sociedade (*autodescrição*) (LUHMANN, 2007, p. 05-), e, assim, as ciências sociais não podem ter uma posição externa à sociedade: "Lo anterior quiere decir que si las ciencias sociales quieren describir adecuadamente la sociedad, deben también considerarse a sí mismas" (MANSILLA; ARNOLD, 2007, p. 126). É nesse sentido que a teoria de Luhmann trata dos subsistemas da sociedade, isto é, a Arte *da* sociedade, a Economia *da* sociedade e – evidentemente – o Direito *da* sociedade (LUHMANN, 2005).

Tendo em vista o primado da diferenciação funcional da sociedade moderna (ROCHA; SCHWARTZ; CLAM, 2005, p. 73 e seguintes), a Economia, a Arte, os Meios de Comunicação de Massa, o Direito, a Política possuem cada qual uma função específica na sociedade. E a função do sistema faz referência a um problema da sociedade (LUHMANN, 2007, p. 591), é dizer, o sistema da sociedade é diferenciado funcionalmente, já que cada sistema parcial da sociedade deve resolver um problema do próprio sistema da sociedade. Portanto, a sociedade global é fragmentada em funções específicas e universais relativamente à sua determinada função.

A função do Direito (subsistema da sociedade), por sua vez, consiste em sua eficiência seletiva de expectativas normativas de comportamentos, que possam ser generalizadas congruentemente na dimensão social, temporal e objetiva (ou prática) (LUHMANN, 1983, p. 116), para estabilizar as expectativas normativas com base nessas três dimensões (LUHMANN, 2005, p. 188). De início, dado que a função do Direito reside na estabilização de expectativas normativas, vê-se que existe uma diferença entre expectativas *normativas* e expectativas *cognitivas*. Essa diferença possui como enfoque o problema do desapontamento: a racionalização dessas expectativas abarca a dosagem da relação entre uma complexidade sustentável e a carga suportável de desapontamentos (LUHMANN, 1983, p. 55). Em vista disso, a expectativa *cognitiva* é aquela modificada diante do desapontamento, adaptando-se à realidade decepcionante; por outro lado, a expectativa *normativa* consiste naquela que se mantém, apesar de ser desapontada, seguindo a vida protestando contra a realidade decepcionante (LUHMANN, 1983, p. 63)[6].

Dessa maneira, as expectativas cognitivas são caracterizadas por uma disposição de assimilação em termos de aprendizado; as expectativas normativas caracterizam-

6 Luhmann dá o exemplo de quando se espera uma secretária nova: que ela seja jovem, bonita, loira só se pode esperar cognitivamente, sendo necessária a adaptação no caso de desapontamentos; por outro lado, que ela tenha determinadas capacidades de trabalho se espera normativamente e, ocorrendo o desapontamento neste caso, não há a sensação de que a expectativa estava errada, mas sim de que o comportamento foi divergente (LUHMANN, 1983, p. 56).

-se por não assimilarem desapontamentos, i.e., embora seja previsto como possível (devido à contingência), o desapontamento é reputado irrelevante para a expectativa (LUHMANN, 1983, p. 56). Nesse sentido, as expectativas normativas são contrafáticas, independendo de sua satisfação fática, razão por que o "(...) símbolo do 'dever ser' expressa principalmente a expectativa dessa vigência contrafática, sem colocar em discussão essa própria qualidade – aí estão o sentido e a função do 'dever ser'" (LUHMANN, 1983, p. 57). Com efeito, Luhmann aponta que, em termos contrafáticos, o dever ser não é menos fático que o de ser, sendo que, por outro lado, toda expectativa é fática, pois seja na sua satisfação ou no seu desapontamento o fático abrange o normativo: "a contraposição convencional do fático ao normativo deve, portanto, ser abandonada" (LUHMANN, 1983, p. 57). Em face disso, considera-se que o oposto ao normativo não é o fático, mas, sim, o cognitivo, de tal maneira que somente é possível optar coerentemente entre essas duas orientações com relação ao tratamento de desapontamentos, e não entre o fático e o normativo (LUHMANN, 1983, p. 57). Por conseguinte, a diferenciação social entre expectativas normativas e cognitivas torna sustentável o alto nível de complexidade e contingência (LUHMANN, 1983, p. 58).

Ademais, importa destacar que, nas expectativas cognitivas, há também a possibilidade de o desapontamento não ser assimilado, de tal modo que, mesmo nas expectativas cognitivas, nem todo desapontamento leva à adaptação, é dizer, de início, pode-se buscar reconhecer tal desapontamento como *exceção* (LUHMANN, 1983, p. 63). Igualmente, nas expectativas normativas, existem possibilidades de assimilação, de tal maneira que, em havendo a perseverança nos desapontamentos, a expectativa normativa revela ter limites (LUHMANN, 1983, p. 63).

De outro lado, além da diferenciação entre expectativas cognitivas e normativas, há ainda a possibilidade de "combinação de expectativas cognitivas e normativas" (LUHMANN, 1983, p. 64), baseando-se nas *expectativas sobre expectativas*, ou seja, A pode esperar cognitivamente (ou normativamente) que B tenha expectativas cognitivas ou normativas, de tal modo que também quem *age* tem que esperar algo daquele que *espera* e que, sem a expectativa de uma *ação* do que *espera*, não é possível ter expectativa sobre qual *ação* é *esperada* (LUHMANN, 1983, p. 78). Daí por que a diferenciação entre expectativas normativas e cognitivas somente se torna socialmente regulada se a própria opção por uma dessas expectativas é expectável (LUHMANN, 1983, p. 65). Nesse ponto, exsurge a dupla contingência, segundo a qual tanto *Ego* como *Alter* observam as expectativas do outro como contingentes (CORSI; ESPOSITO; BARALDI, 1996, p. 90), ou seja, como a possibilidade de serem diferentes do esperado, revelando-se o perigo do desapontamento e a necessidade de se assumirem riscos (LUHMANN, 1983, p. 45-46). Nesse contexto, a legitimidade do Direito consiste no fato de que se sugere a todos "que esperem irrefutavelmente que terceiros esperem normativamente que todos os atingidos se orientem cognitivamente, isto é, dispostos a assimilar o que for normatizado por decisões vinculativas" (LUHMANN, 1983, p. 67). E, desde já[7], é possível notar a recursividade do Direito, ao fundamentá-lo não em uma hierarquia de fontes, mas, sim, nos "[...] processos reflexivos da expectativa de expectativas, que permitem uma diferenciação entre expectativas cognitivas e normativas podendo, assim, por meio de diferentes constelações, fazer (*sic*) jus a exigências as mais diferenciadas" (LUHMANN, 1983, p. 66).

Dado que as expectativas normativas não podem ser repetidamente expostas a desapontamentos, há também o mecanismo da *institucionalização* de expectativas comportamentais, a partir do qual expectativas podem estar apoiadas sobre expectativas de expectativas supostas em terceiros (LUHMANN, 1983, p. 77). Trata-se, pois, da estabilização de expectativas normativas na dimensão social, no sentido de que quase todos suponham (que quase todos suponham) que quase todos concordem (LUHMANN, 1983, p. 84). No caso da dimensão prática (ou social) da estabilização de expectativas normativas, trata-se da delimitação de um sentido idêntico, de uma generalização de expectativas comportamentais, é dizer, o *sentido* serve como síntese de multiplicidades instantâneas, sendo acessível intersubjetivamente pela expectativa de expectativas, uma vez que não é possível participar da consciência de outras pessoas (ROCHA; SCHWARTZ; CLAM, 2005, p. 81). Assim, as identificações de sentido estão em um nível mais alto de abstração correspondentemente a um grau de indiferença, referindo-se a apenas alguns tipos abstratos que sejam constantes e que atuem como regras geradoras das diversas expectativas (LUHMANN, 1983, p. 97); com efeito, Luhmann (1983, p. 99) aponta, entre diversos planos de abstração, que as expectativas comportamentais podem referir-se a *pessoas*, *papéis*, *programas* ou *valores*.

Em sua dimensão temporal, a estabilização de expectativas normativas consiste na normatização, i.e., a instituição de normas jurídicas (leis). As normas jurídicas são expectativas comportamentais estabilizadas em termos contrafáticos, antecipando-se ao desapontamento, portanto (ROCHA; SCHWARTZ; CLAM, 2005, p. 80). Daí por que, a princípio, a regra não é normatizada, ou seja, expectativas normativas que são satisfeitas não necessitam da criação de normas jurídicas. Assim, o desapontamento de expectativas normativas pode implicar a criação de normas jurídicas (leis) *a pos-*

---

[7] *Desde já* no sentido de ser antes da denominada fase pré-autopoiética do sistemismo luhmanniano (ROCHA; SCHWARTZ; CLAM, 2005, p. 51 e seguintes).

teriori (LUHMANN, 1983, p. 59). Nesse sentido, o próprio fato de o comportamento desapontador ser considerado um desvio confirma a norma jurídica; trata-se, pois, de uma *imputação* do desvio/discrepância, apontando que não era a expectativa que estava errada, mas, sim, o comportamento que foi errado ou incomum: "dessa forma a norma está salva, e aquele que rompe está quase que perdido" (LUHMANN, 1983, p. 68). Por conseguinte, a norma jurídica (lei) não assegura o comportamento; a norma assegura a expectativa, ou seja, protege quem tem a expectativa sobre tal comportamento (LUHMANN, 2005, p. 192). Em vista disso, quando existe um desapontamento de uma expectativa, a norma jurídica mantém-na contrafaticamente; é o que ocorre, p. ex., no crime de homicídio, é dizer, a norma estabiliza a expectativa de que não se deve esperar que alguém mate outra pessoa, embora tal fato ocorra, de modo que não se põe em dúvida tal expectativa, reconhecendo-se, pois, que o erro está no fato de matar alguém, e não na expectativa de que alguém *não* mate.

Diante disso, quanto à função do Direito, há uma estabilização de expectativas contra desapontamentos mediante a normatização na dimensão temporal; há um suporte sobre o consenso esperado de terceiros (institucionalização) na dimensão social; e, na dimensão prática (ou objetiva), há uma delimitação do sentido idêntico (ROCHA; SCHWARTZ; CLAM, 2005, p. 31). Considerando essa estabilização de expectativas normativas mediante a regulação da generalização temporal, prática (ou objetiva) e social, o Direito permite saber quais expectativas têm um respaldo social. Permite-se, então, um maior grau de *confiança*, isto é, é possível viver em uma sociedade mais complexa (LUHMANN, 2005, p. 189). Entretanto, como dito alhures, reconhece-se que é possível uma *crise* na confiança, dependendo do grau em que não se respeita o Direito – colocando em dúvida a própria expectativa normativa –, de modo que o sistema do Direito tenha que restaurar, novamente, a confiança (LUHMANN, 2005, p. 189).

Destarte, mais uma vez revela-se o risco no Direito, ao lidar com o desapontamento e as expectativas daí decorrentes, i.e., diferenciar a expectativa cognitiva – que assimila a realidade decepcionante – da expectativa normativa – que não assimila a realidade decepcionante. E, assim, a função do Direito consiste na estabilização das expectativas normativas, cuja dimensão temporal reside na normatização. Daí, pois, como dito alhures, revela-se o risco, ao vincular o tempo, de tal modo que a norma jurídica estabelece aquilo que se deve esperar do futuro com *decisões* presentes – e com toda a carga de risco que isso leva –, mantendo-se válida, ainda que a decisão tomada gere danos, ou, melhor dito, ainda que a expectativa normativa seja desapontada.

4. (Im)possibilidade de controlar/dominar o risco na sociedade contemporânea

A sociedade atual é muito mais complexa do que qualquer outra formação social anterior, é dizer, a sociedade moderna diferenciada funcionalmente é *supercomplexa* (NEVES, 2009, p. 15). A crescente complexidade da sociedade é, entretanto, o motor da evolução social (NEVES, 2009, p. 15). Nesse passo, apresenta-se o conceito de aquisição evolutiva no sentido de que a redução da complexidade implica aumento da complexidade (MANSILLA; NAFARRATE, 2008, p. 361). Devido à possibilidade dos sistemas sociais autopoiéticos serem *irritados* pelo ruído do entorno, o sistema pode vir a alterar sua estrutura de modo a tornar mais provável a aceitação e mais improvável a negação da irritação do entorno, mantendo-se – sempre – o desnível de complexidade entre sistema e entorno (CORSI; ESPOSITO; BARALDI, 1996, p. 105). Por conseguinte, ao reduzir a complexidade do entorno, o sistema também aumenta a sua complexidade interna.

Em síntese, no caso da evolução do Direito, nas sociedades arcaicas, o direito afirmava-se através da autodefesa da vítima ou de seu clã, em havendo o desapontamento da expectativa, de modo que era inconcebível a presença de um procedimento de aplicação ou execução normativo-jurídica (NEVES, 2009, p. 20); naquela sociedade arcaica, o impasse da evolução está na variação e na insuportabilidade *estrutural* do desvio inovador (NEVES, 2009, p. 21). Posteriormente, vê-se que o direito das culturas avançadas pré-modernas implementa a institucionalização de procedimentos de aplicação jurídica, havendo uma diferenciação hierárquica da sociedade, onde a dominação política se encontra no topo (NEVES, 2009, p. 221-22); ocorre que, ao fundamentar-se o procedimento de aplicação jurídica em uma ordem supostamente estável, a sociedade das culturas avançadas pré-modernas se caracteriza pela deficiência na seletividade diante da crescente variação de expectativas normativas comunicadas (NEVES, 2009, p. 23).

A sociedade moderna e atual caracteriza-se pela conquista da positivação do Direito, no sentido de que o Direito passa a ser regularmente posto e alterável por decisão, servindo como fundamento de validade jurídica (NEVES, 2009, p. 23-24), é dizer, o fator historicamente novo da positividade do Direito é a "*legalização de mudanças legislativas*, com todos os riscos que isso acarreta" (LUHMANN, 1985, p. 9), de tal modo que a vigência do Direito está referida a um fator variável, qual seja, uma decisão (LUHMANN, 1985, p. 8). Dessa maneira, a constância das possibilidades de modificação do Direito então vigente é resultante de uma *seleção*, que é a qualquer momento modificável, implicando, pois, contingência. Pela positivação do Direito, vê-se também a *reflexividade da normatização*, isto é, a normatização do estabelecimento de normas, de tal modo que existem normas que normatizam a normatização, tal como a Constituição, que regulamenta a forma de seleção do direito variável (LUHMANN, 1985, p. 13-14). Assim, o direito positivo torna possível a diferenciação funcional do Direito, bem como a autopoiese do sistema jurídico. A positividade do direito implica a seletividade intensificada do direito, sendo que sua positividade resulta "[...] do desenvolvimento social e está correlacionada com uma estrutura social que gera uma superabundância de possibilidades através da diferenciação funcional, apresentando por isso a tendência de fazer com que todo o direito pareça contingente" (LUHMANN, 1983, p. 238).

A partir da diferenciação funcional da sociedade os subsistemas possuem uma competência universal, havendo uma combinação de *universalismo* e de *especificação*, no sentido de que, para determinado sistema – e somente para esse – a sua função goza de prioridade em face de todas as demais funções e, assim, respectivamente para cada outro sistema (LUHMANN, 2007, p. 592). Como exemplo, o êxito político é o mais importante de tudo para o sistema político, sendo que, para o sistema político, uma economia exitosa é somente importante como condição para os êxitos do próprio sistema, i.e., êxitos políticos (LUHMANN, 2007, p. 592).

Por conseguinte, assim como ocorre com todos os demais sistemas parciais da sociedade, o Direito (para o direito) é o *centro do mundo* – como todo outro sistema parcial é para si próprio (sociedade "multicêntrica" (NEVES, 2009, p. 22 e seguintes) ou "policentricidade" (SCHWARTZ, 2014, p. 113)) –, de tal maneira que o entorno é incompetente relativamente à função do Direito. Em vista disso, note-se que o Direito acaba produzindo cada vez mais fatos jurídicos, ou seja, produzindo uma universalização do código direito/não direito (lícito/ilícito): "[...] <u>el proceso de diferenciación del sistema del derecho lleva hacia una universalización del propio código y que no hay ningún estado de cosas (por ejemplo: asuntos internos familiares) que no entren en consideración en las regulaciones jurídicas</u>" (LUHMANN, 2005, p. 358) [grifo nosso]. Grosso modo, pode-se dizer que a diferenciação funcional do Direito torna tudo jurídico a partir do sistema do Direito – o que, então, é consequência da diferenciação funcional da sociedade. Destarte, a positividade do direito implica maior complexidade; como exemplo dessa maior complexidade do Direito, é o fato de que sua complexidade levou o indivíduo a não mais poder conhecê-lo (LUHMANN, 1985, p. 55).

Assim sendo, o Direito também passa a lidar com a sua complexidade; é dizer, além da sociedade hipercomplexa, o Direito torna-se supercomplexo. Com efeito, ao reduzir a complexidade, permite-se mais complexidade em seu interior, surgindo, pois, um paradoxo. É dizer, as condições de possibilidade de uma operação são, ao mesmo tempo, as condições de sua impossibilidade (CORSI; ESPOSITO; BARALDI, 1996, p. 123). Nesse ponto, as condições de possibilidade de menor complexidade são as mesmas de maior complexidade, razão por que há uma *im*possibilidade de rechaçar o risco na sociedade atual, porque há uma *possibilidade* de fazê-lo. Noutras palavras, como dito, ao reduzir a complexidade com uma decisão entre inúmeras alternativas, o Direito cria maior complexidade interna, de tal modo que o leva a aumentar as alternativas entre as quais terá que decidir (risco!). É nesse sentido que, em verdade, o paradoxo apresenta a forma de "A porque não A"[8].

Assim, para um observador, a incapacidade de tomar uma decisão encontra-se no fato de que não é possível indicar um dos dois valores sem indicar também o outro valor, oscilando-se entre os dois polos (CORSI; ESPOSITO; BARALDI, 1996, p. 123). Os paradoxos surgem quando o observador – ao realizar distinções – faz surgir a pergunta sobre a *unidade da distinção* que está utilizando (CORSI; ESPOSITO; BARALDI, 1996, p. 124). Com efeito, toda distinção é inerente ao paradoxo, precisamente porque os dois lados que a constituem sempre estão presentes contemporaneamente: "el uno en cuanto lado indicado, el otro como el lado que debe ser sobreendido como lado al cual se hace referencia" (CORSI; ESPOSITO; BARALDI, 1996, p. 124).

Diante disso, ressalta-se o fato de que a codificação dos sistemas funcionais tem relação com o risco do observador. O risco – relembrando-se – refere-se à possibilidade de danos futuros devido a decisões particulares, porquanto as decisões tomadas no presente condicionam o futuro, não obstante não se saiba de que modo (CORSI; ESPOSITO; BARALDI, 1996, p. 193); portanto, o risco caracteriza-se pelo fato de que, embora haja a possibilidade de consequências negativas, convém, de toda maneira, decidir melhor de um modo do que de outro (CORSI; ESPOSITO; BARALDI, 1996, p. 193). Trata-se da consequência da hipercomplexidade e da (dupla) contingência da sociedade atual.

Ao reduzir a complexidade do mundo, realiza-se uma observação. A observação é um modo específico de operação que utiliza uma distinção para indicar um lado ou o outro da própria distinção: "se da una observación cada vez que un sistema opera con base en distinciones, y puede obtener y transformar informaciones" (CORSI; ESPOSITO; BARALDI, 1996, p. 160). Para tanto, Luhmann refere-se à teoria da forma

---

[8] "La paradoja, entonces, no tiene una forma del tipo: 'A = no A', que representa una situación contradictoria pero no paradójica. La paradoja más bien tiene la forma: 'A porque no A', donde las condiciones de la afirmación son al mismo tiempo las condiciones de su negación" (CORSI; ESPOSITO; BARALDI, 1996, p. 123).

de Spencer-Brown (*Law of Form*), segundo a qual a observação se inicia com uma distinção (*draw a distinction*), ou seja, uma *forma* de uma distinção, realizando-se uma diferença entre *marked space* e *unmarked space* (AGUIRRE, 2012, p. 21). Veja-se, então, que uma distinção subdivide um espaço em dois e, ao mesmo tempo, indica (*indication*) um dos dois lados (sistema), podendo apenas ver um dos lados (*black box*); o lado que não se pode ver (*distinction*) é, pois, o entorno. Entretanto, Luhmann utiliza o conceito de *re-entry* de Spencer-Brown para esclarecer a capacidade dos sistemas autopoiéticos de constituir a unidade do sistema ao reintroduzir a distinção sistema/entorno no sistema e utilizá-la para a estruturação das próprias operações (CORSI; ESPOSITO; BARALDI, 1996, p. 184); decorrem daí dois entornos: entorno externo comum a todos os subsistemas e um entorno interno específico a cada subsistema, motivo pelo qual o entorno reintroduzido no sistema pela diferença sistema/entorno não se equivale ao entorno externo – este ele não vê: "um sistema somente pode ver o que pode ver; não pode ver o que não pode ver. Tampouco pode ver que não vê o que não vê" (AMADO, 2004, 324).

Nesse passo, veja-se que a observação utiliza uma distinção para descrição (*indication*) de um lado (e não de outro), ou seja, cada distinção tem dois lados, sendo que é nesse plano que vem à tona o risco (LUHMANN, 2006, p. 122). Trata-se, pois, de um risco duplo: o risco na eleição (decisão) de uma distinção, i.e., uma forma bilateral já especificada que exclui outras distinções; e, por outro lado, o risco na designação (*indication*) de um (e não do outro) lado da distinção (LUHMANN, 2006, 123). Como evitar tais riscos? Poder-se-ia pensar na solução de encontrar a distinção da distinção, entretanto nada mais é do que repetir o problema no campo da observação de segunda ordem, é dizer, a mudança da pergunta *o que* para *como* não resolve o problema, já que a distinção da distinção também é uma distinção (LUHMANN, 2006, 123-124). Diante disso, o risco está na estrutura da operação da observação. Por conseguinte, o risco encontra-se vinculado a uma distinção, que obriga a colocar a operação em um e não no outro lado, embora também exista o outro. Assim sendo, considerando que toda observação inicia com uma distinção (*draw a distinction*), "[...] la distinción se convierte en un riesgo, y más precisamente, <u>en un riesgo que ningún observador puede evitar</u>" (LUHMANN, 2006, 124) (grifo nosso).

Em vista disso, Luhmann (2006, p. 124) aponta que a resposta não está em encontrar a segurança; trata-se, em verdade, de ir à direção oposta. A solução, pois, baseia-se na aceitação e elaboração do problema, em aumentar e especificar os riscos, razão por que se deve trabalhar com as distinções, e não contra elas. É nesse sentido – frise-se – que há uma *im*possibilidade de rechaçar o risco na sociedade atual, já que há uma *possibilidade* de fazê-lo.

Na sequência, haja vista que a resposta não está em encontrar a segurança, mas, sim, em ir à direção oposta, surgem os *códigos binários* dos sistemas funcionais modernos, porquanto as suas codificações possibilitam uma maneira altamente especificada de aumentar, normalizar e contextualizar o comportamento face ao risco. Com efeito, isso dá-se tendo em vista que, sempre no contexto de um código binário, está implícito que poderia tratar-se do valor positivo, mas também do valor contrário (negativo) (LUHMANN, 2006, 125), de maneira a visualizar seu campo de aplicação com base em *ambas* as possibilidades. Por sua vez, o sistema favorece em primeiro lugar o valor positivo, de modo que sua eleição favorece, então, o direito, a verdade, a propriedade. A opção pelo valor positivo do código produz uma capacidade para a conexão das operações; e a opção pelo valor contrário (negativo) produz *contingência*, mantendo em aberto o futuro (LUHMANN, 2006, 126). Dessarte, não há garantia de que o passado se mantenha e de que o futuro seja como o passado (LUHMANN, 2006, 126); por conseguinte, o futuro dos sistemas clausurados está em aberto, sendo que os riscos que correm são incalculáveis.

É, pois, através do código que o sistema diferencia (código-diferença) o entorno de si mesmo e que organiza sua própria forma operativa clausurada (autopoiética). Portanto, o processo de diferenciação funcional dos sistemas codificados binariamente elimina os critérios de decisão exteriores ao sistema: "un sistema codificado queda así de cierta manera a merced de sí mismo, lo cual quiere decir sobre todo que no podrá encontrar razones para *no* aplicar su código" (LUHMANN, 2006, 127). O próprio sistema tem a liberdade de escolher entre os dois valores de seu código sem uma predeterminação exterior, ou seja, ele mesmo tem o poder de decidir o que é direito e o que é não direito, por exemplo. E, assim, diferenciando-se funcionalmente os sistemas, cada sistema parcial possui um código binário, de modo que, em se trocando de código, se estará diante de outro sistema: direito/não direito para o sistema do Direito; pagamento/não pagamento (ou ter/não ter) para o sistema Econômico; governo/oposição para o sistema Político etc. Por conseguinte, cada código realiza, ao mesmo tempo, um valor de rechaço face a todos os demais códigos (LUHMANN, 2007, p. 595)

Na sociedade funcionalmente diferenciada, um grande número de códigos diferencia-se, e suas interferências são tratadas como *casualidades* não previstas no sistema, i.e., a opção pelo valor positivo de um código por um determinado sistema não garante a opção do positivo dos demais sistemas: "el reconocimiento de algo que es científicamente verdadero, no será necesariamente aplicable em forma lucrativa [...]. Quien obtenga la razón ante un tribunal, de todas formas, puede estar enfermo. Buenos exámenes no garantizan ninguna carrera" (LUHMANN, 2007, p. 128-129). Desse modo, ao mudar de sistema, há uma mudança do código, submetendo-se a uma revalorização. Portanto, o código possui uma combinação de universalismo e especificidade, imposta pela diferenciação funcional da sociedade (LUHMANN, 2007, p. 130). Nesse sentido, por um viés, o código binário aumenta o risco das operações, porque sempre se poderia haver a escolha do outro valor do código; e, por outro viés, o código binário delimita o risco, isso porque, ao menos, o risco está circunscrito aos dois valores do código correspondente (LUHMANN, 2007, p. 130)[9].

Desse modo, considerando que o medo contemporâneo é consequência do risco da sociedade – cujo fator fundamental é a supercomplexidade e a contingência da sociedade atual – e considerando que a função do Direito consiste na estabilização de expectativas normativas – cujo risco se revela na normatização, de modo que a norma jurídica estabelece aquilo que se deve esperar do futuro com *decisões* presentes (risco) –, na sociedade contemporânea, a solução está em aumentar e especificar os riscos. Por conseguinte, há uma *im*possibilidade de rechaçar o risco na sociedade atual, já que há uma *possibilidade* de fazê-lo. E, assim, em indo à direção oposta, devem ser desenvolvidas as distinções, estruturando-se, pois, a codificação binária dos sistemas da sociedade: aumentando o risco das operações, já que sempre poderia haver a escolha do outro valor do código; e, ao mesmo tempo, delimitando o risco, já que, ao menos, o risco está circunscrito aos dois valores do código correspondente.

5. Considerações finais

Como visto, a codificação binária dos sistemas funcionais tem relação com o risco do observador. A observação inicia-se com uma distinção para descrição de um lado (e não de outro), i.e., cada distinção tem dois lados, implicando, pois, um risco duplo: risco na eleição (decisão) de uma distinção e o risco na designação de um dos lados. Ocorre que, entretanto, o observador não pode evitar o risco. Ora, mesmo em se encontrando a distinção da distinção (observação de segunda ordem), o risco permanece, uma vez que nada mais é do que repetir o problema, i.e., a distinção da distinção também é uma distinção.

Nesse sentido, o Direito também passa a lidar com a sua complexidade; é dizer, além da sociedade supercomplexa, o Direito torna-se supercomplexo. Com efeito, ao reduzir a complexidade, permite-se mais complexidade em seu interior, surgindo, pois, um paradoxo. É dizer, as condições de possibilidade de uma operação são, ao

---

[9] Como exemplo, Luhmann cita o famoso postulado da *falseabilidade* de Popper, no sentido de que "las tesis de la verdad son sólo relevantes científicamente cuando con ellas uno corre el riesgo de que pudieran ser falsas" (LUHMANN, 2007, 130).

mesmo tempo, as condições de sua impossibilidade (CORSI; ESPOSITO; BARALDI. 1996, p. 123). Nesse ponto, as condições de possibilidade de menor complexidade são as mesmas de maior complexidade, razão por que há uma *im*possibilidade de rechaçar o risco na sociedade atual, porque há uma *possibilidade* de fazê-lo. Noutras palavras, como dito, ao reduzir a complexidade com uma decisão entre inúmeras alternativas, o Direito cria maior complexidade interna, de tal modo que o leva a aumentar as alternativas entre as quais terá que decidir (risco!).

Por conseguinte, como dito alhures, devem ser desenvolvidos os paradoxos, aumentando e delimitando o risco, razão por que há uma *im*possibilidade de controlar/dominar o risco na sociedade atual, porque há uma *possibilidade* de fazê-lo. E é nesse sentido que a codificação dos sistemas parciais da sociedade – incluindo, pois, o Direito – se estrutura, de modo a possibilitar o enfrentamento do risco, sem – todavia – eliminá-lo.

Referências

AGUIRRE, José Antonio Ibáñez. **Para leer Luhmann.** México: Universidad Iberoamericana, 2012.

AMADO, Juan Antonio García. A Sociedade e o Direito na obra de Nikas Luhmann. *In*: ARNAUD, André-Jean; LOPES JÚNIOR, Dalmir (orgs.). **Niklas Luhmann**: do sistema social à sociologia jurídica. Rio de Janeiro: Editora Lumen Juris, 2004.

BAUMAN, Zygmunt. **Confiança e medo na cidade.** Rio de Janeiro: Zahar, 2009.

BAUMAN, Zygmunt. **Medo líquido.** Rio de Janeiro: Zahar, 2008, p. 9.

CORSI, Giancarlo; ESPOSITO, Elena; BARALDI, Cláudio. **Glosario sobre la teoría Social de Niklas Luhmann.** México: Universidad Iberoamericana, 1996.

GUIBENTIF, Pierre. Os direitos subjectivos na teoria dos sistemas de Niklas Luhmann. *In*: SCHWARTZ, Germano (org.). **Juridicização das Esferas Sociais e Fragmentação do Direito na Sociedade Contemporânea.** Porto Alegre: Livraria do Advogado, 2012, p. 171-198.

LUHMANN, Niklas. **El derecho de la sociedad.** México: Universidad Iberoamericana, 2005.

LUHMANN, Niklas. **Introdução à Teoria dos Sistemas.** 2.ed. Petrópolis: Vozes, 2010.

LUHMANN, Niklas. **La sociedad de la sociedad.** México: Herder, 2007.

LUHMANN, Niklas. **Sistemas sociales:** lineamientos para una teoría general. México: Alianza Editoral/Universidad Iberoamericana, 1991.

LUHMANN, Niklas. **Sociología del Riesgo.** México: Universidad Iberoamericana, 2006.

LUHMANN, Niklas. **Sociologia do Direito I.** Rio de Janeiro: Tempo Brasileiro, 1983.

LUHMANN, Niklas. **Sociologia do Direito II.** Rio de Janeiro: Tempo Brasileiro, 1985.

LUHMANN, Niklas. The World Society as a Social System. **International Journal of General Systems**, vol. 8, n. 3, 1982, p. 131-138.

MANSILLA, Darío Rodríguez; ARNOLD, Marcelo. **Sociedad y teoría de sistemas:** Elementos para la compresión de la teoría de Niklas Luhmann. Santiago de Chile: Editorial Universitaria, 2007.

MANSILLA, Darío Rodríguez; NAFARRATE, Javier Torres. **Introducción a la teoría de la sociedad de Niklas Luhmann.** México: Herder, 2008.

NEVES, Marcelo. **Transconstitucionalismo.** São Paulo: WMF Martins Fontes, 2009.

ROCHA, Leonel Severo; SCHWARTZ, Germano; CLAM, Jean. **Introdução à Teoria do Sistema Autopoiético do Direito.** Porto Alegre: Livraria do Advogado, 2005.

SCHWARTZ, Germano. As Teses Radicais de Luhmann. **Revista de Estudos Constitucionais, Hermenêutica e Teoria do Direito**, vol. 6, n. 1, 2014.

SCHWARTZ, Germano. **O Tratamento Jurídico do Risco no Direito à Saúde.** Porto Alegre: Livraria do Advogado, 2004.

Criminologia em pedaços: manifesto por uma aliança para a brasilidade[1]

Vera Regina Pereira de Andrade[2]

RESUMO. Neste artigo desenvolvo uma reflexão sobre as relações entre Criminologia crítica e feminista no Brasil, apontando para as interações e acúmulos até aqui produzidos, vistos como necessários, mas insuficientes, assim como para as tensões e os separatismos que têm vertido a melhor Criminologia em pedaços. Desta forma, postulo um salto qualitativo nesse campo traduzido na construção de uma Criminologia para a brasilidade, alicerçada numa aliança que recolhendo o contributo daquele acúmulo, na forma de uma interação criativa, se edifique a partir das estruturas fundacionais da nossa sociedade, tendo como vértice a sua História. A História como Mãe terra dessa Criminologia.

Palavras-chave. Criminologia crítica. Feminismo. Criminologia feminista. Gênero. Brasilidade.

A chegada do Feminismo (em sua diversidade de matrizes ou ondas[3]) na Criminologia, com seu universo até então completamente prisioneiro do androcentrismo,

---

[1] Devido ao limite deste texto, lançarei mão de um detalhamento maior de fontes, para ocupar seu corpo com ideias mais fluídas, à guisa de um manifesto, que não se pretende panfletário. De outra parte, muitas das ideias aqui expostas já foram objeto de publicações anteriores, devidamente fundamentadas.

[2] Bacharel em Ciências Jurídicas e Sociais pela Universidade Federal de Santa Maria (1982), Especialista em Direito Processual pela Universidade de Santa Cruz do Sul (1988), Mestre (1987) e Doutora (1994) em Direito pelo Programa de Pós-Graduação em Direito da Universidade Federal de Santa Catarina; Pós-Doutora em Direito Penal e Criminologia pela Universidade de Buenos Aires (2003); Pós-Doutora em Direito Penal e Criminologia pela Universidade Federal do Paraná (2010); Professora Titular de Criminologia da Universidade Federal de Santa Catarina; Professora da Escola da Magistratura do Estado de Santa Catarina; Pesquisadora. E-mail: <vrpandrade@hotmail.com>. Lattes: <http://buscatextual.cnpq.br/buscatextual/visualizacv.do?id=K4796202D2>.

[3] Sejam europeias, norte e latino-americanas ou brasileiras; principalmente o feminismo branco e as categorias patriarcalismo e gênero, seguido do feminismo negro, decolonial e interseccional.

tem produzido um impacto científico e político tão expressivo (sob a denominação de Criminologia feminista) quanto à mudança paradigmática decorrente da chegada do interacionismo simbólico e do marxismo que originaram a Criminologia crítica, da qual é contemporânea e com a qual passa a estabelecer um diálogo que, desde meados do século XX,[4] vem despertando grande interesse, mas também grandes tensões com potencialidades, ora interativas e criativas, ora separatistas. E em torno dessa intersecção se erigiu, também no Brasil, intenso movimento legislativo de via dupla em relação às mulheres: descriminalizador (da intervenção penal em matéria de liberdade feminina de disposição sobre a vontade e o corpo, sobretudo quanto à outrora denominada "moral sexual") *versus* criminalizador (intervenção penal, em especial, no campo da proteção da mulher contra violências); adensando o já complexo campo incide sobre ele, como uma metanarrativa, o campo da política criminal. É talvez neste que a tensão mais agudamente se tenha alojado.

Ambos os saberes têm produzido resultados de enorme importância que podem ser, salvas possíveis retificações, considerados irreversíveis.

Da Criminologia crítica deriva, *lato sensu*, uma teoria interacionista-materialista do desvio e da pena (controle social punitivo) nas sociedades capitalistas centrais e periféricas ou marginais, que vai de uma teoria da seletividade a uma teoria da desigualdade classista e do genocídio racista policial-militarizado na América Latina e no Brasil. O controle penal é revelado, através de sucessivas subteorias e conceitos, como uma página central da dominação imperialista e burguesa e seus resultados se traduzem na deslegitimação estrutural do sistema penal, à qual respondem movimentos abolicionistas-minimalistas de política-criminal.

---

[4] 1) Na década de 1960, consolida-se a passagem de um paradigma criminológico etiológico, centrado na investigação do crime e no criminoso (violência individual), de corte ainda positivista, para um paradigma centrado na investigação da reação ou controle social e penal (violência institucional), de corte construtivista-interacionista, dando origem a uma Criminologia da reação ou controle social, amadurecida por dois saltos qualitativos; 2) a partir da década de 1970, o desenvolvimento materialista desta Criminologia marca o surgimento das chamadas Criminologia radical, nova Criminologia e Criminologia crítica, Criminologia dialética, Criminologia da liberação, no âmbito das quais o sistema penal receberá uma interpretação macrossociológica, no marco das categorias capitalismo e classes sociais (Criminologia da violência estrutural); 3) quase simultaneamente, o desenvolvimento feminista deste paradigma origina a chamada Criminologia feminista, no âmbito da qual o sistema penal receberá também uma interpretação macrossociológica, inicialmente no marco das categorias patriarcado e gênero, passando a incluir as categorias colonialismo, colonialidade de gênero, raça-etnia e branquitude, até a tríade intersetorial gênero-raça-classe. Daí em diante a análise sobre a(s) mulher(es) no controle social punitivo, historicamente situada em gênero e sexualidades, raça e classe, ou seja, não universalizada nem coisificada, passa a assumir um lugar central.

Derivadas da Criminologia feminista resultam também sucessivas aproximações a uma teoria crítica do androcentrismo em criminologia e do controle social e punitivo em relação às mulheres na sociedade capitalista, perpassando pelas categorias patriarcado, sexo-gênero, colonialismo e colonialidade de gênero e, enfim, pela intersecção entre gênero-classe-raça/etnia, que reforçam, analiticamente, a deslegitimação do sistema penal, mas culminam por relegitimá-lo politicamente ao demandar sua intervenção para criminalização da violência contra a mulher.

Ao indagarmos sobre uma possível zona de intersecção entre ambas as Criminologias, identificamos tanto posturas impermeáveis, marcadas pelo silêncio em relação ao outro campo, quanto posturas focadas nas "ausências" e "limites" do outro campo, que não raro assumem os contornos de uma disputa pelo poder de definição e produção de conhecimento, bem como, enfim, posturas focadas nas "potencialidades" e na incorporação de acúmulos recíprocos. Sob diferentes matrizes e adensamentos ambas as vias têm chegado a avanços que alargam a moldura analítica da criminologia crítica e/ou feminista, chegando inclusive à questão colonial, racial e interseccional (ANDRADE, 2018).

No segundo sentido, criminólogos críticos são acusados de priorizar a classe e invisibilizar o gênero e a raça e de não compreenderem o sentido das demandas feministas, uma vez que acusam estas de punitivistas em sentido *lato sensu*, jogando-as na mesma vala das demais demandas da direita eficientista. As feministas esclarecem que, além de mera demanda "punitivista", o sentido pleno que reivindicam é o da "nominação", isto é, a necessidade de nominar, através da criminalização, as condutas que simbolizam violência contra as mulheres como violências de gênero e, por essa via, cumprir uma função simbólica exemplar na sociedade, como uma dimensão importante de apropriação do Direito Penal na luta pela redução e libertação feminina da violência (ANDRADE, 2018).

Feministas são, por sua vez, criticadas por não compreender o limite do sistema penal atravessado por uma deslegitimação estrutural. Sua insistência na punição, em vez de seguir a senda aberta pelos abolicionistas em busca de alternativas de controle, é vista como perigosamente relegitimadora de um mecanismo que, ao invés de protegê-las e libertá-las, duplica as violências que denunciam, sem impactar as relações de gênero.

Enquanto a hegemonia político-criminal dentro da Criminologia crítica parece pertencer ao minimalismo-abolicionismo, com base na deslegitimação do sistema penal, que ela constitui, a hegemonia dentro do feminismo parece se inclinar ao punitivismo-garantismo com base no argumento da referida função simbólica.

Preocupada com este "estado da arte", expressei, há uma década, que "uma das mais fortes interpelações criminológicas do presente" é "precisamente o desenvolvimento cumulativo e integrado das perspectivas 'crítica' e 'feminista', juntamente com outras, como a Criminologia racial e cultural visto que tal bipartição epistemológica não pode ser senão provisória" (ANDRADE, 2012). Realizei nessa direção uma análise integradora entre Criminologia crítica e feminista buscando não apenas uma "justaposição", uma "colagem" ou um "atalho" de categorias microssociológicas como classe e gênero, mas uma dialetização entre as categorias macrossociológicas capitalismo e patriarcado, e o acúmulo até então produzido, utilizando a estrutura "capitalismo patriarcal" (PATMAN, 1995), passando deste ao nível micro da criminalização sexual.

Tal análise, que é referida como pioneira no Brasil a respeito, não apenas não parece ter prosperado como a dualidade entre ambas as Criminologias dá sinais cada vez mais separatistas. E o separatismo analítico, que parece ganhar corpo na intersecção e predominar sobre uma interação dialética e criativa que leve os resultados de ambas as disciplinas às últimas consequências, com impacto negativo sobre a compreensão da totalidade e a busca de alternativas conjuntas, torna-se também separatismo político (notadamente, como já mencionado, pela tensão na visão de política criminal), com impacto na *práxis*, o que é um grave problema para a cada vez mais minguada esfera pública do contexto presente: a do capitalismo neoliberal conduzido pelo protofascismo bolsonarista.

Já tratei, em outro lugar também, de tema semelhante, a saber, das dificuldades havidas, na década de 70 para 80 do século XX, de construir um projeto criminológico crítico coletivo para a América Latina, o qual foi tentado, mas não prosperou, restando esforços biográficos e grupais específicos de produção de Criminologias latino-americanas.

À época o subcontinente vivia sob a escolta da ditadura civil militar, hoje, vive sob a escolta do bolsonarismo protofascista. Em um Brasil despedaçado, seja pelo medo, seja pelo ódio-fobia ou pela guerra civil cotidiana oficialmente não declarada pelo Estado, o despedaçamento do saber crítico é um desperdício democrático e libertário que não estamos em condições de suportar. Em um Brasil apartado pela perversão da atual governabilidade, atravessado por um processo de destruição sem precedentes, tanto de nossa institucionalidade, quanto de nossa sociabilidade e patrimônio público, em que violências simbólicas e instrumentais (contra mulheres, negros, indígenas, camponeses-agricultores, LGBTT, desempregados, pessoas em situação de rua e demais grupos vulneráveis) assumem sua face odiosa e homicida, só saberes em profunda aliança podem resistir.

O imperativo do contexto, portanto, vem a somar com o imperativo do texto, da episteme, a favor do aprofundamento da interação e da aliança entre Criminologia crítica e feminista. Mais do que oportuno, e talvez vital, no sentido conferido por Zaffaroni (1988) a uma Criminologia das margens, "de salvar vidas humanas", torna-se importante propor nessa direção uma leitura do campo que priorize o conceito de acúmulo e de potencialidades na busca da totalidade e de alternativas de controle, sobre o conceito de "ausências" ou "faltas", cuja visão da história e do conhecimento emite resquícios de anacronismo.

A utopia, aqui, é a da reunião, a da aliança, a favor de uma *práxis* de resistência, diante de um contexto de horror, em que não há espaço para saberes egocentrados; como também não existe para silenciamentos e omissões patriarcais e racistas. O androcentrismo e o racismo estão estruturalmente deslegitimados. O tributo que uma Criminologia para a brasilidade deve aos povos negro e indígena e às mulheres começa a ser pago e o silenciamento das suas produções criminológicas é um grave déficit epistemológico e político.

É vital, com humildade e alteridade, reconhecer os avanços recíprocos dos campos e fortalecer a caminhada coletiva. Para tanto é necessário reconhecer e superar nossos "ismos" (machismo, heterossexualismo, racismo e branquitude, adultocentrismo, geracionalismo, regionalismo, especismo, etc.), o que, antes de ser epistêmica e politicamente potente, é subjetivamente libertador.

Pois bem, como caminhar na direção da interação criativa, potencializando em vez de desperdiçar o acúmulo de saberes e de experiências, para usar uma gramática proposta por Boaventura de Sousa Santos (2005).

Advogando a favor dessa interação existem vários fatores e podemos fazer uma reflexão inicial. Primeiramente, o fato de estarmos perante saberes construídos a partir de epistemologias abertas, processuais, que vêm se redefinindo internamente e que podem adensar suas potencialidades dialógicas, criativas e propositivas, inclusive utópicas.

Tanto a moldura analítica do feminismo interacionista marxista branco quanto a moldura do feminismo negro, interseccional e decolonial ensejam potentes cruzamentos e dialetizações com a da Criminologia crítica.

Em segundo lugar, por estarmos perante saberes com afinidade política de luta. Se por esquerda entendemos uma posição social defensora dos sujeitos dominados, excluídos, vulneráveis, oprimidos, inferiorizados (as metades sacrificadas pelo sistema vigente, de que nos fala Baratta (1999, p. 48)) em relações de dominação, exploração e opressão; nessa tomada de posição, incluída a defesa intransigente dos direitos humanos, da democracia e da justiça substanciais, ambos os campos representam saberes "de esquerda".[5] E penso que a luta de ambas as Criminologias, apesar das especificidades, é luta comum, sobretudo, no duro território do controle penal.

Nesta reflexão inicial, vou priorizar o vetor de análise da Criminologia crítica para o feminismo porque estruturou-se primeiro, sendo a matriz da constrastação criminológica. Por se tratar de um saber reconhecido na sua luta libertária que conseguiu acumular uma resistência cognitiva e política no Brasil, aos horrores do nosso poder punitivo formal e informal, às idiossincrasias dos positivismos e que tem operado como saber pedagógico na formação de nossas várias gerações, constituindo o terreno sobre o qual podemos hoje realizar uma leitura crítica e revisionista, bem como fazer avançar o campo.

A criminologia crítica é, primeiramente, um saber datado, contextual. Ela se propôs a trabalhar dentro de uma moldura analítica e, como toda moldura, tem produzido conhecimento e avanços no seu âmbito. Essa moldura já foi longa e repetidamente explicitada (ANDRADE, 2015; BARATTA, 1997). A base epistêmica original da Criminologia crítica é o interacionismo e o marxismo, a década é a de 70 do século XX, inicialmente nos Estados Unidos, a seguir na Europa, chegando à América Latina. O conceito fundante, extraído da economia política da pena acumulada à época, é o de modo de produção da vida social recortado como capitalismo, por ser o modo de produção vigente nas nossas sociedades, visto como estrutura social e totalidade. Daí se segue uma teoria materialista do desvio e da pena, ou seja, dos processos de criminalização formais e informais. É esta a moldura analítica que opera o salto qualitativo em relação ao interacionismo desde uma episteme já consolidada, do desvio (e do crime) concebido como construção social seletiva (a teoria da seletividade, dos estereótipos, dos estigmas, das carreiras criminógenas etc.) e caminha para uma teoria da desigualdade (de classe).

A Criminologia crítica, portanto, faz análise estrutural, macrossociológica e assume a posição condicionante do capitalismo (estrutura social) em relação ao sistema de controle social e penal, demonstrando, assim, a sua funcionalização na reprodução instrumental e simbólica da dominação burguesa (um controle de classe) num con-

---

[5] O texto de Maria Lúcia Karam (1996) já classicamente simboliza esta tensão.

texto predominantemente urbano, masculino e branco que não se propôs a trabalhar relações de gênero ou raciais.

Dessa forma, já cumpriu – e com exuberância – o seu programa, soando anacrônico cobrar, descontextualizadamente, análises de gênero ou raciais a que não se propôs. E fez mais, ela nos conduziu, como timoneira, como bússola, com uma ousadia ímpar, quando só tínhamos as trevas dos positivismos em todas as direções do controle social, especialmente o penal. Seu método e papel pedagógico, antídoto contra a cegueira dogmática nas Escolas de Direito, são atemporais. Enfim, é de potência, muito mais do que défices, o território que nos toca explorar; nesse mesmo sentido, também se pode afirmar quanto à Criminologia feminista, com seu exuberante e incansável território de descobertas a um só tempo tão corajosas quanto dolorosas, sobretudo, para Nós, Mulheres, cujo *script* vertido em criminologia feminista no espaço público soa demasiado familiar.

Em síntese, a indicação epistemológica da Criminologia crítica de busca da totalidade e da conexão funcional entre estrutura social e pena permanece válida e necessária para a Criminologia, mas, em definitivo, insuficiente, porque o capitalismo continua sendo a estrutura central de produção, mas não esgota a totalidade estrutural que se busca para a compreensão da brasilidade, demandando, como temos vindo a proceder, ao seu alargamento, com o contributo de outras estruturas de poder – especialmente o colonialismo e o racismo, o patriarcalismo e o sexismo, o especismo e outras a elas conectadas, que, condicionando e se dialetizando com o nosso capitalismo, condicionam, na sua dialetização, o controle social e penal.

Trata-se de estruturas, de regularidades, não apenas de modos de produzir, mas simultaneamente de reproduzir a vida social e que destituem, bem como expropriam o Brasil da sua brasilidade pela violência constitutiva do pacto de exclusão seletiva de pedaços do seu povo (mestiço na raiz) que tornou-se então um *vir-a-ser*: um povo no qual todas as etnias-raças (índios, negros, brancos), como propôs Darcy Ribeiro (1995), classes, gêneros, sexualidades, geracionalidades, regionalidades, capacidades, aduzimos, tenham lugar, inclusão e protagonismo na construção da vida e destino comum.

Assim, as mulheres – que constituem grande parte deste povo despedaçado – estão em secular *vir-a-ser*: as índias, as negras, as camponesas e ribeirinhas, as idosas, deficientes, loucas, brancas, prostitutas, lésbicas, *trans*, todas, ainda que em diferentes intensidades. De objetos e propriedades do colonizador, depois do Senhor, depois dos Pais, padrastos, maridos, estranhos; mulheres de corpos coisificados, torturados, estuprados e mortos a corpos trabalhadores, domésticos, rurais, urbanos. De corpos a corpos, enfim, o direito a pensar? A ter voz? A ser escutada? A exercer poder no espaço público? A definir os rumos não apenas da família e dos filhos, mas da *pólis*? A ser sujeito e não apenas objeto? Mas, como passar de vítima a sujeito se a estrutura patriarcal reitera, a cada passo, o estalido do tronco? E como sair da condição de *vítima* da violência masculina, do homem ao Estado e ao sistema penal? "Violência contra a Mulher", eis a longa agenda da Criminologia feminista, que uma Criminologia crítica não pode ignorar, embora possa redefinir.

A base latino-americana da Criminologia crítica, por sua vez, tem sua moldura alargada em relação ao centro capitalista, incluindo um pluralismo epistêmico, que tem a ver, desde sempre, com nosso contexto periférico e marginal, e nela estão presentes tanto as matrizes originais – o interacionismo simbólico e o marxismo – quanto a perspectiva colonialista, da dependência e do capitalismo periférico, a filosofia da libertação, a sociologia do conflito, a microfísica do poder, e mesmo o funcionalismo e o liberalismo político (Roberto Bergalli, Rosa Del Olmo, Lola Aniyar de Castro, Juarez Cirino dos Santos, Roberto Lyra Filho, Raúl Zaffaroni, para ficar com alguns dos pioneiros), mas todos sob os preceitos do paradigma da reação social, do controle ou da definição.

Talvez por isso haja uma hermenêutica tão confusa entre nós quando se trata de caracterizar o conceito de criminologia crítica, que oscila entre os níveis micro do paradigma da reação social, reconduzindo-a ora ao interacionismo simbólico e à teoria da seletividade; ora à teoria da desigualdade estrutural de classe.

E a tradução tanto da Criminologia crítica quanto da Criminologia feminista no Brasil passou por várias formas de aproximação e acúmulos para chegarmos hoje ao estágio em que nos encontramos. A respeito é pertinente situar o trabalho que realizamos nesse sentido nas disciplinas de "Criminologia e Política Criminal", "Cidadania e Direitos Humanos", "Sistema de Justiça Penal" e "Justiça Restaurativa", junto aos cursos de graduação e pós-graduação em Direito da Universidade Federal de Santa Catarina, em nível de ensino, pesquisa e extensão, em cujo *locus* produzimos, eu e meus orientandos de graduação, mestrado e doutorado, uma quantidade expressiva de pesquisas, parcialmente publicadas, que seguiram quatro linhas, cumulativas (entre os anos de 1993 e a primeira década do século XX até 2016). Essa história foi parcialmente abordada em recente tese sobre o Ensino da Criminologia[6] e objeto de uma Obra-Homenagem organizada pelos meus ex-orientandos.

---

[6] Cardoso, 2018.

No Brasil dos anos 90 trabalhamos as seguintes linhas de pesquisa, sobretudo criminológicas: 1) a recepção – tradução do paradigma da reação social e da Criminologia crítica no Brasil: abolicionismos, minimalismos e eficientismo penal; 2) relações entre Criminologia crítica, feminismo e a questão racial; 3) da recepção da criminologia crítica na América Latina e no Brasil à construção da Criminologia crítica latino-americana e brasileira: em busca da latinidade e da brasilidade; 4) Justiça Restaurativa e Justiça Penal.

Destarte, a comunidade criminológica crítica brasileira, que assumiu expressiva dimensão, de norte a sul do país, vem trabalhando cumulativamente com o saber já produzido, em continuidade e aliança com ele, a favor dele e não contra ele; pois não se trata de superá-lo, mas de alargá-lo e enriquecê-lo (ANDRADE; ALVES; GARCIA, 2016, p. 162-178).

Com efeito, quando essa indicação epistemológica chegou às sociedades latino-americanas e à brasileira em particular, que aqui interessa, a questão central foi perguntar: qual capitalismo? Qual patriarcado? Qual racismo? E ao fazê-lo fomos em busca de nossa especificidade, da latinidade e da brasilidade. O nosso é um capitalismo tardio, dependente e periférico (à margem) que, tendo por matriz a colonização europeia, o patriarcado e o modo de produção escravista, assentado numa economia agrária latifundiária, se estrutura como (o que proponho denominar) um "escravocapitalismo" patriarcal, cuja herança tão persistente quanto vergonhosa será uma estrutura de classe racializada, excludente dos afrodescendentes e dos povos originários e mantenedora de métodos de controle social à imagem e semelhança dos métodos escravistas, como a tortura, o estupro e a pena de morte *informal* (penas cruéis e infamantes) exercidos pelo poder policial, prisional, patriarcal e outros.

Com base nos estudos historiográficos, sociológicos e, sobretudo, decoloniais, sabemos hoje que uma adequada compreensão do poder punitivo no Brasil deve partir da colonização relida, da inferiorização étnica dos povos originários (denominados "índios" pelo colonizador) e afrodescendentes (separados em negros, mulatos e pardos pelo colonizador) da formação agrária latifundiária, e, sobretudo, do patriarcalismo e da escravidão.

Enfim, é importante notar que o avanço do debate racial focado na dualidade brancos e negros (feminismo negro, branquitude) tem deixado para trás a discussão sobre os povos originários, visibilizados, enfim, pelo feminismo indígena e pela justiça comunitária e restaurativa, com os quais tanto a criminologia crítica quanto a feminista registram um forte déficit de atenção e diálogo (e vice-versa) que necessita ser valorizado e alargado; pois justo os campos que mais potencializam a intersecção, a mediação com o abolicionismo e cujo objeto se situa na intersecção entre a Justiça estatal vigente e as Justiças emergentes e que tem muito a contribuir neste debate, com suas ricas possibilidades de realização de justiça e controle não violento das violências. Diante desse cenário complexo é preciso superar o anacronismo (críticas do texto fora do contexto) pela diacronia (críticas do texto no seu contexto, no seu tempo).

Em tempos de neoliberalismo (horror em ato) conduzido pelo bolsonarismo (meta horror) há que se promover um intenso diálogo do campo das criminologias com a Justiça Restaurativa e suas noções de dano que aponte para uma saída epistemológica aos impasses das Criminologias crítica e feminista em relação ao conceito de crime e pena desde uma revisão consequente do clássico binômio do *labeling approach,* qual seja, crime = conduta + reação social, a partir do qual também a Criminologia crítica foi acusada de entender que o "crime não existe"! Ora, o crime não existe "em si", ontologicamente, mas como construção social das instâncias globais de controle.

O segundo passo seria superar o purismo, a saber, tanto uma razão punitivista ou abolicionista pura, cujo meio termo minimalista admite várias gradações, constitui um obstáculo à tensão criativa, seja porque meramente reprodutora do *status quo* presente na primeira hipótese, seja porque anunciadora de um futuro talvez longínquo, na segunda. É que, entre os opostos do punitivismo puro e do antipunitivismo puro, existe o contexto impuro que os contamina, e se, como na teoria dos sistemas, os saberes, ao escutarem os ruídos da impureza se fecham e os rejeitam, para manter a sua integridade e lógica interna de funcionamento, as respostas puras não cobrem a complexidade, passam ao largo dela, mas o sistema se autorreproduz. O oposto do purismo, entretanto, não é a promiscuidade, é a mestiçagem,[7] uma aliança na qual a razão pura se torna impura *de* e *a partir* do contexto, tornando-se mestiça na alteridade e na intersecção criativa, que vem e só pode vir dessa mistura de texto e contexto, a favor de respostas resolutivas positivas.

Sigo postulando, pois, uma razão utopicamente abolicionista e metodologicamente minimalista (ANDRADE, 2012) que reconheça a legitimidade da nomeação simbólica de graves violências contra a pessoa[8] quando decorrente de lutas legítimas dos

---

[7] Penso que este é um conceito importante a ser explorado em uma Criminologia para a brasilidade, mas não é possível fazê-lo, apenas enunciá-lo, nos limites deste texto.

[8] Mulheres, negros, índios, LGBTT, idosos, sujeitos e animais vulneráveis, e de todas as violações de direitos humanos animais e não animais, do meio ambiente incluindo graves danos coletivos produzidos por empresas, corporações, instituições financeiras, poderes do Estado, etc. contra pessoas, grupos, povos e natureza.

próprios sujeitos do polo sacrificado naquelas relações, como a luta das mulheres. Importante, nessa direção, que a ainda masculina e branca Criminologia crítica escute e dialogue com os argumentos feministas sem que isso implique renunciar ao acúmulo de suas análises sobre as potenciais e graves consequências dessa escolha. Igualmente relevante que a Criminologia feminista escute e dialogue com as críticas à criminalização, ponderando se esta escolha pode ser considerada necessária para a sua luta – na melhor das hipóteses ela corre os alertados riscos criminológicos críticos e na pior das hipóteses, ela é insuficiente, não sendo um fim em si mesmo, mas uma metodologia a médio curto prazo.

As lutas identitárias (que no caso das mulheres e negros cobrem mais da metade da população brasileira!) de há muito já adquiriram sua legitimidade no espaço público e sua potencialização depende, certamente, de sua capacidade de demarcarem suas demandas específicas, mas, a seguir, de se conectar com a totalidade do processo de transformação social. Uma totalidade que a Criminologia crítica, que também lutou muito para adquirir sua legitimação pública, coloca no centro de sua epistemologia, cuja potencialização também depende, ademais da notável capacidade de descrever estruturas, de tocar e resolver os problemas concretos do cotidiano dos sujeitos envolvidos em situações-problemas, notadamente "violências". O valor e também princípio subjacente à interação é o da "alteridade".

Através da Lei Maria da Penha socializou-se no país, inclusive com o aval da Rede Globo de Televisão, em horário nobre de Jornal Nacional e tema novelístico (encampando pautas identitárias), o simbolismo do denuncismo e da punição rigorosa. Ora, se a pena se apresenta como a sacralizada oferta na bandeja do feminismo, sem a possibilidade de transcendê-la, obviamente que o efeito é o fortalecimento e a relegitimação do controle punitivo porque a função simbólica por assim dizer "cola" na função instrumental de denunciar e punir como caminho único para vítimas e agressores, ficando intocadas as relações de violência.

É apenas conjugando a política de nomeação com uma razão abolicionista sobre a punitiva que o feminismo criminológico poderá avançar, inclusive no seu tema mais caro, que é apropriação da Lei Maria da Penha nos seus potenciais dialógicos e restaurativos (sobre os punitivistas, como vem ocorrendo no senso comum) e assim conectar-se ao caminho já percorrido no Brasil da Justiça Restaurativa (ainda muito eurocentrada, masculina, classista e branca), o que temos no presente para trabalhar relações de gênero em situações problemáticas e com potencialidades para superar o impasse punitivismo *versus* abolicionismo. Este é o outro campo a se interseccionar com as Criminologias estruturais, revitalizando um outro muito minoritário diálogo brasileiro alargado entre Abolicionismo *versus* Justiça Restaurativa, criminologias crítica e feminista e vice-versa, como propusemos em recente e ampla pesquisa para o CNJ.[9]

Mulheres que chegam às delegacias (quando "sobreviventes") sangrando, física e emocionalmente, necessitam ser acolhidas e ter garantido o distanciamento em relação aos seus agressores, a letra "protetora" da lei precisa empunhar sua "fita métrica", mas ao depois, e às vezes logo ao depois, quando mulheres tendem inclusive à reconciliação, à percepção dos danos produzidos pelo sistema penal em pessoas e família, e mesmo ao perdão, precisam ter abertas, se assim o desejarem, outras possibilidades de compreensão e enfrentamento da dor e das relações (MONTENEGRO, 2015). Eis aí a sabedoria de não desperdiçar nem o saber e nem a experiência, tampouco as alternativas.

A intersecção é então validada no cruzamento do saber com a experiência, da teoria (às vezes pura) com a empiria, da episteme com a doxa e do diálogo com a dor, pois a dor não pode ser eternamente tratada com a dor, nem a violência com a violência; vale dizer, validada na *práxis*, e deve resultar de uma escuta atenta que evite o desperdício, tanto do saber, quanto da experiência, sempre norteada por princípios e valores que apontem para equilíbrios de poder e simetria (como a cartilha dos direitos humanos, as vulnerabilidades, as identidades de gênero, raça e classe, a dignidade da pessoa humana, o respeito, a alteridade, etc.) e que apontem, em definitivo, para um sentido de justiça e democracia de base substancial, as quais precisamos urgentemente discutir no Brasil.

Diante do exposto, afigura-se como fundamental escrutinar inicialmente o que é necessário, mas insuficiente para a construção de uma Criminologia para a brasilidade, substantivo do qual venho lançando mão para nominar uma criminologia que avance sobre o longo acúmulo euroamericano de conhecimento e experiência (acerca do poder punitivo e do controle social) e verticalize-o desde o Brasil real (dimensão analítica), nos termos das estruturas anteriormente delineadas, mantendo como pauta criminológica o compromisso com a compreensão e a superação das violências (estrutural, institucional, simbólica, intersubjetiva), esta também sua dimensão utópica e libertária dos violentados em relações de dominação, exploração, opressão, inferiorização e assimetrias: enfim, libertadora das metades sacrificadas em todo o

---

9 Relatório analítico da pesquisa "Pilotando a justiça restaurativa: o papel do poder judiciário". Disponível em: <https://www.cnj.jus.br/wp-content/uploads/2011/02/722e01ef1ce422f00e726fbbee709398.pdf>. Acesso em: 20 jul. 2020.

projeto de violência como o poder punitivo formal ou informal; ou, como no Brasil bolsonarista, o poder punitivo informal (as milícias) que se fizeram poder formal (estão no Estado). E uma tal utopia envolve muitos passos e uma longa agenda para tratar das próprias questões aqui discorridas, a começar por uma discussão coletiva profunda sobre quem são hoje no Brasil os sujeitos dessa libertação, os sujeitos da luta criminológica (?) em nome dos quais lutamos. E creio que, das "classes subalternas" (fundação da Criminologia crítica) às mulheres (feminismos), passando pelo povo negro, está a central, derradeira e esclarecedora pauta para as tantas questões em aberto.

Referências

ANDRADE, Vera Regina Pereira de. **Pelas mãos da criminologia:** o controle penal para além da (des)ilusão. Rio de Janeiro: Renavam, 2012.

ANDRADE, Vera Regina Pereira de. **A ilusão de segurança jurídica:** do controle da violência à violência do controle penal. 3.ed. Porto Alegre: Livraria do Advogado, 2015.

ANDRADE, Vera Regina Pereira de; ALVES, Marcelo Mayora; GARCIA, Mariana Dutra de Oliveira. O controle penal na sociedade escravocrata: contributo da economia política da pena para a compreensão da brasilidade. **Discursos Sediciosos:** Crime, direito e sociedade. Instituto Carioca de Criminologia/Revan, n. 23/24, 1º e 2º sem. 2016.

ANDRADE, Mailô de Menezes Vieira. **Ela não mereceu ser estuprada:** a cultura do estupro nos casos penais. Rio de Janeiro: Lumen Juris, 2018.

BARATTA, Alessandro. O paradigma do gênero: da questão criminal à questão humana. *In*: CAMPOS, Carmen Hein de (org.). **Criminologia e Feminismo.** Porto Alegre: Sulina, 1999.

BARATTA, Alessandro. **Criminologia crítica e crítica do direito penal:** introdução à Sociologia do Direito Penal. Trad. Juarez Cirino dos Santos. Rio de Janeiro: Revan, 1997.

CARDOSO, Helena Schiessl. **Criminologia brasileira:** um mosaico à luz do Ensino do Direito. Tese de doutorado. Programa de Pós-Graduação em Direito da UFSC. 2018. No prelo.

KARAM, Maria Lúcia. A esquerda punitiva. **Discursos Sediciosos:** crime, direito e sociedade, ano 1, n. 1, 1º sem. 1996.

RIBEIRO, Darcy. **O povo brasileiro:** a formação e o sentido do Brasil. São Paulo: Companhia das Letras, 1995.

MONTENEGRO, Marilia. **Lei Maria da Penha:** uma análise criminológico-crítica. Rio de Janeiro: Revan, 2015.

PATMAN, Carole. **El contrato sexual.** Trad. Maria Luisa Femenías. Barcelona: Antropos; Mexico: Universidad Autonoma Metropolitana, 1995.

SANTOS, Boaventura de Sousa. **A crítica da razão indolente:** contra o desperdício da experiência. São Paulo: Cortez, 2005.

ZAFFARONI, Eugenio Raúl. **Criminología:** aproximación desde una margen. Bogotá: Temis, 1988.

Criminologia como crítica do visível: tomando posição quando as imagens queimam[1]

Augusto Jobim do Amaral[2]

> Pois a imagem é outra coisa além de um simples corte praticado no mundo dos aspectos visíveis. É uma impressão, um rastro, uma cauda visual do tempo que ela quis tocar, mas também de tempos suplementares – fatalmente anacrônicos, heterogêneos entre si – que, como arte da memória, não pode deixar de aglutinar. É a cinza de várias fogueiras misturadas mais ou menos quente. Neste aspecto, então, a imagem queima. Ela queima pelo real de que ela mesma, em um momento, se aproximou. (...) Ela queima pelo desejo que a anima, pela intencionalidade que a estrutura, pela enunciação, até mesmo pela urgência que manifesta (...). Ela queima pela destruição, pelo incêndio que esteve prestes a pulverizá-la, do qual escapou e, consequentemente, é capaz hoje de oferecer arquivo e a possível imaginação. Queima pela luz, ou seja, pela possibilidade visual aberta por seu próprio consumo: verdade valiosa, porém passageira, visto que está destinada a se apagar (...). Ela queima pela dor da qual procede e que oferece a quem dedique seu tempo para se afeiçoar a ela. Enfim, a imagem queima pela memória, ou seja, que ela queima ainda, ainda que só seja cinza: um jeito de expressar sua vocação essencial para a sobrevivência, para o apesar de tudo. Mas, para sabê-lo, para senti-lo, é preciso ousar, é preciso aproximar o rosto da cinza.
>
> Georges Didi-Huberman

Não serão poucos os trabalhos que, também em criminologia, procuraram mergulhar na questão das imagens. Se hoje o sentido visual atravessa e escorre praticamente todas as dimensões de nossa sociedade, sempre restará algo a interrogar sobre o que,

---

[1] Capítulo do livro "Política da Criminologia" (São Paulo: Tirant lo Blanch, 2020, p. 343-370).

[2] Professor permanente do PPGCCrim e do PPGFil da PUCRS.

de fato, pode significar *imagem* na condição contemporânea. A lógica frenética da velocidade, do instantaneísmo imagético que nos abate modificando as dimensões de tempo e espaço tradicionais (VIRILIO, 1993a; VIRILIO, 1993b; VIRILIO, 1996), quando não aniquilando nossa capacidade de abstração e crítica; as tecnologias digitais que nos conduzem quase que à correspondência entre realidade e ficção, através de uma espécie de *"mediascape"* (APPADURAI, 2004, p. 53-54), trazem um cenário profundamente complexo em que tais linhas se borram e, sobretudo, misturam-se ao mundo das mercadorias.

O campo criminológico, nesse sentido, sempre procurou apurar sua análise, em especial no sentido de identificar o que David Freedberg chamou de "o poder das imagens", ou seja, a efetividade, a eficácia e a vitalidade das próprias imagens (real ou imputada) – não apenas considerando a conduta e manifestações dos expectadores, mas além, estudar tanto aquilo que as imagens parecem fazer quanto o que se espera que estas formas façam (FREEDBERG, 1992, p. 14). Foi ressaltando a importância da imagem para a criminologia que, destacadamente, Hayward e Presdee pretenderam oferecer à chamada "criminologia cultural" uma nova orientação metodológica em busca de um "visual" capaz de abranger sentido, afeto, situação, poder simbólico, eficácia e espetáculo em um mesmo *"frame"* (HAYWARD; PRESDEE, 2010, p. 14). Não que antes inexistisse tal pretensão, mesmo no próprio grupo, de uma *"visual criminology"*, já atenta à mera importação das imagens para uma disciplina definida (FERRELL; HAYWARD; YOUNG, 2008, p. 184-188) e, sobremaneira, refratária à limitação associada ao binômio tradicional crime e mídia.

Entretanto, se a posição ascendente da imagem/visual na cultura contemporânea é evidente, devemos levar a sério o alerta levantado por esta mesma criminologia que pretende estudar não apenas a simples imagem (se é que se pode concebê-la assim), mas seus processos de produção, reprodução, enquadramento e interpretação – em resumo, o instante do *framing* como momento esculpido – e enfrentar, além disso, o desafio da necessária transformação *filosófica* dos fundamentos da criminologia.[3]

*

Num mundo em que o poder é cada vez mais exercido através de processos mediados/mediatizados de produção visual, qualquer *foco* criminológico parece demasiadamente restrito quando não indaga a própria *imagem*, para além de um mero suporte organizativo de um passado ou como moldura de nossas experiências (GOFFMAN, 1974, p. 14).

---

[3] Direção apontada literalmente por Hayward e Presdee (2010, p. 16). No sentido de inscrever a criminologia como crítica radical da violência desde a transformação filosófica dos seus fundamentos, cf. o nosso "Criminologia como desconstrução – Talvez" (AMARAL, 2017).

Falar de *imagens*, principalmente em termos criminológicos, de início, é percebê-las como "marcos de guerra", sobretudo como testemunho da violência perpetrada pelo exercício do poder punitivo. Para isso, antes de tudo, devemos lembrar a riqueza que a expressão *"to be framed"* comporta e aquilo que o verbo pode nos informar: por exemplo, tanto um quadro pode estar "emoldurado" quanto alguém pode ser falsamente acusado pela polícia – ambos estarão *"framed"*. Isso significa, guiado por Butler (2009, p. 8-9), que estar *"framed"* é ser objeto de uma artimanha, engano, cujo *marco* guia implicitamente a interpretação. Toda imagem é, portanto, sempre enquadrada, recortada, focada. Todavia o desafio, diante da imagem, estará em perceber que há sempre o movimento para além deste confinamento, uma espécie de evasão de rompimento perpétuo. O *marco* (*"frame"*) – que pretende conter, veicular, orientar, determinar ou focar o que se vê – entranha uma estranha e constante ruptura, pois pressupõe que nem tudo nele cabe. Desenquadrar a imagem, desemoldurar o marco, fazer possível a experiência do que excede a imagem, trazendo aquilo que de fato perturbará o sentido conformado de realidade estabelecida por ela, isso sim certamente implica uma instância altamente reflexiva do campo visual. Se pudéssemos dizer em termos simples, seria demonstrar que qualquer marco visual aposto nas imagens nunca inclui realmente o cenário que supunha desejar descrever. Portanto, a ambição de qualquer exercício de *"framing crime"* para a construção de uma "criminologia visual" deverá antes ter em conta essas questões *candentes* que atravessam a *imagem*.

Didi-Huberman, ao pensar as imagens como referimos, na esteira de Benjamin e Aby Warburg, dirá que *"l'image brûle"* (DIDI-HUBERMAN, 2018, p. 25). O esforço para "não imobilizar as imagens" não será apenas aquele de dotá-las de movimento – passar da análise de um índice estático (por exemplo, fotográfico) para seu incremento tecnológico através da dinâmica imagética de vídeos, filmes etc., que, de toda forma, não avançam senão para uma mera reprodução funcional e acelerada de imitação de fatos que futilmente tentam representar uma verdade (DIDI-HUBERMAN, 1996, p. 59-86) – tal capacidade de fugir ao estático passa por tornar sensível um fugaz fragmento da história.

A imagem, como escreve este filósofo da arte, é uma "borboleta viva" (DIDI-HUBERMAN, 2015), e, tal como o entomologista que mata sua borboleta para observá-la, ao mesmo tempo amortecendo seu olhar, também poderá fazê-lo qualquer outro que se puser a congelar seu objeto para resolvê-lo como enigma dentro de uma infalível hermenêutica. Em especial o criminólogo, não raro acostumado a esvaziar sua visão e mergulhar na vertigem de uma *datafied criminology* reduzida a regimes numéricos de baixíssima intensidade imaginativa e reduzidíssimo impacto crítico.

Nessa seara, a questão visual pressupõe, mais que uma abordagem *estética*, a passagem para o questionamento *ético* em si e seu correlato posicionamento *político*. Assim, uma criminologia que pretenda se orientar num mundo onde talvez como nunca as imagens tenham se imposto tanto, precisa questionar primeiro a que tipo de *conhecimento* elas podem dar lugar. Daí, "não podemos mais, então, falar de imagens sem falar de *cinzas*" (DIDI-HUBERMAN, 2018, p. 33). Estamos assim diante de *vestígios*, de inscrição de desejos e, sobretudo, de temores, não apenas daquilo que passou, mas daquilo que da *memória* se faz experiência como documento cultural. Essa criminologia, ao colocar seu olhar sobre qualquer imagem, a terá como registro documental da barbárie da cultura, sempre disposta a pensar as condições que impediram sua destruição. Imagens como memória que se deixam apenas interpretar como *sintomas*.

Walter Benjamim escreveu que a verdade "não se manifesta no desvelamento e sim num processo que pode ser caracterizado metaforicamente como um incêndio, no qual o invólucro do objeto, ao penetrar na esfera das ideias, consome-se em chamas, uma destruição, pelo fogo, da obra, durante a qual sua forma atinge o ponto mais alto de sua intensidade luminosa" (BENJAMIN, 1984, p. 53-54). Eis a questão incendiária. Exatamente por serem anacrônicas ao presente, por mais instantâneas que sejam, ainda restará às imagens uma radical interrogação *entre a história e a memória*. Sua verdade, se é que assim se pode dizer, como escreve Deleuze (2003), estará em sua complexa expressão de ser capaz de fazer sensíveis as relações temporais irredutíveis ao presente.[4] Disso que não se sabe diretamente (*sintoma*) é que se pode extrair algo decisivo, daí a força das imagens para o *conhecimento* (DIDI-HUBERMAN, 2018, p. 46).

Os rastros daquilo que sobreviveu reconhecidos nas imagens, se levado a sério que são pó e cinzas da experiência, são inclassificáveis. Mas isso apenas aumenta a responsabilidade profunda do artista, historiador, criminólogo, jurista etc. em fazer visível a tragédia na cultura inseparável de sua memória, noutros termos, "ver nas imagens onde se sofre" (DIDI-HUBERMAN, 2018, p. 46). Próximo, assim, estaríamos de fato da arte benjaminiana de escovar a realidade a contrapelo, de uma postura *inflamável*, urgente, de, a todo instante, tentar arrancar a tradição do conformismo sempre pronto a apoderar-se dela.[5] (BENJAMIN, 1995, p. 224-225; SOUZA, 2016, p. 77-90).

---

[4] Na entrevista aos *Cahiers Du Cinéma* de 1986, por ocasião da publicação do "Cinema 2: A imagem-tempo", Deleuze (2003, p. 270) refere que: "A própria imagem é um conjunto de relações de tempo do qual o presente somente deriva [...]. A imagem faz sensível, visível, as relações de tempo irredutíveis ao presente".

[5] Ecos das teses de Walter Benjamin "Sobre o conceito de história", em especial as teses VI e VII (BENJAMIM, 1995, p. 224-225).

Assim, saber olhar a imagem, em termos criminológicos, não requer meramente tê-la como um objeto metodologicamente ordenável, trata-se de "discernir *onde ela queima*", ou seja, ter a criatividade de romper o limite da representação que a imagem tenta consolidar e injetar uma crise inquieta na sua beleza eventual. Em sua "Pequena história da fotografia", Benjamin (1995, p. 100), falando de Atget, respondia a essa nova capacidade como "desmascarar a realidade". Uma imagem bem olhada, longe dos clichês visuais, é aquela capaz de desconcertar e renovar o pensamento. O traço visual contido na imagem é expressão de uma centelha do tempo que agora se coloca. Como numa espécie de "inconsciente ótico", as imagens conduzem o chamuscado que a realidade lhes impôs (BENJAMIN, 1995, p. 94).

Em épocas que a informação visual tende à naturalização das imagens de barbárie e de violência, seja pela indução à cegueira camuflando sua destruição, seja pelo excesso desenfreado que as transforma em vazios clichês, saber olhar as imagens é tarefa árdua. A começar pela *implicação* que o olhar supõe. Implicação requer a compreensão de ser tocado pela imagem. Assumir que, a partir desta cisão inelutável do olhar, a imagem, de fato, também nos olha (DIDI-HUBERMAN, 1998, p. 29-36). Olhar, que não é simplesmente ver, mas que supõe afeto – para ser mais preciso, *e-moção.* Postura e movimento que consistem em nos pôr para fora de nós mesmos, gesto que atravessa ao mesmo tempo exterior e interior. Dirá Didi-Huberman (2016, p. 26) sobre a emoção: "ela age sobre mim, mas, ao mesmo tempo, está além de mim. Ela está em mim, mas fora de mim". Talvez aí esteja o uso ético das emoções e das próprias imagens que podem tocá-las. Olhar a imagem implicará a "emoção [que] não diz 'eu'".[6] Este é a trama da experiência que olhar a imagem importa.

E se as imagens são cinzas de rastros como dissemos, aspectos impressos de um tempo que nos quis tocar, fatalmente um olhar criminológico precisará ousar, para além de um raquítico olhar focado, e saber sentir a memória da violência perpetrada e naturalizada no rol do poder punitivo, através da dor que daí procede, como força de sobrevivência apesar de tudo.

Ver as imagens sob este gesto é tocar as coisas de maneira singular. Antes de operar uma tentativa policial de extrair algum sentido próprio ou original, procura comparar

---

6 Expressão de Deleuze, em entrevista a Hervé Guibert de 1981 ao *Le Monde*, por ocasião da publicação de "Francis Bacon, lógica da sensação": "A emoção não diz 'eu'. [...] A emoção não é da ordem do eu, mas do acontecimento. É muito difícil apreender um acontecimento, mas não acredito que essa apreensão implique a primeira pessoa. Antes seria preciso recorrer à terceira pessoa, como Maurice Blanchot, que diz haver mais intensidade na proposição "ele sofre" do que em "eu sofro" (DELEUZE, 2003, p. 172).

aquilo que vemos no presente como fragmento que sobreviveu ou está exposto diante daquilo que sabemos ter desaparecido. Portanto, o desafio estará em *transformar este esforço de uma arqueologia de vestígios em trabalho de resistência criminológico.* As imagens aparecerão assim como "cascas da história" (DIDI-HUBERMAN, 2017, p. 66-67), onde não se produzirá apenas um inventário de objetos acumulados ou técnicas de abordagem, mas serão percebidas como arte da memória, ou seja, toques para uma anamnese do presente. Como escreveu Benjamin (2004, p. 219-220), esta é uma atividade longe de qualquer sobriedade caricatural, mas que interroga inquietantemente as camadas de tempo do próprio presente. Isso implica, mais que um trabalho de escavação para revolver o passado, uma verdadeira recordação que acaba por apontar os estratos de tempo soterrados que teve que se passar antes, o que acaba também por "dar ao mesmo tempo uma imagem daquele que recorda" – retrato do esforço político de engajamento com o que do passado se exprime pela superfície da imagem se exprime, expressão de vida não apenas desta aparição, mas daquele que recorda ética e politicamente daquilo que lhe toca.

Em termos criminológicos, principalmente, este trabalho é imenso. Não apenas porque os clichês e as inclinações reducionistas nos acometem com frequência quando se analisam as diversas plataformas imagéticas – seja pelos determinismos explicativos quando se pensam as imagens de forma unilateral, seja pela nova espetacularização do sofrimento que acaba por vinculá-las como meros produtos culturais (inclusive de capital acadêmico) –, mas porque a abissal violência exercida pelo poder punitivo, para ser vista como consistente, tendencialmente parece que deve ser tida como reserva de exclusividade ou como privilégio, frequente em discursos de vitimização. Bem ao contrário, a necessidade política de irresignação e sua força de potência subversiva, a nosso ver, consiste em "fazer da dor, e, logo, da história e das emoções que a acompanham, nossos bens comuns: nossos objetos de pensamento para a troca, e não nossa reserva de caça" (DIDI-HUBERMAN, 2017, p. 95). A atenção e a desconfiança ao poder punitivo passam por vê-lo como dispositivo que canaliza dores, histórias e emoções como reserva de caça.

*

Por esses *rastros do in-visível* é que tomamos posição. Em razão disso, portanto, é que preferimos, antes de falar numa "criminologia visual" ou algo que o valha, que haja a imperativa problematização da noção filosófica da *visibilidade*. O visível é exatamente esse lugar de oposição entre o sensível e o inteligível, e antes de nos atirarmos, como de regra, no exame privilegiado do óptico é necessário um deslocamento que traga a *criminologia* para o espaço de *crítica do visível*.

Tal como Derrida (2012; 1973) propôs problematizar as *artes do visível* no lugar da tradicional aproximação às artes visuais pelo movimento do *rastro*, com esta inflexão, o tom radicalmente se transforma. Talvez não exista forma mais explícita que aflore nosso "logocentrismo", nosso privilégio do *logos* e a autoridade da teoria (*theorein* é olhar),[7] que naqueles espaços de reflexão sobre as artes visuais, em qualquer dimensão disciplinar que se ponha. Todas elas, de modo mais ou menos intenso, têm seu idioma colonizado pelo sentido dado pelo visual. Haveria como não ser assim? Existiria um espaço de inscrição outro que desestabilizasse a *visibilidade* que suporta qualquer ordem visual?

Se antes o problema que levantamos estava disposto desde a fragilidade que qualquer foco visual conduz e da exclusão que suporta, cabe ainda dizê-lo de modo diverso. Instante pelo qual a questão incendiária não se põe apenas sobre a capacidade técnica ou a propriedade metodológica de abrir mais ou menos as lentes com que se examinam as imagens, entretanto é sumamente importante interrogar não somente os contornos do visual, mas diretamente o privilégio do *visível*. Criminologia *menos* visual e *mais* – através das imagens – *crítica do visível*.

Não obstante, poderia haver uma criminologia – assim como qualquer empreendimento intelectual –, diante da condenação do homem contemporâneo à superficialidade expressa pela dimensão de virtualidade cuja essência todos os fatos visíveis aparentemente endossam e uma legião de mentalidades plastificadas se apressam em legitimar, que não fosse "visual"? A pista de Derrida (2012a, p. 63-91), para tensionar as artes do visível como "artes espaciais", parece uma sugestão a ser seguida.

Arriscar um pouco também é jogar com essas hierarquias da predominância do olho no pensamento. Dizer "espacial" para Derrida (1987, p. 509-) permite ligar estas artes a um conjunto geral de ideias de "espaçamento", pois espaço não necessariamente é aquilo que é visível, e muito menos o invisível é apenas o contrário da visão. Não esqueçamos que as palavras também são imagens, letras que representam uma visibilidade espacial, corpos que sempre podem e devem ser usados para além do discurso e para fazer explodi-lo (DERRIDA, 2012a, p. 39). Tal como o desafio está em fazer explodir a letra para que o não verbal apareça, explodir o visual e o privilégio do visível para que o invisível venha como experiência da cegueira parece ser um chamado valioso.

---

[7] "O valor de *fenômeno* (*phainesthai*) é o que brilha, o que se vê, trata-se ainda de um privilégio do visível. O valor de evidência, o valor da clareza, até mesmo o valor da verdade, a *aletheia* ou o desvelamento, é a não dissimulação, o que se mostra e que estava escondido, é o desocultado, o desmascarado: e esse valor de visibilidade continua a dominar a história do pensamento" (DERRIDA, 2012, p. 83; DERRIDA, 1973).

Tentemos explicar de uma maneira melhor. Em que pese tenhamos naturalmente a propensão de ter os olhos como feitos para ver, Derrida ressalta a obviedade abissal de que eles "são feitos também para chorar", mas não apenas que eles choram, como "também que as lágrimas veem" (DERRIDA, 2012b, p. 66-67). Essa provocação consiste em dispor a funcionalidade do olhar para além do ver e colocar a própria visão em seu limite extremo. Quando se diz que um *ponto de vista* é apenas a vista sobre um ponto, mais que um jogo de palavras, assume-se o perspectivismo que toda visão do olhar possui. A tomada de posição que toda imagem compõe e que toda visão informa já importa certo interesse, organização, seleção – devedoras tanto ao "enceguecimento quanto à visão" (DERRIDA, 2012a, p. 73). Para ver é preciso negligenciar, ficar cego a todo o resto. Ponto cego é como chamamos este foco de não vidência, mas que organiza o campo da visão. Em suma, o invisível é a condição indispensável a qualquer visibilidade: "o que torna visíveis as coisas visíveis não é visível, dizendo de outro modo, a visibilidade, a *possibilidade essencial do visível* não é visível" (DERRIDA, 2012a, p. 82).

Difícil será, dentro dessa crítica do visível que baseia o visual, ajustar o tom na direção de um pensamento "que se vê sem ver e que não se vê ao ver". Figura espectral, entre o visível e o invisível, que não *pré-vê*. Que, em todo caso, desloca uma das funções vitais do olho que é "ver vir" (DERRIDA, 2012a, p. 68-69), ou seja, antecipar o que vem, apreender previamente algum perigo, propriedade que se apodera antecipadamente para prevenir. Logo, se visão é apreensão "para ver vir o que vem", a *experiência do acontecimento* em seu sentido radical torna-se prejudicada.

A dignidade do *acontecimento* só pode vir do *outro*. Se anteciparmos, precisamente o amortecemos. Para não ser neutralizado, apenas *acontece* se não o vemos vir, saída imprevisível, surpreendente e inesperada (DERRIDA, 2012b, p. 231-251). Por isso, não condiz com qualquer horizonte de compreensão ou expectativas antecipáveis. Nesta dimensão, é vertical e somos cegos a ele. Não será de menor importância que Derrida assumirá o desenhista – representante privilegiado das artes visuais – como testemunha daquele que trabalha com o traço, vê vir, calcula, mas ao mesmo tempo que inventa é de algum modo cego, é surpreendido pelo que trilha sem ver vir, constituindo seu desenho um *acontecimento*. Como visibilidade, o desenho é uma "mostração do invisível" (DERRIDA, 2012a, p. 82). Portanto, como referimos, indispensável pensar o acontecimento. Inclusive é o que propriamente convida o pensamento, é o que ele em seu movimento também convoca (DERRIDA, 2012a, p. 68-69). É preciso também ver para conseguir desdobrar essas potências de cegueira; sem nunca esquecer, porém, que tal "experiência do traço em si mesma é uma experiência de cego" (DERRIDA, 2012a, p. 87).

Quando a *experiência*, de fato, não for subsumida a um presente vivo (presença presente), e for tida como um genuíno *experimentar*, algo que atravesse uma viagem (não turismo) sem programação prévia, daí sim *acontece* algo. Inassimilável, esse *acontecimento* "quer se trate de um *quem* ou de um *quê*" (DERRIDA, 2012a, p. 80) vem sempre do *outro*, radicalmente inapropriável e inantecipável. Assim, pode-se perceber o quanto a visão pode restritivamente estar apenas interessada no "visual" presente diante de nós, como um *objeto*, ou se lidamos com uma *in-visibilidade* que transborda e excede o presente por alguém ou por alguma coisa. As imagens são esta soleira, oportunidade de leitura para além de um contorno visível – *remissão ao outro*.

Assim, uma crítica à altura do abismo opaco que habitamos, do frenetismo imagético do visual naturalizado, talvez possa ser inscrita desde os *espectros* que a assombram. Se o poder da determinação da realidade via visão (*logos*) pode nos sujeitar, sempre restará sermos assombrados e transbordados pela fantasmagoria das imagens. Há sempre *tempo* que irrompe na realidade: "realidade (é) o que se dá, o que ocorre *entre* a ideia de realidade e sua desaparição" (SOUZA, 2018, p. 34).

Imagem é uma representação que apenas pode franquear a inconsistência essencial de si mesma através da sua figura. Como vimos, "seu propósito é serem mapas do mundo, mas passam a ser biombos", dirá Flusser (1985, p. 23-24). E mais do que o alerta sobre a nossa fatídica servidão às imagens, cabe a permanente denúncia à *idolatria* que dispensa decifrar as cenas contidas nelas e a riqueza dos significados do mundo em função da inversão do mundo pela adoração à imagem.

Infeliz aquela criminologia "visual" que se puser a não antever a falência da representação e tiver a pretensão de que as imagens sejam mais do que em realidade são: o déficit *temporal* que necessariamente significam. Delirante *razão idolátrica*, como escreve Ricardo Timm de Souza, que, de fato, não percebe nossa precária capacidade objetivante e ignora a genuína oferta que, *a-pesar* de tudo, a realidade nos faz: traduzir a "*des*conjunção dos instantes" (SOUZA, 2018, p. 38).

Quando a *crítica do visível*, enfim, acolher as "*raízes invisíveis* da visibilidade" (SOUZA, 2018, p. 40), transpuser a visibilidade para, essencialmente, dar a ver o que a ela é irredutível, talvez algo de radical aconteça: fazer aparecer o invisível de outro modo, irredutível ao visível. Num mundo em que o que conta é ser olhado e apenas queremos ver o visível, as imagens teimarão em nos olhar e o *segredo* de qualquer crítica da visibilidade apenas encontrará espaço como *vidência que toque o invisível*.

Referências

AMARAL, Augusto Jobim do. Criminologia como desconstrução – Talvez. **Derecho Penal y Criminología**, año VII, n. 9, oct. 2017.

APPADURAI, Arjun. **Dimensões Culturais da Globalização:** a modernidade sem peias. Trad. Telma Costa. Lisboa: Teorema, 2004.

BENJAMIN, Walter. Escavar e Recordar. *In*: **Imagens de Pensamento.** Edição e Tradução de João Barrento. Lisboa: Assírio & Alvim, 2004.

BENJAMIN, Walter. **Origem do Drama Barroco Alemão.** Tradução, apresentação e notas: Sérgio Paulo Rouanet. São Paulo: Brasiliense, 1984.

BENJAMIN, Walter. Pequena história da fotografia. *In*: BENJAMIN, Walter. **Obras Escolhidas.** Vol. 1: Magia e Técnica, Arte e Política. Trad. Sérgio Paulo Rouanet. São Paulo: Brasiliense, 1995.

BUTLER, Judith. **Frames of War:** when is life grievable? London/New York: Verso, 2009.

DELEUZE, Gilles. Le cerveau, c'est l'écran. *In*: DELEUZE, Gilles; LAPOUJADE, David (ed.). **Deux Régimes de fous:** textes et entretiens, 1975-1995. Paris: Minuit, 2003.

DERRIDA, Jacques. Cinquant-deux aphorismes pour un avant-propos. *In*: DERRIDA, Jacques. **Psyché**. Inventions de l'autre. 2. Paris: Galilée, 1987.

DERRIDA, Jacques. **Gramatologia.** Trad. Miriam Schnaiderman e Renato Janine Ribeiro. São Paulo: Perspectiva; Edusp, 1973.

DERRIDA, Jacques. **Memórias de cego:** o autorretrato e outras ruínas. Trad. Fernanda Bernardo. Lisboa: Fundação Calouste Gulbenkian, 2010.

DERRIDA, Jacques. Pensar em não ver. *In*: DERRIDA, Jacques. **Pensar em não ver:** Escritos sobre as artes do visível (1979-2004). Org. Ginette Michaud, Joana Masó, Javier Bassas; trad. Marcelo Jacques de Moraes; revisão técnica João Camillo Penna. Florianópolis: Edufsc, 2012a.

DERRIDA, Jacques. Uma certa possibilidade impossível de dizer o acontecimento. Trad. Piero Eyben. **Revista Cerrados**, vol. 21, n. 33, Brasília, 2012b.

DIDI-HUBERMAN, Georges. **A imagem queima.** Trad. Helano Ribeiro. Curitiba: Medusa, 2018.

DIDI-HUBERMAN, Georges. **Cascas.** Trad. André Telles; inclui entrevista do autor a Ilana Feldman. São Paulo: 34, 2017.

DIDI-HUBERMAN, Georges. **Falenas:** ensaios sobre a aparição. Trad. A. Preto et. al. Lisboa: Kkym, 2015.

DIDI-HUBERMAN, Georges. Imitation, représentation, fonction. Remarques sur um mythe épistémologique. *In*: BASCHET, Jêrome; SCHMITT, Jean-Claude. **L'image:** Fonctions et usages des images dans l'Occident médiével. Paris: Le Léopard d'Or, 1996.

DIDI-HUBERMAN, Georges. **O que vemos, o que nos olha.** Trad. Paulo Neves. São Paulo: 34, 1998.

DIDI-HUBERMAN, Georges. **Que emoção! Que emoção?** Trad. Cecília Ciscato. São Paulo: 34, 2016.

FERRELL, Jeff; HAYWARD, Keith; YOUNG, Jock. Cultural Criminology: an invitation. London: SAGE, 2008.

FLUSSER, Vilém. **Filosofia da Caixa Preta:** ensaios para uma futura filosofia da fotografia. São Paulo: HUCITEC, 1985.

FREEDBERG, David. **El Poder de las Imágenes.** Trad. Purificación Jiménez y Jerónima Bonafé. Madrid: Cátedra, 1992.

GOFFMAN, Erving. **Frame Analysis:** an essay on the organization of experience. With a new foreword by Benett Berger. Boston: Northeastern University Press, 1974.

HAYWARD, Keith J.; PRESDEE, Mike. **Framing Crime:** cultural criminology and the image. New York: Routledge, 2010.

SOUZA, Ricardo Timm de. **Ética como fundamento II:** pequeno tratado de ética radical. Caxias do Sul: EDUCS, 2016.

SOUZA, Ricardo Timm de. (Dis)Pensar o Ídolo – Responsabilidade Radical no Pensamento Contemporâneo. *In*: SOUZA, Ricardo Timm de. **Ética do Escrever:** Kafka, Derrida e a Literatura como crítica da violência. Porto Alegre: Zouk, 2018.

VIRILIO, Paul. **A Inércia Polar.** Lisboa: Don Quixote, 1993a.

VIRILIO, Paul. **Espaço Crítico e as Perspectivas do Tempo Real.** Trad. Paulo Roberto Pires. Rio de Janeiro: 34, 1993b.

VIRILIO, Paul. **Velocidade e Política.** Trad. Celso M. Paciornik. São Paulo: Estação Liberdade, 1996.

CRIMINOLOGIA FEMINISTA *COM* CRIMINOLOGIA CRÍTICA: PERSPECTIVAS TEÓRICAS E TESES CONVERGENTES

Mariana de Assis Brasil e Weigert[1]
e Salo de Carvalho[2]

RESUMO. O estudo objetiva, em primeiro plano, apresentar o estado da arte das pesquisas que possuem como objeto a criminalidade e a criminalização das mulheres. Ao mapear os estudos criminológicos contemporâneos, busca, em segundo plano, delimitar os temas e os problemas de investigação das criminologias feministas e crítica para, posteriormente, identificar as zonas de convergência e de conflito. A hipótese central do artigo é a de que é possível identificar a permanência da criminologia positivista nas ciências criminais também nos estudos que envolvem crimes praticados por e/ou contra mulheres e que as criminologias feministas e a criminologia crítica, apesar de divergências (reais e/ou aparentes) nos campos epistemológico e político-criminal, apresentam uma identidade comum antipositivista que possibilita o redimensionamento das perguntas que entrelaçam as questões penal e criminal com as de gênero. O estudo se desenvolve a partir do levantamento das principais pesquisas sobre os temas, seguido de uma reflexão teórica que procura identificar uma hipótese comum ou identidade compartilhada entre a teoria crítica (criminologia crítica) e o feminismo (criminologia feminista).

Palavras-chave. Criminologia Feminista; Criminologia Crítica; Feminismo; Teoria Crítica; Violência de Gênero.

---

[1] Professora de direito penal e criminologia do IBMR/RJ. Mestre em Criminologia e Execução Penal (UAB) e em Ciências Criminais (PUCRS) e Doutora em Psicologia Social (UFRGS).

[2] Professor adjunto de direito penal e criminologia da Faculdade Nacional de Direito/UFRJ e professor do programa de pós-graduação (mestrado e doutorado) em Direito da Unilasalle/RS. Mestre (UFSC) e Doutor (UFPR) em Direito.

Homenagem

Recebemos com muita felicidade e entusiasmo o convite para escrever neste livro em homenagem à Prof.ª Dra. Renata Almeida da Costa. Renata é uma querida amiga cuja destacada trajetória acadêmica acompanhamos há muito tempo. E para além dos sempre importantes vínculos institucionais, muito recentemente tivemos a oportunidade de organizar juntos um livro e um evento em homenagem a Amilton Bueno de Carvalho, o que dá ao leitor a dimensão do quanto somos próximos. Ao discutirmos qual seria o trabalho mais adequado para encaminhar aos organizadores deste volume, não tivemos dúvida em selecionar este ensaio recentemente publicado na *Revista Direito e Práxis* (Uerj). Trata-se de um artigo que objetiva sobretudo aproximar a criminologia crítica do feminismo, apontando as inúmeras convergências entre ambas as perspectivas teóricas. Ao nosso ver, não poderíamos encaminhar texto mais adequado para homenagear Renata, uma criminóloga, crítica e feminista. Que Renata receba, com esta pequena homenagem, nosso carinho e nossa gratidão, nesta caminhada conjunta que, desejamos, seja longa e frutífera. Viva Renata!

1. Introdução

A tensão entre criminologia crítica e criminologia feminista, sobretudo nos planos epistemológico e político-criminal, é uma variável constante nos debates do campo há, no mínimo, três décadas. Embora muitas hipóteses tenham sido consolidadas, ainda existe um amplo espaço de problematização e, sobretudo, de aproximação entre ambas as perspectivas criminológicas.

Neste cenário, os objetivos centrais do trabalho são (*primeiro*) delimitar os objetos de investigação das criminologias feministas e da criminologia crítica; (*segundo*) mapear os estudos criminológicos contemporâneos de corte positivista que possuem como objeto a mulher autora e vítima de delitos; e (*terceiro*) identificar as zonas de convergência entre as tendências crítica e feminista na qualidade de modelos contrapostos ao positivismo criminológico. Como ponto de partida, optou-se por identificar a permanência da criminologia positivista nas ciências criminais, inclusive com uma importante projeção nos estudos que envolvem crimes praticados por e/ou contra mulheres. A demonstração do atual estado da arte das investigações de corte etiológico sobre temas que envolvem estas espécies de crimes possibilita, inclusive, verificar os níveis de aproximação da criminologia positivista com algumas perspectivas liberais do feminismo.

Fundamental referir que este ensaio é a primeira etapa de um projeto mais amplo que propõe discutir as convergências e as divergências entre feminismo e teoria crítica na criminologia. Neste momento, realizamos um esforço inicial para apresentar as pautas confluentes e harmônicas entre as criminologias feministas e crítica, notadamente no que diz respeito à dimensão negativa antipositivista. O estudo abre caminho para uma exploração seguinte, em fase de desenvolvimento, e que tem como objetivo: (*primeiro*) discutir os contrapontos nos planos epistemológico e político, inclusive político-criminal, apontando divergências reais e/ou aparentes; e (*segundo*) problematizar a real necessidade de compatibilização ou de superação (dialética) dos modelos, notadamente em razão do respeito à identidade e à autonomia de cada perspectiva crítica. Alguns pontos de tensão entre as criminologias feministas e as criminologias (positivista e crítica) podem ser identificados no clássico debate proposto por Carol Smart (1990, p. 71-84). Os problemas decorrentes desta tensão vêm sendo aprofundados e sofisticados nas últimas décadas, tendo a criminologia feminista brasileira apresentado importantes conclusões ao apontar ser imprescindível que as criminologias estejam abertas e permitam o atravessamento pelo feminismo, sobretudo nas suas dimensões interseccional e decolonial.[3] O diálogo entre os feminismos e a crítica permite, igualmente, que sejam realizadas as sempre necessárias autocríticas, não apenas no que diz respeito à percepção dos limites de cada modelo[4], mas, sobretudo, nas tendências colonizadoras. Nesse sentido, fundamental ressaltar como a criminologia crítica, de base marxista, historicamente silenciou as questões de gênero e de raça.[5]

No entanto, o presente estudo concentra-se em uma etapa anterior (e menos tensa) das relações entre as criminologias feministas e crítica, ao procurar identificar uma hipótese comum convergente: o antipositivismo. Assim, procuramos, neste momento, mapear a atualidade das pesquisas criminológicas de base positivista centradas nas pesquisas sobre mulheres vítimas e autoras de delito a partir de determinados tipos criminológicos (homem-abusador; mulher-delinquente; e mulher-vítima) para, posteriormente, apontar zonas de convergência que permitem redimensionar as perguntas que entrelaçam as questões penal e criminal com as de gênero.

O estudo se desenvolve a partir do levantamento das principais pesquisas sobre os temas, especialmente as pesquisas realizadas no Brasil, seguido de uma reflexão teó-

---

3 Sobre o tema, exemplificativamente, D'Oliveira & Camargo (2014, p. 349-372); Magnago (2017, p. 24-32); Andrade (2018, p. 435-455); Prando (2019, p. 34-45).

4 Nesse ponto, o debate entre feminismo e abolicionismo adquire especial relevância, como se percebe exemplificativamente nos questionamentos os propostos por Smaus (1991, p. 85-103) e Van Swaaningen (1993, p. 119-143), mas, sobretudo, por Davis (2003; 2009).

5 Nesse sentido, exemplificativamente, Flauzina (2008); Calazans et al (2016); Freitas (2016, p. 488-499); Flauzina e Freitas (2017, p. 49-71); Carvalho e Duarte (2017, p. 25-197); Franklin (2017, p. 487-518); Pires (2017, p. 541-562); Prando (2018, p. 70-84); Germano, Monteiro e Liberato (2018, p. 27-43).

rica que procura identificar uma hipótese comum ou uma identidade compartilhada entre a teoria feminista (criminologia feminista) e a teoria crítica (criminologia crítica).

2. Os direitos das mulheres sufocados pelo positivismo criminológico (o homem criminoso, a mulher delinquente e a vítima nata)

2.1. O salto qualitativo proporcionado pela criminologia crítica foi o de elevar as pesquisas nas ciências criminais da perspectiva micro à perspectiva macrocriminológica. Significa dizer que a criminologia crítica ampliou o campo de visão da criminologia (e também o do direito penal dogmático) ao direcionar sua análise às violências estruturais e institucionais e aos fatores de vulnerabilidade e de seletividade que operam nos processos de criminalização. Se a criminologia ortodoxa[6] operou uma atomização do objeto criminológico aos conflitos interindividuais, procurando identificar nos atores diretamente envolvidos no delito os fatores explicativos da criminalidade (paradigma etiológico), a criminologia crítica redirecionou a lente com o objetivo de explorar os processos seletivos de criminalização e as violências produzidas pelas próprias agências responsáveis pelo controle penal.

No que diz respeito especificamente às mulheres envolvidas em situações de violência, na qualidade de autoras ou de vítimas de crimes, a criminologia ortodoxa não procedeu de forma distinta, pois o conhecimento produzido sempre restou limitado à interpretação dos conflitos como resultado de uma dinâmica estritamente privada (microcriminológica). Assim, no marco do positivismo criminológico, as violências que envolvem as mulheres foram inseridas em um horizonte de investigação cuja base interpretativa era (e em grande medida continua sendo) fundamentalmente causalista.

Nesse cenário de ingerência científica delimitado pelo paradigma etiológico figuram, como objeto de investigação, alguns personagens que foram elevados a tipos criminológicos: (*primeiro*) o homem-abusador; (*segundo*) a mulher-delinquente; e (*terceiro*) a mulher-vítima.

2.2. Nas pesquisas ortodoxas sobre o *homem delinquente*, a classificação e a caracterização dos agressores que praticam violências contra as mulheres são realizadas basicamente a partir da espécie do delito cometido. As imagens do delinquente

---

[6] A utilização do termo "criminologia ortodoxa", para identificar as perspectivas positivistas, segue a orientação que percorre a obra de Jock Young, desde as fundações da criminologia crítica, em sua obra com Taylor e Walton (TAYLOR; WALTON; YOUNG, 2007, p. 21-89), aos estudos mais recentes com Ferrell e Hayward (FERRELL; HAYWARD; YOUNG, 2008, p. 150-165).

concentram-se fundamentalmente em três estereótipos criminais não excludentes: os criminosos sexuais (*estupradores*), os *feminicidas* e os *agressores domésticos*.

A elaboração de tipologias sobre *delinquentes sexuais* sempre foi uma das principais tarefas impostas pela criminologia etiológica. Não apenas pela associação tradicional da imagem do estuprador com um sujeito irracional e insano, mas pela própria representação social do estupro como um dos crimes mais graves e bárbaros que atingem as sociedades civilizadas.[7] Não por outra razão, este *tipo criminológico* é central nas análises relativas aos fatores psicológicos da conduta delitiva, notadamente no que tange à identificação e à classificação de transtornos de personalidade associados ao crime.[8] Sobretudo nas investigações que aproximam criminologia ortodoxa e psicologia cognitivo-comportamental, ainda são muito frequentes trabalhos acadêmicos direcionados à elaboração de perfis de estupradores, à identificação da disfunção psicológica que causa a violência sexual e, em consequência, à construção de instrumentos de avaliação e predição de crimes sexuais.[9]

Os estudos tradicionais da criminologia positivista sobre as formas de violência contra as mulheres desdobraram uma série de pesquisas contemporâneas direcionada à categorização etiológica, como, p. ex., os estudos de identificação do perfil criminológico do feminicida[10] e do agressor doméstico[11], e, especialmente no campo da saúde, de mapeamento epidemiológico da violência doméstica.[12]

---

7 Sobre o conceito, a extensão e a estrutura dos crimes e a análise criminológica dos delinquentes sexuais desde o paradigma etiológico, conferir Kaiser, 1988, p. 331-337.

8 Em termos gerais, sobre o estado da arte das teorias que fundamentam as pesquisas criminológicas sob os pressupostos dos modelos explicativos da personalidade criminal, conferir especialmente Vold, Bernard e Snipes, 2002, p. 55-83.

9 Nesse sentido, recentes pesquisas acadêmicas (dispostas cronologicamente), como, p. ex., (a) Garrido Gaitán, 2005, p. 316-323; (b) Gonçalves e Vieira, 2005, p. 81-92; (c) Pachorro, Poiares e Vieira, 2008, p. 615-623; (d) Vieira, 2010; (e) Pereira, 2011, p. 1-39; (f) Carreiro, 2012; (g) Costa e Mello, 2012, p. 33-38; (h) Scortegagna e Amparo, 2013, p. 411-419; (i) Maduro, 2015; (j) Figueiredo, 2015; (k) Oliveira, 2016.

10 Sobre o perfil criminológico e a motivação psicológica do agressor nos casos de feminicídio (em disposição cronológica), p. ex., (a) Favarim, 2015; (b) Sücker, 2015; (c) Sanz-Barbero et al., 2016, p. 272-278; (d) Oliden e Velásquez, 2017, p. 195-213; (e) Aguilar-Ruiz, 2018, p. 39-48.

11 Sobre o perfil criminológico e a motivação psicológica do agressor nos casos de violência doméstica (em disposição cronológica), p. ex., (a) Garrido Gaitán, 2005, p. 328-331; (b) Martins, 2013; (c) Elias, 2014; (d) Hokama, 2015.

12 Sobre os estudos epidemiológicos da violência doméstica (em disposição cronológica), conferir, p. ex., (a) Bifano, 2002; (b) Kronbauer e Meneghel, 2005, p. 695-701; (c) Sousa, Nogueira e Gradim, 2013, p. 425-431; (d) Madureira, 2014, p. 600-606; (e) Bernardino, 2016, p. 740-752; (f) Silva e Oliveira, 2016, p. 331-342.

2.3. O campo de análise da *criminalidade feminina* se desenvolveu, originalmente, através da transferência e adaptação das categorias antropológicas, biométricas e psicológicas de classificação para a elaboração de um tipo criminológico da *mulher-delinquente*.

O trabalho que inaugura os estudos sobre a criminalidade feminina é o livro de Lombroso e Ferrero, "A Mulher Delinquente, a Prostituta e a Mulher Normal", de 1893. Na obra, Lombroso e Ferrero delimitam as espécies de delitos praticados pelas mulheres (delitos de paixão, delitos sexuais, delitos da maternidade etc.) e apresentam as características patológicas e antropométricas e os aspectos biológicos e psicológicos da *mulher-delinquente* e da *prostituta*. Assim, criam uma taxionomia similar àquela que anteriormente definiu o homem criminoso: a criminosa-nata, ocasional ou passional; a prostituta-nata e ocasional; as loucas, epiléticas e histéricas (LOMBROSO; FERRERO, 1903, p. 181-187, p. 261-324 e p. 371-626).[13] Chama a atenção, contudo, na tipologia criada por Lombroso e Ferrero, a inserção de uma categoria própria para as criminosas: as histéricas. Assim, a associação desta espécie de enfermidade mental ao sexo feminino irá, gradualmente, vincular às mulheres criminosas também o estigma de louca. Ademais, esta explicação fornecia uma resposta relativamente adequada à grande questão que moveu os estudos criminológicos em relação à delinquência feminina: "por que mulheres delinquem menos que homens?" E em que pese o pensamento criminológico sempre ter afirmado uma diferença quantitativa dos crimes praticados pelas mulheres em relação à criminalidade masculina, qualitativamente o efeito punitivo sempre foi substancialmente mais severo, visto o processo de psiquiatrização a que as mulheres historicamente foram (e são) submetidas no interior das agências de punitividade (WEIGERT, 2017a, p. 105-140; WEIGERT, 2016, p. 131-150). Assim, ao mesmo tempo em que são invisibilizadas no sistema penal em decorrência da baixa incidência de crimes, a resposta fornecida pelas ciências criminais (âmbito científico) e pelas agências do Estado Penal (esfera político-criminal) é amplificada, pois conjuga práticas punitivas e psiquiátricas a partir deste diagnóstico que combina doença mental/delito/gênero.

Para além dessas perspectivas biopsicológicas que fundamentaram as análises mais tradicionais da criminologia, a partir da década de 60, com a identificação do aumento da criminalização de mulheres, algumas explicações derivadas do campo sociológico procuraram vincular o fenômeno ao ingresso da mulher na esfera pública. Mas apesar do influxo sociológico, essas análises restaram concentradas em questões causais que explicariam a diferença entre as tendências que impulsionariam homens e mulheres à prática delitiva (ISHIY, 2015, p. 93-100).

---

[13] Sobre os modelos criminológicos tradicionais e as explicações causais da criminalidade feminina, conferir ainda Ishiy (2015, p. 66-79).

2.4. Os estudos de Von Hentig, na década de 50, inauguram uma nova perspectiva na identificação do papel dos sujeitos do crime e, em consequência, alteram a imagem tradicional da vítima como um ator passivo do fenômeno delitivo. Von Hentig concentra suas investigações (*primeiro*) nas características que a vítima possui e que precipitam o seu próprio sofrimento e (*segundo*) no relacionamento que se estabelece entre a vítima e o agressor. O objetivo na exploração da dinâmica criminal era o de apresentar um modelo no qual a vítima fosse compreendida como peça fundamental na situação de violência em razão de consentir, cooperar, conspirar ou inclusive provocar o delito (ZEDNER, 2002, p. 420).

A classificação das vítimas em tipologias análogas àquelas que caracterizam os criminosos possibilitou reforçar a compreensão etiológica, desdobrando um modelo de vitimologia ortodoxa que reproduz os estereótipos do positivismo – "em 1950, estudos de Von Hentig e Mendelsohn desenvolveram toda uma teoria sobre a disciplina que denominaram vitimologia, destacando uma tipologia das vítimas como as categorias 'vítimas natas' e 'vítimas produzidas pela sociedade', ao mais puro estilo lombrosiano" (ANTHONY GÁRCIA, 1995, p. 448).[14] O efeito imediato foi o de conduzir a pesquisa vitimológica "à conclusão de que estas [vítimas] são, de uma ou de outra maneira, culpadas pelo delito que foi cometido contra elas [...]. Estes primeiros estudos, repito, marcadamente inspirados no positivismo, reforçaram e reviveram investigações sobre as causas biológicas, antropológicas e sociais que levam à determinação da vítima" (ANTHONY GÁRCIA, 1995, p. 448).

Em paralelo aos estudos de Von Hentig, coube ao vitimólogo Mendelsohn desenvolver critérios de quantificação e de qualificação da culpa da vítima segundo sua maior ou menor contribuição ao crime, a partir das categorias *victim-precipitation* e *victim-pronesses*. Conforme Zedner, a graduação proposta por Menselsohn, que variaria entre a vítima completamente inocente e a vítima culpada, resultou na elaboração de critérios de valoração "altamente moralistas" (ZEDNER, 2002, p. 420). E são exatamente esses padrões morais, elevados a categorias científicas, que acabaram produzindo dobras de vitimização, notadamente com a culpabilização da vítima pelo delito sofrido, não apenas nos discursos cotidianos (*everyday criminology*[15]), mas também nas práticas do sistema penal (atuação das agências policial e judicial).

---

14 Sobre a fundação da vitimologia, os primeiros conceitos de vítima e os modelos teóricos elaborados por Hentig e Mendelsohn, conferir García-Pablos de Molina, 2003, p. 121-136.

15 Sobre as "criminologias do cotidiano" e a produção e reprodução da linguagem penal e dos estereótipos delitivos pelo "homem de rua", conferir Baratta, 1997, p. 42.

Neste cenário no qual a vitimologia positivista se integra à criminologia ortodoxa, a *mulher-vítima* ocupará um dos lugares de destaque da investigação científica. Em decorrência da matriz etiológica, estas pesquisas irão reproduzir e reforçar um modelo científico no qual a constituição da personalidade e o comportamento feminino serão interpretados como fatores determinantes da origem e da permanência da violência.[16]

2.5. Note-se, portanto, que apesar de a criminologia crítica ter sido responsável pela superação da criminologia etiológica, a partir da desconstrução dos fundamentos e das justificativas apresentadas pelo positivismo, há uma evidente continuidade da tradição ortodoxa que invade os estudos contemporâneos relacionados com o envolvimento das mulheres nas dinâmicas delitivas. Em sentido similar, apesar de a criminologia feminista (radical) ter sido capaz de (*primeiro*) sofisticar as hipóteses críticas e (*segundo*) aprofundar os questionamentos macrocriminológicos e epistemológicos, ainda permanece consistente a tradição científica que procura reduzir estas formas de violência à interindividualidade.

Desde o nosso ponto de vista, esta tendência microcriminológica desenvolvida pela criminologia positivista pode ser reproduzida em distintos níveis por modelos criminológicos e dogmáticos de inspiração liberal. Nesse sentido, mesmo perspectivas emancipatórias que dialogam com a criminologia crítica (p. ex., o garantismo penal) e a criminologia feminista (p. ex., feminismo liberal) podem acabar sendo reduzidas à problematização das dinâmicas interindividuais em detrimento das institucionais e estruturais.

O esforço teórico para mapear os distintos impactos do feminismo liberal e do feminismo radical na criminologia decorre exatamente deste problema e da hipótese central que inspira o estudo: a partir da convergência prático-teórica das tendências crítica e feminista, demonstrar como o feminismo criminológico sofistica e aprofunda a crítica ao positivismo inaugurada pela criminologia crítica.

3. Criminologia crítica e criminologia feminista: zonas de convergência antipositivista

3.1. Conforme exposto, a perspectiva microcriminológica desenvolvida desde o paradigma etiológico se caracterizou pela limitação dos conflitos a uma dimensão

---

16 Nesse sentido, destacam-se inúmeras pesquisas recentes, sobretudo nos campos da psicologia e da saúde (em disposição cronológica), como, p. ex., (a) Cardoso e Gossi, 1994, p. 211-229; (b) Rabelo, 2008; (c) Moura, Netto e Souza, 2012, p. 435-442; (d) Procópio, 2014; (e) Pacheco, 2015.

particular e pela ênfase na identificação de características individuais, sobretudo psicológicas, que constituiriam as identidades do criminoso e da vítima. Nesse ponto, criminologia crítica e criminologia feminista convergem naquilo que poderia ser denominado como *pauta negativa* (CARVALHO, 2014, p. 286-292), ou seja, na desconstrução dos fundamentos do positivismo e na problematização das justificativas às políticas criminais de intervenção punitiva. As zonas de convergências entre crítica e feminismo criminológicos ocorrem, pois, em três dimensões fundamentais: (*primeira*) na negação dos processos de *essencialização dos sujeitos* envolvidos nas condutas qualificadas como crime; (*segunda*) na contraposição aos procedimentos institucionais de *atomização* e de *congelamento* do conflito em uma dimensão exclusivamente interindividual; e, em consequência, (*terceira*) na substituição da perspectiva microcriminológica (essencializada e atomizada) de *criminalidade* pela noção macrocriminológica (dinâmica e interativa) de *criminalização*.

O *essencialismo*, em seus aspectos cultural ou biológico[17], se caracteriza pela produção e reprodução de estereótipos sobre pessoas ou grupos identitários. Os processos de essencialização são dinamizados pela pessoa ou pelos grupos rotulados (essencialização endógena) ou, de forma oposta, hipótese mais comum, são deflagrados nas interações socioculturais de rotulação das diversidades (essencialização exógena).

Conforme ensina Jock Young, os processos de essencialização servem frequentemente para garantir privilégios e justificar desigualdades, ou seja, "[...] nos permite manter e aceitar posições de superioridade e de inferioridade" (YOUNG, 2002, p. 157). Exatamente pela sua dimensão totalizadora, os essencialismos biológicos e culturais fixam e naturalizam imagens ou *status* (representações sociais) e, em consequência, legitimam inúmeras formas de exclusão através de ações políticas, pois (*primeiro*) proporcionam segurança ontológica ao fornecer uma impressão de solidez à estrutura social; (*segundo*) isentam responsabilidades ao excluir das ações humanas a dimensão das escolhas (liberdade) – "assim, todo e qualquer comportamento desviante ou danoso pode ser dirimido pela molécula causadora do vício em vez de sê-lo pelo autor" (YOUNG, 2002, p. 155); (*terceiro*) justificam ações políticas inaceitáveis ao fornecer uma retórica fundada na herança cultural ou na identidade biológica; (*quarto*) afirmam a superioridade ao legitimar diferenças entre indivíduos e grupos, sobretudo no que diz respeito às dimensões raciais, de gênero ou de classe; (*quinto*) garantem unidades de interesse ao padronizar determinados valores como

---

[17] Nesse sentido, é importante perceber que o próprio "[...] gênero não deve ser reduzido ao biológico, e sim ser compreendido como uma construção social, servindo a esta mesma sociedade que dele se apropria e que a ele atribui certos papéis 'politicamente corretos'" (MINISTÉRIO DA JUSTIÇA, 2015, p. 21).

universais – "a reivindicação de uma unidade essencial de interesse entre todas as mulheres, todos os negros, etc., permite que diferenças de status e privilégios no interior desses grupos sejam ignoradas – algumas vezes convenientemente" (YOUNG, 2002, p. 155); e (*sexto*) permitem a autotutela individual ou de grupos ao projetar no outro a responsabilidade por problemas sistêmicos (YOUNG, 2002, p. 154-158).

Com a teoria do *labeling approach* – condição teórica necessária para o advento da criminologia crítica (BARATTA, 1991, p. 53) –, é consolidada a perspectiva desconstrutora da essencialização do criminoso em sua representação mais evidente, qual seja, aquela produzida pela figura pictórica lombrosiana do "homem delinquente".

É possível afirmar que o rotulacionismo é o modelo que consolida a crítica à essencialização porque importantes antecedentes teóricos já haviam apontado problemas epistemológicos e metodológicos na fundamentação do estudo do crime na ideia de *criminalidade*, ou seja, na compreensão do crime como um atributo natural ou uma qualidade inerente de determinadas pessoas. Freud, p. ex., na parte final do trabalho "Vários Tipos de Caráter Descobertos no Trabalho Analítico" (1916), no estudo intitulado "O Criminoso por Sentimento de Culpa", embora ainda operando desde um modelo etiológico, nega a possibilidade de universalização de uma causa única que explicasse as distintas formas de agir delitivo[18]; Sutherland, no clássico "Criminalidade de Colarinho Branco" (1940), ao propor o modelo da associação diferencial como hipótese para compreensão da totalidade dos comportamentos delitivos, desvincula o crime das condições psicopáticas ou sociopáticas vinculadas à pobreza e situa a conduta criminal no campo da aprendizagem (SUTHERLAND, 1940, p. 11-12).[19]

Todavia, é com a obra "Punição e Estrutura Social" (1939), de Rusche e Kirchheimer – validada por Thorsten Sellin e Edwin Sutherland (ANITUA, 2008, p. 607) e considerada o marco inaugural da criminologia crítica – que a perspectiva essencializadora

---

[18] "Uma investigação clínica posterior procura, de várias formas, a pista do sentimento de culpa que os levou [os criminosos por sentimento de culpa] a buscar o castigo. Dos criminosos adultos subtraímos, desde logo, todos aqueles que cometem crimes sem sentimento de culpa, aqueles que não desenvolveram inibições morais ou creem justificada sua conduta pela sua luta contra a sociedade. Mas na maioria dos demais criminosos, naqueles para os quais foram feitas realmente as leis penais, tal motivação poderia muito bem ser possível, e aclararia alguns pontos obscuros da psicologia do criminoso e procuraria um novo fundamento psicológico à pena" (FREUD, 1981, p. 2.427).

[19] Ao afirmar a hipótese da necessidade da prática do crime em decorrência de um sentimento de culpa que antecede ao ato, Freud vincula esta explicação exclusivamente àquelas pessoas que desenvolvem sentimento de culpa (notadamente os neuróticos – reprimidos e recalcados). Exclui, portanto, da anamnese delitiva os psicóticos – paranoicos, autistas e esquizofrênicos – e os criminosos políticos.

nas ciências criminais passa a ser organicamente questionada. Primeiro, porque os processos de essencialização são problematizados desde um marco teórico e metodológico consistente e contraposto ao modelo positivista etiológico; segundo, porque o tema da essencialização é inserido como objeto no campo dos problemas propriamente criminológicos.

Segundo Rusche e Kirchheimer, as tradicionais teorias da pena consideraram "[...] a punição como algo eterno e imutável", refutando "qualquer tipo de investigação histórica" (RUSCHE; KIRCHHEIMER, 1999, p. 16-17). Neste contexto, a partir de um modelo crítico de análise, seria fundamental abster-se de "escrever a história da ideia da punição", enfrentando as questões relativas aos "métodos de punição" (RUSCHE; KIRCHHEIMER, 1999, p. 16-17), notadamente porque as *teorias da pena* seriam totalmente insuficientes para explicar o *fenômeno punição*. Assim, Rusche e Kirchheimer rompem com a concepção ilustrada de existência de um vínculo (nexo de causalidade necessário) entre o crime e a pena no qual a sanção seria a consequência natural do delito (modelo absoluto de retribuição) ou um instrumento eficaz para consecução de determinados fins (as funções declaradas presentes, sobretudo, na gramática dos modelos preventivos).[20] A punição deveria, portanto, ser investigada como um fenômeno autônomo dos conceitos jurídicos de delito e de pena: "a punição precisa ser entendida como um fenômeno independente seja de sua concepção jurídica, seja de seus fins sociais" (RUSCHE; KIRCHHEIMER, 1999, p. 18). Se a relação entre crime e pena é, desde a perspectiva crítica, artificial, pois existente apenas no plano do direito (normativo) – notadamente porque para Rushe e Kirchheimer a forma jurídica da pena é alterada segundo as leis do mercado –, inexistiria um critério universal que estabelecesse uma simetria entre o dano provocado pelo delito e a sanção atribuível ao violador da norma.

A demonstração da ausência de nexo de causalidade entre crime e pena, a partir da hipótese da *historicidade da punição*, desdobra-se, inevitavelmente, na afirmação da própria *historicidade do delito*, ou seja, se a pena não decorre naturalmente do crime, pois está condicionada pelas relações materiais, o crime não constitui um universal absoluto ou uma qualidade inata do sujeito. Nesse sentido, seria possível concluir que as condições históricas não definem apenas as formas de *punição*, mas igualmente os seus pressupostos, quais sejam, as hipóteses de *criminalização*. Da *pena* compreendida como consequência natural do crime, os estudos críticos são direcionados ao *fenômeno punição*; da exploração criminológica das causas da *criminalidade*, a nova perspectiva problematiza os *processos de criminalização*.

---

20 "A punição não é nem uma simples consequência do crime, nem o reverso do crime, nem tampouco um mero meio determinado pelo fim a ser atingido" (RUSCHE; KIRCHHEIMER, 1999, p. 18).

Se a "punição como tal não existe; existem somente sistemas de punição concretos e práticas criminais específicas" (RUSCHE; KIRCHHEIMER, 1999, p. 18), conforme sustentam corretamente Rusche e Kirchheimer, é possível afirmar que *o crime como tal não existe; existem somente sistemas de criminalização concretos e práticas criminalizadoras específicas*. No léxico da criminologia crítica, a lei penal cria o criminoso, o crime e a pena, e não o contrário. Inexistem atos ou sujeitos criminosos em si (crime natural) e a sanção não é uma consequência orgânica do delito (pena natural); existem, em realidade, processos de criminalização e formas concretas de punição. O efeito imediato da tese é o da desconstrução da base científica que sustenta e instrumentaliza a essencialização do crime, do criminoso e da pena criminal: a criminologia positivista.

Redefinidos os fundamentos e os pressupostos das categorias centrais de investigação (crime, criminoso e pena), o campo de pesquisa das ciências criminais rompe com os limites da análise fragmentada nos envolvidos no conflito (microcriminologia) e amplia seu horizonte à exploração macrocriminológica. No ponto, é possível, a partir da análise geral de Anthony Giddens (2008), estabelecer a diferença entre os estudos micro e macrossociológicos para compreender o salto qualitativo produzido pela crítica nas ciências criminais: "o estudo do comportamento quotidiano em situações de interacção directa é usualmente denominado microssociologia. A análise em microssociologia centra-se em indivíduos ou grupos pequenos. É diferente da macrossociologia que se debruça sobre sistemas sociais em grande escala, como o sistema político ou a ordem econômica" (GIDDENS, 2008, p. 83).

Em paralelo e para além do conflito interindividual ("lawbreaking"), ingressam como objetos de exploração criminológica os *processos de criminalização* ("lawmaking") e as *reações institucionais ao desvio punível* ("reactions to crime").[21] Mais: como desdobramento da macroanálise, não apenas as *violências institucionais* – criminalização primária (*lawmaking*) e criminalização secundária (atuação seletiva e garantia de imunidades; violações da lei pelas agências do sistema punitivo; macrocriminalidade e crimes de Estado) –, mas as *violências estruturais*, notadamente a relação de dependência existente entre o sistema político-econômico e o sistema de controle social punitivo, são inseridas na lente criminológica.

---

[21] As referências no vernáculo bretão reproduzem o tradicional conceito de criminologia exposto por Sutherland: "criminology is the body of knowledge regarding juvenile delinquency and crime as social phenomena. It includes within its scope the processes of making laws, breaking laws, and of reacting toward the breaking of laws" (SUTHERLAND; CRESSEY, 1978, p. 3).

3.2. Se a criminologia crítica desenvolveu parâmetros para problematizar a essencialização do autor da conduta desviante, as *criminologias feministas*, a partir desse acúmulo antipositivista, irão denunciar as teorias causais relativas à *criminalidade feminina* e à *vitimização da mulher*.

Nesse aspecto, entendemos que a contribuição do *feminismo radical* é a que inegável e efetivamente permite avançar na crítica à essencialização dos autores, autoras e vítimas de crimes e, em consequência, consolidar uma visão macrossociológica que incorpora, em seu discurso criminológico, o reconhecimento dos mecanismos de inferiorização das mulheres nas sociedades modernas. Mecanismos deflagrados por processos marcados não apenas pelo viés político-econômico do capitalismo, mas, sobretudo, pelos âmbitos socioculturais do sexismo e do racismo. Assim, é adequada, para esta reflexão, a contraposição entre as duas distintas formas de expressão do feminismo: o feminismo liberal e o feminismo radical.

A principal característica do *feminismo liberal* é a sua dimensão marcadamente reformista, pois suas práticas e seus discursos procuram avançar no processo de emancipação das mulheres dentro dos limites da luta pela igualdade no interior das instituições dos Estados de Direito. Suas ações concentram-se, sobretudo, na dimensão institucional, a partir de políticas de alteração legislativas e, posteriormente, da busca pela sua efetividade. Em sentido distinto, o *feminismo radical* parte do pressuposto de que a subordinação das mulheres nas sociedades modernas decorreu da naturalização de estruturas sociais e de processos institucionais edificados na exclusão e na violência, não apenas pela diferença.[22]

Esta segunda onda do feminismo (feminismo radical), notadamente a partir de MacKinnon, aponta para o fato de que "(...) a discriminação contra as mulheres é baseada na dominação e não na distinção (diferença)" (CAMPOS, 2017, p. 161). Exatamente por transferir o debate feminista da *perspectiva liberal-individualista fundada na diferença* para a *dimensão da dominação ou do poder* é que o feminismo radical fornece uma contribuição singular à criminologia crítica.

---

22 Conforme anota Dominique Fougeyrolla-Schwebel, "por 'corrente liberal' devem-se entender os movimentos fundados na promoção dos valores individuais; com a luta pela total igualdade entre mulheres e homens, pode-se falar de um feminismo reformista que conta, por meio de políticas de ação positiva, com a prioridade dada às mulheres para reduzir desigualdades. Ao contrário, os movimentos de liberação das mulheres [feminismo radical] querem romper com as estratégias de promoção das mulheres em proveito de uma transformação radical das estruturas sociais existentes" (FOUGEYROLLA-SCHWEBEL, 2009, p. 147).

3.3. Desde o interior do campo das ciências criminais, nota-se a maior dificuldade do feminismo liberal em ultrapassar os limites da investigação microcriminológica. Apesar de crítico à tradição naturalista, que enfatiza a origem biológica da diferença entre homens e mulheres, e de inserir o problema da discriminação no âmbito das relações sociais e culturais, a perspectiva liberal carece do reconhecimento das dimensões institucional e estrutural da violência e, sobretudo, da exposição dos processos sociais da opressão contra a mulher.

Nas ciências criminais, a ênfase do debate no âmbito das *diferenças* produziu resultados positivos que impactam diretamente a vida das mulheres autoras e vítimas de delitos. Veja-se, a título de exemplificação, no plano das *mulheres autoras de crime* (*criminalidade feminina*), a importância de sublinhar o caráter eminentemente masculino das instituições prisionais[23] e a necessidade de reforma e adaptação dos presídios femininos de maneira a garantir às mulheres não apenas os mesmos direitos que os homens (visita íntima, p. ex.), mas afirmar direitos que lhes são próprios, como o de gestação, permanência com os filhos após o parto e amamentação.[24] Em um segundo plano, em relação às *mulheres vítimas de violência*, foram significativos, p. ex., os avanços a partir da criação de juizados específicos para o enfrentamento da violência praticada no âmbito doméstico com a Lei Maria da Penha[25] e a proposição de novas formas de realização de depoimentos, com a preservação da imagem e da intimidade das mulheres, notadamente nos delitos sexuais praticados contra crianças, adolescentes e jovens (depoimento sem dano, p. ex.).[26]

Frise-se que essas questões, encaminhadas e projetadas desde uma perspectiva liberal-garantista de tutela dos direitos, não são laterais ou secundárias. Pelo contrário, refletem condições de possibilidade de melhorar a dignidade da mulher no sistema penal e devem ser respeitadas, assim como as demais pautas da primeira onda do movimento feminista (p. ex., direito ao voto, igualdade salarial, igualdade de participação, direitos sexuais e reprodutivos, entre outros).

---

[23] Nesse sentido, exemplificativamente, Lemgruber (1999); Soares e Ilgenfritz (2002); Espinoza (2004); Wolff et al. (2007); Chies (2008, p. 81-105); Rodrigues (2008); Cerneka (2009); Colares e Chies (2010, p. 407-423); Miyamoto e Krohling (2012, p. 223-241); Diniz e Paiva (2014, p. 313-328); Diniz (2015, p. 573-586); Queiroz (2015); Lopes e Pinheiro (2016, p. 1.193-1.212).

[24] Sobre o tema, exemplificativamente, Buglione (1998, p. 239-264); Viafore (2005, p. 91-108); Canazaro e Argimon (2010, p. 1.323-1.333); Ventura, Simas e Larouzé (2015, p. 607-619); Boiteux e Fernandes (2015); Stock, Panichi e Fuzinatto (2017, p. 337-371).

[25] Sobre o tema, exemplificativamente, Campos (2011); Montenegro (2015); Prando (2016, p. 115-140); Montenegro (2018, p. 147-183).

[26] Nesse sentido, exemplificativamente, Ramos (2015); Iulianello (2015).

Mas apesar de serem pautas emancipadoras e fundamentais no processo histórico de conquista da igualdade das mulheres, não ultrapassam, sublinhe-se, a dimensão do reformismo e, no plano criminológico, podem se aproximar daquelas perspectivas ortodoxas inicialmente expostas que interpretam, desde a matriz positivista, temas e problemas das ciências criminais tradicionais a partir da especificidade de gênero (homem-abusador; mulher-delinquente; mulher-vítima).

O feminismo radical, ao centralizar a discussão na esfera da *dominação patriarcal*, coloca, em última instância, os problemas da violência contra a mulher na dimensão do exercício do poder e, em consequência, é o que mais se aproxima da criminologia crítica, estabelecendo um diálogo extremamente fértil e, na maioria das vezes, convergente. Embora existam diversas dimensões e perspectivas no interior do próprio feminismo radical (CAMPOS, 2017, p. 160-165; GIDDENS, 2008, p. 116-120) – situação que permitiria, inclusive, falarmos em feminismos e feminismos criminológicos, no plural – é na análise específica da violência contra a mulher que é possível perceber a importância do foco na formação e na manutenção da cultura de dominação masculina, visto que "[...] a violência doméstica, a violação e o assédio sexual são parte de uma opressão sistemática das mulheres, e não casos isolados com as suas próprias causas psicológicas e criminosas" (GIDDENS, 2008, p. 117).

Assim, ao redimensionar a análise da violência contra a mulher inserindo-a no âmbito da violência patriarcal, isto é, compreendendo a violência de gênero como uma expressão histórica e cultural do exercício de poder de domínio que os homens impuseram às mulheres para garantir privilégios nas dinâmicas sociais (posição política e econômica, social e familiar), o feminismo radical propõe uma análise macrocriminológica que aprofunda a crítica à essencialização.[27] Se a atomização do conflito é uma das causas da essencialização dos desviantes, a criminologia crítica e o feminismo radical irão incorporar em suas gramáticas a dimensão do poder, enfatizando os efeitos provocados pelo capitalismo e pelo patriarcalismo na interpretação das múltiplas formas de violência. Compartilham, portanto, a mesma pauta negativa

---

[27] Campos destaca sobretudo as vertentes do feminismo pós-estruturalista e pós-moderno na crítica à essencialização do sujeito feminino: "o feminismo formulou uma crítica bastante peculiar a partir das desconstruções pós-moderna e pós-estruturalista. A primeira, se é que é possível fazer um recorte tão preciso, contribuiu para a desconstrução das 'quase meta-narrativas feministas' que procuravam explicar a opressão das mulheres através de situações universais de opressão baseadas na desigualdade sexual. A segunda colaborou para a desconstrução do sujeito do feminismo 'mulher' que se baseava em uma visão essencialista e, por conseguinte, sustentava as meta-narrativas. A crítica pós-moderna ao descontruir o essencialismo contribuiu, também, para a formulação da categoria gênero. Desta forma, os estudos sobre 'as mulheres' e os estudos sobre gênero estão intimamente relacionados" (CAMPOS, 2017, p. 95-96).

(desconstrutora) que projeta a pesquisa criminológica do estudo micro da criminalidade (identidades de criminoso e de vítima) à investigação macro dos processos de criminalização e de vitimização.

4. Criminologia crítica e criminologia feminista: redefinição das indagações a partir do giro rotulacionista

4.1. Conforme destacado, uma das principais questões que ocuparam e seguem ocupando a criminologia positivista no debate de gênero é a de estabelecer a diferença e mapear as causas que deflagram os comportamentos criminosos masculino e feminino.

Ao superarem as perspectivas essencialmente biológicas e psicológicas, algumas hipóteses sociológicas destacam avanços emancipatórios conquistados pelo movimento de mulheres, como o ingresso no mundo do trabalho, como causa propulsora para o aumento da criminalidade feminina. Segundo Adler, a revolução social dos anos sessenta havia de certa forma masculinizado o comportamento feminino e virilizado a conduta social e delitiva da mulher, circunstâncias que forneciam uma nova explicação causal à criminalidade feminina (ABREU, 2014, p. 55). A nova mulher – autônoma, agressiva e ambiciosa – era aquela que com a chegada da emancipação havia ingressado no mercado de trabalho e estava participando cada vez mais ativamente no mundo político e social. Assim, estaria mais propensa e exposta aos fatores criminógenos, tornando-a vulnerável inclusive à prática de crimes mais graves. Todavia, as premissas teóricas propostas por Adler não foram comprovadas empiricamente e a "nova mulher criminal" restou apenas como mais um dos mitos construídos pelo positivismo criminológico (ABREU, 2014, p. 55-56).

Para além dessa imagem ilustrativa que demonstra a capacidade de renovação das perspectivas essencializadoras, importa destacar como esses modelos teóricos são inspirados ou dialogam com a tese liberal da *diferença* (causal) entre o comportamento do homem e o da mulher delinquentes. Procuram, pois, identificar, em bases etiológicas próprias, as condutas masculina e feminina, vinculando-as a determinados fatores ou tendências delitivas. Ofuscam, na análise do problema, conforme denunciado pelo feminismo radical, as dimensões estrutural e institucional das violências, especialmente os vínculos existentes entre os atos praticados pelas mulheres e os processos de criminalização decorrentes do modelo patriarcal.

4.2. Nesse contexto, assumindo a perspectiva rotulacionista como condição necessária para o desenvolvimento das criminologias crítica e feministas, seria possível redimensionar as perguntas que entrelaçam as questões penal e criminal com as de gênero, a partir das imagens consolidadas pela criminologia ortodoxa no senso comum e teórico da criminologia (homem-abusador; mulher-delinquente; e mulher-vítima). Se as pesquisas etiológicas estão concentradas fundamentalmente nas questões (*primeira*) *por que as mulheres praticam menos crimes que os homens?*; (*segunda*) *por que certas mulheres praticam crimes?;* e (*terceiro*) *por que certas mulheres possuem maior tendência à vitimização que outras?,* as criminologias feministas, em especial a radical, a partir do acúmulo crítico macrocriminológico, apontariam outras indagações possíveis, como: (*primeiro*) *por que certas condutas femininas são criminalizadas?* (p. ex., infanticídio, aborto e prostituição[28]); (*segundo*) *por que determinadas mulheres são mais vulneráveis (seletividade) à criminalização?* (p. ex., mulheres negras, pobres e faveladas[29]); (*terceiro*) *por que determinadas mulheres são mais vulneráveis à vitimização?* (p. ex., idem, mulheres negras, pobres e faveladas[30]); (*quarto*) *por que determinadas causas de justificação são aplicadas aos homens e não se adaptam às circunstâncias vivenciadas pelas mulheres?* (p. ex., legítima defesa no uxoricídio[31]); (*quinto*) *por que a conduta da mulher-vítima de violência é, em várias situações, valorada negativamente*

---

28 Em relação aos processos de criminalização de condutas como infanticídio e aborto na experiência histórica das mulheres frente ao poder punitivo, conferir Mendes, 2012, p. 137-186.
Sobre a criminalização da prostituição, Pedrinha, 2009, p. 168-180.

29 No que diz respeito à vulnerabilidade à criminalização, importante estudo sobre as mulheres que responderam processos pelo crime de aborto, no Rio de Janeiro, revela que "a maioria delas é negra, pobre, tem filhos, não chegou ao ensino superior e não tem antecedente criminal. Para abortar, algumas usaram remédio, outras chás e até cesariana improvisada; umas fizeram sozinhas no banheiro de casa, outras tiveram complicações e precisaram ser levadas para hospitais públicos. Este é o 'rosto' da mulher que responde na Justiça pelo crime de aborto no estado do Rio, segundo levantamento da Defensoria Pública entre 2005 e 2017" (BLOWER; PAINS, 2018). Íntegra do estudo em Defensoria Pública do Estado do Rio de Janeiro, 2017.
No entanto, sobretudo em decorrência do impacto no aumento dos índices de encarceramento, importantes pesquisas têm revelado os processos seletivos de criminalização de mulheres envolvidas com o comércio, normalmente varejista, de drogas ilegalizadas, como, p. ex. (em disposição cronológica), (a) Ramos, 2012; (b) Martin, 2013; (c) Chernicharo, 2014; (d) Chernicharo e Boiteux, 2014; (e) Argüello e Muraro, 2015, p. 389-417; (f) Souza, 2015.

30 Em relação à vitimização, importantes estudos analisam os fatores de risco que aumentam a vulnerabilidade nos casos de feminicídio, crimes sexuais e demais formas de violência doméstica, como, p. ex. (em disposição cronológica), (a) Pasinato, 2011, pp. 219-246; (b) Cerqueira e Coelho, 2014; (c) Waiselfisz, 2015; (d) Augusto, 2017.
Estudo mais amplo, que engloba as principais formas de violência contra a mulher – violência física (feminicídio e lesão corporal), violência sexual (estupro), violência moral (calúnia, injúria e difamação), violência patrimonial (dano, violação de domicílio e supressão de documento) e violência psicológica (ameaça e constrangimento ilegal), em Pinto, Moraes e Monteiro, 2015.
Pesquisa de referência sobre os níveis de tolerância da sociedade brasileira com a violência contra as mulheres, conferir Osorio e Fontoura, 2014.

31 Sobre a (in)aplicabilidade do instituto da legítima defesa em casos de uxoricídio, conferir (em disposição cronológica), (a) Larrauri, 1995, p. 9-88; (b) Larrauri, 1996, p. 13-31; (c) Chiesa, 2007, p. 50-57.

conduzindo inclusive à exclusão da ilicitude do fato (p. ex., legítima defesa da honra[32]) *ou a reduzir a reprovabilidade do ato delituoso* (p. ex., crimes de estupro[33]); (*sexto*) *por que as penas aplicadas às mulheres, em situações semelhantes aos crimes praticados por homens, tendem a ser mais altas?* (p. ex., casos de tráfico de entorpecentes[34]); (*sétimo*) *por que determinados direitos são assegurados aos homens e negados às mulheres presas?* (p. ex., visita íntima[35]).

Transpor a fixação criminológica na etiologia e, em decorrência, na essencialização, a partir das lentes feminista radical e crítica, permite analisar com a devida profundidade as circunstâncias que aumentam a vulnerabilidade da mulher à criminalização, sobretudo à criminalização secundária, e à vitimização.

Neste aspecto, p. ex., a categoria analítica feminista *dupla desviância* permite compreender como a mulher que comete delitos tem maior visibilidade na dinâmica das agências punitivas, situação que favorece o seu ingresso no sistema penal e,

---

32 Nesse sentido, conferir (em disposição cronológica), (a) Kosovski, 1997, p. 58-60; (b) Assis, 2003.

33 Sobre o tema, o estudo de referência na literatura brasileira (em disposição cronológica): (a) Pimentel, Schritzmeyer e Pandjiariarjian, 1998, p. 183-207. De igual forma, (b) Rossi, 2016, p. 71-122.

34 Nesse sentido (em disposição cronológica), (a) Anthony García, 1995, p. 449-450; (b) Moretto, 2010, p. 199-266.

35 O tema da visita íntima nos presídios femininos foi (e ainda é) tratado como um tabu, sob forte influência e desde perspectivas fundamentalmente androcêntricas e moralistas. Em inúmeros relatórios e reportagens, o fundamento histórico apontado pelas autoridades públicas para obstaculização do direito à visita íntima às mulheres – direito assegurado largamente nos presídios masculinos, sublinhe-se – é decorrente da possibilidade de que a mulher engravide no cárcere, hipótese que não é confrontada com qualquer dado empírico: "é necessário também atentar para o exercício da maternidade por mulheres em situação de prisão, uma realidade enfrentada por parte das presas – que adentram o sistema penal grávidas e não engravidam em visitas íntimas, como comumente se imagina" (ANGOTTI, 2015); "uma preocupação das diretoras em relação à visita íntima em presídios femininos era justamente o risco das mulheres engravidarem durante as visitas [...]" (MINISTÉRIO DA JUSTIÇA, 2015, p. 36).
Evidente perceber que tais argumentos pressupõem a mulher como sendo o único e exclusivo sujeito responsável pela adoção de métodos contraceptivos, situação que, por si só, aponta a marca patriarcal no enfrentamento do tema. De qualquer forma, mesmo tendo sido regulamentada a visita íntima e sido ampliada também para os presídios femininos através da Resolução nº 01/99 do Conselho Nacional de Política Criminal e Penitenciária, ainda se nota que, diferentemente das unidades masculinas, "[...] ainda que formalmente garantido, o exercício do direito à visita íntima, com observância à dignidade e privacidade da pessoa presa, encontra limitações determinadas pela infraestrutura dos estabelecimentos penais. Em relação às unidades femininas, 41% dos estabelecimentos contam com local específico para realização da visita íntima e, no caso dos estabelecimentos mistos, apenas 34% das unidades podem oferecer este espaço às pessoas privadas de liberdade" (DEPARTAMENTO PENITENCIÁRIO NACIONAL, 2017, p. 26).
Do ponto de vista teórico, dentre outros, conferir (em disposição cronológica) (a) Andrade, 2004, p. 260-290; (b) Guimarães, 2015, p. 68-116; (c) Lopes e Pinheiro, 2016, p. 1.193-1.212.

posteriormente, produz uma penalização superior àquela aplicada aos homens em situações idênticas. As maiores vulnerabilidades à criminalização e à reprovabilidade da conduta, segundo as perspectivas criminológicas feministas, decorrem do fato de que as mulheres, ao cometerem crimes, violarem duas ordens normativas: a lei penal e o papel de gênero. Nas lições de Larrauri, "a mulher pode receber um tratamento mais benéfico quando o delito ou a sua situação pessoal responde às expectativas de comportamento feminino. No entanto, receberá um tratamento mais severo quando o delito não seja especificamente feminino ou quando a autora não se adeque à imagem de mulher convencional (casada, mãe, dependente economicamente, respeitável...)" (LARRAURI, 1992, p. 299).[36] É como se para as mulheres nunca tivesse havido secularização e toda vez que infringem a lei penal estão, em verdade, cometendo atos imorais. Quem realmente tem a capacidade de delinquir são os homens, pois "as mulheres mais que delinquentes são consideradas pervertidas ou pecadoras" (JULIANO, 2008, p. 217-230).

5. Considerações finais

5.1. É possível perceber, portanto, na linha do que foi evidenciado por Adorno, Benjamim e Horkheimer, que o positivismo não se limita exclusivamente a um discurso de legitimação científica do modelo econômico capitalista.[37] A epistemologia positivista cumpre funções não apenas de justificação da dominação de classe, mas, igualmente, de dominação de gênero e de raça. Assim, a matriz positivista é tão servil ao capitalismo (exploração de classe) quanto ao patriarcalismo (dominação da mulher) e ao racismo (anulação do negro). A propósito, nas fundações da teoria crítica com Benjamin, Fromm e Marcuse – hipóteses que serão posteriormente ressignificadas a partir do alinhamento da crítica econômica com a de gênero e à racial, notadamente com Angela Davis[38] –, o patriarcalismo foi denunciado como um dos fundamentos da estrutura autoritária da sociedade burguesa: "[...] mas o que interessa a Benjamin

---

[36] Sobre tema da dupla desviância, (a) Matos e Machado, 2012, p. 33-47; (b) Peixoto, 2017, p. 38-43.

[37] Sobre a discussão, no marco da Escola de Frankfurt, da relação entre capitalismo e positivismo, exemplificativamente, (a) Adorno, 2008, p. 79-95; (b) Adorno e Horkheimer, 1985, p. 17-45; (c) Benjamin, 2007, p. 459-490; (d) Benjamin, 2013, p. 21-25; (e) Horkheimer, 1983, p. 121-141.
De igual forma, na teoria crítica nacional, (a) Japiassu, 1975, p. 33-40; (b) Löwy, 2013, p. 15-19; (c) Nobre, 2011, p. 35-38; (d) Weigert, 2017b, p. 161-180.

[38] Destacamos Angela Davis, dentre as inúmeras pensadoras feministas, fundamentalmente em razão do seu alinhamento histórico com a teoria crítica da sociedade. Aluna de Marcuse, sob sua orientação migra para Frankfurt para estudar com Theodor Adorno e Jürgen Habermas no Instituto de Pesquisa Social. No retorno da Alemanha, em 1967, segue Marcuse para a Universidade da Califórnia, campus de San Diego, quando inicia sua militância política na San Diego Black Conference e, logo após, ingressa no Partido Comunista da Califórnia do Sul (ASHMAN, 1973, p. 18-32).

é utilizar essa leitura de Bachofen para criticar, com Fromm, a autoridade patriarcal (patricêntrica), fundamento da estrutura autoritária do conjunto da sociedade" (LÖWY, 2013, p. 16).[39]

Não parece incorreto afirmar, portanto, que a hipótese comum ou a identidade entre a teoria crítica (criminologia crítica) e o feminismo (criminologias feministas) se estabelece na *edificação* e no *compartilhamento* de uma *perspectiva teórica* e *metodológica eminentemente antipositivista*. Estão inseridas, portanto, neste campo de denúncia dos esforços prático-teóricos de justificação do injustificável, da legitimação do ilegitimável promovida pelo positivismo, que se materializa na exploração de classe, na dominação da mulher e na anulação do negro.

Se usarmos como exemplo uma das mais caras noções à criminologia etiológica, veremos de que maneira as criminologias crítica e feminista ressignificam a imagem do homem delinquente. Se a criminologia crítica desestabiliza a representação do criminoso como um ser bárbaro, ontologicamente mau; a criminologia feminista dará um passo adiante e afirmará, sobretudo nos delitos sexuais que carregam o rótulo de um dos crimes mais bárbaros, que o delinquente se encontra no ambiente social mais seguro: o espaço privado do lar. A criminologia feminista demonstrará como a maioria dos crimes sexuais acontece dentro de casa e que o agressor é conhecido da vítima, normalmente seu companheiro ou seu pai. A criminologia feminista desmistifica a ideia de que a violação sexual acontece longe de todos, em lugares ermos, impulsionada por uma libido incontrolável que se manifesta em um ser rude e perverso. Ao contrário, o estupro normalmente acontece no quarto ao lado, como manifestação material da opressão de gênero, como forma de marcar o poder de domínio do homem sobre a mulher. Em última instância, o feminismo revela que, em muitas ocasiões, o "príncipe encantado" é, em realidade, um "sapo".

A sintonia entre as criminologias feministas e a criminologia crítica parece estar sedimentada, portanto, nesta conjunção de esforços, neste entrelaçamento de argumentos teóricos e práticas políticas antipositivistas. Se a teoria positivista se reinventa em permanências, pulverizando-se contemporaneamente em pesquisas que refundam sua lógica perversa, os esforços críticos devem ser redobrados e convergentes. Embora a relação entre a criminologia crítica e as criminologias feministas seja, em muitos aspectos, extremamente tensa, notadamente nos planos epistemológico e

---

39 Löwy demonstra como a constituição matriarcal da sociedade em Benjamin opõe a imagem da natureza como mãe nutriz à concepção criminosa da exploração da natureza (LÖWY, 2013, p. 18). Nesse mesmo sentido, Benjamin, 2007, p. 4367-8.

político-criminal – tema que será o objeto da sequência deste estudo –, a perspectiva contra-ortodoxa é um mínimo denominador comum que permite importantes alinhamentos e trocas muito férteis na desconstrução dessa racionalidade (positivista) que se traduz na legitimação das violências de classe, de gênero e de raça.

Neste sentido, lembra Timm de Souza que essa racionalidade justificacionista adocica a violência a partir de uma seiva argumentativa ardilosa que "seduz pela aparente razoabilidade e equilíbrio de seus sábios enunciados – e essa é sua primeira e maior habilidade, a da hipocrisia – em um mundo no qual a própria ideia de razoabilidade e equilíbrio é indecente" (SOUZA, 2015, p. 353).

(segue)

Referências

ABREU, Maria Luisa Maqueda. Razones y Sinrazones para una Criminología Feminista. Madrid: Dykinson, 2014.

ADORNO, Theodor W. Introdução à Sociologia. São Paulo: Unesp, 2008.

ADORNO, Theodor W.; HORKHEIMER, Max. O Conceito de Esclarecimento. *In*: ADORNO, Theodor W.; HORKHEIMER, Max. Dialética do Esclarecimento. Rio de Janeiro: Zahar, 1985.

AGUILAR-RUIZ, Raúl. Tipologías de Feminicidas con Trastorno Mental en España. Anuario de Psicología Jurídica, vol. 28, n. 1, 2018.

ANDRADE, Mailô de Menezes Vieira. Perspectivas Feministas em Criminologia: a interseccionalidade entre gênero, raça e classe na análise do estupro. Revista Brasileira de Ciências Criminais, vol. 146, ago. 2018.

ANDRADE, Vera Regina Pereira de. A Soberania Patriarcal: o sistema de justiça criminal no tratamento da violência sexual contra a mulher. Revista Brasileira de Ciências Criminais, n. 48, maio/jun. 2004.

ANGOTTI, Bruna. O encarceramento feminino como ampliação da violação de direitos. Le Monde Diplomatique, n. 101, dez. 2015.

ANITUA, Gabriel Ignacio. Histórias dos Pensamentos Criminológicos. Rio de Janeiro: Revan, 2008.

ANTHONY GÁRCIA, Carmen. Feminismo y Criminología. Capítulo Criminológico, v. 23, n. 2, 1995.

ARGÜELLO, Katie; MURARO, Mariel. Las Mujeres Encarceladas por Tráfico de Drogas en Brasil: las muchas caras de la violencia contra las mujeres. Oñati Socio-Legal Series, vol. 5, n. 2, 2015.

ASHMAN, Charles. O Povo Contra Angela Davis. São Paulo: Mundo Musical, 1973.

ASSIS, Maria Sonia Medeiros Santos de. Tese da legítima defesa da honra nos crimes passionais: da ascensão ao declínio. Dissertação de Mestrado, Pós-Graduação em Direito, Universidade Federal de Pernambuco, Recife, 2003.

AUGUSTO, Cristiane Brandão. Vida e Morte no Feminino: violência letal contra a mulher na ordem do patriarcado. V Encontro Nacional de Antropologia do Direito (ENADIR), São Paulo. 2017.

BARATTA, Alessandro. Che Cosa è la Criminologia Critica? Dei Deliti e Delle Penne, v. 01, 1991.

BARATTA, Alessandro. Criminologia Crítica e Crítica do Direito Penal: introdução à sociologia do Direito Penal. Rio de Janeiro: Revan, 1997.

BENJAMIN, Walter. Libro de los Pasajes. Madrid: Akal, 2007.

BENJAMIN, Walter. O capitalismo como religião. São Paulo: Boitempo, 2013.

BENJAMIN, Walter. Teoría del Conocimiento, Teoría del Progreso. *In*: BENJAMIN, Walter. Libro de los Pasajes. Madrid: Akal, 2007.

BERNARDINO, Ítalo de Macedo et al. Violence against women in different stages of the life cycle in Brazil: an exploratory study. Revista Brasileira de Epidemiologia, vol. 19, n. 4. São Paulo, out./dez. 2016.

BIFANO, Amanda Haack. Relacionamentos que Matam: estudo sobre violência conjugal. Dissertação de Mestrado, Pós-Graduação em Ciências Criminais, PUCRS, Porto Alegre, 2002.

BLOWER, Ana Paula; PAINS, Clarissa. Quem são as mulheres que respondem na Justiça pelo crime de aborto. O Globo, 01 ago. 2018. Atualizado em 05 fev. 2019. Disponível em: <https://oglobo.globo.com/sociedade/quem-sao-as-mulheres-que-respondem-na-justica-pelo-crime-de-aborto-22938237>. Acesso em: 15 jul. 2020.

BOITEUX, Luciana; FERNANDES, Maíra (coords.). Mulheres e Crianças Encarceradas: um estudo jurídico-social sobre a experiência da maternidade no sistema prisional do Rio de Janeiro. Rio de Janeiro: LADIH, 2015.

BUGLIONE, Samantha. A face feminina da execução penal. Direito & Justiça, vol. 19, n. 20, 1998.

CALAZANS, Márcia Esteves et al. Criminologia Crítica e Questão Racial. Cadernos do CEAS, n. 238, Salvador, 2016.

CAMPOS, Carmen Hein de (org.). Lei Maria da Penha: comentada em uma perspectiva jurídico-feminista. Rio de Janeiro: Lumen Juris, 2011.

CAMPOS, Carmen Hein de. Criminologia Feminista: teoria feminista e crítica às criminologias. Rio de Janeiro: Lumen Juris, 2017.

CANAZARO, Daniela; ARGIMON, Irani Iracema de Lima. Características, sintomas depressivos e fatores associados em mulheres encarceradas no Estado do Rio Grande do Sul, Brasil. Cadernos de Saúde Pública, vol. 26, n. 7, Rio de Janeiro, jul. 2010.

CARDOSO, Nara María Batista; GROSSI, Patricia Krieger. Mulheres em relacionamentos violentos: fatores de permanência. Revista Veritas, vol. 39, n. 154, 1994.

CARREIRO, Adriana Aparecida Garbin. Perfil dos Criminosos Sexuais de um Presídio do Estado do Paraná. Dissertação de Mestrado, Faculdade de Psicologia, Universidade Tuiuti do Paraná, Curitiba, 2012.

CARVALHO, Salo de. Criminologia crítica: dimensões, significados e perspectivas atuais. Revista Brasileira de Ciências Criminais, v. 104, São Paulo, 2014.

CARVALHO, Salo de; DUARTE, Evandro C. Piza. Criminologia do Preconceito: racismo e homofobia nas ciências criminais. São Paulo: Saraiva, 2017.

CERNEKA, Heidi Ann. Homens que menstruam: considerações acerca do sistema prisional às especificidades da mulher. Veredas do Direito, vol. 6, n. 11, 2009.

CERQUEIRA, Daniel; COELHO, Danilo de Santa Cruz. Estupro no Brasil: uma radiografia segundo os dados da saúde (versão preliminar). Nota técnica n. 11. Brasília: IPEA, mar. 2014.

CHERNICHARO, Luciana P. Sobre Mulheres e Prisões: seletividade de gênero e crime de tráfico de drogas no Brasil. Dissertação de Mestrado, Pós-Graduação em Direito, Universidade Federal do Rio de Janeiro, 2014.

CHERNICHARO, Luciana P.; BOITEUX, Luciana. Encarceramento Feminino, Seletividade Penal e Tráfico de Drogas em uma Perspectiva Feminista Crítica. VI Seminário Nacional de Estudos Prisionais e III Fórum de Vitimização de Mulheres no Sistema de Justiça Criminal, Universidade Federal do ABC, São Bernardo do Campo, 2014.

CHIES, Luiz Antônio Bogo. Gênero, criminalização, punição e "sistema de justiça criminal": um olhar sobre as sobrecargas punitivas e as dominações do masculino. Revista de Estudos Criminais, vol. 8, 2008.

CHIESA, Luis Ernesto. Mujeres Maltratadas y Legítima Defensa: la experiencia anglo-sajona. Revista Penal, n. 20, 2007.

COLARES, Leni Beatriz Correia; CHIES, Luiz Antônio Bogo. Mulheres nas So(m)bras: invisibilidade, reciclagem e dominação viril em presídios masculinamente mistos. Revista Estudos Feministas, vol. 18, n. 2, 2010.

COSTA, Christian da Silva; MELLO, Marcelo Feijó de. Indicadores comportamentais de propensão ao homicídio em agressores sexuais. Jornal Brasileiro de Psiquiatria, vol. 61, n. 1, 2012.

D'OLIVEIRA, Mariane Camargo; CAMARGO, Maria Aparecida Santana. O Entrelaçamento da Epistemologia Feminista à Criminologia na Articulação de Políticas Públicas de Gênero em Âmbito Prisional: ressignificando um campo em formação. *In*: ANDRADE, Vera Regina Pereira de; ÁVILA, Gustavo Noronha de; CARVALHO, Gisele Mendes de (orgs.). Criminologias e Política Criminal, Florianópolis: CONPEDI, 2014.

DAVIS, Angela Y. A Democracia da Abolição: para além do império, das prisões e da tortura. Rio de Janeiro: Difel, 2009.

DAVIS, Angela Y. Are Prisons Obsolete? New York: Seven Stories, 2003.

DEFENSORIA PÚBLICA DO ESTADO DO RIO DE JANEIRO. DPRJ traça perfil de mulheres criminalizadas pela prática do aborto. 30 nov. 2017. Disponível em: <http://www.defensoria.rj.def.br/noticia/detalhes/5372-DPRJ-aponta-perfil-damulher-criminalizada-pela-pratica-do-aborto>. Acesso em: 15 jul. 2020.

DINIZ, Débora. Pesquisas em cadeia. Revista DireitoGV, vol. 11, n. 2, 2015.

DINIZ, Débora; PAIVA, Juliana. Mulheres e Prisão no Distrito Federal: itinerário carcerário e precariedade de vida. Revista Brasileira de Ciências Criminais, n. 111, 2014.

ELIAS, Miriam Luciana Freitas. Centros de educação e reabilitação de agressores na Lei Maria da Penha. Dissertação de Mestrado, Programa de Pós-Graduação em Ciências Criminais, PUCRS, Porto Alegre, 2014.

ESPINOZA, Olga. A Mulher Encarcerada em Face do Poder Punitivo. São Paulo: IBCCrim, 2004.

FAVARIM, Aline Mendes. Psicopatia e assassinos em série: o perfil do criminoso e sua relação com a vítima. Dissertação de Mestrado, Pós-Graduação em Ciências Criminais, PUCRS, Porto Alegre, 2015.

FERRELL, Jeff; HAYWARD, Keith; YOUNG, Jock. Cultural Criminology: an invitation. London: SAGE, 2008.

FIGUEIREDO, Patrícia Cristina Silva. Avaliação de traços psicopáticos numa população de jovens agressores sexuais. Departamento de Educação e Psicologia, Universidade de Trás-os-Montes e Alto Douro, Vila Real, 2015.

FLAUZINA, Ana Luiza Pinheiro. Corpo Negro Caído no Chão: o sistema penal e o projeto genocida do Estado brasileiro. Rio de Janeiro: Contraponto, 2008.

FLAUZINA, Ana Luiza Pinheiro; FREITAS, Felipe da Silva. Do paradoxal privilégio de ser vítima: terror de estado e a negação do sofrimento negro no Brasil. Revista Brasileira de Ciências Criminais, n. 135, 2017.

FOUGEYROLLA-SCHWEBEL, Dominique. Movimentos Feministas. *In*: HIRATA, Helena et al. (orgs.). Dicionário Crítico do Feminismo. São Paulo: Unesp, 2009.

FRANKLIN, Naila Ingrid Chaves. O controle social e as mulheres negras: possibilidades e releituras para a criminologia feminista. Revista Brasileira de Ciências Criminais, n. 135, 2017.

FREITAS, Felipe da Silva. Novas Perguntas para Criminologia Brasileira: poder, racismo e direito no centro da roda. Cadernos do CEAS, n. 238, 2016.

FREUD, Sigmund. Varios Tipos de Carácter Descubiertos en la Labor Analítica. *In*: FREUD, Sigmund. Obras Completas, t. 03, 4.ed. Madrid: Biblioteca Nueva, 1981.

GARCÍA-PABLOS DE MOLINA, Antonio. Tratado de Criminología. 3.ed. Valencia: Tirant lo Blanch, 2003.

GARRIDO GAITÁN, Elena. Decisión individual del delincuente y motivación delictiva. *In*: SORIA VERDE, Miguél Angel; SÁIZ ROCA, Dolores (coords.). Psicología Criminal. Madrid: Pearson, 2005.

GERMANO, Idilva Maria Pires; MONTEIRO, Rebeca Áurea Ferreira Gomes; LIBERATO, Mariana Tavares Cavalcanti. Criminologia crítica, feminismo e interseccionalidade na abordagem do aumento do encarceramento feminino. Psicologia: Ciência e Profissão, vol. 38, n. 2, Brasília, 2018.

GIDDENS, Anthony. Sociologia. 6.ed. Lisboa: Calouste Gulbenkian, 2008.

GONÇALVES, Rui Abrunhosa; VIEIRA, Sandra. A avaliação do estilo de vida criminal em ofensores sexuais. Psicologia: Teoria, Investigação e Prática, n. 1, 2005.

GUIMARÃES, Mariana Costa. A Problemática da Visita Íntima no Cárcere Feminino: um estudo de caso sobre a Penitenciária Feminina Consuelo Nasser. Dissertação de Mestrado, Programa de Pós-Graduação Interdisciplinar em Direitos Humanos, Universidade Federal de Goiás, Goiânia, 2015.

HOKAMA, Erica. Estrutura e Dinâmica do Funcionamento Psíquico de Homens Envolvidos em Violência Doméstica. Dissertação de Mestrado, Pós-Graduação em Psicologia da Saúde, Universidade Metodista de São Paulo, 2015.

HORKHEIMER, Max. Teoria Tradicional e Teoria Crítica. *In*: VÁRIOS AUTORES. Benjamin, Horkheimer, Adorno & Habermas: textos escolhidos. 2.ed. (coleção Os Pensadores). São Paulo: Abril Cultural, 1983.

ISHIY, Karla Tayumi. A Desconstrução da Criminalidade Feminina. São Paulo: IBCCRIM, 2015.

IULIANELLO, Annunziata Alves. Vitimização Secundária: o depoimento especial como instrumento de concretização da proteção integral de crianças e adolescentes submetidos a abuso sexual. Dissertação de Mestrado, Programa de Pós-Graduação em Direito da Pontifícia Universidade Católica de São Paulo, São Paulo, 2018.

JAPIASSU, Hilton. O Mito da Neutralidade Científica. Rio de Janeiro: Imago, 1975.

JULIANO, Dolores. Las mujeres y los delitos. *In*: LAURENZO COPELLO, Patricia; MAQUEDA ABREU, María Luisa; RUBIO, Ana (coords.). Género, violencia y derecho. Valencia: Tirant lo Blanch, 2008.

KAISER, Günther. Introducción a la Criminología. 7.ed. Madrid: Dykinson, 1988.

KOSOVSKI, Ester. O Crime de Adultério. Rio de Janeiro: Mauad, 1997.

KRONBAUER, José Fernando Dresch; MENEGHEL, Stela Nazareth. Perfil da violência de gênero perpetrada por companheiro. Revista de Saúde Pública, vol. 39, n. 5, 2005.

LARRAURI, Elena. La mujer ante el derecho penal. Revista de Ciencias Penales, n. 11, 1996.

LARRAURI, Elena. Violencia Doméstica y Legítima Defensa: un caso de aplicación masculina del derecho. *In*: LARRAURI, Elena; VARONA, Daniel. Violencia Doméstica y Legítima Defensa. Barcelona: EUB, 1995.

LEMGRUBER, Julita. Cemitério dos vivos: análise sociológica de uma prisão de mulheres. 2.ed. Rio de Janeiro: Forense, 1999.

LOMBROSO, Cesare; FERRERO, Guglielmo. La Donna Delinquente: la prostituta e la donna normale... Torino: Fratelli Bocca Editori, 1903.

LOPES, Tatiana Coelho; PINHEIRO, Roseni. Trajetórias de mulheres privadas de liberdade: práticas de cuidado no reconhecimento do direito à saúde no Centro de Referência de Gestantes de Minas Gerais. Physis: Revista de Saúde Coletiva, vol. 26, n. 4, 2016.

LÖWY, Michael. Walter Benjamin: crítico da civilização. *In*: BENJAMIN, Walter. O capitalismo como religião. São Paulo: Boitempo, 2013.

MADUREIRA, Alexandra Bittencourt et al. Profile of men who commit violence against women who are arrested in delicto flagrante: contributions to confronting the phenomenon. Escola Anna Nery, vol. 18, n. 4, 2014.

MADURO, Adriana de Fátima Brasil. Crimes Sexuais: caracterização do agressor e variáveis associadas ao tipo de crime. Dissertação de Mestrado, Faculdade de Psicologia e de Ciências da Educação, Universidade do Porto, Porto, 2015.

MAGNAGO, Carla Joana. A Criminologia Crítica não tem Rosto de Mulher: dominação masculina e contradições do imaginário crítico. Trabalho de Conclusão de Curso, Pós-Graduação em Ciências Criminais, Faculdade de Direito de Vitória, Vitória, 2017.

MARTIN, Silvia Regina. A Inserção das Mulheres no Tráfico de Drogas: uma crítica criminológica à construção social do gênero. Monografia de conclusão do curso de Direito, setor de Ciências Jurídicas da Universidade Federal do Paraná, Curitiba, 2013.

MARTINS, Ana Carolina Fiúza Pesca de Sousa. Violência Conjugal: a psicopatia numa amostra de agressores conjugais encarcerados. Dissertação de Mestrado, Escola de Psicologia e Ciências da Vida, Universidade Lusófona de Humanidades e Tecnologias, Lisboa, 2013.

MATOS, Raquel; MACHADO, Carla. Criminalidade feminina e construção do género: emergência e consolidação das perspectivas feministas na criminologia. Análise Psicológica, vol. 30, n. 1-2, Lisboa, jan. 2012.

MENDES, Soraia da Rosa. (Re)Pensando a Criminologia: reflexões sobre um novo paradigma desde a epistemologia feminista. Tese de Doutorado, Programa de Pós-Graduação em Direito da Universidade de Brasília, Brasília, 2012.

MINISTÉRIO DA JUSTIÇA. Dar à Luz na Sombra: condições atuais e possibilidades futuras para o exercício da maternidade por mulheres em situação de prisão. (Série Pensando o Direito, n. 51) Brasília: Secretaria de Assuntos Legislativos/Ministério da Justiça/IPEA, 2015.

MINISTÉRIO DA JUSTIÇA. Infopen Mulheres. 2.ed. Brasília: Departamento Penitenciário Nacional, 2017.

MINISTÉRIO DA JUSTIÇA. Violência Contra a Mulher e as Práticas Institucionais. (Série Pensando o Direito, n. 52). Brasília: Secretaria de Assuntos Legislativos (SAL)/IPEA, 2015.

MIYAMOTO, Yumi; KROHLING, Aloisio. Sistema prisional brasileiro sob a perspectiva de gênero: invisibilidade e desigualdade social da mulher encarcerada. Direito, Estado e Sociedade, n. 40, jan./jun. 2012.

MONTENEGRO, Marilia. **Lei Maria da Penha:** uma análise criminológico-crítica. Rio de Janeiro: Revan, 2015.

MONTENEGRO, Marilia. Quantas Histórias cabem na Lei Maria da Penha? O lugar da violência doméstica no sistema punitivo brasileiro. *In*: PRANDO, Camila Cardoso de Mello; GARCIA, Mariana Dutra de Oliveira; ALVES, Marcelo Mayora (orgs.). Construindo as Criminologias Críticas: a contribuição de Vera Andrade. Rio de Janeiro: Lumen Juris, 2018.

MORETTO, Thaís Zanetti de Mello. (Des)Velando os efeitos jurídico-penais da lei de drogas frente ao encarceramento feminino na Penitenciária Madre Pelletier em Porto Alegre: em busca de alternativas viáveis. Dissertação de Mestrado, Programa de Pós-Graduação em Ciências Criminais, PUCRS, Porto Alegre, 2010.

MOURA, Maria Aparecida Vasconcelos; NETTO, Leônidas de Albuquerque; SOUZA, Maria Helena Nascimento. Perfil sociodemográfico de mulheres em situação de violência assistidas nas delegacias especializadas. Esc. Anna Nery, vol. 16, n. 3, Rio de Janeiro, set. 2012.

NOBRE, Marcos. A Teoria Crítica. 3.ed. Rio de Janeiro: Zahar, 2011.

OLIDEN, Norman; VELÁSQUEZ, Carlos. Historia Familiar y Características de Personalidad de un Feminicida. Revista Ajayu de Psicología, vol. 15, n. 2, ago. 2017.

OLIVEIRA, Silvana Maria Mendes. O Modus Operandi de Agressores Sexuais Adultos: diferenças entre agressores sexuais de crianças, violadores e pedófilos. Dissertação de Mestrado, Instituto de Ciências Abel Salazar, Universidade do Porto, Porto, 2016.

OSORIO, Rafael Guerreiro; FONTOURA, Natália. Tolerância Social à Violência contra as Mulheres (comunicado). Brasília: Instituto de Pesquisa Econômica Aplicada, 2014.

PACHECO, Adriana das Chagas Oliveira. Estrutura e Dinâmica do Funcionamento Psíquico de Mulheres Envolvidas em Violência Conjugal Reiterada. Dissertação de Mestrado, Pós-Graduação em Psicologia da Saúde, Universidade Metodista de São Paulo, 2015.

PACHORRO, Pedro Santos; POIARES, Carlos; VIEIRA, Rui Xavier. Caracterização Psicológica de uma Amostra Forense de Abusadores Sexuais. Análise Psicológica, vol. 26, n. 4, Lisboa, out. 2008.

PASINATO, Wânia. "Femicídios" e as mortes de mulheres no Brasil. Cadernos Pagu, n. 37, 2011.

PEDRINHA, Roberta Duboc. Sexualidade, Controle Social e Práticas Punitivas: do signo sacro religioso ao modelo científico médico higienista. Rio de Janeiro: Lumen Juris, 2009.

PEIXOTO, Paula Carvalho. Vítimas Encarceradas: histórias de vidas marcadas pela violência doméstica e pela criminalidade feminina. São Paulo: IBCCrim. 2017.

PEREIRA, Cátia Vanessa Fonseca. Características Psicológicas dos Delinquentes Sexuais. Dissertação de Mestrado, Instituto Superior de Ciências da Saúde – Norte, Porto, 2011.

PIMENTEL, Silvia; SCHRITZMEYER, Ana Lúcia P.; PANDJIARJIAN, Valéria. Estupro, crime ou "cortesia"? abordagem sociojurídica de gênero. Porto Alegre: Fabris, 1998.

PINTO, Andréia Soares; MORAES, Orlinda Cláudia de; MONTEIRO, Joana (orgs.). Dossiê Mulher 2015. Rio de Janeiro: Instituto de Segurança Pública, 2015.

PIRES, Thula Rafaela de Oliveira. Criminologia Crítica e Pacto Narcísico: por uma crítica criminológica apreensível em português. Revista Brasileira de Ciências Criminais, n. 135, 2017.

PRANDO, Camila Cardoso de Mello. A Criminologia Crítica no Brasil e os estudos críticos sobre branquidade. **Revista Direito e Práxis**, Rio de Janeiro, vol. 9, n. 1, Rio de Janeiro, 2018, p. 70-84.

PRANDO, Camila Cardoso de Mello. O que veem as mulheres quando o Direito as olha? Reflexões sobre as possibilidades e os alcances de intervenção do direito nos casos de violência doméstica. Revista de Estudos Criminais, n. 60, jan./mar. 2016.

PRANDO, Camila Cardoso de Mello. The Margins of Criminology: challenges from a feminist epistemological perspective. The International Journal of Crime, Justice and Social Democracy, vol. 8, n. 1, 2019.

PROCÓPIO, Camila Viana de Almeida. Relações Objetais e Estrutura de Personalidade: mulheres envolvidas em casos de violência doméstica. Dissertação de Mestrado, Pós-Graduação em Psicologia da Saúde, Universidade Metodista de São Paulo, 2014.

QUEIROZ, Nana. Presos que Menstruam: a brutal vida das mulheres – tratadas como homens – nas prisões brasileiras. Rio de Janeiro: Record, 2015.

RABELO, Marisa Régia Machado Chaves. Aspectos biológicos, sociais e psicológicos das mulheres violentadas sexualmente. Dissertação de Mestrado, Faculdade de Ciências da Saúde, Universidade Federal do Maranhão, 2008.

RAMOS, Luciana de Souza. Por Amor ou pela Dor? Um olhar feminista sobre o encarceramento de mulheres por tráfico de drogas. Dissertação de Mestrado, Pós-Graduação em Direito, UnB, Brasília, 2012.

RAMOS, Silvia Ignez Silva. Depoimento Especial de Crianças: multiversos em cena. Tese de Doutorado, Instituto de Psicologia, Universidade Federal do Rio de Janeiro, Rio de Janeiro, 2015.

RODRIGUES, Adriana Severo. Raça, gênero e sistema prisional: relato de experiências com mulheres negras que cumprem penas em regime aberto ou semiaberto. Revista África e Africanidades, ano 1, n. 3, nov. 2008.

ROSSI, Giovana. A Culpabilização da Vítima no Crime de Estupro: os estereótipos de gênero e o mito da imparcialidade jurídica. Florianópolis: Empório do Direito, 2016.

RUSCHE, Georg; KIRCHHEIMER, Otto. Punição e Estrutura Social. Rio de Janeiro: Freitas Bastos, 1999.

SANZ-BARBERO, Belén et al. Perfil Sociodemográfico del Feminicidio en España y su Relación con las Denuncias por Violencia de Pareja. Gaceta Sanitaria, vol. 30, n. 4, Barcelona, jul./ago. 2016.

SCORTEGAGNA, Silvana Alba; AMPARO, Deise Matos do. Avaliação psicológica de ofensores sexuais com o método de Rorschach. Avaliação Psicológica, vol. 12, n. 3, Itatiba, dez. 2013.

SILVA, Lídia Ester Lopes; OLIVEIRA, Maria Liz Cunha de. Características epidemiológicas da violência contra a mulher no Distrito Federal, 2009 a 2012. Epidemiologia e Serviços de Saúde, vol. 25, n. 2, 2016.

SMART, Carol. Feminist Approaches to Criminology or PostModern Woman Meets Atavistic Man. *In*: MORRIS, Allison; GELSTHORPE, Loraine. (eds.). Feminist Perspectives in Criminology. Buckingham: Open University Press, 1990.

SMAUS, Gerlinda. Abolizionismo: il punto di vista femminista. Dei Delitti e Dele Pene, vol. 91, n. 1, 1991.

SOARES, Bárbara Musumeci; ILGENFRITZ, Iara. Prisioneiras: vida e violência atrás das grades. Rio de Janeiro: Garamond, 2002.

SOUSA, Ane Karine Alkmin de; NOGUEIRA, Denismar Alves; GRADIM, Clícia Valim Côrtes. Perfil da violência doméstica e familiar contra a mulher em um município de Minas Gerais, Brasil. Cadernos de Saúde Coletiva, vol. 21, n. 4. Rio de Janeiro, 2013.

SOUZA, Monique Elba Marques de Carvalho Sampaio de. As Mulheres e o Tráfico de Drogas: linhas sobre os processos de criminalização das mulheres no Brasil. Dissertação de Mestrado, Pós-Graduação em Direito, Instituto Brasiliense de Direito Público, Brasília. 2015.

SOUZA, Ricardo Timm. O Nervo Exposto: por uma crítica da razão ardilosa desde a racionalidade ética. Anuário do Programa de Pós-Graduação em Filosofia da PUCRS, Porto Alegre, EDIPUCRS, 2015.

STOCK, Barbara Sordi; PANICHI, Renata Maria Dotta; FUZINATTO, Aline Mattos. ¿Privarlas de libertad es privarlas de salud? Interlocuciones entre género, salud pública y prisión a partir de la experiencia de un equipo de atención básica. Papers, vol. 102, n. 2, 2017.

SÜCKER, Betina Heike Krause. A Criminalidade Passional Uxoricida: psicologia do agente e seu reflexo na culpabilidade. Dissertação de Mestrado, Pós-Graduação em Ciências Criminais, PUCRS, Porto Alegre, 2015.

SUTHERLAND, Edwin H. White-Collar Criminality. American Sociological Review, vol. 5, n. 1, Feb. 1940.

SUTHERLAND, Edwin H.; CRESSEY, Donald R. Criminology. New York: J. B. Lippincott Company, 1978.

TAYLOR, Ian; WALTON, Paul; YOUNG, Jock. Criminología Crítica en Gran Bretaña: reseña y perspectivas. *In*: TAYLOR, Ian; WALTON, Paul; YOUNG, Jock. Criminología Crítica. 4.ed. Madrid: Siglo XXI, 2007.

VAN SWAANINGEN, René. Feminismo y Derecho Penal: ¿hacia una política de abolicionismo o garantismo penal? *In:* Criminología Critica y Control Social – 1. El Poder Punitivo de Estado. Rosario: Juris, 1993, p. 119-149.

VENTURA, Miriam; SIMAS, Luciana; LAROUZÉ, Bernard. Maternidade atrás das grades: em busca da cidadania e da saúde. Um estudo sobre a legislação brasileira. Cadernos de Saúde Pública, vol. 31, n. 3, 2015.

VIAFORE, Daniele. A gravidez no cárcere brasileiro: uma análise da Penitenciária Feminina Madre Pelletier. Direito & Justiça, vol. 31, n. 2, 2005.

VIEIRA, Sandra Mónica de Almeida. Ofensores Sexuais: das crenças ao estilo de pensamento. Tese de Doutorado, Escola de Psicologia, Universidade do Minho, Braga, 2010.

VOLD, George B.; BERNARD, Thomas J.; SNIPES, Jeffrey B. Theoretical Criminology. 5.ed. Oxford: Oxford University Press, 2002.

WAISELFISZ, Julio Jacobo. Mapa da Violência 2015: homicídio de mulheres no Brasil. Brasília: Flacso Brasil, 2015.

WEIGERT, Mariana de Assis Brasil. Medidas de Segurança e Reforma Psiquiátrica: silêncios e invisibilidades nos manicômios judiciários brasileiros. Florianópolis: Empório do Direito, 2017a.

WEIGERT, Mariana de Assis Brasil. Mulheres em Cumprimento de Medida de Segurança: silêncio e invisibilidade nos manicômios judiciários brasileiros. *In*: CARVALHO, Salo; WEIGERT, Mariana de Assis Brasil. Sofrimento e Clausura no Brasil Contemporâneo: estudos críticos sobre fundamentos e alternativas às penas e medidas de segurança. Florianópolis: Empório do Direito, 2016.

WEIGERT, Sérgio. Marxismo e Modernidade: ensaios críticos sobre utopia e emancipação. Passo Fundo: IFIBE, 2017b.

WOLFF, Maria Palma et al (org.). Mulheres e Prisão: a experiência do Observatório de Direitos Humanos da Penitenciária Feminina Madre Pelletier. Porto Alegre: Dom Quixote, 2007.

YOUNG, Jock. A Sociedade Excludente. Rio de Janeiro: Revan, 2002.

ZEDNER, Lucia. Victims. *In*: MAGUIRE, Mike; MORGAN, Rod; REINER, Robert (eds.). The Oxford Handbook of Criminology. 3.ed. Oxford: Oxford University Press, 2002.

A INTERNET, A MÍDIA E O CIBERCRIME: ENFOQUES CIBERCRIMINOLÓGICOS

Emerson Wendt[1]

RESUMO. O texto objetiva, a partir da Internet – do ciberespaço – e da atuação dos meios de comunicação tradicionais e/ou digitais, apurar, partindo de uma revisão bibliográfica e inter-relacional da tecnologia digital e do direito, este como produto do Estado, como os *media* têm mantido seu potencial referencial de construção da realidade com base em uma lógica dominante, hegemônica e afirmadora de um Estado moderno, de controle e de segurança. Também, objetiva-se, com base no referencial teórico da *newsmaking criminology* e a partir dos estudos de Budó (2008; 2012; 2013), analisar as saídas para a construção de uma realidade baseada em garantias e direitos individuais e não mais na delinquência e no delinquente, perpassando, pontualmente e inicialmente, pela construção de uma cibercriminologia de base crítica, ou seja, como a modificação cultural de base comunicacional digital pode levar à revolução legal e da cultura jurídica.

Palavras-chave. Cibercrime. Cibercriminologia. Construção social da realidade. Direito. Internet.

1. Introdução

O ciberespaço tem proporcionado inúmeras possibilidades de interação e conhecimento humanos e isso é notório, evidente e irrefutável. As fronteiras existentes, a partir da conexão digital da Internet, são apenas ideológicas e entre segmentos de discussão, organização e coordenação sistêmica, ou seja, os barramentos são ainda proporcionados pelo humano e por seus desejos sempre presentes de controle.

[1] Delegado de Polícia Civil no Estado do Rio Grande do Sul. Mestre e Doutorando em Direito pelo PPGD da Universidade La Salle Canoas – RS. E-mail: <emersonwendt@gmail.com>.

Conhecer os processos de interação humana no contexto da tecnologia digital revela-se tão necessário quanto conhecer a evolução da sociedade, especialmente por ser aquela parte desta e este círculo se autorreproduzir constantemente, a cada nova tecnologia e/ou a cada novo aplicativo de comunicação, seja ele com função de "rede social", de "mídia social", de "informação", "econômico" ou "cultural". Aliás, um jogo digital não é apenas um jogo, de ação individual, sendo também um mecanismo socioeconômico e cultural, pois quem o produz tem seus interesses comerciais e quem o utiliza enfrenta os desafios naturais de uma disputa no campo digital e, ao mesmo tempo, se insere em um contexto cultural-digital diferenciado, com regras morais e regulamentos específicos, próprios daquele ambiente.

Assim o é em relação a outros segmentos e a Internet, como mudança tecnológica, tem propiciado aspectos importantes da mudança cultural e, conforme FRIEDMAN (2017), toda revolução cultural também pode ser uma revolução legal, levar a uma mudança na cultura jurídica e da ordem legal. Assim o é em relação à comunicação íntima, de conteúdo sexual, o *sexting*, como forma de interação e aproximação com finalidades de relacionamento pessoal/sexual com envio/recebimento de imagens e/ou vídeos íntimos, que sofreu a transformação no decorrer do tempo e com base na Internet de um conteúdo de texto para imagens/vídeos e que, por isso, propiciou a análise de seus reflexos no campo do Direito, sejam eles em relação à violação da privacidade/intimidade, sejam eles de reparação de danos em caráter cível, sejam eles, ainda, violação de uma norma de caráter penal.

Essas transformações ocorrem em razão do uso da comunicação e da possibilidade de o conhecimento ser repassado de maneira mais célere, fácil, instantânea e de sem as barreiras físicas de uma comunicação não digital. Como essa transformação da cultura socioeconômica-digital ocorre e como ela é vista perante os segmentos culturais que a utilizam também é uma construção, de uma imagem ou de uma realidade, a partir dos meios de comunicação, os *media*, pois que exercitam um papel ainda preponderante em termos de construção social da realidade.

Assim, a partir da Internet, da atuação dos meios de comunicação tradicionais e/ou digitais, pretende-se apurar, nesta revisão bibliográfica e inter-relacional da tecnologia digital e do direito, como produto do Estado, como os *media* têm mantido seu potencial referencial de construção da realidade com base em uma lógica dominante, hegemônica e afirmadora de um Estado moderno, de controle e de segurança. Também, objetiva-se, com base no referencial teórico da *newsmaking criminology* e a partir dos estudos de Budó (2008; 2012; 2013), analisar as saídas para a construção de uma realidade baseada em garantias e direitos individuais e não mais na delinquência e no delinquente, perpassando, pontualmente e inicialmente, pela construção de uma cibercriminologia de base crítica.

2. Internet, crime e cibercriminologia

O esforço das legislações está voltado para considerar crime informático aquelas atividades que causem danos e afetem atividades econômicas de empresas de grande valor comercial: as vítimas de delitos econômicos são agentes de uma "significativa influência política" (GARCÍA LUNA; PEÑA LABRIN, 2017, p. 6). Os autores exploram o contexto peruano e mexicano, o que não é diferente no Brasil e não deve ser em outros países da América Latina. Brasil, México e Peru não firmaram assinatura e não ratificaram formalmente a Convenção de Budapeste[2], porém, ambos instituíram legislações correlatadas, no decorrer do tempo, criminalizando condutas no âmbito da Internet. O Brasil, como referido, encontra-se no caminhar de adesão à referida convenção.

A cibercriminologia, como uma das novas criminologias, se ocupa de conhecer como influem as atividades *online* na vida *offline*, cuja temática se centra em averiguar como influi o ciberespaço na configuração da delinquência, se é um facilitador de determinadas tipologias delitivas e que características traz/carrega na formatação da delinquência (GARCÍA LUNA; PEÑA LABRIN, 2017, p. 10). Sugerem os autores que face à complexidade dos temas envolvendo a cibercriminalidade cibernética, certo seria a especialização nos estudos a eles relacionados (ex.: estudos relacionados à exploração sexual da imagem de crianças e adolescentes – pedofilia; estudos relativos às fraudes eletrônicas; estudos relacionados à prática do *bullying* e *cyberbullying*; estudos relacionados ao *stalking* e *cyberstalking* etc.).

A ótica dada à cibercriminologia, de estudo do fenômeno do crime cibernético e do criminoso cibernético, na forma originalmente proposta por Jaishankar (2007), parece-nos um retorno à criminologia tradicional. Embora possa ser o enfoque eventual quanto à cifra negra da cibercriminalidade, aquilo que deixou de ser registrado e descoberto como crime não se concentra em um aspecto importante: a realidade construída a partir do advento da Internet, as relações interpessoais, onde espaço e

---

[2] A referida Convenção de Budapeste está com várias fases abertas de consultas públicas, a cargo do *T-CY Committtee*, nas quais os participantes podem opinar sobre as modificações e incrementos que virão no "2º Protocolo Adicional". A Convenção de Budapeste possui, na sua versão atual, mais de sessenta países signatários. Na quarta fase de consultas, o objetivo foi colher opiniões da sociedade civil, organizações de proteção de dados e indústria (COUNCIL OF EUROPE, 2019).

tempo perderam as noções originais, caminha para uma sedimentação do sistema penal vigente, mais encorpado e com opções centradas na criminalização e na aplicação de penas restritivas de liberdade, ou seja, crime e castigo. Conforme Agustina (2012, p. 1044),

> A mídia popular criou uma imagem de crime cibernético que sugere um hacker solitário que rompe medidas de segurança aparentemente impossíveis para acessar dados secretos lucrativos. Crimes como esses são muito raros, mas o cibercrime é muito comum.

De outra parte, o enfoque das legislações não parece voltado à parte procedimental, desde o contexto internacional até o campo interno dos países. Legislações voltadas a

> la solicitud de preservación y obtención de datos, la validez de la prueba obtenida en otro país, el registro de cosas físicas versus el registro de datos; la posibilidad de aplicar un software judicial a distancia, cuestiones de competencia, utilización de tecnología de cifrado (GARCÍA LUNA; PEÑA LABRIN, 2017, p. 15).

De outra parte, as dificuldades não se concentram na falta de legislação adequada na parte procedimental, mas em razão da investigação ser longa e tediosa e dependente da obtenção dos dados frente aos provedores de conexão e de aplicação, além do fato de os integrantes do sistema de persecução criminal desconhecerem termos técnicos, procedimentos e ações necessárias à obtenção dos dados voltados à apuração do delito e de sua autoria.

> Las discrepancias pueden causar dificultades para las investigaciones tanto a nivel nacional como internacional y, aunque la tipificación penal de estas actividades es esencial, pero la capacitación de los administradores de justicia es vital, para garantizar el éxito de los resultados de investigación punitiva, en la procura de acercarnos a los cambios que las tecnologías de información y comunicación han aportado en la aparición de estas nuevas conductas delictivas (GARCÍA LUNA; PEÑA LABRIN, 2017, p. 16).

Portanto, considera-se necessário o estudo prévio e também concomitante da construção da realidade social pelos *media*, sob a ótica da *newsmaking criminology* e, *a posteriori*, a correlação com aspectos criminológicos críticos em razão desse novo ambiente interacional que é o ciberespaço.

3. Mídia, crime e internet: uma revisão a partir da *newsmaking criminology*

As relações do jornalismo com o sistema penal e a construção social da realidade são objeto de estudo por Budó (2008)[3], partindo de dois aspectos principais: (a) o papel das agências de controle social formal na construção social da criminalidade e (b) a construção social das notícias, com análise das teorias acerca dos meios de comunicação de massa, verificando como opera o controle social informal a partir do jornalismo e suas relações com o controle social formal. Se há construção social da criminalidade há, logicamente, uma reprodução social das desigualdades.

Há necessidade, portanto, de uma ruptura epistemológica da criminologia, retirando o foco das causas do crime e do criminoso, focando-se no fenômeno da criminalização, com as teorias do etiquetamento ou *labeling approach*. A teoria do etiquetamento teve influência do *interacionismo simbólico* e da *etnometodologia*, como processos de construção da realidade social por meio de processos de tipificação e visão, descrição e compreensão sobre determinadas situações, pois "o homem em coletividade produz o mundo social, transforma a realidade objetiva e, dialeticamente, essa mesma realidade o produz" (BUDÓ, 2008, p. 19).

Sob essas matrizes teóricas, a teoria do etiquetamento percepciona o desvio como sendo também uma construção social, "a partir de interações ocorridas na sociedade, fazendo com que em algumas situações se definam pessoas como desviantes" (BUDÓ, 2008, p. 19), ou seja, crime e criminoso são uma construção resultante de interações sociais (criminologia da reação social), tal qual os conceitos de *hacker* e *cracker*, que longe das definições técnicas possuem uma imagem relacional criada socialmente.

A reação social de definição de um comportamento como desviante ou criminoso tem relação direta com o quociente de tolerância a determinado comportamento. Para Becker (2008, p. 22), o desvio não está na conduta e sim na interação entre a pessoa responsável por ela e aqueles que reagem a ela.

A criminalização primária surge com a seleção de condutas desviadas através de definição de normas pelo legislador; já a criminalização secundária é feita quando há atribuição de etiqueta de desviante a algumas pessoas em função do descumprimento da lei. A mudança da identidade pública do indivíduo descoberto e marcado como

---

[3] A concentração nos estudos de Budó se justifica por ser uma das poucas autoras no Brasil a tratar do tema da *newsmaking criminology*.

desviante lhe dá um novo status, sendo conhecido por este novo papel e vinculando as interações com outros indivíduos, provocando uma "atuação em conformidade com essa etiqueta" (BUDÓ, 2008, p. 21-22).

O princípio da seletividade é encontrado tanto na definição do ato desviante (criminalização primária) quanto na atribuição do rótulo de desviante (criminalização secundária). Como então se dá a distribuição do status de criminoso? Se a criminalidade é uma realidade social construída pelas instâncias oficiais e informais de controle, essa seletividade é feita por pessoas de determinados estratos sociais, como ficam os demais estratos sociais?

A possibilidade de imposição das normas com sucesso se deve a uma questão de poder político e econômico (BECKER, 2008, p. 29). Já a seletividade da criminologia secundária é bem característica nos crimes de colarinho branco[4], a cifra negra. Segundo Budó (2008), em face de as estatísticas criminais serem feitas com base apenas em casos registrados, elas não dizem respeito à criminalidade, mas sim à criminalização.

Os estereótipos não funcionam somente na seleção, mas também na reprodução sobre a realidade, nas suas diferenças e oportunidades, fazendo com que as pessoas que atuam nos órgãos de controle formal penal também ajam de acordo, "esperando determinadas condutas de determinadas pessoas e não de outras" (BUDÓ, 2008, p. 25), como, por exemplo, nos delitos sexuais, onde existem os temidos e os (prováveis) autores; ou, nos delitos informáticos, onde existem os *hackers*, *crackers*, dentre outros, como temidos e prováveis autores.

Se o fenômeno da criminalidade pode ser vislumbrado frente à teoria do etiquetamento, esta também pode comportar críticas (BUDÓ, 2008): (a) não explicação do que leva à delinquência primária, que seria independente do rótulo (de desviante); (b) ao tratar do desvio secundário, ingressou em uma abordagem bastante determinista, prevendo desde já que a pessoa etiquetada está determinada a cometer crimes novamente; (c) há pessoas que delinquem sem terem sido objeto da reação social e em outros casos há pessoas etiquetadas que não voltam a delinquir e, caso voltem, não há como saber se foi em função da etiqueta realmente; e (d) ter se mantido no enfoque microssociológico, sem adentrar nas questões da estrutura econômica das relações de produção e distribuição.

---

[4] Veja-se o caso da Lei de Abuso de Autoridade (Lei nº 13.869/2019), cujo principal aspecto é o de proteger o investigado e cuja elaboração legislativa passou pelo interesse dos próprios legisladores em sua autoproteção em virtude das prisões decorrentes da Operação Lava Jato.

Percebe-se, de outro modo, que a interação entre o controle social formal e o informal atua na construção social da criminalidade, pois o controle social se dá não só pelas agências de controle penal, mas também ocorre por diversas interações de organizações sociais: família, escola, religião e meios de comunicação social, com o objetivo de interiorizar as normas sociais, através da socialização. Não há necessidade de ligação das instituições a sanções legais para que possam controlar a conduta dos indivíduos, pois que a partir de regras de "comportamento adequado também é possível verificar as atitudes que serão definidas como desviantes" (BUDÓ, 2008, p. 29).

Quando há falha das instâncias informais, as formais (policial, promotor, juiz, carcereiro etc.) entram em ação, coercitivamente, legitimadas pela lei. Ambas as instâncias caminham juntas, "interagem no sentido de legitimar a realidade social, que na situação atual é de desigualdade" (BUDÓ, 2008, p. 30).

Para além disso, é necessário um enfoque macroestrutural à discussão criminológica, possuindo quatro pontos críticos a serem enfrentados pela(s) nova(s) criminologia(s) (LARRAURI, 1992, p. 112-113): (a) aplicar um método materialista histórico ao estudo do desvio; (b) analisar a função que cumpre o Estado, as leis e instituições legais na manutenção de um sistema de produção capitalista; (c) estudar o desvio no contexto mais amplo de lutas de classes sociais com interesses enfrentados; e (d) vincular a teoria à prática. Ou seja, há que se avançar para uma criminologia crítica, "um estado avançado dessas primeiras reflexões fruto da revisão de seus resultados e adoção de uma perspectiva materialista do desvio" (BUDÓ, 2008, p. 39).

No entanto, o sistema penal diante da globalização parece recrudescer-se. Com a globalização econômica, cultural e comunicacional, além da exploração neoliberal, o número de excluídos do sistema e a sensação de insegurança repercutem de forma diversa na estrutura social: estabelece-se o binômio excluído/incluído. Por outro lado, a globalização da informação também propicia o levantamento crítico desse binômio, expondo as exclusões. A partir da Internet, surge então o binômio dos novos incluídos/novos excluídos.

Esse processo global repercute no sistema legislativo, que tende a aprovar leis que atendam à ansiedade social por mais segurança (BUDÓ, 2008, p. 53): os frutos eleitorais estão em evidência e o custo baixo das leis penais se torna a solução num ambiente de espetáculo. Compor um tipo penal para frear os ímpetos, onde "segurança" se torna sinônimo de "poder de polícia do Estado" (BUDÓ, 2008, p. 54), deixando de se voltar para a garantia da satisfação dos direitos sociais. Afirmar, então, à sociedade que "agora sim" temos uma lei de enfrentamento à criminalidade cibernética parece ser mais importante que expor a abrangência e/ou ineficácia real do conteúdo da norma penal (WENDT, 2017).

A emergência – uma das características da produção normativa brasileira em relação à previsão de novos crimes – leva ao corte nos direitos e garantias fundamentais, legitimando o poder arbitrário do Estado: isso gera mais insegurança, pois se de um lado há o aumento dos poderes do Estado, de outro há a respectiva vulnerabilização aos direitos fundamentais. O discurso do medo causa/gera uma tendência, cada vez maior, direcionada para a hipertrofia do sistema de controle penal e redução de garantias: é a ideologia de defesa social (BUDÓ, 2008, p. 57; COSTA, 2010, p. 107-110).

Os meios de comunicação de massa (MCM), os *media*, exercem o protagonismo da era da informação e possuem papel central como órgão de controle social informal (BUDÓ, 2008, p. 63). Teorias da comunicação propiciam(ram) a notícia em detrimento da opinião, o que é em parte superado pelas colunas de opinião nos jornais, mas fomentado pela necessidade econômica da publicidade, que acabou por dirigir e conduzir os *media* nesse caminho.

> A ideia de objetividade surgida contemporaneamente à teoria do espelho significa que a notícia representa a imagem da realidade refletida no espelho e, por isso, traz consigo a ideia de um observador desinteressado.
> [...]
> Dessa maneira, acaba por ter em vista a realidade destituída de construção, com *status* ontológico, bastando apenas aceitá-la e descrevê-la tal como é (BUDÓ, 2008, p. 66).

A partir de 1970 o foco da pesquisa dos emissores (da notícia) retirou sua atenção do selecionador[5] e passou a analisar a organização e a produção rotineira dos aparelhos jornalísticos, relacionando com a imagem da realidade social fornecida pelos MCM: o objetivo é verificar distorções involuntárias que ocorrem no quotidiano de produção dos jornais: esse processo é denominado de *newsmaking*.

A notícia é determinada por uma série de escolhas e seleções feitas com bases e normas organizacionais. A notícia ajuda a construir a realidade e não a espelhar: ao

---

[5] *Gatekeepers*: estudo sobre os emissores da informação e sobre os processos produtivos do jornalismo. *Gatekeepers* ou teoria da ação pessoal, termo/conotação difundido por David Maning White, significa a designação dos selecionadores dos fatos a serem cobertos e divulgados pelo jornal (*gate* = porta; *keeper* = guardião/zelador). O *gatekeeper* é o agente regulador dos *media* (BUDÓ, 2008, p. 71).

descrever um acontecimento, a notícia define e dá forma a ele (BUDÓ, 2008, p. 74), usando como metodologia a etnografia (observação de rotinas produtivas dos MCM).

Duas teorias são relacionadas ao paradigma das notícias como construção social:

- **Teoria estruturalista:** teoria macrossociológica que evidencia o papel da mídia na reprodução da ideologia dominante, porém com certa forma de autonomia do jornalista em relação ao poder econômico. "Inclui-se no conceito de cultura os significados, valores e práticas através das quais se exprimem, pondo em destaque a contínua dialética entre sistema cultural, conflito e controle social" (BUDÓ, 2008, p. 74).
- **Teoria interacionista:** caracteriza-se pelo estudo sobre como os processos produtivos influenciam na definição das notícias. O jornalismo é parte dos processos cognitivos da realidade e auxilia na sua construção, juntamente com as interações sociais e o papel das instituições.

Os pressupostos dessa teoria são os mesmos da teoria do etiquetamento, ou seja: realidade social → notícia → produção da realidade. As tipificações e enquadramentos relativos à notícia, selecionando e formatando o conteúdo, são formas de produção da realidade. O mesmo raciocínio se dá em relação ao estereótipo, um procedimento comum na produção da notícia.

Para essa construção da realidade, os *media* usam de redes de informações e critérios para algo se tornar notícia, pois nem tudo é de interesse do público e/ou do próprio jornal. Esses assuntos são selecionados por um processo denominado *valores-notícia*, que define as condições aos quais os acontecimentos devem satisfazer para se tornarem notícias, passando pelos critérios de relevância, interesse e pertinência em relação a (a) seu conteúdo, (b) disponibilidade de material, (c) critérios relativos ao produto informativo, (d) ao público e (e) a concorrência (BUDÓ, 2008).

Também, a notícias precisam ter e levar credibilidade a quem lê. Por isso, as fontes citadas no texto são importantes, pois a utilização de fontes credíveis dá à notícia a condição de verdadeira e reafirma a seriedade do *media*. A seletividade das fontes é uma forma de manutenção da estrutura social e do poder existente (BUDÓ, 2008, p. 84), já que as fontes "dignas de crédito" em regra possuem posições institucionais privilegiadas, o que gera "a hierarquia da credibilidade", pois os temas são abordados segundo a ordem dominante e não há brechas para rupturas ou contra-definições: é o papel do jornalismo na manutenção do *status quo*.

Nesse diapasão, as notícias negativas sempre têm um grau de noticialidade incomparável e os crimes possuem características sempre mais interessantes e propiciam a busca por um culpado pela sociedade: violência e crime são *valores-notícia*, ou seja, têm a atenção e estão nos critérios de seleção dos temas a noticiar.

Nesse caso, as fontes de notícias de crimes são principalmente as agências de controle social formal em relação à polícia. "O recurso às fontes oficiais acaba legitimando a sua atuação, tendo em vista que são elas interessadas na reafirmação do seu papel" (BUDÓ, 2008, p. 89). E, como as agências de controle social formal atuam de maneira seletiva, a reprodução do discurso, da fala, das fontes oficiais acaba por reafirmar o sistema e a seletividade operada, ou seja, a reafirmação da seleção sobre parcela da sociedade e sobre parcela dos atos cometidos (BUDÓ, 2008, p. 90), com também reafirmação dos estereótipos acerca do desviante.

Como a notícia é reprodução da violência (individual), é também sinônimo de criminalidade e de insegurança dos cidadãos, produzindo estigmas. Dialeticamente, move-se a construção social da realidade. Essa estigmatização seletiva, que também tem lugar na atuação dos profissionais de imprensa, é intensificada com a propagação da imagem da pessoa etiquetada como criminosa. Segundo Budó (2008), seria um rótulo mais aferrado à pessoa, mais incrustado do que a rotulação gerada pela simples interação social.

As notícias sobre crime também acabam por reiterar algumas definições defendidas no senso comum a respeito do crime e da criminalidade e, de maneira geral, o discurso constante nessas notícias faz referência a pressupostos clássicos da criminologia positivista: a periculosidade, tendência de cometer delitos, separação entre criminosos e pessoas que pagam impostos etc.

Então, esse enquadramento da notícia, a moldura dada pela notícia, é reafirmadora e construtora da realidade social e da construção social da criminalidade. Mas isso também ocorre na seleção dos fatos objeto das notícias, baseada no estereótipo perfeito das vítimas e no perfil agressor do criminoso, separando o bem e o mal, os bons e os ruins, e o usuário "normal" e o *hacker* na Internet.

Somem-se a esse contexto o sensacionalismo e a espetacularização em volta do tema da segurança pública, temas que têm o uso e o apelo político na reafirmação da função simbólica, diante da opinião pública, do sistema penal, deixando obscuros pontos importantes, como o fato de o sistema penal não cumprir com a sua função declarada. Cria-se e se solidifica a ilusão da solidez da segurança com a ampliação das normas penais e um sentimento de confiança no ordenamento e nas instituições (BUDÓ, 2008, p. 96; WENDT, 2017, p. 60-63).

O contexto brasileiro também reproduz e induz os medos com o objetivo de adoção "legitimada de estratégias de neutralização e disciplinamento do povo" (BUDÓ, 2008, p. 99). O medo é a porta de entrada para políticos da "lei e ordem" e políticas genocidas de controle social, sob o discurso e a prática da "limpeza social" (BUDÓ, 2008, p. 100). "A mídia vem assumindo nesse contexto um papel de agência executiva do sistema penal, ao influenciar diretamente no curso das investigações policiais ou mesmo do processo" (BUDÓ, 2008, p. 101).

A exploração em relação à imagem tem relação com o processo estigmatizante e estereotipizador, porém sobreleva os efeitos quando há divulgação de identidade, afirmando a culpa antes do processo formal (investiga, acusa e julga). São diversas, então, as verdades: a real, a processual e a noticiada (BUDÓ, 2008, p. 103).

4. A construção social da delinquência e do delinquente e sua necessária desconstrução em face dos novos *media*

A revisão necessária da relação dos *media* x construção social da realidade, realizada no tópico anterior, propicia a compreensão de como é construída uma realidade sociocriminal a partir dos meios de comunicação e de como o sistema vigente os utiliza para sedimentar sua lógica de implementação e validação. Pode-se, de alguma forma, visualizar graficamente e, a partir daí, construir-se uma análise desconstrutiva ou reconstrutiva de uma outra realidade social, com mais adequação à realidade social e ao respeito a direitos e garantias fundamentais.

Pode-se resumir o contexto da interação entre os *media*, as suas fontes, a construção social da realidade, os processos emergenciais que direcionam o poder político, todos direcionadores para a construção social do crime e do criminoso, ou seja, da delinquência e do delinquente, onde há caminhar normativo no sentido da criminalização e do endurecimento de penas:

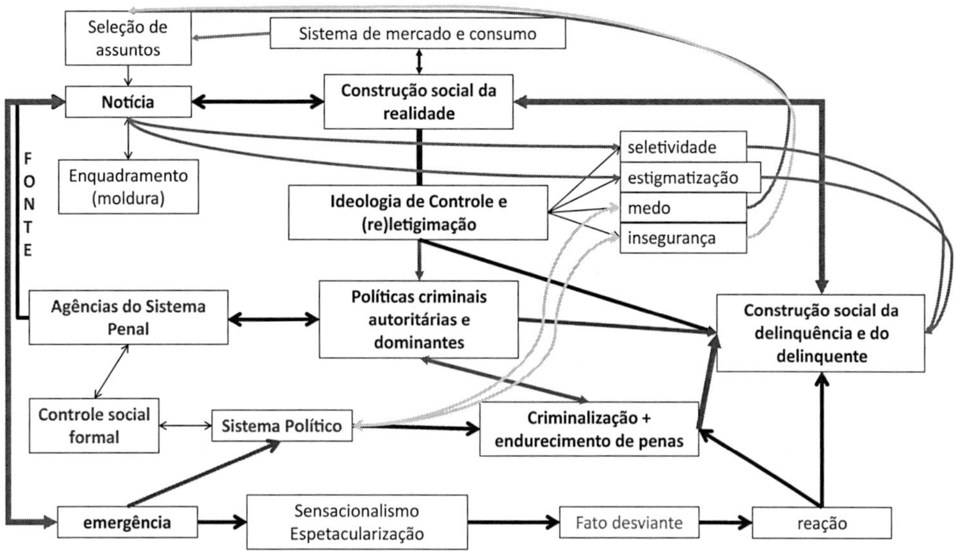

Figura 1. Notícia, construção social da realidade, da delinquência e do delinquente. Fonte: o autor

A pergunta que fica é como desconstruir ou reconstruir esse "modelo"? Como modificar essa realidade de construção social voltada à delinquência e ao delinquente? Como evitar a sobrerrepresentação do crime e das notícias que lhe são correlatas? Como lidar com esse tema em que há relação possível (visível) entre estatísticas oficiais de criminalização e a representação do crime nos *media* criminais? Como ajustar e trabalhar as fontes de notícias, quando se vislumbra, na realidade, a presença das fontes das notícias, quais sejam, os atores do sistema penal?

Questiona Budó (2012) sobre quais estratégias podem ser usadas para superar o papel de legitimação e reprodução social desempenhado pelos meios de comunicação(?). Também, se a função é inerente aos meios de comunicação social(?). Ainda, se a função é inerente ao jornalismo, surgido dentro da concepção capitalista(?).

Budó (2012, p. 109-110) também analisa várias situações de sobrerrepresentação do crime pelos veículos de comunicação:

a) Aumento do apelo sensacionalista aos casos criminais (e, quando se trata dos delitos praticados pela Internet, ganham sobrevalor, atenção e exploração constante).
b) Diminuição de casos oficiais.
c) Apresentação preferencial em relação aos crimes contra a pessoa (no caso da Internet, os que violam a intimidade e privacidade etc.).

d) Destaque a casos criminais que representam verdadeiras exceções: assassinatos de mulheres e crianças de classe média/alta (no caso da Internet, os casos de invasão de dispositivos e exploração do conteúdo privado dos indivíduos, os novos golpes de índole econômica, dentre outros).
e) O estereótipo das vítimas nos *media* é distorcido.
f) O estereótipo dos autores é explorado sob o aspecto da violência (ex.: caso Suzano), da criminalidade (ex.: invasão de WhatsApp e Telegram no Brasil), da psicopatia (ex.: *serial killer* nos EUA).
g) Participação de adolescentes, quando a estatística é ínfima e, no Brasil, de aproximadamente 1%, conforme Wendt (2015).

A ótica gramsciana, conforme Budó (2012, p. 113), pode ser a forma de transformação do senso comum sobre o crime, pois parte da perspectiva do sujeito, que tem o papel ativo na construção social, devendo a luta iniciar-se pela superestrutura, na busca de hegemonia, pois o Estado não se resume aos aparelhos de coerção típicos da sociedade política, constituindo-se de uma sociedade civil, com organizações responsáveis pela elaboração e difusão de ideologias (escola, igreja, partidos políticos, sindicatos etc.).

Nesses aparelhos privados de hegemonia deve ocorrer a chamada "batalha cultural", através da crítica ideológica que oriente a prática dos sujeitos, desconstruindo a velha hegemonia e construindo uma nova. O senso comum possui três atributos negativos, pois é (a) conservador, (b) dogmático e (c) desarticulado, possibilitando a ação dos intelectuais, responsáveis pela desmistificação do senso comum e consolidação de uma vontade coletiva, de um "bloco histórico" (BUDÓ, 2012). O exemplo que pode ser aplicado no contexto da Internet é como se produziu a realidade sobre os casos de automutilação a partir do caso "Baleia Azul", pois que os dados mais explorados midiaticamente davam a compreender a ideia de que a indução à prática era circunstância comum e precisava de atenção e controle.

O tema da instigação e do induzimento ao suicídio ou à automutilação ganhou espaço na mídia no decorrer da segunda década deste século XX, com os "jogos mortais" chamados de "baleia azul" e "jogo da asfixia". O debate legislativo perdurou por 4 anos no Congresso Nacional, iniciando-se uma discussão de 2 anos no Senado Federal, com o PLS 664/2015, passando por um período similar na Câmara dos Deputados, casa legislativa na qual tramitavam 19 projetos sobre o assunto[6]. O PL 8833/2017 foi aprovado, porém somente com a tipificação penal, deixando de lado, por exem-

---

[6] PL 6989/2017 (14), PL 7047/2017 (9), PL 7430/2017 (3), PL 7506/2017, PL 7538/2017, PL 3632/2019, PL 7441/2017 (1), PL 310/2019, PL 1570/2019 (2), PL 1670/2019 (1), PL 4930/2019, PL 7458/2017 (1), PL 3496/2019, PL 7460/2017, PL 7917/2017; PL 511/2015 (2), PL 10603/2018, PL 5197/2019.

plo, a proposta prevista no PL 6989/2017 (alteração do Marco Civil da Internet, Lei nº 12.965/2014), para incluir procedimento de retirada de conteúdos que induzam, instiguem ou auxiliem a suicídio de aplicações de internet.

Em razão da aprovação de um substitutivo na Câmara dos Deputados, o PL 8833/2017 retorna ao Senado Federal como PL 6389/2019, sendo aprovado em menos de dois meses, transformando-se na Lei nº 13.968/2019, que trouxe a modificação da redação do Art. 122 do Código Penal, tratando não só do induzimento, instigação ou auxílio a suicídio, mas também à automutilação (por exemplo, os casos provocados pelo jogo "baleia azul").

As punições previstas são maiores no caso de resultado com lesão corporal grave ou morte, podendo-se aplicar a pena (a) em dobro nos casos de a conduta ser realizada por meio da rede de computadores, de rede social ou transmitida em tempo real (Art. 122, § 4º) e, ainda, (b) aumentá-la em metade se o agente é líder ou coordenador de grupo ou de rede virtual (Art. 122, § 5º). As condições de vulnerabilidade também foram consideradas e os casos de lesão corporal grave ou gravíssima e os casos de morte de pessoas com menos de 14 anos são consideradas, respectivamente, lesão corporal de natureza grave ou gravíssima e homicídio.

Neste caso não se levou em conta nenhum estudo acadêmico para criminalizar a indução à automutilação, pois meios de comunicação de massa (MCM), os *media*, exerceram o protagonismo da informação (BUDÓ, 2008) e as teorias da comunicação propiciam(ram) a notícia em detrimento da opinião científica. Os casos "baleia azul" eram noticiados cotidianamente sob a ótica do induzimento e nenhum trabalho acadêmico relevante pode ser considerado, tendo o auge da exploração pelos *media* no ano de 2017[7].

Em trabalho recente, publicado na Espanha, Guadix et al. (2020, p. 12),

> Las motivaciones más frecuentes para implicarse en autolesiones online fueron: 1) hacerlo como una expresión de malestar; 2) buscar desahogo o alivio; 3) buscar la atención y comprensión de otros; 4) ver la reacción de otros; 5) porque consideraban que era gracioso; y 6) porque otros lo hacen o es "una moda".

[7] O Google Trends indica que o tópico "baleia azul", como assunto pesquisado na Internet, bem como as variações de sua pesquisa, estiveram no auge, no Brasil, no início de 2017, conforme indica o link disponível em <https://trends.google.com.br/trends/explore?date=2017-01-01%202020-02-29&geo=BR&q=%2Fg%2F11c7190bky> (acesso em: 21 jul. 2020), justamente quando houve a apresentação de um grande número de projetos legislativos e no ano em que houve a aprovação do substitutivo na Câmara dos Deputados. O tema continuou, a partir de então, a ser objeto de pesquisa constante no Brasil.

Ou seja, segundo o estudo espanhol, as autolesões não foram induzidas dolosamente por outras pessoas, embora fossem praticadas porque outros a praticam. A influência dos *media* no Brasil, então, produziu mais efeitos na criminalização que eventuais estudos técnicos, que sequer foram considerados para a produção normativa.

Então, as consequências políticas advindas da falta de comunicação entre os saberes científicos e popular são grandes, pois os projetos minimalistas e abolicionistas são acompanhados de rejeição no senso comum e nos meios de comunicação, sendo que ambos veem o sistema penal como solução para os problemas de insegurança (BUDÓ, 2012, p. 113).

Em 1984 Gregg Barak cunhou o termo *newsmaking criminology* para designar a busca pela desmistificação do crime e da punição nos *media*. Ou seja, "a desconstrução social e reinterpretação do crime e do desvio é parte de uma alternativa ou discurso de oposição capaz de desafiar a ordem jurídica e de produção social dominante" (BARAK, 1994, xv).

A construção social da criminalidade é gerada a partir de convenções jornalísticas e preconceitos sociais, que fazem a seleção e o enquadramento de notícias sobre o crime, contexto que deve ser desconstruído e as concepções do crime devem ser trabalhadas de maneira contextualizada, estrutural e relacionada com pesquisas de campo (BUDÓ, 2012, p. 113). Estratégias apontadas por Budó (2012) para a desconstrução da concepção tradicional do crime e da pena e suas relações com os *media* e vice-versa:

a) Buscar ingressar em debates, entrevistas ou como fonte de informação de reportagens.
b) Mobilização com movimentos sociais que se afinem com essa perspectiva crítica.
c) Construção de redes, mesclando academia e grupos sociais.
d) Ocupação pelo intelectual do papel comumente ocupado pelo formalista.
e) Utilização da Internet.
f) Jornalismo participativo.
g) Jornalismo 3.0, com uso de blogues etc.

Nos últimos três pontos, seria a utilização dos chamados *novos media*, os que já preconizam a interação comunicacional digital.

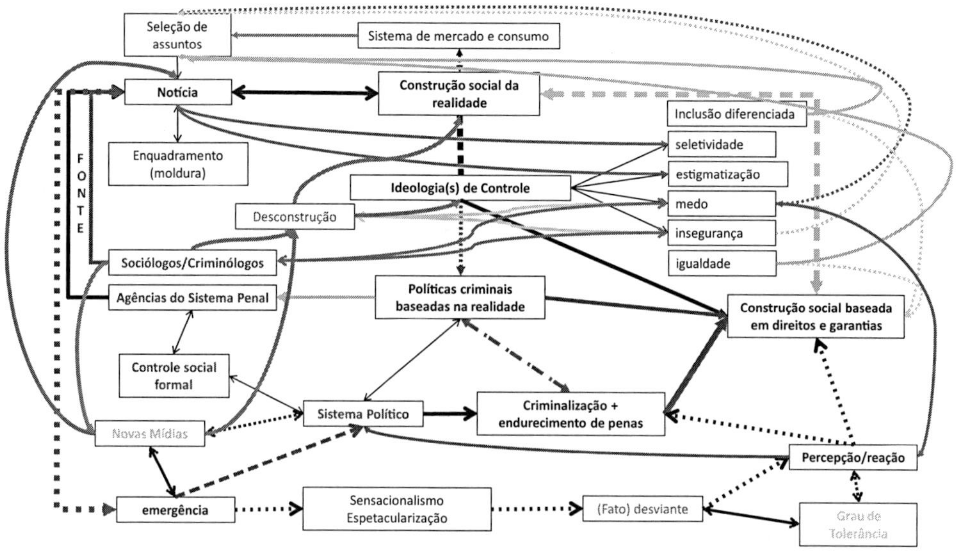

Figura 2. Notícia, construção social da realidade, baseada em direitos e garantias. Fonte: o autor

Assim, tem-se que a construção de uma realidade social diversa, partindo dos novos *media* e também da interação comunicacional de outras fontes que não necessariamente as oficiais, integrantes do sistema estatal e punitivo hegemônico, possa também mudar o foco final, tendo por meio políticas criminais baseadas no contexto real, latente dentre e na sociedade, nas comunidades e grupos, capazes de propagar muito além dos conceitos de seletividade penal, que estigmatizam determinados segmentos sociais, pontuando conceitos e soluções que enfoquem na igualdade e inclusão diferenciada, amenizando os reflexos causados pelo neoliberalismo e capitalismo, focados no individualismo e crescimento econômico e com desatenção ao social, ao cultural e ao humano.

Essa nova construção a partir dos *media* deve focar sua base, portanto, em direitos e garantias humanas e fundamentais, de vida digna, em que a percepção de dano e a reação ao fato tido – ou que possa ser definido – como desviante, tenha senso e grau de tolerância capaz de ponderar os contextos sociocultural e econômico vigentes e em curso naquele local e momento histórico. Há que se mostrar, portanto, ao poder político que o "bater de asas da borboleta", conforme prega Friedman (2017), em um momento em que a comunicação digital tem prevalência sobre qualquer outra forma de interação entre indivíduo, grupo de indivíduos e sociedade, não pode levar a processos emergentes de criação de novas restrições de caráter penal, podendo ser pensadas outras soluções, dentro ou fora do Direito.

5. Considerações finais

É complexo compreender o que faz um determinado país a encaminhar-se à constante criminalização de condutas usando argumentos e análises diferenciadas. Em regra, na maioria dos casos, e no contexto de dominação hegemônica do sistema vigente, a emergência "se justifica" em razão da "exigência" de "mais controle" e "mais segurança", ambos conceitos definidores dos tempos modernos.

O modelo criminológico tradicional, a despeito de inúmeros estudos e críticas, continua lançando sua ótica sobre o delinquente e a correspondente delinquência, utilizando-se o sistema vigente, por seus mais variados atores (políticos e econômicos) de um processo de construção da realidade caótica e insegura, controlável somente pela mão do Estado e do Direito legislado. Afasta, assim, novas realidades e novos atores sociais, novas formas de interação cultural e comunicacional, formadas a partir da tecnologia digital, do ciberespaço.

Objetivou-se, com este trabalho, além de perscrutar a ansiedade que paira sobre sociedade e o Direito em movimento, homenagear a Prof.ª Drª Renata Almeida da Costa, que muito tem desafiado e discutido o tema da transformação cultural, das cidades, das comunidades e o reflexo perante/com o Direito. Primeiramente, procurou-se estabelecer uma necessária abordagem da Internet e do crime sob a ótica de uma cibercriminologia com enfoque crítico, que vá além do cibercrime e do cibercriminoso, abordando os contextos históricos, culturais e sociais vigentes.

Na sequência, a partir do referencial teórico da *newsmaking criminology*, buscou-se fazer uma revisão bibliográfica sobre o tema e de como ocorrem a partir dos meios de comunicação de massa, os *media*, a construção social da realidade, a produção das notícias e o uso de fontes oficiais, de integrantes do sistema penal vigente. Nesse campo, também se procurou demonstrar que os *media* têm papel preponderante na construção social do delinquente e da delinquência, fomentando processos emergentes e influenciadores, pelo medo e pela insegurança, do sistema político, o qual produz mais normas penais, com novos tipos e/ou recrudescendo os tipos existentes.

Finalmente, demonstrou-se o paralelo entre o modelo vigente e a reconstrução de um modelo, a partir da comunicação digital e dos novos *media*, baseado na formação de uma realidade social formada sob a ótica dos direitos e garantias fundamentais, tendo por base as diferenças socioculturais e econômicas.

Assim, verificou-se que a transformação da cultura socioeconômica-digital ocorre e ela é percebida de maneira diversa pelos segmentos culturais e políticos, porém sofre uma forte influência de como as notícias sobre esses fatos e/ou circunstâncias do dia a dia digital são revelados aos leitores, ou seja, a forma como são disseminados, como são percepcionados pelo público, acaba por construir uma imagem ou uma realidade que só vem a legitimar o sistema vigente, hegemônico e baseado no controle do Estado.

A saída, portanto, é, com base nos novos *media* e sua franca utilização hodierna, buscar inserir uma nova realidade, tendo como mecanismo (meio) políticas criminais baseadas no contexto real, latente dentre e na sociedade, nas comunidades e nos grupos e nas culturas correspondentes, políticas que devem ser capazes de propagar muito além dos conceitos de seletividade penal e de criminalização como forma de segurança e controle, circunstância que teima em estigmatizar determinados segmentos sociais. Há que se buscar pontuar, então, conceitos e soluções que enfoquem a igualdade e a inclusão diferenciada, capaz de amenizar o medo e a insegurança tão bem "vendidos" pelos meios de comunicação.

Referências

AGUSTINA, Jose R. Book review of cyber criminology: Exploring internet crimes and criminal behavior. **International Journal of Cyber Criminology**, vol. 6, n. 2, Dec. 2012, p. 1044.

BARAK, Gregg. **Media, process and the social construction of crime**. New York: Garland, 1994, p. xiv-xv.

BECKER, Howard S. **Outsiders:** estudos de sociologia do desvio. 2.ed. Rio de Janeiro: Zahar, 2008.

BRASIL. **Lei nº 13.869, de 05 de setembro de 2019**. Dispõe sobre os crimes de abuso de autoridade; altera a Lei nº 7.960, de 21 de dezembro de 1989, a Lei nº 9.296, de 24 de julho de 1996, a Lei nº 8.069, de 13 de julho de 1990, e a Lei nº 8.906, de 4 de julho de 1994; e revoga a Lei nº 4.898, de 9 de dezembro de 1965, e dispositivos do Decreto-Lei nº 2.848, de 7 de dezembro de 1940 (Código Penal). Disponível em: <http://www.planalto.gov.br/ccivil_03/_Ato2019-2022/2019/Lei/L13869.htm>. Acesso em: 13 jul. 2020.

BRASIL. **Lei nº 13.968, de 26 de dezembro de 2019**. Altera o Decreto-Lei nº 2.848, de 7 de dezembro de 1940 (Código Penal), para modificar o crime de incitação ao suicídio e incluir as condutas de induzir ou instigar a automutilação, bem como a de prestar auxílio a quem a pratique. Disponível em: <http://www.planalto.gov.br/ccivil_03/_ato2019-2022/2019/lei/L13968.htm>. Acesso em: 13 jul. 2020.

BUDÓ, Marília de Nardin. **Da Construção Social da Criminalidade à Reprodução da Violência Estrutural:** os conflitos agrários no jornal. Dissertação de Mestrado em Direito, Universidade Federal de Santa Catarina, Florianópolis, 2008.

BUDÓ, Marília de Nardin. **Mídias e discursos do poder**: a legitimação discursiva do processo de encarceramento da juventude pobre no Brasil. Tese (Doutorado em Direito) – Curso de Pós-Graduação em Direito, Universidade Federal do Paraná, Curitiba, 2013.

BUDÓ, Marília de Nardin. Newsmaking criminology: o papel dos intelectuais na construção de um novo discurso sobre o crime nos media. **Comunicação & Cultura**, n. 14, Lisboa, Outono-Inverno 2012, p. 107-123.

BUZZI, Vitória de Macedo. **Pornografia de vingança:** contexto histórico-social e abordagem no direito brasileiro. Florianópolis: Empório do Direito, 2015.

CÂMARA DOS DEPUTADOS. **Projeto de Lei 6989/2017**. Altera o Marco Civil da Internet, Lei nº 12.965, de 23 de abril de 2014, para incluir procedimento de retirada de conteúdos que induzam, instiguem ou auxiliem a suicídio de aplicações de internet. Disponível em: <https://www.camara.leg.br/proposicoesWeb/fichadetramitacao?idProposicao=2124329>. Acesso em: 13 jul. 2020.

CÂMARA DOS DEPUTADOS. **Projeto de Lei 8833/2017**. Acrescenta art. 244-C à Lei nº 8.069, de 13 de julho de 1990 (Estatuto da Criança e do Adolescente), para tipificar o crime de induzimento, instigação ou auxílio à automutilação de criança ou adolescente. Disponível em: <https://www.camara.leg.br/proposicoesWeb/fichadetramitacao?idProposicao=2155635>. Acesso em: 13 jul. 2020.

COSTA, Renata Almeida da. **Direito e complexidade:** a produção e o controle do terror(ismo). Tese de Doutorado. Universidade do Vale do Rio dos Sinos, São Leopoldo, 2010.

COUNCIL OF EUROPE. **Consultations with civil society, data protection authorities and industry on the 2nd Additional Protocol to the Budapest Convention on Cybercrime.** Disponível em: <https://www.coe.int/en/web/cybercrime/protocol-consultations>. Acesso em: 13 jul. 2020.

FRIEDMAN, Lawrence M. Direito, tecnologia e o efeito borboleta. *In*: SCHWARTZ, Germano; COSTA, Renata Almeida da; (orgs.). **Sociology of Law – on the move.** Canoas: Unilasalle, 2017, p. 111-127.

GARCÍA LUNA, Julio César; PEÑA LABRIN, Daniel Ernesto. Cibercriminalidad & postmodernidad: la cibercriminología como respuesta al escenario contemporáneo. **Revista Pensamiento Penal**, Feb. 18, 2017. Disponível em: <http://www.pensamientopenal.com.ar/doctrina/44898-cibercriminalidad-y-posmodernidad--cibercriminologia-respuesta-al-escenario>. Acesso em: 13 jul. 2020.

GUADIX, Manuel Gámez et al. Autolesiones online entre adolescentes españoles: análisis de la prevalencia y de las motivaciones. **Revista de Psicología Clínica con Niños y Adolescentes**, vol. 7, n. 1, ene. 2020, p. 9-15.

JAISHANKAR, Karuppannan (ed.). **Cyber criminology:** exploring internet crimes and criminal behavior. Boca Raton, FL: CRC Press, 2011.

JAISHANKAR, Karuppannan. Cyber Criminology as an Academic Discipline: History, Contribution and Impact. **International Journal of Cyber Criminology**, vol. 12, n. 1, Jan.-June 2018, p. 1-8.

JAISHANKAR, Karuppannan. Cyber criminology: Evolving a novel discipline with a new journal. **International Journal of Cyber Criminology**, vol. 1, n. 1, Jan. 2007. p. 1-6.

JAISHANKAR, Karuppannan. The Future of Cyber Criminology: Challenges and Opportunities. **International Journal of Cyber Criminology**, vol. 4, n. 1&2, July-Dec. 2010 (combined issue). p. 26.

LARRAURI, Elena. **La herencia de la criminología crítica.** 2.ed. Madrid: Siglo Veintiuno, 1992.

SENADO FEDERAL. **Projeto de Lei do Senado n° 664, de 2015**. Inclui o art. 244-C na Lei nº 8.069, de 13 de julho de 1990 – Estatuto da Criança e do Adolescente, para tipificar o crime de induzimento, instigação ou auxílio à automutilação de criança ou adolescente. Disponível em: <https://www25.senado.leg.br/web/atividade/materias/-/materia/123447>. Acesso em: 13 jul. 2020.

SENADO FEDERAL. **Projeto de Lei n° 6389, de 2019 (Substitutivo da Câmara dos Deputados ao Projeto de Lei do Senado nº 664, de 2015).** Altera o Decreto-Lei nº 2.848, de 7 de dezembro de 1940 (Código Penal), para modificar o crime de incitação ao suicídio e incluir as condutas de induzir ou instigar a automutilação, bem como a de prestar auxílio a quem a pratique. Disponível em: <https://www25.senado.leg.br/web/atividade/materias/-/materia/140121>. Acesso em: 13 jul. 2020.

WENDT, Emerson. **Internet & Direito Penal:** risco e cultura do medo. Porto Alegre: Livraria do Advogado, 2017.

WENDT, Emerson. Sem pena: de que(m)?. **Novatio Iuris**, vol. 7, 2015, p. 3-20.

Cultura do medo, criminalização e segregação espacial: mais e mais exclusão

Isabel Cristiane Frigheto Fauth[1]

RESUMO. O presente estudo tem como tema a emergência da cultura do medo na Sociedade de Risco – tempo em que a incerteza assume maiores proporções – e o modo como o fenômeno interfere nas relações sociais e no modo de viver nas cidades. Utilizando-se como método a revisão bibliográfica, por meio de pesquisa em obras de cunho jurídico e sociológico, buscar-se-á, inicialmente, discorrer sobre o fomento dos sentimentos de incerteza e medo pela mídia, que transforma a violência em produto de consumo. Em seguida, analisar-se-á algumas das consequências daí decorrentes, como a expansão do Direito Penal, a consolidação de um mercado de segurança e a fragmentação do espaço social. Em sede de considerações finais, aponta-se que o medo e o aproveitamento dele para obtenção de benefícios como lucro e poder político geram um movimento circular que reproduz medo e distanciamento, interferindo no usufruto do espaço urbano e prejudicando a interação social.

Palavras chave. Criminalização. Cultura do medo. Exclusão. Mídia. Segregação.

1. Introdução

A Idade Moderna, caracterizada pela certeza e determinação, legou à contemporaneidade a técnica. Com o aperfeiçoamento dela, em uma vertiginosa evolução tecnológica, especialmente na segunda metade do século XX, incontáveis fontes de riscos surgem. Riscos não mais ligados a pessoas determinadas e lugares definidos; ao contrário, marcados pela "invisibilidade, imprevisibilidade e difusão global" (CATALAN, 2015, p. 193). A contemporaneidade traz consigo, então, a complexidade,

---

[1] Mestre em Direito pela Universidade LaSalle de Canoas. Especialista em Ciências Criminais pela Pontifícia Universidade Católica de Porto Alegre. Delegada de Polícia do Estado de Santa Catarina.

a emergência do risco e o fim das certezas, fomentando "sentimentos (individuais e coletivos) de insegurança" (COSTA, 2014, p. 229-330) e, consequentemente, de medo.

Talvez por essas razões, dentre as diversas denominações atribuídas à época em que vivemos seja possível destacar a Sociedade de Risco, de Ülrich Beck. A diversidade de nomenclaturas advém não apenas da impossibilidade de apreensão e descrição deste tempo enquanto ele se desenrola, se constrói e reconstrói, mas também da complexidade deste tempo que, nas palavras de Costa, é "império da incerteza e do risco" (2014, p. 237).

Como consequência dos riscos e incertezas, emergem o medo e a sensação generalizada de insegurança. Tais sentimentos ganham tamanha proporção que forjam um fenômeno que pode ser chamado de "cultura do medo"[2], cenário no qual se destaca o medo da criminalidade. Mais do que a violência urbana, emerge como problema social o medo "generalizado e exacerbado" da violência, determinando mudanças nos comportamentos, nas relações sociais e no modo de viver nas cidades (PASTANA, 2003, p. 18).

Essa cultura do medo, muitas vezes potencializada pela mídia e utilizada como plataforma política, terá como algumas de suas consequências (1) a expansão do Direito Penal por meio da criminalização, (2) a consolidação do mercado da segurança e (3) a fragmentação do espaço urbano e o reforço das desigualdades sociais a partir da exclusão dos mais pobres.

Neste estudo, de cunho bibliográfico, buscar-se-á evidenciar o modo como a mídia transforma a violência em produto de consumo, exacerbando os sentimentos de medo e insegurança e fomentando demandas punitivistas, atuação que culmina com a utilização do Direito Penal como resposta simplista aos anseios sociais. Ainda, abordar-se-á o fato de que o medo também é útil para o incremento do mercado da segurança, que oferta aos cidadãos temerosos não apenas aparatos de segurança, mas espaços isolados, em tese não alcançáveis pela criminalidade. Tais espaços importam em fragmentação do espaço urbano e segregação social, ou seja, ainda mais exclusão e conflito.

---

[2] Para Pastana (2003, p. 131), a cultura do medo corresponde à "somatória dos valores, comportamentos e do senso comum, associados à questão da violência criminal, que reproduz a ideia (sic) hegemônica de insegurança e, com isso, perpetua uma forma de dominação autoritária que só subsiste com a degradação da sociabilidade e o enfraquecimento da cidadania".

2. A mídia como potencializadora do medo

A violência gera fascínio e atrai a atenção do público. Em razão disso, é tema frequente da indústria cultural[3]. Para além das produções fictícias (literárias, cinematográficas, teatrais), atualmente é possível observar a proliferação de programas televisivos que, transformando a informação-notícia em informação-mercadoria e utilizando o modelo narrativo "vilão-vítima-herói" (NATALINO, 2007, p. 30, nota 2), baseiam-se na espetacularização da criminalidade, para atrair a atenção do público, gerando audiência e lucro. Sistema penal e mídia se inter-relacionam pelo "interesse desta pelos apelos que o crime carrega" (BUDÓ, 2013, p. 23). Logo, em razão dos interesses mercadológicos que levam à transformação do crime e do controle social em produto de consumo pelos meios de comunicação, tem-se uma superexposição da violência (GOMES, 2015, p. 09) de maneira sensacionalista.

O sensacionalismo, o apelo às emoções, sempre existiu nos meios de comunicação, mas sua utilização passa a ter maior influência com o advento da televisão devido à redução da percepção da realidade, ocasionada pela aproximação do imaginário com o real (GOMES, 2015, p. 81-82).

> *Emocionar para conquistar* é o lema da mídia sensacionalista. Conquistar mercado segundo uma lógica econômica e uma lógica simbólica que impõe a captura do consumidor, o público. A *ludicização* do jornalismo – sua progressiva confusão com o entretenimento – potencializou o alcance do estilo comunicacional sensacionalista, que multiplica a carga emotiva dos fatos.

---

[3] Tanto as análises formuladas pela Escola de Frankfurt no âmbito da teoria crítica – especialmente por Adorno e Horkheimer – quanto o conceito de Guy Debord sobre a Sociedade do Espetáculo permitem uma perspectiva de uma análise das relações sociais e econômicas que aponta para uma deterioração da cultura. Importante neste ponto a descrição de Debord sobre a realidade social decorrente da evolução do sistema capitalista, tendo denominado de a Sociedade do Espetáculo, denunciando "uma sociedade organizada a partir das exigências do mercado e do capital". Com efeito, "na visão *debordiana*, o espetáculo promove a alienação da massa pelo fetichismo mercantil. Isso ocorre quando as pessoas elevam o consumo a uma importância tal que as questões verdadeiramente sensíveis e relevantes para as suas vidas, seja no âmbito político, cultural ou intelectual, passam despercebidas. Dá-se a *reificação* ou *coisificação* do homem, que se converte em um consumidor voraz e ininterrupto de produtos de pouca ou nenhuma utilidade, mas que publicitariamente apresentados como artigos indispensáveis para que se alcancem a felicidade, sucesso e *status* social". No contexto descrito por Debord, as pessoas não vivem a realidade, mas sua representação a partir de imagens. Ou seja, na descrição da sociedade de massa como sociedade do consumo, Debord destaca a imagem como uma nova mercadoria. A sociedade atual é caracterizada, dentre outros aspectos, pela busca pelo entretenimento e aí se inserem a industrialização da mercadoria cultural e a exploração midiática da violência (GOMES, 2015, p. 42-45).

Como sociedades empresárias que são, os meios de comunicação almejam o lucro por meio da venda de seu produto[4]. Em razão dessa lógica, o interesse preexistente pela violência[5] é estimulado por meio da moldagem aos gostos do consumidor, de modo que a seleção e a edição das notícias são norteadas pelos generalizados sentimentos de medo e insegurança, garantindo a identificação da audiência. A complexidade da vida, e da criminalidade como parte dela, é reduzida, simplificada e espetacularizada a fim de que seja facilmente inteligível e consumível pelos telespectadores. Com a finalidade de atrair a atenção do público, programas e reportagens são sempre estruturados de forma que criam a sensação de realidade e aumentam o medo de que fatos iguais ocorram com o telespectador (CALLEGARI; WEBER, 2012, p. 2). A dramatização utilizada alimenta no telespectador sentimentos irracionais, como simpatia pela vítima e repulsa pelo "criminoso" (VAZ, 2016, p. 03), despertando, assim, uma espécie de identificação com a primeira e negação do segundo.

Bendariz sintetiza como são selecionadas, estruturadas e espetacularizadas as notícias sobre criminalidade:

> a) una narración dicotomica de la realidad, tendencialmente estructurada entre buenos y malos, el Bien y el Mal, que contribuye a solidificar los códigos valorativos del público, como verdadero mecanismo de cohesión (y control) social;

---

[4] Habermas (2014, p. 396-402) expõe três fases da imprensa, conforme o conteúdo privilegiado e os interesses que buscava. Na primeira fase, a imprensa correspondia a pequenos empreendimentos artesanais, que tinham escopo estritamente comercial, visando ao lucro possível, dentro dos limites do capitalismo incipiente, por meio da divulgação de notícias. Já na segunda fase, desenvolve-se a imprensa político-opinativa atada à emergência da esfera pública burguesa, passando a influenciar a opinião pública. Neste momento, o lucro tinha posição secundária e a liberdade era garantida às redações. Na terceira fase a imprensa se torna comercial, visando ao lucro máximo, conforme a lógica do mercado. Nesta, "a imprensa se torna manipulável à medida que se comercializa", eis que passa a ser utilizada para a defesa de interesses privados na esfera pública. Nesse sentido, Budó (2013, p. 78) destaca que a imprensa assume a condição de empresa e, como tal, visa o lucro. Por isso, "passam a tratar a informação como forma de ganhar dinheiro através da publicidade. Torna-se necessário que se aumentem os índices de audiência, levando o jornalismo a tomar 'emprestadas' algumas noções e características provindas da publicidade, de forma a tornar também a informação mais atraente para o público-alvo, já não mais composto de cidadãos, mas sim de consumidores".

[5] Na imprensa, o produto vendável é a informação que atrai a atenção do público, o que é chamado de noticiabilidade. "Os acontecimentos negativos costumam ter um grau de noticiabilidade incomparável. Isso depende da existência ou não de outros valores-notícia, como envolver países ou pessoas de elite, mas de qualquer forma, o jornal sempre tem espaço para as agressões e mortes. Os crimes, dentre os acontecimentos negativos, possuem características ainda mais interessantes. Propiciam a busca por um culpado, contra quem a sociedade possa se voltar, ao mesmo tempo em que geram uma trama por vezes digna de ficção, com direito a novos capítulos a cada dia. Violência e crime costumam estar, portanto, no topo de todos os valores notícia" (BUDÓ, 2013, p. 102).

> b) en esa línea, la representación de la realidad criminal a partir de una serie limitada de estereótipos de carácter acusadamente simplista, y de fácil consumo, que tienden a identificar como delincuencia sólo una parte mínima de los fenómenos de dañosidad social (en gran medida aquella parte más facilmente presentable como espetáculo); c) la sumisión de la representación mediática a los proprios dictados de su gramática presente, como la rapidez, la simplificación, la dramatización, la proximidad o inmediatez, y la necesidad de presentar cada información como un hecho nuevo o sorprendente, lo que se puede evidenciar con claridad en las denominadas olas artificiales de criminalidad; d) la generación de un efecto de amplificación de la alarma social en relación con la (determinada) criminalidad, incrementando el temor del ciudadano a ser víctima de los delitos hipervisibilizados (apud CALLEGARI; WERMUTH, 2010, p. 342-343).

Note-se que é destacado o recurso maniqueísta de divisão entre o bem e o mal, entre as pessoas boas e as más, o que despertará sentimentos de identificação do público, como sobredito. Ainda, como explicação para o consumo de programas que tem como objeto a violência, cabe destacar a análise de Baudrillard, eis que para o autor é somente por meio da visualização do sofrimento alheio que gozamos da sensação de tranquilidade. Ou seja, por intermédio da violência sofrida por outrem é que será experimentada a sensação de segurança. Cumpre transcrever o autor, dada sua eloquência:

> A sua tranquilidade precisa, para se exaltar, da perpétua violência *consumida*. Tal é a sua obscenidade. É gulosa de acontecimentos e de violência, contanto que lhe seja servida em casa. [...] Aqui intervém a dramatização espetacular por intermédio dos *mass media* (o *fait-diver*/catástrofe generalizada de todas as mensagens): de maneira a resolver a contradição entre moral puritana e moral hedonista, importa que a tranquilidade da esfera privada surja como valor *disputado*, constantemente ameaçado, rodeado por um destino de catástrofe. É precisa a violência e a inumanidade do mundo exterior para que a segurança não só se experimente como tal com maior profundidade (no plano da economia da fruição) mas também para que se sinta *justificada* em escolher a si mesma, em cada momento (no plano da economia moral da salvação). Em redor da zona preservada, é necessário que floresçam os signos do destino, da paixão, da fatalidade, para que semelhante quotidianidade recupere a grandeza e o sublime de que ela constitui justamente o invés (BAUDRILLARD, 1995 p. 27-28).

Em sentido semelhante, aduz Vaz (2016) que o consumo de programas que tem como tema a violência provoca sensações prazerosas nos telespectadores, semelhantes às experimentadas em momentos de lazer, afastando-os das restrições do quotidiano.

Afirma o autor que tal emoção "muitas vezes baseia-se na ansiedade e no medo, e é recriada pelo indivíduo numa espécie de tensão prazer com efeitos catárticos" (VAZ, 2016, p. 04).

Apesar dessa hipótese de catarse, a superexposição da violência a partir da sua mercantilização pelos meios de comunicação tem como uma de suas consequências[6] a potencialização do medo do crime e da sensação de insegurança devido à percepção de proximidade do delito. Os mais diversos acontecimentos são divulgados quase que instantaneamente e tal superação dos limites espaço-temporais[7] acarreta a sensação de proximidade do risco e, consequentemente, de que todos estão em perigo iminente. A mídia é estimulada e estimula tais nuances da sociedade de risco. "Eis o paradoxo das representações midiáticas da criminalidade: ao fascínio que elas provocam corresponde o alarme e o medo a que também dão causa" (GOMES, 2015, p. 107).

A hipótese de que a superexposição de violência na televisão reforça a sensação de insegurança é comprovada pela pesquisa de Gerbner. O pesquisador promoveu, durante três décadas, um estudo que apontou que a exibição exagerada de violência na televisão provoca sensações de insegurança e ansiedade com relação ao mundo mostrado no meio de comunicação, bem como uma visão distorcida da realidade, podendo conduzir ao que ele denominou de "síndrome do mundo vil" (GERBNER apud AMARAL, 2010, p. 05).

Pode-se dizer então que

> O combustível que impulsiona o sentimento de insegurança é a mídia, por ser a responsável – conforme já dito – pela construção da realidade social, pela escolha do conteúdo da agenda pública. Assim, os meios de comunicação interferem na dimensão afetiva do sentimento social de insegurança (medo)

---

6 Como explana Salo de Carvalho (2014, p. 143), "A hiperexposição às experiências da violência e do delito produz novas subjetividades, constrói novas molduras identitárias que impactam significativamente nas relações sociais. A representação social da violência provoca respostas contraditórias que reconfiguram os sentimentos das pessoas em relação ao delito – reações de pânico, medo, justificação, banalização, indiferença, adesão, apologia, culto. O cenário, portanto, é o de uma cultura saturada de imagens da violência, na qual a reação mais comum e imediata é a da proliferação do sentimento de medo do crime".

7 De acordo com Melo (2014. p. 165-166), "Como espaço de expressão de episódios distantes no tempo e no espaço, a mídia oferta a simultaneidade da vivência desses fatos de modo simbólico, produzindo percepções sobre os eventos em circunstâncias simuladas de experiência: compartilhamos a sensação de uma *vida em rede*.[...] Entre os fatos sociais que ganham *status* de problema público está o crime, que ingressa na agenda de fatos noticiáveis pelos meios de comunicação conforme a sua capacidade de causar impacto e repercutir sobre os indivíduos".

> na exata medida em que definem a dimensão cognitiva deste. A percepção que as pessoas tem do risco de vitimização é, em grande medida, construída pela informação midiática sobre o crime – seja a da pauta jornalística, seja a da pauta do entretenimento – já que ninguém vivencia permanentemente perigos concretos de vitimização. (GOMES, 2015, p. 99).

Nesse contexto de medo e insegurança, potencializados pela mídia, forma-se um anseio social de "busca da redução das complexidades" e de "aprimoramento das expectativas de segurança". Esta demanda de controle dos riscos e das contingências, de controle quiçá do futuro, é dirigida ao Direito, especialmente ao Direito Penal, como meio de resposta rápida ao problema da criminalidade (COSTA, 2014, p. 230). São as consequências das demandas por punição, e punição mais severa, que se passa a analisar.

3. A expansão do Direito Penal

A hiperexposição da violência, especialmente do crime e de seu controle – ou da ausência deste – não confere sensação de segurança. Ao contrário, alimenta a sensação de proximidade do delito, amplificando o medo. A generalizada sensação de insegurança aliada à falsa crença da solução penal é arena aberta à propagação de discursos de ódio e demandas punitivistas, que se voltam principalmente para a criminalização de condutas ou recrudescimento das respostas penais, se porventura já existentes. A cultura do medo faz emergir um "desejo de punição, uma intensa busca de repressão e uma obsessão por segurança. A lei passa a ser a 'tábua de salvação' da sociedade e quanto maior for a sua dureza, mas satisfeita ela estará" (PASTANA, 2003, p. 98).

Com efeito, quando o medo é incorporado ao discurso jurídico, o Direito Penal é eleito como instrumento de resposta aos anseios por segurança, o que decorreria da crença de que possui uma função de prevenção, sendo mais eficaz que outras áreas do Direito ou que medidas de políticas social e econômica. Desse modo, no intuito de atender às demandas sociais, o Direito Penal, "alternativa mais 'barata'", é utilizado para conferir sensação de segurança e restabelecer a confiança nas instituições estatais e na sua capacidade de solução dos problemas, ou seja, de modo simbólico. "Não se buscam, portanto, medidas eficientes no controle da violência ou da criminalidade, mas tão-somente medidas que 'pareçam' eficientes e que, por isso, tranquilizam a sociedade como um todo" (CALLEGARI; WERMUTH, 2010, p. 338-347).

Olvida-se que o Direito Penal é incapaz de solucionar os problemas da criminalidade e que deve ser utilizado somente como última *ratio*, isto é, como último instrumento a ser manejado quando todas as outras políticas falharem. A diminuição da criminalidade depende de medidas socioeconômicas que promovam a inclusão social, econômica e política, devendo ser o Direito Penal utilizado excepcionalmente (VAZ, 2016, p. 10-19). Contudo, o que se observa é a implementação de políticas exclusivamente penalizadoras.

Note-se que, com simbólico, não se está a dizer que o recurso ao Direito Penal não tenha nenhum efeito. Ao contrário, a expansão de leis penais exacerba o punitivismo e transforma o Direito Penal em "instrumento de gestão social" e exclusão (CALLEGARI; WERMUTH, 2010, p. 347), enquanto os problemas mais profundos continuam inquestionados. Neste ponto, importante destacar que o medo é utilizado para manutenção de práticas autoritárias de controle social que atendem às demandas por mais punição e menos garantias, mantendo a atenção afastada da profunda violência de uma sociedade marcada pela desigualdade e violação de direitos fundamentais (BATISTA, 2005, p. 370).

Nessa linha de raciocínio, o Direito Penal, no Brasil, não é ferramenta de garantia dos direitos dos cidadãos em face do poder punitivo do Estado. É o Direito Penal instrumento de dominação e opressão, dirigido principalmente às parcelas economicamente mais frágeis da sociedade. Esta atuação, com vieses de gestão social, irá reforçar estereótipos já presentes e a relação pobreza-criminalidade (CALLEGARI; WERMUTH, 2010, p. 351-352). Assim, infere-se que "quanto mais se difunde o medo, maior é o controle social contra aqueles em direção aos quais se orienta o temor. Dessa maneira, não é difícil perceber o papel legitimador dos meios de comunicação de massa em relação à adoção de políticas criminais autoritárias" (BUDÓ, 2013, p.107).

Há ainda mais uma nuance do aspecto político do medo na sua relação com o Direito Penal. O discurso de eficiência deste ramo do Direito atende a interesses político-eleitorais, pois, transformado em plataforma de governo, gera votos (CALLEGARI; WEBER, 2012, p. 3). Em razão disso, o objetivo político dos candidatos durante as campanhas eleitorais é manter o medo e até fomentá-lo, a fim de que este seja sempre um elemento presente na plataforma política. O medo é então utilizado para o direcionamento de campanhas em todos os âmbitos (federal, estadual e até municipal), guiando um discurso[8] que promete controle social e severidade com

[8] A obra de Pastana (2003, p. 80-89) traz em seu bojo pesquisa sobre discursos e projetos de governo expostos por candidatos em eleições no estado de São Paulo. Indica ainda a aproximação das promessas de campanha com a política de tolerância zero implementada nos Estados Unidos da América.

o crime na busca de adesão do eleitorado que clama por segurança. O discurso é eficiente, pois alcança todos os segmentos sociais que temem o crime e a violência. Uma vez vencido o pleito, tais promessas são em parte cumpridas, sendo adotadas medidas autoritárias de cunho penal e policialesco que, como sobredito, são mais baratas que políticas públicas e, aparentemente, atendem aos anseios sociais (PASTANA, 2003, p. 80-90).

Enfatiza Zaffaroni que

> As leis penais são um dos meios preferidos do Estado-espetáculo e de seus operadores '*showmen*', em razão de serem baratas, de fácil propaganda e pela facilidade e frequência com que enganam a opinião pública sobre sua eficácia. Trata-se de um recurso que obtém alto crédito político com baixo custo. Daí a reprodução de leis penais, a decodificação, a irracionalidade legislativa e, sobretudo, a condenação de todos que duvidem de sua eficácia (*apud* BUDÓ, 2013, p. 66).

É assim que, não obstante a incapacidade do Direito de garantir a segurança pública, atendendo às demandas da sociedade (ou parte dela) – influenciada pela mídia –, leis penais são criadas ou recrudescidas constantemente (KHALED JR., 2016, p. 59). Chancelada está a ampliação desmedida da criminalização primária[9] como resposta populista[10]. Fundamentada está uma política criminal exclusivamente penalizadora que, por vezes, transige com direitos e garantias fundamentais (VAZ, 2016, p. 2).

---

[9] Como explica Khaled Jr. (2016, p. 59), "a ilusão alimentada pela crença cega no penalismo acaba provocando o contínuo endurecimento e hipertrofia da legislação penal, com a atribuição de missões que extrapolam qualquer possibilidade de concretização, mas que contribuem para o encarceramento massivo, aplaudido pelos empreendedores morais da mídia e pelas marionetes das agências de reprodução ideológica".

[10] O termo populismo é aqui utilizado como apelo à *retórica do medo* para fundamentação de políticas de segurança, em regra orientadas para o recrudescimento do sistema punitivo (BATISTA *apud* DIETER, 2013, p. 29-30, nota 16). Amaral (2017, p. 66) aprofunda o tema ao tratar das demandas punitivas mais recentes (dos movimentos feministas, p. ex.). Cabe destacar, por ora, que, em suas palavras, "o *populismo penal* torna-se claramente uma componente forte da vida democrática. Um "direito de punir" puramente repressivo, conjugado a uma *democracia de opinião* (efervescente), é meramente uma pequena amostra das promessas atrativas (aos eleitores) deste discurso político de emoção midiática. Sua *irrupção* passa a ter três elementos fundamentais: punições radicais; com a total indiferença quanto a qualquer eficácia destas políticas (pois vale o impacto que produz sobre a opinião pública) e a legislação rigorosa que promete reduzir a criminalidade".

Além da expansão das respostas penais, não se pode olvidar ainda que a produção de pânico[11], engendrada pelos empreendedores morais[12], principalmente a grande mídia, acaba por relegitimar a violência estatal, inclusive a violência física. É necessário observar que o "discurso de ódio da grande mídia faz com que qualquer medida de intensificação da repressão seja comemorada, pois a percepção generalizada é de que o sistema é conivente com a criminalidade, apesar dos índices massivos de encarceramento" (KHALED JR., 2016, p. 58). Além disso, a violência policial e a violação de direitos civis são incentivadas e enaltecidas pela mesma sociedade, na mais clara afronta ao Direito (GUSSO, 2016, p. 178).

Nesse contexto de expansão do Direito Penal como meio de atender às demandas sociais por segurança, a "política criminal tem se confundido com política de segurança pública, negligenciando a segurança das liberdades individuais e perpetuando a manipulação do medo coletivo e difuso". Olvida-se, entretanto, que a incapacidade do Direito de garantir segurança "mostra-se como mais um elemento da sociedade de risco" e que a profusão de leis penais pode inclusive acarretar mais exclusão social a partir da seleção e estigmatização levada a efeito pelas agências de controle social formal (COSTA, 2014, p. 230-242).

4. Promessas de segurança e fragmentação espacial: mais exclusão

O medo do crime, como referido no introito, provoca a transformação das interações sociais no espaço da cidade, atingindo o modo de viver e de se relacionar com o outro (CALDEIRA, 1997, p. 158). Afeta, ainda, a maneira de viver no espaço público, determinando o modo de ocupação dos espaços e sua arquitetura – uma "arquitetura do medo" (PASTANA, 2003, p. 63).

---

[11] De modo veemente, Khaled Jr. (2016, p. 152) afirma que "a grande mídia funda e difunde pânicos morais e constrói – muitas vezes diabolicamente – bodes expiatórios que funcionam como cortina de fumaça para problemas reais ou propositalmente inventados". Explica Gomes que o pânico moral corresponde a momentos de "avivamento do medo", quando se produz um discurso moral sobre determinado crime, discurso destinado a obter consenso social no que tange ao repúdio da conduta e daqueles que a praticam. "Alimenta-se a percepção de que a criminalidade envolve um embate simbólico entre o bem e o mal, entre o certo e o errado, entre os cidadãos e os inimigos". É assim um discurso maniqueísta que, ao exagerar acerca da ameaça que representa um delito, constrói a ideia do inimigo responsável por todos os males e, portanto, de que sua exclusão é necessária para o restabelecimento da ordem social (GOMES, 2015, p. 100-101).

[12] Fazendo referência à Becker, Alves (2010, p. 28-29) explica que "empreendedores morais são aquelas pessoas que, em dado contexto, ocupam posições a partir das quais podem definir condutas que são ou não são aceitas em uma sociedade. São empreendedores morais tanto aqueles que se preocupam com o conteúdo e com a criação das regras, quanto aqueles encarregados de aplicá-las. As ações ou omissões dos empreendedores morais são, portanto, constitutivas do desvio".

O aumento da violência aliado à exacerbada sensação de insegurança faz com que as pessoas adotem novos comportamentos e estratégias de proteção, modificando seus hábitos e também a paisagem urbana (CALDEIRA, 1997, p. 158). No cotidiano, pode ser observado que as pessoas deixam de frequentar locais de lazer e permanecem por mais tempo em suas casas, evitam usar bens (joias, veículo próprio) em determinados horários e locais, alteram trajetos, adquirem alarmes, armas, cães de guarda, seguros, etc. Além disso, cercam suas casas com muros e grades, contratam seguranças, instalam sistemas de vigilância, entre outros mecanismos de proteção (PASTANA, 2003, p. 64-66).

Não obstante as consequências mais severas para os economicamente desfavorecidos[13], todas as pessoas são tocadas pelo medo da criminalidade, diferindo então as formas de busca de proteção conforme as condições econômicas de que dispõem. "Os indivíduos e as instituições moldam seus comportamentos à nova realidade e reorientam-se para conviver com o medo e a insegurança, sob a tensão e a expectativa de serem vítimas de ofensas criminais" (PASTANA, 2003, p. 64).

Note-se então que o contexto do medo e insegurança é propício ao desenvolvimento de um nicho de mercado: a segurança. A iniciativa privada, aproveitando-se da inefetividade do poder público de prover segurança, fornece produtos e serviços dirigidos a aplacar os sentimentos referidos. A segurança é assim transmutada em produto de consumo (PEREIRA; COSTA, 2014, p. 2311).

Não apenas aparatos de segurança são freneticamente criados e ofertados no mercado, mas também espaços que se anunciam como ilhas de tranquilidade. Destaca Caldeira (1997, p. 155-159) a emergência dos enclaves fortificados, consistentes em espaços privados, fechados e monitorados, destinados às mais diversas atividades, como moradia, lazer, consumo e trabalho. São exemplos evidentes os grandes condomínios. Esses locais atraem em razão da promessa de segurança àqueles que podem por ela pagar. Entretanto, geram uma nova forma de segregação espacial, fragmentando a cidade. Não obstante possam ter as mais variadas configurações

---

13 Pastana refere que os proletários sofrem mais com a violência, o medo e a insegurança. Em suas palavras, "a classe trabalhadora tem mais desvantagens, porque ao mesmo tempo em que é o setor privilegiado para recrutamento da criminalidade tradicional e a principal vítima, é ainda o setor mais perseguido pelo aparato repressivo-punitivo e o menos protegido pelo setor judiciário, além de ser estigmatizado segundo a famosa associação pobreza e criminalidade. A elite, no entanto, é a que se sente mais ameaçada, embora seja constatado que na maioria dos casos isso não deriva de experiências ou riscos diretos. Frequentemente a insegurança assume o valor de ameaça global ao modo de vida, ao lugar conquistado na sociedade, ao status e aos privilégios de que se goza (2003, p. 93).

e ser destinados a usos diversos, o que marca os enclaves é a característica de isolamento do restante da cidade, divisão levada a efeito por muros, vazios ou outros recursos arquitetônicos, assim como por recursos de segurança que impõem regras de inclusão e exclusão. Essa forma de arquitetura urbana se baseia em uma estética de segurança, formatando os modelos de construção e impondo vigilância e distância.

São os enclaves fortificados que desvelam como o medo acarreta também segregação urbana e a fragmentação do espaço social, deteriorando as formas de interação social. Nessa nova forma de exclusão social, os enclaves fortificados constituem "uma forma de atividade de controle social informal, digna da atual etapa do capitalismo, que corresponde às práticas flexíveis, adaptando-se aos limites da disciplina fabril, conseguindo manter e expandir seus padrões de espoliação" (CORSO; KNEBEL, 2017, p. 17). Ainda,

> Segurança e controle são as condições para manter os outros do lado de fora, para garantir não só isolamento, mas também "felicidade", "harmonia" e até "liberdade". Em suma, relacionar segurança exclusivamente ao crime é não reconhecer todos os significados que o termo vem adquirindo. Os novos sistemas de segurança não apenas fornecem proteção do crime, mas também criam espaços segregados nos quais a prática da exclusão dos indesejáveis e a do controle dos "outros" que lá trabalham são exercidas cuidadosa e rigorosamente (CALDEIRA, 1997, p. 162).

Enquanto os enclaves se multiplicam, o espaço público se transforma, restando abandonado justamente pela presença do público. O espaço público, antes ocupado pela diversidade e para o gozo da cidade, é relegado àqueles que não têm a chance de se enclausurar nos enclaves, tornando explícitas as desigualdades sociais (CALDEIRA, 1997, p. 164-169) e denunciando um espaço urbano não democrático (PASTANA, 2003, p. 71). Além disso, os enclaves tendem a possuir moradores ou usuários provenientes das mesmas classes sociais – média e alta –, com gostos, costumes e comportamentos semelhantes. Assim, as interações permanecem restritas a grupos homogêneos e o "espaço vai contribuindo para que os encontros sejam marcados por seletividade e separação" (CALDEIRA, 1997, p. 159 e 174). Tal ausência de diversidade social pode levar à intolerância, posto que a diferença pode ser vista como negativa (PASTANA, 2003, p. 69-70).

Desse modo, a fragmentação não se revela apenas espacial, mas inter-relacional. O contato entre pessoas de diferentes grupos é limitado e o diferente – o estranho porque desconhecido – é tido como perigoso. Logo, "a arquitetura e o planejamento defensivos podem apenas promover o conflito em vez de preveni-lo, na medida em que tornam claras a extensão das desigualdades sociais e a falta de experiências e valores comuns" (CALDEIRA, 1997, p. 174-175).

Não se pode deixar de mencionar que a origem do crime, especialmente nas grandes cidades, está frequentemente associada às periferias e os criminosos são vistos como pessoas que vêm desses espaços marginais, que supostamente lhes dão origem (AMARAL, 2010, p. 35). Essa associação entre pobreza e criminalidade é reforçada pela mídia, eis que confere prevalência às notícias sobre violência em determinadas áreas, geralmente mais pobres. Consequentemente, os meios de comunicação fomentam não apenas a sensação de medo e insegurança, mas a "sensação de medo a essas pessoas, a esses locais" (PEREIRA; COSTA, 2014, p. 2316).

Como indicativo dessa conjuntura, não se pode deixar de referir ainda ao fenômeno do "rolezinho" – que consiste no ingresso de meninos e meninas de origem pobre nos shopping centers, "templos do consumo" – e a repressão a ele dirigida. Especialmente no ano de 2013, grandes grupos de adolescentes e jovens de classes menos abastadas, organizados prioritariamente por intermédio da Internet, passaram a ingressar em shoppings das grandes cidades. A partir de então, "espaços até então ocupados quase que exclusivamente por personagens que pertencem à elite econômica brasileira passaram a ser compartilhados – a contragosto dos *habitués*" – por um público que, desejando fazer parte, tentou experimentar novas formas de convívio (CATALAN, 2018, p. 127-132).

Tal acesso aos locais propagados como ilhas de consumo e felicidade logo despertou a reação de lojistas, administradores de centros comerciais e usuários habituais, levando à proibição do ingresso sob o argumento de que representavam eles um perigo à segurança, não obstante os conflitos tenham sido raros. As alegações daqueles que buscaram a proibição, as reportagens midiáticas e, inclusive, os argumentos constantes nas decisões judiciais[14] sobre os fatos desvelam como a influência do medo e a reprodução de estereótipos reforçam a exclusão social, a "dicotomia consumidores habituais *versus outsiders*". Enquanto jovens de classes abastadas frequentam os shoppings como uma forma de atividade cultural ou de lazer, os demais o fazem com o objetivo de violar a ordem jurídica – reza o senso comum. Assim se dá a ne-

[14] Catalan (2018, p. 133-134) elenca alguns argumentos coletados em decisões judiciais: "(a) impedir 'saques, furtos, e depredação', (b) contornar o risco irreparável de dano e (c) coibir a incitação da prática de crimes até a imperiosidade de (d) evitar a violação da liberdade de locomoção em espaços destinados ao comércio e ao lazer e (e) proteger a integridade física dos clientes e a propriedade privada".

gação de direitos fundamentais, como liberdade e igualdade, à parcela da população. Neste caso, negação à parcela duplamente vulnerável: (1) pela sua posição social e (2) pela condição de pessoa em desenvolvimento, que, justamente por isso, deveria receber maior proteção de toda a sociedade e, obviamente, do Estado (CATALAN, 2018, p. 133-145).

Essa segregação espacial forjada por barreiras físicas e sociais, e a consequente exclusão daí decorrente, importa em um déficit de cidadania, uma vez que as cidades contemporâneas não geram condições para o pleno exercício de direitos e consecução da democracia. "Antes, promovem a desigualdade e a sensação de que diferentes grupos sociais pertencem a universos separados e têm demandas irreconciliáveis. As cidades de muros não reforçam a cidadania; antes, contribuem para sua erosão" (CALDEIRA, 1997, p. 175-176).

Pode-se então inferir que, para modificação dessa realidade, mais do que combater a criminalidade, são necessárias políticas públicas que visem aplacar o medo e a insegurança, por meio da comunicação entre as pessoas e da construção de espaços abertos ao exercício da cidadania. Conforme aponta Pastana (2003, p. 110), "a sociedade civil tem que se fortalecer para poder identificar seus reais problemas e a intensidade deles, bem como poder visualizar a forma mais igualitária e menos violenta de resolvê-los". Essa comunicação, dirigida ao exercício da cidadania e à construção de uma sociedade democrática, somente parece possível a partir da superação do medo e da emergência de narrativas inclusivas.

5. Considerações finais

A exacerbação dos sentimentos de medo e de insegurança na contemporaneidade, especialmente vinculados à percepção – nem sempre real – do aumento da violência, tangencia diversos aspectos da vida, transformando as interações sociais e o modo de (deixar de) viver o espaço público.

Dentre as consequências mais evidentes da emergência de uma cultura do medo tem-se a proliferação de discursos punitivistas. O medo e, por consequência, as demandas punitivistas são, por vezes, reforçados pelos meios de comunicação, que, aproveitando-se do fascínio despertado pela violência, promovem a superexposição do crime e o controle social, transmutados em produtos de consumo. A superação dos limites espaço-temporais desperta a sensação de proximidade do delito e, portanto, do risco de ser vitimado. A demanda social por mais punição e mais severidade das penas, estimulada pela atuação da mídia, acarreta a expansão do Direito Penal, utilizado de modo simbólico como instrumento de resposta rápida aos anseios sociais.

Além da mídia, também os políticos utilizam a violência e o medo a ela relacionado de acordo com seus interesses. Promessas de segurança, geralmente por meio da criação de leis penais e de penas mais duras, invariavelmente compõem as campanhas políticas como estratégia para atrair os votos da população já temerosa.

Do mesmo modo, o medo é útil para o mercado da segurança privada, posto que faz mover o setor ao fomentar o comércio de aparatos de proteção e prestação de serviços. Para além disso, espaços passam a ser ofertados, com a promessa de segurança conquistada a partir do isolamento. Contudo, tais espaços, que se multiplicam nas cidades, alteram a arquitetura urbana, fragmentando o espaço, segregando parcela da população e agudizando a exclusão social.

Percebe-se, então, que o medo é determinante de um movimento circular que reproduz medo e distanciamento do outro. Quanto mais o medo permeia as relações, mais é estimulado e se exaspera. As pessoas permanecem isoladas em suas casas e condomínios, os meios de comunicação ganham maior espaço como forma de lazer no interior dos lares, as demandas por segurança são atendidas por intermédio de leis penais simbólicas, políticos fazem da segurança plataforma política, empresas incrementam seus lucros comercializando promessas de proteção.

Como resultado da inquietação coletiva, as relações sociais se deterioram, a segregação espacial desvela a desigualdade e a exclusão social se agudiza. Nessa conjuntura, o resultado é sempre mais medo. Romper esse círculo vicioso parece depender da soltura das amarras do medo (do outro).

Referências

ALVES, Marcelo Mayora. **Entre a cultura do controle e o controle cultural:** estudo sobre as práticas tóxicas na cidade de Porto Alegre. Rio de Janeiro: Lumen Juris, 2010.

AMARAL, Augusto Jobim. A ostentação do mal. *In*: ROSA, Alexandre Morais da; AMARAL, Augusto Jobim do. **Cultura da punição:** a ostentação do horror. Florianópolis: Empório do Direito, 2017, p. 13-92.

AMARAL, Layne. O imaginário do medo: violência urbana e segregação espacial na cidade do Rio de Janeiro. **Contemporânea**, ed. 14, vol. 18, n. 1, 2010, p. 35-45.

BATISTA, Vera Malaguti. Você tem medo de quê? **Revista Brasileira de Ciências Criminais**, vol. 13, n. 53, mar./abr. 2005, São Paulo, p. 367-378.

BAUDRILLARD, Jean. **A sociedade de consumo.** Rio de Janeiro: Elfos, 1995.

BUDÓ, Marília de Nardin. **Mídia e controle social:** da construção da criminalidade dos movimentos sociais à reprodução da violência estrutural. Rio de Janeiro: Revan, 2013.

CALDEIRA, Teresa Pires do Rio. Enclaves fortificados: a nova segregação urbana. Trad. Heloísa Buarque de Almeida. **Novos Estudos**, São Paulo, n. 47, mar. 1997, p. 155-176. Disponível em: <https://docplayer.com.br/1058337-Enclaves-fortificados-a--nova-segregacao-urbana-1.html>. Acesso em: 13 jul. 2020.

CALLEGARI, André Luis; WEBER, Suelen. O Mito do punir mais é melhor: reflexos da expansão do Direito Penal fomentada pela mídia. **IBCCRIM**, jan. 2012. Disponível em: <https://arquivo.ibccrim.org.br/artigos/2012/01>. Acesso em: 17 ago. 2020.

CALLEGARI, André Luis; WERMUTH, Maiquel Ângelo Dezordi. Medo, direito penal e controle social. **Pensar**, vol. 15, n. 2, p. 337-355, Fortaleza, jul./dez. 2010. Disponível em: <http://periodicos.unifor.br/rpen/article/viewFile/2130/1728>. Acesso em: 13 jul. 2020.

CARVALHO, Salo de. Criminologia Cultural. *In*: LIMA, Renato Sérgio de; RATTON, José Luiz; AZEVEDO, Rodrigo Ghiringhelli de (orgs.). **Crime, polícia e justiça no Brasil**. São Paulo: Contexto, 2014, p. 141-147.

CATALAN, Marcos. Apontamentos acerca da relevância do direito de danos no balizamento da produção e da comercialização de organismos geneticamente modificados e produtos transgênicos no Brasil. **Arquivo Jurídico**, vol. 2, n. 1, Teresina, jan./jun. 2015, p. 191-202.

CATALAN, Marcos. **O direito do consumidor em movimento:** diálogos com tribunais brasileiros. 2.ed. Canoas: Unilasalle, 2018.

CORSO, Ardala Marta; KNEBEL, Norberto Milton Paiva. Cultura do medo e controle social: o direito à segurança transformado em mercadoria nos enclaves fortificados. *In*: BESTER, Gisela Maria; VELOSO, Roberto Carvalho; RUDNICKI, Dani (orgs.). **XXXVI Congresso Nacional do Conpedi São Luís – MA - Criminologias e Política criminal I**, CONPEDI, 2017, p. 64-79. Disponível em: <https://www.conpedi.org.br/publicacoes/27ixgmd9/589r8e24/Y7k9OxwJDzQmy6UP.pdf>. Acesso em: 13 jul. 2020.

COSTA, Renata Almeida da. Policontexturalidade, risco e direito: abismos superáveis para o delineamento da criminalidade contemporânea. *In*: MEDEIROS, Fernanda

Luiza Fontoura de; SCHWARTZ, Germano André Doederlein (orgs.). **O direito da sociedade**: anuário, vol. 1. Canoas: Unilasalle, 2014, p. 229-255.

DIETER, Maurício Stegemann. **Política criminal atuarial**: a criminologia do fim da história. Rio de Janeiro: Revan, 2013.

GOMES, Marcus Alan. **Mídia e sistema penal**: as distorções da criminalização nos meios de comunicação. Rio de Janeiro: Revan, 2015.

GUSSO, Rodrigo Bueno. Do que eu falo quando falo de polícia: uma breve (auto) análise da instituição policial civil por meio de um operador nativo. *In*: SOUZA, David Tarciso Queiroz de; GUSSO, Rodrigo Bueno (orgs.). **Estudos sobre o papel da polícia civil em um estado democrático de direito.** Florianópolis: Empório do Direito, 2016, p. 159- 181.

KHALED JR., Salah H. **Discurso de ódio e sistema penal.** Belo Horizonte: Casa do Direito, 2016.

MELO, Patrícia Bandeira. Criminologia e teorias da comunicação. *In*: LIMA, Sergio Renato de; RATTON, José Luiz; AZEVEDO, Rodrigo Ghiringhelli de (orgs.). **Crime, polícia e justiça no Brasil.** São Paulo: Contexto, 2014, p. 161-169.

NATALINO, Marco Antonio Carvalho. **O discurso do telejornalismo de referência:** criminalidade violenta e controle punitivo. São Paulo: Método, 2007.

PASTANA, Débora Regina. **Cultura do medo:** reflexões sobre violência criminal, controle social e cidadania no Brasil. São Paulo: IBCCRIM, 2003.

PEREIRA, Diego Oliveira; COSTA, Renata Almeida da. Criminalização, direito e sociedade: olhares dogmáticos e empíricos sobre a cultura do medo e do espaço urbano. *In*: MELLO, Marcelo Pereira de; PAULA, Quenya Correa de. (orgs.). **Anais do V Congresso da ABRASD:** ética e práxis em sociologia do direito, 19-21 nov. 2014, Vitória, p. 2310-2326. Disponível em: <http://media.wix.com/ugd/203511_b7060c02cce54d20b75e7be2794a7188.pdf>. Acesso em: 02 dez. 2018.

ROSA, Alexandre Morais da; AMARAL, Augusto Jobim do. **Cultura da punição:** a ostentação do horror. Florianópolis: Empório do Direito, 2017.

VAZ, Paulo Afonso Brum. O sistema penal e o medo do crime: influência midiática, retirada do Estado Social, políticas criminais e expansionismo. **Revista de Doutrina da 4ª Região,** n. 70, Porto Alegre, fev. 2016. Disponível em: <https://revistadoutrina.trf4.jus.br/artigos/edicao070/PauloAfonso_Vaz.html>. Acesso em: 13 jul. 2020.

A PRIVATIZAÇÃO DA LÓGICA PENAL NOS CONDOMÍNIOS FECHADOS

Norberto Milton Paiva Knebel[1]

RESUMO. O artigo trata da privatização da lógica penal que tem por meio o espaço urbano. Essa lógica sofre uma mutação dos presídios aos condomínios fechados, privilegiando técnicas de vigilância e controle como forma de vida cotidiana na moradia. Esse fenômeno expõe a importância da reflexão urbanística no campo da criminologia crítica. O método utilizado é de pesquisa bibliográfica com abordagem qualitativa e dialética.

Palavras-chave. Condomínios fechados. Criminologia crítica. Economia política da pena. Urbanização.

1. Introdução

Este texto reproduz parte do conteúdo e amplia o debate proposto em minha dissertação de mestrado, intitulada "Questão Urbana, Seletividade Penal e Arquitetura do Medo", orientada pela Prof.ª Dr.ª Renata Almeida da Costa, contribuindo com seu projeto de pesquisa "produção do crime, direito e sociedade: olhares dogmáticos e empíricos sobre a cultura do medo e o espaço urbano" – tendo em vista estudar a relação entre a fragmentação do Direito Penal, a cultura do medo e o espaço urbano.

Os trabalhos sob os olhos da professora Renata foram capazes de expor essa relação entre espaço urbano e Direito Penal. Ambos com reconhecidas violências pela literatura científica, todavia, agora podemos contemplar referências que afirmam a relação recíproca entre punitivismo e a produção do espaço urbano na realidade brasileira, principalmente gaúcha, nas cidades de Porto Alegre e Canoas.

1 Doutorando em Direito na Unijuí. Mestre em Direito pela Universidade LaSalle.

Neste, busco trazer um dos temas abordados dentro do projeto de pesquisa, que é da fragmentação do Direito Penal, no sentido da privatização do Direito Penal e a ascensão do controle social informal no espaço urbano. É uma tendência verificada na literatura da criminologia crítica que desencadeia na utilização da lógica penal na arquitetura urbana – é a chamada arquitetura do medo. A economia política pós-fordista altera as estratégias punitivas para além do cárcere, por isso, não é acaso a violência penal privatizada nas cidades, expressa nos condomínios fechados.

2. Debate

O controle social pós-fordista se caracteriza pela forma atuarial como estratégia punitiva, sendo difundida ao nível social por variáveis estruturais (econômicas) e conjunturais (a atitude social frente ao desvio) (DE GIORGI, 2005, p. 135-136). Há um abandono à utopia disciplinar e a entrega a novas tendências nas tecnologias de controle orientadas pelo internamento, para a vigilância e para a limitação do acesso (DE GIORGI, 2013, p. 93). A incapacitação da multidão é tomada sob o desenvolvimento de novas formas de prevenção do risco, em práticas como: "vigilância, segregação urbana e, principalmente, contenção, comprometendo-se a penitenciária como a gestão do excesso negativo de trabalhadores no pós-fordismo" (DIETER, 2012, p. 253).

Não são mais identificados os padrões de uma arquitetura prisional ligada à transformação disciplinar forçada, como se comprova na realidade prisional brasileira. São formados, na realidade, como fala Gonçalves (2014, p. 231), "depósitos de seres humanos indesejáveis", que elencam um grande contingente, num processo de separação do delinquente da sociedade, que ganha fins de reprodução ao ponto que o próprio cárcere se torna um dos grandes responsáveis pela criminalidade. Mas na lógica da punição do "não saber", encarcerar basta.

O papel do cárcere no pós-fordismo seria, portanto, alterado, não servindo mais a disciplina do trabalho, mas quanto a servir de estratégia de controle social contínua e em crescimento. Conforme De Giorgi (2005, p. 125), o aumento no encarceramento é difundido pelo neoliberalismo de forma global, tendo a população carcerária se estabilizado sob contingentes cada vez maiores das minorias éticas e da população excluída econômica e socialmente. São elementos que corroboram o vínculo entre a marginalidade social e o acesso ao sistema punitivo, afirmando a hipótese da seletividade ampliada – em relação ao fordismo – das novas políticas criminais.

O novo discurso sobre o crime visa operacionalizar os sistemas de administração da criminalidade – e da multidão considerada criminosa – sob os valores estatísticos e atuariais. Há como efeito disso, segundo Pavarini (2009), uma "criminologia da vida cotidiana", na qual os desvios são um risco habitual que pode ser calculado e eventualmente evitado. O cárcere e fábrica, para Pavarini (2009, p. 49), é uma metáfora que se transforma em "cárcere e sociedade", mas sem deixar de lado o objetivo de que o cárcere legal é essencial para a inclusão do desviante no corpo social. Por isso que a multidão de excluídos do mercado de trabalho promovida no pós-fordismo ainda está submersa sob a ideologia da reabilitação social, implicando em práticas de controle social fundadas na neutralização seletiva, que o autor compreende como coerentes a uma linguagem de guerra ao inimigo interno.

Segundo Dieter (2012, p. 239), a gestão do risco e sua tendência gerencialista, por meio da seletividade atuarial, aliam-se ao aspecto inerente do Direito Penal que é a dominação de classe, mantendo a ordem da economia política por meio da gestão diferencial da criminalidade. Nesse sentido, o controle das populações excedentes e a mais-valia na força de trabalho, no pós-fordismo, passam do fracasso do controle pelo Estado Social a inauguração do Estado Penal. É como Bergalli (2005) compreende o processo de globalização aliado aos movimentos de flexibilidade da produção do pós-fordismo, que é sinônimo da transição da sociedade disciplinária para a sociedade do controle punitivo pelo medo, ao que o Estado no neoliberalismo manifesta um Estado de polícia.

As práticas violentas do Estado pelo controle penal no Brasil passam pela desconsideração da cidadania ou a caracterização de uma subcidadania para os marginalizados, como Gonçalves (2014) indica que os alvos da tortura policial são vistos como outro, na condição de bandido, na qual os policiais assumem o papel de estar executando um "mal necessário". A negação do outro e o desconhecimento tornam alguns indivíduos "torturáveis". É uma das formas que o Estado Penal neoliberal expressa a força destrutiva do capital (JINKINGS, 2007); entretanto, a ampla política de privatizações incide em alargamento dessa lógica.

Ao mesmo tempo que ocorre o aumento nas taxas de encarceramento e do exercício repressivo e violento do Estado Penal devido a atribuição do status de inimigo à multidão, o controle social se privatiza, conforme De Giorgi (2005, p. 126), ao passo de ser percebido socialmente, sendo um bem a ser adquirido. E esse mercado se apoia justamente na crescente demanda social por segurança que se dirige sobre todos os indivíduos que caracterizam fontes de risco. Que constitui uma difusão social da ideologia atuarial na percepção do desvio.

É o que Taylor (2003) compreende como o mercado de proteção da sociedade de mercado, incidindo na responsabilidade de boa parte do setor privado em prover segurança, mesmo que ao mesmo tempo o mercado e a sociedade vivam em maior insegurança, revelando uma contradição fundamental que funda a "nova indústria privada do controle". E esse processo ocorre respeitando duas tendências: a dispensa das responsabilidades assumidas pelo Estado no espaço público e a crescente dependência de indivíduos e instituições em adotar formas privadas de proteção para garantir sua posição social.

No Brasil, segundo Adorno e Pasinato (2010), a constante desigualdade na distribuição de direitos e a ideia de impunidade alimentam um sentimento de insegurança coletiva, que acarreta um fenômeno em que cada vez mais o Estado perde o monopólio sobre a violência respeitando o contexto de uma tendência internacional de desestatização dos mecanismos de controle sobre a sociedade (também aqueles sobre o mercado).

A seguridade da vida passa a ser uma questão privada cada vez afastada do monopólio do Estado e das entidades da administração pública sob o controle da criminalidade, tornando-se responsabilidade dos particulares em seu estilo de vida em práticas como a política de tolerância zero, a vitimização e a privatização da segurança (PAVARINI, 2009, p. 237).

Christie (1998, p. 108), no que entende como a formação de uma "Indústria do Controle do Crime", aponta para, ao lado da privatização das instituições penitenciárias, uma tendência de uma expansão das polícias privadas, que se manifestam no implemento econômico nas atividades da segurança privada nos aspectos da segurança residencial, serviços de vigilância, sistemas de alarme, investigações privadas, carros blindados, fabricantes de equipamentos de segurança, fechamento (serralheria) e serviços de consultoria em segurança.

Representa, para Zanetic (2010), a expansão do setor de segurança privada, que tem como característica principal, sob a orientação do proprietário, a prevenção do crime e a redução de perdas. No Brasil, a impulsão do crescimento desse setor começa em meados dos anos 1990 e transforma o setor, tanto no implemento da tecnologia como na profissionalização dos trabalhadores, sugerindo o apego à tendência de privatização do controle social e ao crescimento do valor aplicado ao setor da segurança privada.

Garland (2002, p. 18) reitera o argumento de que há uma expansão dos elementos de segurança privada, que mesmo tendo surgido alheio ao poder do Estado, agora figura como parceiro na produção da segurança e do controle social. O policiamento passa a ter uma configuração mista entre o público e o privado. Dessa forma, há uma reconfiguração do campo do controle social, no sentido de sair do centro monopolizado das instituições especializadas do Estado.

Entretanto, considerar as formas simbólicas do controle social pós-fordista não indica o fim da materialidade, conforme afirma De Giorgi (2013, p. 112): "as novas estratégias de segregação urbana, de destruição do espaço público, de encarceramento de massa e de limitação do acesso à informação são fenômenos extremamente reais". Essas práticas são fruto de uma sociedade estratificada em classes e agravam o conflito entre elas, são constantes no espaço urbano dialeticamente produzido, refletidos no trabalho, na moradia e na vida pública.

A cultura do controle é um padrão que é refletido na socialização e nas práticas culturais, no qual a consciência de uma criminalidade pressupõe práticas de prevenção e segregação punitiva, que não são mais exclusivas da política ou da mídia, mas hábitos espalhados no pensamento, na rotina e nas estruturas das cidades (GARLAND, 2002, p. 165).

Portanto, o aspecto central do controle social no pós-fordismo acaba por ser um reflexo ao âmbito privado, tendo em vista a reconfiguração do controle dos aspectos da privatização, da mesma maneira que das formas espaciais. Assim, os processos de produção do espaço terão, também, refletidas as práticas de controle e vigilância que regem a sociabilidade contemporânea, no intuito de evitar a multidão.

No contexto da reestruturação produtiva da acumulação flexível, a tendência do Direito Penal é a contemplação de formas punitivas alheias à coesão formal do Estado, principalmente sob o aspecto do fim da disciplina, tendo em vista a transição de um alvo da seletividade penal do operariado fabril localizado nas fábricas para uma multidão dispersa e heterogênea – assim se adapta o sistema punitivo, adequado à criminalização.

Agora, a arquitetura urbana é um dispositivo de vigilância. Longe de funcionar como mecanismo de determinação de indivíduos sob os valores disciplinares da produção industrial, o objeto do controle na sociedade pós-fordista é o controle da desordem, ou seja, do que não se conhece. Práticas como a vigilância eletrônica e os condomínios fechados formam uma geografia social de controle: "independente dos comportamentos individuais (ausência de uma norma), preparada para a segregação e a contenção de classes de indivíduos definidos pelo status (imposição de uma ordem)" (DE GIORGI, 2013, p. 103).

A decadência do espaço urbano, para além do promovido pelo desenvolvimento da cidade industrial – que garantia a reprodução da força de trabalho, sendo organizada em prol do processo produtivo –, estende-se a feições subjetivas: permanecem deteriorados os espaços que manifestam comportamentos sociais que variam da depredação física a desordem social. As cidades pós-industriais ou pós-fordistas se tornam cada vez mais imprevisíveis, visto que os habitantes vivem em um território sem as fronteiras e os intuitos de planificação de antes (PAVARINI, 2009, p. 229-233).

Na transformação para uma economia pós-industrial de cunho neoliberal, extensos processos de gentrificação fizeram com que a moradia se tornasse menos acessível às camadas pobres, nesse sentido Beckett e Herbert (2009) entendem que o controle social passa por estratégias de banimento, compondo uma geografia das cidades baseadas na não presença de certas pessoas em determinados locais, como a vedação da presença de classificados como usuários de drogas e moradores de rua em áreas determinadas.

Dando suporte aos mecanismos de banimento, estão os instrumentos de exclusão conforme as formas atuais da "arquitetura antimendigo", que visam a negação dos moradores de rua nas metrópoles globalizadas – entendidos como parte da multidão –, que, segundo o exposto, é correlato aos processos de gentrificação como regeneração de áreas urbanas em nome do redesenvolvimento do capital, na produção do espaço que altera, cria ou extingue territórios (FERRAZ et al, 2016).

O processo de desterritorialização das cidades faz com que se institua uma nova organização espacial, assumindo lógicas de defesa: arquiteturas defensivas que lidam com o fracasso da gestão pública do controle social, visto a complexidade da multidão, e corroboram com a produção de ordens privadas, ou privatizadas – pois dependem da capacidade econômica para mantê-las. É a capacidade de viver sob os muros, a vídeo-vigilância e a segurança privada (PAVARINI, 2009, p. 233).

Essa forma de neutralização de classes específicas de indivíduos denota uma nova articulação das funções instrumentais do controle, baseadas na eficácia e na capacidade de previsão e segurança. Porém, mesmo que vestidas de uma neutralidade tecnocrática, essas estratégias também se constituem por meio de um universo simbólico de legitimação: a periculosidade, os grupos de risco, as zonas de risco. Essas são difundidas socialmente e afetam as formas de interação social. É sobre a articulação entre funções instrumentais e simbólicas do controle atuarial que escreve De Giorgi (2005, p. 141).

No capitalismo globalizado a expansão do Direito Penal como mecanismo central de controle social se dá no quadro do recrudescimento do Estado Social e maximização do Estado Penal, servindo a conservar a ordem social do neoliberalismo sob a ideologia da defesa social (atualizada pela eficiência atuarial e fomentada pelo medo), tendo em vista a neutralizar os inimigos globais – sejam os velhos (classe operária), sejam os novos (multidão). Inerente à transformação do fordismo em pós-fordismo, o Estado Penal é a consolidação da sociedade de controle e da lógica atuarial, conforme Lyra (2013).

A sensação de medo da criminalidade leva a uma fragmentação do espaço público, culminando na evitação de espaços considerados perigosos e no fechamento em condomínios particulares, estendendo a estigmatização para os espaços urbanos e reciprocamente ao Direito Penal, determinando estratégias do controle social formal (COSTA, 2015).

Essa cisão dos estratos sociais que aponta Rolnik (2000) acerca da fragmentação do espaço urbano, que a contraposição entre uma minoria qualificada com uma maioria vivendo em condições urbanas precárias e precarizadas, é relacionada com todas as formas de injustiça social, sendo mais que a desigualdade de renda, mas sendo promotora das desigualdades. A cidade dividida entre uma parcela dotada de infraestrutura e outra pobre, sem acesso ao trabalho, cultura e lazer, entrega somente as chances de crescimento à primeira. E essas tensões são cada vez mais acirradas à medida que são mediadas pelos aparatos de segurança privada, "fragmentando e cerceando ainda mais o espaço urbano".

Sposito e Góes (2013) identificam que os novos produtos imobiliários estão diretamente associados à sensação de insegurança urbana, enfrentada com práticas individualistas privadas e de mecanismos de controle, alterando diretamente o conteúdo dos espaços e sujeitando também o espaço público e suas representações. Sendo essa dinâmica entre espaços homogêneos e diferenciados a expressão do processo de fragmentação socioespacial. Portanto, a autossegregação das elites nos condomínios fechados é a criação de espaço pretensamente homogêneo ao mesmo tempo que constitui a diferenciação e a segregação das cidades.

A tendência de autossegregação será explicitada por Caldeira (2011, p. 258-260) ao identificar os novos empreendimentos urbanos na categoria dos condomínios fechados como "enclaves fortificados". Tais imóveis estão alterando o panorama das cidades, seus padrões de segregação e as interações públicas. Cada vez mais os espaços têm atendido a esse padrão – desde residências a escolas, hospitais e parques –; são propriedades privadas que agregam valor ao que é privado e ferozmente restrito ao mesmo tempo que diminuem o valor do espaço público: "são fisicamente demarcados e isolados por muros, grades, espaços vazios e detalhes arquitetônicos. São voltados para o interior e não em direção à rua, cuja vida pública rejeitam explicitamente".

Para Dunker (2015), a "lógica do condomínio" é o ambiente que transmite segurança fantasiosa confirmada justamente pela forma totalitária que os condomínios fechados assumem. A partir desse complexo conceito, é possível o retorno a Bauman na proposta do medo constante na sociedade, no "horror do inadministrável" é possível tentar compreender tragédias e extrair delas uma lição (BAUMAN, 2008, p. 96).

Segundo Pastana (2005), essa infraestrutura permite ao indivíduo viver em uma pseudocidade padronizada e cercada de muros altos – no caso dos condomínios fechados. O que ocorre é o distanciamento total desses indivíduos de classe alta da própria cidade, é assim que restará a perda total da cidadania e responsabilidade social e cívica perante os demais cidadãos. Além disso, os locais enclausurados não contêm diversidade social, os moradores integram um seleto grupo homogêneo do mesmo perfil socioeconômico, padrão de consumo e hábitos – uma atmosfera de indiferença àquilo que é externo. Conforme Caldeira (2011, p. 258): "existe hoje na cidade uma estética da segurança definhada pelo novo modelo, que simultaneamente guia transformações em todos os tipos de moradia e determina o que confere mais prestígio".

Dal Pozzo (2011) verificou que a produção do espaço urbano em Marília e São Carlos – ambas no estado de São Paulo – foi orientada a partir de processos de diferenciação socioespacial e que, após, passou a também ser definida por processos de segregação socioespacial. E uma das principais práticas adotadas foram as representações da autossegregação e da segregação imposta, que não só sustentam muros e barreiras físicas e territoriais, mas são estruturados modo de uso e consumo da cidade por parte das elites socioeconômicas, ocorrendo a neutralização da alteridade e da diferença por aqueles que pretendem manter uma organização residencial homogênea.

Os "enclaves fortificados", portanto, tendem a ser espaços socialmente homogêneos, pois embora seus habitantes ou ocupantes distingam da diversidade de uma cidade ou bairro, o local privado irá incorporar somente uma população adequada à classe social. Dessa forma, eles conferem status para aqueles que o habitam, pois apontam e reafirmam a distância e a desigualdade social, tanto como limites físicos literais como componentes simbólicos de evitação social. Essa nova política imobiliária das classes altas tem implementado mudanças nas cidades, ou são componente essencial da (re)organização (produção) do espaço urbano (CALDEIRA, 2011, p. 259-260).

O urbanismo passa a conceber, inclusive, formas militares. Conforme Graham (2016), o novo urbanismo militar é o conjunto de ideias, técnicas e normas de segurança e doutrina militar inerentemente ligadas às predações militarizadas e neocoloniais – com as intervenções militares urbanas norte-americanas. Porém, não se restringem aos interesses bélicos das nações, mas são incorporados pelas práticas policiais locais, desde as revistas pessoais aos combates contra os movimentos sociais. Isso foi responsável pela criação de uma economia da segurança, o mercado dos aparatos tecnológicos de cunho militar.

Ferraz et al (2005), no que chama de "arquitetura da violência", estuda os custos sociais obtidos através das estratégias espaciais de proteção e segurança, destacando questões como: a apropriação dos espaços públicos em nome da proteção privada; as novas estratégias arquitetônicas de proteção que dificultam o uso coletivo dos espaços; e os custos ao erário público que se revertem em proveito da segurança privada. Verifica-se, portanto, esse deslocamento de vivência e investimentos no espaço público em nome da sociedade pública, favorecendo o interesse privado da produção circular do isolamento (FERRAZ et al, 2016).

Segundo Ferraz (2006), o viver com medo nas cidades brasileiras está disseminado, assim como a arquitetura decorrente desse modo de sociabilidade. E passa, obrigatoriamente, pela estreita relação entre violência e pobreza construída socialmente, pois às elites, em sua aversão à pobreza, restam a autossegregação, materializada nos condomínios fechados e nos produtos do mercado da segurança. No sentido da mercantilização da segurança – chave para a arquitetura do medo prosperar – Feletti (2014) identifica o direito social à segurança diretamente vinculado à forma mercadoria e ao controle da força de trabalho.

Para Lira (2014), a criação da arquitetura do medo corresponde aos processos de disseminação da cultura do medo, à culpabilização de determinados grupos sociais, à estigmatização socioespacial e à banalização da violência. Dessa forma, os mercados imobiliários e de segurança privada se alimentam da manutenção desses discursos. E essa estética incorpora elementos de defesa medievais e prisionais – como as torres de vigilância presentes nos condomínios fechados. Baldow, Machado e Ferraz (2013) verificam, na especificidade da estética arquitetônica da utilização dos vidros nos prédios das classes médias e elites, que estes entregam uma falsa transparência, pois são necessariamente vinculados a um aparato digital e tecnológico de segurança.

É o que Pastana (2007) chama de "violência defensiva", pois a incorporação de formas de segurança mais eficazes e perigosas para a proteção dos patrimônios das elites passou a ser a prática social justificada. As práticas urbanas contemporâneas seguem duas formas antidemocráticas em razão da violência, vinculadas à psicoesfera do medo tendo como consequência a tecnoesfera da segurança, segundo o geógrafo Melgaço (2010): (I) A criação de espaços exclusivos e (II) a informatização do cotidiano para fins de segurança.

A criação de espaços exclusivos (I) é dividida em duas formas: (a) arquiteturas anti-indesejáveis; e (b) condomínios fechados. Primeiro, (a) é a conhecida arquitetura "antimendigo", mas também tem a função de afastar outros grupos sociais, como usuários de drogas, vendedores ambulantes, prostitutas e jovens. Segundo o autor, são a negação do outro, aqueles não enquadrados no padrão definido pelos agentes hegemônicos, especialmente os pobres – selecionados aqui pela arquitetura. É a confusão entre medo da violência e medo do "outro". Portanto, o "outro" no papel de "inimigo" é figura central da psicoesfera do medo.

No tocante à pesquisa de Ferraz et al (2016), a multiplicação das formas espaciais "antimendigo" são uma estratégia de expulsão dos mendigos/sem teto de áreas nobres das cidades globais durante processos de gentrificação, sendo associada diretamente à criação de espaços de prestígio e distinção para as classes médias e as elites, tanto nos espaços públicos como na manutenção da imunidade física dos espaços privados das autossegregações.

Os condomínios fechados (b) são a forma urbana de mercadoria na qual os moradores aderem à moradia em locais cercados e vigiados, portanto, é um estilo de vida, e a preocupação com a segurança é uma das principais motivações. Os muros e aparatos de segurança são responsáveis por segregar pessoas mesmo que estejam próximas fisicamente – é a tendência de autossegregação presente em cidades e bairros de composição social heterogênea. São os espaços forjados à exclusividade, ajustando acesso a quem deve estar, conforme Caldeira (2011, p. 259): "são controlados por guardas armados e sistemas de segurança, que impõem as regras de inclusão e exclusão".

Alertam Sposito e Góes (2013) que, além dos muros, esses hábitats fechados também são constituídos por leis e regras próprias, estipuladas pelos moradores que extrapolam o previsto na legislação – tendo em vista que estipulam padrões sobre a vida privada e as expressões de cada morador. Ou seja, são as formas coercitivas internas aos condomínios, que estabelecem regimentos de conduta em vias de homogeneização dos comportamentos, ao ponto que sejam dignos do fechamento residencial e diferentes do imaginário do medo que constitui a visão sobre aqueles do lado de fora.

A segunda forma por Melgaço (2010) é a informatização do cotidiano para fins de segurança (II), ou a criação de espaços de vigilância e controle. Assim, a informação é fator fundamental na busca por segurança, pois, em suma, ocorre uma expansão dos sistemas de informação como técnica de segurança pública e privada. O armazenamento digital de dados tornou a vigilância muito mais sofisticada que o cercamento, tendo em vista que a câmera de segurança cria registros ao capturar imagens, deixando de ser um obstáculo momentâneo.

Segundo o autor, as câmeras utilizadas na segurança possuem três objetivos principais classificados a partir do tempo e da ação criminosa: (a) passado; (b) presente; e (c) futuro. Quanto ao passado (a), elas são o registro que é armazenado a fim de identificar e investigar crimes. No presente (b) servem como extensão aos olhos da vigilância do Estado ou da segurança privada. E o fator (c), o futuro, segundo o autor, é o mais eficiente de todos eles, pois é quando as câmeras servem o intuito de coibir e induzir a sensação de estar vigiado. É o efeito coercitivo.

Assim, declara Melgaço (2010), que a informatização do cotidiano aparenta ser uma tendência inevitável do atual período técnico-científico e informacional da sociedade. Ineficaz frente ao complexo fenômeno da violência urbana, ao que a dialética do espaço frente à violência demonstra. É no contexto de uma sociedade pautada na insegurança e na gestão de riscos que a técnica sobre as formas de controle se aprimora e entra em ampla reprodução, expressa sobre as formas espaciais que legitimam uma classe a instituir uma "violência defensiva" sobre a outra, alargando o campo da prática da seletividade da repressão, ou até que alcançam ou servem a evitar todos os mecanismos punitivos e segregatórios – reunidos na arquitetura sob a forma dos enclaves fortificados.

O papel da arquitetura na produção do espaço urbano reflete-se principalmente como aspecto conjuntural da criminalização secundária como exercício do controle social sobre a multidão, o evitamento e a negação do outro por meio das tecnologias de fechamento e vigilância, sob a constante reprodução da seletividade penal (aspecto estrutural do sistema).

A ascensão da era tecnológica contemporânea coincide com um crescente consumo de segurança privada e mercantilização do espaço urbano, no que essa privatização dos espaços cria zonas de fragmentadas que correspondem aos locais que contemplam as ferramentas de vigilância, ocupados pelas classes que a almejam, refletindo duas tendências: o fomento da sensação de medo e a estigmatização – ambas legitimando políticas públicas seletivas e punitivas (COSTA, 2015).

A relação entre o espaço urbano sujeito aos processos de criminalização da pobreza, influenciado pela cultura do medo, evidencia a fragmentação do Direito Penal sobre os meios da sociedade em um padrão cíclico da reprodução da seletividade penal, conforme Costa (2011, p. 238):

> Em suma, o óbvio explode: nos espaços urbanos, tem-se a produção do desigual. Em uma sociedade do desigual. Em uma sociedade tendente a rechaçar a desigualdade, o enclausuramento espacial (urbanístico e arquitetônico) produz o medo. Dele emerge a sensação de insegurança. Da insegurança, reivindica-se o seu oposto. Dessa reivindicação, produz-se Direito. E pena. E castigo. E seletividade. E estigma. E medo. E insegurança. E Direito. E pena. E castigo. E seletividade... E...

A expansão do Direito Penal, para Andrade (2016), é baseada no antagonismo entre a maximização do sistema penal e a minimização da cidadania, demonstrando que no atual momento do capitalismo, de pós-industrialização, globalização e ideologia neoliberal, os excluídos desse modo de produção, aqueles alheios aos frutos dele – a multidão negada –, restam a ser clientes do Direito Penal enquanto se esvai seu potencial cidadão. É a lógica dominante que tem incompreendido que Direito Penal e cidadania são inversamente proporcionais.

3. Considerações finais

A multiplicação dos condomínios fechados como lógica da autossegregação urbana das classes abastadas significa uma expansão da lógica penal. Como identificado pelos textos da Prof.ª Renata Costa, isso significa uma recíproca relação com o Direito Penal, que ao alimentar inseguranças sugere cada vez mais punitivismo e sua seletividade. O cárcere não é o fim do Direito Penal, a lógica do controle e da seletividade encontrou fins urbanos e é uma realidade identificada empiricamente no Brasil.

A criminologia crítica, ao identificar essas relações sociais de um Direito Penal fragmentado, consegue superar o paradigma dogmático de análise, enfrentando como o punitivismo se expande culturalmente e se alimenta também da sociedade. A lógica penal pós-fordista consolida uma cultura penal altamente privatizada, reproduzindo violências penais sob a justificativa do medo e da insegurança – forjadamente generalizada.

Referências

ADORNO, Sérgio; PASINATO, Wânia. Violência e impunidade penal: da criminalidade detectada à criminalidade investigada. **Revista Dilemas**, vol. 3, n. 7, jan./fev./mar. 2010.

ANDRADE, Vera Regina Pereira de. **Sistema penal máximo x cidadania mínima:** códigos da violência na era da globalização. 2.ed. Porto Alegre: Livraria do Advogado, 2016.

BALDOW, Juliane Guimarães; MACHADO, Bruno Amadei; FERRAZ, Sônia Maria Taddei. Arquitetura da violência: segurança e mercado numa cidade transparente. **Anais do XV ANPUR**, vol. 15, n. 1, 2013.

BAUMAN, Zygmunt. **Medo Líquido.** Trad. Carlos Alberto Medeiros. Rio de Janeiro: Zahar, 2008.

BECKETT, Katherine; HERBERT, Steve. **Banished:** the new social control in urban America. Oxford: Oxford University Press, 2009.

BERGALLI, Roberto. Relaciones entre control social y globalización: Fordismo y disciplina. Post-fordismo y control punitivo. **Sociologias**, n. 13, Porto Alegre, jan./jun. 2005.

CALDEIRA, Teresa Pires do Rio. **Cidade de muros:** crime, segregação e cidadania em São Paulo. 3.ed. São Paulo: 34; Edusp, 2011.

CHRISTIE, Nils. **A indústria do controle do crime:** a caminho dos gulags em estilo ocidental. Trad. Luis Leiria. Rio de Janeiro: Forense, 1998.

COSTA, Renata Almeida da. A fragmentação do Direito e do espaço urbano a partir da cultura do medo do crime: (re)pensando limites e observando ações na cidade de Canoas/RS. *In*: MEDEIROS, Fernanda Luiza Fontoura de; SCHWARTZ, Germano André Doederlein (orgs.). **O Direito da Sociedade.** Anuário, vol. 1. Canoas: Unilasalle, 2015, p. 261-272.

COSTA, Renata Almeida da. Cultura do Medo e Espaço Urbano: um olhar reflexivo sobre a sensação social de insegurança. *In*: SCHWARTZ, Germano; FERNÁNDEZ, Albert Noguera. **Cultura e identidade em tempos de transformação:** reflexões a partir da Teoria do Direito e da Sociologia. Curitiba: Juruá, 2011.

DAL POZZO, Clayton Ferreira. **Territórios de autossegregação e de segregação imposta:** fragmentação socioespacial em Marília e São Carlos. 2011, 316 f. Dissertação (mestrado) – Universidade Estadual Paulista, Faculdade de Ciências e Tecnologia, Presidente Prudente, 2011.

DE GIORGI, Alessandro. **A miséria governada através do Direito Penal.** 2.ed. Rio de Janeiro: Revan, 2013.

DE GIORGI, Alessandro. **Tolerancia cero:** estrategias y practicas de la sociedad de control. Trad. Iñaki Rivera e Marta Monclús. Barcelona: Virus, 2005.

DIETER, Maurício Stegemann. **Política Criminal Atuarial:** a criminologia do fim da história. Tese (doutorado em Direito) – Faculdade de Direito, Universidade Federal do Paraná, Curitiba, 2012.

DUNKER, Christian Ingo Lenz. **Mal-estar, sofrimento e sintoma:** uma psicopatologia do Brasil entre muros. São Paulo: Boitempo, 2015.

FELETTI, Vanessa Maria. **Vende-se segurança:** a relação entre o controle penal da força de trabalho e a transformação do direito social à segurança em mercadoria. Rio de Janeiro: Revan, 2014.

FERRAZ, Sonia Maria Taddei et al. Arquitetura da violência: a arquitetura antimendigo como eureca da regeneração urbana. **Movimento-revista de educação,** n. 3, 2015.

FERRAZ, Sonia Maria Taddei et al. Arquitetura da violência: os custos sociais da segurança privada. **Anais do XI Encontro Nacional da Associação Nacional de Pós-Graduação e Pesquisa em Planejamento Urbano e Regional - ANPUR,** Salvador, 23-27 maio, 2005.

FERRAZ, Sonia Maria Taddei. Arquitetura da violência: morar com medo nas cidades. Quem tem medo de que e de quem nas cidades brasileiras contemporâneas? **RBSE – Revista Brasileira de Sociologia da Emoção,** vol. 5, n. 13, 2006, p. 54-84.

GARLAND, David. **The culture of control:** crime and social order in contemporary society. Chicago: Chicago University Press, 2002.

GONÇALVES, Vanessa Chiari. **Tortura e cultura policial no Brasil contemporâneo.** Rio de Janeiro: Lumen Juris, 2014.

GRAHAM, Stephen. **Cidades Sitiadas:** o novo urbanismo militar. Trad. Alyne Azuma. São Paulo: Boitempo, 2016.

JINKINGS, Isabella. **Sob o domínio do medo:** controle social e criminalização da miséria no neoliberalismo. 287f. Tese (Doutorado em ciências sociais) – Unicamp, Campinas, 2007.

LIRA, Pablo Silva. **Geografia do Crime e Arquitetura do Medo:** uma análise dialética da criminalidade violenta e das instâncias urbanas. Vitória: GSA, 2014.

LYRA, José Francisco Dias da Costa. As mutações do Leviatã no trânsito do fordismo ao pós-fordismo: edificação da sociedade do controle e a criminologia do atuarismo penal. **Revista Brasileira de Ciências Criminais**, n. 103, 2013.

LYRA, José Francisco Dias da Costa. O atuarismo criminológico e as atuais práticas de reificação: uma abordagem crítica a partir da criminologia do reconhecimento. **Revista direitos humanos e democracia**, vol. 1, 2016, p. 165.

MELGAÇO, Lucas de Melo. **Securização urbana:** da psicoesfera do medo à tecnoesfera da segurança. 276 p. Tese (Doutorado em Geografia Humana) – Faculdade de Filosofia, Letras e Ciências Humanas, USP, São Paulo, 2010.

PASTANA, Débora Regina. Cultura do medo e Democracia: um paradoxo brasileiro. **Revista Mediações – Revista de Ciências Sociais**, vol. 10, n. 2, Londrina, 2005.

PASTANA, Débora Regina. Medo e opinião pública no Brasil contemporâneo. **Revista Estudos de Sociologia**, vol. 12, n. 22, Araraquara, 2007.

PAVARINI, Massimo. **Castigar al enemigo:** criminalidad, exclusión e inseguridad. Quito: Flacso Ecuador, 2009.

ROLNIK, Raquel. Regulação urbanística no Brasil: conquistas e desafios de um modelo em construção. **Anais do Seminário Internacional: Gestão da Terra Urbana e Habitação de Interesse Social**, PUCCAMP, 2000.

SPOSITO, Maria Encarnação Beltrão; GÓES, Eda Maria. **Espaços fechados e cidades:** insegurança urbana e fragmentação socioespacial. São Paulo: Unesp, 2013.

TAYLOR, Ian. **Crime in context:** a critical criminology of market societies. Cambridge: Polity Press, 2003.

ZANETIC, André. **A relação entre as polícias e a segurança privada nas práticas de prevenção e controle do crime:** impactos na segurança pública e transformações contemporâneas no policiamento. 204f. Tese de Doutorado – Faculdade de Filosofia, Letras e Ciências Humanas, Universidade de São Paulo, 2010.

Cidade do crime

Mario Francisco Pereira Vargas de Souza[1]

RESUMO. Este trabalho objetiva discutir acerca da possibilidade de as grandes cidades serem elemento facilitador da alta criminalidade. Como indicador desta criminalidade usa-se o número de homicídios. Para tanto, parte-se de uma abordagem pautada em estatísticas relativas ao ano de 2017 no estado do Rio Grande do Sul, bem como de revisão bibliográfica. A investigação consiste na observação do fenômeno urbano moderno, relacionando-o com os delitos violentos, buscando constatar se os grandes centros urbanos funcionam como vetor que contribui, por si só, para o desenvolvimento da criminalidade.

Palavras-chave. Criminalidade. Crime. Homicídios. Fenômeno Urbano. Grandes Cidades.

1. Introdução

Com o intuito de tratar das vidas e das relações sociais nos conglomerados urbanos, parte-se da indagação acerca da existência ou não de uma ligação direta entre esses locais e a criminalidade em nível elevado. Todavia, a investigação aqui apresentada, devido à complexidade do assunto e suas reflexões irradiantes, delimita-se, para análise de parte do tema e em determinadas balizas e parâmetros, qual seja: a relação entre os grandes centros urbanos e os altos níveis de criminalização.

No que tange aos níveis de criminalidade, o presente estudo versará sobre os números de homicídio e, para análise desta parcela das questões criminais existentes na

---

[1] Mestre em Direito pelo Programa de Pós-Graduação em Direito da Universidade La Salle e Especialista em Segurança Pública Universidade Federal do Rio Grande do Sul – UFRGS. Professor da ACADEPOL/RS. Delegado de Polícia.

conjuntura social contemporânea, serão acostados dados capazes de demonstrar os elevados índices de criminalidade atuais nessas cidades. Utiliza-se, assim, para tanto, o nível de homicídios, indicador padrão mundial da Organização das Nações Unidas, por meio de sua agência, a Organização Mundial de Saúde, como parâmetro de criminalidade.

É importante atentar que não se almeja, no corrente texto, pontuar as inúmeras variáveis dentro de um contexto tão vasto, como o existente internamente nas grandes cidades e a sua convivência com as realidades criminais. A partida se dá numa composição de grandes cidades para os parâmetros do Brasil, no cenário ocidental e a criminalidade sob o ponto de vista do bem da vida, apanhando o referendado indicador do número de homicídios conforme as recomendações nas Nações Unidas e recomendações estas adotadas no Brasil e na ampla maioria dos países.

Ainda, cabe frisar a adoção de algumas posições sobre as pautas urbanas com ressalvas, visto que não é o foco aqui desenvolver o tema do urbanismo ou urbanização em si, entretanto, algumas notas serão seguidas e definidas para que o texto tenha uma sustentação para além da parte criminal propriamente dita, tangenciando a questão dos assuntos das cidades, visto que o objetivo deste escrito é justamente o estudo da existência ou não de relação entre os grandes níveis de criminalidade ou violência e as grandes cidades ou os grandes conglomerados urbanos. Ainda, cabe ressaltar que a questão gira em torno nem tanto do contexto urbano em geral, pois foca-se nas grandes cidades e regiões metropolitanas.

Nesse cenário, temos atualmente uma sociedade pós-industrial, e foi a partir do surgimento das sociedades pós-industriais que se desenvolveu uma nova perspectiva social, calcada nas situações de complexidade e risco (COSTA, 2014). Com isso, uma gama de mudanças e cenários em modificação desenvolveram-se para toda a sociedade.

A amplitude da questão do fenômeno urbano é totalmente levada em conta no sentido do surgimento e propriamente da formação das grandes cidades, que é o objeto em análise, levando em conta se há vinculação ou não com o crime, e, se houver, se ela é direta ou indireta. Todavia, não será avaliado na integra tal conceito, mas será feito no andar possível, a avaliação, visto que "o fenômeno urbano manifesta hoje sua enormidade, desconcertante para a reflexão teórica, para a ação prática e mesmo para a imaginação" (LEFEBVRE, 2001, p. 7).

Com isso, a formação das grandes cidades, das regiões metropolitanas, trouxe uma série de mudanças na rotina para os seus habitantes, sob vários enfoques. Ferreira

(1970), em seu estudo sobre o fenômeno urbano, explica que os modelos de comportamento que vigoram em zonas urbanas são muito diversos dos das áreas rurais. Portanto, justifica-se o estudo pela criminalidade ser uma das questões mais debatidas nessa esfera.

Assim, articula-se a ideia de crime violento e homicídio, pelos seus índices elevados e, consequente, impacto na vida social, além de serem transgressões que assustam e amedrontam a população em geral. Apesar do alvo central ser a função ou a representação das grandes cidades na trama da criminalidade elevada na sociedade atual, não há como tratar do tema sem mencionar a ótica do medo, do risco e da imprensa, por esta ser a principal testemunha pública nesse caldo social (PASTANA, 2007).

Preliminarmente, será trazida a importante contribuição da Sociologia Jurídica para o tema, pois vislumbra-se não ser possível debruçar-se sobre um tema referente à urbanização e criminalidade, de modo que o debate não pareça esquizofrênico, deixando de aliar o que vem do jurídico com o que vem da sociedade. Ao estudar a criminalidade, privilegiam-se os aspectos sociológicos, pois o crime é um fenômeno complexo, que compreende aspectos físicos, sociais e culturais.

Em seguida, será feita uma reflexão do cenário de viver nas grandes cidades, bem como dos habitantes urbanos e sua relação com o crime. Posteriormente serão trazidos os índices sobre a quantidade de crimes de homicídios praticados no estado do Rio Grande do Sul no ano de 2017, com o intuito de elucidar as possibilidades aventadas neste estudo.

Desse modo, trata-se a tensão existente entre a vida em sociedade e as constituições de conflitos para, então, perceber se as grandes cidades, em si, têm ferramentas, ou melhor, carregam um conjunto de elementos para tornar mais propício o acontecimento dos crimes. Isto é, através do estudo dos dados que serão apresentados, intui-se demonstrar se a criminalização é condição *sine qua non* da urbanização moderna nas grandes cidades ou regiões metropolitanas.

2. Direito e sociedade: para uma melhor compreensão dos fenômenos sociais e criminais da modernidade

Muito já se indagou – e ainda se indaga – sobre as funções do direito. Há quem entenda que o papel do direito é garantir a ordem ou estabilizar os comportamentos em uma sociedade; para outros, deve ser regulador dos conflitos, ou, ainda, de expressar a justiça ou estabelecer a democracia. Quem muito se debruçou sobre o tema foi François Ost, intitulando um dos seus livros com a indagação: "Para que serve o Direito?"

Para Ost (2016), o fenômeno jurídico deve ser abordado e analisado de maneira interdisciplinar, quer dizer, através de uma aproximação com as ciências sociais. Para tanto, com uma rápida reflexão acerca da Sociologia e do Direito, percebe-se que ambas as matérias estão umbilicalmente conectadas. Em tempos modernos que resultam em uma dinâmica de vida social cada vez mais complexa, a tarefa de regulação das normas da sociedade não consegue mais ser pensada e executada exclusivamente pelo direito.

A sociologia é uma disciplina dinâmica e progressiva, capaz de produzir, permanentemente, novos estudos – aliás, o que em nada é surpreendente, levando-se em consideração a capacidade de metamorfose do ser humano, nos mais distintos momentos de sua existência. Para Habermas, a sociologia é o coração das ciências sociais; vez que é disciplina e superdisciplina, ao mesmo tempo que é sociologia e teoria da sociedade. A ela coube a incumbência de desenvolver os marcos teóricos para a vinculação entre cultura e sociedade, entre política e economia.

Portanto, é na sociologia que permanece reservada a manutenção da comunicação com as ciências humanas, com a filosofia, com a história, com a teologia e com as ciências jurídicas. A sociologia tem a linguagem do entendimento interdisciplinar (HABERMAS, 2015). Tendo em vista o considerável serviço que as ciências sociais são capazes de oferecer à humanidade, Bauman e May (2010, p. 265) descrevem a sociologia da seguinte forma:

> Caracterizamos a sociologia como um comentário da vida social. Ao fornecer uma série de notas explicativas às nossas experiências, ela também mostra implicações para a maneira como conduzimos nossa vida. Atua, assim, como meio para refinar o conhecimento que temos e empregamos em nosso dia a dia, trazendo à luz, além de nossas realizações, as coerções e possibilidades enfrentadas, relacionando nossas ações às posições e condições em que nos encontramos.

Por seu turno, a Sociologia Jurídica cuida das relações entre o Direito e a sociedade, partindo do pressuposto do importante papel que a atuação do direito exerce em um determinado meio social, sem deixar de analisar as influências que a sociedade exercita na produção das normas e preceitos jurídicos. Desse modo, o direito não comporta uma limitação do seu estudo a uma análise isolada da dogmática jurídica, apartada do contexto social sobre a qual ela produz os seus efeitos (ARNAUD; DULCE, 2000).

À vista disso, o presente artigo intui articular a criminalidade com o espaço em que ela se articula e realiza, sob um prisma jurídico-social. Assim, da indagação de Ost (2016) pode-se tirar – mesmo sem neste tópico conseguir responder a complexa questão de que para que serve o direito – de que o fenômeno do direito em todo o tempo conecta-se com os fenômenos sociais.

Parece-nos que, no atual contexto político, jurídico e social, uma das tarefas de maior importância da sociologia jurídica brasileira é trabalhar o paradigma da violência urbana. Portanto, a partir dessas ideias preliminares, passa-se ao estudo da relação entre as cidades, seus habitantes e o crime.

3. Cidade, habitante urbano e crime

Buscando avaliar a possível relação das grandes cidades com a criminalidade, constata-se que as formas urbanas têm sua maior forma pós Revolução Industrial, independentemente do tipo de cidade, elas chegam à época presente com grande energia. As cidades possuem uma série de características e aspectos de um tipo de vida, denominado "urbano", permitindo a verificação de características morfológicas, funcionais e estruturais dos conjuntos "citadinos", além de se relacionarem com as condições históricas e sociológicas que estiveram presentes na sua origem, criação e manutenção (FERREIRA, 1970). Nesse sentido, Wirth (1967, p. 95) ensina que, "para fins sociológicos, uma cidade pode ser definida como um núcleo relativamente grande, denso e permanente, de indivíduos socialmente heterogêneos".

E é justamente nessa heterogeneidade que as complexidades se desenvolvem e se intensificam. Para Wirth (1967), a fotografia de uma cidade pode ser interpretada como a sua predominância. Logo, em grandes centros urbanos, esse retrato trata-se de uma concentração de instalações e atividades industriais, comerciais, financeiras e administrativas (WIRTH, 1967). A cidade ainda pode ser definível por diversas formas, contudo, é comum representá-la como um estabelecimento compacto (ao menos relativamente), como uma localidade, e não apenas como casarios mais ou menos dispersos (VELHO, 1979).

De acordo com Park (1979), a cidade é o habitat natural do homem civilizado, no sentido de ser idealmente um local onde os recursos estariam mais disponíveis e deveriam propiciar uma pacífica atividade social. Portanto, pode-se aceitar a cidade como um imenso laboratório, no qual os agentes urbanos convivem e realizam as suas atividades, dentro de um verdadeiro sistema marcado pela aglomeração da maior parte das populações (FERREIRA, 1970).

Por sua vez, Giddens (1981) explica que as sociedades são sistemas geralmente muito vastos, caracterizados por um conjunto de instituições e associados a um determinado território, pode-se dizer, uma cidade. Ainda, para o autor, os membros de uma sociedade deveriam demonstrar um sentimento de pertença que lhes dá uma identidade comum, sobre a qual se funda a pretensão de ocupar o território em questão.

Todavia, nessa mesma lógica de Giddens (1981), as civilizações modernas, ou sociedades industriais, dividem-se em classes, e, segundo o autor, essas relações entre as classes afetam de forma significativa a dinâmica dessas sociedades. Desse modo, o viver na cidade, ainda mais essencialmente na grande, é, em parte, considerado muito distinto daquele encontrado nas cidades pequenas.

Contrariamente aos outros tipos de localidades, onde a maioria das pessoas ocupa-se de atividades relacionadas à agricultura ou à criação de animais, o essencial da população ativa das metrópoles trabalha nas empresas, nos escritórios ou no comércio. Desse modo, as cidades tornam-se de tamanhos mais importantes em relação às zonas não industriais; elas abrigam o essencial da população. Nizet (2016, p. 50), baseado nas ideias de Giddens sobre a sociedade e as grandes cidades, explica que:

> Aí se desenvolvem relações entre pessoas que, o mais frequentemente e previamente, não se conhecem. As grandes empresas e o Estado influenciam profundamente nos diferentes aspectos da vida das populações: na alimentação, na educação, nas formas de lazer, nas relações íntimas etc. Enfim, a industrialização teve por efeito o crescimento da produção de armas; com o poderio econômico, a superioridade militar tornou-se responsável pela extensão dessas sociedades ao longo dos dois últimos séculos.

Percebe-se, então, que as sociedades urbanas e as rurais distinguem-se não somente pelos fatores de recursos em geral, mas também em relação ao modo de viver de cada cidadão. O habitante da área citadina também se diferencia do habitante da área rural essencialmente nos seus hábitos.

Importa ressaltar que é no seio das cidades que as novas atividades aparecem. Nas sociedades de classes desenvolve-se uma produção industrial muito diversificada, que termina por se especializar em função de cada região. Para Giddens (1981), a esses modos de divisão do trabalho correspondem modos de integração social específicos. Percebe-se, pois, de acordo com o tipo de sociedade, formas de interação embasadas sobre diferentes graus de distanciamento espaço temporal.

Logo, nas zonas rurais, a maioria dos encontros opera-se num face a face, entre indivíduos presentes no mesmo espaço e no mesmo momento. Os laços entre as pessoas, sustentados pela tradição, exercem um papel fundamental na garantia da integração dos atores sociais dessas determinadas localidades (NIZET, 2016, p. 54). Em razão dos desenvolvimentos das grandes cidades, as relações se nutrem mais frequentemente entre pessoas distantes não só no espaço, como também no tempo.

Giddens (1981) sublinha ainda que cada tipo de sociedade está vinculado ao seu modo de estruturação nos espaços e que o desenvolvimento do capitalismo industrial diferenciou as cidades das zonas rurais, quando separou o domicílio do local de trabalho. Essa separação de espaços abriu lugar para um novo recorte do tempo, ou seja, o tempo destinado ao trabalho e ao tempo livre, ou, ainda, tempo "para si".

Tal recorte espaço temporal também termina por marcar profundamente as relações sociais e familiares. As fortes interdependências que ligavam os indivíduos são reduzidas e, nesse contexto, os problemas mais profundos da vida moderna tornam a brotar da pretensão dos indivíduos em preservar a autonomia e a peculiaridade de sua existência frente às superioridades da sociedade (SIMMEL, 2005). Assim, o homem, apesar da força do social, busca paradoxalmente a sua individualidade, mesmo que não a consiga plenamente.

Tem uma tipologia complexa nas grandes cidades, que articula várias dimensões: os modos de divisão do trabalho, os modos de interação e integração social, além das formas de dominação e os tipos de estados. Em virtude disso, acentuam-se as diferenças nas relações dos habitantes do meio urbano e do meio rural.

O cidadão da vida urbana tem uma sequência excessivamente acelerada, na qual o fundamento psicológico sobre o qual se eleva o tipo das individualidades de uma cidade grande é a intensificação da vida nervosa, resultado de uma mudança rápida e ininterrupta de impressões interiores e exteriores. Por outro lado, o habitante de uma cidade pequena vai ter uma vida em ritmo mais tranquilo e calmo, pautando suas relações pelo sentimento, conforme descreve Simmel (2005, p. 578).

> Assim, o tipo do habitante da cidade grande – que naturalmente é envolto em milhares de modificações individuais – cria um órgão protetor contra o

> desenraizamento com o qual as correntes e discrepâncias de seu meio exterior o ameaçam: ele reage não com o ânimo, mas sobretudo com o entendimento, para o que a intensificação da consciência, criada pela mesma causa, propicia a prerrogativa anímica. Com isso, a reação àqueles fenômenos é deslocada para o órgão psíquico menos sensível, que está o mais distante possível das profundezas da personalidade.

O homem da diminuta cidade tem uma série de relações interiorizadas, as quais fornecem uma cor, uma face mais íntima e profunda à sua conexão com a outra pessoa; enquanto o homem da grande cidade tem uma rotina líquida, com extrema pressão monetária, pois o dinheiro é utilizado para medir quase tudo, acaba por ter uma série de questões de nervos, pela diferença e velocidade da sua vida e das questões existentes nas avantajadas cidades e, consequentemente, preza mais pela intelectualização e pelos princípios monetários de uma economia monetária (SIMMEL, 2005).

Os cidadãos urbanos têm uma espécie de "reserva", o que Simmel (2005) chama de "um sentimento estilo *blasé*", o qual pode ser considerado até mesmo uma ausência de diferenciação. Para o autor talvez não haja nenhum fenômeno anímico que seja reservado, de modo tão incondicional, à cidade grande como o caráter *blasé*, que é, incialmente, a consequência daqueles estímulos nervosos da rotina líquida.

Aliado a isso, as reflexões de Bauman (2008) permitem denotar que tais sentimentos ocorrem abundantemente porque, nas extensas cidades há presença de uma sociedade de consumo, de risco e de medo, tornando enorme a possibilidade de estranhamento entre os indivíduos. Trata-se do que Giddens (1981) denominou de "sociedade de classes".

Logo, os grandes centros urbanos constituem um cenário onde existe, perceptivelmente, um afastamento entre as pessoas – são diferentes as relações entre vizinhos, consumidores, fornecedores etc. Ainda nesse conceito de relação de consumo, tem-se um fator imensamente diferenciador entre a cidade grande e a pequena: verifica-se que as grandes e modernas cidades alimentam-se quase que completamente de uma produção para o mercado, isto é, para consumidores completamente desconhecidos, que nunca se encontrarão com os produtores originários, enquanto que as relações de consumo nas cidades pequenas ou rurais se dão com estreita proximidade entre quem fornece e consome (SIMMEL, 2005).

Vários são os fatores e as denominações para as relações sociais modernas e distanciadas. Para Santos (1988), essa sociedade urbana desenvolveu uma cultura das massas a partir de diversos elementos, que, ao fim e ao cabo, representa uma sociedade do risco, do medo, da reserva, do afastamento, do dinheiro como a valorização de praticamente tudo, da ausência das relações íntimas para os contatos entre as pessoas dessas volumosas cidades. Entretanto, em meio a todas essas características, não desaparece a necessidade inerente ao homem de se diferenciar e, ao mesmo tempo, ter um grupo, sentir-se parte de um círculo.

Por conseguinte, nas grandes cidades, muitas vezes, terminam por ocorrer comunicações somente entre determinados grupos, as interações são travadas entre "tribos", ficando, nesse contato, a figura individual do ser humano quase anônima. Esses fatores deslocam as relações sociais para locais e com pessoas específicas, e, quando determinada "tribo" entra em contato com outra, as distintas maneiras de viver confrontam-se, o que provoca repercussões profundas. Apesar de cada indivíduo carregar certa responsabilidade e características próprias de individualidade, torna-se inegável nas sociedades a presença da ideia de grupos.

A partir disso, surgem elementos para elucidar a criminalidade contemporânea e o surgimento das facções criminosas. De acordo com Cipriani (SANTOS, 2017), facções criminais são uma forma de viver a criminalidade coletivamente, em que diferentes grupos espalhados em diversos locais partilham determinadas características comuns, apesar de possuírem particularidades. Contudo, devido à sua inscrição no universo delituoso, seu conceito teórico ainda é frágil e envolve campos de difícil acesso.

Outro traço comum às facções é a expansão de suas atividades para as ruas, através de uma interação entre os territórios prisionais e os territórios nas cidades, pela projeção de poder, de domínio e influência sobre o espaço urbano (SANTOS, 2017). Tais relações se dão, preferencialmente, nas periferias dos grandes centros urbanos, onde a atuação do Estado é precária e o acesso ao trabalho formal e à educação é restrito. E é justamente nesse cenário que as facções articulam as suas atividades criminosas como fonte de renda, tendo como horizonte principal o entorno do mercado de armas e de drogas – ainda não limitado a eles. Logo, um entorno que gera violência, que leva a mortes.

Ademais, a comunicação entre esses grupos proporciona um afastamento entre os indivíduos em si, no que tange às relações intersubjetivas e pessoalizadas. Sendo assim, homicídios deixam de ser cometidos contra um indivíduo específico e passam a ser contra um membro de determinada facção; perde-se o caráter único e individual do ser humano. Tal situação torna-se, objetivamente, um facilitador na tomada de decisão para uma ação criminosa (ou não) pôr uma pessoa contra outra, visto que a prática será considerada do grupo "A" contra o grupo "B", o que, de certa forma, desumaniza a relação, aliviando uma certa responsabilidade individual da pessoa pelos seus próprios atos. Logo, até pode-se ter aí, entre uma facção e outra, dentro desse quadro delitivo, a ideia de uns inimigos dos outros simplesmente por serem de facções opostas, e que "o inimigo torna-se uma não pessoa" (FRANÇA, 2012).

Em decorrência disso, torna-se possível articular a constatação da presença de altas taxas de criminalidade nas grandes cidades brasileiras. Por certo não é só o fator "grande cidade" o causador de elevados índices de criminalidade, mas os conflitos sociais observados nos contextos de grande exposição à violência estabelecem relações de poder com base no controle do território urbano (PIMENTA, 2015).

Nesse âmbito das sociedades industrializadas tardiamente, como o caso do Brasil, surge o fenômeno caracterizado pelo incremento dos laços de interação social entre os grupos específicos, orientados por modos violentos de sociabilidade. Ocorre o que Tavares dos Santos (2004) chamou de "inversão nas expectativas do processo civilizatório."[2]

Portanto, no Brasil contextualiza-se a emergência do crime organizado no interior do processo de expansão urbana. O rápido surgimento das grandes metrópoles, onde se formam zonas de segregação social e espacial, caracterizadas por situações de pobreza e vulnerabilidade social, deu-se de forma paralela à expansão da violência e do recurso de práticas ilegais, resultando na produção da territorialização da violência no espaço urbano. Ainda, Pimenta (2015, p. 103) descreve que:

> As relações cotidianas que se dão entre pessoas que se conhecem e mantêm laços de sociabilidade no espaço do bairro se dão entre grupos organizados envolvidos em atos ilícitos que detêm o mesmo status de pertencimento. (...) a dimensão de território torna-se fundamental para a compreensão da natureza dessas relações: o senso de "comunidade" está profundamente enraizado na percepção dos limites que arbitrariamente se formam, ao longo do tempo e conforme padrões de ocupação do espaço urbano e que estabelecem relações de proximidade e distância social entre "conhecidos" e "desconhecidos.

---

[2] Importa ressaltar que é preciso perceber e diferenciar, nestes pontos, patamares entre os países com maior desenvolvimento econômico e social dos com desenvolvimentos menores. Contudo, mesmo levando-se em conta os patamares socioeconômicos, nos países com maiores recursos financeiros e sociais também há diferenças em relação aos níveis de criminalidade das grandes e pequenas cidades. Isto é, mesmo em um país com excelentes níveis de desenvolvimento persiste a maior criminalidade nos grandes centros urbanos e a apuração por meio do indicador de homicídios é fartamente objetiva nesse aspecto.

Com base nessa realidade, nota-se que, seja através de estudos etnográficos como o realizado por Pimenta (2015), ou pela análise de dados estatísticos, as grandes cidades brasileiras possuem índices de criminalidade acentuados, ao menos para os padrões do mundo ocidental. Portanto, nessa mesma linha, os centros urbanos nacionais têm elevados números de homicídios, que, mesmo com períodos de diminuição, variam e voltam a avançar[3], o que demostra crônico, e não eventual, o problema.

Requer-se, a partir disso, analisar a temática da criminalidade nas grandes cidades brasileiras. Apesar de esta ser uma questão de nível nacional, as reflexões suscitadas na sequência deste estudo delimitar-se-ão na agenda do estado do Rio Grande do Sul, onde, via de regra, as grandes cidades possuem elevadas taxas de homicídio, que é o balizador utilizado na análise.

A partir da observação dos altos números de homicídios nos grandes municípios gaúchos, tendo por base os padrões internacionais, pauta-se a questão da intersecção da criminalidade entre as grandes e pequenas cidades do estado. Ainda, importa observar esses reflexos no cotidiano das cidades, no intuito de romper o desequilíbrio das forças que trazem a insegurança para a população.

4. Cidade do crime

Dado o enfraquecimento do controle exercido pelas relações afetivas sociais, o controle deixa de acontecer na esfera privada, passando para a esfera pública. Percebe-se a direta relação entre a organização do espaço e a criminalidade, consequentemente, o crime torna-se um produto social da vida urbana. Conforme os índices apurados pela Secretaria de Segurança do estado do Rio Grande do Sul[4], o nível de crime no estado concentra seus mais elevados índices nas maiores cidades.

No que tange aos dados populacionais, o Rio Grande do Sul possui um total de 497 cidades, sendo que uma grande parte desses municípios está alocada na região metropolitana da capital Porto Alegre. De acordo com o IBGE, o estado possui aproximadamente 11 milhões e 300 mil habitantes, dos quais mais da metade estão distribuídos em 19 municípios, ou seja, cada um com mais de cem mil habitantes. Ainda, cerca de 40% da população rio-grandense está localizada na região metropolitana.

---

3 Dados disponíveis em: <http://www.ssp.sp.gov.br/Estatistica/PerfilHomicidio.aspx>. Acesso em: 21 jul. 2020.

4 Disponível em: <http://www.ssp.rs.gov.br/indicadores-criminais>. Acesso em: 21 jul. 2020.

E a capital, Porto Alegre, é o município mais populoso, com aproximadamente um milhão e meio de habitantes (IBGE, 2010).

Especificamente, a capital e a região metropolitana formam um grande conglomerado urbano, e essa acumulação muito se destaca pelo alto patamar de ocorrência, principalmente de delitos de homicídios. Nesse grande cordão urbano metropolitano há uma região na qual, muitas vezes, os seus limites territoriais e funcionais confundem-se, principalmente na perspectiva de aparelhos da municipalidade: como cemitérios, presídios, escolas e hospitais. Em virtude disso, o habitante de tais áreas detém uma atividade diferente das pequenas cidades, pois a rotina do habitante urbano possui determinadas facilidades, como mobilidade e distâncias reduzidas, proporcionando, em vários casos, que os habitantes dos grandes centros urbanos estudem em determinada cidade, residam em outra, ainda trabalhem em uma terceira e podendo ainda vir a receber tratamento médico em uma quarta cidade desse conjunto urbanístico, e assim por diante.

Esse indivíduo, consequentemente, tem mais relações intersociais diárias, as quais têm potencial gerador de uma gama de efeitos, como estranheza e aversão. Acerca de tais sensações, Simmel (2005, p. 583) discorre que:

> Decerto, se não me engano, o lado interior dessa reserva exterior não é apenas a indiferença, mas sim, de modo mais frequente do que somos capazes de perceber, uma leve aversão, uma estranheza e repulsa mútuas que, no momento de um contato próximo, causado por um motivo qualquer, poderia imediatamente rebentar em ódio e luta.

A cidade submete o indivíduo a certos estímulos que o conduzem à impessoalidade, à liberdade, ao anonimato e ao distanciamento, tanto físico, quanto emocional. Desse modo, a cidade rompe com mecanismos tradicionais de controle dos comportamentos, vez que, apesar dos contatos da cidade poderem ser face a face, não o são, pois, não obstantes, são impessoais, transitórios e segmentários (WIRTH *apud* FREITAS, 2002).

Logo, as grandes cidades sofrem a realidade da presença acentuada da criminalidade. O que contraria o plano ideal, no qual o exercício a ser feito em uma grande cidade trataria simplesmente de maximizar os elementos positivos, de poder circular da melhor maneira possível, e de minimizar o que é risco e inconveniente, como o roubo e as doenças, mesmo sabendo que nunca serão totalmente suprimidos (FOUCAULT, 2008).

Nessa linha, surge uma das principais correntes da Escola de Chicago[5]: a Ecologia Criminal. Pegam-se emprestados da ecologia os conceitos de simbiose e invasão, além de sucessão e dominação, para concluir que o crime não depende unicamente do indivíduo, mas também do ambiente dos grupos dos quais faz parte. Para tanto, constrói-se a Teoria das Zonas Concêntricas, buscando demonstrar como as cidades geralmente estão organizadas.

Aponta-se que em todas as cidades há uma zona central, denominada *loop*, e que ao redor dela se espalha o restante da cidade em círculos concêntricos. Verifica-se, então, que a criminalidade aumenta das margens para o centro. A zona 1, denominada *loop*, refere-se aos espaços comerciais, bem como os mais barulhentos, de trânsito problemático e constante poluição. Por sua vez, a zona 2 é aquela com maior criminalidade, pois quem ocupa esses espaços ali está por não ter outra opção, tendo de estar próximo aos seus locais de trabalho por não poderem arcar com os custos de um maior deslocamento.

Logo, na zona 2, o contato pessoal é precário, pois é habitada por estranhos. A situação de desorganização desta zona remete a situação de ausência de laços de solidariedade e a relações transitórias, além de baixa vigilância, o que proporciona um ambiente favorável ao aumento da criminalidade (BAUMAN, 2009).

Nessa conjuntura de planejamentos urbanos, formam-se "cidades do crime" com consequentes feições ditadas por uma "arquitetura do medo", quer dizer, mais cercas, muros mais altos e sofisticados sistemas de segurança e alarmes (PASTANA, 2005). Notadamente, as relações entre a vida urbana e a criminalidade, oriundas da Escola de Chicago, ainda hoje continuam relevantes e passíveis de análise, vez que demonstram o caráter criminógeno das cidades, correspondentes às transformações oriundas dos processos de urbanização (DIAS; ANDRADE, 1997).

Neste escopo, o estado do Rio Grande do Sul deteve, no ano de 2017, nos meses de janeiro a setembro, conforme as informações consolidadas pela Secretaria de Segurança Pública[6], o registro de 2.017 mortes criminosas e dolosas, ou seja,

---

5 Grupo de professores pesquisadores da Universidade de Chicago. Na sociologia, a Escola de Chicago refere-se à primeira importante tentativa de estudo dos centros urbanos combinando conceitos teóricos e pesquisa de campo de caráter etnográfico, tendo alguns dos seus maiores representantes: William I. Thomas, Florian Znaniecky, Robert E. Park, Louis Wirth, Ernest Burgess, Everett Hughes e Robert McKenzie (SCHECARIA, 2004).

6 Esses dados estão disponíveis em: <http://www.ssp.rs.gov.br/indicadores-criminais>. Acesso em: 21 jul. 2020.

homicídios. Dos 497 municípios gaúchos, apenas nove detêm um total de mais de cinquenta homicídios em números absolutos no ano, e, dessas nove localidades, sete estão localizadas na região metropolitana. Sendo que as únicas duas cidades desse território metropolitano com mais de cinquenta assassinatos são áreas urbanas com aproximadamente 350 mil até 500 mil habitantes e consideradas polos na sua região, uma localizada na Serra Gaúcha e outra na Zona Sul do estado.

No período analisado, averiguou-se que em trezentas cidades do estado não ocorreu nenhum homicídio. Apesar de esses dados organizados também carecerem de análise específica, todavia, confluem para a constatação de que o maior número de ocorrências de assassinatos se dá nas áreas urbanas.

No palco das cidades grandes, conforme explica Tavares dos Santos (2004), ocorrem os processos de individualização, reforçando os afrouxamentos dos laços de solidariedade e afetividade, o que, reflexivamente, contribui para a disseminação da violência difusa presente nas sociedades contemporâneas. Entretanto, o indivíduo não deixa de portar alguma exigência de diferenciar-se de determinadas circunstâncias nas quais está inserido, e nesse universo a sociedade organiza-se a agrupa-se, formando facções.

Nesse sentido, além do contexto das grandes cidades, onde as pessoas tendem a perder suas reações interiorizadas para com os outros, percebe-se que, com as facções, há maior afastamento entre os indivíduos, tendo em vista que no contexto urbano as lutas de facções, de grupos, de classes, reforçam o sentimento de pertencer (LEFEBVRE, 2001). Isso torna-se um catalisador para a ausência de freios, emergindo, assim, explicação para o aumento de crimes e da quantidade de violência desferida entre as pessoas.

Aproximando-se dos pensamentos de Simmel (2005) publicados no livro "Espírito da Cidade" e de Lefebvre (2001) em "O Direito à Cidade", percebe-se que o viver é diferente na cidade grande, pois as pessoas não se conhecem, tendendo-se ao afastamento e à não criação de laços afetivos. Porém, poderia isso influenciar no contexto da violência criminal?

Comparando-se com cidades pequenas, ou rurais, nota-se que as pessoas se conhecem com mais facilidade, há maiores graus de parentesco ou proximidade de vizinhança, portanto, criam-se mais vínculos afetivos e as balizas e freios sociais são mais acentuados. Adentrando-se a uma lógica comparativa entre as grandes e pequenas cidades, vê-se que a dinâmica da cidade urbana influi no cotidiano e nas relações sociais, refletindo-se nos índices relacionados à criminalidade.

A cidade submete os seres humanos a determinados estímulos, conduzindo-os à impessoalidade, à liberdade, ao anonimato e ao distanciamento, tanto físico quanto emocional. A cidade, então, rompe com os mecanismos tradicionais de controle dos comportamentos, pois mesmo que os contatos possam ser face a face, são transitórios e impessoais (FREITAS, 2002).

O afastamento entre as pessoas e a ausência de freios, na composição urbana, propiciam a existência de um "poder paralelo", suscitando o que Giddens (1982) chama de contrapoder. O crime não costuma ter um escopo positivo, mas, sim, a má direção, com estratégias para exercer o seu comando e, conforme analisou Santos (2014), essas estratégias envolvem a criação de uma ordem jurídica interna, paralela (e por vezes oposta) à ordem jurídica oficial do Estado, abrindo espaço para atitudes delituosas.

Enquanto o modo de vida de uma comunidade socialmente mais próxima representa a probabilidade de maiores barreiras para a criação de ordens jurídicas paralelas e, consequentemente, para a criminalidade, os grandes centros urbanos e seus entornos propiciam o afastamento dos atores sociais, instaurando estigmas, os quais levam a criações de facções como formas de identificação. Isto é, diminuem-se as barreiras afetivas e sociais e, como sequela, aumenta-se a probabilidade de cometimentos de crimes. É o fenômeno das cidades com crime e no crime, ou melhor: cidades do crime.

5. Considerações finais

O breve estudo aqui apresentado tem como condão propor apenas algumas linhas de reflexão, com base nas leituras informativas trazidas. Constata-se, então, que os índices atuais de criminalidade se apresentam em maior grau nos grandes centros urbanos, principalmente no que tange aos homicídios. Isto é, crimes que lesionam o indivíduo e não diretamente a comunidade de uma maneira geral.

Dentro da reflexão proposta, se poderia chegar a dois caminhos distintos: um relacionado à maior quantidade de ocorrência de crimes contra a vida em função da dinâmica social nos grandes centros urbanos e outro que simplesmente afirma que uma grande cidade tem maior número de delitos contra a vida porque tem uma maior população. Sem o intuito de esgotar as discussões sobre o tema, conclui-se que a referência pura e simples da maior população ter como consequência diretamente mais crimes não prospera. O próprio indicador é qualitativo, o que quer dizer que a marca de até dez homicídios a cada cem mil habitantes seria o máximo aceitável nesse tipo de ocorrência, dentro do padrão proposto pelas Nações Unidas.

As sociedades complexas costumam situar o crime no indivíduo, ou até mesmo na facção que o cometeu, mas nunca no modelo de interação social que se adotou. Desse modo, torna-se relevante debruçar-se sobre as contribuições advindas da Escola de Chicago, relacionando-as às situações presentes nos cotidianos das pequenas e grandes cidades.

Assim, fundamental observar algumas conclusões, ou, melhor dizendo, indagações da vida urbana, quais sejam: o habitante dos grandes municípios difere-se em virtude do círculo social no qual ele habita? Pode-se considerar como uma das, senão a mais importante, diferenças a forma como os atores sociais interagem entre si?

Para tanto, as reflexões mencionadas pelos referenciais teóricos apontam algumas sugestões que colaboram para o fortalecimento dos laços sociais e, consequentemente, a diminuição da insegurança e da criminalidade. A ideia trazida por Simmel (2005) de reserva ou afastamento demonstra uma vontade de proteção da maior quantidade de relações sociais, a qual é perceptível nas grandes cidades. Somado a isso, as rápidas transformações trazidas pela globalização trouxeram o sentimento de risco e consequente medo social, muito influenciado pela mídia, o que faz surgir estigmas, os quais segregam ainda mais a população.

Dentro desse contexto, os diferentes atores sociais buscam encontrar suas identidades. Abre-se espaço para, a partir de certos estigmas, surgirem gangues que podem se tornar facções criminosas, atuando também como forma de identificação em um meio social.

Essa dicotomia entre os indivíduos os coloca em uma posição que enxerga e considera os não pertencentes ao seu "grupo" como uma não pessoa. A ausência de distâncias consideráveis entre as cidades – principalmente nas regiões metropolitanas – aliada a uma delinquência que não percebe limites territoriais faz com que as facções se espalhem com maior facilidade, aumentando o raio de cometimento de delitos, expandindo-se. Isso se explica pelo fato de os delinquentes não cometerem crimes nas localidades que reconhecem como suas, o seu bairro, por exemplo. Portanto, as possibilidades na metrópole de reconhecimento ou ligação são bastante menores do que as encontradas em pequenos municípios. Logo, a ausência do sentir, do fazer parte de determinada comunidade, interfere no ato de delinquir.

A partir da leitura e análise dos índices do estado do Rio Grande do Sul, percebe-se que, muito além da distribuição geográfica e dinâmica dos municípios, o afastamento entre as pessoas que habitam a cidade grande, quer dizer, a ausência de sentimento de pertencer a uma comunidade, interfere para o aumento da criminalidade. A discussão primordial ocorre na questão de o habitante da cidade grande ter menos freios, mais estranheza, reserva, ausência de sentimento de comunidade e de proximidade, afastando-se muito mais do seu próximo, se comparado aos habitantes das cidades pequenas.

Esses fatores levam a uma maior probabilidade de cometimento de crimes, e, por conseguinte, a uma maior ocorrência de crimes violentos, ou a uma maior taxa de violações. Assim, as cidades grandes têm maior indicador de homicídios e o enredo do medo, do risco e do afastamento social atua como vetor para esse fenômeno. Simmel (2005, p. 582-583) explica esses sentimentos como:

> Em parte por conta dessa situação psicológica, em parte em virtude do direito à desconfiança que temos perante os elementos da vida na cidade grande, que passam por nós em um contato fugaz, somos coagidos àquela reserva, em virtude da qual mal conhecemos os vizinhos que temos por muitos anos e que nos faz frequentemente parecer, ao habitante da cidade pequena, como frios e sem ânimo.

Apesar de muito já se haver debruçado sobre as questões sociológicas e criminológicas acerca da criminalidade nas sociedades contemporâneas, os seus reflexos e suas relações conflituosas seguem latentes, o que segue instigando pesquisadores, bem como os agentes públicos, a trabalhar as questões desafiadoras de cidadania, segurança e cidade para todos. Vive-se um período de crise em relação à segurança nas grandes cidades brasileiras, e toda crise de paradigma funciona como uma pré-condição necessária para novos referentes e novas propostas.

Assim, fundamental observar algumas conclusões ou mais propriamente indagações da vida urbana na grande cidade, quais sejam: o habitante do grande município tem diferenças quanto ao círculo no qual ele habita; podemos considerar essas diferenças como a quantidade de interações entre as pessoas; a ideia de "reserva" (SIMMEL, 2005) ou afastamento, para se proteger dessa maior quantidade de relações interpessoais; a presença da rotina com alterações cada vez mais velozes; o medo; a influência mais pesada da mídia; os riscos e o sentimento de riscos; a questão monetária; ao mesmo tempo a busca pela diferenciação; os jovens buscando alguma identidade, as gangues, as facções criminosas como forma de identificação; a não diferenciação e a consideração do outro como uma não pessoa; os consumidores e fornecedores sem qualquer relação intersubjetiva; a ausência de distâncias consideráveis fisicamente entre as cidades (nas regiões metropolitanas); a delinquência não respeitando limites territoriais; os delinquentes comentem delitos em outras cidades, mas na sua localidade não, da mesma forma que na grande cidade um criminoso não comete um delito no seu bairro, mas em outro sim; as possibilidades na metrópole de alguém se conhecer são infinitamente menores das encontradas no pequeno lugarejo; e a presença de um sentimento de ausência de sentir, "fazer" parte de determinada comunidade, é enorme na grande cidade.

Por outro lado, pode parecer que a cidade pequena não é sinônimo de possuir menos crimes: mas o é. No Rio Grande do Sul o é. Todavia, o contrário não será regra, pois uma cidade grande não será sempre condenada aos altos índices de criminalidade, o motivo não é esse, e sim um dos motivos é o afastamento entre as pessoas que habitam a cidade grande, ou seja, a ausência de sentimento de pertencer a uma comunidade.

A discussão primordial ocorre na questão de o habitante da cidade grande ter menos freios, mais estranheza, reserva, ausência de sentimento de comunidade e de proximidade, afastamento com o seu próximo, do que aquele habitante da cidade pequena. E isso pode levar a uma maior probabilidade de cometimento de crimes, ou a ocorrência de crimes mais graves, ou a uma maior taxa de violações; por fim, nos informes utilizados, as cidades grandes têm, sim, um maior indicador de homicídios. E, certo que um forte vetor para isso acontecer se dá dentro do enredo de medo e risco, afastamento entre as pessoas, vizinhos os quais não conhecem e com os quais não convivem, por exemplo. Como assevera Georg Simmel (2005, p. 583):

> Em parte por conta dessa situação psicológica, em parte em virtude do direito à desconfiança que temos perante os elementos da vida na cidade grande, que passam por nós em um contato fugaz, somos coagidos àquela reserva, em virtude da qual mal conhecemos os vizinhos que temos por muitos anos e que nos faz frequentemente (sic) parecer, ao habitante da cidade pequena, como frios e sem ânimo.

É com lucidez que o contexto criminoso é diferente (ao menos em alguns aspectos de uma conjectura tida como legal da sociedade) na grande e na pequena cidade. Contudo, o objetivo nessa pesquisa não está lastreado em fornecer uma solução, mas, sim, em demonstrar que a cidade grande e sua conjuntura são fatores propositores da maior chance de uma violação ocorrer.

A alta criminalidade nas grandes cidades é motivada por vários fatores, muitas vezes repetidos, como o desemprego, desigualdade social, falta de aparelhos de segurança, questões urbanas etc. Nesse sentido, os investimentos genéricos em segurança, por exemplo, são um caminho imediato e que rende resultados.

Pode-se propor tratar uma espécie de causa do problema, não a única, mas uma espécie de causa existente, que é o afastamento entre as pessoas, e a partir daí buscar construir uma forma melhor de ação urbana e social. Assim, nessa torre criminal, pode ser razoavelmente eficiente também mudar parte desse contexto da vida urbana, que é a relação entre as pessoas deixar de ser afastada e passar a ser mais próxima, dentro das possibilidades impostas pela própria conjectura da cidade grande.

A mudança apontada certamente não é a única, mas com certeza pode alterar positivamente uma parcela fundamental do ambiente urbano da grande cidade, o qual facilita a ocorrência de crimes, e isso seria essencialmente alterado com uma maior proximidade entre os moradores desses conglomerados urbanos.

Restam os desafios e as inquietações, que, apesar de um pouco utópicas, permearam toda a construção deste trabalho: como romper com a lógica que transformou os grandes centros urbanos em cidades do crime? Como transformar o paradigma da desconfiança em solidariedade?

Dentro desse contexto de indagações e reflexões, remete-se a mais um questionamento, o proposto por Ost (2016): para que serve o Direito? De acordo com o autor, "serve aos fins que nós imaginamos para ele". Espera-se que, frente a essa conjuntura, sejamos capazes de imaginar o melhor.

Portanto, uma ferramenta para desconstruir o atual cenário criminoso urbano das grandes cidades é a mudança de comportamento dos habitantes, passando a conhecer os vizinhos, as pessoas, a construir mais relações baseadas na solidariedade. Nos dizeres de Bauman (2009), é a dissolução da solidariedade que termina por materializar o fim do universo no qual a modernidade sólida administrava os medos e conflitos. Entretanto, sem esquecer ou tirar da atenção as necessidades básicas de investimento em segurança pública, para que, consequentemente, essa lógica dos grandes centros urbanos e de suas elevadas taxas de criminalidades seja quebrada e a população não habite cidades do crime.

Referências

ARNAUD, André-Jean; DULCE, Maria José Fariñas. **Introdução à Análise Sociológica dos Sistemas Jurídicos.** Rio de Janeiro: Renovar, 2000.

BAUMAN, Zygmunt. **Confiança e medo na cidade.** Rio de Janeiro: Zahar, 2009.

BAUMAN, Zygmunt. **Medo Líquido.** Trad. Carlos Alberto Medeiros. Rio de Janeiro: Zahar, 2008.

BAUMAN, Zygmunt; MAY, Tim. **Aprendendo a pensar com a sociologia.** Rio de Janeiro: Zahar, 2010.

BRASIL. **Código Penal.** Decreto-Lei nº 2.848, de 07 de dezembro de 1940. Artigo 121 do Código Penal. Disponível em: <http://www.planalto.gov.br/CCIVIL_03/Decreto-Lei/Del2848compilado.htm>. Acesso em: 14 jul. 2020.

COSTA, Renata Almeida da. Policontexturalidade, risco e direito: abismos superáveis para o delineamento da criminalidade contemporânea. *In*: MEDEIROS, Fernanda Luiza Fontoura; SCHWARTZ, Germano André Doederlein (orgs.). **O Direito da Sociedade:** anuário, vol. 1. Canoas: Unilasalle, 2014.

DIAS, Jorge de Figueiredo; ANDRADE, Manuel da Costa. **Criminologia:** o homem delinquente e a sociedade criminógena. Coimbra: Coimbra, 1997.

FERREIRA, Vitor Matias. O Fenómeno Urbano: notas prévias para a formulação de um objecto. **Análise Social**, vol. 8, n. 29, Lisboa, 1970, p. 116-140.

FOUCAULT, Michel. **Segurança, Território, População.** Curso dado no Collège de France (1977-1978). Trad. Eduardo Brandão. São Paulo: Martins Fontes, 2008.

FRANÇA, Leandro Ayres. **Inimigo ou a Inconveniência de Existir.** Rio de Janeiro: Lumen Juris, 2012.

FREITAS, Wagner Cinelli de Paula. **Espaço Urbano e Criminalidade:** lições da Escola de Chicago. São Paulo: IBCCRIM, 2002. 150 p. (Monografias, 22).

FUNDAÇÃO DE ECONOMIA E ESTATÍSTICA. **Indicadores.** Disponível em: <https://arquivofee.rs.gov.br/>. Acesso em: 14 jul. 2020.

GIDDENS, Anthony. **A Contemporary Critique of Historical Materialism.** London: Macmillan, 1981.

GIDDENS, Anthony. **Sociology:** a brief but a critical introduction. London: Macmillan, 1982.

GIDDENS, Anthony. **The Constitution of Society:** outline of the theory of structuration. Oxford: Polity Press/Basil Blackwell, 1984.

HABERMAS, Jürgen. **Textos e Contextos.** São Paulo: Unesp, 2015.

LEFEBVRE, Henri. **O Direito à Cidade.** Trad. Rubens Eduardo Frias. São Paulo: Centauro, 2001.

NAÇÕES UNIDAS BRASIL. **Cidades latino-americanas lideram taxas de homicídios no mundo.** 14 jul. 2017. Atualizado em 15 jul. 2017. Disponível em: <https://nacoesunidas.org/cidades-latino-americanas-lideram-taxas-de-homicidios-no-mundo>. Acesso em: 14 jul. 2020.

NIZET, Jean. **A Sociologia de Anthony Giddens.** (Coleção Sociologia: Pontos de Referência). Petrópolis: Vozes, 2016.

ONU NEWS. **Relatório Mundial de Prevenção da Violência.** Disponível em: <https://news.un.org/pt/tags/relatorio-mundial-de-prevencao-da-violencia>. Acesso em: 14 jul. 2020.

OST, François. **À quoi sert le droit?**: usages, fonctions, finalités. Bruxelles: Bruylant, 2016.

PARK, Robert Ezra. A Cidade: sugestões para a investigação do comportamento humano no meio urbano. *In*: VELHO, Otávio (org.). **O Fenômeno Urbano.** 2.ed. Rio de Janeiro: Zahar, 1979.

PASTANA, Débora Regina. Cultura do medo e Democracia: um paradoxo brasileiro. **Revista Mediações – Revista de Ciências Sociais**, vol. 10, n. 2, Londrina, 2005.

PASTANA, Débora Regina. Medo e opinião pública no Brasil contemporâneo. **Revista Estudos de Sociologia**, vol. 12, n. 22, Araraquara, 2007.

PIMENTA, Melissa de Mattos. Relações de poder e controle social em áreas de grande exposição à violência. **Civitas – Revista de Ciências Sociais**, vol. 15. n. 1, Porto Alegre, 2015, p. 84-104.

PORTAL DO GOVERNO DE SÃO PAULO. **Perfil de homicídio.** Disponível em: <http://www.ssp.sp.gov.br/Estatistica/PerfilHomicidio.aspx>. Acesso em: 14 jul. 2020.

SANTOS, Boaventura de Sousa. **O Direito dos Oprimidos.** São Paulo: Cortez, 2014.

SANTOS, João Vitor. Presídio Central de Porto Alegre e o início dos coletivos de crime no Rio Grande do Sul. Marcelo Cipriani analisa como a estratégia de omissões e violação de Direitos Humanos do Estado na cadeia se configura em disputas que reverberam em todo o território da capital gaúcha. **Revista do Instituto Humanitas Unisinos on-line**, n. 506, 05 jun. 2017. Disponível em: <http://www.ihuonline.unisinos.br/artigo/6901-conflitos-e-violencia-de-porto-alegre-sao-gestados-no-presidio-central-mudar-o-titulo>. Acesso em: 14 jul. 2020.

SANTOS, M.ª Lourdes Lima dos. Questionamentos à volta de três noções (a grande cultura, a cultura popular, a cultura de massas). **Análise Social**, vol. XXIV, Lisboa, 1988, p. 689-702.

SECRETARIA DA SEGURANÇA PÚBLICA DO RIO GRANDE DO SUL. **Indicadores Criminais.** Disponível em: <http://www.ssp.rs.gov.br/indicadores-criminais>. Acesso em: 14 jul. 2020.

SHECAIRA, Sérgio Salomão. **Criminologia.** São Paulo: Revista dos Tribunais, 2004.

SIMMEL, Georg. As grandes cidades e a vida do espírito (1903). **Mana**, vol. 11, n. 2, Rio de Janeiro, out. 2005.

TAVARES DOS SANTOS, José Vicente. Violência e dilemas do controle social nas sociedades da "modernidade tardia". **São Paulo em Perspectiva**, vol. 18, n. 1, São Paulo, jan./mar. 2004, p. 3-12.

WEBER, Max. Conceito e Categoria da Cidade. *In*: VELHO, Otávio (org.). **O Fenômeno Urbano.** Rio de Janeiro: Zahar, 1967.

WIRTH, Louis. O Urbanismo como Modo de Vida. *In*: VELHO, Otávio (org.). **O Fenômeno Urbano.** Rio de Janeiro: Zahar, 1967.

Estudos sobre a violência contra a população LGBT como objeto da criminologia no Brasil

Tamires de Oliveira Garcia[1]

RESUMO. Este texto tem por objetivo apresentar um debate criminológico envolvendo as manifestações de violências contra a população LGBT. A partir das expressões de violência em espaços diversos – tanto público quanto doméstico – e em diferentes circunstâncias – na área da saúde pública, no sistema carcerário, etc. –, se apresenta um estudo bibliográfico para descrever de que forma as expressões de violência estão inseridas nos estudos criminológicos no Brasil. Pensando-se a articulação entre o campo que envolve identidades de gênero e a diversidade sexual, também trabalhou-se com a nova criminologia *queer*. Foi possível perceber que a proposta de uma criminologia *queer* parece limitada aos aspectos de vitimização e criminalização de corpos LGBTs.

Palavras-chave. Criminalização. Criminologia. Criminologia queer. Diversidade sexual. Violência LGBT.

1. Introdução

Nesta obra que tem por objetivo homenagear a Prof.ª Dr.ª Renata Almeida da Costa, não poderia deixar de traçar algumas linhas sobre o tema que investiguei no Mestrado

---

[1] Doutoranda pelo Programa de Pós-Graduação em Ciências Criminais da Pontifícia Universidade Católica do Rio Grande do Sul (PUCRS), Mestra pelo Programa de Pós-Graduação em Direito e Sociedade da Universidade La Salle. Formou-se em Ciências Jurídicas e Sociais pela Pontifícia Universidade Católica do Rio Grande do Sul (PUCRS). Pesquisadora dos Grupos de Pesquisa Teorias Sociais do Direito (TSD), coordenado pelo Professor Dr. Marcos Catalan; Efetividade dos direitos e Poder Judiciário, coordenado pela Prof.ª Dra. Paula Pinhal de Carlos; e Criminalização, Direito e Sociedade, coordenado pela Prof.ª Dra. Renata Almeida da Costa, todos vinculados à Universidade La Salle. Pesquisa nas áreas de Criminologia, Segurança Pública e Sociologia Jurídica, com enfoque em reformas legislativas, diversidade sexual e identidade de gênero e composição de conflitos.

em Direito na Universidade La Salle, onde tive a grata surpresa de ser orientada por ela. Naquela instituição fui acolhida, pude somar e multiplicar meus conhecimentos, mas, também essencialmente, cultivei afetos que levarei comigo pela jornada: a professora Renata, sem dúvida, é uma das mulheres que mais admiro e que guardo com imenso carinho. Com ela troquei ideias, inquietações teóricas, dúvidas sobre a vida acadêmica, espaços em sala de aula, momentos em que ela sempre era instigante, desafiadora, criativa.

A professora Renata é destas mulheres que nos inspiram a seguir disputando os espaços marcados pela misoginia e pelo desamor. Ela não só desenvolve seu trabalho com profissionalismo, mas atua em áreas em que precisa quebrar os padrões e ter forças constantemente, motivos que despertam a minha esperança e me fazem acreditar na docência, num futuro mais igualitário e num outro mundo possível. Trata-se de uma atuação que supera a tradicional rigidez acadêmica e nos permite questionar(-nos), desafiar(nos), movimentos que qualificaram a investigação que desenvolvi e me engrandeceram enquanto indivíduo.

Neste texto, desenvolvi algumas ideias do trabalho que a professora Renata orientou na minha pesquisa de mestrado, desde quando debatíamos as fases da Criminologia no Brasil aos mais recentes processos de investigação sobre violência contra a população LGBT (GARCIA; COSTA, 2018). Questões que dizem respeito à diversidade sexual e identidade(s) de gênero têm sido cada vez mais pautadas, seja no espaço público ou nas produções intelectuais. Em termos de reivindicação de direitos, a população LGBT tem empenhado profundos esforços para conquistar uma cidadania sexual e de gênero (VECCHIATTI, 2018), especialmente em âmbito judicial, espaço que tem promovido decisões contramajoritárias para construir posições não discriminatórias quanto a direitos civis e criminais para esta população.

São decisões que têm modificado a forma como deve ser lida a norma, o que implica necessariamente uma mudança de hábitos pelos atores jurídicos. Decisões sobre uniões que envolvem afeto, mas também divisão de bens; que reconhecem identidades com as quais não só o espaço jurídico não está acostumado a tratar, mas também a população; que vinculam como violência a prática de condutas discriminatórias muitas vezes do cotidiano. Implementar essas modificações ao ambiente jurídico não é simples e pode, por certo, gerar certas violações.

Além disso, o Brasil segue sendo um país que apresenta sérios índices de violências fatais cometidas contra a população LGBT, especialmente no espaço público. É um país que demonstra uma enraizada discriminação perante a diversidade sexual e identidade de gênero também em âmbito doméstico, onde outras violações ocorrem sem qualquer forma de aparato para contê-las ou mesmo modificá-las. Ainda, a educação para a sexualidade é um desafio diário para quem convive com essas realidades e enfrenta inúmeros obstáculos para o debate público.

Considerando esses e outros fatores, o objetivo deste escrito é apresentar o cenário de violências contra a população LGBT no Brasil, articulando com isso como se desenvolveram os estudos sobre gênero e sexualidade na criminologia. A partir disso, se lança o olhar para a recente proposta de criminologia *queer*, que tem como objeto a "violência homofóbica".

2. Violências contra a população LGBT

É possível considerar a existência de inúmeras formas de violência contra a população LGBT, sendo abordadas mais comumente as físicas e psicológicas cometidas no espaço público e doméstico. São condutas de caráter preconceituoso que geralmente são praticadas em razão da discriminação por orientação sexual ou identidade de gênero das vítimas (GARCIA, 2019a).

Nesse cenário, existem diferenciações entre: i) violências que podem ocorrer no contexto de relações sociais do cotidiano que conformam o binarismo de gênero (feminino/masculino; mulher/homem) e dirigem-se à discriminação de orientação sexual; ii) enquanto outras condutas são direcionadas a sujeitos que rompem com este binarismo, para as identidades diversas e divergentes no que diz respeito às determinações biológicas. Trata-se de uma legítima preocupação não no sentido de dividir lutas, mas para demonstrar que é possível – e preciso – haver diferentes olhares e reivindicações entre esses segmentos (PEIXOTO, 2019).

Na Criminologia, os debates que vinculam a violência contra a população LGBT têm sido inseridos no que se convencionou chamar de "Criminologia *Queer*", em uma suposta aproximação dos pensamentos criminológicos contraortodoxos, tendo como objeto preciso a análise da *violência homofóbica*. É um estudo que atinge três níveis de investigação: a violência homofóbica interpessoal; a violência homofóbica institucional; e a violência homofóbica simbólica (CARVALHO, 2012a).

Nesse ponto, cumpre mencionar que a utilização dos termos "homofobia" e "LGBTfobia" aponta para "a compreensão da violência como algo 'fóbico', ou seja, como se fosse um medo, um pânico ou uma aversão a algo ou a alguém motivado por questões muito mais subjetivas, psíquicas e alheias aos incrementos históricos e socioculturais" (PEIXOTO, 2019, p. 16). Com isso, se dá a ideia de psicopatologização do sujeito homofóbico, atribuindo à discriminação e a condutas violentas a motivação por estados psicológicos individuais, sem considerar a dimensão sociocultural e material calcada numa sociedade patriarcal e heteronormativa.

Ainda, é preciso considerar fatores como a falta de políticas públicas específicas e prioritárias para a população LGBT. Valdenízia Peixoto ainda trata de uma dinâmica sistêmica que integra as estruturas do patriarcado, racismo e capitalismo como "planos articulados de opressão e que mostram-se também articulados à esfera da ausência da segurança pública e da justiça", de modo que, da mesma maneira que o machismo e o sexismo estão ligados ao patriarcado, também a heteronormatividade faz parte do aparato que retroalimenta os mecanismos de violação aos corpos LGBT (PEIXOTO, 2019, p. 21).

A autora elenca cinco pontos que são determinantes para a produção de valores centrais, simbolismos, instituições, representações sociais e condições materiais que operam de maneira a edificar projetos societários conservadores e capazes de combater e exterminar as diferenças sexuais e de gêneros. O primeiro é a necessidade de reprodução, já que os dispositivos de poder precisam garantir "a sua reprodução por um conjunto de elementos forjados na exploração, dominação, inferiorização e opressão dos gêneros e das sexualidades LGBTs"; o segundo é a geração de valores moralistas, estrutura capaz de operar a transmissão de princípios que atuam como mecanismos "capazes de forjar padrões de sociabilidade tão coesos que qualquer incremento distinto da norma dominante é considerado subversivo"; o terceiro é a elaboração de mecanismos de desigualdades sociais e culturais, a partir das normas de gênero e sexualidade que criam hierarquizações e resultam em desigualdades; o quarto integra a "a manutenção de aparelhos de propagação: os diversos formatos de violência LGBT só foram possíveis de serem propagados, ao longo de séculos, por meio de aparelhos legítimos de manutenção da vida em sociedade. Esses aparelhos são formados por instituições públicas e privadas"; o último, por fim, é a constituição de saídas de contenção dos problemas/violências autogerados do/pelo próprio sistema, no sentido que os dispositivos que adequam a lógica de discriminação contra a população LGBT também articulam instrumentos de dirimir suas próprias violações (PEIXOTO, 2019, p. 22-23).

Dessa forma, pode-se falar que as violências ocorridas no espaço público, com resultado, muitas vezes, letal, têm tido cada vez maior visibilidade e impacto sobre os debates no campo dos estudos de gênero e sexualidade. São ações que se manifestam em um cenário político e social de expansão dos direitos sexuais, "expressando uma espécie de *backlash*[2]. Simultaneamente, também chama atenção que exista, dentre essas violências consideradas, uma operação comum que articula humilhação e intolerância" (FACCHINI; SÍVORI, 2017, p. 12).

O relatório mais recente do Grupo Gay da Bahia (GGB) foi divulgado no início de 2019, registrando que em 2018 ocorreram 420 mortes de LGBTs no Brasil – entre 320 homicídios e 100 suicídios. O estudo indica que se mata muito mais homossexuais, bissexuais e transexuais no Brasil do que nos 13 países do Oriente e da África (onde há pena de morte contra essa população). Com relação à identidade das vítimas, os dados revelam que 191 eram gays (45%), 164 trans (39%), 52 lésbicas (12%), 8 bissexuais (2%) e 5 heterossexuais (1%). Nessa conta, as pessoas trans representam a categoria mais vulnerável a mortes violentas, motivo pelo qual a ONG avalia que o risco de uma pessoa trans ser assassinada é 17 vezes maior do que um gay.

Ainda sobre os crimes letais, a Associação Nacional de Travestis e Transexuais do Brasil (ANTRA) afirma que o Brasil segue sendo o país que mais mata travestis e transexuais no mundo. O "Dossiê: Assassinatos e Violência Contra Travestis e Transexuais no Brasil em 2018", desenvolvido em parceria com o Instituto Brasileiro Trans de Educação (IBTE), aponta para a ocorrência 163 assassinatos de pessoas trans em 2018, sendo 158 travestis e mulheres transexuais, 4 homens trans e 1 pessoa não binária, ressaltando-se que apenas 15 casos tiveram os suspeitos presos, o que representa um esclarecimento de 9% dos delitos (BENEVIDES; NOGUEIRA, 2019).

Em 2018, a Rede Nacional de Pessoas Trans – Brasil elaborou o dossiê: "Monitoramento de Assassinatos e Violação de Direitos Humanos de Pessoas Trans no Brasil"[3]. De acordo com a entidade, 150 pessoas trans foram vítimas fatais de violência no Brasil naquele ano. Além disso, dados da ONG internacional *Transgender Europe* demonstram uma realidade assustadora: foram registrados 2.982 assassinatos de pessoas trans no mundo inteiro, entre janeiro de 2008 e setembro de 2016. O Brasil está no topo desse *ranking*, com 1.238 mortes – mais do que o registrado na soma de todos os demais continentes[4].

---

[2] *Backlash* pode ser compreendido como o movimento que emergiu na década de 1980 como contra-ataque às conquistas de mulheres, que Susan Faludi (1991) chamou de "guerra não declarada contra as mulheres". Segundo a autora, essas articulações se transformaram em um fenômeno social que teve repercussão, entre tantos espaços, nas indústrias da moda e da beleza, na retórica da chamada nova direita, em discursos presidenciais e na construção da política antiaborto (FALUDI, 2001).

[3] Disponível em: <http://redetransbrasil.org.br/2018/12/18/monitoramento-de-assassinatos-trans-dezembro-2018/>. Acesso em: 21 jul. 2020.

[4] Disponível em: <https://tgeu.org/transgender-day-of-visibility-2016-trans-murder-monitoring-update/>. Acesso em: 21 jul. 2020.

O mapeamento desses dados, realizado pelos movimentos sociais, pode ser considerado uma estratégia para denunciar as violências cometidas contra a população LGBT, tendo em vista que comumente a mídia propaga notícias apenas sobre os direitos conquistados. Trata-se de uma controvérsia entre a divulgação de conquistas e, ao mesmo tempo, de altas estatísticas de violência letal. Nessa análise, as representações jornalísticas refletem uma ambiguidade que pode ser demonstrada pelo casamento entre pessoas do mesmo sexo, medida que confere dignidade aos cidadãos LGBTs e contribui para capacitá-los a cultivar o respeito e a coragem para resistir às injustiças sociais, ao mesmo tempo em que são conhecidos dados como os do Grupo Gay da Bahia, por exemplo (BUTTERMAN, 2012, p. 165).

Além disso, pode-se falar de outras formas de violação aos direitos da população LGBT, que se refletem naquilo que Salo de Carvalho (2012a) chamou de violências institucionais ou simbólicas. Dessa forma, compreende-se a violência como um fenômeno multidimensional e estrutural, que atinge a população LGBT de diversas maneiras, se manifestando por meio da produção de valores morais, culturais e condicionantes materiais, que resultam na ausência de políticas de segurança pública e de justiça.

Na área da saúde sexual para mulheres, deve-se considerar a falta de políticas públicas de saúde para mulheres lésbicas e bissexuais. Trata-se de uma população que, quando o assunto é atendimento médico voltado para a sexualidade, passa por muito descaso ou maus tratos, o que resulta, por vezes, na ausência de diagnóstico de problemas graves de saúde ou até mesmo afastamento dessas mulheres do espaço que deveria ser rotineiro para o acompanhamento da saúde sexual.

Quando uma mulher é heterossexual, ao procurar um(a) profissional ginecologista, existe um certo roteiro para a condução da consulta. De acordo com as respostas da paciente, haverá a indicação de determinados exames que devem ser realizados para o diagnóstico de possíveis problemas ou verificação de alterações no corpo. Além disso, o(a) ginecologista pode fazer indicações e propor métodos anticoncepcionais.

Diferentemente, quando uma mulher diz que é lésbica ou afirma que não tem relações sexuais com homens, o quadro é alarmante: ao deparar com essa realidade, corriqueiramente o(a) profissional da saúde considera a paciente virgem e, por isso, deixa de encaminhá-la para procedimentos invasivos. Isso é o que se percebe a partir da pesquisa da jornalista Larissa Darc (2019), que chega a descrever um caso de uma estudante lésbica de São Paulo que precisou retirar um cisto dos ovários, que cresceu demais pela demora do diagnóstico, que só veio depois de ter percorrido consultas com diversos profissionais até encontrar alguém que a examinasse. O caso envolveu inúmeras negligências médicas que levaram a mulher a desenvolver um estágio avançado de um mioma maligno, tendo resultado na impossibilidade de esta mulher ser mãe de forma biológica, o que era um desejo dela.

Em pesquisa realizada entre 2008 e 2009, em Porto Alegre, sobre as formas de reprodução da "homofobia no campo da saúde", destaca-se que os principais resultados revelam a existência de tensão entre profissionais da saúde para compreender as dinâmicas do preconceito, visto que existe uma noção de homossexualidade como distúrbio hormonal ou doença psíquica. Além disso, a experiência de mulheres lésbicas e bissexuais na área da saúde em geral é indicada como um tema delicado, já que envolve experiências de discriminação, desconforto, particularmente em relação à saúde sexual (KNAUTH; MEINERZ, 2009).

Indicam, ainda, que são mulheres que só recorrem aos serviços de saúde nas situações em que se percebem incapacitadas para o trabalho ou para a realização de atividades cotidianas. Há indicações também de um pacto de silêncio a respeito da homo ou bissexualidade, na medida em que profissionais não tratam do tema pelo medo de invadir a privacidade ou discriminar as pacientes, ou por não se sentirem capacitados tecnicamente para abordar o assunto. Enquanto isso, as mulheres têm medo do tratamento desigual, tendo dúvidas sobre a necessidade de informar a orientação sexual durante a consulta, fazendo com que silenciem sobre as práticas sexuais, o que resulta numa consulta impessoal, que não reconhece a diferença das mulheres lésbicas e bissexuais; em pacientes acuadas pelo medo da discriminação explícita; e num silêncio de ambas as partes, que afasta essas mulheres, sobretudo as mais masculinizadas, dos consultórios do SUS.

Nesse ponto, cabe referir que o Sistema Único de Saúde (SUS) é regido pelo princípio da equidade, o que, em teoria, indica que "as políticas públicas de saúde no Brasil deveriam reconhecer as especificidades de cada grupo para oferecer o tratamento correto de acordo com as necessidades de cada indivíduo". São cuidados que podem ser determinantes para o diagnóstico e tratamento adequados a um problema de saúde (DARC, 2019, p. 41).

Por fim, no que diz respeito ao processo de criminalização de LGBTs, somente nos últimos dez anos é que tem havido no Brasil uma preocupação científica (materializada por produções acadêmicas pós-graduadas) e social (materializada por investimentos de movimentos sociais e organizações da sociedade civil) em relação às formas como essa população específica é tratada penalmente, e se há – e havendo, como isso é produzido – dimensões particulares da vulnerabilidade que atingem essas pessoas para o maior aprisionamento em comparação à população heterossexual e cisgênero (FERREIRA, 2018).

Em 2009 surgiu a primeira galeria específica para travestis, mulheres trans e homens gays em uma instituição penitenciária masculina, na região metropolitana de Belo Horizonte. Três anos depois, foi iniciada a primeira investigação científica sobre o assunto, no mesmo ano em que foi inaugurada a terceira galeria brasileira específica para essa população, na Cadeia Pública de Porto Alegre – antigo Presídio Central (FERREIRA, 2015). A partir da inauguração de espaços específicos para LGBTs em diferentes casas prisionais, essa medida passa a ser uma recomendação do governo federal, por meio da Resolução Conjunta n. 1 de 2014 (CNCD-LGBT/CNPCP), que ratifica diretrizes ainda em construção, como aquelas encontradas no documento "Postulados e Princípios para a Política Nacional de Diversidades no Sistema Penal" do Departamento Penitenciário Nacional (FERREIRA; KLEIN; GOULART, 2019).

Essas são algumas questões que podem ser levantadas sobre as formas de manifestação de sexualidade e identidades de gênero no sistema carcerário. São lógicas que se expressam no cotidiano prisional, mas que são resultado de um processo de criminalização dos sujeitos em diferentes contextos sociais, com nuances complexas e próprias do debate da diversidade sexual e de gênero.

3. Criminologia(s) e os estudos sobre gênero e sexualidade no Brasil

Pode-se dizer que a Criminologia no Brasil possui três grandes momentos históricos e epistemológicos: i) na década de 1960, caracterizada pelo positivismo e olhar higienista, foi um período marcado por uma criminologia do criminoso; ii) a partir de 1970, desenvolveram-se as chamadas Criminologia radical, Nova Criminologia e Criminologia crítica, tecendo relações entre o poder punitivo e as categorias capitalismo e classes sociais em âmbito macrossociológico; e iii) quando começa a surgir o pensamento feminista da Criminologia crítica, na década de 1980, momento que trouxe os conceitos de gênero e patriarcado para as análises criminológicas, questionando o espaço da mulher como vítima e posicionando uma vitimologia crítica (ANDRADE, 2005).

Os pensamentos feministas foram fundamentais para o desenvolvimento de perspectivas críticas à Criminologia, deflagrando, muitas vezes, a própria estrutura de um saber masculino onipresente e a história de um sujeito ausente. Foi profundo o impacto gerado pelas denúncias de que não só o objeto, mas também os produtores deste saber se sustentam em base androcêntrica. Dessa forma, a Criminologia

Feminista tem, até então, desenvolvido profícuos debates epistemológicos para determinar que o poder punitivo, objeto da Criminologia e já tido como seletivo e desigual, é ele próprio um sistema de violência institucional, que exerce seu poder e seu impacto também sobre as vítimas (ANDRADE, 2005).

Dando continuidade às formas inovadoras de leituras sobre gênero, Soraia da Rosa Mendes propôs a existência autônoma de uma criminologia feminista, o reconhecimento de um referencial autônomo que permitisse compreender os diferentes contextos de vitimização e de criminalização das mulheres. A ideia baseia-se não só em conceitos que descrevam o crime, quem é o criminoso, quem é a vítima e como é estruturado o poder punitivo e as formas de controle decorrentes desse imbróglio, mas um pensamento que tenha no gênero, como relação de poder, o fundamento que articula o que faz parte desse saber, reconhecendo também o papel político e social dos mecanismos utilizados para reprimir, vigiar e encerrar as mulheres – seja em casa ou em instituições totais –, mediante o exercício de poder pelo Estado, pela sociedade, de forma geral, e pela família (MENDES, 2014).

Fernanda Martins e Ruth Gauer (2019) explicam que o processo de construção do que é chamado de criminologia feminista, no Brasil, teve início a partir da criminalização da violência contra a mulher. A promulgação da Lei Maria da Penha (Lei nº 9.099/95) foi o marco legal para o início dos debates em torno da ineficácia do sistema penal, processo que fez com que as criminologias feministas se constituíssem "a partir do embate de políticas criminais com elementos punitivos a partir das reivindicações de proteção de grupos vulneráveis, no presente caso, de proteção às mulheres" (MARTINS; GAUER, 2019, p. 19).

Com isso, constatou-se que a construção do saber que se autointitula criminologia feminista se deu a partir de intervenções estatais de proteção à mulher, quando vítimas de violência doméstica, no exato lugar da dicotomia que envolve a crítica ao sistema penal enquanto ineficaz na defesa de sujeitos em situação de violência, mas, ao mesmo tempo, legitimando a sua utilização para a resistência às vulnerabilidades. No período que envolveu uma aproximação entre criminologia e feminismo, posteriores pesquisas pioneiras nos debates entre poder punitivo em relação à criminalização e à vitimização da mulher, chegamos às recentes questões, que envolvem o tensionamento entre prevenção positiva através da função simbólica do direito penal e a intervenção mínima do poder punitivo. Nesse sentido:

> De forma esquemática, esses pilares podem ser assim identificados: 1. Crítica ao sexismo do sistema penal enquanto instrumento de (re)criação de gênero;

> 2. Distribuição do sistema penal de forma desigual para o tratamento de vítimas mulheres e de autoras de crimes, ou seja, atualização da percepção de seletividade que não contempla as desigualdades de gênero na sua operacionalidade; 3. Deslegitimação do controle penal para o enfrentamento das violências contra as mulheres; 4. Intervenção mínima (ou direito penal mínimo) do sistema penal enquanto redução de danos aos processos de criminalização; 5. Medidas alternativas à pena de prisão; E por fim, 6. Prevenção positiva através da função simbólica do direito penal nos casos de violência contra as mulheres enquanto tutela de direitos e reforço das garantias de acesso à justiça (MARTINS; GAUER, 2019, p. 21).

O desenvolvimento desses estudos permitiu perceber que a criminologia no Brasil tem se estabelecido "enquanto saber produzido, subordinado e protagonizado desde o Direito, apesar de seu espectro transdisciplinar", enquanto a crítica produzida tem como central temas extrajurídicos, mas acabam reduzidas a respostas jurídicas. Assim foi a investida da criminologia sobre as questões de gênero, a partir do momento que havia demandas feministas sobre produção legislativa penal, que acabaram traduzidas em estratégias de política criminal e de atuação judicial (MARTINS; GAUER, 2019, p. 27).

A ruptura do campo epistemológico para o surgimento de um debate de gênero e sexualidade como regimes estruturais da economia política no sistema penal ganha espaço somente no último período. É possível observar que entre os anos de 1980 e 2000 já houve uma abertura para os debates nessa temática, momento contextualizado também pela aproximação teórica com pesquisas latino-americanas (PRANDO, 2018).

Foi o espaço histórico em que a temática da violência doméstica contra a mulher, da vitimização desses sujeitos, a denúncia da cifra oculta existente em torno dessas violências foi descortinada para abranger o campo teórico da Criminologia no Brasil (ANDRADE, 1997a; ANDRADE, 1997b; ANDRADE, 1997c). No mesmo período, também foram empreendidos esforços para ter como objeto de estudos questões referentes à periferia e ao poder colonial.

Para a Criminologia Feminista, foi um ciclo marcado por profundos debates sobre violações de direitos e impunidades, o que permitiu o fortalecimento do quadro de estudos na área. No âmbito da criminalização de condutas, Carmem Campos apontou de forma precisa "que as mulheres não são tratadas pelo Direito Penal como sujeitos, pois a proteção penal não se destina às mulheres, mas à família e à maternidade", indicando que a afirmação da cidadania feminina independe do sistema penal e apontando para um caminho afastado do polo criminalizante ou até mesmo, e principalmente, fora do campo do Direito (CAMPOS, 1998, p. 168).

4. Criminologia *queer*

Recentemente se desenvolveram possibilidades de uma criminologia *queer* ou de uma abordagem *queer* na criminologia. As possibilidades levantadas têm sido produzidas tendo como objeto a violência contra a população de lésbicas, gays, bissexuais, travestis e transexuais (LGBT), considerando que há uma relação tensa entre ciências criminais e sexualidade (CARVALHO, 2012b).

Como se pode observar, as reflexões sobre sexualidade sequer pairavam sobre as análises criminológicas até que pousaram sobre as questões culturais. Na proposta do que se convencionou chamar de Criminologia *Queer*, o entrelaçamento entre as ciências criminais e os estudos *queer* propõe a existência de dois campos distintos de investigação: teórico e político. O primeiro porque os estudos impactam diretamente nas ciências jurídicas, especificamente no direito penal e na criminologia; e o segundo quando a própria ciência procura incorporar demandas por igualdade de tratamento, garantias de direitos e defesa de pautas emancipatórias (CARVALHO, 2012a).

A teoria *queer* cuida de um movimento acadêmico com produção tanto teórica quanto de engajamento político, tendo surgido nos anos 1980 nos países anglo-saxões. O movimento emergiu a partir do questionamento às categorias de normalidade, criticando movimentos de gays e lésbicas da época, que mantinham uma concepção rígida de identidade, tida como elitista, branca e de classe média, apontando que a tradicional cultura criticada havia caído em uma réplica de seus privilégios (LÓPEZ PENEDO, 2008).

Dessa forma, o que se pretendia era romper com o fechamento identitário ancorado no plano de orientação sexual e de gênero. Judith Butler (2005) sustenta que o gênero atua como uma construção regulatória que privilegia a heterossexualidade, considerando que toda identidade é marcada por uma representação. Dito de outro modo, gênero não é uma categoria de essência da individualidade, mas da reprodução de uma série de ritos que, quando repetidos, configuram a identidade. É por meio da lógica de reprodução de performances que a heterossexualidade se naturaliza, segundo a autora. A repetição normativa das identidades rígidas de gênero permite a normalização e normatização que regulam o sexo e, com o tempo, os corpos se conformam às normas, passando a repetir reiteradamente esses dispositivos.

Dito isso, tem-se que, em um primeiro momento, é nítido que viabilizar um cenário de abordagem criminológica *queer* seria decididamente assumir o compromisso com essa dupla leitura (teórica e política). No campo jurídico, antes mesmo de pensar o criminológico, é um fazer científico que exige uma apropriação transdisciplinar, de ampla abertura para estudos exógenos ao que é próprio da tendência tradicional do Direito.

Na provocação para um novo olhar criminológico – ou *queer(ing) criminology* –, Salo de Carvalho e Evandro Piza Duarte (2017) apontam para a necessidade de uma abertura para compreender o que eles chamam de violência homofóbica nas ciências criminais. Adotando a perspectiva de Nicholas Groombrigde, afirma que a marginalização dos temas de gênero e sexualidade e da própria criminologia nos cursos de direito é fator que pode impossibilitar a interlocução com saberes críticos, entre os quais os estudos *queer*.

É nessa perspectiva que o autor define hipóteses para compreender a proposta de Criminologia *Queer* que emoldura essa apresentação epistemológica. Uma delas aponta para a existência de uma relação de tensão entre ciências criminais e sexualidade, considerando, sobretudo, o estabelecimento de uma cultura fundada na masculinidade hegemônica (CARVALHO; DUARTE, 2017).

Carvalho e Duarte (2017) explicam que essa cultura se estrutura pela hegemonia masculina, que produz duas formas de hierarquização que se desdobram em manifestações de violência, sendo elas: a) a hierarquia dicotômica homem/masculino e mulher/feminino, designando papéis sociais secundários à mulher e ao feminino; e b) hierarquia entre masculinidades, que define a masculinidade dominante – viril, forjada na razão *versus* emoção – como superior a outras – masculinidades dominadas. Assim sendo:

> Demonstram Messerschimidt e Tomsen (2012) que essa hegemonia se expõe como uma *hipermasculinidade violenta*, que se expressa na heterossexualidade compulsória, na homofobia e na misoginia. Os autores trabalham com a hipótese de que a hierarquização da masculinidade está intrinsecamente coligada às disputas pelo poder que ocorrem entre homens e mulheres e entre diferentes homens e diferentes mulheres (CARVALHO; DUARTE, 2017, p. 255).

Outra hipótese é de que a homofobia configura o estatuto científico das ciências criminais. Outra vez amparado em Nicholas Groombrigde, Carvalho e Duarte consideram a histórica perspectiva de classificação do homem delinquente, associando-a a dos primeiros sexólogos que buscavam mapear o desvio sexual. Nessa linha, o criminoso e o homossexual teriam estado no mesmo quadro de análise que acabaria resultando num "hipersistema positivista de controle social punitivo de duas formas correlatas de *anormalidade*: o comportamento criminoso e a perversão sexual" (CARVALHO; DUARTE, 2017, p. 258).

O autor sustenta, dessa forma, que é urgente compreender a construção das masculinidades hegemônicas e as suas formas de produção de violência (interpessoal, institucional e simbólica):

> O olhar feminista no que diz respeito ao patriarcalismo e à misoginia e a perspectiva *queer* sobre a heteronormatividade e as masculinidades (não) hegemônicas convocam as ciências criminais a mergulhar no empírico para sofisticar sua compreensão sobre os inúmeros fatores que tornam determinadas pessoas e grupos sociais vulneráveis aos processos de vitimização e criminalização, notadamente aqueles estigmatizados pela sua orientação sexual (CARVALHO; DUARTE, 2017, p. 259-260).

Segundo Salo de Carvalho, os conteúdos e os planos de análise dessa proposta são muito próximos dos que marcam a própria criminologia feminista, mas é possível, por meio de "uma perspectiva criminológica *queer*, além de incorporar o saber feminista na crítica à naturalização e à hierarquização entre masculino e feminino, conseguiria transcender esta essencializada dicotomia de gênero". Nessa construção, o autor sustenta que é preciso descontruir o padrão sexista e misógino que inferioriza o feminino, também rompendo com o ideal de masculinidade hegemônico para além das diferenças de gênero. Nessa abordagem, algumas masculinidades assumem posição social e institucionalmente hierarquizadas, subordinando as feminilidades e as masculinidades não hegemônicas. Para Salo, é a compreensão das masculinidades hegemônicas e suas formas de produção da violência um dos principais desafios do pensamento criminológico contemporâneo (CARVALHO, 2012a, p. 161).

5. Considerações finais

Este texto teve por objetivo apresentar ideias que desenvolvi sobre as manifestações de violências contra a população LGBT, sob orientação da Prof.ª Dr.ª Renata Almeida da Costa. A partir das expressões de violência em espaços diversos – tanto público quanto doméstico – e em diferentes circunstâncias – na área da saúde pública, no sistema carcerário, etc. –, passei a investigar de que forma essas expressões de violência estavam inseridas nos estudos criminológicos no Brasil.

A análise sobre o desenvolvimento dos estudos de gênero enquanto objeto da Criminologia no Brasil demonstrou que demandas feministas relacionadas à violência contra as mulheres, enquanto medidas legais, restaram traduzidas em estratégias de política criminal e de atuação judicial (MARTINS; GAUER, 2019). Foi preciso pensar como se deu essa articulação para considerar a forma como a própria violência que atinge as identidades de gênero e a diversidade sexual poderia ser inserida neste campo.

Em seguida, foram apresentadas as questões que envolvem a chamada criminologia *queer*. As possibilidades levantadas têm sido produzidas tendo como objeto a violência contra a população de lésbicas, gays, bissexuais, travestis e transexuais (LGBT), considerando que há uma relação tensa entre ciências criminais e sexualidade (CARVALHO, 2012b).

Foi possível perceber que a proposta de uma criminologia *queer* parece limitada aos aspectos de vitimização e criminalização de corpos LGBTs. Observando a tentativa de consolidação de uma criminologia que tem como objeto a violência homofóbica, fica claro que é preciso tensionar a própria criminologia a não se reduzir ou focar somente na vitimização.

Mais do que deslocar mulheres, LGBTs (ou outros indivíduos) das margens da criminologia, é preciso manter o espírito disruptivo que essas categorias carregam. É preciso conciliar saberes subalternos, práticas de resistência e formas de pensar não calcadas em criminologias positivistas. O olhar da teoria *queer* não pode servir para incluir ou adicionar indivíduos a uma forma de saber, porque é uma teoria e um movimento que se propõe justamente ao contrário: coloca-se como um espírito disruptivo com o compromisso ético com os sujeitos cujas vidas merecem ser vividas, não precarizadas.

Referências

ANDRADE, Vera Regina Pereira de. **A ilusão de segurança jurídica:** do controle da violência à violência do controle penal. Porto Alegre: Livraria do Advogado, 1997c.

ANDRADE, Vera Regina Pereira de. A soberania patriarcal: o sistema de justiça criminal no tratamento da violência sexual contra a mulher. **Revista Sequência**, n. 50, Florianópolis, jul. 2005, p. 71-102. Disponível em: <https://periodicos.ufsc.br/index.php/sequencia/article/view/15185/13811>. Acesso em: 14 jul. 2020.

ANDRADE, Vera Regina Pereira de. Criminologia e feminismo: da mulher como vítima à mulher como sujeito de construção da cidadania. **Revista Sequência**, vol. 18, n. 35, Florianópolis, 1997b, p. 42-49.

ANDRADE, Vera Regina Pereira de. Da domesticação da violência doméstica: politizando o espaço privado com a positividade constitucional. **Discursos Sediciosos**, vol. 4, Rio de Janeiro, 1997a, p. 99-102.

ANDRADE, Vera Regina Pereira de. **Sistema penal máximo x cidadania mínima:** códigos da violência na era da globalização. 2.ed. Porto Alegre: Livraria do Advogado, 2016.

BENEVIDES, Bruna G.; NOGUEIRA, Sayonara Naider Bonfim (orgs.). **Dossiê dos assassinatos e da violência contra travestis e transexuais no Brasil em 2018.** Brasil: ANTRA/IBTE, 2019. Disponível em: <https://antrabrasil.files.wordpress.com/2019/01/dossie-dos-assassinatos-e-violencia-contra-pessoas-trans-em-2018.pdf>. Acesso em: 14 jul. 2020.

BUTLER, Judith. **Cuerpos que importan:** sobre los límites materiales y discursivos del "sexo". Buenos Aires: Paidós, 2005.

BUTTERMAN, Steven. **Invisibilidade vigilante:** representações midiáticas da maior parada gay do planeta. São Paulo: nVersos, 2012.

CAMPOS, Carmen Hein de. **O discurso feminista criminalizante no Brasil:** limites e possibilidades. Dissertação (Mestrado em Direito) – Programa de Pós-Graduação em Direito, Universidade Federal de Santa Catarina, Florianópolis, 1998.

CARVALHO, Salo de. Sobre as possibilidades de uma criminologia queer. **Revista Sistema Penal & Violência**, vol. 4, n. 2, Porto Alegre, jul./dez., 2012a, p. 151-168.

CARVALHO, Salo de. Três hipóteses e uma provocação sobre homofobia e ciências criminais: queer(ing) criminology. **Boletim IBBCRIM**, n. 238, set. 2012b.

CARVALHO, Salo de; DUARTE, Evandro C. Piza. **Criminologia do preconceito:** racismo e homofobia nas ciências criminais. São Paulo: Saraiva, 2017.

DARC, Larissa. **Vem cá:** vamos conversar sobre a saúde sexual de lésbicas e bissexuais. 2.ed. São Paulo: Dita, 2019.

FACCHINI, Regina; SÍVORI, Horacio. Conservadorismo, direitos, moralidades e violência: situando um conjunto de reflexões a partir da Antropologia. **Cadernos Pagu**, n. 50, Campinas, 2017.

FALUDI, Susan. **Backlash:** o contra-ataque na guerra não declarada contra as mulheres (1991). Rio de Janeiro: Rocco, 2001.

FERREIRA, Guilherme Gomes. **Travestis e prisões:** experiência social e mecanismos particulares de encarceramento no Brasil. Curitiba: Multideia, 2015.

FERREIRA, Guilherme Gomes. **Vidas lixadas:** crime e castigo nas narrativas de travestis e transexuais brasileiras. Salvador: Devires, 2018.

FERREIRA, Guilherme Gomes; KLEIN, Caio Cesar; GOULART, Vincent Pereira. A criação de alas ou galerias específicas para LGBTs presos como "política penitenciária": contradições e disputas. **Revista Sociologia Jurídica**, n. 28, Pelotas, jan./jun. 2019, p. 21-36.

GARCIA, Tamires de Oliveira. **Política criminal e violência contra a população LGBT:** um estudo com a polícia civil e movimentos sociais em Porto Alegre. 295 f. Dissertação (Mestrado em Direito) – Programa de Pós-Graduação em Direito, Universidade La Salle, Canoas, 2019b.

GARCIA, Tamires de Oliveira. Violência(s) contra a população LGBT: entre histórias orais e epistemologias possíveis. *In*: FERREIRA, Guilherme Gomes; KLEIN, Caio Cesar (orgs.). **Sexualidade e gênero na prisão:** LGBTI+ e suas passagens pela justiça criminal. Salvador: Devires, 2019a.

GARCIA, Tamires de Oliveira; COSTA, Renata Almeida da. Programa Mediar da Polícia Civil: ponderações entre composição de conflitos e Criminologias *Queer*. **Anais da XIV Semana Científica Unilasalle**, Ciência e Tecnologia para a redução das desigualdades, Canoas, 22-27 out. 2018.

KNAUTH, Daniela Riva; MEINERZ, Nádia Elisa. **As faces da homofobia no campo da saúde.** Relatório Técnico. Porto Alegre, 2009.

LÓPEZ PENEDO, Susana. **El laberinto queer**: la identidad en tiempos de neoliberalismo. Barcelona: Egales, 2008.

MARTINS, Fernanda; GAUER, Ruth Maria Chittó. Poder Punitivo e Feminismo: percursos da criminologia feminista no Brasil. **Revista Direito e Práxis**, vol. 11, n. 1, Rio de Janeiro, 2020.

MENDES, Soraia da Rosa. **Criminologia feminista:** novos paradigmas. São Paulo: Saraiva, 2014.

PEIXOTO, Valdenízia Bento. Violência contra LGBTs: premissas históricas da violação no Brasil. **Periódicus**, vol. 1, n. 8, Salvador, nov. 2018-abr. 2019.

PRANDO, Camila Cardoso de Mello. A Criminologia Crítica no Brasil e os estudos críticos sobre branquidade. **Revista Direito e Práxis**, Rio de Janeiro, vol. 9, n. 1, Rio de Janeiro, 2018, p. 70-84.

VECCHIATTI, Paulo Roberto Iotti. Mobilização judicial pelos direitos da diversidade sexual e de gênero no Brasil. *In*: GREEN, James N.; QUINALHA, Renan; CAETANO, Márcio; FERNANDES, Marisa (orgs.). **História do Movimento LGBT no Brasil.** São Paulo: Alameda Casa Editorial, 2018, p. 449-470.

Os indígenas percebidos como inimigos pelo Direito Penal da ditadura militar

Dani Rudnicki[1]
e Rodrigo de Medeiros Silva[2]

RESUMO. O Estado brasileiro e seu antecessor, o Estado português, bem como a sociedade em sua égide, sempre trataram os indígenas como inimigos ou objeto de seus projetos para este território. Pensados como mão de obra escrava ou barata desde os empreendimentos coloniais, na contemporaneidade isso não mudou. Quando seus territórios e costumes se tornaram óbice ao projeto colonial ou nacional, foram criminalizados e as violações e violências por eles sofridas foram e são legitimadas. Durante o período chamado de Ditadura Militar (de 1964 a 1985) isso não foi diferente, sendo intensificado pelos denominados projetos de desenvolvimento nacional e crescimento econômico. O milagre econômico, ocorrido de 1969 a 1973, foi um período nefasto para as comunidades indígenas. A expansão do agronegócio, principalmente nas regiões Centro-Oeste e Norte do país, a exploração mineral e a abertura de estradas estimuladas ou feitas pelo Estado brasileiro causaram enormes conflitos, sendo muitas vezes os indígenas considerados empecilhos ao desenvolvimento nacional, por resistirem e lutarem por seus direitos. Ao final, este artigo vai abordar, especificamente, se as violações sofridas pelo povo krenak (Minas Gerais) e demais indígenas, durante o regime militar, adequam-se ao que Günther Jakobs identificou como Direito Penal do Inimigo.

[1] Doutor em Sociologia pela Universidade Federal do Rio Grande do Sul (2007). Mestre em Direito pela Universidade do Vale do Rio dos Sinos (1999). Graduado em Ciências Jurídicas e Sociais pela Universidade Federal do Rio Grande do Sul (1995) e em Comunicação Social, jornalismo, pela Pontifícia Universidade Católica do Rio Grande do Sul (1991). Professor do PPG Direito da Universidade La Salle/Canoas. Atua junto ao Ministério da Educação/INEP como avaliador de curso. Advogado de Direitos Humanos. E-mail: <danirud@hotmail.com>. Endereço para acessar este CV: <http://lattes.cnpq.br/0752934528471591>.

[2] Doutorando em Direito na Universidade La Salle/Canoas, Mestre em Direitos Humanos pela UniRitter (2019). Especialista em Direito Civil e Direito Processual Civil pelo Instituto de Desenvolvimento Cultural (2016). Graduado em Direito pela Universidade de Fortaleza (2003). Advogado de Direitos Humanos. E-mail: <viacampesina@hotmail.com>. Endereço para acessar este CV: <http://lattes.cnpq.br/9041793148411356>.

Palavras-chave. Reformatório Krenak. Direito penal do inimigo. Indígenas. Direitos humanos. Memória e verdade.

1. Introdução

Os indígenas, desde o Brasil Colônia, são tratados como problema para as aspirações de um Estado com uma visão desenvolvimentista, segregadora e seletiva. Assim, se tornaram mão de obra escrava ou barata, sofreram desagregação social e comunitária, foram presos e torturados, padeceram de genocídio étnico. A sua negação ou categorização como cidadãos e cidadãs de segunda categoria, ou mesmo não cidadãos, ajudou a legitimar violações cometidas pela sociedade e pelo Estado brasileiro.

O presente artigo irá se deter sobre ações que a Ditadura Militar (de 1964 a 1985) aplicou dentro do território krenak (de 1969 a 1972), que demonstram terem sido os indígenas considerados empecilho para o desenvolvimento nacional, por conseguinte, inimigos do Estado. Nesse território, no município de Resplendor, Minas Gerais, funcionou, entre 1969 e 1972, o Reformatório Agrícola Indígena, chamado de Krenak (BARRETO; EITERER, 2015, p. 2680). Era uma unidade prisional administrada pelo Capitão Manoel Pinheiro, da Polícia Militar. Para lá eram levados os indígenas que lutavam por direitos, ou que eram acusados pelo regime de cometer crimes e contravenções.

Cabe destacar que são os krenak identificados dentro de um grupo populacional mais amplo, os botocudos, possuindo um histórico de lutas e de deslocamentos forçados, resistência e genocídios. Eles pertencem à macroetnia "Jê", que significa essência do ser (MUSEU HISTÓRICO E PEDAGÓGICO ÍNDIA VANUÍRE, s.d.), e viviam onde hoje localizam-se os estados da Bahia, Espírito Santo e Minas Gerais.

Demonstraremos que medidas como estas, tomadas pelo regime militar em face dos indígenas, podem ser caracterizadas como Direito Penal do Inimigo. Indígenas e comunidades que resistiam aos projetos da ditadura, e, portanto, eram considerados contrários ao desenvolvimento nacional, acabavam perseguidos. A simples existência de indígenas, mesmo que sem atos de resistência ou desobediência civil, em certas localidades, os fazia também inimigos e vítimas do regime militar e dos empreendimentos por ele estimulados.

O Estado brasileiro, que tinha o dever de garantir os direitos ao território e proteger usos e costumes dos índios, não o fazia. A ditadura militar, como regime totalitário, procurava a homogeneização da população, não considerando as minorias, impondo sua vontade sem permitir debates; inclusive ameaçando a existência de quem se opusesse ou atrasasse seus planos.

Ainda hoje se carece de um maior conhecimento e difusão das violações sofridas pelos indígenas durante o regime militar, mas o Relatório da Comissão da Verdade e obras como "Os fuzis e as flechas", de Rubens Valente, começam a mostrar a realidade vivida pelos povos indígenas nesse período. Porém, há muito o que ser apurado, como indícios do uso de bombas incendiárias lançadas por aviões e helicópteros, em comunidades indígenas de Roraima, na década 70, para a construção da BR 174 (VALENTE, 2017, p. 174).

Contudo, o que aconteceu em território krenak foi desdobramento de ações violadoras do regime em todo o território nacional, no auge da ditadura, no período do "milagre econômico". Conhecer e entender melhor a criação do Reformatório Krenak pode contribuir para o entendimento do que fez e como pensava o regime militar, buscando evitar que se viva novamente as agruras de um regime autoritário.

As violações de direitos sofridas pelos indígenas não cessaram com o fim da ditadura militar. Muitos empreendimentos causam problemas aos indígenas ainda hoje, como no caso de fronteiras agrícolas e da Usina Hidrelétrica de Belo Monte. Conhecer melhor esse período e suas motivações tem potencial de ajudar a entender conflitos atuais e tentar dirimi-los de forma mais eficaz.

Muitos desses conflitos não necessitam de mediação, tão-somente de respeitar os direitos desses povos e de providenciar as devidas reparações. No caso dos krenak, isso está em vias de ser decidido, por meio de ação civil pública impetrada pelo Ministério Público Federal na Justiça Federal. Trata-se da Ação Civil Pública nº 0064483-95.2015.4.01.3800, contra a União Federal, Estado de Minas Gerais, Fundação Rural Mineira, Fundação Nacional do Índio e Manoel dos Santos Pinheiro (diretor do Reformatório), que tramita na 14ª Vara da Justiça Federal de Minas Gerais.

Para pensar essa questão, o presente artigo, em pesquisa bibliográfica, compara o tratamento oferecido ao povo krenak, durante a ditadura militar, com as bases da teoria do Direito Penal do Inimigo, desenvolvida por Günther Jakobs. Pretende, assim, demonstrar que aos indígenas foram negados direitos básicos garantidos a todo cidadão, como propriedade, cultura, integridade física, dignidade humana, entre outros.

2. Os krenak e as violações sofridas

Sobrevivem hoje aproximadamente 434 krenak (PARAÍSO, 2018). O nome advém dos adereços de madeira, denominados de botoques, colocados no lábio inferior e orelhas, como símbolo de poder (SILVA, 2010, p. 361). Isso demonstra que os grupos indígenas sempre foram conhecidos por meio do olhar externo a eles. Não lhes era (é) dada voz para contar suas histórias, dizer quem eram. Os botocudos, por não pertencerem ao tronco linguístico tupi e, sim, jê, eram chamados por seus inimigos de tapuias, mas também recebiam as denominações de aimorés, ambarés, guaimurés ou embarés (PESSOA, 2012, p. 29).

As rotulações, sem diálogo com os sujeitos alvo, levam a lugares comuns, imprecisões e até falsas impressões. Isso acontece por se utilizar apenas um olhar parcial que não se comunica com todos os envolvidos que compõem determinada realidade. A classificação de nômades e a tentativa de identificá-los a partir das divisões do território nacional não ajudaram a delimitar o seu território original, classificando-os a partir de um olhar exógeno:

> Todos estes Botocudos são nômades, que vivem na margem septentrional do Rio Doce no tempo das águas baixas e se retiram do Rio para o interior das Mattas, na época das chuvas e das enchentes, isto é nos mezes de Novembro até Março. São três grupos de Botocudos que actualmente vivem nesta zona:
>
> 1) O Minhagiruns do Rio Panca, afluente do Rio Doce, na vizinhança da Collatina;
>
> 2) Os "Botucudos de Natividade de Manhaçú", junto da barra do Rio Manhaçú, na fronteira dos Estados Minas e Espírito Santo;
>
> 3) Os "Botocudos de Lapa", no Estado de Minas, que moram a uma distância de 60-70 kls. do Manhaçú, rio acima. Segundo o sr. W. Garbe, seria o de Gutu--Krak. São provavelmente os mesmos que Ehrenreich denomina Takruk-krak (IHERING, 1911, p. 39).

Um bom exemplo da falta de conhecimento preciso está na denominação geral de botocudos, como se todos aqueles povos fossem um só. Hoje, se entende que ela serve como uma denominação geral para diversos povos de um tronco em comum, dos quais um são os krenak. Além disso, os botocudos não teriam apenas se restringido ao que hoje corresponde as áreas dos estados da Bahia, Espírito Santo e Minas Gerais, mas também alcançado a Região Sul do país:

> Em sua expansão, chegaram até o Paraná e Santa Catarina, onde os botocudos também se fixaram, chegando a alcançar o território do Rio Grande do Sul. Já Boiteux encontra diferenças nítidas entre os botocudos do Sul e os do centro do Brasil ou do Espírito Santo. Nos do Sul, apenas os homens usavam o botoque no lábio inferior, elemento este que lhes dá a denominação, enquanto que nos outros grupos o usam também as mulheres, chegando estas a colocá-lo nas orelhas. Entretanto, botocudos legítimos ou não, os do Sul também são classificados como se o fossem, apesar dessas e de outras diferenças (WACHOWICZ, 1969, p. 469).

Todavia, importante lembrar que este trabalho se restringe a tratar dos krenak, especificamente, do Reformatório criado em seu território, em Minas Gerais, na região do Rio Doce.

Importante destacar a relevância dos krenak na construção de um país plural e inclusivo, por serem os únicos representantes de seu tronco linguístico:

> O Krenak/Nakrehé é uma língua da família Botocudo (Borum), classificada como pertencente ao tronco Macro-Jê. É o único membro ainda existente dessa família, que foi no passado bastante numerosa, mas cujos grupos integrantes desapareceram sem que nenhuma de suas línguas/dialetos fosse convenientemente descrita ou documentada. De fato, os materiais linguísticos existentes não incluem informações mais completas sobre a estrutura gramatical do Botocudo, consistindo, em sua maioria, de listas vocabulares bastante limitadas, com transcrição via de regra inadequada [...]. (SEKI, 2004, p.129).

Os botocudos, na história brasileira, provocaram a organização de forças de segurança e núcleos de colonização europeia em três regiões do país (Nordeste, Sudeste e Sul).

> [...] Foi contra os botocudos, guerreiros e temidos, que a Coroa portuguesa decretou no Brasil, por meio de uma série de cartas régias, uma política de guerra, cativeiro e escravização no início do século XIX. Essa determinação levou à criação de sete divisões e 33 quartéis militares na região do Rio Doce, duas divisões e doze quartéis em Jequitinhonha, duas divisões e quatro quartéis em Mucuri, quatro quartéis em Itanhém ou Jucurucu, quatro quartéis em Prado, quatro quartéis em São Mateus e "outros 26 quartéis espalhados em outros rios de menor porte". Após muita resistência, mortes, epidemias e derrotas, incluindo o sequestro por "civilizados" de crianças indígenas, os índios passaram a viver aldeados perto das unidades militares. No início do século XX, o SPI

> criou alguns postos indígenas, incluindo o Eme, onde ficaram os Krenak. Mais tarde o local foi batizado como posto indígena Guido Marlière, em homenagem a um militar francês enviado para a região em 1819 para continuar a política de atração e "pacificação" dos botocudos (VALENTE, 2017, p. 75-76).

Mas essa etnia, ainda que reduzida e fragilizada por massacres e políticas violadoras, quando do regime militar, ainda resiste. E, apesar do contínuo descaso da sociedade brasileira, eles sobreviveram, buscando, em ação judicial, reparação aos danos sofridos. A resistência aqui mencionada, o ato de rebelar-se contra as injustiças, incluindo as do Estado, irá ajudar a entender por que, para a ditadura militar, os krenak e outros indígenas deviam ser objeto do que se denomina Direito Penal do Inimigo.

A pacificação quista pelo regime era necessária aos seus projetos, pois os indígenas contra eles se rebelavam, daí se justificando um tratamento repressor com diminuição de direitos e garantias. Jakobs (2007, p. 22) entende que ao Estado é legítimo adotar expedientes contra quem se subleva às suas determinações; afirma isso para defender a existência de um Direito Penal do Inimigo. Essa busca da aniquilação enquadra-se também na destruição física e cultural dos estranhos, dos diferentes (BAUMAN, 1998, p. 28).

Em específico, durante o Regime Militar, a política (violenta) oferecia aos indígenas duas alternativas: a integração ao que se entende como cultura nacional ou o extermínio. Não foi uma inovação dos governos militares a ideia de integrar os índios ao que se chamava de ordem nacional, pois isso existia, ao menos, desde o início do século XIX:

> A partir da independência, o governo central brasileiro passou a ter uma atitude que visava integrar os índios à ordem nacional que se construía e à civilização ocidental, por meios ditos brandos, contrastando, assim, com a guerra de extermínio decretada contra tais grupos por D. João VI, 14 anos antes (Carta Regia de D. João VI..., 1808), lei que só seria formalmente revogada pelas Regências, em 1831 (MOREL, 2002, p. 92).

Como se percebe, a política do Regime Militar deu continuidade a essas medidas, intensificando ações em determinadas regiões, a partir da política desenvolvimentista de exploração de minérios, expansão do agronegócio e produção de energia.

O Reformatório Krenak é reflexo dessa política de assimilação e extermínio. Assim, pode-se afirmar que o sofrimento dos krenak durante o Regime Militar é desdobramento histórico das ações do Estado brasileiro por quase 200 anos. Os krenak e demais indígenas, muitas vezes, eram identificados como perigosos, o que significa, para o Direito Penal do Inimigo, serem passíveis de receber coação (JAKOBS, 2007, p. 23). Não seriam delinquentes comuns, que cometem erros, mas que agem contra o ordenamento posto (JAKOBS; MELIÁ, 2008, p. 42).

Não se percebia, e não se percebe ainda hoje, que obrigar a "assimilação" significa negar a existência, a maneira de ser do outro; é, tão-somente, uma outra forma de exterminar, pois, ao virarem "brasileiros", perdem o modo de vida, a língua, a cultura, o ser krenak e deixam de existir.

3. A assimilação como Direito Penal do Inimigo

À época do Brasil Colônia devia-se observar os ditames da metrópole, não se permitindo usos e costumes que pudessem prejudicar os interesses econômicos de Portugal. Quando Império, o Brasil era um estado unitário e viveu diversas revoltas populares que terminaram sendo duramente massacradas: Cabanagem (Pará; 1835-1840); Revolução Farroupilha (Rio Grande do Sul; 1835-1845); Sabinada (Bahia; 1837-1838). A República, proclamada por militares, terminou por seguir a égide totalitária.

A ditadura militar dos anos 60 e 70 implantou um Estado totalitário, que limitava direitos humanos e participação política. Quem criticava e se opunha a esse rompimento com o sistema democrático era considerado inimigo. Tal categorização também era ampliada a quem se opunha aos projetos dos governos militares.

A visão do que era desenvolvimento (desde o Brasil Colônia) encontrava limites nos territórios indígenas e seus modos de vida, e o regime militar, com o "milagre econômico", intensificou o desenvolvimento de projetos que se chocavam com os direitos indígenas, tais como a construção de estradas, usinas hidrelétricas, mineração, ampliação da fronteira agrícola, etc. A ditadura militar intensificou a vocação do território nacional como produtor de *commodities* para o mercado internacional.

Áreas isoladas, ou com densidade populacional menor, ocupadas por comunidades originárias e tradicionais, eram alvo da expansão dessa produção. E essas pessoas e grupos, diversos do modelo hegemônico determinado pelas elites política e econômica, *outsiders* (BECKER, 2008, p. 15), "estranhos" (BAUMAN, 2017, p. 104), inoportunos, atrasados, terminavam combatidos como inimigos.

Isso refletiu diretamente nos povos indígenas e quilombolas, e, sendo assim, quando reivindicavam seus direitos e lutavam para sobreviver, foram (e são) perseguidos.

Eram a alteridade negada para a formação da sociedade brasileira; fenótipos, formas de vida e expressões culturais não desejados (PIRES, 2016, p. 40). Essas populações, integradas ao meio ambiente, com o modo de vida adaptado às funções ambientais, foram as que mais sofreram.

Os governos (militares), perpetuadores de uma visão de conquista sobre o meio ambiente, compreendiam (e compreendem) esses modos de vida como fonte de atraso ou fator de insegurança nacional. Em contrapartida, os territórios que ocupavam (e ocupam) revelam riquezas incomensuráveis a serem extraídas. Assim foi com o pau brasil no litoral, a cana de açúcar no Nordeste (século XVI ao XIX), a mineração em Minas Gerais (século XVIII), o café no Sudeste (século XIX), a criação de gado, até a soja e minérios no Pará, nos dias atuais.

> Essa violência institucional reflete a presença de uma colonialidade do ser que tem na população indígena um olhar racista de descaso por parte do poder público que vai além do desprezo pelo seu modo de vida, mas pela vida dessas pessoas em si (FONSECA, 2016, p. 97).

Porém, a partir de apelos humanitários, buscou-se a aventada solução da assimilação dos indígenas. Apesar de se justificar em um discurso de proteção e integração, ocultava interesses econômicos, inclusive pensando-se em criar mais mão de obra de reserva. E políticos, pois para implementá-la utilizou denúncias internacionais sobre populações originárias estarem sofrendo abuso por parte dos governos anteriores ao golpe militar. Assim, o governo ditatorial permitiu a criação de uma Comissão Parlamentar de Inquérito para investigar corrupção no Serviço de Proteção aos Índios (SPI) e o resultado foi a sua substituição pela Fundação Nacional do Índio (Funai):

> O início do século XX verá um movimento de opinião dos mais importantes, que culminará na criação do Serviço de Proteção aos Índios (SPI), em 1910 (Souza Lima *in* Carneiro da Cunha [org.] 1992). O SPI extingue-se melancolicamente em 1966 em meio a acusações de corrupção e é substituído pela Fundação Nacional do Índio (Funai): a política indigenista continua atrelada ao Estado e às suas prioridades. Os anos 1970 são os do "milagre", dos investimentos em infraestrutura e em prospecção mineral – é a época da Transamazônica, da barragem de Tucuruí e da de Balbina, do Projeto Carajás. Tudo cedia ante a hegemonia do "progresso", diante do qual os índios eram empecilhos[...] (CUNHA, 2012, p. 21).

O regime militar manteve a política assimilacionista e, em 1971, aprovou o Estatuto do Índio. O slogan "Brasil, ame-o ou deixe-o!" significou para os índios a morte, ou se tornarem "brasileiros". Eles precisavam abandonar suas culturas para "virarem" cidadãos. Como explica Günther Jakobs (2007, p. 36), "um indivíduo que não admite ser obrigado a entrar num estado de cidadania não pode participar dos benefícios do conceito de pessoa". Assim eram os indígenas para a ditadura.

Cabe aqui ressaltar que a previsão de direitos aos indígenas, desde que em determinadas condições de submissão ao Estado, coaduna-se com a ideia de Direito Penal do Inimigo:

> Esta coação pode ficar limitada em um duplo sentido. Em primeiro lugar, o Estado, não necessariamente, excluirá o inimigo de todos os direitos. Neste sentido, o sujeito submetido à custodia de segurança fica incólume em seu papel de proprietário de coisas (JAKOBS, 2007, p. 30).

Para o ordenamento jurídico e a administração pública de regimes assim, quem, todavia, se nega a tornar-se cidadão, a aderir ao pensamento único, se torna um *outsider*, uma pessoa perigosa, um inimigo. E se, para os adaptados, existe um direito penal democrático, com garantias, para os segundos resta um direito e um regime de exceção:

> O Direito Penal do Cidadão mantém a vigência da norma, o Direito penal do inimigo (em sentido amplo: incluindo o direito das medidas de segurança) combate perigos, com toda certeza existem múltiplas formas intermediárias (JAKOBS, 2007, p. 30).

Ao inimigo se oferece um tratamento diferenciado, haja vista negada a condição de pessoa (ZAFFARONI, 2007, p. 18). Essa foi a realidade que se percebeu surgir no país. Mas, visando dar resposta à pressão internacional por um regime mais humano e simultaneamente oferecer continuidade à política de colonização nacional, o regime militar criou a Guarda Rural Indígena (GRIN) e o Reformatório Krenak. A primeira para aparentar respeito pela autonomia dos povos indígenas (que teriam a oportunidade de cuidar de seus problemas de segurança, internos e externos); o segundo a fim de garantir um local para onde enviar indígenas "problemáticos", estranhos, perigosos, desordeiros ou, simplesmente, inimigos.

A GRIN foi criada por portaria da Funai, Ministério do Interior, publicada no Diário Oficial da União em 30 de setembro de 1969 para atuar em diversos territórios indígenas, em resposta a pressão internacional em relação às violações sofridas durante o regime militar (AGOSTINHO, 2012). Seria um grupamento de contenção das violações internas e externas sofridas pelos indígenas. Formado por indígenas das etnias kraô, carajá, gavião, xerente e maxacali, foram treinados no Batalhão Escola de Belo Horizonte/MG (VALENTE, 2017, p. 73). Ao serem "incorporados" à sociedade brasileira, os membros da GRIN começaram a reproduzir as mesmas arbitrariedades que ela praticava com os indígenas em geral.

Tanto é que, em 2012, descobriu-se a filmagem de Jesco von Puttkamer sobre a GRIN. Trata-se de imagens de uma parada militar ocorrida em Belo Horizonte, no ano de 1970 (CAPRIGLIONE, 2012). Além de instruções de técnicas de defesa pessoal e ordem unida, o vídeo mostra a prática comum das instituições de segurança da época: indígenas desfilam carregando um dos seus em um pau de arara, simulando a técnica de tortura, denunciada por presos políticos:

> As cenas do rolo – Arara são de 05 de fevereiro de 1970, quando foi realizado no quartel do Batalhão-Escola Voluntários da Pátria da Polícia Militar em Belo Horizonte (MG) o desfile de formatura da recém-criada Guarda Rural Indígena (GRIN), uma estratégica política de segurança implementada em plena ditadura civil-militar. Oitenta e quatro indígenas, recrutados em aldeias Xerente, Maxacali, Carajá, Krahô e Gaviões, passaram por um curso de formação de três meses, no qual foram ensinadas técnicas de lutas marciais, uso de arma de fogo e métodos de tortura.
>
> Segundo a portaria que a criou, de 1969, a tropa da Guarda Rural teria a missão de executar o policiamento ostensivo em aldeias indígenas. No palanque abarrotado do dia do desfile da GRIN, viam-se autoridades federais e estaduais, civis e militares: o ministro do Interior, general José Costa Cavalcanti (um dos signatários do AI-5, de 13 de dezembro de 1968); o governador de Minas, Israel Pinheiro; o ex-vice-presidente da República e deputado federal José Maria Alkmin (MARCHETI, s.d.).

A Comissão Nacional da Verdade conseguiu mostrar uma série de violações que os indígenas sofreram nesse período. As prisões, por exemplo, variavam desde o interesse de agentes públicos de explorar sexualmente as mulheres indígenas, passando por preconceitos da sociedade a comportamentos e costumes dos índios; chegando a casos em que indígenas eram presos por se oporem ou criticarem violações ou descasos da ditadura militar e de seus parceiros econômicos:

> Sim, o índio é fator de segurança nacional, pois quando ele se revolta, cria a desordem, a subversão, e deste modo, depois de preso pela GRIN e enviado a Crenaque, para reeducar-se e ser um índio bom (JORNAL DO BRASIL, 1972).

Há ainda mais denúncias, de enorme gravidade, sobre o tratamento oferecido pelas Forças Armadas aos indígenas, que devem ser apuradas. Descaso diante de mineradoras, incentivo e fraudes para aquisição de terras indígenas por colonos, torturas, prisões e assassinatos já foram comprovados; mas no caso dos Waimiri-Atroari, em Roraima, em decorrência da construção da BR 174, há indícios de utilização de força bélica pelas próprias Forças Armadas, inclusive com uso de bombas incendiárias (VALENTE, 2017, p.174 e 273) que, se à época ainda não eram vedadas por normas internacionais de guerra, seriam éticamente reprováveis, mais ainda se tratando de utilização para tomar territórios indígenas:

> Quem não presta uma segurança cognitiva suficiente de um comportamento pessoal, não só não pode ser tratado como pessoa, mas o Estado não deve tratá-lo como pessoa, já que o contrário vulneraria o direito à segurança das demais pessoas [...] Com isso não se pode resolver o problema de como tratar os indivíduos que não permitem sua inclusão em uma Constituição cidadã. Como já se tem indicado, Kant exige a separação deles, cujo significado é de que deve haver proteção frente aos inimigos (JAKOBS, 2007, p. 42 e 43).

Os indígenas ficam de fora da proteção que se deveria oferecer se cidadãos fossem considerados. Os indígenas possuíam e possuem uma cidadania limitada, a depender das circunstâncias, pelo próprio ordenamento jurídico (artigos 2º, I e X; 4º, I e II; 5º, § único; 7º; 8º; 20, 1º, c, d e f, 2º, 3º, 4º, 5º, da Lei nº 6.001/1973), e muitas vezes por serem considerados empecilhos, inimigos do projeto considerado nacional.

Os dispositivos citados, da Lei nº 6.001/1973, Estatuto do Índio, trazem normas abertas, oferecendo margem ao regime militar para aumentar o seu controle e repressão sobre os indígenas, conforme sua conveniência. A tutela ou limitação da cidadania era a regra, conforme dispõe o artigo 7º desta norma.

Aos índios eram estendidos os benefícios da legislação comum, sempre que possível (artigo 2º, I), todavia a análise para aplicação dessa extensão era realizada pelo Executivo ou Judiciário. Instituições e órgãos estatais implementaram os planos da ditadura, o que levava a não considerar possível a concessão de benefícios para os índios. Da mesma forma eram garantidos os direitos civis e políticos, mas somente quando coubessem (artigo 2º, X). Quem decidiria quando seria cabível? Justamente o Estado brasileiro que se percebia em conflito com os indígenas. As condições para o exercício desses direitos, teoricamente, advinham da lei (artigo 5º, § único), mas isso leva ao debate sobre quem aplica a norma. A diferença entre índios isolados e integrados significava mais ou menos direitos e garantias (artigo 4º, I e II) e era conforme interessante à expansão agrícola, obras e extração de minérios, fomentadas pelo governo.

Importante que os atos praticados pelos índios não integrados eram considerados nulos, nem mesmo anuláveis, se não tivessem o acompanhamento da Funai (artigo 8º). Claro que este artigo se justifica como uma política de proteção, mas poderia ser e foi instrumentalizado para a limitação do exercício de direitos. Por fim, as alíneas e parágrafos destacados no artigo 20 do Estatuto do Índio conferem ampla possibilidade de intervenção estatal nos territórios desejados pelo regime:

> Art. 20. Em caráter excepcional e por qualquer dos motivos adiante enumerados, poderá a União intervir, se não houver solução alternativa, em área indígena, determinada a providência por decreto do Presidente da República.
>
> 1º A intervenção poderá ser decretada:
>
> [...]
>
> c) por imposição da segurança nacional;
>
> d) para a realização de obras públicas que interessem ao desenvolvimento nacional;
>
> [...]
>
> f) para a exploração de riquezas do subsolo de relevante interesse para a segurança e o desenvolvimento nacional.
>
> 2º A intervenção executar-se-á nas condições estipuladas no decreto e sempre por meios suasórios, dela podendo resultar, segundo a gravidade do fato, uma ou algumas das medidas seguintes:
>
> a) contenção de hostilidades, evitando-se o emprego de força contra os índios;
> b) deslocamento temporário de grupos tribais de uma para outra área;
>
> c) remoção de grupos tribais de uma para outra área.
>
> [...]
>
> 4º A comunidade indígena removida será integralmente ressarcida dos prejuízos decorrentes da remoção.
>
> [...]

O excepcional virou regra, por motivações outras que não protetivas de direitos e garantias. Mesmo porque interesses econômicos e de ordem pública estavam legitimados pela lei, fazendo com que os direitos ao território e ao modo de vida fossem relativizados.

4. Da política criminal da ditadura

Neste tópico se discute se a criação do Reformatório Krenak, no território de etnia de mesmo nome, pode ser caracterizada como desdobramento da política criminal da ditadura, na qual os indígenas eram considerados inimigos.

Os indígenas eram percebidos como empecilhos ao projeto de desenvolvimento nacional. Se não integrados, absorvidos como mão de obra barata ou escrava, eram como se inimigos fossem. Os krenak sofreram com políticas que os tratavam como inimigos desde a vinda de Dom João VI. Quando da eclosão do regime militar, ainda eram considerados inimigos, pois resistiam, mesmo após inúmeras derrotas. Prova disso é que o Capitão Pinheiro, diretor do Reformatório Krenak, em 1966, havia se destacado por reprimir a luta de resistência de indígenas em Minas Gerais (VALENTE, 2017, p. 73).

Os krenak, em uma terrível ironia, tornaram-se prisioneiros em seu próprio território (VALENTE, 2017, p. 77). Mas não estavam sós; o Reformatório era destinado a todo indígena insurreto que praticava violações contra o Estado ou o poder econômico vigente, em qualquer parte do território nacional:

> As prisões de Minas Gerais impactaram outros grupos, já que índios de várias partes do país eram transferidos pela Grin. Um deles era um Pankararu de Pernambuco. No início dos anos de 1970, segundo Cleonice Pankararu, seu avô Antônio participou de um levante indígena contra proprietários rurais na região de Brejo dos Padres e por isso acabou preso pela guarda. Antônio primeiro ficou na prisão krenak e depois seguiu para a Fazenda Guarani. Os eventos mexeram com toda a família. "Minha mãe não quis ficar mais na aldeia. [disse] 'eu vou atrás do meu pai'. Nessas andanças, fomos parar em Brasília, e o pessoal recomendou que ela não fosse [para Resplendor], estava com vários meninos e grávida.
>
> [...]
>
> Documentos guardados nos arquivos da Funai confirmam que as prisões Krenak e Guarani também foram usadas para prender índios que reivindicavam posse de terras e incomodavam a ditadura ou os fazendeiros (VALENTE, 2017, p. 78).

Várias ações violadoras de direitos dos índios eram cometidas dentro do Reformatório, como a proibição de utilização de nomes indígenas; por outro lado, eram impostos batizados com os nomes dos militares, dentre eles o do próprio Capitão Pinheiro (MINISTÉRIO PÚBLICO FEDERAL, 2015, p. 34). A lista de violações inclui trabalhos forçados, tortura no tronco, assassinatos e desaparecimento de prisioneiros (BRASIL, 2014, p. 240-241). Como se percebe, dentro do presídio indígena havia uma política de extermínio cultural, moral e físico.

Também acontecia objetificação das mulheres pela prática de crimes sexuais no Reformatório Krenak. Militares controlavam os costumes e as relações sexuais dos indígenas (MINISTÉRIO PÚBLICO FEDERAL, 2015, p. 32-33), bem como abusavam das mulheres:

> Há, ainda, relatos de violências e abusos sexuais cometidos contra as indígenas. Douglas Krenak declarou: "o próprio Capitão Pinheiro vinha de vez em quando na aldeia Krenak e praticava estes atos de violência sexual contra as mulheres. Isso tudo foi visto pelo pai e pelo avô de Douglas".
>
> No mesmo sentido, Dejanira Krenak declarou: "muitas mulheres foram abusadas sexualmente. Duas delas foram Julieta e Martinha. Eram abusadas por todos os militares e voltaram para a terra delas, no Bananal, em Goiás. Ouviu falar que o Capitão Pinheiro abusava de Julieta. Ela não podia falar nada, não podia conversar nada com ninguém, senão era castigada e apanhava de cassetete".
>
> Colhe-se das declarações prestadas por Takruk Mik (Laurita Maria Felix): "conheceu a índia Julieta, uma índia Carajá e que foi prostituta e veio presa e doente. O Capitão Pinheiro a deixou presa muito tempo no Reformatório. Não sabe dizer se os policiais abusaram da Julieta lá dentro porque não podiam ter qualquer contato com os índios presos. Depois que a Julieta saiu da prisão ela contou que ela foi pega no Bananal, dizendo que iriam levá-la para passear. Como ela disse que não queria ficar aqui, bateram muito nela, e ela ficou de cama. Ela foi presa para 'pagar o crime dela'. O crime dela era 'ficar na rua', ser prostituta. O irmão de Julieta também veio para a terra Krenak. Julieta também cozinhava para os presos. Martinha era uma índia que dormia junto com as cozinheiras, perto do presídio. Ficavam ela, Julieta, Bastianinha, Maria Júlia. A comida era feita para os presos e para os militares".
>
> Maria Júlia, também ouvida, relatou: "uma índia chamada Julieta veio presa porque era 'da zona'. Disseram que ela esfaqueou um homem que não tinha pago. Julieta ficava presa na cadeia, e também trabalhava na cozinha.

Pode-se afirmar, então, que o Reformatório é nome eufêmico dado a um presídio étnico criado pela ditadura. Um campo de concentração, como outros que existiram no país (TRAVASSOS, 2011, p. 719), para confinar, coagir e violar quem fosse considerado um cidadão ou cidadã de segunda categoria, ou mesmo quem tivesse negada esta sua condição.

O Reformatório Krenak enquadra-se perfeitamente no que foi conceituado como Direito Penal do Inimigo, pois para lá eram enviados indígenas, independentemente de sua conduta, em decorrência de serem considerados um problema para o regime militar, seus projetos e seus parceiros. Nesse sentido, estavam igualados a quem se insurgisse contra os atos da ditadura, com quem reivindicasse direitos (BRASIL, 2014, p. 244), aos "inimigos" da pátria.

Deve-se ressaltar que para o Reformatório Krenak muitos foram levados por contravenções, crimes comuns ou costumes não aceitos pela conduta moral dominante dos agentes públicos ou de religiosos cristãos (MINISTÉRIO PÚBLICO FEDERAL, 2015, p. 16).

Os indígenas não apenas eram considerados delinquentes que cometeram um erro e receberiam uma sanção, mas também perturbadores da ordem estabelecida, pois não se enquadravam no arquétipo moral, de cidadão ou de trabalhador desejado. Assim, obstruíam o projeto nacional, totalitário, racista e excludente, o que justificava todas as coações e violações sofridas. Contudo, o Reformatório dava uma aparência de atuação estatal dentro da ordem jurídica, mesmo com prisões realizadas sem o devido processo legal e do contraditório:

> [...] a prisão preventiva nada significa para o imputado, mas frente a ele se esgota numa coação física. Isso, não porque o imputado deve assistir ao processo – também participa uma pessoa imputada, e por convicção – mas porque é obrigado a isto mediante o seu encarceramento. Esta coação não se dirige a pessoa em Direito – esta nem oculta provas e nem foge – mas contra o indivíduo, que com seus instintos e medos põe em perigo a tramitação ordenada do processo, isto é, se conduz, nessa medida, como inimigo [...] Como no Direito penal do inimigo substantivo, também neste âmbito o que ocorre é que estas medidas não têm lugar fora do Direito; porém os imputados, na medida que se intervém em seu âmbito, são excluídos de seu direito: o Estado elimina direitos de forma juridicamente ordenada (JAKOBS, 2007, p. 40).

O caráter de extermínio dos indígenas pelo regime militar, aí incluído o Reformatório Krenak, acontecia também com ações que visavam a desagregação social e cultural, pois o elemento comunitário era instrumento de defesa frente a essas violações. Na ação de reparação do povo krenak, movida pelo Ministério Público Federal, isso foi percebido:

> Verifica-se, portanto, que a intervenção militar foi marcada pela destruição sistemática de modos de vida e pela desagregação social e cultural do Povo Krenak, o que caracteriza a prática de etnocídio (MINISTÉRIO PÚBLICO FEDERAL, 2015, p. 34).

Os indígenas, mantendo seu modo de vida, seu território livre da depredação do que se denominava desenvolvimento nacional, não podiam ser considerados, pelo regime militar, como agentes que contribuíssem com a estrutura social desejada. Por isso a desconsideração de seus direitos não "colaborava" com o civismo esperado pelo governo ditatorial, apesar do ordenamento jurídico e da comunidade internacional dizerem o contrário:

> Do contexto descrito se deduz um dever básico de todo cidadão: o de contribuir com a construção da estrutura social. Esta prestação pessoal é o que Jakobs denomina dever mínimo de civismo, pois para que um sujeito seja membro da estrutura social, isto é, para que seja considerado pessoa de direito, deverá respeitar o Estado, a estrutura social e os integrantes desta. (STOCK; RUDNICKI, 2012, p. 47)

O pensamento de Jakobs, formulado a partir do terrorismo internacional, encaixa-se bem ao contexto da ditadura militar. Nos dois quadros há um ordenamento jurídico vigente que, de determinada forma, legitima o tratamento diferenciado aos inimigos do Estado. Para a ditadura era importante a criação de inimigos internos a fim de legitimar suas ações de força. Os adversários políticos, que fizeram oposição armada ou não, sofreram cassações[3], prisões, torturas, desaparecimentos e mortes:

---

[3] Um balanço das cassações e perseguições políticas mostra a amplitude da repressão durante os governos militares. Inventário produzido por Marcus Figueiredo, e citado por José Murilo de Carvalho, apresenta os seguintes números, produzidos entre 1964 e 1973: 1) foram punidas, com perda de direitos políticos, cassação de mandato, aposentadoria e demissão, 4.841 pessoas; 2) o AI-1 atingiu, isoladamente, 2.990 pessoas, ou seja, 62% dos punidos entre 1964 e 1973; 3) foram cassados os mandatos de 513 senadores, deputados e vereadores; 4) perderam os direitos políticos 35 dirigentes sindicais; 5) foram aposentados ou demitidos 3.783 funcionários públicos, dentre os quais 72 professores universitários e 61 pesquisadores científicos; 6) foram expulsos ao todo 1.313 militares, entre os quais 43 generais, 240 coronéis, tenentes-coronéis e majores, 292 capitães e tenentes, 708 suboficiais e sargentos, trinta soldados e marinheiros; 7) nas policias militar e civil, foram 206 os punidos; 8) foram feitas 536 intervenções (durante o período entre 1964 e 1970) em organizações operárias, sendo 483 em sindicatos, 49 em federações e quatro em confederações (BRASIL; COMISSÃO NACIONAL DA VERDADE, vol. I, 2014, p. 101).

> No princípio, Veja passou a investigar quem seriam os inimigos do Brasil, que muitas vezes eram chamados de terroristas, e quais as suas intenções. Para a revista, os atos espetaculares feitos pelos terroristas tinham como objetivo a derrubada do regime via subversão. Percebemos que a revista criou um clima de insegurança social, favorecendo a percepção, aos leitores, de que a situação estava fora de controle. De fato, os textos da revista contribuíram na construção de um ambiente de medo em relação à ameaça comunista maximizando, assim, a busca pela ordem política e social.
>
> [...]
>
> Percebemos que a Revista Veja, no período analisado por este artigo, trouxe em seus editoriais e em suas reportagens uma série de ideias que ajudavam na construção do inimigo da nação brasileira. O discurso da revista também definiu a necessidade de eliminação deste inimigo, a fim de estabelecer uma ordem política e social ao país. Carl Schmitt chamou a atenção, em sua obra O conceito do político, para a caracterização de amigo e de inimigo como fundamentais para pensar a política. (CARVALHO; NASCIMENTO, 2014, p. 159-161).

Os indígenas não se colocavam como adversários políticos, ao menos em um primeiro momento, do ponto de vista discursivo, contra a ditadura militar. Mas sua existência e respeito aos seus direitos atrapalhavam projetos, obras que o regime usava como propaganda para se legitimar. Em um segundo momento, quando descasos e violações com os índios repercutiam no meio político, na imprensa ou em âmbito internacional, os indígenas e seus direitos passaram a ser inimigos de forma mais explícita.

Os imigrantes, população identificada como potenciais terroristas em muitos países europeus e nos Estados Unidos, não possuem a cidadania plena de um nacional como os indígenas, sendo tutelados e limitados pelo Estado brasileiro por força do Código Civil de 1916 e do Estatuto do Índio. Ademais, falando dos krenak e da criação de um "presídio" para os indígenas "delinquentes", como se leu no Jornal do Brasil, verifica-se um caráter de ordem e de atuação estatal legitimada.

A identificação dos indígenas como terroristas, de forma expressa, não iria repercutir bem; outros eram os eleitos pelo regime militar. Todavia, as medidas tomadas em relação àqueles foram reproduzidas com os índios, tendo em vista também estes atrapalharem seus projetos:

> Interessante perceber que neste trecho a Revista Veja deixa claro quem eram os inimigos: os 'subversivos' de Jango, os comandos sindicais e as organizações

> estudantis. Estes eram os inimigos contra quem se deveria lutar. Quando ela cita o "sistema político" que sistema seria esse? Seria o sistema republicano? Em nenhum momento ela especifica, não faz referência a um marco temporal, e nos remete a um tempo que não é mensurável (CARVALHO; NASCIMENTO, 2014, p. 172).

Tanto os imigrantes que chegam na Europa ou nos EUA hoje como os indígenas brasileiros possuem identidade sob o prisma de um estigma negativo, perante a considerada sociedade nacional. Os imigrantes, advindos de países da África, leste europeu ou Oriente Médio trazem consigo a imagem de atraso cultural, civilizacional, um preconceito cultivado por séculos, fruto da mesma cultura e política discriminatória que associa o índio ao atraso civilizatório e ao rótulo de preguiçoso. Para parte significativa da sociedade europeia esses imigrantes são uma ameaça ao seu modo de vida, à segurança, aos seus empregos. Os índios, no regime militar, também não eram compatíveis com a maneira de viver idealizada pela sociedade e pelo Estado, além de atrapalharem projetos considerados de desenvolvimento nacional. O imigrante tolerado é aquele que abandona sua cultura de origem e se "adapta" plenamente à vida do seu novo país europeu; o indígena que alcançava e alcança mais direitos e garantias é o assimilado, o que contribuía para o "desenvolvimento nacional", no olhar da ditadura.

Cabe lembrar que Jakobs (2009, p. 1) destaca que o Direito Penal do Inimigo convive com o Direito Penal do Cidadão; seriam dois polos de um único mundo. E era o que justamente acontecia durante o regime militar em relação aos indígenas, por vezes, com seus direitos e garantias observados, já que eram protegidos pela legislação; por vezes não, quando das exceções previstas ou na possibilidade de aplicação diferenciada, nos tipos abertos. Por vezes o Direito, por vezes atitudes aplicadas à margem do sistema.

Da mesma forma que Jakobs faz a defesa do Direito Penal do Inimigo, utilizado para enfrentar os terroristas, poder-se-ia transplantar tal postura para os governos militares, imbuídos de efetivar a ocupação de lugares com densidade demográfica menor. Até os dias atuais, os indígenas e seus territórios são vistos pelos militares como uma ameaça à segurança nacional, como pode se depreender da palestra do General de Brigada Luiz Eduardo Rocha Paiva, no Seminário "Prospectiva, Estratégias e Cenários Globais" (2010), realizado pelo Instituto de Pesquisa Econômica Aplicada (IPEA):

> Como agravantes, há a indigência militar brasileira e a ação de organizações não governamentais [ONGs] "cavalos de Troia", não todas, mas muitas, as

> quais são ligadas a interesses internacionais. Destaque-se, ainda, a Guiana, o Suriname e a Guiana Francesa (França) como potenciais "cabeças de ponte" da OTAN, a qual estes três países são ligados. Diversas ONGs na região são financiadas por potências como EUA, França, Reino Unido, Países Baixos, organismos internacionais e grupos empresariais, representando interesses privados e públicos estrangeiros. E, o mais grave, o governo brasileiro concede recursos e delega autoridade e responsabilidades a estas organizações junto aos indígenas nacionais. Que compromisso estas ONGs têm com o Brasil? Quem elas representam? **Que influência elas exercem sobre os índios? E, então, vem a Declaração dos Direitos dos Povos Indígenas, aprovada na ONU [Organização das Nações Unidas] com voto favorável do Brasil em 2007, que concede aos indígenas em suas terras direitos como: autogoverno e livre determinação de sua condição política; constituir instituições políticas e sistemas jurídicos próprios; pertencer a uma nação indígena; vetar atividades militares nas terras indígenas; e aceitar ou não medidas administrativas do governo federal dentro de suas áreas.** (PAIVA, 2011). (Grifo nosso).

Válido ressaltar que esta posição não foi somente de um membro do atual generalato do Exército Brasileiro; a instituição referencia tal perspectiva ao firmar parceria com o IPEA e transformar tais argumentos numa publicação oficial conjunta entre o Estado-Maior do Exército e o IPEA, como bem destaca o Centro de Estudos Estratégicos do Exército (CEEX):

> Brasília (DF) – Em 24 de setembro, ocorreu o lançamento do livro "Amazônia e o Atlântico Sul: desafios e perspectivas para a defesa no Brasil", que reúne artigos dos pesquisadores Prof. Dr. Pio Penna Filho, Prof. Dr. André Luiz Varella Neves, Prof. Dr. Jorge Henrique Cabral Fernandes e do Gen. Bda. R1 Luiz Eduardo Rocha Paiva, integrantes do Núcleo de Estudos Prospectivos do Centro de Estudos Estratégicos do Exército.
>
> O livro é fruto da parceria entre o Estado-Maior do Exército e o Instituto de Pesquisas Econômicas Aplicadas (CEEX, 2018).

O domínio e a observância aos ditames do Estado são usados para referendar o Direito Penal do Inimigo. A pacificação é expressão histórica utilizada pelo Estado brasileiro em relação a indígenas insubmissos às suas regras. O projeto nacional de desenvolvimento da ditadura necessitava de indígenas pacíficos e "ordeiros", que não reivindicassem os direitos ao território e ao modo de vida, para que se efetivassem a expansão agropecuária, a extração de minérios e a realização de obras consideradas de interesse público. A ditadura pressupunha um Estado totalitário, com regras e uma determinada ordem quista, que deveriam ser observadas. Jakobs (2009, p. 2) exime e legitima os pacificadores frente a insubmissão ao Estado:

> É certo que um Direito Penal do Inimigo é sinal de uma pacificação insuficiente, a qual, todavia, não deve ser imputada necessariamente aos pacificadores, podendo ser atribuída também aos insubmissos. Além disto o Direito Penal do Inimigo implica, em todo caso, ao menos um comportamento orientado por regras e, portanto, não espontâneo e afetivo.

Essa relação conflituosa entre governos militares e indígenas se insere no debate. As políticas de aniquilação e assimilação continuavam dentro do Reformatório Krenak. Dentre as primeiras podem ser consideradas as torturas, os desaparecimentos e assassinatos; na segunda espécie estariam as regras de comportamento, os trabalhos forçados, a atuação da GRIN, os batizados e o impeditivo de usar as línguas indígenas. Dois lados de uma mesma moeda, que visavam exterminar o inimigo por sua "integração" à sociedade brasileira, o que era entendido como servir ao projeto nacional de desenvolvimento.

5. Considerações finais

O Brasil atual, como consequente de sua época colonial e de império, ainda não conseguiu efetivar uma política de inclusão das comunidades tradicionais e originárias que não seja aniquilando diferenças culturais. Por isso, um histórico de descaso e violações, no qual diversas vezes essas populações foram percebidas como empecilho ao modelo europeu de sociedade, se implanta.

Voltado ao comércio exterior, como produtor de *commodities,* os territórios indígenas sempre foram vistos como espaços de extração de minérios e madeira, ou de produção agropecuária. Isso resulta em inúmeros choques violentos com as culturas indígenas, que dependem da preservação do meio ambiente. Apesar de há muito se possuir legislação que protege os territórios, bem como seus usos e costumes, os indígenas sempre foram colocados sob tutela do Estado, resultado do descaso de políticas públicas e violações sofridas.

No período da ditadura militar não foi diferente, mas dado o seu caráter totalitário, que impedia críticas e diálogo, a relação com a pluralidade nacional era ainda mais precarizada. Soma-se a isso o projeto nacional eleito, que nada mais era que a expansão do modelo histórico de exploração da terra, adequada às demandas do mercado internacional, para outras áreas do território nacional, causando novos conflitos, com mais comunidades indígenas.

As opções oferecidas eram duas: ou serem assimilados à sociedade brasileira, o que significaria a negação de sua cultura, de seu modo de vida, bem como ceder seus territórios para usos econômicos outros, alheios às suas vontades, ou serem exterminados. Primeiramente, pelo descaso, não implementando necessárias políticas de saúde e assistência social, quando comunidades indígenas, até então isoladas, entravam em contato com colonos, garimpeiros, militares ou operários. Esse descaso também era sentido na falta de fiscalização dos empreendimentos econômicos e na condescendência, permissividade e apoio do setor privado que viola direitos das comunidades. Por fim, diretamente, com atos repressivos, até de guerra, como ocorreu com os Maxacali (MG) e com os Waimiri-Atroari (RR), ou ainda com os Krenak.

Os krenak vêm resistindo às violações sofridas pelo Estado brasileiro desde o início do século XIX. Durante o Regime Militar, criou-se um Reformatório, eufemismo para presídio, em seu território, e este povo ficou preso e submetido a regime prisional em sua própria terra. Indígenas de todo o país, que incomodavam a ditadura, seus agentes ou parceiros, foram enviados ao Reformatório Krenak, onde foram impedidos de praticar seus usos e costumes, submetidos a trabalhos forçados, a torturas e a abusos sexuais, quando não desapareciam ou eram mortos.

Identifica-se esta política do regime militar para com os indígenas com a teoria do Direito Penal do Inimigo. Os indígenas foram considerados empecilhos ao desenvolvimento nacional pelos militares, pois o respeito ao seu território e usos e costumes impedia a expansão da mineração, da agropecuária, da extração de madeira e de obras como de estradas e hidrelétricas. Assim, o Reformatório Krenak foi peça chave, que oferecia aparência ordenada de atuação estatal e de respeito às normas, ao mesmo tempo que se confinavam as lideranças indígenas consideradas incômodas a estes projetos. Os índios perderam a cidadania que nunca possuíram e não receberam proteção constitucional.

As prisões dos indígenas, nessas circunstâncias, deram-se por considerá-los obstáculos, inimigos do desenvolvimento nacional esperado. Havia ainda o constrangimento de denúncias a comunidade internacional, que exigiu uma aparência de atuação regular do Estado. O Reformatório Krenak foi instrumento que manteve a política de assimilação, negação cultural e de extermínio, que era perpetrada em relação aos indígenas.

Referências

AGOSTINHO, Jaime de. Funai – Guarda Rural Indígena. **Ecoamazônia**, 12 nov. 2012. Disponível em: <https://www.ecoamazonia.org.br/2012/11/funai-guarda-rural--indigena>. Acesso em: 14 jul. 2020.

ANDRADE, George Bronzeado de. Estranhos à Nossa Porta, de Zygmunt Bauman. **Análise Social**, 224, lii (3º), Instituto de Ciências Sociais da Universidade de Lisboa, Lisboa, 2017.

ARNS, Paulo Evaristo; SOBEL, Henry; WRIGHT, Jaime. **Brasil:** nunca mais. Petrópolis: Vozes, 1985.

AZEVEDO, Deborah Bithiah de; RABAT, Márcio Nuno. Parlamento mutilado: deputados federais cassados pela ditadura de 1964. **Cadernos Aslegis**, n. 45, jan./abr. 2012, p. 164-167.

BARAN, Katna. O direito penal das liberdades e das garantias está em decadência. **Gazeta do Povo**, 25 jul. 2013. Disponível em: <http://www.gazetadopovo.com.br/vida-publica/justica-direito/entrevistas/o-direito-penal-das-liberdades-e-das--garantias-esta-em-decadencia-be8jxb142tolr7ojgiriautla>. Acesso em: 14 jul. 2020.

BARRETO, Marcos Rodrigues; EITERER, Edylane. Memórias Indígenas na Ditadura: cárcere e tortura no reformatório krenak. **VII Congresso Internacional de História, XXXV Encuentro de Geohistoria Regional, XX Semana de História**, 6-9 out. 2015. Disponível em: <http://www.cih.uem.br/anais/2015/trabalhos/1535.pdf>. Acesso em: 14 jul. 2020.

BAUMAN, Zygmunt. **Estranhos à nossa porta.** Rio de Janeiro: Zahar, 2017.

BAUMAN, Zygmunt. **O mal-estar da pós-modernidade.** Rio de Janeiro: Zahar, 1998.

BECKER, Howard S. **Outsiders:** estudos de sociologia do desvio. 2.ed. Rio de Janeiro: Zahar, 2008.

BRASIL; COMISSÃO NACIONAL DA VERDADE. **Relatório.** Vol. I. Brasília: CNV, 2014. Disponível em: <http://cnv.memoriasreveladas.gov.br/images/pdf/relatorio/volume_1_digital.pdf>. Acesso em: 14 jul. 2020.

BRASIL; COMISSÃO NACIONAL DA VERDADE. **Relatório:** textos temáticos. Vol. II. Brasília: CNV, 2014. Disponível em: <http://www.cnv.gov.br/images/pdf/relatorio/volume_2_digital.pdf>. Acesso em: 14 jul. 2020.

CAFFARENA, Borja Mapelli. Novas tendências em penologia: penologia do controle. *In:* RUDNICKI, Dani (org.). **Sistema penal e direitos humanos**: (im)possíveis interlocuções. (Coleção Experiência Acadêmica). Porto Alegre: Uniritter, 2012.

CAPRIGLIONE, Laura. Vídeo mostra indígenas desfilando com gente no pau-de--arara e sugere que ditadura ensinou indígenas a torturar. **Folha/UOL**, 12 nov. 2012. Disponível em: <https://acervo.racismoambiental.net.br/2012/11/12/video--sugere-que-ditadura-ensinou-indigenas-a-torturar/>. Acesso em: 14 jul. 2020.

CARLI, Camila de. Bauman, Zygmunt. Estranhos à nossa porta. Rio de Janeiro: Zahar, 2017, 117p. ISBN 978-85-378-1610-3. **Revista Mural Internacional**, vol. 7, n. 2, Universidade do Estado do Rio de Janeiro, Rio de Janeiro, 2016.

CARVALHO, Tamiris; NASCIMENTO, Fernanda de Santos. O inimigo interno e a ordem política da nação: representações da ditadura civil militar na Revista Veja (1968-1969). **Temporalidades – Revista discente do Programa de Pós-Graduação em História da UFMG**, vol. 6, n. 1, Belo Horizonte, jan/abr. 2014.

CEEX. **Centro de Estudos Estratégicos do Exército-** Lançamento de Livro. Disponível em: <https://resiscomsex.eb.mil.br/web/resiscomsex/eb-em-revista/-/asset_publisher/9766RQsIbBlC/content/centro-de-estudos-estrategicos-do--exercito-lancamento-de-livro>. Acesso em: 17 ago. 2020.

CHUQUEL, Luane Flores; GIMENEZ, Charlise Paula Colet. A participação da sociedade civil na construção dos direitos humanos à luz da Constituição Federal de 1988. **Anais do Congresso Estadual de Teologia,** São Leopoldo: EST, vol. 2, 2016.

CUNHA, Manuela Carneiro da. **Índios no Brasil:** história, direito e cidadania. (Coleção Agenda Brasileira). São Paulo: Claro Enigma, 2012.

FONSECA, Lívia Giemenes Dias da. **Despatriarcalizar e decolonizar o Estado brasileiro:** um olhar pelas políticas públicas para mulheres indígenas. Tese de doutorado. Brasília: Faculdade de Brasília/Universidade de Brasília, 2016.

GASPARI, Elio. **As ilusões armadas. A Ditadura escancarada, vol. 2.** Rio de Janeiro: Intrínseca, 2014.

GRECO, Luís. Sobre o chamado Direito Penal do Inimigo. **Revista da Faculdade de Direito de Campos**, ano VI, n. 7, dez. 2005.

IHERING, Hermann von. Os Botocudos do Rio Doce. **Revista do Museu Paulista**, vol. VIII. São Paulo: Typographia do Diario Official, 1911.

ÍNDIOS delinquentes têm colônia em Minas para recuperá-los. **Jornal do Brasil**, 27 ago. 1972. Disponível em: <https://news.google.com/newspapers?nid=0qX8s2k1IRwC&dat=19720827&printsec=frontpage&hl=pt-BR>. Acesso em: 14 jul. 2020.

JAKOBS, Günther. **Direito Penal do Inimigo.** 2ª tiragem. Rio de Janeiro: Lumen Juris, 2009.

JAKOBS, Günther. **Direito Penal do Inimigo:** noções críticas. 2.ed. Porto Alegre: Livraria do Advogado, 2007.

JAKOBS, Günther; MELIÁ, Manuel Cancio. **Direito Penal do Inimigo:** noções críticas. 3.ed. Porto Alegre: Livraria do Advogado, 2008.

JUSTIÇA FEDERAL. **Ação Civil Pública nº 0064483-95.2015.4.01.3800.** Disponível em: <http://processual.trf1.jus.br/consultaProcessual/processo.php?proc=64483 9520154013800&secao=MG&pg=1&enviar=Pesquisar>. Acesso em: 14 jul. 2020.

MARCHETI, Madiano. **GUARDA RURAL INDÍGENA:** (esboço para um filme futuro). Departamento de Comunicação Social, PUC-Rio, s.d. Disponível em: <http://www.puc-rio.br/pibic/relatorio_resumo2015/relatorios_pdf/ccs/COM/COM-Madiano%20Marcheti.pdf>. Acesso em: 14 jul. 2020.

MINISTÉRIO PÚBLICO FEDERAL. **Ação Civil Pública Reformatório Krenak.** 2015. Disponível em: <http://www.mpf.mp.br/mg/sala-de-imprensa/docs/acp-reformatorio-krenak.pdf/view>. Acesso em: 14 jul. 2020.

MOREL, Marco. Independência, Vida e Morte: os contatos com os botocudos durante o primeiro reinado. **Revista de História da Ufes**, vol. 14, n. 1, Vitória, 2002.

MULHER presa por usar burca na França é impedida de entrar no tribunal com rosto coberto. **UOL**, 17 jun. 2011. Disponível em: <https://noticias.uol.com.br/internacional/ultimas-noticias/2011/06/17/mulher-presa-por-usar-burca-na-franca-se-recusa-a-tirar-o-veu-e-e-impedida-de-entrar-no-tribunal.htm>. Acesso em: 14 jul. 2020.

MUSEU HISTÓRICO E PEDAGÓGICO ÍNDIA VANUÍRE. **Os krenak.** Disponível em: <https://www.museuindiavanuire.org.br/india-vanuire/os-krenak>. Acesso em: 14 jul. 2020.

PAIVA, Luiz Eduardo Rocha. Principais áreas de fricção no mundo atual: reflexos para a defesa nacional. *In*: ACIOLY, Luciana; MORAES, Rodrigo Fracalossi (orgs.). **Prospectiva, estratégias e cenários globais:** visões de Atlântico Sul, África Lusófona, América do Sul e Amazônia. Brasília: IPEA, 2011.

PARAÍSO, Maria Hilda Baqueiro. Krenak. **Povos Indígenas do Brasil**, dez. 1988. Modificado pela última vez em 20 ago. 2018. Disponível em: <https://pib.socioambiental.org/pt/povo/krenak>. Acesso em: 14 jul. 2020.

PESSOA, Katia Nepomuceno. **Análise fonética e fonológica da língua Krenak e abordagem preliminar de contos Botocudo.** Tese de doutorado. Universidade Estadual de Campinas, Instituto de Estudos da Linguagem, Campinas, 2012.

PIRES, Thula Rafaela de Oliveira. **Criminalização do Racismo:** entre política de reconhecimento e meio de legitimação do controle social sobre os negros. Brasília: Brado negro, 2016.

SEKI, Lucy. Aspectos da Morfossintaxe Krenak: orações independentes. **LIAMES: Línguas IndígenasAmericanas**, vol. 4, n. 1, primavera 2004, p. 129-146.

SILVA, Thiago Henrique Mota. Guido Thomaz Marlière e os índios Botocudo nos sertões do Leste (1818-1824). **Revista de C. Humanas**, vol. 10, n. 2, jul./dez. 2010, p. 361-375.

STOCK, Bárbara Sodi; RUDNICKI, Dani. Formas de percepção do direito penal na sociedade contemporânea. *In:* RUDNICKI, Dani (org.). **Sistema penal e direitos humanos**: (im)possíveis interlocuções. (Coleção Experiência Acadêmica). Porto Alegre: Uniritter, 2012.

TRAVASSOS, Lidiany Soares Mota. Uma história não contada: o campo de concentração para flagelados de 1915, em Fortaleza – Ceará. **V Colóquio de História,** Perspectivas Históricas: historiografia, pesquisa e patrimônio, 16-18 nov. 2011.

VALENTE, Rubens. **Os fuzis e as flechas:** história de sangue e resistência indígenas na ditadura. São Paulo: Companhia das Letras, 2017.

VELOSO, Fernando A.; VILLELA, André; GIAMBIAGI, Fabio. Determinantes do "milagre" econômico brasileiro (1968-1973): uma análise empírica. **Rev. Bras. Econ.**, vol. 62, n. 2, Rio de Janeiro, abr./jun. 2008.

WACHOWICZ, Ruy Christovam. A imigração e os botocudos (xokléng) do Taió. **Anais do IV Simpósio Nacional dos Professores Universitários de História: Colonização e Imigração.** XXXI Coleção de Revista de História sob a direção do Prof. Eurípedes Simões de Paula. São Paulo, 1969.

ZAFFARONI, Eugenio Raúl. **O inimigo no direito penal.** 2.ed. Rio de Janeiro: Revan, 2007.

TERRORISMO *HASHTAG*: UM CASO PENAL BRASILEIRO SOB O OLHAR JURÍDICO CRÍTICO

Guilherme Machado Siqueira[1]

RESUMO. O presente artigo tem por objetivo apresentar uma leitura jurídico-crítica do primeiro caso brasileiro de terrorismo sob a égide da Lei nº 13.260/16. Para tanto, a escrita resta organizada em três pontos específicos: a) compreensão da sociedade complexa a partir dos processos de globalização e do risco; b) revisão do pensamento crítico no Direito; c) proposta de análise crítica do caso *Hashtag*. Trata-se de um estudo de caso que possui como método a revisão bibliográfica, bem como a análise de conteúdo de mídia e da sentença judicial do *case*, partindo do materialista-histórico como marco metodológico. Como conclusão, foi possível reforçar o levantamento da hipótese de que o caso jurídico brasileiro se vincula a ideologia de guerra ao terrorismo, a partir de um discurso político do medo.

Palavras-chave. Terrorismo no Brasil; globalização; sociedade de risco; Direito Penal antiterrorismo.

1. Introdução

O presente artigo constitui algumas reflexões introdutórias, elaboradas sob a orientação da Professora Doutora Renata Almeida da Costa, para o projeto de dissertação intitulado "Terrorismo e Direito: análise crítica do caso *Hashtag*", que possui como objetivo principal analisar o primeiro caso brasileiro de terrorismo sob a égide da Lei nº 13.260/16. Obviamente, como todo percurso de investigação, as alterações metodológicas e referenciais-teóricas constituem um caminho natural de amadurecimento do trabalho científico. Logo, é devido destacar que o texto, ora apresenta-

[1] Mestrando do Programa de Pós-Graduação em Direito da Universidade La Salle (Canoas-RS). Bolsista CAPES, com dedicação exclusiva. Bacharel em Direito pela Universidade Luterana do Brasil (Canoas-RS).

do, está datado pelas leituras desenvolvidas no primeiro semestre do ano de 2019 e expõe as primeiras inquietações geradas para o projeto de pesquisa a partir das provocações desta intelectual homenageada que cumpre com maestria o papel da docência acadêmica.

Neste artigo, portanto, é apresentada a leitura inicial do caso *Hashtag* sob a ótica do pensamento jurídico crítico. Uma vez que o vocábulo 'terrorismo' acaba sendo operado com uma carga semântica imprecisa (embora haja tipificação na Lei nº 13.260/16), há a possibilidade da abertura interpretativa por meio do uso político do medo e de um imaginário ideológico que se difunde em um cenário de risco global. Essa premissa, que se toma como hipótese, parte do pensamento sustentado por alguns autores, como Slavoj Zizek (2003) e Noam Chomsky (2002), que refletem a expansão de política global de guerra ao terrorismo como uma ideologia hegemônica estadunidense, difundida oportunamente após o ataque islâmico ao *World Trade Center* (Nova Iorque – EUA) em 2001. Assim, este artigo busca colocar as inquietações acerca do caso brasileiro de terrorismo, deflagrado na operação *Hashtag* em 2016, utilizando-se do pensamento crítico no Direito como leitura da interpretação universal do termo terrorismo em aplicação normativa local. Para tanto, pretende-se vencer três objetivos específicos, que são: a) pensar a sociedade complexa em que se apresenta o terrorismo, revisando a bibliografia sobre globalização e sociedade mundial do risco; b) revisar o pensamento crítico no Direito; c) e, por fim, apresentar uma leitura introdutória do terrorismo, no caso *Hashtag*, sob uma perspectiva teórico-crítica.

O tratamento metodológico parte da abordagem indutivo-crítica e interdisciplinar, tendo como procedimento de pesquisa a revisão teórico-bibliográfica, que conta com prévia análise de matéria midiática e do processo do caso *Hashtag*. Por tratar-se de um estudo que apresenta um ponto de partida para uma análise não descritiva, mas provocadora, utilizam-se as concepções teóricas de Antônio Carlos Wolkmer, Michel Miaille e Luis Alberto Warat. Contudo, o marco teórico-metodológico, especificamente neste artigo, é o materialismo-histórico, que se justifica por ser um artigo provocativo acerca de um pensamento que busca esclarecer as concepções do terrorismo no Brasil, com todas as suas contradições, conflitos e transformações, tencionando a hipótese de que o caso *Hashtag* não representa uma ideia vinculada a interpretação de um determinado fato, mas a consequência de uma concepção ideológica superestrutural.

Parte-se do pressuposto de que o terrorismo é um fenômeno complexo, ambíguo e temeroso, que não percorre a história como linearidade constante, mas sim como método utilizado, de distintas formas e datações, oportunamente para determinados fins políticos. O caso brasileiro de terrorismo foi deflagrado no período das Olimpíadas Rio-2016, e, para receber este evento, o país do sul-global produziu uma legislação antiterrorismo (Lei nº 13.260/16), atendendo a mandado de criminalização constitucional e tratados internacionais. Entre o cenário festivo e de torcida esportiva, a imprensa nacional passou a destacar os perigos de um atentado terrorista islâmico, por tratar-se de um evento de visibilidade internacional, e, também, concedeu espaço para ressaltar o aparelhamento de segurança pública coordenado pelo então Ministro da Justiça Alexandre de Moraes. A operação policial, deflagrada às vésperas do evento internacional, contou com a cooperação inicial da polícia federal estadunidense (FBI), que identificou, pelo Facebook, os suspeitos de terrorismo. Assim, tendo como base probatória o compartilhamento de vídeos em plataformas de interação no ciberespaço e conversas em *chats*, em que os suspeitos planejavam atentados, os réus foram condenados por promoção de organização terrorista e atos preparatórios, condutas tipificadas na Lei nº 13.260/16 (artigos 3º e 5º).

O problema que se coloca diante deste caso é a construção discursiva que motivou a fundamentação condenatória, enquanto argumento de reação penal preventiva por segurança nacional, em que restou no centro da exposição retórica a suposta periculosidade dos agentes ativos com forte rememoração aos aspectos islâmicos. A proposta deste artigo, nesse sentido, será expor um modo crítico de compreensão, que questione o vínculo do caso local ao imaginário global pós-onze de setembro de 2001, para que se tencionem os rompimentos de perspectivas político-ideológicas que contaminam o jurídico. Por isso, uma leitura crítica se faz imprescindível para a construção de um modo sociojurídico de pensar os fenômenos e evitar o uso expansivo do Direito Penal, enquanto ferramenta de saber colonizada e irrefletida.

2. Terrorismo contemporâneo como fenômeno da globalização e da sociedade do risco

Vive-se na era do caos e das incertezas, "num mundo confuso e confusamente percebido" (SANTOS, 2001, p. 17). As sociedades contemporâneas já não possuem a formatação enquadrada nos parâmetros da modernidade, carregando em suas existências o mistério do presente e do futuro incerto, líquido, paradoxal e eivado de riscos. Os termos que formam esta última frase já não são desconhecidos para o(a) leitor(a) que acompanha as produções de ciências sociais, uma vez que há tempos o campo teórico-social se debruça sobre a compreensão da sociedade atual, buscando em designações múltiplas a compreensão deste período de crises e ansiedades. Por isso, é familiar a leitura de expressões como liquidez (Bauman), risco (Beck), modernidade tardia (Giddens), modernidade reflexiva (Giddens), sociedade global, globalização cultural, globalização (Arnaud, Capeller) e sociedade do conhecimento e da informação (Castells).

De fato, a sociedade está marcada por um mundo múltiplo e complexo. A disseminação de informações, transferências econômicas em escala mundial e as deslocações em massa de pessoas pelo globo terrestre ampliaram e aprofundaram as interações transnacionais, causando rupturas em fronteiras e tradições e intensificando as relações sociais por meio da aproximação de localidades distantes (GIDDENS, 2002; BAUMAN, 1999). A globalização é complexa. Por isso, ainda que se pretenda desenhar o cenário do 'global', não se pode compreender a globalização como um processo singular, mas sim como um conjunto de encadeamentos operados de maneira contraditória e antagônica, com dimensões econômicas, sociais, políticas, culturais, religiosas e jurídicas. Por essa razão, explicações monocausais e interpretações monolíticas deste fenômeno não podem ser adequadas, pois são insuficientes (SANTOS, 2011).

Por estar dentro de um quadro complexo, ou por ser ela mesma complexa, a globalização passa por definições sociológicas diversas, tendo, por exemplo, em Anthony Giddens (2002) o sentido de um fenômeno de intensificação das relações, em que se estabelece uma interdependência entre as nações, grupos e indivíduos. Essa é uma perspectiva que entende a globalização como um fenômeno inevitável e natural, em que as diversas relações são dispostas em uma rede por 'livre vontade'. Nesse sentido, outros autores também terão suas posições estabelecidas, como, por exemplo, Manuel Castells (2001), que fornece uma leitura sociológica da globalização enquanto uma sociedade em redes, dependente e interligada pelos novos mecanismos de tecnologia.

Por outro lado, não descartando as posições teóricas expostas, mas em uma outra perspectiva e de modo crítico, se posiciona o Grupo de Lisboa, representado neste artigo por Boaventura de Souza Santos (2011). O autor tenciona o entendimento de globalização para o sentido inverso, ou seja, não como algo natural e inevitável, mas como um campo de conflito criado entre grupos sociais, Estados e interesses hegemônicos. É nesse jogo de interesses, diz ele, que os conceitos serão consensuais apenas entre os jogadores, que são os dominantes e os determinantes das regras a serem jogadas. Contudo, isso não descarta a contrarreação, no sentido de contra-hegemonia, que pode ser exemplificada a partir de diversas organizações sociais, de países do sul global, que se colocam em resistência frente aos imperialismos e dominações dos países do norte global (SANTOS, 2011).

Embora essas posições teóricas não façam parte de um mesmo quadro de compreensão, elas acordam em uma perspectiva geral: o mundo não é o mesmo de outros tempos. Por isso, a sociologia se debruça em tantas reflexões e análises distintas sobre o mesmo tema. Percebe-se que as relações são interligadas, conforme defende Giddens (2002), e há processos de dominação que se estendem desde o norte global ao sul global, como pensa Boaventura de Souza Santos (2011). É nesse caos, percebido como complexidade, que se concebe uma aceleração contemporânea criadora de vertigens, a começar pela própria velocidade, que não é natural (SANTOS, 2001), mas constitui "[...] dados de um mundo físico fabricado pelo homem, cuja utilização, aliás, permite que o mundo se torne esse mundo confuso e confusamente percebido" (SANTOS, 2001, p. 17).

A construção humana caótica do contemporâneo, que inclui a globalização, criou uma era do risco, que, segundo Anthony Giddens (2002), não significa uma sociedade baseada no infortúnio ou perigo, mas sim uma avaliação ativa de determinados infortúnios que possivelmente podem se materializar futuramente. Esse conceito de risco, que foi cunhado por Ulrich Beck (1997) ainda na década de 1980, diz respeito a um componente decisório, ou seja, a algo que se corre quando se faz uma opção ou algo que se deseja enfrentar. Assim, se atualmente a sociedade vive a era do risco, onde se elegem ações arriscadas e suas probabilidades, então os componentes dessa sociedade também estão sob a mesma perspectiva. Logo, as novas formas de criminalidade estarão intrinsecamente ligadas ao risco, constituindo o terrorismo uma das novas formas de 'criminalidade de risco global', que não deve ser lido como um efeito perverso da globalização, mas como algo inerente a ela (CAPELLER, 2005).

De um modo geral, falar em terrorismo é traçar o horizonte de pânico frente aos olhos individuais e sociais. Os sentimentos de insegurança e de medo aparecem no contexto da sociedade de risco e forjam uma probabilidade de ameaça terrorista que 'clama' por regulação penal e segurança. É dessa forma que, tomando-se o terrorismo como uma nova categoria de criminalidade global, passa-se a buscar soluções locais para um 'grande mal' que pode chegar a qualquer momento, de modo irracional e com ataque surpresa. E isso é decorrente da comunicação global, que aproxima fronteiras e confere tangibilidade ao medo (BAUMAN, 2007), permite que o terrorismo seja percebido como algo temeroso, concreto e específico, "originário de uma ameaça constante, real e iminente, evocada por um fenômeno específico, como homens-bomba, explosões e sequestros de aviões, com estreita ligação com a vida cotidiana" (CARDOSO, 2014, p. 131). Assim, a produção de um imaginário a partir do medo ocorre com o marco '11/09', em que os eventos de grande evidência passam a ser monitorados e preparados para um possível atentado, que apresenta uma incerteza sobre a repetição da cena dos aviões contra as torres americanas.

Há localidades geográficas com problemas específicos e históricos de terrorismo, no sentido de lutas internas entre grupos autônomos frente ao Estado, buscando alterações políticas a partir da força bélica e comunicação violenta. Entretanto, quando se deslocam as ameaças localizadas para o cenário global, passando o Direito Penal a absorver as ambiências de riscos a partir do medo do terrorismo, há uma ultrapassagem de limites interpretativos que destroem os princípios basilares de Direito em nome da segurança nacional (CAPELLER, 2017). Este é o paradoxo a ser interpretado: saber como enfrentar um fenômeno contemporâneo, que se manifesta inerente à globalização (CAPELLER, 2017), sem destruir o Direito[2] – uma vez que o jurídico acaba sendo contaminado por um pensamento político-ideológico, construído por quem se beneficia de uma "retórica de estado de emergência global na luta contra o terrorismo" (ZIZEK, 2003, p. 127).

A leitura da globalização e do terrorismo é complexa. Se fossem apresentadas perspectivas únicas, restaria em falácia, ainda mais por tratar-se de um artigo escrito desde a Sociologia Crítica do Direito, que visa analisar o campo sociológico-penal em que se manifesta o terrorismo. É por tal motivo que a leitura é crítica! Faz-se necessário expor a complexidade e colocar em debate o uso de termos que são utilizados irrefletidamente e oportunamente de modo global. Se é verdade que é preciso encontrar soluções para os problemas transnacionais (CAPELLER, 2005), também é verdade a urgência do esforço para a resistência de imposições coloniais, principalmente quando estas visam modificar o pensamento jurídico a partir da contaminação ideológico-política no Direito Penal, expandindo-o e o subordinando aos interesses de controle simbólico do Estado e de influência norte-global.

3. O pensamento crítico no Direito Penal

O pensamento crítico surge à margem da compreensão do que é aceitável, objetivo, sistemático e universal, pois, durante séculos, as formas de saber foram sustentadas por concepções racionais, teológicas e metafísicas, que, agora, não mais correspondem aos anseios de uma sociedade global e complexa (WOLKMER, 2015). Por isso, os modelos normativos, codificados a partir de critérios generalizáveis, que fundamentam os fenômenos na contemporaneidade, se tornam insatisfatórios e

[2] O contexto contemporâneo, "associado ao pânico social e à exigência de respostas rápidas à problemática criminal, tem contribuído para que o sistema jurídico-penal, através do direito penal, seja utilizado como o principal fator de construção, ou pelo menos, de busca de estabilidade, fundamentada na predisposição de vínculos para o futuro, através da criação de estruturas normativas. Nesse âmbito, política criminal tem se confundido com política de segurança pública, negligenciando a segurança das liberdades individuais e perpetuando a manipulação do medo coletivo difuso" (COSTA, 2014, p. 230).

limitados, devendo passar por um olhar da crítica questionadora e transformadora, que possa atribuir sentido aos fenômenos para além de textos dados como dogmas e redutores de complexidade.

A "crítica", embora seja uma expressão ambígua[3] que permite a utilização de diversos modos no espaço e no tempo, é aqui apresentada como uma teoria crítica no Direito. Essa perspectiva é tomada no intuito de projetar o Direito ao mundo real de onde ele se encontra, desbloqueando-o da sua solidão narcísica de saber absoluto e descritivo, e conectando-o dentro do contexto sócio-jurídico e político de análise.

A teoria jurídica crítica:

> [...] pode e deve ser compreendida como instrumental operante que possibilita não só esclarecer, despertar e emancipar um sujeito histórico submerso em determinada normatividade repressora, mas também discutir e redefinir o processo de constituição do discurso legal mitificado e dominante.
>
> Justifica-se, assim, conceituar "teoria jurídica crítica" como a formulação teórico-prática que se revela capaz de questionar e de **romper com o normativo que está disciplinarmente ordenado e oficialmente consagrado (no conhecimento, no discurso, no comportamento e no institucional)** em dada formação social e a possibilidade de conceber e operacionalizar outras formas diferenciadas, não repressivas e emancipadoras, de prática jurídica (WOLKMER, 2015, p. 46, grifo nosso).

Assim, colocada esta explicação, cabe deixar claro que a crítica, no sentido teórico aplicado ao Direito, não possui relação com o sentido comum que se possa atribuir. Logo, a perspectiva crítica não se trata de exercer juízos ou manifestar opinião forte sobre determinado tema ou lei, mas sim da possibilidade de "fazer aparecer o invisível" (MIAILLE, 2005, p. 21), ocultado em uma objetividade não lida. Por isso, tornar visível o invisível é contrapor um pensamento crítico ao pensamento positivista, uma vez que este último faz descrições a partir de uma perspectiva estabelecida, imutável e unilateral. Em razão disso, dizemos que o pensamento crítico no Direito procura expor a realidade, pois pode ela, a realidade, ser "coisa diversa e muito mais do que está codificado na linguagem dos fatos" (MIAILLE, 2005, p. 22) ou nos

---

[3] No mundo ocidental moderno, enquanto tradição, a palavra crítica foi empregada por diversos autores de modo distinto, como Kant e Marx. Para o primeiro, a crítica significa a ideia de uma operação analítica do pensamento, diferentemente do segundo, para o qual a crítica assume o significado dentro do exame da política econômica da sua época (WOLKMER, 2015).

sentidos que são entregues. Afinal, as palavras têm o sentido que lhes são dadas com base na filosofia e concepção de mundo que as engendrou (ARNAUD, 1999). Logo, não questionar a semântica conceitual de termos que buscam estabilização na tradição jurídica pode reforçar o uso arbitrário de um imaginário distante da realidade dos fatos.

Para a efetivação de uma teoria jurídica crítica é preciso colocar o olhar no horizonte, buscando objetivos claros que direcionem o pensamento para a efetivação satisfatória da crítica do fenômeno jurídico. Assim, as correntes metodológicas críticas se aproximam quando objetivam mostrar o que há por trás dos discursos fetichizados que são apropriados pela cultura jurídica dominante; quando denunciam a atuação política-normativa apoiada na primazia da lei; quando há uma revisão das bases epistemológicas de produção do Direito; e quando tentam reaproximar o mundo jurídico das práticas sociais que determinam a sua existência (WARAT, 1988).

A leitura crítica no Direito Penal possibilita expor as articulações de saberes camuflados na perspectiva racional. Os termos e os mecanismos jurídicos são dados e sacralizados, e, quando colocados sob o olhar da criticidade, expõem o narcisismo de um saber que procura se defender por bastar a si próprio. É nesse ponto que a importância do pensamento crítico sobre o Direito Penal é evidenciada por Salo de Carvalho (2015, p. 173), ao dizer que ainda que se mostre a ineficiência dos mecanismos penais "as bases do discurso dogmático se mantêm inalteradas". Isso significa a crítica como ferramenta questionadora, antidogmática e transformadora, que deve refletir de modo a alterar racionalismos 'enraizados' – ou que buscam 'se enraizar'. Dessa forma, o pensamento crítico aplicado ao Direito Penal se faz emergente, ainda que haja resistência do campo operacional pelo arsenal dogmático-metodológico disponível. Isso passa pelos aspectos mencionados por Luis Alberto Warat (1988), que diz respeito a questionar as bases epistemológicas do Direito e revelar os discursos políticos que surgem manipulados por códigos legislados. Ademais, tencionar a produção do saber punitivo que se expande em nome de apropriações terminológicas irrefletidas é um dos caminhos emergentes para uma necessária transformação, que visa aproximar o Direito da realidade local e da sociedade.

4. A interpretação do caso *Hashtag* sob a perspectiva crítica no direito

Uma leitura jurídico-crítica compreende interpretar o que está dado como pronto. Por isso, ao jurista que analisa um caso penal complexo, como o presente, cabe a função de um arqueólogo que trabalha no próprio território, retirando as camadas que deixaram invisíveis uma substância central. Se "a ausência da evidência não significa a evidência da ausência"[4], o pensamento teórico-crítico no Direito se encarrega do trabalho científico de "desvelar as obviedades do óbvio" (STRECK, 2017, p. 9), presentes em determinados discursos políticos que contaminam a interpretação jurídica.

Se o terrorismo é um fenômeno que se manifesta como uma 'nova criminalidade' inerente à globalização (CAPELLER, 2017), faz-se premente questionar de que modo ele se manifesta no plano do real em *terrae brasilis*. A carga semântica que porta o termo 'terrorismo' possui a abertura para conotações diversas, principalmente diante do imaginário construído pós-onze de setembro, em que se edifica um inimigo a ser combatido por todos os países em busca 'da paz'. Dessa forma, pressupõe-se um discurso de vítima por parte do Estado, em que se procura legitimar sua reação defensiva contra um inimigo (CAPELLER, 2017). Nesse sentido, diz Augusto Jobim do Amaral (2014, p. 11) que, assim como outras noções jurídicas, o conceito de terrorismo,

> [...] por permanecer obscuro e dogmático é que se presta às potências hegemônicas fazerem o uso que lhes parece oportuno. Noutros termos, será na instabilidade semântica que se reconhecem as estratégias de força de um poder dominante que consegue se impor e legitimar (e até legalizar) a interpretação que mais lhe convém numa determinada situação.

O terrorismo, enquanto fenômeno complexo e impreciso, que se apresenta na abertura do século XXI, não é o mesmo de outros tempos. O trágico evento de onze de setembro de 2001 marcou o medo no globo terrestre a partir da repetição compulsória da anunciação midiática e evidenciou um novo inimigo em uma nova modalidade de terrorismo transnacional (ZIZEK, 2003). É dessa forma que nasce o temor acerca de um repentino rompimento de fronteiras e a acentuação do medo referente a um modelo de inimigo global. Ao sentimento difundido após o ataque ao *World Trade Center*, Slavoj Zizek (2003) analisa como um componente da 'dialética do semblante e do Real', em que há um núcleo duro da realidade investido em ficção. Daí a razão pela qual a insistência da repetição da imagem dos aviões colidindo contra as torres, televisionadas globalmente durante dias, não permitiu distinguir a realidade da fantasia. Segundo o filósofo esloveno, o que se adota, neste caso, é uma "realidade esvaziada de sua substância" (ZIZEK, 2003, p. 25), em que não há referência aos motivos dos atentados terroristas, tampouco aos conflitos entre os Estados envolvidos, atribuindo-se somente um sentido do discurso 'bárbaro *versus*

---

[4] Frase popularmente conhecida e de autoria incerta, geralmente atribuída a Carl Sagan.

civilização' às imagens transmitidas. Por isso, quando não se conhece o objeto pelo qual se teme, o medo se torna mais forte. Nesse ponto, Zygmunt Bauman (2008, p. 8) explica que:

> o medo é mais assustador quando difuso, disperso, indistinto, desvinculado, desancorado, flutuante, sem endereço nem motivo claros; quando nos assombra sem que haja uma explicação visível, quando a ameaça que devemos temer pode ser vislumbrada em toda parte, mas em lugar algum se pode vê-la. "Medo" é o nome que damos a nossa incerteza: nossa ignorância da ameaça e do que deve ser feito – do que pode e do que não pode – para fazê-la parar ou enfrentá-la, se cessá-la estiver além do nosso alcance.

Logo, o medo difundido no cenário de incertezas e de (in)compreensão globalizada instaura o caos e a abertura oportunista por quem deseja fazer o uso político desse sentimento. Neste palco e nestas condições surgiram novos tratados internacionais e legislações nacionais antiterrorismo harmonizadas (CALLEGARI et al, 2016). Ao mesmo tempo, outros atentados foram se somando à conta islâmica, gerando novas problematizações, como, por exemplo, os muitos jovens franceses que passaram a aderir ao islamismo e se juntar aos grupos terroristas do Oriente Médio. Sobre isso, deve-se destacar a caracterização do "retorno da noção de inimigo interno" (CAPELLER, 2017, p. 96), que provocou mudanças nas formas de sociabilidade existentes nas democracias ocidentais. Logo, se o inimigo está próximo e dentro das fronteiras, "o uso político do medo justifica e legitima a existência de um Meta-Estado de prevenção global que nasce em conformidade com a doutrina de segurança global" (CAPELLER, 2017, p. 97). Assim, em uma tendência globalizada de reação contra o terrorismo, o Direito Penal incorpora uma lógica combativa, deslocando as questões de segurança pública e nacional à política criminal, atuando em uma perspectiva funcional sob um "princípio universal de prevenção" (AMARAL, 2014, p. 12).

O Brasil, seguindo a tendência/exigência global, criou a Lei nº 13.260/16 (Lei Brasileira Antiterrorismo), atendendo ao mandado de criminalização expresso no artigo 5º, inciso XLIII, da Constituição Federal de 1988 e tratados internacionais. O Projeto de Lei da Câmara nº 2016 de 2015, que originou o diploma brasileiro antiterrorismo, tramitou em regime de urgência no contexto temporal prévio às Olimpíadas e sofreu vetos pela Presidente da República, dentre os quais o artigo 4º, que dispunha sobre apologia ao terrorismo. Ainda, houve grande pressão de movimentos sociais e debates acadêmicos nesse período por compreenderem ser uma medida extrema e autoritária de reação política, por meio penal, aos acontecimentos populares de 2013 (CALLEGARI et al, 2016). Os debates se desenvolveram, mas a legislação foi apresentada como politicamente necessária e entrou em vigor no ato de sua publicação, em 16 de março de 2016.

O resumo da ópera acerca dos resultados da produção legislativa brasileira antiterrorismo culminou na deflagração da Operação *Hashtag*, que despontou por uma *notitia criminis* da polícia estadunidense (*Federal Bureau of Investigation* – FBI), que enviou um memorando[5] informando a identificação de indivíduos brasileiros, que, enquanto prováveis perigos à segurança nacional, estavam expressando apoio ao Estado Islâmico do Iraque e levante nas plataformas de interação no ciberespaço. A mídia de massa destacou a atuação policial como uma efetividade na prisão de uma célula brasileira do Estado Islâmico. Inclusive, a revista *Época*, um famoso meio de comunicação que tratou do tema, publicou uma reportagem produzida por Coutinho e Escosteguy (2016) descrevendo os suspeitos como a "maior ameaça aos jogos descoberta pela operação secreta da Divisão Antiterrorismo da Polícia Federal".

No período de deflagração da Operação *Hashtag*, o Ministro da Justiça à época, Alexandre de Moraes, se manifestou sobre as prisões preventivas, sendo destacado pela matéria do jornalista Rodrigues (2016), do G1 da Globo (*on-line*), o seguinte trecho da autoridade:

> Era um grupo extremamente amador. Basta ver que há poucos dias da Olimpíada, o suposto líder estava pedindo para eles iniciarem um treinamento de tiros e artes marciais. O que vale dizer, se estavam pedindo, que nenhum deles tinha treinamento". [...]. Os investigados na operação, batizada de *Hashtag*, nunca tinham se encontrado pessoalmente e eram monitorados há meses pela polícia. Eles costumavam se comunicar pela internet, por meio dos aplicativos de mensagem instantânea WhatsApp e Telegram. [...] Obviamente que não podemos – nenhuma força de segurança – ignorar isso. Só o fato de começarem atos preparatórios, não seria de bom senso aguardar para ver, e o melhor era decretar a prisão deles.

O que se verifica, assim, da fala do ex-Ministro da Justiça, é que a Polícia Federal estava controlando a atuação dos suspeitos e, sob um argumento de 'segurança', efetuou as prisões que foram convertidas em preventivas. Ademais, conforme se verifica na denúncia e na sentença do caso em análise, as ilações probatórias foram

---

5 Informação colacionada à página nº 5 da primeira denúncia do caso oferecida pelo Ministério Público Federal. Disponível em: <http://www.mpf.mp.br/pr/sala-de-imprensa/docs/denuncia-hashtag/view>. Acesso em: 22 jul. 2020.

baseadas exclusivamente em postagens *on-line* e interação via internet, exatamente como disse o Ministro à imprensa, o que deixa a irônica reflexão provocativa de que, talvez, se não houvesse internet, não existiriam os 'terroristas brasileiros' deste caso.

A espetacularização midiática acerca das prisões dos brasileiros por terrorismo em um primeiro momento, então, é contraposta à fala do ex-Ministro da Justiça. Não se tratou de uma célula terrorista do Estado Islâmico em solo brasileiro, mas sim de agentes amadores, que, segundo a ex-autoridade nacional, deveriam ser presos por não ser "de bom senso aguardar para ver". Essa é uma perspectiva não compatível com um Estado Democrático de Direito, calcada em uma matriz positivista que sustenta a punição com base na periculosidade dos indivíduos e não no fato. A crítica criminológica nesse sentido é longa e amplamente discutida, mas ainda não foi suficiente para impulsionar a expulsão de tais assombramentos totalitários no palco dos Estados Democráticos de Direito, como se verifica na operação *Hashtag*.

O terrorismo, nesse cenário caótico, acaba sendo utilizado em um discurso de ameaça real, em que o Direito Penal é utilizado como reação para evitar que um mal (em toda carga metafísica do termo) venha acontecer – ou atuar, se considerada a posição de um inimigo que deve ser combatido. Nesse sentido, observa-se uma retórica política de segurança coletiva que toma a posição de direito fundamental para "passar-se a adotar um Direito Penal do inimigo, que apregoa castigar determinados comportamentos sob o argumento de que seu autor é perigoso, hostil e que oferece riscos aos demais". (CALLEGARI et al, 2016, p. 82). É uma necessidade de segurança em uma sociedade complexa e cheia de incertezas que dispõe a exposição de um inimigo. Por isso, diz Slavoj Zizek (2003) que o inimigo é invisível e não pode ser reconhecido diretamente. Logo, é preciso um discurso politicamente construído, que assume a tarefa de edificar uma imagem reconhecível sobre quem é o portador da 'inimizade'. Assim, "o reconhecimento do inimigo é sempre uma atividade performativa que, ao contrário das aparências enganosas, traz à luz ou constrói o verdadeiro rosto do inimigo" (ZIZEK, 2003, p. 130). Esse reconhecimento, que se faz por um discurso político – que pressupõe-se contaminar o jurídico –, precisará necessariamente revestir-se de bons argumentos para a construção do reconhecimento da conduta indesejada e, consequente, do indivíduo indesejado.

O terrorismo pode ser abordado de distintas formas, mas no caso da operação *Hashtag* pode-se levantar a hipótese de uma ideologia voltada para a construção de um imaginário islâmico, pós-onze de setembro de 2001. Veja-se que o argumento jurídico de periculosidade dos agentes ativos, em razão das vibrações festivas que foram compartilhadas no ciberespaço quando eram realizados ataques terroristas em outras partes do mundo, constitui uma construção reprodutiva de um imaginário terrorista, enquanto ameaça real e risco fundamentado juridicamente pelo medo. Nesse ponto da análise, destaca-se um trecho da sentença, em que o magistrado fundamenta a periculosidade da conduta, interpretada como promoção de organização terrorista e recrutamento que chama por um 'dever de reação global'.

> A questão reveste-se de extrema gravidade porque não importa mais o quão distante geograficamente se está do oriente médio ou do tal 'califado' que a organização terrorista afirma ter estabelecido. Qualquer indivíduo, em qualquer parte do planeta, pode se alinhar aos objetivos terroristas, promover o grupo, prometer lealdade (*bayat*) ao tal 'califa' e começar a agir sozinho ou arregimentar pessoas para a formação de uma célula encarregada de cometer ações dessa natureza.
>
> [...]
>
> Relembre-se que no dia 21/9/2014 o porta-voz do ISIS, Abu Muhammad al Adnani exortou seus apoiadores ao redor do mundo para que respondessem às incursões aéreas do Ocidente, atacando qualquer cidadão que fosse originário de qualquer país que integrasse a coalização que luta contra o bando.
>
> [...]
>
> Nos poucos dias que se seguiram a esse pronunciamento houve sequestro e morte de um francês por um grupo terrorista argelino; dois policiais australianos foram esfaqueados por um jovem de 18 anos de idade; um rapaz de 21 anos tentou esfaquear dois policiais de Quebec, Canadá, tendo sido morto na ocasião; e um soldado foi assassinado em Ottawa dois dias depois por uma pessoa de 32 anos. Investigados os casos descobriu-se que em todas as ocasiões os autores haviam aderido à causa do ISIS e mantinham em seus dispositivos de acesso móvel pessoal arquivos relacionados a atos terroristas. Desde então, vem-se observando a multiplicação de ações dessa natureza, levadas a cabo por indivíduos isoladamente ou em pequenos grupos, servindo-se de meios de baixo custo e acessíveis a qualquer pessoa, causando pânico e temor generalizados tanto pela violência aparentemente desconectada de alguma circunstância externa identificável quanto por ter como alvos vítimas aleatoriamente escolhidas.
>
> **Portanto, não há nenhuma necessidade de que, atualmente, se tenha viajado àquela região para tomar parte em atividades terroristas. Também não é preciso que se possuam grandes disponibilidades financeiras ou acesso a armas de grosso calibre para se formar uma célula extremista, planejar**

> **ou realizar uma ação dessa natureza.** A configuração atual das ações dessa natureza dispensa a colaboração de muitos indivíduos e a existência de somas maiores de dinheiro. Por essa razão, não serve como critério para avaliação da seriedade e da **potencialidade lesiva da ação realizada** prevista na Lei Antiterror nem a condição de fortuna pessoal de cada integrante nem a circunstância de ter tido, ou não, contato com indivíduos que integrem a organização terrorista nos territórios conflagrados do mundo árabe (grifo nosso).

A leitura da sentença postula um olhar sociojurídico crítico para questionar a argumentação acerca de condutas, aparentemente sem lesividade, dentro do cenário de risco e de espetacularização midiática. Conforme observa-se na fundamentação, o juízo reconhece que os réus nunca estiveram em contato direto com membros de organização terrorista oriental, bem como que não tinham acesso a armas ou disponibilidades financeiras – mesma afirmação feita pelo ex-Ministro da Justiça. Assim, é necessário pontuar que se está diante de uma fundamentação baseada em uma avaliação da potencialidade lesiva da ação, que possui como conduta interações observáveis no ciberespaço, e que fora anunciada por uma 'vítima legítima' (Estados Unidos) em um contexto de exploração midiática acerca de um risco. Não se pretendendo especulações, mas fazendo-se o trabalho crítico para além de uma análise descritiva, deve ser chamada a atenção para o Estado de Exceção, que permite, em nome da segurança nacional, a realização de um Direito Penal expandido e autoritário, movido por uma ideologia política que contamina o jurídico e desconforme aos parâmetros constitucionais. Assim, conforme destaca Rosa Maria Zaia Borges (2014, p. 119):

> [...] há criação de novas regras, limitadoras de direitos, usurpadoras de garantias, centralizadoras na tomada de decisões, mas para alcançar velhos propósitos – a manutenção da hegemonia econômica –, porém com uma nova "carta na manga": a "guerra contra o terrorismo".

O que se verifica, portanto, na exposição desta introdutória análise crítica tecida, é que há necessidade de tensionar o pensamento questionador para a interpretação jurisdicional do terrorismo *Hashtag*. Interpretar o fenômeno como algo dado, pertencente a uma racionalidade própria e positivista – que descarta as complexidades da globalização, das sociedades em movimento, do risco e das modificações de ideias e ideologias, no decurso histórico recente –, acaba sendo direcionado ao acaso ou por interesses econômicos e políticos.

Percebe-se que, no período em que o Brasil produziu a legislação antiterrorismo e deflagrou a operação *Hashtag*, os olhares da mídia estiveram voltados à pauta de segurança pública. As Olímpiadas, como grande evento econômico sediado em um país latino-americano, trouxe a carga da ameaça abstrata de um ataque de dimensão transnacional, própria da globalização, da sociedade de risco e de um mundo de incertezas. Assim, compreende-se que o sentimento de medo, gerado por esse cenário, despertou a imprecisão do inimigo interno, materializado no Direito Penal por meio da Lei nº 13.260/16 e reagido pelo sistema criminal ao sinal ameaçador levantado pela polícia estadunidense. Noam Chomsky (2002) aponta que cada Estado diz o que entende por terrorismo, mas nunca se aborda o terrorismo de Estado. Por isso, compreende-se a crítica, no caso *Hashtag*, para um sentido de alerta, que vislumbra o medo criado pela espetacularização de uma ameaça terrorista como fator de prejuízos ao ser absorvido pelo Direito. A influência do imaginário político-ideológico global de combate ao terrorismo acaba por contaminar os pressupostos básicos de compreensão do exercício de punir, pois confunde-se Direito Penal com política de segurança pública. A partir disso, é preciso tencionar cada vez mais a reflexão acerca de um paradoxo de terrorismo de Estado, uma vez que o Direito Penal absorve a ambiência de riscos – do terrorismo islâmico –, cria um cenário de medo e busca combater pelo sistema criminal nacional esse risco que ele mesmo criou. É dessa forma que o excesso do discurso político presente em uma decisão judicial, que resulta de uma política criminal reativamente preventiva, despertou a atenção da presente crítica acadêmica para fins de se evitar um Estado de Exceção, em que se afirma a existência de um inimigo a ser 'combatido' nas fases embrionárias dos delitos de terrorismo.

5. Considerações finais

Este artigo procurou registrar as primeiras reflexões desenvolvidas no primeiro semestre de 2019 para a pesquisa "Terrorismo e Direito: uma análise crítica do caso *Hashtag*", que conta com a orientação da Professora Doutora Renata Almeida da Costa.

Como resultado das primeiras inquietações geradas sob a orientação da professora ora homenageada, o presente artigo teve como objetivo principal apresentar uma leitura introdutória e jurídico-crítica do caso *Hashtag*, pois, uma vez que o terrorismo é operado com uma carga semântica imprecisa, há a abertura para o uso político do medo por meio de uma ideologia que se difunde em um cenário de risco global. Assim, a partir da revisão bibliográfica foi possível compreender que o terrorismo é um fenômeno complexo e inerente à globalização, que, por ser parte de um cenário de incertezas, se desponta como uma categoria de criminalidade global. A conexão proporcionada pelo rompimento das fronteiras e proximidade gerada pela comunicação acelerada de uma sociedade de risco tornou o medo tangível e aumentou a probabilidade de ataques em razão do cálculo de elegibilidade das ações de risco. Logo, o terrorismo contemporâneo passou a ser percebido como algo temeroso, concreto, específico e real, sendo acentuado após o marco 'onze de setembro de 2001' como uma ameaça existente no Ocidente. Com isso, ameaças localizadas foram deslocadas para o cenário global, passando o Direito Penal a absorver as ambiências de riscos a partir do medo do terrorismo. Dessa forma, em nome da segurança nacional, o estado de emergência global na luta contra o terrorismo mina o Direito nacional e a ideologia política de guerra ao terrorismo contamina as fundamentações, oportunizando o controle simbólico de influência norte-global. Evidentemente, a compreensão do cenário do terrorismo contemporâneo é complexa. Contudo, como conclusão levanta-se a hipótese de que o terrorismo não é o resultado da globalização, mas um fenômeno inerente a ela, pois desponta em um mundo confusamente percebido e resultante de construção humana caótica, que elege os riscos possíveis, dissemina o medo e permite o uso político desse sentimento.

Como a proposta do artigo foi analisar criticamente o caso brasileiro de terrorismo, buscou-se revisar a compreensão do pensamento crítico no Direito a fim de projetá-lo ao mundo real de onde ele se encontra, desbloqueando-o da sua solidão narcísica de saber absoluto e descritivo para conectá-lo dentro do contexto sociojurídico e político de análise. A passagem de revisão da abordagem crítica permitiu entender que não se trata de fazer juízo forte ou opinião sobre determinado tema, mas de trazer à visibilidade o que é colocado como pronto. Assim, tornar visível o invisível é expor a realidade como coisa diversa e codificada, possibilitando a demonstração das articulações de saberes camuflados na perspectiva racional e positivista.

A interpretação do caso *Hashtag* sob a perspectiva teórico-crítica no Direito teve como conclusão uma leitura diversa ao exposto na sentença como estática. Para a análise foi realizada a descrição do contexto de produção da Lei nº 13.260/16, a reflexão acerca de uma notícia da deflagração da operação *Hashtag*, uma matéria jornalística com a transcrição da fala do ex-ministro da justiça e um trecho da sentença compatível ao discurso da autoridade estatal. Assim, a partir da revisão bibliográfica e da análise dos elementos destacados, verificou-se que a argumentação acerca das condutas dos réus foi fundada em um discurso do 'inimigo', em que buscou-se apontar a periculosidade dos indivíduos pela menção ao grupo terrorista do Oriente Médio. A construção de um imaginário islâmico apartado da realidade aproximou a análise crítica da hipótese de que a expansão do Direito Penal de combate ao terrorismo parte de uma atividade performativa do discurso político, que exige o reconhecimento de um inimigo já mencionado globalmente pelo episódio histórico 'onze de setembro de 2001'. Assim, é possível depreender do caso brasileiro que, em nome da segurança nacional, a operação *Hashtag* resultou em uma avaliação do risco, em que a punição se deu pela potencialidade lesiva das manifestações dos réus no ciberespaço e pela periculosidade das falas destes rotulados como 'terroristas' na mídia. O pensamento crítico aponta que o contexto sócio-jurídico e histórico deve ser considerado como chave de leitura para não se cair na armadilha ideológica de que determinadas condutas são possivelmente ameaçadoras em razão de outras experiências. Quando o cenário de incertezas e da globalização é apontado pela sociologia, é necessária a compreensão para questionar a absorção das ambiências de risco pelo Direito Penal, pois, no momento em que o Estado utiliza o Direito como combate ao terrorismo, parte de um pressuposto vago do que seja o fenômeno na contemporaneidade, utilizando toda a carga semântica que o termo carrega no imaginário pós-onze de setembro de 2001, sobretudo a partir da utilização política do medo. Assim, lembrar os limites punitivos do poder institucional e questionar o discurso ideológico-político minado na linguagem jurídica foi, neste artigo, a missão da crítica que concedeu um pouco de visibilidade ao invisível dado como pronto.

Referências

AMARAL, Augusto Jobim do. Desconstruindo o terrorismo. *In*: BORGES, Rosa Maria Zaia; AMARAL, Augusto Jobim do; PEREIRA, Gustavo Oliveira de (orgs.). **Direitos Humanos e Terrorismo.** Porto Alegre: EDIPUCRS, 2014, p. 9-13.

ARNAUD, André-Jean. **O Direito entre Modernidade e Globalização:** lições filosóficas do Direito e do estado. Trad. Patríce Charles Wuillaume. Rio de Janeiro: Renovar, 1999.

ARNAUD, André-Jean; DULCE, Maria José Fariñas. **Introdução à análise sociológica dos sistemas jurídicos.** Rio de Janeiro: Renovar, 2000.

BAUMAN, Zygmunt. **Globalização:** as consequências humanas. Trad. Marcus Penchel. Rio de Janeiro: Jorge Zahar, 1999.

BAUMAN, Zygmunt. **Medo Líquido.** Trad. Carlos Alberto Medeiros. Rio de Janeiro: Jorge Zahar, 2008.

BAUMAN, Zygmunt. **Tempos líquidos.** Trad. Carlos Alberto Medeiros. Rio de Janeiro: Jorge Zahar, 2007.

BECK, Ulrich. **¿Qué és la globalización?** Falacias del globalismo, respuestas a la globalización. Barcelona: Paidós, 1997.

BECK, Ulrich. **La sociedad del riesgo**: hasta una nueva modernidad. Barcelona: Paidós, 1998.

BORGES, Rosa Maria Zaia. Terrorismo, estado de exceção e direitos humanos: quanto vale ou é por quilo? *In*: BORGES, Rosa Maria Zaia; AMARAL, Augusto Jobim do; PEREIRA, Gustavo Oliveira de (orgs.). **Direitos Humanos e Terrorismo.** Porto Alegre: EDIPUCRS, 2014, p. 105-125.

BRASIL. **Lei nº 13.260 de 16 de março de 2016**. Regulamenta o disposto no inciso XLIII do art. 5º da Constituição Federal, disciplinando o terrorismo, tratando de disposições investigatórias e processuais e reformulando o conceito de organização terrorista; e altera as Leis nº 7.960, de 21 de dezembro de 1989, e 12.850, de 2 de agosto de 2013.

CALLEGARI, André Luís et al. **O crime de terrorismo:** reflexões críticas e comentários à Lei de Terrorismo. Porto Alegre: Livraria do Advogado, 2016.

CAPELLER, Wanda M. de Lemos. Delinquência internacional e controle penal: o exemplo da União Europeia. *In*: ARNAUD, André-Jean (org.). **Globalização e Direito I:** impactos nacionais, regionais e transnacionais. Rio de Janeiro: Lumen Juris, 2005.

CAPELLER, Wanda M. de Lemos. Tecnificação do campo penal e "killer robots": um atentado ao direito internacional humanitário. **VII Encontro Internacional do CONPEDI**, Braga, Portugal, 2017, p. 91-108.

CARDOSO, Tatiana de Almeida Freitas R. A mundialização do Terrorismo: a (re)definição do fenômeno após o 11 de setembro. *In*: BORGES, Rosa Maria Zaia; AMARAL, Augusto Jobim do; PEREIRA, Gustavo Oliveira de (orgs.). **Direitos Humanos e Terrorismo.** Porto Alegre: EDIPUCRS, 2014, p. 127-154.

CARVALHO, Salo de. **Antimanual de Criminologia.** São Paulo: Saraiva, 2015.

CASTELLS, Manuel. **A sociedade em rede.** Trad. Roneide Venâncio Majer. São Paulo: Paz e Terra, 2001.

CASTELLS, Manuel. **Ruptura:** a crise da democracia liberal. Trad. Joana Angélica D'ávila Melo. Rio de Janeiro: Zahar, 2018.

CHOMSKY, Noam. **11 de setembro.** Trad. Luiz Antônio Aguiar. Rio de Janeiro: Bertrand Brasil, 2002.

COSTA, Renata Almeida da. **Direito e complexidade:** a produção e o controle do terror(ismo). 269f. Tese (Doutorado em Direito). Universidade do Vale do Rio dos Sinos, São Leopoldo, 2010.

COSTA, Renata Almeida da. Policontexturalidade, risco e direito: abismos superáveis para o delineamento da criminalidade contemporânea. *In*: MEDEIROS, Fernanda Luiza Fontoura; SCHWARTZ, Germano André Doederlein (orgs.). **O Direito da Sociedade:** anuário, vol. 1. Canoas: Unilasalle, 2014, p. 229-255.

COUTINHO, Filipe; ESCOSTEGUY, Diego. Polícia Federal prende célula do Estado Islâmico que planejava atentado na Olimpíada. **Época**, 21 jul. 2016. Disponível em: <https://epoca.globo.com/tempo/noticia/2016/07/pf-prende-celula-do-estado--islamico-que-planejava-atentado-na-rio-2016.html>. Acesso em: 15 jul. 2020.

GIDDENS, Anthony. **Mundo em descontrole:** o que a globalização está fazendo de nós. Trad. Maria Luiza Borges. 2.ed. Rio de Janeiro: Record, 2002.

MIAILLE, Michel. **Uma introdução crítica ao Direito.** Trad. Ana Prata. Lisboa: Estampa, 2005.

MINISTÉRIO PÚBLICO FEDERAL. **MPF denuncia oito pessoas na Operação Hashtag**. MPF, 16 set. 2016. Disponível em: <http://www.mpf.mp.br/pr/sala-de-imprensa/noticias-pr/mpf-denuncia-oito-pessoas-no-ambito-da-operacao-hashtag>. Acesso em: 15 jul. 2020.

RODRIGUES, Matheus. Deportação de professor e prisões da PF afastam terrorismo, diz ministro. **G1**, 21 jul. 2016. Disponível em: <http://g1.globo.com/rio-de-janeiro/olimpiadas/rio2016/noticia/2016/07/ministro-diz-que-4-de-10-suspeitos-de--ligacao-com-ei-ja-se-conheciam.html>. Acesso em: 22 jul. 2020.

SANTOS, Boaventura de Sousa. Os processos de globalização. *In*: SANTOS, Boaventura de Sousa (org.). **A globalização e as ciências sociais.** São Paulo: Cortez, 2011, p. 25-94.

SANTOS, Milton. **Por uma outra globalização:** do pensamento único à consciência universal. Rio de Janeiro: Record, 2001.

STRECK, Lenio Luiz. **O que é isto:** decido conforme minha consciência? Porto Alegre: Livraria do Advogado, 2017.

WARAT, Luís Alberto. O sentido comum teórico dos juristas. *In*: FARIA, José Eduardo; WARAT, Luís Alberto (orgs.). **A crise do Direito em uma sociedade em mudança.** Brasília: Universidade de Brasília, 1988.

WOLKMER, Antônio Carlos. **Introdução ao Pensamento Jurídico Crítico.** São Paulo: Saraiva, 2015.

ZIZEK, Slavoj. **Bem-vindo ao deserto do real:** cinco ensaios sobre o 11 de setembro e outras datas. Trad. Paulo Cezar Castanheira. São Paulo: Boitempo, 2003.

ZIZEK, Slavoj. **Violência:** seis reflexões laterais. Trad. Miguel Serras Pereira. São Paulo: Boitempo, 2014.

QUANDO O MEDO E O PERIGO SE CONECTAM: O USO DA *DEEP WEB* E A (IN)SEGURANÇA DOS CIDADÃOS

Karen Lucia Bressane Rubim[1]

RESUMO. A pesquisa aborda a sociedade da informação para contextualizar a Internet como fomento da globalização e mutação nas relações sociais. Definido o recorte temporal, a pesquisa exterioriza o surgimento do medo, principalmente quando se trata de acesso ao ciberespaço sem indexação de dados, chamado de *deep web*. Assim, busca verificar eventuais consequências desse medo na ressignificação de perigo quando do acesso a esse ambiente e a (des)necessidade de tutela penal. O trabalho tem como metodologia referencial bibliográfico e análise de caso, utilizando como marco teórico o aparato sociológico proposto por Anthony Giddens quanto à modernidade, sua transição e consequências.

Palavras-chave. Sociedade da informação. Medo. Perigo. *Deep web*. Estigma.

1. Introdução

O presente trabalho busca conceituar sociedade pelo viés sociológico para indicar nesse momento, mesmo que superficialmente, como a interação e conexão social se dão por meio de sistemas interseccionados.

Aborda o surgimento da sociedade da informação na concepção moderna já operada a transição da vida sólida para a experiência líquida quanto à organização social. Verificado o momento histórico, o trabalho tenta explicitar as consequências do surgimento do cenário informacional quanto às relações sociais e o despreparo das instituições estatais e políticas para mitigar a precarização do indivíduo nessa realidade global.

[1] Discente do Programa de Pós-Graduação – Mestrado em Direito e Sociedade da Universidade La Salle – Unilasalle, matriculada na disciplina Criminalização, cultura e urbanização, sob a orientação da Prof.ª Dr.ª Renata Almeida da Costa.

Evoluindo na sociedade da informação, se pontua a extrospecção da interação social pelas mãos da globalização, abrindo o caminho para o novo cenário de desenvolvimento das ditas relações: o ciberespaço, e porque nesse âmbito os direitos de proteção constitucional da liberdade de expressão e privacidade entram em colisão em nome de um exibicionismo.

Verificada a presença do ciberespaço como novo palco de interação social, a pesquisa indica a Internet como mola propulsora da extimidade digital e concentra seus argumentos na utilização de ambiente virtual com indexação de dados e a internet profunda e estigma atrelado aos seus usuários em rechaço à extimidade.

Feito todo o apanhado proposto, o trabalho se vale do arcabouço sociológico utilizado também por Anthony Giddens para entender o caso ocorrido em Suzano-SP e o papel da utilização da *deep web* para consultoria do crime e a (des)necessidade de tutela penal do ambiente sem indexação de dados.

2. O surgimento da sociedade da informação

O cenário informacional resulta também da interação e da dinâmica existentes entre os diversos sistemas sociais que nos permeiam e que por nossas relações se ramificam cada vez mais. Informação, nesse recorte, pode significar conhecimento técnico agregado e, por sua vez enaltecida na fase líquida da modernidade, diante da velocidade inerente à sua forma de fluência não olvidando o efeito globalizante também inserido na constituição da sociedade da informação, o que aterroriza o indivíduo que sente estar à mercê de um sistema cuja celeridade está em descompasso com sua rotina social.

Para Anthony Giddens (2002, p. 170), "processos de mudança engendrados pela modernidade estão intrinsicamente ligados a influências globalizantes, e a simples sensação de ser presa das maciças ondas de transformação é perturbadora".

Não se pretende atrelar ao surgimento da sociedade da informação somente as mazelas da globalização, inclusive pelas mãos da Internet, mas também catalogar de que forma as relações sociais precarizam o indivíduo, em atenção ao despreparo coletivo para recepcionar a mudança do paradigma.

2.1. A modernidade e a superação do caráter estático da sociedade

Pode-se, sem dúvidas aparentes, creditar ao período moderno, no qual ainda estamos inseridos no entender de Giddens (1990)[2], mesmo que de forma descontinuada, a superação do caráter estático do sistema social.

Em seu entender, "os modos de vida produzidos pela modernidade nos desvencilharam de todos os tipos tradicionais de ordem social, de uma maneira que não tem precedentes" (GIDDENS, 1990, p. 16). Imbuída de uma velocidade e abrangência distintas da experiência tradicional, a estrutura social moderna implica num caráter volátil das relações interpessoais cuja conexão deixa de ser apenas local para atingir patamar global.

Esse paradoxo é explicado por Bauman pelo "grau de abertura" de uma determinada sociedade, pois quanto mais aberta mais conectada e, portanto, sem fronteiras aparentes, tanto geográficas quanto sociais.

Ocorre que, antes que se proponha digressão sobre outras nuances da estrutura social na modernidade, necessário é entender do que se trata o conceito de sociedade. Para tanto, o presente trabalho se valerá da visão sociológica de Anthony Giddens (2009, p. 192-194):

> É fácil ver que, no uso comum, o termo sociedade tem dois sentidos principais (entre outras coisas, enquanto "sociedade" na acepção de "alta sociedade"): um abrange a conotação generalizada de interação ou associação social; o outro é a noção de que uma sociedade constitui uma unidade, com fronteiras que a distinguem de outras que a circundam. A ambiguidade do termo é menos infeliz do que parece, pois, as totalidades sociais nem sempre têm fronteiras claramente demarcadas, embora estejam tipicamente associadas a formas definidas de local. [...]. Todas as sociedades são sistemas sociais e, ao mesmo tempo, constituídas pela intersecção de múltiplos sistemas sociais. Estes

---

[2] Como deveríamos identificar as descontinuidades que separam as instituições sociais modernas das ordens sociais tradicionais? Diversas características estão envolvidas. Uma delas é o ritmo de mudança nítido que a era da modernidade põe em movimento. As civilizações tradicionais podem ter sido consideravelmente mais dinâmicas que outros sistemas pré-modernos, mas a rapidez da mudança em condições de modernidade é extrema. Se isto é talvez mais óbvio no que toca à tecnologia, permeia também todas as outras esferas. Uma segunda descontinuidade é o escopo da mudança. Conforme diferentes áreas do globo são postas em interconexão, ondas de transformação social penetram através de virtualmente toda a superfície da terra (GIDDENS, 1990, p. 16).

> podem ser totalmente internos às sociedades ou transpor as linhas divisórias entre o interior e o exterior, formando uma diversidade de possíveis modos de conexão entre totalidades sociais e sistemas intersociais. [...] Em suma, as "sociedades" são, pois, sistemas sociais que se destacam em baixo-relevo de um fundo constituído por toda uma série de relações sistêmicas, nas quais elas estão inseridas.

Não se pode excluir desse conceito a influência do avanço capitalista e formação de um mercado global, o que reconfigurou a "forma de relação entre a economia, o Estado e a sociedade em um sistema de geometria variável" (CASTELLS, 2001, p. 39).

Pode-se entender que o conceito de sociedade não é superado pela era vivida e sim agregado pelos sistemas em que se insere e com os quais se conecta e interage. Nesse sentido, assevera De Giorgi (1998, p. 153):

> [...] a sociedade aparece para si mesma como o resultado de si própria. Se assim não fosse, ela não poderia perceber-se como um sistema que opera somente no presente. Essa contínua repetição da produção de indeterminação obriga-nos a observar a sociedade como um sistema que se observa, isto é, como um sistema que se diferencia e, ainda, como um sistema que não pode operar fora de si mesmo.

No contexto moderno, para Leonel Severo Rocha, Germano Schwartz e Jean Clam (2013, p. 13) "a forma característica da sociedade moderna é a diferenciação: separam-se indissoluvelmente as esferas do poder, do saber, da lei, da religião, do prazer, implicando a necessidade de legitimação constante de suas áreas de atuação". Posicionam que "neste tipo de sociedade existe uma grande indeterminação, tudo está em aberto, a discutir" e "tem de enfrentar assim a complexidade produzida pela possibilidade de se tomarem decisões sempre diferentes".

Inegável que a complexidade da sociedade decorra também de seu processo de globalização, o que Bauman (2007, p. 13) vai dizer se tratar de globalização negativa[3] na sociedade moderna e que Hall (2005, p. 14), ao pontuar as sociedades modernas, as conceitua como "sociedades de mudança constante, rápida e permanente".

---

[3] O atributo da abertura, antes um produto precioso, ainda que frágil, da corajosa, mas estafante autoafirmação, é associado, hoje, principalmente a um destino irresistível – aos efeitos não planejados e imprevistos da "globalização negativa" –, ou seja, uma globalização seletiva do comércio e capital, da vigilância e da informação, da violência e das armas, do crime e do terrorismo (BAUMAN, 2007, p. 13).

2.1.1. A velocidade e a expansão das relações sociais

Como bem pontuou Castells (2001, p. 39), "uma revolução tecnológica concentrada nas tecnologias da informação começou a remodelar a base material da sociedade em ritmo acelerado". Sociedade essa, tratada em condições da modernidade, que vem se pautando pela alta velocidade de suas relações, abalroando de vez as fronteiras geográficas e locais das totalidades sociais.

O minar das fronteiras possibilita a expansão da intersecção social, onde "o desenvolvimento das instituições sociais modernas e sua difusão em escala mundial criaram oportunidades bem maiores para os seres humanos gozarem de uma existência segura e gratificante que qualquer tipo de sistema pré-moderno" (GIDDENS, 1991, p.16).

Se, na concepção tradicional, as relações não extrapolavam os limites locais (bairros e cidades) por condição de sua estrutura, a experiência moderna traz aos seus sistemas sociais e intersociais uma forma global de interação possibilitando uma gama de prognósticos para um futuro incerto e imprevisível, o que em Bauman (2008, p. 14) caracteriza a transição de uma fase sólida para líquida da sociedade, pois " a vida líquida flui ou se arrasta de um desafio para outro e de um episódio para outro, e o hábito comum dos desafios e episódios é sua tendência a terem vida curta".

À experiência moderna se pode atribuir a vertente informacional da sociedade, cenário onde o indivíduo se ressignifica a partir de sua identidade, entendida por Castells (2001, p. 57-58) como "processo pelo qual um ator social se reconhece e constrói significado principalmente com base em determinado atributo cultural", o que denota um crescente na relação entre o ser, sua identidade e âmbito social, local que agora chamaremos de sociedade da informação, onde "as novas tecnologias de informação estão integrando o mundo em redes globais de instrumentalidade" (CASTELLS, 2001, p. 57).

A transição da vida-social sólida para a líquida dentro do recorte histórico da modernidade aliada ao surgimento de um cenário informacional pelas mãos da revolução tecnológica pode sim fazer surgir o progresso vivido e sentido, mas o reverso da medalha reside no caráter incerto quanto às consequências desses progressos, e como a ressignificação das identidades sociais[4] do ser respondem ao mundo em redes globais.

---

[4] [...] embora aumentem a capacidade humana de organização e integração, ao mesmo tempo, os sistemas de informação e a formação de redes subvertem o conceito ocidental tradicional de um sujeito separado, independente: "a mudança histórica das tecnologias mecânicas para as tecnologias da informação ajuda a subverter as noções de soberania e autossuficiência que serviam de âncora ideológica à identidade individual desde que os filósofos gregos elaboraram o conceito, há mais de dois milênios. Em resumo, a tecnologia está ajudando a desfazer a visão do mundo por ela promovida no passado (CASTELLS, 2001, p. 58-59).

Diante dessa ausência de fronteiras e necessidade de se estar seguro de alguma ameaça decorrente do caráter incerto desse futuro informacional, a busca do ser nesse contexto ramificado é fortalecer e preservar a identidade cultural da comunidade em que está inserido, pois os efeitos da revolução tecnológica e o viver e se desenvolver na sociedade volátil e em processo de globalização tirou do indivíduo seu local de pertencimento perene sem com isso lhe fornecer meios, inclusive por meio do Estado, de acompanhar ou pelo menos não ser sugado pela aceleração proposta pela transição social já comentada.

2.1.2. A precarização do ser humano na sociedade da informação

Na contramão de um utópico ideal pacífico que deveria imperar na experiência moderna, o que se verifica pela gama de incertezas trazidas pela transição da solidez para a vida líquida e consequente expansão e remodelação das relações sociais é a precarização do indivíduo, a perda de sua identidade cultural pela negação da diferença e a experimentação de sensação de insegurança pelo grau de abertura da sociedade sem a ingerência da política por meio do Estado-nação.

Essa insegurança se alimenta de um proceder extremado para reestabelecer a segurança perdida, onde o progresso, que deveria ser a mola propulsora da manutenção da autoafirmação da sociedade aberta, "evoca uma insônia cheia de pesadelos de ser deixado para trás – de perder o trem ou cair da janela de um veículo em rápida aceleração" (BAUMAN, 2007, p. 17).

E envolto à transição da vida estática para a vida em constante movimento e em aceleração está o indivíduo que perdeu sua identidade já que não pertence a essa ou aquela comunidade e sim à visão global do mundo moderno. Não se pretende dizer que a perda da identidade justifica posturas totalitárias pelas mãos da religião ou outra vertente ideológica, mas, sim, que de fato elas surgiram diante da incapacidade das instituições políticas e estatais – de caráter local – para contemporizar problemas nitidamente globais (BAUMAN, 2009, p. 28-29).

Diz-se de caráter local, pois mesmo que não previsto no projeto da modernidade, pela transição houve a decomposição[5] do Estado social, onde as instituições políti-

---

[5] [...] essa exclusão irrevogável é a consequência direta, embora imprevista, da decomposição do Estado social, que hoje se assemelha a uma rede de poderes constituídos, ou melhor, a um ideal, a um projeto abstrato. O declínio e o colapso do Estado social anunciam definitivamente que as oportunidades de redenção irão desaparecer (BAUMAN, 2009, p. 23).

cas ainda estão organizadas sob a égide da modernidade sólida, já que não possuem fôlego e preparo para a realidade global.

Assim, ao invés de reconhecimento do multiculturalismo decorrente de um mundo global e sem fronteiras, se tem a polarização, a mixofobia e a mixofilia. Ou seja, como Bauman acentua, a elite global e os exóticos fomentando a fragmentação de um mundo cada vez mais assustado e com poder de incutir as piores sensações no indivíduo.

Isso representa o caráter frágil do indivíduo nesse cenário líquido e informacional, pois, ao passo que possui uma gama de ferramentas tecnológicas para sua autossuficiência, é incapaz de interagir de modo seguro com seu par, já que não reconhece esse último como tal.

Quanto à polarização, Bauman (2009, p. 26 e 28) pontua que:

> [...] o espaço da "primeira fila" está normalmente ligado às comunicações globais e à imensa rede de trocas, aberto a mensagens e experiências que incluem o mundo todo. Na outra ponta do espectro, encontramos as redes locais fragmentárias, muitas vezes de base étnica, que depositam sua confiança na própria identidade como recurso mais precioso para a defesa de seus interesses e, consequentemente, de sua própria vida. O quadro que emerge dessa descrição é o de dois mundos-de-vida separados, segregados. [...] A segregação das novas elites globais; seu afastamento dos compromissos que tinham com o *populus* do local no passado; a distância crescente entre os espaços onde vivem os separatistas e o espaço onde habitam os que foram deixados para trás; estas são provavelmente as mais significativas das tendências sociais, culturais e políticas associadas à passagem da fase sólida para a fase líquida da modernidade.

Ainda complementa que "essa característica consiste na estreita interação entre as pressões globalizantes e o modo como as identidades locais são negociadas, modeladas e remodeladas" (BAUMAN, 2009, p. 28).

Nesse sentido, importante parafrasear a estrutura trazida por Giddens (1990, p. 31) quanto ao desencaixe dos sistemas sociais, o que sobremaneira sensibiliza o indivíduo na sociedade moderna. Em seu entender, desencaixe remonta "o deslocamento das relações sociais de contextos locais de interação e sua reestruturação através de extensões indefinidas de tempo-espaço".

Complementa indicando que "a condição de desencaixe proporcionada pelas economias monetárias modernas é imensamente maior que em qualquer das civilizações pré-modernas" (GIDDENS, 1990, p. 35).

Percebe-se que, nessa transição, o sujeito deixa de ter relação com a cidade que habita, já que não se sente conectado com qualquer laço comunitário, os quais, diga-se desde já, foram abruptamente rompidos pelo vórtice global. Mais, se um dia o sujeito moderno foi caracterizado pelo racionalismo exacerbado, agora se vê diante de uma realidade multidimensional que lhe retira a condição de ver algo além de sua precarização, desconfiança, abandono e medo.

2.2. A extrospecção da sociedade pelas mãos da globalização

Considerando a experiência moderna já no viés líquido e os primeiros efeitos globalizantes, se pode dizer com alguma segurança que a interação social já não é mais introspectiva eis que as barreiras que condicionavam o caráter local da informação foram dissolvidas pela revolução tecnológica.

Para Bauman, "a ideia de sociedade aberta representa originalmente a autodeterminação de uma sociedade livre, orgulhosa de sua abertura, agora traz à maioria das mentes a experiência terrificante de populações heterônomas". Bauman (2008, p. 127), ainda,

> Em um planeta globalizado, habitado por sociedades forçosamente abertas, a segurança não pode ser obtida, muito menos garantida de maneira confiável, em um único país ou grupo de países. [...] tampouco a justiça, essa condição preliminar para a paz duradoura. A pervertida abertura das sociedades implementada pela globalização negativa é ela a própria causa primeira da injustiça e assim, indiretamente ao conflito e da violência.

Para Giddens (1990, p. 75), "a modernidade é inerentemente globalizante", onde a "sociedade não é um sistema limitado" e a globalização é identificada como um "processo de alongamento, na medida em que as modalidades de conexão entre diferentes regiões ou contextos sociais se enredaram através da superfície da terra como um todo". Ainda, assevera o distanciamento de dois vetores: tempo e espaço.

E isso é pacífico e facilmente verificável, pois no cenário da informação e tecnologia a comunicação e variadas transações podem ocorrer sem limitação de espaço e tempo, onde esses vetores já não caminham em comunhão, mas não desaparecem da experiência moderna.

Diante do processo de globalização e do grau de abertura da sociedade da informação é possível lhe atribuir o predicado da extrospecção, inclusive diante dos novos cenários onde as relações humanas podem se desenvolver.

2.2.1. A ampliação das fronteiras sociais e medo do indivíduo

Em exaustão, a experiência moderna em sua fase líquida dissolveu as barreiras geográficas, locais e de comunicação da sociedade, fazendo surgir um cenário informacional que propiciou inclusive a comercialização da internet[6] e, por consequência, a expansão das relações sociais em razão também do distanciamento dos vetores tempo e espaço.

À margem das mazelas advindas da modernidade, fato é que a sociedade da informação propiciou a ampliação das formas de interação social, potencializando seu grau de abertura. Grau este que determina também o grau de complexidade e incertezas da mesma sociedade, distanciando esse conceito de uma necessária segurança.

Sociedade esta que "produz complexidade, ou seja, excesso de possibilidades, pois a sociedade se faz instável por si mesma e, a um só tempo, produz contingência, visto que no presente tudo pode ser diverso" (DE GIORGI, 1998, p. 153).

Complementa que "a sociedade contemporânea expandiu a tal ponto as possibilidades da comunicação que pode representar-se a si mesma como um sistema compreensivo da comunicação social" (DE GIORGI, 1998, p. 169) e que carrega em si, diante da gama de prognósticos para o futuro, o "risco imanente que não pode se constituir objeto de prevenção, como habitualmente se crê" (DE GIORGI, 1998, p. 182) sendo que "a sociedade não pode impedir as potencialidades imanentes à sua estrutura" (DE GIORGI, 1998, p. 182).

Imprescindível dizer que, no entender de Rafaelle De Giorgi (1998, p. 182), o risco é uma condição estrutural da autorrepetição:

---

[6] O ARPANET, projeto que se consolidou na década de 1960 no período pós-guerra (WENDT, 2019, p. 59), logo passou a ser sincronizado em outros nichos. Somente em 1980 esse algoritmo passou a ser denominado de Internet, e, na década de 1990, um novo salto tecnológico permitiu a difusão da Internet na sociedade em geral: a criação de um novo aplicativo, a teia mundial (*world wide web* – WWW) (CASTELLS, 2001, p. 88). Teia esta que organizava o teor dos sítios da Internet por informação, e não por localização, oferecendo aos usuários um sistema fácil de pesquisa para procurar as informações desejadas (CASTELS, 2001, p. 88).

> É claro que este risco está ligado à incerteza que caracteriza o futuro dos indivíduos, quer se trate daqueles que observam a si mesmos, ou de um observador externo, como um sistema social. Esta incerteza torna precários os cálculos e priva de todo o fundamento de plausibilidade as previsões. A incerteza pode transformar-se em medo ou carregar-se de agressividade: o risco desta incerteza está no fato de que pode transformar-se em violência contra si mesmo, ou contra os outros.

E vai além:

> Nos sistemas diferenciados da sociedade moderna, o risco é a condição estrutural da autorreprodução; de fato o fechamento operativo dos sistemas singulares determinados pelas estruturas e unidos estreitamente torna possível o controle do ambiente, ou seja, torna improvável a racionalidade e por isto constrange os sistemas a operar em condições de incerteza. [...] a perspectiva do risco constitui, enfim, uma referência fundamental na descrição da sociedade moderna. Todavia, a teoria da sociedade não pode dar indicações de como se deve comportar nas situações de risco (DE GIORGI, 1998, p. 197).

Nesse sentido são as pertinentes considerações de Renata Almeida da Costa (2004, p. 33), onde "é de domínio doutrinário que a sociedade caracterizada pela pós-modernidade é marcada pela indeterminação e pela instabilidade, geradas pela falta de segurança e pela possibilidade premente do dano em face do risco inerente às ações".

Similitude conceitual reside no entendimento sociológico do risco na sociedade contemporânea, já que essa "tem como característica maior o risco e a incerteza, no que se diferencia da sociedade moderna, que primava pelo perigo e pela certeza" (SCHWARTZ, 2004, p. 39). A experiência tradicional desconhecia a palavra risco "porque não necessitavam de uma designação para algo que não ocorria", contando apenas com os "atores que proporcionavam o perigo e que eram conhecidos e facilmente identificáveis, o que já elidia uma possível complexidade e incerteza.

Em Ulrich Beck (2010, p. 39):

> Riscos não se esgotam, contudo, em efeitos e danos já ocorridos. Neles, exprime-se sobretudo um componente futuro. Este baseia-se em parte na extensão futura dos danos atualmente previsíveis e em parte numa perda geral de confiança ou num suposto amplificador do risco. Riscos têm, portanto,

> fundamentalmente que ver com antecipação, com destruições que ainda não ocorreram, mas que são imanentes, e que, justamente nesse sentido, já são reais.

Para Giddens (1990, p. 41) a noção de risco "se originou com a compreensão de que resultados inesperados podem ser uma consequência de nossas próprias atividades ou decisões, ao invés de exprimirem resultados ocultos da natureza".

Avançando, Bauman (2008, p. 9) infere que "o medo é um sentimento conhecido de toda a criatura viva" e que diante desse mundo de incertezas e riscos se pode verificar um outro tipo de medo, tido como "medo derivado", visto como uma "estrutura mental que pode ser mais bem descrita como o sentimento de ser suscetível ao perigo; uma sensação de insegurança (o mundo está cheio de perigos que podem se abater sobre nós a qualquer momento)".

Nesse cenário e no referencial de Bauman (2008, p. 10):

> Uma pessoa que tenha interiorizado uma visão de mundo que inclua a insegurança e a vulnerabilidade recorrerá rotineiramente, mesmo na ausência de ameaça genuína, às reações adequadas a um encontro imediato com o perigo; o "medo derivado" adquire a capacidade de autopropulsão. [...] o medo derivado é facilmente desacoplado dos perigos que o causam.

Complementa que "no ambiente líquido-moderno, contudo, a luta contra os medos se tornou tarefa para a vida inteira, enquanto os perigos que os deflagram passaram a ser considerados companhias permanentes e indissociáveis da vida humana" (BAUMAN, 2008, p. 15).

Conforme Giddens (1990, p. 44) alude, a noção de risco está para a confiança, pois esta pressupõe a consciência das circunstâncias do risco e "está basicamente vinculada, não ao risco, mas à contingência". Para ele, "perigo e risco estão intimamente relacionados, mas não são a mesma coisa".

Nesse sentido, discorre:

> O que o risco pressupõe é precisamente o perigo (não necessariamente a consciência do perigo). Uma pessoa que arrisca algo corteja o perigo, onde o perigo é compreendido como uma ameaça aos resultados desejados. Qualquer um que assume um risco calculado está consciente da ameaça ou ameaças que uma linha de ação específica pode pôr em jogo.

Assim, pode-se ponderar que a confiança tem a função de minimizar os perigos inerentes a determinadas ações e que, inclusive a não ação, que já encerra juízo de valor, também comporta sua parcela de riscos e perigos, mas, se são calculados e previsíveis, não se detém com certeza essa informação.

2.2.2. O surgimento de novos cenários de interação e o exibicionismo das relações

A sociedade da informação[7] é responsável pela disseminação, inclusive comercial, da Internet[8], ferramenta antes de exclusividade militar e governamental. Ainda, a globalização ramificou a comunicação e a alçou a um patamar mundial, sendo possível acessar informações de outro lado do mundo sem sair de determinado local físico.

Esse é o cenário que o presente trabalho abordará: o ciberespaço[9] e se o exibicionismo presente na interação social, agora virtual e digital, decorre do elemento humano ou da própria estrutura do ciberespaço como forma de manipulação da informação.

Antes que se verifique o motivo do exibicionismo, importante dizer que tal assertiva está intimamente ligada à liberdade do indivíduo em se expressar e se fazer presente em ambiente digital. Liberdade esta caracterizadora da sociedade contemporânea e da informação, o que, no entender de Renata Almeida da Costa (2004, p. 9), "é fator característico da sociedade moderna", onde a liberdade individual é "expoente deste tipo de sociedade".

---

[7] Sociedade da informação é consequência da sociedade pós-industrial e possui algumas características, assim resumidas: (a) a informação é um produto e o saber um fator econômico; (b) a distância e o tempo entre a informação e o destinatário não têm mais sentido, ou seja, a perda da noção de tempo e espaço, ou seja, uma acronia e uma atopia; (c) há valor agregado à informação, revolucionado pelas tecnologias da informação e comunicação que, além de revolucionar o mercado, criando novos serviços, empresas e empregos, transformaram o mundo em uma aldeia global; (d) o ciclo informativo se transformou, pois, além do usuário se tornar produtor (de conhecimento), há para isso um baixo custo, mesmo quando se trata de armazenamento de grande volume de dados, e; (e) o processamento, a recuperação e o acesso às informações se tornaram mais céleres, seguros e eficazes, possibilitando o monitoramento e a avaliação dos dados/informações (KRETSCHMANN; WENDT, 2018, p. 12).

[8] Além das várias características da Internet, que solidificou a chamada "sociedade da informação", como a massificação das informações, o acesso a sistemas e dados, multidiversidade de assuntos [...], o autodesenvolvimento é a principal (característica). (KRETSCHMANN; WENDT, 2018, p. 39).

[9] Termo criado e utilizado pela primeira vez pelo escritor américo-canadense Willian Gibson em sua obra "Neuromancer" para se referir a um espaço virtual que era composto por cada computador e usuário conectado em uma rede mundial. Segundo William Gibson, ciberespaço é o conjunto de redes de computadores nas quais todo tipo de informação é circulado. Gibson define ciberespaço como um espaço existente no mundo da comunicação. Nesse meio, para que se possa construir uma fonte de relacionamento, não é necessária a presença física de um humano (GIBSON, 2015, p. 75).

E complementa:

> Como exemplo da influência da liberdade no Estado moderno, basta verificar o surgimento das primeiras constituições e dos primeiros direitos humanos fundamentais. Juridicamente, as Constituições são compostas de direitos de primeira, de segunda, de terceira e até de quarta e de quinta gerações. Os direitos de primeira geração correspondem às garantias individuais e fundamentais. Vêm elencadas em primeiro plano na ordem constitucional. Tais objetos de proteção jurídica surgiram, historicamente, no exato momento do chamado Estado Liberal de Direito (COSTA, 2004, p. 12-13).

Quarenta anos antes de estar em nosso texto constitucional, a liberdade de expressão vem estampada no artigo XIX da Declaração Universal do Direitos Humanos[10]. Na Constituição Federal de 1988, tal liberdade vem estampada como direito fundamental presente no artigo 1.º inciso V pelo pluralismo político; no artigo 5.º pelos incisos IV, VIII e IX e artigo 220, § 2.º:

> Art. 1º A República Federativa do Brasil, formada pela união indissolúvel dos Estados e Municípios e do Distrito Federal, constitui-se em Estado Democrático de Direito e tem como fundamentos:
>
> V – o pluralismo político.
>
> Art. 5º Todos são iguais perante a lei, sem distinção de qualquer natureza, garantindo-se aos brasileiros e aos estrangeiros residentes no País a inviolabilidade do direito à vida, liberdade, igualdade, segurança e a propriedade, nos termos seguintes:
>
> IV – é livre a manifestação do pensamento, sendo vedado o anonimato;
>
> VIII – ninguém será privado de direitos por motivo de crença religiosa ou de convicção filosófica ou política, salvo se as invocar para eximir-se de obrigação legal a todos imposta e recusar-se a cumprir prestação alternativa, fixada em lei;
>
> IX – é livre a expressão da atividade intelectual, artística, científica e de comunicação, independentemente de censura ou licença

---

[10] Todo ser humano tem direito à liberdade de opinião e expressão; este direito inclui a liberdade de, sem interferência, ter opiniões e de procurar, receber e transmitir informações e ideias por quaisquer meios e independentemente de fronteiras.

> Art. 220 A manifestação do pensamento, a criação, a expressão e a informação, sob qualquer forma, processo ou veículo não sofrerão qualquer restrição, observado o disposto nesta Constituição.
>
> § 2º – É vedada toda e qualquer censura de natureza política, ideológica e artística.

A liberdade de expressão agora pode ser manifestada em plataformas digitais, redes sociais, páginas da Internet e aplicações variadas utilizadas também como meio de comunicação, como por exemplo o Facebook, Instagram, Snapchat, Twitter, Tinder etc.

Ocorre que, todas as informações jogadas nessas plataformas de pública visibilidade e acesso "acabam por diluir a concepção compartilhada sobre as fronteiras da privacidade de cada cidadão" (SARLET; FERREIRA NETO, 2019, p. 19), o que cria um impasse, próprio da contemporaneidade, entre dois direitos fundamentais e que, não raras as vezes, demanda resposta, muitas vezes simbólica, do ordenamento jurídico para conferir à sociedade a sensação de segurança pelas mãos de uma lei.

É nesse contexto, de uma sociedade de hiperinformação, que se verifica o fenômeno do "não esquecimento", já que o ciberespaço possui uma memória digital, em total superação da memória analógica, pois se num passado recente as fotografias eram extraídas por meio de filmes e possuíam vida útil relativamente curta em função da forma e do estado de conservação, hoje pelos dispositivos móveis é possível extrair uma gama de fotografias e armazená-las em servidor virtual como a "nuvem" e o "Google Drive", entre outros, sem receio de perdê-las pelo estado de conservação.

O paradoxo decorrente do avanço tecnológico reside na facilidade de se fazer presente "sempre" na rede/ciberespaço/plataformas digitais e o rechaço quase que universal do direito à privacidade em nome de uma liberdade de expressão que vem assumindo a forma de um exibicionismo, pois, para acessar os dados íntimos de uma pessoa física, basta acessar seus perfis nas aplicações citadas, sendo que as ferramentas de bloqueio de informações muitas vezes são encaradas como tentativa de esconder algo dos demais usuários de determinada comunidade virtual.

É como se não houvesse mais comunhão entre os direitos fundamentais da liberdade de expressão e a privacidade, como se, para estar presente no ecossistema digital, nosso avatar (que é uma extensão da nossa personalidade) precisasse abrir mão de um direito indisponível para gozar de outro.

Importante elucidar as palavras de Ingo Sarlet e Arthur Ferreira Neto (2019, p. 20):

> Pois nesse novo ambiente hipercomunicativo, acaba-se criando um absoluto descontrole no manuseio, na armazenagem e no acesso dos dados pessoais que estão pulverizados na Internet, o que acaba fragmentando o nosso senso de privacidade e de personalidade, tornando-nos vulneráveis em relação ao que os demais pensam e falam sobre a nossa esfera individual e sobre nosso passado.

Assim, podemos entender a tecnologia como um organismo vivo e que se desenvolve porque se desenvolve, sem a necessidade de qualquer outra causa ou motivo. Se a sociedade da informação é regulada pelos avanços tecnológicos e esses são organismos vivos para além da compreensão do estado e do indivíduo, e se esses últimos respondem de forma defensiva ao medo do inadministrável, então por certo que nos depararemos com mecanismos que possam falsamente reestabelecer a sensação de estabilidade das organizações sociais.

3. A extimidade na sociedade da informação e a *deep web*

Já se pontuou que a sociedade da informação pauta sua estrutura pelo maior número de dados em tempo inversamente proporcional onde a tecnologia possibilita uma maior publicização de informações, quer seja de caráter pessoal ou não, onde podemos entender que vivenciamos a era da extrospecção social e exibicionismo em detrimento da intimidade e privacidade.

Para analisar a garantia constitucional à privacidade, assim disposta no artigo 5.º, inciso X[11] da Carta Política onde "são invioláveis a intimidade, a vida privada, a honra e a imagem das pessoas, assegurado o direito a indenização pelo dano material ou moral decorrente de sua violação", é preciso reconhecer a transição de uma sociedade estática e sozinha em si para uma sociedade dinâmica, líquida e totalmente ramificada por sistemas de comunicação (CASTELLS, 2009, p. 57)[12].

---

11 Art. 5º Todos são iguais perante a lei, sem distinção de qualquer natureza, garantindo-se aos brasileiros e aos estrangeiros residentes no País a inviolabilidade do direito à vida, à liberdade, à igualdade, à segurança e à propriedade, nos termos seguintes: [...] são invioláveis a intimidade, a vida privada, a honra e a imagem das pessoas, assegurado o direito a indenização pelo dano material ou moral decorrente de sua violação.

12 As novas tecnologias da informação estão integrando o mundo em redes globais de instrumentalidade. A comunicação mediada por computadores gera uma gama enorme de comunidades virtuais.

3.1. A internet como protagonista da extimidade em ecossistema digital

A transição da sociedade moderna para a sociedade pós-moderna, como bem pontua Bauman (2007, p. 7), foi marcada pelo abandono da solidez de suas estruturas e certezas para um estágio líquido dos acontecimentos, onde tudo é mais volátil e instantâneo. A globalização, então, assume papel relevante nessa transição, pois tirou do indivíduo, enquanto ente coletivo, sua certeza de pertencimento e significação.

Isso porque esse fenômeno colidiu e vem colidindo com o pensamento humano, já que este possui uma velocidade diversa das mutações sociais, não conseguindo alcançar o grau de abertura das sociedades.

3.1.1. A relativização do direito fundamental à privacidade no ciberespaço

A presença constante da tecnologia deu nova roupagem ao corpo social, pois fomos arrancados do pensamento estático para uma ótica instantânea, onde a informação nos permeia em uma velocidade que não compreendemos. Agora, o volume de informação ao nosso alcance exige que a sociedade esteja exposta e disposta à absorção de novas formas de interação.

Essa ótica instantânea é o substrato indissociável da transição da sociedade em modernidade tardia (GIDDENS, 1990, p. 9)[13] ou pós-moderna para a sociedade da informação, a qual exprime, pelas mãos de uma comunicação ramificada, nova formatação para interação social.

Para Giddens (1990, p. 23),

> [...] o dinamismo da modernidade surge da separação do tempo e do espaço e de sua nova forma recombinada. A separação entre tempo e espaço é fundamental para o dinamismo da modernidade na medida em que proporciona a sua formação em meios de intercâmbio padronizados que possibilitam encaixar nas particularidades dos contextos de presença.

Essa nova interação social implica em aceitar a exposição decorrente da sociedade da informação em razão do alto tráfego de dados, não raras as vezes tratados em

---

[13] [...] temos que nos voltar à natureza da própria modernidade, que por razões específicas não foi bem abrangida pelas ciências sociais e que ao invés de inferirmos que estamos em um período de pós-modernidade, na verdade "estamos alcançando um período em que as consequências da modernidade estão se tornando mais radicalizadas e universalizadas do que antes" (GIDDENS, 1990, p. 9).

ambiente digital por meio de dispositivos informáticos móveis ou aplicações de Internet.

Ocorre que, na contramão do caráter robótico dessa estrutura social, contamos com o elemento humano, que outrora foi o protagonista da atividade social sendo agora destronado pela figura dos "dados". Elemento este que está longe de compreender e acompanhar o dinamismo proposto pela tecnologia, tendo na sensação de medo o seu refúgio.

Nesse contexto, o medo do incerto numa sociedade sem fronteiras antagoniza o anonimato e com isso se pretende dizer que a anonimização, por ir na contramão da sociedade da informação e da extimidade, é rotulada erroneamente e vinculada à ideia de que indivíduos que transitam pelo ciberespaço de forma anônima têm em si, obrigatoriamente, o propósito delitivo.

A incapacidade social em meio a uma gama de incertezas gera, inevitavelmente, o sentimento de medo coletivo, pois pela ruptura da solidez da estrutura social percebemos também a falência de muitas organizações estatais.

Nesse espectro está a sociedade da informação, pois a corrida para obtenção e monopólio da informação dita o ritmo de uma ou várias sociedades. A tecnologia e as várias formas de inteligência auxiliam essa busca. Então, tendo a sociedade da informação como rede aberta, onde as tecnologias são utilizadas para acessar e captar cada vez mais e o maior número de informações, não há mais, num primeiro olhar, lugar para a privacidade ou garantia de intimidade.

O extermínio da privacidade parece decorrer dessa "revolução digital e ampliação do acesso a novas tecnologias", onde "passa-se a cultivar uma postura de revelação pública quase ilimitada de aspectos da vida privada de cada um, caracterizado como novo exibicionismo" (SARLET; FERREIRA NETO, 2019, p. 42).

Ocorre que a privacidade, antes de ser demonizada pela máxima "minha vida é um livro aberto", se trata de direito fundamental e, portanto, possui tutela constitucional, direito este que assume novos contornos e que, na sociedade da hiperinformação, não raras vezes é mitigado em razão da intensidade e facilidade com que são transmitidas as informações pessoais (SARLET; FERREIRA NETO, 2019, p. 19). Ainda, a forma como nos relacionamos com a nossa memória foi completamente modificada, o que, pelas mãos da Internet, passamos a entender como "memória digital" (SARLET; FERREIRA NETO, 2019, p. 41).

Então, na tentativa de realizar as garantias e direitos fundamentais, em especial a dignidade da pessoa humana e privacidade, podemos destacar o direito ao esquecimento, que "deve ser tomado como um direito humano e deve ser afirmado e efetivado como um direito fundamental" (SARLET; FERREIRA NETO, 2019, p. 33).

Assim, a tutela da dignidade da pessoa humana na sociedade da informação inclui o direito ao esquecimento e não se pode falar em esquecimento efetivo sem associar a observância da privacidade como realização integral do ser humano de forma digna, já que o que se mostra ou é exposto no ciberespaço é uma extensão da nossa personalidade nessa releitura e contexto cibersocial.

O processo de globalização (ARNAUD, 2007, p. 21)[14] sem sombra de dúvida implicou e implica ainda em discussões sobre a extensão do seu impacto nas relações sociais, jurídicas e econômicas. Aqui abordaremos alguns efeitos da globalização na sociedade e no sistema jurídico na tentativa de explicar por que às instituições jurídicas coube o reestabelecimento da confiança e a segurança dos indivíduos como parte integrante da sociedade.

No entender de Giddens (1990, p. 23) "a estrutura das instituições jurídicas modernas pressupõe altos graus de confiança, a qual tem sofrido um desgaste contínuo desde os processos de industrialização do século XIX até o fenômeno da globalização e do multiculturalismo do mundo contemporâneo".

Para Arnaud (2007, p. 18), a sociedade, para funcionar, necessita de referências. São estruturas reconhecidas pela comunidade internacional (as fronteiras, por exemplo) fornecidas pelas sociedades ou tecidas através dos laços sociais. Ocorre que as fronteiras, sejam geográficas ou sociais, são os primeiros alvos do aniquilamento global.

Aniquilamento este que ecoa na estrutura das instituições estatais e jurídicas e nos próprios operadores, o que Arnaud (2007, p. 18) assim descreve:

---

[14] Este processo, que consiste em transformar progressivamente o mundo inteiro em uma única região, traz perturbação ao espírito daqueles cuja missão é a de conduzir os negócios públicos de sua sociedade segundo uma regulação adaptada à sua história, aos seus costumes e às suas especificidades. [...] além da transgressão de fronteiras políticas, econômicas e financeiras, o conceito de globalização remete também à reorganização das fronteiras culturais. O que se entende mais comumente com isso são as transformações sofridas pela cultura em sua relação com a "expansão do mercado capitalista mundial e seus modelos de produção e de consumo, o crescimento das formas e das redes de comunicações e o desenvolvimento das associações e dos movimentos políticos".

> Os governantes só podem se sentir desarvorados pelo desaparecimento de algumas delas. Os próprios civilistas sofrem com esse problema, pois têm que enfrentar, por exemplo, as mutações profundas do casal e da família, e observam que o legislador vai recorrer a sociólogos para que lhe sejam apresentados projetos de regulação adequados a esse novo estado das coisas.

O efeito da globalização, em que pese tenha em seu escopo a aproximação e unificação, acentua a polarização social pela mutação fluente do capitalismo e a influência da regulação mercadológica, cada vez mais violenta, nas estruturas da soberania do Estado-nação. E na medida em que o mercado assume novos contornos dignos de um "poder" vai enfraquecendo a legitimidade estatal, dando espaço a subversões legais e criando a cultura de "exclusão e inclusão".

Isso porque o mercado atua de forma global (CASTELLS, 2009, p. 42)[15] e competitiva (BAUMAN, 2009, p. 21)[16], e os institutos estatais, que se retraem pelo dinamismo da economia e do mercado, atuam apenas de forma local, não conseguindo ter sequer ingerência nos conflitos de ordem global, ou seja, acabam sendo insuficientes para realizar e efetivar os direitos democraticamente consagrados.

Acerca dessa dicotomia entre global e local, Bauman pontua:

> A segregação das novas elites globais; seu afastamento dos compromissos que tinham com o *populus* do local no passado; a distância crescente entre os espaços onde vivem os separatistas e o espaço onde habitam os que foram deixados para trás; estas são provavelmente as mais significativas das tendências sociais, culturais e políticas associadas à passagem da fase sólida para a fase líquida da modernidade. Essa característica consiste na estreita interação entre as pressões globalizantes e o modo como as identidades locais são negociadas, modeladas e remodeladas. Os poderes reais que criam as

---

[15] Contudo, podemos afirmar que existe uma economia global porque as economias de todo o mundo dependem do desempenho de seu núcleo globalizado. Esse núcleo globalizado contém os mercados financeiros, o comércio internacional, a produção transnacional e, até certo ponto, ciência e tecnologia, e mão de obra especializada. É por intermédio desses componentes estratégicos globalizados da economia que o sistema econômico se interliga globalmente.

[16] Quando a solidariedade é substituída pela competição, os indivíduos se sentem abandonados a si mesmos, entregues a seus próprios recursos – escassos e claramente inadequados. A corrosão e a dissolução dos laços comunitários nos transformaram, sem pedir nossa aprovação, em indivíduos de jure (de direito); mas circunstâncias opressivas e persistentes dificultam que alcancemos o status implícito de indivíduos *de facto* (de fato).

> condições nas quais todos nós atuamos flutuam no espaço global, enquanto as instituições políticas permanecem, de certo modo, "em terra", são "locais". Como continuam a ser majoritariamente locais, as organizações políticas que operam no interior do espaço urbano tendem fatalmente a padecer de uma frágil capacidade de agir – e sobretudo de agir com eficácia, com "soberania" – no palco em que se representa o drama da política. Por outro lado, deve-se destacar a falta de política no ciberespaço extraterritorial, que é o campo de jogo do poder (BAUMAN, 2009, p. 21).

Não se pretende traçar no presente trabalho a efetiva solução para a polarização instalada pelo processo de globalização e acentuada pela fragilidade do Estado-nação, mas, sim, enaltecer as propostas já elencadas e, dentre elas, a elucidada por André-Jean Arnaud, já que reconhece ter a definição de Estado sofrido uma mutação radical, determinando uma remodelagem também nas estruturas jurídicas, já que fragmentadas e inaptas a dialogar com os novos personagens de forma a assegurar direitos e não mais passivamente perceber as violações de cunho mercadológico em direitos indisponíveis.

Com isso se pretende dizer que o Estado, muito mais do que palco das relações comerciais, deve fortalecer seu caráter social, esvaziando assim os espaços em que o ordenamento jurídico é chamado a promover segurança social, já que o processo de globalização é uma constante e já permeou as diversas camadas do Estado Democrático Constitucional de Direito.

3.1.2. A (in)segurança do indivíduo na navegação em ambiente com indexação de dados

Com intuito de facilitar a compreensão do leitor, o termo "navegação" aqui será utilizado para identificar o acesso de usuários à Internet e "indexação de dados" para qualificar a escolha do usuário pela Internet aberta ou *surface*, onde o acesso deixa rastros e atrela ao usuário seu histórico de acessos, pesquisas, transações e conteúdo de pesquisas sob a forma de dados.

Em termos objetivos, a Internet é a prova da comunicação em rede e que se autorreproduz, já que é "composta por uma extensa infraestrutura que abriga redes interligadas entre si – obedecendo, para isso, uma linguagem de envio e recebimento de dados, o protocolo TCP/IP" (CALDERON, 2017, p. 157).

Em pormenores, e citando Bárbara Calderon (2017, p. 157),

> Essa imensa "rede de redes" tem a capacidade de conectar milhões de dispositivos finais em um mesmo ambiente em que a troca de informações e dados é possível. Estes dispositivos podem ser tanto computadores de mesa, *notebooks*, servidores, telefones móveis, como aparelhos eletrônicos, roteadores etc. Todos esses dispositivos, uma vez conectados à Internet, ficam interligados entre si – independente da distância física entre eles.

Em termo técnicos, a estrutura ramificada da Internet se baseia em criação de algoritmos[17] e programação, sendo um grande exemplo o mecanismo de busca e pesquisa do Google que, por meio de algoritmos, armazena a busca dos usuários e as deposita em seu banco de dados para alimentá-lo e para atrelar a pesquisa ao usuário, criando assim seu perfil para possibilitar inclusive uma análise preditiva[18] do acesso, escolhas, preferências, transações e sites visitados, definindo cada vez mais o padrão de condutas adotadas pelo usuário...

Ocorre que esse acesso registrado, catalogado e armazenado, e que possibilita a construção do perfil fidedigno do usuário, se dá apenas na Internet aberta ou *surface*, já que essa interface da *world wide web* dispõe de mecanismos ajustados para recepcionar ferramentas de busca e armazenamento de dados com alta rastreabilidade.

Ainda, dados lançados na Internet, principalmente na *surface*, não são excluídos por uma impossibilidade algorítmica e estrutural, mas podem ser desindexados, considerando que a navegação nesse ambiente não permite navegação anônima, mantendo incólume a memória digital do usuário, mesmo que este deseje o contrário, excetuadas

---

[17] O termo algoritmo vem da palavra árabe *alkharizimi*, originária do nome de um matemático persa chamado Abu Já'far Mohammed Ibn Musa al Khowarizimi, autor de um livro-texto sobre matemática no século IX. Em português, a palavra quer dizer "operação ou processo de cálculo". De uma maneira geral, o termo algoritmo evoca a noção de um processo para resolver um problema. Obviamente, a razão de ser do algoritmo vem da essência de uma dissonância entre um estado desejado e aquele observado na realidade. Um algoritmo é uma sequência ordenada finita de operações bem definidas e eficazes que, quando executadas por um computador, operando sobre dados caracterizando o estado atual do contexto e o estado desejado, sempre termina num determinado período de tempo, produzindo uma solução ou indicando que a solução não pode ser obtida (SWAIT JR., 1991, p. 3-4).

[18] Análises preditivas usam dados, algoritmos estatísticos e técnicas de *machine learning* para identificar a probabilidade de resultados futuros, a partir de dados históricos. O objetivo é ir além de saber o que aconteceu para obter uma melhor avaliação do que poderá acontecer no futuro. A análise preditiva é exatamente a junção do avanço tecnológico que temos, que inclui mineração de dados, *machine learning*, inteligência artificial e estatística, com o alto volume de informações que criamos diariamente. Quando usamos computadores para processar e entender comportamentos padrões, conseguimos antecipar certos acontecimentos e ações.

as situações judicializadas para acionar o direito ao esquecimento, onde efetivamente, por determinação judicial, deve haver a desindexação dos dados do usuário para o caso de buscas de seu nome e outras informações correlatas na Internet.

Entretanto, o outro lado da moeda é que "a Internet transformou as relações sociais. Assim como na ficção de Hitchcock, vive-se o voyeurismo, desfruta-se a exposição, porém enquanto alguns se expõem outros observam". (WENDT; MEINERO, 2018, p. 638). Mais, estando exposto a essa extimidade digital, os usuários invariavelmente e inevitavelmente estão sujeitos à persuasão, e não raras as vezes à manipulação, das forças mercadológicas que também possuem atuação no ciberespaço.

Forças estas também entendidas como sociedade do consumo e que muitas vezes manipulam nossas escolhas de forma que sequer percebemos e nesse aspecto Marcos Catalan (2019, p. 8) assim se posiciona:

> De outra banda – como afirmado outrora – também é possível identificar a manipulação e o condicionamento, mesmo que deveras sutil, daqueles que vivem entremeio às sístoles e diástoles que impulsionam a sociedade de consumo, modulação que toca questões como "o amor materno" – tal qual destacado na belíssima dissertação elaborada em nosso Programa de Mestrado em Direito e Sociedade pela pesquisadora Bruna Kern Graziuzo – ou a imperiosidade de ter filhos, custe, literalmente, o que custar. Ademais, é factível aceitar que a comunicação utilizada pelo mercado possui grande parcela de responsabilidade em um processo que – entremeio a práticas juridicamente pouco ortodoxas e que costumam se distanciar dos comandos normativos ditados por regras e princípios pensados, no Brasil, para a tutela de vulnerabilidades estruturais – busca incessantemente encantar os consumidores de modo a conduzi-los a assumirem comportamentos desnudados, quase que por completo, de notas de racionalidade.

Diante de toda extimidade do cenário digital que exige a indexação de nossos dados, mesmo que tenhamos a proteção constitucional de nossa privacidade, fato é que estamos expostos a olhares alheios e somos diariamente vigiados pelos provedores, sites de busca, redes sociais, sites governamentais e, é claro, pela atividade de *hackers*, que não raras as vezes aplicam em nossos dispositivos conteúdo malicioso com fim ilícito.

Nesse contexto, é a rede que causa insegurança ou o proceder do elemento humano? Dúvida esta que não altera a seguinte informação; mesmo que com sentimento de insegurança, as pessoas seguirão acessando a Internet, pois mesmo com as fragilidades e lacunas técnicas da Internet a vontade do desvio não está no algoritmo e sim no elemento humano. O medo não impede e não impedirá o acesso, e se o contrário fosse, este trabalho sequer poderia ser enviado por e-mail.

Essa necessidade de se reestabelecer a segurança decorre do medo derivado das experiências humanas alheias e que, por entendermos ser quase impossível sua superação, nos tornamos vulneráveis a essa subjetividade que muitas vezes sequer se concretiza, mas que nos insere numa realidade potencialmente perigosa e contra a qual somente instrumento de controle social pode dar resposta à autopropulsão desse sentir.

O medo derivado, então, pode residir também na *surface*, local onde estamos muito mais expostos e de onde se extrai também prática delitiva, sendo que na *deep web* também encontramos vasto conteúdo lícito (CALDERON, 2017, p. 127-129), já que estudos apontam que a "Internet profunda" é 500 vezes maior que a Internet superficial (CALDERON, 2017, p. 8).

Quanto ao medo, para Glassner (2003, p. 12) o medo, baseado em avaliações reais, é um instrumento de auxílio ao escape ou enfrentamento de perigos reais. O falso medo, porém, aquele baseado em estimativas irrealistas, é fonte de sofrimento e determina políticas equivocadas.

De tudo que foi trazido e argumentado, se pode extrair um pequeno indício de fechamento, pois posições estáticas não cabem num cenário em movimento como a Internet, seja ela aberta ou não, e, nesse sentido, por mais atraente que seja o ambiente da *surface*, a insegurança reside muito mais no elemento humano do que nas portas lógicas e estrutura da rede. Insegurança esta decorrente de uma fragilidade a nós imposta pelas mãos da globalização, precarização do Estado Social e grau de exposição que hoje parece ter se tornado condição de acesso e interação na *surface*.

Por fim, navegar em mares abertos, sem o GPS atualizado, amplia a possibilidade de extraviar o caminho e o objetivo a ser seguido, mas há os que prefiram navegar sem registros e rumo, primando apenas pela privacidade e pelo anonimato.

3.2. O uso da *deep web* na contramão do exibicionismo digital

Como anteriormente dito, a *surface*, por sua estrutura, não admite o anonimato de seus usuários, havendo um acordo tácito quanto à coleta e ao armazenamento de seus dados. Se de um lado os usuários têm a liberdade e as ferramentas para publicar e compartilhar suas informações na Internet aberta, do outro, essas informações serão desindexadas somente com intervenção judicial.

Em contrapartida, existem usuários que, na tentativa de resguardar sua privacidade e conteúdo de seus acessos, adotam o anonimato em sua navegação, já que optam por transitar na Internet profunda, ou *deep web*[19], que pode ser entendida por uma camada da rede onde, por meio de softwares livres, se acessam páginas, fóruns, conteúdo literário e se realizam transações por meio de criptografia[20] com baixa rastreabilidade, já que não conta com algoritmo para indexação de dados. Importante dizer que a criptografia também é utilizada na *surface*, mas na *deep web* é elemento indissociável de sua estrutura.

3.2.1. A "Internet profunda" para além do estigma conferido aos seus usuários

Algumas características dessas duas camadas da rede, então, devem ser explicitadas no presente trabalho, pois a *surface* é acessada por navegadores como Internet Explorer (Windows); Google Chrome (plataforma Google); Mozilla Firefox (plataforma Mozilla Foundation) etc. Já a *deep web* só pode ser acessada por navegadores como Tor; Ip2; Freenet, possuindo também versões menos populares como Dot-P2P; Phanton; Globaleaks etc.

O navegador Tor é o mais comumente utilizado pela forte criptografia empregada, tendo a capacidade de anonimizar, quase que por completo, o usuário. A Internet

---

[19] A *deep web* surgiu graças ao Laboratório de Pesquisas da Marinha dos Estados Unidos, que criou o *The Onion Routing*, um sistema de comunicações secreto que seria responsável por enviar dados e análises de sistemas através da Internet anonimamente. No entanto, em 2006, foi lançada uma versão do projeto para fins não governamentais, intitulada de TOR (sigla de *The Onion Routing*). A palavra "onion" significa "cebola" em português, fazendo alusão às várias camadas que existem na cebola, semelhantes às camadas que um internauta deve atravessar para chegar ao conteúdo desejado em algum site da *deep web*. O FBI, *Federal Bureau of Investigation* ("Agência Federal de Investigação", em português), une esforços com outras instituições para vigiar a deep web, tentando capturar criminosos ou solucionar crimes que são expostos nos fóruns da "Internet invisível". (<https://www.significados.com.br/deep-web/>, acesso em 23 jul. 2020). Mike Bergman, fundador da *Bright Planet* e autor da expressão "deep web", afirmou que a busca na Internet pode ser comparada com o arrastar de uma rede na superfície do oceano: pode-se pescar um peixe grande, mas há uma grande quantidade de informação que está no fundo, e, portando faltando. (<https://hacker-sec.com/conheca-mais-de-100-sites-que-voce-pode-acessar-na-deep-web/>, acesso em 23 jul. 2020).

[20] A palavra criptografia, por meio do dicionário virtual do Google, significa: conjunto de princípios e técnicas empregadas para cifrar a escrita, torná-la ininteligível para os que não tenham acesso às convenções combinadas; criptologia. Em operações políticas, diplomáticas, militares, criminais etc., modificação codificada de um texto, de forma a impedir sua compreensão pelos que não conhecem seus caracteres ou convenções.

profunda teve extensa utilização para fins militares e hoje é utilizada também para manifestações políticas, sociais e fins jornalísticos, pois como se indicou anteriormente, a *deep web*, por ser maior do que a *surface*, é depositária de uma gama de obras disponíveis gratuitamente aos usuários.

Indicadas algumas características, o cerne do presente trabalho reside na sensação de insegurança e em ressalvas que os cidadãos carregam com a expressão *deep web* e por que de fato isso acontece, e se a estrutura demanda regulamentação jurídica além do que já existe para a Internet como um todo.

Muito da interface má que a *deep web* carrega decorre de momentos históricos como *Silk Road*[21], *wikileaks*[22] (que possui site na Internet aberta – <https://wikileaks.org/> –, sendo a coleta e a troca de dados feitas pela *deep web*), *Anonymous* e casos de pornografia infantil e pedofilia. É claro que o anonimato facilita o desvio[23], mas não o constitui e nem mesmo o condiciona. Tanto é que os delitos praticados por meio da Internet profunda não raras as vezes também são praticados na *surface*. Assim, parece descabido o estigma[24] generalizado que carregam os usuários que optam

---

[21] A *dark web* apareceu mesmo para o público geral em 2011, ano de fundação da norte-americana *Silk Road*, uma plataforma na *deep web* de venda de drogas, remédios de uso controlado e até produtos legalizados, como livros. O nome vem da Rota da Seda, as estradas comerciais do século IX para ligar Europa e Ásia no comércio de mercadorias. A plataforma começou limitada, com poucos vendedores e regras rígidas do que podia por lá. O líder tinha o apelido de Dread Pirate Roberts, um personagem do excelente filme "A Princesa Prometida", que lutava por ideais libertários e não gostava de autoridades. Só que logo a mídia começou a fazer matérias sobre a loja, e isso chamou a atenção de políticos e autoridades dos Estados Unidos. Em 2013, Ross Ulbricht foi preso e condenado à prisão perpétua por ser o fundador do site, mas ele negou que era o atual Dread Pirate Roberts (<https://www.tecmundo.com.br/internet/131843-historia-deep-web-submundo-da-internet-video.htm>, acesso em 23 jul. 2020).

[22] WikiLeaks é uma organização transnacional sem fins lucrativos, sediada na Suécia, que publica, em sua página, postagens de fontes anônimas, documentos, fotos e informações confidenciais, vazadas de governos ou empresas, sobre assuntos sensíveis. A página foi construída com base em vários pacotes de programas (software), incluindo MediaWiki, Freenet, Tor e PGP. Apesar do seu nome, a WikiLeaks não é uma wiki – leitores que não têm as permissões adequadas não podem editar o seu conteúdo. A página, administrada por *The Sunshine Press*, foi lançada em dezembro de 2006 e em meados de novembro de 2007 já continha 1,2 milhão de documentos. Seu principal editor e porta-voz é o australiano Julian Assange, jornalista e ciberativista (<https://pt.wikipedia.org/wiki/WikiLeaks>, acesso em 23 jul. 2020).

[23] A concepção sociológica que acabo de discutir define desvio como infração de alguma regra geralmente aceita. Ela passa então a perguntar quem infringe regras e a procurar os fatores nas personalidades e situações de vida dessas pessoas, e que poderiam explicar infrações (BECKER, 2008, p. 18).

[24] Situação do indivíduo que está inabilitado para a aceitação social plena. Um estigma é, então, na realidade, um tipo especial de relação entre o atributo e o estereótipo (GOFFMAN, 1988, p. 7 e 13).

pela privacidade de e na sua navegação, mesmo que estejamos diante da máxima da extimidade social como regra aparente da sociedade da informação.

Ainda, o ambiente sem indexação de dados não pode receber o rótulo de mau ou facilitador de delitos, já que o ato desviante é uma construção social e não do indivíduo[25]. Por mais que o anonimato seja encarado como lógica disruptiva do jogo social, o usuário da *deep web* não pode ser visto como *outsider*.[26]

3.2.2. Abordando o medo e o perigo na "Internet profunda": breve análise do caso de Suzano-SP

Por fim, nesse cenário, contextualizamos o caso prático da presente pesquisa, pois em 13 de março de 2019, na cidade de Suzano, São Paulo, dois jovens (um de 17 e outro de 25 anos) planejaram e executaram delito em massa, causando 10 mortes e deixando outros 10 feridos. As investigações apontam que os autores do delito teriam utilizado fóruns e *chans* existentes na *deep web* para obter tutorial do delito chamado *school shooting*, trazendo as atenções midiáticas para essa nuance da rede de forma a associar seu uso e seus usuários a potencial fomento para prática de crimes.

Como antes dito, ojerizamos o que não entendemos e, por essa razão, e justamente para afastar discursos de ódio e de marginalização social, é que Francisco Brito Cruz, em entrevista concedida ao site "Huffpost" em 15 de março de 2019, destaca que, "apesar de ser um espaço que proporciona esse tipo de organização e de crimes, a *deep web* não é ilegal. Inclusive, o navegador Tor foi financiado por muito tempo pelo próprio governo dos Estados Unidos". Prossegue seu posicionamento argumentando que "a ferramenta de ocultamento de identidade é importante, sobretudo, em casos de conflitos políticos e investigações delicadas: da mesma forma que a criptografia protege a mensagem, esse tipo de ferramenta protege o emissor da mensagem".

Ainda, enfatiza o rechaço ao discurso de ódio sob o argumento de que este precede a *deep web*, sendo a violência um fenômeno maior que a Internet profunda, onde "os fóruns ou *chans* são mais um dos espaços encontrados por essa cultura *on-line* que já ocupa vários espaços e que está em constante migração. Ou seja: o discurso de ódio

---

[25] [...] tal pressuposto parece-me ignorar o fato central acerca do desvio: ele é criado pela sociedade. Não digo isso no sentido em que é comumente compreendido, de que as causas do desvio estão localizadas na situação social de desviante ou fatores sociais que incitam sua ação. Quero dizer, isto sim, que grupos sociais criam o desvio ao fazer as regras cuja infração constitui desvio, e ao aplicar essas regras a pessoas particulares e rotulá-las como *outsiders*. (BECKER, 2008, p. 21-22).

[26] O *outsider* – aquele que desvia as regras do grupo. (BECKER, 2008).

está além da própria *deep web*". Finaliza seu parecer indicando que "precisamos evitar a explicação tecnocêntrica de atentados como o de Suzano. Apesar da existência desses fóruns e de sua possível influência nos ataques, esse argumento é simplista".

Assim, se a Internet é a mola propulsora da derrubada das nossas fronteiras geográficas e de segurança, como não demonizar a *deep web*, já que se afasta do fluxo em que somos arremessados diariamente, onde o senso comum, que pouco sabe das nuances da *world wide web*, sequer consegue diferenciar internet profunda da *Dark Web* (CALDERON, 2017, p. 11)?

4. Considerações finais

O apanhado sociológico promovido por Anthony Giddens aportou à pesquisa as consequências da modernidade no desenvolvimento e constância das relações sociais e de que forma essas relações lidam com a transição do caráter estático desse período para o dinamismo inerente também à globalização.

Nesse ínterim, o trabalho, em linhas gerais, teve por objetivo pontuar os efeitos da globalização nas estruturas sociais e políticas, evidenciando o despreparo do indivíduo e do Estado para a percepção e vivência de um cenário fluido e que se desenvolve e ramifica aceleradamente.

Conectou-se velocidade à fluidez também em função da queda das fronteiras geográficas e sociais promovidas pela globalização, inclusive pelas mãos da Internet, que atenuou consideravelmente a noção de tempo e espaço, possibilitando a criação e proliferação de um novo cenário social, também conhecido como sociedade da informação.

Nesse contexto, a Internet assumiu o papel de organismo vivo e que nos proporciona o maior número de informação e um tempo exíguo, onde a pesquisa se restringiu apenas à dicotomia evidente entre a *surface* e a *deep web* para verificar a conduta e a sensação humana frente a cada camada da Internet.

A pesquisa aqui intentada ainda possibilitou concluir que, assim como a *surface*, a Internet profunda é uma realidade global e que é inerente à sociedade da informação, e nossa incapacidade de transpirar os resultados da modernidade tardia, o que nos impede de viver a superação da alteridade e lógica binária, não pode ser o substrato do medo e justificativa para ressignificação do perigo quando do acesso e uso da *deep web*.

Vale ressaltar que a maneira com que a sociedade e as instituições reagem a um fato é mais determinante para defini-lo como delitivo ou desviado do que a própria natureza do fato. Assim, para que um determinado ato seja considerado desviado, depende de sua natureza e se o indivíduo viola ou não regras impostas pela sociedade conforme o tempo e o lugar, porque o que caracteriza ser crime em uma determinada sociedade noutra pode não ser.

Nesse espectro, não se pode manter o culto ao perigo social, já que seu pilar é o medo derivado para navegação em ambiente sem indexação e dados. E nessa lógica reside a Criminologia Crítica, que parte de uma compreensão com base na criatividade humana onde as pessoas e os grupos sociais criam significados culturais e criam suas próprias perspectivas, embora em um mundo moral e material que não foi criado por elas. Sendo que a criatividade humana não exclui perigosos significados destrutivos e também não exclui a comum e perigosa situação humana de insegurança ontológica.

A tutela da privacidade na sociedade da informação inclui o direito ao esquecimento, e não se pode falar em esquecimento efetivo sem associar a observância da privacidade como realização integral do ser humano de forma digna, já que o que se mostra ou é exposto no ciberespaço é uma extensão da nossa personalidade nessa releitura e contexto cibersocial.

Assim, o presente trabalho avaliou que a escolha por navegação sem indexação de dados, a qual somente é possível na *deep web*, não pode ser vista como transgressão, já que a privacidade possui amparo constitucional e esse ecossistema digital não inflige perigo ou medo simplesmente por existir e ser avesso à extrospecção social, não devendo haver tutela penal para seu uso e acesso, sob pena de agravamento ao expansionismo legiferante, não raras as vezes de cunho apenas simbólico, que vivenciamos.

Referências

ARNAUD, André-Jean. **Governar sem fronteiras:** entre globalização e pós-globalização. Crítica da razão jurídica. Vol. 2. Rio de Janeiro: Lumen Juris, 2007.

BAUMAN, Zygmunt. **Confiança e medo na cidade.** Trad. Eliana Aguiar. Rio de Janeiro: Zahar, 2009.

BAUMAN, Zygmunt. **Medo Líquido.** Trad. Carlos Alberto Medeiros. Rio de Janeiro: Zahar, 2008.

BAUMAN, Zygmunt. **Tempos Líquidos.** Trad. Carlos Alberto Medeiros. Rio de Janeiro: Zahar, 2007.

BECK, Ulrich. **Sociedade de risco:** rumo a uma outra modernidade. Trad. Sebastião Nascimento. São Paulo: 34, 2010.

BECKER, Howard S. **Outsiders:** estudos de sociologia do desvio. 2.ed. Rio de Janeiro: Zahar, 2008.

BRASIL. **Constituição da República Federativa do Brasil.** Brasília, DF: Senado Federal: Centro Gráfico, 1988.

CALDERON, Bárbara. **Deep & Dark Web:** a internet que você conhece é apenas a ponta do iceberg. Rio de Janeiro: Alta Books, 2017.

CASTELLS, Manuel. **Sociedade em Rede.** São Paulo: Paz e Terra, 2001.

CATALAN, Marcos. Antes da ectogênese, a cessão de úteros: talvez esse novo mundo não seja assim, tão admirável. **Revista Eletrônica Direito e Sociedade**, Canoas, vol. 7, n. 1, 2019.

COSTA, Renata Almeida da. **A sociedade complexa e o crime organizado:** a contemporaneidade e o risco nas organizações criminosas. Rio de Janeiro: Lumen Juris, 2004.

DE GIORGI, Raffaele. **Direito, democracia e risco:** vínculos com o futuro. Porto Alegre: Sergio Antônio Fabris Editor, 1998.

GIBSON, William. **Neuromancer**. Trad. Fábio Fernandes. São Paulo: Aleph, 2015.

GIDDENS, Anthony. **A constituição da sociedade.** Trad. Álvaro Cabral. São Paulo: WMF Martins Fontes, 2009.

GIDDENS, Anthony. **As consequências da modernidade.** Trad. Raul Filker. São Paulo: Unesp, 1991.

GIDDENS, Anthony. **Modernidade e identidade.** Trad. Plínio Dentzien. Rio de Janeiro: Zahar, 2002.

GLASSNER, Barry. **Cultura do medo.** Trad. Laura Knapp. São Paulo: Francis, 2003.

GOFFMAN, Erving. **Estigma:** notas sobre a manipulação da identidade deteriorada. 4.ed. Trad. Marcia Bandeira de Mello Leite Nunes. Rio de Janeiro: LTC, 1988.

HALL, Stuart. **A identidade cultural na pós-modernidade.** Trad. Tomaz Tadeu da Silva. 10.ed. Rio de Janeiro: DP& A, 2005.

KRETSCHMANN, Ângela; WENDT, Emerson. **Tecnologia da Informação & Direito.** Porto Alegre: Livraria do Advogado, 2018.

ROCHA, Leonel Severo; SCHWARTZ, Germano; CLAM, Jean. **Introdução à teoria do sistema autopoiético do Direito**. 2. ed. rev. e ampl. Porto Alegre: Editora Livraria do Advogado, 2013.

ROSA, Ana Beatriz. Deep web e chans: envolvimento de assassinos de Suzano na internet é investigado. **HuffPost Brasil**, 15 mar. 2019. Disponível em: <https://www.huffpostbrasil.com/entry/deep-web-suzano-assassinos-dogolachan_br_5c8abd51e4b0db7da9f0fd20>. Acesso em: 16 jul. 2020.

SARLET, Ingo Wolfgang; FERREIRA NETO, Arthur M. **O Direito ao "esquecimento" na sociedade da informação.** Porto Alegre: Livraria do Advogado, 2019.

SCHWARTZ, Germano. **O tratamento jurídico do risco no direito à saúde.** Porto Alegre: Livraria do Advogado, 2004.

SWAIT JR., Joffre Dan. **Fundamentos computacionais:** algoritmos e estruturas de dados. São Paulo: Makron Books, 1991.

WENDT, Emerson (org.). **Direito & TI:** cibercrimes. Porto Alegre: Livraria do Advogado, 2019.

WENDT, Emerson. **Internet & Direito Penal:** risco e cultura do medo. Porto Alegre: Livraria do Advogado, 2017.

WENDT, Emerson. Internet: percepções e limites em face do direito à extimidade na rede. **Revista Jurídica Luso Brasileira**, ano 1, n. 6, 2015.

WENDT, Emerson; MEINERO, Fernanda Sartor. Janela Indiscreta e a Deep Web: O Olhar Do Estado Pela Lente Do Direito. **Revista Jurídica Luso Brasileira**, ano 4, n. 4, 2018.

O USO DO *CRIMINAL PROFILING* EM CASOS DE HOMICÍDIOS SEXUAIS NO RIO GRANDE DO SUL

Josiane da Silva Becker[1]
e Valquiria P. Cirolini Wendt[2]

RESUMO. O presente artigo objetiva analisar o uso da técnica do *criminal profiling* na elucidação de homicídios sexuais no Rio Grande do Sul, conceitualizando o *criminal profiling* e homicídio sexual; caracterizando o emprego do *criminal profiling* na investigação de homicídios sexuais. Foi realizada pesquisa empírica com análise de dois casos de homicídios sexuais ocorridos no Estado com o objetivo de verificar eventual utilização dessa técnica e, se utilizada, identificar possíveis vantagens de sua aplicação nestes casos. Para isso, foram revisados artigos científicos e livros sobre o tema, bem como a realização da pesquisa de dados referente a técnica de investigação utilizada em dois casos de homicídios sexuais ocorridos em cidades gaúchas com uma análise qualitativa.

Palavras-chave. *Criminal profiling*. Homicídio sexual. Perfilamento criminal.

1. Introdução

O *criminal profiling* consiste em uma técnica de investigação que busca identificar o autor de um crime utilizando diversas fontes de informação advindas da cena do

[1] Graduada em História e Psicologia pela PUCRS. Pós-graduada em Psicologia Forense pela IMED e em Avaliação Psicológica pelo Núcleo Médico Psicológico.

[2] Mestre em Direito pela Unilasalle, Canoas-RS. Pós-graduada em Gestão da Investigação Criminal pelo Centro Universitário Toledo – Unitoledo, São Paulo, em parceria com a Academia de Polícia Civil do Rio Grande do Sul – ACADEPOL, graduada em Direito pela Universidade de Santa Cruz do Sul- UNISC, Professora na Academia de Polícia Civil do Estado do Rio Grande do Sul – ACADEPOL, nos cursos de Formação de Delegados, Inspetores e Escrivães de Polícia e na Pós-graduação em Gestão da Investigação Policial. Professora convidada dos cursos de pós-graduação em Psicologia Forense da Faculdade Meridional – IMED (Porto Alegre/RS) e extensão em Carreiras Policiais e Advocacia Criminal da Univates (Lajeado/RS). Inspetora da Polícia Civil no RS. Lattes: <http://lattes.cnpq.br/6761561365582786>.

crime, da vítima, do comportamento do agressor, entre outras. Esta técnica vem se desenvolvendo através dos séculos e é frequentemente aplicada em casos de homicídios sexuais.

O homicídio sexual é um tipo de crime onde a motivação principal do ataque à vítima é de cunho sexual, ou seja, o agressor se excita sexualmente com a agressão, podendo ser a própria morte da vítima que o excita ou diversos comportamentos antes do óbito como: tortura, estupro e outras agressões diversas.

O conceito de homicídio sexual como um tipo de crime não é utilizado no Brasil, porém esta classificação é utilizada em países como Estados Unidos, Austrália, Inglaterra e Alemanha quando se referem a um tipo de homicídio específico, àquele executado com motivação de obter prazer sexual – e, para sua elucidação, é comum a utilização da técnica do *criminal profiling*.

No entanto, ainda que não se utilize esse conceito, no Brasil também ocorrem crimes com características de homicídio sexual e se levantou, então, a hipótese de que a polícia poderia utilizar a técnica do *criminal profiling* em casos de homicídio sexual. Dessa forma, o presente artigo busca analisar o uso da técnica do *criminal profiling* na elucidação de homicídios sexuais no Brasil.

Para isso, como recorte espacial, serão selecionados casos práticos ocorridos em cidades do Rio Grande do Sul que possuem características de homicídios sexuais. A partir daí, serão realizadas entrevistas semiestruturadas com as autoridades policiais responsáveis pelas investigações desses casos selecionados, assim como análise dos respectivos inquéritos policiais, para que, com base na literatura sobre o tema, seja possível identificar o emprego do *criminal profiling* no contexto da investigação; a presença de técnicas de *profiling* na elucidação dos crimes; e as possíveis vantagens da aplicação da técnica no esclarecimento dos homicídios sexuais ocorridos no estado gaúcho.

Desse modo, este trabalho busca analisar a eventual utilização desta técnica em casos de homicídios com motivação sexual ocorridos no Rio Grande do Sul, e para tanto foi realizada pesquisa bibliográfica e empírica com coleta de dados e análise de documentos dos casos selecionados, e, ainda, entrevista com policiais que atuaram na(s) investigação(ões).

O artigo então se propõe a apresentar o conceito da técnica do *criminal profiling*, suas vertentes e histórico; caracterização do homicídio sexual; de como as técnicas do *criminal profilling* são utilizadas nestes crimes e acrescentando ao final a análise dos casos com objetivo de identificar a presença destas técnicas em casos de homicídios sexuais ocorridos no Rio Grande do Sul.

2. *Criminal profiling*

O *criminal profiling*, ou perfilamento criminal, refere-se à aplicação das concepções da psicologia, dentro do domínio da psicologia forense (WRIGHTSMAN, 2001). O *profiling* consiste numa competência de perícia forense pluridisciplinar que conta com a participação das seguintes áreas: a criminologia, a psicologia, a psiquiatria, a criminalística e qualquer outra ciência humana necessária na investigação criminal (CORREIA; LUCAS; LAMIA, 2007).

A técnica objetiva identificar atributos específicos de um agressor que comete um tipo particular de crime e é realizada através de um processo de observação sistemática auxiliada pela análise da cena do crime, da vítima, da evidência forense e dos fatos já conhecidos sobre o ato criminoso (MOLOCCO, 2014).

O *criminal profiling* como conhecemos hoje se desenvolveu ao longo dos séculos.

2.1. Histórico da técnica

As origens desta técnica que se conhece como *criminal profiling* podem ser identificadas ainda na Idade Média, quando a inquisição buscava especificar características a serem identificadas nas mulheres que seriam consideradas bruxas (MOLOCCO, 2014). Para isso, o livro *O martelo das feiticeiras* foi redigido e nele se fazia a primeira tentativa de se escrever um perfil criminal baseado em observações de casos de bruxaria e das características das bruxas, que poderiam ser várias: contando com marcas de nascença no corpo, chamadas de marcas do diabo, até os mais variados comportamentos (MOLOCCO, 2014).

No século XIX, o médico italiano Césare Lombroso surgiu como um dos pioneiros na tentativa de especificar perfis de criminosos. Em 1876 publicou o livro *O homem criminoso*, no qual concluiu através de estudos comparativos entre criminosos da época que aspectos relativos a idade, cor, etnia, características físicas e zonas geográficas definiam aqueles que seriam naturalmente criminosos, ou nascidos já criminosos, chamados por ele de nascidos criminosos. Além deste tipo de criminoso, Lombroso especificou dois outros perfís: os *mentalmente insanos*, os portadores de doenças mentais diagnosticadas e os *criminaloides*, aqueles que não correspondiam às características dos anteriores e se encaixariam atualmente com os psicopatas (TURVEY, 2008).

Ainda no século XIX começaram a surgir os criminólogos investigativos que buscavam cada vez mais a fundo explicações para o comportamento criminoso e características que pudessem facilitar a identificação de autores de crimes. Iniciaram-se neste período as primeiras análises de cena do crime e comportamentos dos criminosos de forma a facilitar a identificação dos autores: começaram a identificar motivações, comportamentos, rotas utilizadas pelos criminosos, tipos de armas utilizadas e aspectos relativos a características das vítimas (TURVEY, 2008).

Foi durante a investigação do caso de *Jack o estripador,* o assassino de prostitutas que atuou em Londres no século XIX, que tiveram início as elaborações oficiais de perfis criminais para auxiliar na busca de suspeitos. Baseando-se em seu conhecimento clínico e prévio na polícia, o médico Thomas Bond elaborou o primeiro *criminal profiling* moderno, onde especificava características físicas e comportamentais do suspeito (TURVEY, 2008; MOLOCCO, 2014). Ele afirmou que os assassinatos de White Chapel foram cometidos todos por uma mesma pessoa, com tipo físico forte, fria e corajosa, quieta e inofensiva em aparência, de meia idade e bem vestida (MOLOCCO, 2014).

No século XX, precisamente durante os anos 40, profissionais de saúde mental começaram a se destacar na elaboração de perfis criminais quando passaram a utilizar conhecimento clínico, junto a evidências comportamentais advindas de casos criminais, para identificar possíveis características mentais aos suspeitos (MOLOCCO, 2014; TURVEY, 2008). O psiquiatra americano Dr. James A. Brussel começou a difundir sua teoria de que poderia identificar doenças mentais e características psicológicas dos criminosos baseando-se em análise de comportamento indiciada por características do crime; este tipo de *profiling* foi nomeado de *profiling* de abordagem clínica (MOLOCCO, 2014; TURVEY, 2008).

Dr. Brussel trabalhou na construção do perfil criminal do *Mad Bomber,* criminoso que aterrorizou Nova Iorque ao explodir no mínimo 37 bombas em estações de metrô e teatros entre os anos 40 e 50 (TURVEY, 2008). O psiquiatra formulou um perfil que continha as seguintes características para o suspeito: homem; com conhecimentos de trabalho em metal, encaixe de tubulação e eletricidade; doente crônico; paranoide com início insidioso da enfermidade mental; com ilusões persistentes; patologicamente centrado em si mesmo; corpo do tipo atlético; meia-idade; com ensino médio completo; solteiro; possivelmente virgem; vive sozinho ou com uma mulher, provavelmente sua mãe; católico; vive em Connecticut; e vestia um termo com duplos botões (TURVEY, 2008).

Quando George Metesky foi preso por ser o *Mad Bomber*, vários aspectos do perfil de Brussel revelaram-se corretos. O psiquiatra também conseguiu auxiliar no perfil do assassino em série conhecido com *Boston Strangler* nos anos 60 (TURVEY, 2008).

Nos anos 70 teve início o *criminal profiling* conforme conhecemos hoje, isso através dos estudos conduzidos pelo FBI nos Estados Unidos por uma iniciativa do agente Howard Teten, que posteriormente teve importante colaboração de seu aluno da academia do FBI, Howard Mullany. O *criminal profiling* ali passou a ser uma técnica multidisciplinar que une conhecimentos da ciência forense, médica e psicológica e seguiu partes da linha de raciocínio do método utilizado pelo Dr. Brussel nos anos 40, porém passou a buscar integrar outras técnicas de investigação (TURVEY, 2008). Em 1972 o FBI fundou a unidade de ciência comportamental que continuaria o aprimoramento da técnica do *criminal profiling* (TURVEY, 2008).

A partir daí se tem o que atualmente se denomina de *criminal profiling,* técnicas que buscam identificação do autor de um crime através de características associadas à cena do crime e do comportamento criminoso (MOLOCCO, 2014). As vertentes do *criminal profiling* baseiam-se em unir características estatísticas de crimes e seus autores para poder predizer as características do criminoso em termos de comportamento de sujeitos que cometem crimes similares e podem ou não contar com conhecimentos clínicos de psicologia e psiquiatria para análise de características psicológicas e comportamentais (MAIA; SARAIVA; MARGAÇA, 2014).

Atualmente o *profiling* vem se aperfeiçoando e existem diferentes técnicas, sendo as duas principais aquela criada por agentes e psicólogos do FBI chamada originalmente de *criminal profiling* e a criada pelo psicólogo David Canter nomeada de psicologia investigativa.

2.2. Vertentes

Existem vários tipos de técnicas que são utilizadas como *criminal profiling*. Todas possuem em comum a procura da identificação do criminoso e têm suas bases nas técnicas que foram se desenvolvendo ao longo dos séculos XIX e XX. São os principais tipos utilizados atualmente: a análise da cena do crime, ou modelo do FBI, o perfil geográfico e a psicologia investigativa.

2.2.1. *Criminal profiling* modelo do FBI

A técnica de *criminal profiling* desenvolvida pelo FBI foi pioneira em sistematizar o que conhecemos hoje como perfis criminais e foca primeiramente nos resquícios físicos e comportamentais deixados na cena do crime, assim como em informações advindas do estudo da vitimologia, geografia do crime, características atribuídas ao criminoso, relatórios forenses e policiais, estudo de suas tipologias e a compreensão dos investigadores ao analisar o crime reunindo todas as informações citadas (LOUCEIRO, 2008). O modelo de *criminal profiling* desenvolvido pelo FBI baseia-se também na experiência dos agentes e detetives e é reconhecido como o tipo de *profiling* que se baseia predominantemente na análise da cena do crime (MOLOCCO, 2014; TURVEY, 2008).

Grande parte da coleta de dados de tipos de crime e criminosos veio de entrevistas conduzidas com assassinos condenados, especialmente assassinos em série e criminosos sexuais. Tais entrevistas foram iniciadas durante os anos 70 com os agentes Robert Ressler e John Douglas (WEBB, 2013). Elas preencheram bancos de dados que foram utilizados como base para novos perfis criminais e ainda são utilizadas em casos de assassinatos em série, homicídio sexual e outros crimes onde a motivação e a identidade do autor não eram facilmente constatadas (MOLOCCO, 2014; WEBB, 2013).

O FBI desenvolveu diversos manuais para auxiliar na identificação das características encontradas em cada caso levando em conta o *modus operandi* e as características comportamentais e pessoais de assassinos que cometeram crimes similares (WEBB, 2013). Esses manuais desenvolvidos pelo FBI são como livros de diagnósticos de doenças onde se citam sintomas relacionados a transtornos, mas ao invés de citarem apenas transtornos, se fala de características e sinais de comportamento específicos esperados para cada tipo de crime ou criminoso (WEBB, 2013).

Um exemplo disso é a busca por assinaturas comportamentais evidenciadas na cena do crime como a dicotomia entre criminosos organizado ou desorganizado, e como isso forneceria pistas para o tipo de criminoso que teria cometido o crime (por exemplo: um esquizofrênico poderia deixar a cena do crime desorganizada enquanto um psicopata metódico a deixaria organizada) (WEBB, 2013; KOCSIS; COOKSEY; HARVEY, 2002).

A técnica de *profiling* do FBI segue cinco estágios específicos que podem se sobrepor, conforme quadro a seguir:

**Tabela 1. Estágios do *criminal profiling* segundo modelo do FBI.
Fonte: Burgess et al (1986); Webb (2013)**

ESTÁGIOS	AÇÕES
Entrada para a criação do perfil	Coleta de informações relacionadas ao crime como relatório de autópsia, fotografias da cena do crime e da vítima ou qualquer outra coisa que possa auxiliar na compreensão do crime (testemunhas, entrevistas com familiares etc.).
Processamento de decisão	Utilizam-se as informações colhidas durante o primeiro estágio para buscar classificações de comportamentos nos manuais e bancos de dados que se encaixem com a coleta.
Avaliação do crime	O principal objetivo deste estágio é organizar a corrente de eventos de antes, durante e depois do crime pela perspectiva do criminoso e da vítima.
O perfil criminal	Após todos os estágios anteriores agora se pode hipotetizar sobre o tipo de pessoa que cometeu o crime. A descrição preliminar usualmente inclui detalhes relacionados ao sexo do suspeito, idade, raça, ocupação, QI, interesses sociais, saúde mental e histórico familiar.
Uso investigativo	Existem duas maneiras principais nas quais o *criminal profiling* pode ser utilizado em uma investigação: primeiramente, um relatório detalhado é redigido para a equipe de investigação para que eles concentrem seus esforços em suspeitos que fechem com o perfil. Isso é feito para reduzir o número de suspeitos possíveis, muitas vezes advindos de denúncias anônimas. A segunda forma é após a prisão de um suspeito primário, quando aspectos psicológicos do perfil podem auxiliar a desenvolver e informar as estratégias de entrevista mais apropriadas.

O *criminal profiling* do FBI, apesar de ainda ser utilizado, sofre diversas críticas desde sua criação – uma delas é por algumas falhas em casos de assassinos em série famosos, especialmente no caso da assassina em série Aileen Wuornos, que acabou condenada pelo assassinato de vários homens. O FBI sequer considerou que o autor dos crimes poderia ser uma mulher, pois não existiam outras mulheres em seu banco de dados (WEBB, 2013).

Também existem críticas relacionadas à cientificidade do método, uma vez que parte do que se é utilizado nos perfis vem de entrevistas com criminosos condenados que poderiam produzir falsas informações (WEBB, 2013; MOLOCCO, 2014). O fato de muitas das inferências se basearem no conhecimento de detetives e agentes sobre outros crimes é algo bastante criticado (CANTER, 2000).

Sendo assim, ao longo do tempo foram se desenvolvendo outras vertentes do *criminal profiling* que vão tentando se aproximar mais de uma técnica científica reconhecida, fazendo uso de pesquisas empíricas e literatura científica como base teórica.

2.2.2. *Profiling* geográfico

Profiling geográfico é um sistema de gerenciamento estratégico de informações aplicado para auxiliar em investigações. É formulado com a premissa de que o local de um crime pode fornecer à polícia informação vital para localizar o assassino (SORIA; VILLALBA, 2017; WEBB, 2013).

O nome mais associado com a criação do *profiling* geográfico é Kim Rossmo, que começou a estudar esta técnica como parte de seu PhD na Universidade de British Columbia, Canadá. Ele estudou fundamentado no trabalho de Paul e Patricia Brantingham, seus professores na universidade, que desenvolveram um modelo baseado em coleta de informações de crimes ocorridos, que sustenta que todo espaço de atividade de um criminoso está relacionado à área em que ele trabalha, mora e busca lazer, então seu padrão de movimento pela cidade ao cometer os crimes seguirá sua rotina. Isso assume também que o criminoso é familiarizado com a área em que vai agir (WEBB, 2013).

O *profiling* geográfico é utilizado para prever características relacionadas ao criminoso baseando-se em informações de localização e no tempo da ocorrência dos crimes (SORIA; VILLALBA, 2017; WEBB, 2013). Um dos mais frequentes usos da aplicação do *profiling* geográfico é prever o local de residência do autor dos crimes (CHAMIKARA; JAYATHILAKE, 2015). Esta técnica de *profiling* é utilizada em diversos tipos de crimes, como assassinato, explosão de bombas, estupro, assalto, sequestro de crianças, homicídio sexual, fraude de cartão de crédito etc. (CHAMIKARA; JAYATHILAKE, 2015).

Alguns princípios como "do menor esforço"; "atividade rotineira"; "decadência de distância" e "escolha racional" (CHAMIKARA; JAYATHILAKE, 2015) são utilizados para tomada de decisões na criação de perfis baseados no *profiling* geográfico. Tais princípios são explicados no quadro a seguir:

Tabela 2. Princípios do *profiling* geográfico.
Fonte: Brantingham; Brantingham (1981) e Chamikara; Jayathilake (2015).

PRINCÍPIO	SIGNIFICADO
Princípio do menor esforço	A maioria dos criminosos possui uma área específica de atuação, e normalmente esta área coincide com o local de moradia, trabalho, lazer ou próximo a meios de locomoção onde possa fugir para zonas que são já conhecidas do autor do crime.
Princípio da atividade rotineira	Neste princípio a vítima está ligada à rotina do criminoso, podem pegar o mesmo ônibus juntos ou trabalhar e estudar em locais próximos.
Princípio da decadência de distância	Criminosos fazem esforços para se manter perto de zonas confortáveis, que já conhecem, como seus locais de moradia.
Princípio da escolha racional	Criminosos escolhem racionalmente os padrões de localização onde cometem os crimes.

Canter e Larkin em 1993 desenvolveram um modelo de *profiling* geográfico chamado de "teoria do círculo" com base nos princípios citados e que sugere um círculo a ser desenhado ao redor das cenas do crime, e dentro deste círculo provavelmente o autor do crime reside ou mantém sua rotina diária (CANTER; LARKIN, 1993).

O *profiling* geográfico foi criado a partir da análise de diversos crimes e constatou padrões similares relacionado aos locais de crime, moradia e rotina diária dos criminosos.

O *profiling* geográfico é constantemente utilizado atualmente dentro de diversas vertentes do *criminal profiling*, incluindo na psicologia investigativa de David Canter.

2.2.3 Psicologia investigativa

A psicologia investigativa foi criada pelo psicólogo canadense David Canter e inclui características do *profiling* geográfico, clínico e de análise de cena do crime (MOLOCCO, 2014). Assim como a técnica de análise da cena do crime do FBI, ela busca identificação do autor de um crime desconhecido através de características associadas à cena do crime e ao comportamento criminoso, porém a psicologia investigativa possui uma abordagem indutiva, enquanto o *criminal profiling* desenvolvido pelo FBI traz uma abordagem dedutiva, dependente do conhecimento prévio do *profiler* sobre casos similares anteriores (LOUCEIRO, 2008; CANTER, 2000; MOLOCCO, 2014).

A principal diferença aqui em relação ao *criminal profilling* do FBI é que todas as informações que formam os bancos de dados são também coletadas a partir de estudos científicos e não contam apenas com relatos de criminosos e análises de casos. Inclusive, a principal crítica de David Canter e de seus colaboradores quanto ao *criminal profiling* do FBI é que muitos dos bancos de dados e tipologias desta técnica se baseiam em relatos de criminosos condenados e da experiência prévia dos investigadores, carecendo de estudos científicos rigorosos (LOUCEIRO, 2008; CANTER, 2000; MOLOCCO, 2014).

Além disso, a psicologia investigativa procura integrar diversas teorias e aspectos da psicologia dentro de áreas da investigação civil e criminal, propondo-se a ser uma técnica que auxilie na identificação dos autores de diversos tipos de crime como: fraude, corrupção, incêndio criminoso, contrabando, entre outros (CANTER; YOUNGS, 2009). Para isso, são integrados conhecimentos da ciência psicológica com teorias da psicologia social, psicodinâmica, teorias da personalidade, considerando-se também características psicossociais, narrativas interpessoais, fatores socioeconômicos e geográficos (CANTER; YOUNGS, 2009)

Dentro desta técnica de *profiling*, se trabalha com a equação A=> C, onde A são as ações relacionadas ao crime; C são as características dos criminosos típicos específicos para cada crime; e => são os argumentos e evidências científicas para inferir um ao outro. Dentro deste modelo, as inferências dos detetives também são válidas, mas devem ser respaldadas por estudos científicos sobre crimes similares, seus autores, teorias psicológicas e características geográficas e da cena do crime (CANTER; YOUNGS, 2009).

Atualmente as técnicas de *criminal profiling* podem se complementar e ser utilizadas isoladamente ou em conjunto. Todas as técnicas tentam se aprimorar ao longo dos anos e são bastante utilizadas em casos de homicídios sexuais.

3. Homicídio sexual

O homicídio sexual possui diferentes definições, mas basicamente é um homicídio motivado pelo desejo sexual do autor, sendo mais bem especificado por características citadas a seguir.

3.1. Definição

O homicídio sexual é caracterizado quando ocorre um assassinato através de atos praticados por busca do prazer sexual como estupro, tortura, violência física e psicológica diversa, e até mesmo quando a intenção final do crime é o óbito da vítima, sendo este resultado o desejo final com origem na excitação sexual do autor do crime (HEALEY et al, 2014). É também considerado o resultado de um assassinato no qual o autor está envolvido pelos desejos de poder e controle sexual sobre a vítima (BURGESS et al, 1986).

Atualmente ainda se considera como a melhor classificação de homicídio sexual aquela desenvolvida pelas análises de perfis do FBI, a qual requer a presença de ao menos uma das seguintes características encontradas na cena do crime para que seja considerado um homicídio sexual: a) o corpo da vítima é encontrado com ausência de roupas; b) há exposição das partes sexuais do corpo; c) o corpo é encontrado em uma posição sexualmente explícita; d) um objeto é encontrado inserido em uma cavidade corporal da vítima; e) há evidência de penetração sexual; f) há evidência de atividade sexual alternativa como masturbação e/ou ejaculação na cena do crime ou presença de atos de natureza sádica, como mutilação genital (RESSLER et al, 1992; STEFANSKA et al, 2017).

3.2. O uso do *criminal profiling* no homicídio sexual

Diversas vezes, autoridades policiais deparam com homicídios sexuais que são vistos inicialmente como crimes sem motivação, onde encontram dificuldade em conseguir pistas sobre a identidade dos assassinos. Nesses casos, o conhecimento sobre perfis criminais pode auxiliar na busca pela elucidação de crimes (BURGESS et al, 1986; MOLOCCO, 2014).

Identificar um homicídio sexual é uma tarefa que exige das autoridades policiais conhecimento sobre o tema, pois nem sempre a motivação sexual está totalmente clara e o ato pode ser confundido com outro tipo de homicídio, dificultando a busca pelo seu autor (MOLOCCO, 2014; BURGESS et al, 1986).

Características que podem ser identificadas ao analisar a cena do crime, vítima e padrões de comportamento podem auxiliar na diferenciação de um homicídio sexual, e por isso o *criminal profiling* é bastante utilizado nesses casos (MOLOCCO, 2014, RESSLER; BURGESS; DOUGLAS, 1992; BURGESS et al, 1986; STEFANSKA et al, 2017).

Pela grande necessidade de se utilizar *o criminal profiling* em homicídios sexuais, foram realizados inúmeros estudos sobre esse tipo de crime a fim de especificar características encontradas nos agressores e no crime em si. Para sistematizar os estudos de homicidas sexuais e contribuir nos perfis e tipologias, clínicos e pesquisadores tentaram categorizá-los, e para isso basearam-se em diferentes fontes, como estudos empíricos, bancos de dados e características relacionadas à cena do crime. Tais categorizações servem para auxiliar na identificação do autor e na classificação do tipo de homicídio dentro do *criminal profiling* (CHAN, 2015).

A primeira categorização de relevância para homicídios sexuais foi desenvolvida pelo FBI, que conduziu uma revisão dos arquivos de casos de 36 assassinos do sexo masculino que foram entrevistados e tiveram seus padrões de comportamento e cena do crime analisados. Com base nesses dados foi criado o modelo do assassino organizado e desorganizado (BURGESS et al, 1986; CHAN, 2015).

Os perfis de homicidas sexuais organizados e desorganizados foram então definidos, sendo o organizado aquele que tem mais probabilidade de ser indivíduo com alta inteligência, o qual faz planos metódicos para evitar ser pego, tende a observar a vítima esperando o melhor momento de pegá-la e deixa uma cena do crime limpa e organizada, sem a presença de muitas pistas para a polícia. Já os homicidas não organizados deixam a cena do crime bagunçada, com mais vestígios para a polícia, não se preocupam tanto em ser pegos e agem mais por impulso. Ambos os tipos estão mais bem descritos na Tabela 3.

Outra categorização relevante foi a desenvolvida pelo psicólogo e criminólogo Richard Kocsis, que em 1999 coletou dados de 86 casos de homicídio sexual que ocorreram na Austrália entre 1960 e 1998 e criou modelos de perfis criminais utilizando abordagens estatísticas com auxílio de programas de computador (KOCSIS, 1999). Kocsis (1999) produziu quatro tipos de padrões comportamentais de homicidas sexuais: o predatório, o pervertido, o furioso (com fúria) e o estuprador. Todos estes são definidos conforme o tipo de interação sexual; se a arma do crime é trazida à cena do crime e se o criminoso despiu a vítima. Também diferenciou o nível de sofisticação do *modus operandi* conforme o tipo de agressor, conforme consta na Tabela 4.

Tabela 3. Homicida sexual organizado x homicida sexual não organizado. Fonte: Chan (2015)

Homicida sexual organizado	Homicida sexual não organizado
1-São provavelmente dotados de alta inteligência 2-Provavelmente possuem empregos qualificados 3-Estão provavelmente deprimidos e irritados no momento do crime 4-Provavelmente experienciaram uma situação de estresse significante na vida no momento do crime 5-Provavelmente estão sob efeito de drogas ou álcool durante o crime 6-Provavelmente possuem um veículo em boas condições 7-Provavelmente acompanham a investigação da polícia através da mídia 8-Provavelmente tendem a mudar de emprego ou deixar a cidade após cometer o crime **Comportamento na cena do crime:** 1-Planejam o ataque 2-Usam extrema força e restringem movimentos das vítimas 3-Provavalmente executam atos de natureza sexual com as vítimas 4-Gostam de controlar as vítimas 5-Provavelmente utilizam veículos para cometer os crimes	1-Provavelmente são filhos mais novos 2-Provavelmente vêm de um lar onde os pais tinham empregos instáveis 3- Provavelmente foram abusados na infância 4-Provavelmente são inibidos sexualmente e possuem mais aversões sexuais 6-Provavelmente têm pais com problemas sexuais 7-Provável que conheçam a vítima antes de cometer o crime 8- Provavelmente moram sozinhos no período do crime 9- Provavelmente cometem o crime próximo a sua casa ou local de trabalho **Comportamento na cena do crime:** 1-Mais provável que deixem a arma na cena do crime 2- Tendem a despersonalizar o corpo da vítima (ex.: utilizam vendas nos olhos) 3-Provavelmente cometem atos sádicos contra a vítima 4-Provável que cometam necrofilia e mutilação no corpo da vítima 5-Tendem a manter consigo o corpo da vítima por um tempo 6-Não tendem a utilizar veículos ao cometer o crime

Tabela 4. Tipos de agressor de acordo com o *modus operandi*. Fonte: Kocsis (1999) e Kocsis, Harvey e Cooksey (2002)

Predatório	Pervertido	Com fúria	Estuprador
1-Comportamento indica alto nível de planejamento **2-Atos sádicos são realizados para satisfazer o autor** **3-Característias sugestivas de padrões de ataques violentos como ferimentos estilizados, tortura e esganadura**	1-Comportamento indica alto nível de organização, mas com menos planejamento e fantasia 2-Características da cena do crime sugestivas de presença de traços antissociais e de perversão 3-Criminosos praticam perversões sexuais bizarras não necessariamente com a vítima ainda viva	1-Comportamentos indicam ódio pela vítima 2-Motivação por trás do ataque é para liberar uma raiva por muito tempo repreendida, mas não necessariamente pela vítima específica 3- Cena do crime violenta, com presença de ferimentos brutais, excessivos e sem foco em pontos letais apenas	1-Comportamento do agressor indica intenção de atacar sexualmente a vítima 2-O assassinato é na maioria das vezes acidental devido ao uso excessivo de força 3-Criminosos podem conhecer as vítimas e a vítima específica foi escolhida com antecedência 4-Cena do crime menos violenta, brutalidade menos comum

Em 2002 Beauregard e Proulx utilizaram uma amostra de 34 homicidas sexuais não seriais e dois seriais que estavam encarcerados no Canadá no ano de 1998 e empiricamente examinaram aspectos pré-crime (características pessoais), do crime (cena do crime, atos e comportamentos durante) e pós-crime (como se afetaram com o crime e suas atitudes frente a isso). Após a análise, criaram dois perfis distintos: o do homicida sexual movido pela raiva e o sádico.

Tabela 5. Homicida sexual movido pela raiva x homicida sexual sádico. Fonte: Beauregard, Proulx (2002)

Perfil do movido a raiva	**Perfil do sádico**
Características da fase pré-crime **1-Agressores com provável ociosidade ocupacional 48h antes do ataque** **2-Agressores provavelmente passam por solidão e rejeição 48h antes do crime e isto se estendia há um ano antes do crime** **3-Agressores provavelmente estão irritados e usam álcool antes do ataque**	Características da fase pré-crime 1-Agressores provavelmente tem fantasias sexuais e separação do relacionamento amoroso 48 horas antes da agressão 2-Passam por rejeição significativa 48 horas antes do ataque que se estendia por um ano antes do crime 3-Agressores tendem a estar em humor positivo (alegres, excitados, etc.) e usam álcool antes do ataque
Características da fase do crime **1-Homicídios tipicamente não são planejados** **2-Vítimas não são pré-selecionadas** **3-Correntes ou cordas são raramente utilizadas** **4-Vítimas não são humilhadas ou mutiladas**	Características da fase do crime 1-Homicídio é premeditado 2-Vítimas são estranhos pré-selecionados 3-Cordas, correntes ou outras formas de restringir movimentos da vítima são utilizadas 4-Vítimas são humilhadas e seus corpos provavelmente estarão mutilados e às vezes desmembrados 5-O processo do assassinato dura mais que 30 minutos 6-O corpo da vítima pode ser movido da cena após o homicídio
Características da fase pós-crime **1-Agressores têm maior probabilidade de se entregar para a polícia e admitir seus atos**	Características da fase pós-crime 1-Agressores tem menor probabilidade de se entregar para a polícia e admitir seus atos.

Por fim, em um estudo recente com uma amostra maior de casos de homicídio sexual, Beauregard, Balemba e Martineau examinaram dez variáveis de cenas do crime de 350 casos de homicídios sexuais no Canadá e cunharam três classes de homicídio sexual com diferentes padrões de comportamento no ataque: a) o desleixado/imprudente; b) o violento/sádico; e c) o forense consciente:

Tabela 6. Tipos de homicídios sexuais de acordo com o comportamento durante o ataque.
Fonte: Balemba, Beauregard e Martineau (2014)

Desleixado/Imprudente	Violento/Sádico	Forense Consciente
Comportamento na cena do crime	1-A prioridade é a necessidade de causar dor na vítima	1-A preocupação principal é evitar detecção
1-A prioridade aqui é o componente sexual do estupro 2-Agressores tendem a ter relações sexuais anais ou vaginais com a vítima e deixam sêmen no local do crime 3-Agressores têm menor probabilidade de usar força excessiva contra a vítima e de utilizar técnicas de mutilação ou inserir objetos no corpo 4-Normalmente a causa da morte é estrangulamento 5-Agressores tendem a levar itens quando deixam a cena, por razão de remover evidências ou por prazer 6-Agressores deste tipo provavelmente são pegos pela polícia pela falta de planejamento ou falta de preocupação em evitar serem pegos	2-Agressores mutilam a vítima e inserem objetos dentro dela 3-Agressores provavelmente batem na vítima além do estrangulamento 4-Normalmente levam itens da cena do crime como lembrança ou para remover evidências 5-São provavelmente pegos pela polícia por deixar mais traços biológicos perto ou dentro da vítima em função dos atos de tortura	2-Agressores normalmente não têm relação sexual com a vítima, não deixando sêmen a ser descoberto na cena 3-Normalmente não agridem fisicamente a vítima ou cometem estrangulamento 4-Aqueles que mutilam a vítima o fazem para não serem descobertos, na tentativa de evitar identificação 5-Não removem itens da cena 6-São menos apreendidos pela polícia pela pouca quantidade de evidências descoberta na cena

4. Casos de homicídios sexuais no Rio Grande do Sul

Na presente pesquisa foram selecionados[3] dois casos no Rio Grande do Sul que continham características de um homicídio sexual e a partir daí foram realizadas entrevistas com os delegados e alguns investigadores responsáveis por cada caso a fim de checar se realmente se tratava de homicídio sexual e se haviam sido utilizadas técnicas de *criminal profiling* nas investigações.

O conceito de homicídio sexual não é amplamente conhecido dentro do Brasil, portanto não é utilizado pela lei e nem pela polícia para definir um tipo de crime específico. Porém, muitos casos podem ser identificados como homicídios sexuais se utilizarmos a definição cunhada pelo FBI, que estabelece características específicas para serem observadas na cena do crime (RESSLER et al, 1992; STEFANSKA et al, 2017).

3 Os casos foram selecionados em razão das características que apresentavam e pela repercussão que tiveram na mídia.

Através dessa definição, foi elaborado um quadro em forma de *checklist* para ser utilizado na pesquisa ao realizar entrevistas e ter acesso aos inquéritos de cada caso. Isso foi cunhado a fim de identificar quais características de homicídio sexual estariam presentes em cada caso:

Tabela 7. *Checklist* para características de homicídio sexual. Fonte: Ressler et al (1992), Stefanska et al (2017)

( ) O corpo da vítima foi encontrado com ausência de roupas;
( ) Houve exposição das partes sexuais do corpo
( ) O corpo foi encontrado em uma posição sexualmente explícita
( ) Um objeto foi encontrado inserido em uma cavidade corporal da vítima
( ) Houve evidência de penetração sexual
Houve evidência de atividade sexual alternativa como masturbação e/ou ejaculação na cena do crime ou presença de atos de natureza sádica como: ( ) Mutilação genital ( ) Tortura ( ) Outros sinais de violência
( ) Motivação sexual explícita
( ) Indícios de desejo de controle/poder: cordas

4.1. Caso 1[4]: mulher jovem encontrada morta ao lado de uma rodovia

Mulher jovem foi encontrada morta ao lado de uma estrada após a polícia ser chamada por uma testemunha que passava pelo local e viu um homem, dono de um caminhão azul, sair de seu veículo e agredir violentamente uma mulher no local. A testemunha tentou prestar socorro para ajudar, mas o homem tentou agredi-la. Sentindo-se ameaçada, a testemunha decidiu ir embora e chamar a polícia assim que recuperou o sinal de seu telefone celular.

A polícia, ao chegar ao local, encontrou o veículo da jovem estacionado na beira da estrada e entrou no matagal ao lado para buscar a mulher. A cerca de 10m de onde estava o carro da vítima, encontraram o corpo amarrado com cordas a uma árvore, seminua, com os órgãos genitais expostos, sêmen escorrendo de sua vagina e ânus, com cortes profundos na região do pescoço, com presença de hematomas pelo corpo e com a vegetação ao redor banhada em sangue a ponto de as plantas verdes terem ficado totalmente vermelhas.

---

4 Todas as informações contidas nesta seção foram colhidas através de entrevistas com os policiais civis que atuaram na investigação do caso estudado e de dados do inquérito policial.

A partir daí foi feita identificação da vítima e descobriu-se que ela fazia uso da estrada com frequência e residia em cidade próxima ao local do crime. Colheram as informações das testemunhas e descobriram que o homem era um caminhoneiro com determinadas características físicas e que estava muito agitado e violento no momento do crime. A polícia passou a buscar por todos os donos de caminhões azuis e enquanto isso tentava encaixar o crime no perfil de criminosos sexuais já conhecidos da região, mas não obteve sucesso. Foram realizadas análises da cena do crime que concluíram que provavelmente tinha ocorrido algum ato de natureza sexual. Após observações ao corpo da vítima, os policiais e os peritos do Instituto Geral de Perícia (IGP) concluíram que ela se encontrava com os punhos cerrados, sinal de que havia passado por momentos de muita dor.

Foi realizada a coleta de DNA e o corpo foi encaminhado para o Instituto Geral de Perícias, onde foi constatado que a vítima morreu devido a choque hipovolêmico, ou seja, perda excessiva de sangue devido aos ferimentos em sua carótida. Além disso, o médico legista concluiu que a vítima sofreu estupro com penetração peniana anal e vaginal enquanto ainda estava viva.

Na busca para compreender o motivo pelo qual o carro da vítima encontrava-se estacionado corretamente ao lado da estrada, o que sinalizava que ela tinha parado por contra própria, a polícia buscou informações sobre a vida pessoal dela. Conversou com seus colegas de trabalho, família e amigos e descobriu que a vítima tinha um perfil caridoso e costumava parar na estrada para auxiliar motoristas que por algum motivo paravam no acostamento. Sendo assim, os investigadores levantaram a hipótese de que a vítima teria parado para auxiliar o caminhoneiro, e este a teria atacado.

Nesse momento os investigadores formularam o seguinte perfil para o assassino: seria um homem, que trabalhava como caminhoneiro naquela rota, já conhecida por ser frequentada por muitos caminhoneiros, utilizava um caminhão azul; era provavelmente algum "maníaco", violento, com antecedentes talvez e que não se encaixasse no perfil de outros criminosos sexuais à solta pela região.

O assassino começou a ser identificado no momento em que o retrato falado foi lançado para o público, o que fez com que um amigo do suspeito viesse falar com a polícia. Este amigo afirmou que o retrato falado era extremamente familiar a uma pessoa que ele conhecia. A partir daí a polícia identificou o suspeito e passou a buscar a origem de seu veículo.

O caminhão não era de propriedade do sujeito, e sim pertencia a uma locadora de caminhões. Uma vez localizado o veículo, o Instituto Geral de Perícias foi chamado para analisá-lo e descobriu presença de sangue da vítima no caminhão. Enquanto ocorriam as análises do sangue, o suspeito foi chamado para depor pela primeira vez e acabou negando os fatos e sendo liberado.

Os investigadores então enviaram uma foto do suspeito para a testemunha, e ela confirmou ser ele o homem que visualizou agredindo a mulher. Desse momento em diante o suspeito foi chamado à delegacia novamente e acabou confessando ter assassinado a vítima em função de uma briga de trânsito, onde ela teria fechado o caminhão dele. O suspeito afirmou que não conhecia a vítima, embora se cruzassem com frequência pela estrada. Também declarou que não lembrava totalmente do ocorrido, apenas de *flashes* onde teria respondido a uma agressão da vítima com um soco. Ao vê-la desacordada, optou por matá-la e amarrá-la para não ser reconhecido. Negou estupro ou qualquer ato de violência sexual, mesmo após a análise de material genético ter dado positivo com seu DNA.

Pelo relato do homicida, a motivação do crime teria sido relacionada a uma legítima defesa em uma briga, porém, durante entrevista com os investigadores, estes afirmaram não acreditar nessa versão do assassino em função das provas colhidas, porém não conseguiram concluir se a intenção do caminhoneiro ao se encontrar com a vítima era de natureza sexual.

O delegado e investigador presentes na entrevista, ao serem questionados sobre o conhecimento do *criminal profiling*, afirmaram breve conhecimento sobre a técnica através de contato com ela em manuais de medicina legal e livros de direito penal, mas não demonstraram conhecimento suficiente para descrever passos utilizados na técnica. Quanto ao uso do *criminal profiling* neste caso, não souberam responder se utilizaram a técnica, apenas retomaram todos os procedimentos da investigação já narrados. Não houve profissional da saúde mental envolvido na formulação de perfil.

Quanto à definição do caso como homicídio sexual, embora os investigadores desconhecessem o termo, após explicadas a eles as características necessárias para esse tipo de crime, chegou-se à conclusão através da entrevista e consulta ao inquérito de que possuía as seguintes características e, portanto, poderia ser identificado como tal:

Tabela 8. *Checklist* de características de Homicídio Sexual – caso 1. Fonte: as autoras (2020)

(SIM) O corpo da vítima foi encontrado com ausência de roupas;
(SIM) Houve exposição das partes sexuais do corpo
(SIM) O corpo foi encontrado em uma posição sexualmente explícita
(NÃO) Um objeto foi encontrado inserido em uma cavidade corporal da vítima
(SIM)Houve evidência de penetração sexual
(SIM) Houve evidência de atividade sexual alternativa como masturbação e/ou ejaculação na cena do crime ou presença de atos de natureza sádica como: (NÃO) Mutilação genital (TALVEZ) Tortura – evidência dor intensa na vítima, presença de ferimentos não letais. (SIM) Outros sinais de violência
(NÃO) Motivação sexual explícita
(SIM) Indícios de desejo de controle/poder: cordas

4.2. Caso 2[5]: mulher jovem encontrada morta próximo a pista de prática esportiva

Mulher jovem foi encontrada morta próximo a pista de prática esportiva em um parque da cidade após ficar uma noite desaparecida. A vítima havia ido ao local praticar exercícios como de costume e foi deixada ali por um amigo que lhe deu carona, porém não retornou para casa no horário esperado, o que levou seus familiares a acionar a polícia.

A polícia localizou o corpo da vítima no dia seguinte ao desparecimento, e dois policiais, junto com a delegada, encontraram o corpo cerca de 10m de distância da pista de exercícios, já dentro de um matagal. O corpo estava com a parte de cima da roupa levantada, deixando os seios à mostra. A calça e os tênis estavam na vítima, e ela também apresentava hematomas no corpo, marcas no pescoço e uma pequena corda de tecido estava amarrada no pulso. O celular e o casaco que a vítima vestia estavam ausentes da cena. Sabia-se sobre a roupa da vítima e o fato de que ela estava com o celular porque ela havia tirado selfies e postado nas redes sociais ainda durante o exercício.

Durante a inspeção da cena do crime os policiais encontraram um ratão vivo preso a uma armadilha, o que chamou a atenção de um dos investigadores, que comentou que provavelmente aquela ratoeira não estaria ali há mais de 24 horas, portanto, os

5 Todas as informações contidas nesta seção foram colhidas através de entrevistas com os policiais civis que atuaram na investigação do caso estudado e de dados do inquérito policial.

caçadores que a colocaram poderiam estar envolvidos no crime ou ter visto movimentação na mata. Após encontrar o corpo a perícia foi acionada e ao abaixarem a calça da vítima encontraram presença de pelos pubianos e sêmen, os quais foram enviados para análise de DNA.

Em seguida, a polícia conversou com os familiares da vítima e constataram que o amigo que lhe deu carona não poderia ter cometido o assassinato pela falta de motivação e porque ele apresentou álibi. Também buscaram o histórico de vida da vítima, suas relações, aspectos de personalidade e possíveis conflitos e não conseguiram encontrar nenhuma pessoa ligada a ela que pudesse querer tirar sua vida.

A polícia começou então a pensar em possíveis características do suspeito: seria um homem, que conhecesse bem a região daquelas matas, forte e agressivo (em função dos hematomas na vítima) e que estivesse sexualmente motivado para atacá-la. Com esses dados a polícia começou a tentar encaixar o suspeito nos conhecidos criminosos sexuais da região que poderiam estar por perto. Chegaram a suspeitar de um estuprador em série que fugiu da prisão na ocasião, mas após analisar álibi e material genético do suspeito o descartaram.

A polícia civil deste local mantém há alguns anos em seus computadores um banco de dados de criminosos e características de criminosos sexuais e busca analisar esses dados quando deparam com um novo crime, se não diretamente na consulta dos dados, através da própria memória dos investigadores. Ao consultar o banco de dados também não conseguiram encontrar semelhanças do crime com os criminosos existentes nele.

Durante a investigação, dois irmãos procuraram a polícia e afirmaram ser os caçadores que pegaram o ratão no mato. Eles declararam que, durante os momentos que estavam na mata, avistaram um vizinho deles, e ele estava agindo de forma estranha, manifestando comportamento nervoso e apressado. Após a declaração, a polícia marcou uma acareação entre os irmãos e o vizinho na qual o suspeito negou as afirmações dos irmãos. Nessa ocasião todos os presentes forneceram material genético para ser analisado.

Após as análises de material genético, constatou-se que o vizinho dos caçadores possuía compatibilidade total de DNA com os pelos pubianos e sêmen encontrados na vítima, o que levou a sua prisão. O acusado nunca admitiu o crime, apenas declarou para a delegada do caso que havia sido um amigo dele que teria feito e ele teria sido obrigado a ejacular no corpo. Também descreveu momentos de tortura com a vítima. Realizados pelo "amigo". Seus relatos dos acontecimentos do crime foram detalhistas, minuciosos e compatíveis com análises periciais.

Investigadores também foram até a casa do acusado, onde apreenderam uma camisa rasgada com tecido compatível com a corda de tecido encontrada na vítima. Além disso, a polícia possuía dados de localização do celular da vítima, que colocavam o aparelho em algum momento perto da residência do suspeito.

De fato, conforme hipótese inicial da polícia no início das investigações, se tratava de um homem forte, que conhecia bem o matagal, pois residia próximo ao local do crime e que certamente planejava um ataque sexual naquela pista, pois foi descoberto que ele levou uma mochila com a corda para a pista naquela dia, demonstrando que tinha intenção de atacar alguém.

A delegada e o investigador presentes na entrevista acreditam que utilizaram técnicas dentro do *criminal profiling* e estão tentando desenvolver mais dessa técnica dentro da delegacia. Afirmaram inclusive que utilizaram seus conhecimentos de perfis de outros estupradores em série para solucionar alguns casos. Relataram que foi todo um trabalho da polícia junto ao Instituto Geral de Perícias, mas sem profissional da saúde mental envolvido na investigação ou formulação do perfil.

Tabela 9. *Checklist* de características de Homicídio Sexual – caso 2. Fonte: as autoras (2020)

(SIM) O corpo da vítima foi encontrado com ausência de roupas
(SIM) Houve exposição das partes sexuais do corpo
(SIM) O corpo foi encontrado em uma posição sexualmente explícita
(NÃO) Um objeto foi encontrado inserido em uma cavidade corporal da vítima
(SIM) Houve evidência de penetração sexual
(SIM) Houve evidência de atividade sexual alternativa como masturbação e/ou ejaculação na cena do crime ou presença de atos de natureza sádica como: (NÃO) Mutilação genital (SIM) Tortura (SIM) Outros sinais de violência
(SIM) Motivação sexual explícita
(SIM) Indícios de desejo de controle/poder: cordas

4.3. O uso de *criminal profiling*

De modo geral, todos os casos utilizaram alguns elementos do *criminal profiling*, mesmo quando os investigadores não tinham conhecimento sobre a técnica, porém cada caso teve suas particularidades em relação ao uso ou não da técnica denominada como *criminal profiling*.

No caso 1 percebeu-se um maior desconhecimento da técnica pelos investigadores, mas mesmo assim elementos do *criminal profiling* foram utilizados no momento em que eles buscaram informações sobre a vítima para compreender a cena do crime, a motivação de ter parado e também para estudar a possibilidade de o suspeito ser alguém já conhecido da vítima. Também foram analisados elementos da cena do crime para identificar possível motivação sexual do agressor. Tais passos são identificados dentro dos diversos tipos de técnicas de perfis criminais (MOLOCCO, 2014; TURVEY, 2008).

Neste caso também foi levada em consideração a geografia do local, pois, ao ter conhecimento de que se tratava de uma rota de caminhões, a polícia corroborava com a visão das testemunhas de que seria um caminhoneiro já acostumado a esta rota e que tinha as viagens como parte de sua profissão. Tal constatação, embora não identificada pelos investigadores como dentro da técnica de perfil geográfico, pode ser facilmente identificada com os princípios do menor esforço e da rotina (BRANTINGHAM; BRANTINGHAM, 1981; CHAMIKARA; JAYATHILAKE, 2015).

Além disso, também utilizaram a hipótese de perfil criminal que foi criada conforme os relatos das testemunhas, das informações obtidas na cena do crime e através da perícia criminal e confrontaram esta hipótese com conhecimento prévio que possuíam de outros casos similares e de criminosos sexuais conhecidos da região, o que se aproxima dos três primeiros estágios do *criminal profiling* do FBI (BURGESS et al, 1986; WEBB, 2013).

Neste caso, foram completamente ausentes informações advindas das tipologias e das teorias relacionadas aos tipos de homicídios sexuais, assim como não houve atuação de nenhum profissional de saúde mental na investigação.

Os investigadores envolvidos não consideraram que os passos citados auxiliaram diretamente na apreensão do suspeito, que se deu através de comparação de DNA e pelos relatos da testemunha, porém consideraram que auxiliaram a compreender pontos do crime como motivação do assassino e os comportamentos da vítima.

Já no caso 2, percebeu-se maior compreensão sobre perfis criminais por parte da equipe policial envolvida. Desde o início, informações sobre a vítima foram colhidas para auxiliar na identificação do suspeito, e elementos da cena do crime foram cruciais para a compreensão da motivação do assassino e para a elaboração de um primeiro perfil. A análise da cena do crime forneceu dados para elaboração de uma hipótese de criminoso violento com motivação sexual.

Neste caso pode-se identificar claramente o uso dos estágios do *criminal profiling* elaborado pelo FBI, pois os investigadores colheram todos os dados de provas, elaboraram o perfil, checaram a existência de criminoso com perfil similar em seus bancos de dados e, através da experiência prévia nesses casos, levaram em consideração comportamentos da vítima e do criminoso antes do crime e conseguiram obter um perfil similar ao criminoso apreendido (BURGESS et al, 1986; WEBB, 2013).

Também foram utilizados aqui aspectos do perfil geográfico, pois foi considerado que o criminoso era alguém que conhecia bem a região, o que se encaixa nos princípios do perfil geográfico (BRANTINGHAM; BRANTINGHAM, 1981; CHAMIKAR; JAYATHILAKE, 2015).

E importante destacar aqui que a polícia da região já estava sistematizando um banco de dados com características de criminosos sexuais para consultar em crimes de difícil resolução, similar aos bancos de dados utilizados nas técnicas de *criminal profiling* apresentadas no início deste artigo.

Nessa investigação, a polícia demonstrou acreditar que os passos identificados como provenientes de teorias de *criminal profiling* auxiliaram na investigação e na apreensão correta do criminoso, mesmo levando em conta que os fatores cruciais que os levaram à prisão do suspeito foram as testemunhas e análises de DNA.

No caso 2 também não foram utilizadas tipologias ou outras teorias de tipos de homicídio sexual ou homicidas sexuais. Em ambos os casos os policiais desconheciam o termo homicídio sexual, mas identificaram os crimes como tais após serem apresentados às características esperadas de um homicídio sexual.

5. Considerações finais

A técnica de *criminal profiling* possui diversas vertentes que pregam diferentes passos para sua utilização, porém todas procuram a identificação do autor do crime e em sua maioria utilizam consulta a banco de dados, posições geográficas, característica da cena do crime e informações sobre a vítima, o que possibilita que se desenvolva uma hipótese sobre o assassino. Dessa forma, a técnica é importante para elucidar casos de homicídio sexual, uma vez que auxilia na compreensão da motivação do crime através dessas análises.

No Rio Grande do Sul, a Polícia Civil, apesar de algum conhecimento sobre a técnica, não a utiliza formalmente. Nos casos pesquisados, a polícia utilizou alguns elementos do *criminal profiling* para compreender a motivação do agressor e encontrar pistas que levassem à sua autoria, pois, em ambos os casos, características do local, da vítima e do crime foram relevantes para levantar hipótese de autoria do agressor.

Dessa forma, conclui-se que aspectos da técnica do *criminal profiling* foram utilizados nos casos para auxiliar na investigação e forneceram importantes informações sobre os autores dos crimes. Porém, o *criminal profiling* foi utilizado sem a aplicação formal da técnica, suas vertentes e teorias associadas. Para melhor emprego da técnica de *criminal profiling* dentro da Polícia Civil do Rio Grande do Sul seria necessário maior conhecimento e treinamento dos policiais.

Portanto, conforme averiguado na literatura e na análise dos casos estudados, a técnica pode ser uma aliada nas investigações, especialmente nos casos de homicídio sexual. No entanto, para melhor compreender sua efetividade em casos de homicídio sexual dentro do Rio Grande do Sul, mais casos precisam ser analisados.

Referências

BALEMBA, Samantha; BEAUREGARD, Eric; MARTINEAU, Melissa. Getting away with murder: a thematic approach to solved and unsolved sexual homicides using crime scene factors. **Police Practice and Research**, vol. 15, n. 3, May 2014, p. 221-233.

BEAUREGARD, Eric; PROULX, Jean. Profiles in the offending process of nonserial sexual murderers. **International Journal of Offender Therapy and Comparative Criminology**, vol. 46, n. 4, 2002, p. 386-399.

BRANTINGHAM Paul J.; BRANTINGHAM, Patricia L. Introduction: the dimensions of crime. *In*: BRANTINGHAM, Paul J.; BRANTINGHAM, Patricia L. **Environmental Criminology.** Beverly Hills, CA: Sage Publications, 1981

BURGESS, Ann W et al. Sexual Homicide: a motivational model. **Journal of Interpersonal Violence**, vol. 1, n. 3, 1986, p. 252-272.

CANTER, David V. Offender profiling and criminal differentiation. **Legal and Criminological Psychology**, vol. 5, n. 1, 2000, p. 23-46.

CANTER, David; LARKIN, Paul. The environmental range of serial rapists. **Journal of Environmental Psychology**, vol. 13, n. 1, Mar. 1993, p. 63-69.

CANTER, David V.; YOUNGS, Donna. **Investigative Psychology:** offender profiling and the analysis of criminal action. Hoboken, NJ: John Wiley & Sons, 2009.

CHAMIKARA, M. A. P.; JAYATHILAKE, Chathranee Anumitha. Geographic offender profiling. **Sciscitator**, vol. 2, 2015. Disponível em: <https://www.researchgate.net/publication/301552192_GEOGRAPHIC_OFFENDER_PROFILING/link/5719050b08aed8a339e6fb98/download>. Acesso em: 16 jul. 2020.

CHAN, Heng Choon (Oliver). **Understanding Sexual Homicide Offenders:** an integrative approach. Hampshire: Palmgrave Maximilian, 2015.

CORREIA, Elisabete; LUCAS, Susana; LAMIA, Alicia. Profiling: uma técnica auxiliar de investigação criminal. **Análise Psicológica**, vol. 25, n. 4, Lisboa, out. 2007, p. 595-601.

HEALEY, Jay et al. Is the Sexual Murderer a Unique Type of Offender? A Typology of Violent Sexual Offenders Using Crime Scene Behaviors. **Sexual Abuse: A Journal of Research and Treatment**, vol. 1, n. 22, 2014.

HONDERS, Christine. **Criminal Profiling:** searching for suspects (Crime Scene Investigations). New York: Lucent Press, 2018.

KOCSIS, Richard N. Criminal profiling of crime scene behaviors in Australian sexual murders. **Australian Police Journal**, vol. 53, n. 2, 1999, p. 99-102.

KOCSIS, Richard N.; HARVEY, Irving J.; COOKSEY, Ray W. Psychological profiling of sexual murders: an empirical model. **International Journal of Offender Therapy and Comparative Criminology**, vol. 46, n. 5, Nov. 2002, p. 532-553.

LOUCEIRO, Ana Filipa de Sequeira. **Estudo exploratório para a definição de uma tipologia do comportamento criminal no Homicídio.** Tese (Mestrado em psicologia social e das organizações) – Departamento de Psicologia Social e das organizações, Instituto Superior de Ciências do Trabalho e da Empresa, set. 2008.

MAIA, Luis; SARAIVA, Jorge; MARGAÇA, Clara. Evolução Histórica do Profiling: o misterioso caso de Jack the Ripper. **Revista de Criminologia e Ciências Penitenciárias**, ano 4, n. 1, São Paulo, mar./abr./maio 2014. Disponível em: <https://www.researchgate.net/publication/317850588_Evolucao_Historica_do_Profiling_O_misterioso_caso_de_Jack_the_Ripper>. Acesso em: 16 jul. 2020.

MOLOCCO, David Elio. **Criminal Profiling:** a basic introduction. Kindle Edition, 2014.

RESSLER, Robert K.; BURGESS, Ann W.; DOUGLAS, John E. **Sexual Homicide:** patterns and motives. New York: The Free Press, 1992.

SORIA, Miguel Angel; VILLALBA, David. Review: principles of geographical profiling. **Journal of Forensic Biomechanics**, vol. 8, n. 1, 2017, p. 9-11.

STEFANSKA, Ewa B. et al. When is a murder a sexual murder? Understanding the sexual element in the classification of sexual killings. **Journal of Criminal Justice**, vol. 50, May 2017, p. 53-61.

TURVEY, Brent E. **A History of Criminal Profiling.** 2012. Disponível em: <https://www.researchgate.net/publication/285179451>. Acesso em: 16 jul. 2020.

TURVEY, Brent E. **Criminal Profiling:** an introduction to behavioral evidence analysis. 3rd.ed. Boston: Academic Press/Elsevier, 2008.

WEBB, David A. **Criminal Profiling**: an introductory guide. Kindle Edition. 2013.

WRIGHTSMAN, Lawrence S. **Forensic psychology.** Belmont, CA: Wadsworth, 2001.

CONSIDERAÇÕES DE UM DEFENSOR PÚBLICO SOBRE O "PACOTE ANTICRIME": ANACRONISMOS DE UM SISTEMA PENAL PERVERSO

Henrique Marder da Rosa[1]
e Rafael Rodrigues da Silva Pinheiro Machado[2]

RESUMO. Propõe-se este breve estudo a analisar alguns aspectos do novel "Pacote Anticrime" (Lei nº 13.964/19), com a denunciação da resistência seletiva dos operadores jurídicos à aplicação dos dispositivos legais que representam o incremento das garantias processuais em favor do acusado, bem ainda a contraditória defesa da aplicação imediata das inovações legislativas que representam o recrudescimento da legislação penal e processual penal. Apontam-se os efeitos nefastos do ativismo judicial e do desprezo à jurisprudência das Cortes Superiores como causa da pulverização de recursos, naquilo que se convencionou denominar "autofagia judiciária" e "jurisdição procrastinatória". Finalmente, aponta-se a impropriedade da execução provisória da sentença penal condenatória recorrível proferida pelo Tribunal do Júri, por sua incompatibilidade com o princípio constitucional da presunção de inocência, desfazendo-se a falácia de uma suposta contradição da exigência do trânsito em julgado para a execução da pena em face do princípio da soberania dos veredictos do tribunal popular.

Palavras-chave. Pacote Anticrime. Ativismo judicial. Jurisdição procrastinatória. Soberania dos veredictos do Tribunal do Júri. Execução antecipada da pena. Presunção de Inocência.

1. Lei nova, nova *práxis* judicante?

Publicado em 24 de dezembro de 2019, o chamado "Pacote Anticrime", peculiar já pela denominação atribuída por seus idealizadores, introduziu no ordenamento

---

[1] Defensor Público do Estado do Rio Grande do Sul e mestre em filosofia.
[2] Defensor Público do Estado do Rio Grande do Sul.

jurídico brasileiro um considerável número de inovações. Diz-se que a denominação é peculiar porque reveladora de lógica dualista simplória, pois impensável que a legislação anterior tenha sido concebida com propósito "pró-crime". E se toda lei penal ou processual penal é concebida com o intuito de reduzir os índices de criminalidade, parece no mínimo desnecessário proclamar a nova legislação como medida efetiva de uma política "anticrime". Ou se pretende dizer que a legislação anterior era pró-crime, ou, na melhor das hipóteses, pretende-se dizer que a legislação anterior, embora dotada de fins anticrime, não funcionou, diversamente da nova legislação, que será efetiva para isso (mas disso não se tem certeza alguma, já que os efeitos práticos de qualquer legislação só serão conhecidos no futuro). Trata-se, portanto, nas duas hipóteses, de apelativa "jogada de marketing" para buscar a aprovação do projeto e o enaltecimento moral dos seus idealizadores.

Apesar de a nova Lei apresentar inspiração garantista em algumas disposições de direito processual penal, não há dúvida alguma de que, objetivamente, a nova legislação permitirá uma ampliação da já avançada política de encarceramento vigente no Brasil, país que possui a terceira maior população carcerária do mundo. Diz-se isso porque os influxos garantistas presentes na novel legislação, já é possível antever, serão ferrenhamente combatidos e neutralizados por grande parcela da magistratura brasileira, ao passo que a objetividade das normas que aumentaram penas e dificultaram a progressão na execução penal jamais será contornada.

Veja-se, nesta linha de pensar, que a Lei nº 13.964/19 nem mesmo havia entrado em vigor quando fora impugnada, perante o Supremo Tribunal Federal, pela Associação dos Magistrados Brasileiros (AMB) e pela Associação dos Juízes Federais do Brasil (AJUFE), por meio da Ação Direta de Inconstitucionalidade (ADI) 6.298. O ataque foi dirigido exclusivamente aos dispositivos legais pertinentes à instituição do "juiz das garantias" e à vigência da Lei, o que bem permite imaginar quão difícil será a efetiva implementação dessa função jurisdicional no processo penal brasileiro. Também a Associação Nacional dos Membros do Ministério Público (CONAMP) ajuizou a ADIN 6.305, buscando a declaração de inconstitucionalidade de alguns dispositivos pertinentes às atribuições do juiz das garantias, alegadamente violadoras das atribuições do Ministério Público, como a necessidade de comunicação ao juiz das garantias de todas as investigações instauradas no âmbito do Ministério Público, a possibilidade de trancamento de investigações de ofício pelo juiz das garantias, dentre outras impugnações.

Esse estranhamento com o novo, a resistência ao diferente, é questão filosófica que foi tratada por inúmeros pensadores. Jayme Paviani, filósofo, poeta, escritor e professor, nos traz interessante reflexão sobre o *aprender* e o *pensar*:

> o que sabemos, muitas vezes, é o maior empecilho para aprender coisas novas. Por isso, a maioria das pessoas leem livros, assistem à televisão, fazem cursos e continuam com a mesma opinião sobre si e sobre o mundo que as cerca. É incrível a incapacidade de perceberem o novo. Todos gostam de novidade, mas preferem sempre o consagrado, o costumeiro. Até nos diálogos mais inocentes e cordiais, o ponto de vista dos outros dificilmente é percebido... São poucos aqueles que são capazes de perceber uma realidade para a qual não foram educados a perceber. Assim, cada qual pensa ser dono de uma concepção adequada e atualizada do mundo e da sociedade, e, em consequência, não se dá conta dos próprios equívocos, considera suas ideias as melhores possíveis e suas decisões acertos definitivos (PAVIANI, 2003, p. 13).

Mais adiante, explorando a obra de Martin Heidegger *O que significa pensar?*, conclui: "se o ensinar é deixar aprender, o aprender é deixar que alguém (ou algo) nos ensine" (PAVIANI, 2003, p. 16). Noutra passagem, é ainda mais incisivo: "o ato de pensar requer a superação das opiniões habituais, para, assim, poder movimentar-se num campo livre. Quem só ouve a si mesmo ou apenas aquilo que quer ouvir, ou seja, o que está conforme sua ideologia, seus interesses, seu círculo de influências, não possui condições para pensar" (PAVIANI, 2003, p. 22).

A reflexão serve de mão na luva para a situação hoje vivenciada no processo penal brasileiro, pois é preciso ter disposição para aceitar que a nova legislação pode ter realmente trazido alguns avanços para o processo penal. Questionar os paradigmas do passado e colocar sob suspeita a *práxis* judicante até então vigente pode parecer doloroso, pois significa admitir que alguns acusados podem ter sido julgados por um juiz não tão imparcial, à conta de seu comprometimento com as medidas cautelares persecutórias deferidas ou analisadas na fase pré-processual. A resistência manifestada pelas associações classistas deixa a certeza de que o caminho para o novo modelo de processo penal possa estar fechado por barreiras cognitivas e ideológicas – a impossibilidade de deixar que algo nos ensine, a impossibilidade de superação das opiniões habituais já consagradas, aquele que só permite ouvir a si mesmo e aquilo que está em conformidade com seu círculo de influências, nas referências do pensador Jayme Paviani. Em termos processuais penais, uma idolatria incondicional ao sistema inquisitorial.

O que anteriormente dito, evidentemente, não significa afirmar que todas as previsões da nova legislação devam ser aceitas com leniência acadêmica. Todavia, é necessária a abertura para pensar que o novo modelo de processo penal possa ser melhor do que o anterior, abolindo-se as críticas que se restringem a manifestos morais das "viúvas do passado", somando-se a indeclinável premissa de que o legislador ordinário (não os membros da Magistratura ou do Ministério Público) possui o poder constitucional de aperfeiçoar o sistema processual penal, com ampla liberdade de conformação naquilo que não for confrontante com a Constituição Federal ou com tratados internacionais de hierarquia supralegal. Em outros termos, o simples saudosismo em relação ao modelo anterior de processo penal ou a consideração de que o legislador não adotou a melhor opção, dentre aquelas que poderia escolher, não são argumentos válidos para se opor à nova legislação, quando nenhuma incompatibilidade houver entre o novo diploma e as normas de hierarquia superior já integrantes do ordenamento jurídico.

Em outras palavras, é preciso reconhecer e admitir o pressuposto indeclinável da separação de poderes, do qual decorre a impossibilidade de o juízo de conveniência do legislador ordinário ser substituído pelo juízo de conveniência dos operadores judiciais em geral. A separação das funções legislativa e judiciária é pilar constitucional de nosso ordenamento jurídico, definido em cláusula pétrea, própria de todos os sistemas democráticos. Assim, o filtro jurídico a ser aplicado pelos operadores do Direito restringe-se ao exame da constitucionalidade das leis, que não se confunde com o debate político acerca da pertinência e conveniência das leis, por mais razoáveis que possam parecer os argumentos políticos em defesa do modelo anterior.

Evidentemente, a separação das funções legislativa e judiciária é premissa inerente a qualquer sistema judicial que se pretenda democrático. Pudesse o juiz dizer o que bem entende sobre o que dispõe a lei em abstrato, e, em seguida, resolver a lide que lhe foi apresentada (caso concreto) por meio da decisão judicial, não haveria sentido algum para existência do Poder Legislativo, pois o Direito em abstrato sempre seria criado, pelo alvitre exclusivo do juiz, diante do exame do caso concreto, servindo a lei como mera inspiração para as possibilidades de criação do Direito pelo juiz.

A nova legislação, portanto, deveria levar a uma nova *práxis* judicante dos operadores judiciais, principalmente dos magistrados brasileiros, caminho que não será fácil percorrer, como dito antes. Será preciso livrar-se das amarras do inquisitório, pois a reforma do CPP iniciou proclamando uma definitiva guinada ao sistema acusatório, prevendo, no art. 3º-A, que "o processo penal terá estrutura acusatória, vedadas a iniciativa do juiz na fase de investigação e a substituição da atuação probatória do órgão da acusação". Aqueles que militam na defesa criminal sabem o quão difícil será a ruptura com o modelo inquisitório, pois o que se percebe na realidade do processo penal brasileiro é uma verdadeira relação de "apadrinhamento" da acusação pelo juiz. Assim ocorre quando o juiz determina a produção de provas *ex officio* – pelo que se vê na prática da lide forense, sempre em apoio da acusação, e jamais para demonstrar qualquer álibi defensivo. Assim ocorria quando, embora já alterada a redação legal do art. 212 do CPP, mantinha-se o juiz a fazer perguntas às testemunhas, sempre com o disfarce de esclarecimento da "verdade real", mas em realidade sempre perguntas que objetivam confirmar a acusação – nunca uma indagação que possa reforçar um álibi defensivo.

Resta saber se a Magistratura brasileira terá grandeza suficiente para reconhecer que o novo modelo de processo penal, naquilo que não conflitar com a Carta Maior ou com normas superiores já integrantes do ordenamento jurídico, deverá inapelavelmente levar a uma nova *práxis* judicante. Para isso, no entanto, será necessário o "pensamento alargado"[3], a abertura para a compreensão do novo modelo e a maturidade intelectual para uma crítica à *práxis* anterior. O tempo dirá *como, quando* e *se* esta tarefa será cumprida.

2. Ativismo judicial, autofagia judiciária, jurisdição procrastinatória e outros problemas da justiça brasileira

Lenio Luiz Streck, Procurador de Justiça aposentado e advogado, tem denunciado em sucessivos livros e artigos publicados em sua coluna na CONJUR os riscos de um ativismo judicial ancorado em um relativismo absoluto (a temática pode ser conferida em seu *O que é isto? Decido conforme minha consciência*, publicado pela Livraria do Advogado em 2019). De fato, o Direito não pode ser o que um juiz quer dizer que ele seja. O Direito é maior do que isso e tem a pretensão, pelo menos na teoria, de ultrapassar os limites da cognição de um único julgador.

Esse protagonismo judicial parece ser decorrente, também, de um certo descrédito do Poder Judiciário perante seus próprios membros, naquilo que se poderia denominar de autofagia judiciária. O exemplo deveria vir do órgão de cúpula do Poder Judiciário, mas nem mesmo no STF há um entendimento claro sobre a importância de preservar a credibilidade das suas decisões judiciais. Tomando-se como exemplo as já citadas ADIs referentes à Lei Anticrime (BRASIL, 2019), constata-se que foi proferida decisão unipessoal pelo Presidente da Corte, Min. Dias Toffoli, reconhecendo a *constitucionalidade* da previsão legal do *juiz das garantias*, apenas prorrogando a entrada em vigor da lei em 180 dias, pela necessidade de reestruturação do Poder Judiciário. Fez pequena ressalva em relação ao dispositivo do art. 3º-D, parágrafo único (determinação de criação de um rodízio de magistrados nas comarcas em que houver um único juiz titular), por entender se tratar de norma de organização

[3] Expressão de Luc Ferry (2007, p. 281).

judiciária, bem ainda em relação ao art. 157, § 5º, relativamente ao impedimento do juiz para proferir sentença ou acórdão quando tenha conhecimento do conteúdo de prova declarada inadmissível (a crítica, aqui, foi à vagueza e abstração dos conceitos tratados no dispositivo legal, somados a uma possível violação do princípio do juiz natural). Dita decisão foi proferida no dia 15 de janeiro de 2020, *tendo reconhecido expressamente a constitucionalidade formal e material dos demais dispositivos legais pertinentes ao juiz das garantias*.

Apenas sete dias depois, em 22 de janeiro de 2020, sem que tenha sido interposto recurso em face da decisão do Ministro Presidente da Corte, o relator das ações, Ministro Luiz Fux, tornou sem efeito as decisões proferidas pelo Presidente nos autos das ADIs 6.298, 6.299 e 6.300, suspendendo por prazo indeterminado todas as disposições referentes ao juiz das garantias, por reconhecer a inconstitucionalidade formal e material da lei; mais, suspendeu ainda a vigência do art. 310, § 4º, do CPP, que prevê o seguinte:

> Art. 310. Após receber o auto de prisão em flagrante, no prazo máximo de até 24 (vinte e quatro) horas após a realização da prisão, o juiz deverá promover audiência de custódia com a presença do acusado, seu advogado constituído ou membro da Defensoria Pública e o membro do Ministério Público, e, nessa audiência, o juiz deverá, fundamentadamente:
>
> [...]
>
> § 4º Transcorridas 24 (vinte e quatro) horas após o decurso do prazo estabelecido no *caput* deste artigo, a não realização de audiência de custódia sem motivação idônea ensejará também a ilegalidade da prisão, a ser relaxada pela autoridade competente, sem prejuízo da possibilidade de imediata decretação de prisão preventiva.

Antes que se possa objetar, não se trata de simples divergência entre ministros da Corte Maior. A divergência é natural e até mesmo salutar, constituindo até obviedade que em uma corte judicial com 11 ministros ela deve ser muito recorrente – anormal seria o consenso cotidiano. Destaque, no entanto, é a falta de apego aos procedimentos regimentais para "tornar sem efeito" decisão da presidência (verdadeira sobreposição de instância), pois, até mesmo porque as decisões, nesse tipo de ação, devem ser submetidas ao crivo do plenário, eventuais divergências de outros ministros em face do que decidido unipessoalmente pelo Presidente, durante o recesso forense, fosse objeto de discussão colegiada na sessão de ratificação da medida cautelar. Não há previsão regimental para que a decisão de um ministro, tomada em sede cautelar, seja tornada sem efeito por outro, quando o primeiro ministro a se pronunciar manifestou-se na condição de juiz natural para aquela causa, ante a fluência do recesso forense (BRASIL, 2020, p. 29).

Em relação à audiência de custódia, a decisão do Ministro Fux é até mesmo surpreendente. Primeiro porque a suspensão do § 4º do art. 310 do CPP só faz sentido ao suspender-se também a vigência do *caput*. Atente-se para o fato de que, no regramento anterior, o juiz recebia o auto de prisão em flagrante para, após, tomar uma das três decisões previstas nos incisos do art. 310 do CPP: (a) relaxar a prisão ilegal; (b) converter a prisão em flagrante em preventiva; ou (c) conceder a liberdade provisória, com ou sem fiança. Após, era designada audiência de custódia, onde reanalisada a pertinência da manutenção da prisão cautelar, bem ainda colhida a versão do réu sobre o modo como procedida sua prisão.

Agora, pela novel legislação, ante o que previsto no *caput* do art. 310 do CPP, a decisão de relaxamento da prisão (por ilegal), sua conversão em preventiva ou a concessão da liberdade provisória, com ou sem fiança, *serão tomadas na própria audiência de custódia*, a ser realizada no prazo de 24h a contar da prisão do acusado. Trata-se de verdadeira alteração de rito, determinada pelo *caput* do novo art. 310 do CPP: a conversão da prisão em flagrante em preventiva deve ocorrer *na audiência de custódia*, que, portanto, reassume a sua condição de ato processual obrigatório.

O que dispôs o § 4º do art. 310 em sua nova redação é que, transcorridas mais de 24h após o prazo em que deveria ter sido realizada a audiência de custódia prevista no *caput*, a prisão será relaxada, por ilegal. Ora, fácil perceber que o decote da previsão de relaxamento da prisão pela falta da audiência de custódia não resolve a antinomia do sistema. Se o flagrante não prende por si, pois, para a prisão perdurar, necessária é a sua conversão em preventiva, examinando-se os requisitos do art. 312 do CPP; e se a decisão de conversão da prisão em flagrante deve ser tomada necessariamente na audiência de custódia, como determina o *caput* do art. 310 em sua nova redação, que por sua vez depende da efetiva apresentação do detido, o que será feito para manter a prisão quando a audiência de custódia não for realizada? Ou teria de se admitir um retorno da prisão decorrente do simples flagrante, por prazo superior às 48h, ou teria de se admitir a conversão da prisão em preventiva por decisão tomada em gabinete, sem audiência de custódia, o que contraria a nova redação do *caput* do art. 310 do CPP. Em resumo, o § 4º do art. 310 está nitidamente vinculado ao que já disposto no *caput* do dispositivo, tendo o Min. Fux suspendido apenas a previsão de relaxamento da prisão, olvidando que o *caput* do art. 310 mantém a audiência de custódia como ato obrigatório no rito de conversão do flagrante em preventiva.

Curioso é que a decisão do Min. Fux, no que pertinente à audiência de custódia, contraria a jurisprudência do STF acerca deste tema. O novo § 4º do art. 310 do CPP nada mais fez do que positivar no ordenamento jurídico a jurisprudência reafirmada da Corte, em mais de uma ocasião, no sentido de que:

> HABEAS CORPUS. PROCESSO PENAL. SUBSTITUTIVO DE AGRAVO REGIMENTAL. NÃO CONHECIMENTO. AUDIÊNCIA DE APRESENTAÇÃO. REALIZAÇÃO OBRIGATÓRIA. DIREITO SUBJETIVO DO PRESO. PRISÃO CONVERTIDA EM PREVENTIVA. PREJUÍZO. INEXISTÊNCIA. ORDEM CONCEDIDA DE OFÍCIO. 1. Da irresignação à monocrática negativa de seguimento do habeas corpus impetrado no âmbito do Superior Tribunal de Justiça, cabível é agravo regimental, a fim de que a matéria seja analisada pelo respectivo Colegiado. 2. Nos termos do decidido liminarmente na ADPF 347/DF (Relator(a): Min. MARCO AURÉLIO, Tribunal Pleno, julgado em 09/09/2015), por força do Pacto dos Direitos Civis e Políticos, da Convenção Interamericana de Direitos Humanos e como decorrência da cláusula do devido processo legal, **a realização de audiência de apresentação é de observância obrigatória. 3. Descabe, nessa ótica, a dispensa de referido ato sob a justificativa de que o convencimento do julgador quanto às providências do art. 310 do CPP encontra-se previamente consolidado. 4. A conversão da prisão em flagrante em preventiva não traduz, por si, a superação da flagrante irregularidade, na medida em que se trata de vício que alcança a formação e legitimação do ato constritivo.** 5. Considerando que, a teor do art. 316 do Código de Processo Penal, as medidas cautelares podem ser revisitadas pelo Juiz competente enquanto não ultimado o ofício jurisdicional, incumbe a reavaliação da constrição, mediante a realização de audiência de apresentação. 6. Ordem concedida de ofício, julgado prejudicado o agravo regimental. (BRASIL, 2016a).

Ora, se a ausência de audiência de custódia, nas palavras do Min. Fachin, é "**vício que alcança a formação e legitimação do ato constritivo**", bem ainda se a audiência não pode ser dispensada por já estar o juízo convencido sobre a necessidade de conversão da prisão em preventiva, parece correto concluir que a nova redação atribuída ao art. 310, § 4º, do CPP apenas consolidou, em dispositivo legal expresso, o entendimento que já vinha sendo aplicado pelo STF. Com efeito, a Suprema Corte já havia decidido, nos autos da ADPF 347 (BRASIL, 2016b), que:

> CUSTODIADO – INTEGRIDADE FÍSICA E MORAL – SISTEMA PENITENCIÁRIO – ARGUIÇÃO DE DESCUMPRIMENTO DE PRECEITO FUNDAMENTAL – ADEQUAÇÃO. Cabível é a arguição de descumprimento de preceito fundamental

> considerada a situação degradante das penitenciárias no Brasil. SISTEMA PENITENCIÁRIO NACIONAL – SUPERLOTAÇÃO CARCERÁRIA – CONDIÇÕES DESUMANAS DE CUSTÓDIA – VIOLAÇÃO MASSIVA DE DIREITOS FUNDAMENTAIS – FALHAS ESTRUTURAIS – ESTADO DE COISAS INCONSTITUCIONAL – CONFIGURAÇÃO. Presente quadro de violação massiva e persistente de direitos fundamentais, decorrente de falhas estruturais e falência de políticas públicas e cuja modificação depende de medidas abrangentes de natureza normativa, administrativa e orçamentária, deve o sistema penitenciário nacional ser caraterizado como "estado de coisas inconstitucional". FUNDO PENITENCIÁRIO NACIONAL – VERBAS – CONTINGENCIAMENTO. Ante a situação precária das penitenciárias, o interesse público direciona à liberação das verbas do Fundo Penitenciário Nacional. AUDIÊNCIA DE CUSTÓDIA – OBSERVÂNCIA OBRIGATÓRIA. **Estão obrigados juízes e tribunais, observados os artigos 9.3 do Pacto dos Direitos Civis e Políticos e 7.5 da Convenção Interamericana de Direitos Humanos, a realizarem, em até noventa dias, audiências de custódia, viabilizando o comparecimento do preso perante a autoridade judiciária no prazo máximo de 24 horas, contado do momento da prisão**. (grifo nosso).

O prazo de 24h para a realização da audiência de custódia já estava previsto na decisão da ADPF 347, assim como a constitucionalidade e recepção das normas internacionais que preveem a audiência de custódia (art. 9.3 do Pacto dos Direitos Civis e Políticos e art. 7.5 da Convenção Interamericana de Direitos Humanos). Com efeito, se o ato é obrigatório, decorrente de norma cogente que foi declarada conforme a Constituição, e deve ser realizado no prazo máximo de 24h, conforme a decisão mandatória do próprio Supremo, não há dúvida de que o extrapolar desse prazo deve trazer consequências jurídicas, sob pena de admitir-se, tacitamente, que a audiência é facultativa. Toda manobra argumentativa que venha a permitir o perdurar da prisão de qualquer cidadão, sem que seja apresentado ao juiz no prazo de 24h, caracterizará a negação do direito previsto nos pactos internacionais e na decisão proferida pelo STF na ADPF 347.

Muito pelo contrário, o dispositivo legal do art. 310, § 4º, do CPP, se merecedor de alguma crítica, não seria em relação à previsão de relaxamento da prisão, mas sim em relação à sua parte final, onde permeado de ambiguidade. Conforme a redação legal, se não realizada a audiência de custódia no prazo de 24h após o esgotamento do prazo do *caput*, a prisão seria imediatamente relaxada, por ilegal, *se não houver motivo razoável*, todavia "sem prejuízo da possibilidade de imediata decretação de prisão preventiva". Essa parte final afigura-se completamente anacrônica, pois, nos termos do que decidido pelo STF na ADPF 347, a audiência de custódia é obrigatória não somente nos casos de flagrante, mas também de prisão temporária ou preventiva (qualquer espécie de prisão provisória). Ora, mas se o acusado foi preso em flagrante e a prisão foi tida por ilegal porque não realizada a audiência de custódia no prazo de 48h, a superveniente decretação da prisão preventiva do mesmo réu, após o relaxamento da prisão, ensejaria obrigatoriamente a necessidade de designação de uma nova audiência de custódia, agora em face da preventiva decretada após o relaxamento da prisão, pois, repita-se, na linha do que consignado pelo STF no precedente acima transcrito, de relatoria do Ministro Fachin, "descabe, nessa ótica, a dispensa de referido ato sob a justificativa de que o convencimento do julgador quanto às providências do art. 310 do CPP encontra-se previamente consolidado", bem ainda porque o vício da ausência da audiência de custódia "alcança a formação e legitimação do ato constritivo" (STF, HC 133.992, ementa anteriormente transcrita). Em resumo, não há sentido lógico algum em relaxar a prisão ilegal, pela ausência de audiência de custódia, e permitir a superveniente decretação da prisão preventiva quando também esta modalidade (prisão preventiva) depende da audiência de custódia, para a "legitimação do ato constritivo". Ainda, merece crítica o dispositivo quando prevê que a prisão será relaxada *se não houver motivo razoável* para a não realização da audiência de custódia. A expressão aberta, para a definição de uma questão tão específica e de tamanha relevância, em nada ajuda. Também não é difícil imaginar que o conceito aberto de "motivo razoável" dependerá da criatividade de cada julgador, sem parâmetros objetivos para que a defesa possa se rebelar contra a conclusão de que há motivo razoável para a dispensa do ato.

A decisão do Min. Fux, portanto, parece não levar a sério a jurisprudência do próprio STF, tampouco o juízo político que é reservado somente ao legislador ordinário, o que fica muito eloquente diante do salto das disposições regimentais para tornar sem efeito a decisão cautelar tomada pelo Ministro Presidente e que seria submetida, por igual, ao crivo do plenário. É sintomático, quando o próprio Judiciário não confere respeito e dignidade às suas decisões, abdicando dos trâmites legais para que determinada decisão venha a ser modificada, em verdadeiro ato de autofagia, por qual razão um juiz de primeiro grau deveria seguir fiel observância ao que decidido pela Corte Suprema?

O olhar de quem atua na defesa criminal permite constatar que o Poder Judiciário está nesta ascendente de automutilação, decorrente do ativismo judicial excessivo, que só gera o descrédito do Poder Judiciário. A audiência de custódia teve a sua implantação determinada em ação de controle abstrato de constitucionalidade, em decisão que possui eficácia *erga omnes* e vinculante. Afora a mitigação agora imposta pelo Min.

Luiz Fux, é fato incontroverso que sempre houve muita resistência à implantação desta garantia processual dos detidos. A *práxis* no Rio Grande do Sul tem sido a burla à audiência de custódia, pelo menos nas comarcas interioranas, com raras exceções, pois o ato é designado, porém o preso, como regra, não é conduzido, ou porque está na Delegacia de Polícia e esta não dispõe de efetivo para cumprir as conduções, ou porque o preso já foi transferido para presídio da região metropolitana, exigindo a SUSEPE (Superintendência de Serviços Penitenciários) 15 dias de antecedência para o agendamento da condução (o que se mostra incompatível com o rito da audiência de custódia, que deve ser realizada em 24h). Postulações no sentido de que seja o ato frustrado reaprazado têm sido invariavelmente indeferidas, assim como denegadas ações de *habeas corpus* que ambicionam o relaxamento da prisão em tais condições – contrariando a posição do STF, entende o TJRS que a conversão da prisão em preventiva ou a direta decretação desta suplanta a ilegalidade formal decorrente da falta da audiência de custódia (o vício não alcançaria a formação e a legitimação do ato constritivo, conforme a jurisprudência do TJRS, contrária ao entendimento do STF).

É clarividente que os tribunais estaduais e seus juízes não conferem credibilidade à jurisprudência emanada da Corte Suprema, no que pertinente à audiência de custódia, e, é de se convir, como anteriormente dito, se nem mesmo um ministro da Corte respeita as decisões vinculantes de lá emanadas, por qual razão se exigiria esse respeito das instâncias inferiores? As decisões da Corte Suprema estão por merecer *legenda*, e em breve será necessário realmente rotular quais decisões da Suprema Corte devem ser incondicionalmente cumpridas pelos demais órgãos do Poder Judiciário e quais devem ser tratadas com senso lúdico.

Essa advertência parece extremamente oportuna, diante da constatação de que a residência das instâncias ordinárias à jurisprudência da Corte Maior não se limita a tão poucos entendimentos assim. A súmula vinculante nº 11 do STF, que disciplinou o uso de algemas mediante fundamentação concreta acerca da periculosidade do detido, tem sido letra morta nas instâncias de origem. Absolutamente todos os atores jurídicos que se comprometerem a declarar algo a respeito com alguma idoneidade reconhecerão que, a rigor, o verbete jamais foi cumprido a contento. Salvo raríssimas exceções, todos os réus conduzidos a uma tarde de audiências são mantidos algemados nas solenidades com a mesmíssima fundamentação: uma retórica padronizada no sentido de que a insuficiência de agentes de escolta e a segurança dos presentes demandam o uso de algemas. Trata-se de verdadeira burla à súmula, na medida em que a periculosidade específica de cada detido, seu histórico de fugas, faltas disciplinares na prisão ou no momento da escolta não são analisados. Como regra, a fundamentação para o uso de algemas é apresentada em poucas linhas e sem enfrentar qualquer peculiaridade sobre o caso concreto (a situação específica daquele detido). A única ressalva, para não se fazer terra arrasada, diz com o procedimento do tribunal do júri, onde talvez, por ser mais evidente que o uso de algemas possa influenciar indevidamente os jurados, bem ainda porque há precedente do STJ reconhecendo a nulidade da sessão plenária quando não oferecida fundamentação concreta acerca da periculosidade do agente, têm os julgadores adotado maior prudência, até mesmo de forma a evitar a custosa repetição do julgamento pelo tribunal popular. Em todos os demais casos, porém, não somente os juízes como a Corte Estadual têm validado o uso de algemas sem a pertinente fundamentação concreta, rechaçando qualquer alegação de nulidade do ato, em contrariedade ao texto expresso do verbete, que comina a sanção de nulidade para a violação do preceito ali inscrito.

Àqueles que militam na defesa criminal, apresenta-se muito evidente, também, que os critérios para decretação das prisões cautelares adotados nas Cortes Superiores (STJ e STF) são bem distintos daqueles operados nos tribunais locais e nos juízos de primeira instância. Não é à toa que o Brasil conseguiu ampliar seu número de detentos para a terceira maior população carcerária do mundo, e isso se deve, em boa parte, ao número de presos provisórios, que representa 40% da população carcerária total. Tais números deveriam assombrar em qualquer estudo sério do tema, pois isso significa que o Poder Judiciário – a crítica, aqui, não é específica a um ou outro órgão, mas ao sistema de justiça visto globalmente – abdicou de julgar para adotar a prática de punir por meio da prisão provisória. É inexplicável que a soma de todas as pessoas condenadas definitivamente e que cumprem pena ativa esteja em uma proporção de 60% por 40% em face dos segregados provisórios. Esses números, todavia, parecem assombrar apenas o CNJ, os Tribunais Superiores e aqueles que militam na defesa criminal, pois é absolutamente corriqueiro deparar-se, na labuta forense, com a legitimação da prisão provisória automática, sem fundamentação específica, com mera repetição de conceitos abstratos ou termos legais: um discurso vazio e padronizado de que comunidades pacatas não toleram mais a criminalidade, que é preciso uma resposta enérgica do Poder Judiciário e que a ordem pública está abalada (repetição da redação legal do art. 312 do CPP). O Pacote Anticrime, neste ponto, instituiu verdadeiro "mobral da prisão provisória". Ora, se a prisão preventiva obrigatória, conforme o *quantum* da pena imposta ao delito que está em apuração, foi revogada em reforma processual ocorrida em 1967; se as decisões judiciais devem ser motivadas (art. 93, IX, da CF); e se a prisão cautelar depende do preenchimento dos requisitos e pressupostos dos arts. 312 e 313 do CPP em suas redações antigas, era mesmo preciso relembrar o Pacote Anticrime que "não será admitida a decretação da prisão preventiva com a finalidade de antecipação de cumprimento da pena ou como decorrência imediata de investigação criminal ou da apresentação ou recebimento da denúncia", conforme a redação do novo § 2º do art. 313? Seria preciso lembrar o óbvio, como faz o novo art. 315, § 1º, do CPP, que o juiz "deverá indicar concretamente a existência de fatos novos ou contemporâneos que justifiquem a aplicação da medida adotada"? Ou, ainda, que não basta a simples reprodução ou paráfrase de ato normativo ou o reporte de conceitos jurídicos indeterminados (art. 315, § 2º, I e II)? São todas elas obviedades alarmantes, mas que calham para o momento porque, infelizmente, é prática mais do que comum, cotidiana, que a prisão cautelar seja determinada como consequência automática de haver indícios de autoria de um ilícito penal. A previsão legislativa é um esforço para que se cumpra a jurisprudência do STF em matéria de prisões cautelares, pois a prisão provisória realmente tem sido utilizada de modo abusivo, e isso é inquestionável diante dos dados informados pelo CNJ, dando conta de que 40% da população carcerária é de presos provisórios.

Seria possível citar ainda outros muitos exemplos de insubordinação das instâncias ordinárias (juízes e tribunais locais) em face da jurisprudência do STF, mas, para que a reflexão não se alongue ao infinito, parece prudente citar mais um exemplo: as condenações por tráfico de drogas. A realidade de um defensor público atuante na área criminal é profícua à demonstração das vicissitudes do sistema penal, e poucos meses de trabalho são suficientes para demonstrar que as prisões por tráfico de drogas, em sua grande maioria (intuitivamente, 95% dos casos), ocorre em um contexto onde não há investigação prévia. Assim, sempre após uma "denúncia anônima", a Brigada Militar ou a Polícia Civil comparecem no local e apreendem determinada porção de drogas com o sujeito ativo do crime. Não há flagrante na venda dos entorpecentes a terceiros. Não é apanhado o autor fracionando ou embalando as drogas. Tudo se resume a uma denúncia anônima de fonte desconhecida e à prisão do réu com determinada porção de entorpecentes. Nesses casos, ausentes provas objetivas do exercício da traficância, tem o STF concedido *habeas corpus* até mesmo para rescindir condenações definitivas, quando porções de drogas são próximas de 10 gramas. Confira-se, como exemplo, a decisão monocrática proferida pelo Min. Gilmar Mendes nos autos do HC 177.012/SP (BRASIL, 2019):

> HABEAS CORPUS
>
> Relator(a): Min. GILMAR MENDES
>
> Julgamento: 25/10/2019
>
> Publicação
>
> PROCESSO ELETRÔNICO
>
> DJe-234 DIVULG 28/10/2019 PUBLIC 29/10/2019

Partes

PACTE.(S): ELTON MARTINS ROCHA

IMPTE.(S): DEFENSORIA PÚBLICA DO ESTADO DE SÃO PAULO

ADV.(A/S): DEFENSOR PÚBLICO-GERAL DO ESTADO DE SÃO PAULO

COATOR(A/S)(ES): SUPERIOR TRIBUNAL DE JUSTICA

Decisão: Trata-se de *habeas corpus* com pedido de medida liminar, impetrado pela Defensoria Pública do Estado de São Paulo, em favor de Elton Martins Rocha, contra acórdão proferido pela Sexta Turma do Superior Tribunal de Justiça, que negou provimento ao AgRg no AREsp 1.084.657/SP.

Consta dos autos que o paciente foi denunciado pela suposta prática do delito descrito no art. 33, *caput*, da Lei 11.343/2006 (tráfico de drogas), por trazer consigo 5,14g de cocaína, restando condenado ao final da instrução após sua conduta ser desclassificada para aquela prevista no art. 28 da Lei de Drogas (porte de drogas para consumo pessoal) à pena de prestação de serviços à comunidade (eDOC 4, p. 1-4).

A defesa e o Ministério Público apelaram da decisão, tendo a 8ª Câmara de Direito Criminal do Tribunal de Justiça do Estado de São Paulo acolhido a tese ministerial na forma que ficou consignada na ementa a seguir transcrita:

"APELAÇÃO CRIMINAL – PLEITO DEFENSIVO DE ABSOLVIÇÃO DO ACUSADO, POR INCONSTITUCIONALIDADE DO ARTIGO 28, DA LEI 11.434/06. TESE SUPLETIVA DE REDUÇÃO DA REPRIMENDA IMPOSTA. PRETENSÃO MINISTERIAL DE CONDENAÇÃO DO RÉU NOS TERMOS DO ART. 33, *CAPUT*, DA LEI 11.343/06. CONDENAÇÃO ESTRIBADA NO ART. 28, DA LEI 11.343/06. CONJUNTO PROBATÓRIO ROBUSTO A INCRIMINAR O APELANTE NA FORMA PRETENDIDA PELO MINISTÉRIO PÚBLICO. SITUAÇÃO QUE NÃO AUTORIZA RECEPÇÃO AOS PEDIDOS DEFENSIVOS.

Recurso ministerial provido e defensivo desprovido, com determinação." (eDOC 6, p. 11)

Após TJSP impor a pena de cinco anos e dez meses de reclusão, em regime inicial fechado, e o pagamento de quinhentos e oitenta e três dias-multa, a defesa interpôs recurso especial postulando, em suma, a absolvição do réu por inconstitucionalidade do art. 28 da Lei de Drogas, ou a manutenção da sentença de primeira instância. (eDOC 7, p. 1-11)

Não admitido o recurso, agravou-se da decisão. (eDOC 8, p. 1-23)

No STJ, o agravo, inicialmente, não foi conhecido pela Ministra Relatora (eDOC 10, p. 1-3), ao que a defesa agravou da decisão, de modo que o respectivo acórdão, ora atacado, foi ementado da seguinte maneira:

"AGRAVO REGIMENTAL EM AGRAVO EM RECURSO ESPECIAL. AUSÊNCIA DE IMPUGNAÇÃO DE TODOS OS FUNDAMENTOS DA DECISÃO DE INADMISSÃO DO RECURSO ESPECIAL. AGRAVO IMPROVIDO.

1. A ausência de impugnação de todos os fundamentos da decisão de inadmissão do recurso especial obsta o conhecimento do agravo, nos termos do art. 932, III, CPC de 2015, art. 253, parágrafo único, I, do RISTJ e da Súmula 182 do STJ, aplicável por analogia.

2. Agravo regimental improvido." (eDOC 10, p. 19)

Nesta Corte, a Defensoria Pública sublinha que não se está a contestar a materialidade e nem a autoria da prática delitiva, mas apenas se espera nova valoração dos elementos fático-probatórios, haja vista que o paciente foi flagrado com diminuta quantidade de droga e os autos não demonstraram que haveria atividade de traficância.

Requer, liminarmente e no mérito, a desclassificação para o tipo previsto no art. 28, da Lei 11.343/2006.

É o relatório.

Passo a decidir.

Observemos, por oportuno, os fundamentos colados na decisão da 8ª Câmara de Direito Criminal do TJSP, após analisar as alegações de abuso policial:

"Demais, as testemunhas de defesa que, frise-se, não presenciaram os fatos, posto que apenas testemunharam quando o acusado já se encontrava detido, sem poder assim confirmar se antes da abordagem ele havia ou não dispensado a carteira contendo as dez porções de cocaína, daí porque nada disseram que pudesse alterar a prova produzida pela Acusação. Inclusive, apresentaram depoimentos divergentes entre si, uma afirmando que a alegada agressão por parte dos policiais teria ocorrido em local distante da residência do acusado, e a outra, ao contrário, dizendo que apenas foi contido em frente à casa dele.

Some-se a tal que, da fotografia de fl. 19, das drogas apreendidas, constata-se que as porções de cocaína encontradas na residência do réu, que inclusive admitiu serem suas, se encontravam embaladas de maneira idêntica às demais, encontradas na sua carteira, o que denota a fragilidade da argumentação exculpatória por ele invocada, de que os policiais teriam 'plantado' parte delas a caminho da Delegacia.

Patente, pois, a responsabilidade penal do processado pelo delito do artigo 33, *caput*, da Lei 11.343/06, não sendo a versão por ele retratada hábil a descaracterizar os relatos unânimes ofertados pelos policiais militares, que nenhum motivo tinham para falsamente o incriminar, vez que nem o conheciam.

Assim, não há como se atender aos pleitos defensivos, que ficam prejudicados em decorrência da análise acima feita." (eDOC 6, p. 25-27).

Como muito bem consignou o Juízo ordinário, e aqui faço questão de repeti-lo, se a prova dos autos não exclui a possibilidade de traficância, também não o comprova satisfatoriamente. Bem sabemos que a condenação por presunção é – ou ao menos deveria ser, num Estado de Direito – completamente alienígena à prática do Direito Penal. Os depoimentos das testemunhas civis e dos milicianos, aliados à ínfima quantidade de droga encontrada em posse do paciente – 5,14g de cocaína (eDOC 3, p. 3) –, revelam que não poderia ter sido outra a decisão de primeiro grau.

Por oportuno, colo julgado na linha do entendimento que aqui esposo:

"*HABEAS CORPUS*. PENAL E PROCESSO PENAL. EXISTÊNCIA DE TERATOLOGIA APTA A AFASTAR A INCIDÊNCIA DA SÚMULA 691. **TRÁFICO DE DROGAS. QUANTIDADE ÍNFIMA DE ENTORPECENTES (8,3 GRAMAS). DENÚNCIA POR TRÁFICO. CONDUTA QUE NÃO SE ADEQUA AO TIPO PENAL DO ART. 33 DA LEI DE TÓXICOS.** EXISTÊNCIA DE FATOS E PROVAS QUE DEMONSTRAM O DEPÓSITO PARA CONSUMO PESSOAL. TRANCAMENTO DA AÇÃO PENAL EM *HABEAS CORPUS*. EXCEÇÃO JUSTIFICADA PELA AUSÊNCIA DE JUSTA CAUSA. ORDEM CONCEDIDA. I – Peculiaridades do caso que revelam a existência de contexto fático apto a ensejar a admissão da presente ação constitucional, de modo a superar o verbete da Súmula 691/STF. II – Preso em flagrante, teve prisão posteriormente convertida em preventiva, por **guardar em sua residência, 8 gramas de *crack* e 0,3 grama de cocaína. Conduta que se assemelha ao tipo penal de consumo pessoal e não do tráfico de drogas.** III – O trancamento da ação penal em *habeas corpus* só é justificável diante da ocorrência de situações de ilegalidade ou teratologia, tais como aquelas constantes do art. 395 do Código de Processo Penal: (i) a denúncia for manifestamente inepta; (ii) faltar pressuposto processual ou condição para o exercício da ação penal; (iii) faltar justa causa para o exercício da ação penal. IV – Ordem concedida para trancar a ação penal e conceder a liberdade ao paciente, salvo se estiver preso por outro

> motivo." (HC 138.565/SP, Rel. Min. Ricardo Lewandowski, Segunda Turma, DJe 3.8.2017)
>
> Havendo, portanto, dúvidas e inconsistências acerca da traficância, bem como considerando a quantidade apreendida, que por si só já afasta a hipótese de traficância, a desclassificação da conduta para aquela prevista no art. 28, da Lei de Drogas, é forçosa. Isso porque todos os elementos fáticos dos autos apontam para o porte de substância entorpecente para consumo próprio.
>
> Ante o exposto, concedo a ordem, com base no art. 192, *caput*, do RI/STF, para determinar o restabelecimento da sentença de primeiro grau, nos termos em que foi proferida.
>
> Comunique-se, com urgência, a 3ª Vara Criminal da Comarca de Franca/SP (Proc. 0005209-56.2014.8.26.0196), a 8ª Câmara de Direito Criminal do Tribunal de Justiça do Estado de São Paulo (Proc. 0005209-56.2014.8.26.0196) e o Superior Tribunal de Justiça (AgRg no AREsp 1.084.657/SP, ou 2017/0092050-7).
>
> Publique-se. Int.
>
> Brasília, 25 de outubro de 2019.
>
> Ministro Gilmar Mendes
>
> Relator

Importante salientar que está pendente de julgamento, perante o STF, o RE 635.659, no qual se discute a adoção de um critério objetivo sobre a quantidade a divisar os casos de tráfico e posse para consumo. Pelos votos até então proferidos, há tendência de que seja adotado o parâmetro de que a quantia de até 25 gramas caracteriza presunção *juris tantum* de posse de drogas para consumo, podendo ser afastada a dita presunção somente por elementos objetivos que demonstrem a finalidade de mercancia do entorpecente.

Apenas para conferir credibilidade estatística a essa reflexão, examinando-se as últimas condenações emanadas da Comarca de Parobé, por tráfico de drogas (art. 33 da Lei 11.343/06), observam-se as seguintes quantidades de entorpecentes[4]: processo nº 157/2.09.0003248-1, **12,2 gramas** de entorpecente; processo nº 157/2.15.0000021-1, **0,31 grama**; processo nº 157/2.17.0002474-2, **3,2 gramas**; processo nº

[4] Triagem feita por ordem cronológica, a partir dos recursos de apelação interpostos pela Defensoria Pública, ou seja, não estão indicados nesta lista os processos que tiveram atuação de advogado particular, tampouco aqueles nos quais eventualmente proferida sentença condenatória e ainda não oportunizada vista à defesa.

157/2.17.0002665-6, **24 gramas**; processo nº 157/2.18.0002642-9, **13,4 gramas**; processo nº 157/2.14.0000832-6, **0,117 grama**; processo nº 157/2.18.0002227-0, **4 gramas**; processo nº 157/2.17.0000385-0, **4 gramas**; processo nº 157/2.10.0002411-1, **0,289 grama**; processo nº 157/2.16.0000493-6, **16,57 gramas.** O reportar destes dados não se destina a criticar um ou outro julgador, até porque, para isso, seria preciso discutir todas as peculiaridades dos casos, especialmente a inexistência de outros indicativos de traficância. Mas tais dados bem evidenciam que é incomum a apreensão de grandes quantidades de entorpecentes. São indicativos, ainda, de que as agências policiais estão sendo efetivas apenas para atuar no "varejo", exatamente porque as prisões decorrem de flagrantes de posse com pequenas quantias, sem investigação prévia. E há ainda a preocupante constatação de que, em dez casos, três condenações por tráfico foram em apreensões de quantias realmente ínfimas de entorpecentes, inferiores a uma grama.

São temas que têm sido tratados pelas instâncias ordinárias não com argumentos jurídicos, mas com argumentos políticos de substituição à escolha do legislador ordinário. Autofagia judiciária provoca um fenômeno circular. É comum ouvir no meio judicial que o excesso das prisões provisórias (impostas em verdade pela natureza do delito imputado) decorre do fato de que o processo penal é muito moroso, porque interpostos muitos recursos procrastinatórios pela defesa, sendo necessário, para garantir alguma efetividade, que a prisão seja imposta já no limiar do trâmite processual. Todavia, esses mesmos atores processuais, não por coincidência, são aqueles que alertam ao defensor em audiência que, pretendendo fazer valer o entendimento do STF, que "recorra o defensor até aquela instância Suprema", sempre resguardando a sua independência funcional como escudo a qualquer tipo de equívoco hermenêutico. É preciso ter bem claro que, nestes casos, não há recursos procrastinatórios que tenham sido interpostos pela defesa, mas sim uma **jurisdição procrastinatória.** Quando o juiz de direito decide, confessadamente, contra a jurisprudência do Supremo Tribunal Federal, escancarando à defesa que não seguirá o entendimento da máxima Corte Judicial do país, como exigir que a defesa não interponha recursos até a última instância, para fazer valer o entendimento que se sabe consolidado na Corte Constitucional? O desafio do Poder Judiciário, para o século em curso, será encontrar formas para conciliar a independência funcional dos juízes com um mínimo de "organicidade" e coerência do sistema judicial. Não há sentido lógico algum em um sistema onde qualquer julgador, sem qualquer constrangimento ou cerimônia, possa declarar inválida súmula vinculante ou jurisprudência vinculante emanada do STF. Se qualquer juiz pode dizer o que quiser a respeito do que é o Direito aplicável ao caso concreto, sem receio de violar súmulas, a lei ou precedentes de controle abstrato da constitucionalidade de caráter vinculante, então não há mais razão de existência da lei ou de uma Suprema Corte. A vingar essa lógica, o sistema judicial estará se condenando à pulverização de recursos e terá a sua credibilidade severamente comprometida, a ponto de não mais se justificar a existência de um Poder de Estado com tantas instâncias em desagregação.

3. A execução provisória da sentença penal condenatória recorrível proferida pelo Tribunal do Júri – quando será levado a sério o princípio constitucional da presunção de inocência

O Pacote Anticrime merece crítica, entretanto, no que flertou contra a jurisprudência do STF, com influxo de inconstitucionalidade. A redação do novo art. 492, I, "e", do CPP estabeleceu que, proferida a sentença condenatória pelo tribunal do júri, o juiz presidente mandará o réu recolher-se à prisão ou recomendá-lo-á à prisão em que se encontra, se presentes os requisitos da prisão preventiva, *ou determinará a execução provisória da pena*, se tiver sido condenado a uma pena igual ou superior a 15 anos de reclusão, sem prejuízo do conhecimento dos recursos que forem interpostos.

A primeira parte do dispositivo, evidentemente, não apresenta qualquer violação à integridade do sistema. Presentes os requisitos da prisão preventiva, a medida pode ser decretada em qualquer fase processual, de modo fundamentado, inclusive na sentença condenatória proferida pelo tribunal popular. Se o réu já respondeu preso, por estarem presentes os requisitos da custódia provisória, então com muito mais razão basta ao juiz presidente motivar por que persistem os motivos que ensejaram a medida cautelar.

O flerte com a inconstitucionalidade está na determinação de início da execução provisória da pena, caso tenha sido o réu condenado, em plenário, a pena igual ou superior a 15 anos. Veja-se que a lei sequer pretendeu dar a essa modalidade prisional um nome disfarçado de prisão cautelar, porque de fato não é. A denominação é de *execução provisória da pena*, ou seja, um cumprimento antecipado da condenação, antes do trânsito em julgado e sem a presença dos requisitos dos arts. 312 e 313 do CPP (havendo a presença destes pressupostos, será decretada ou mantida a prisão cautelar já imposta). Mais claramente, aquele que respondeu solto ao processo, se for condenado em primeira instância pelo tribunal popular a pena igual ou superior a 15 anos, terá de recolher-se ao sistema prisional, salvante exceção submetida à discricionariedade do juiz ou tribunal.

Está ressuscitado, mais uma vez, o automatismo prisional, que já existiu em nosso sistema processual penal e que foi extirpado do ordenamento por reformas legislativas que foram impulsionadas por movimentos de constitucionalização do direito processual penal. Parece que não se aprendeu o suficiente com a história, então convém relembrá-la.

O revogado art. 393 do CPP dispunha, em seu inciso I, que era um efeito da sentença penal condenatória recorrível recolher-se o réu à prisão:

> Art. 393. São efeitos da sentença condenatória recorrível:
>
> I – ser o réu preso ou conservado na prisão, assim nas infrações inafiançáveis, como nas afiançáveis enquanto não prestar fiança;
>
> II – ser o nome do réu lançado no rol dos culpados.

Em arremate, o art. 594 do CPP, em sua redação original, dispunha que o réu não poderia apelar sem recolher-se à prisão. Em 1973, esse dispositivo ganhou nova redação, permitindo-se que o juiz concedesse o apelo em liberdade, se o réu fosse "primário e de bons antecedentes, assim reconhecido na sentença condenatória, ou condenado por crime de que se livre solto". Tal dispositivo vigorou com essa redação até 2008, quando foi revogado pela Lei nº 11.719/2008. Já o art. 393, há muito ignorado pela jurisprudência, foi expressamente revogado somente em 2011 (Lei nº 12.403/2011).

Viveu-se época, então, em que a sentença de primeiro grau já possuía o efeito da execução provisória obrigatória, inclusive submetendo a apelação à deserção caso não fosse o réu recolhido efetivamente ao cárcere. Também a sentença de pronúncia, no rito do Júri, já foi causa de prisão automática. O então vigente art. 408, § 1º, do CPP, determinava que "na sentença de pronúncia o juiz declarará o dispositivo legal em cuja sanção julgar incurso o réu, mandará lançar-lhe o nome no rol dos culpados, recomenda-lo-á, na prisão em que se achar, ou expedirá as ordens necessárias para a sua captura". Em 1995, dito dispositivo foi modificado, excluindo-se a determinação de inclusão no rol dos culpados como efeito da pronúncia. Posteriormente, na grande reforma de 2008 (Lei nº 11.689/2008), a matéria foi tratada no art. 413, § 3º, do CPP, agora com ares de constitucionalidade:

> O juiz decidirá, motivadamente, no caso de manutenção, revogação ou substituição da prisão ou medida restritiva de liberdade anteriormente decretada e, tratando-se de acusado solto, sobre a necessidade da decretação da prisão ou imposição de quaisquer das medidas previstas no Título IX do Livro I deste Código.

Finalmente, a própria prisão preventiva já foi obrigatória quando do recebimento da ação penal, diante da redação original do art. 312 do CPP, que previa: "a prisão preventiva será decretada nos crimes a que for cominada pena de reclusão por tempo, no máximo, igual ou superior a dez anos". Por exemplo, nos delitos de roubo simples, sem majorantes, cuja pena sempre foi de quatro a dez anos de reclusão, era obrigatória, no ato de recebimento da acusação, a decretação da prisão preventiva do suposto autor do fato, independentemente de fundamentos cautelares relacionados à garantia da ordem econômica ou da ordem pública, conveniência da instrução ou garantia de aplicação da lei penal. Em 1967, a Lei nº 5.349 tornou uma faculdade ao juiz a decretação da prisão, abolindo a prisão automática pela pena máxima abstratamente cominada, e, desde então, o dispositivo foi diversas vezes reescrito.

Principalmente nas reformas após a Constituição Federal de 1988, o que se buscou com o expungir dos automatismos prisionais foi compatibilizar essas medidas com a sua natureza de providências cautelares do processo, a serem impostas de modo fundamentado (a fundamentação é sempre inimiga de qualquer automatismo decisório), como prevê o art. 5º, LXI, da CF: "ninguém será preso senão em flagrante delito ou por ordem escrita e fundamentada de autoridade judiciária competente, salvo nos casos de transgressão militar ou crime propriamente militar, definidos em lei". Mais, se "ninguém será considerado culpado até o trânsito em julgado de sentença penal condenatória" (CF, art. 5º, LVII), parece muito evidente, para a coerência do sistema, que ou a prisão subsiste pela forma de prisão cautelar, imposta com base nos requisitos de cautelaridade previstos nos arts. 311 a 313 do CPP, ou se tratará de uma mal disfarçada execução antecipada da pena imposta em condenação provisória, o que viola frontalmente o princípio da presunção de não culpabilidade ou presunção de inocência.

Exatamente por isso, o dispositivo do art. 283 do CPP, com a redação que lhe deu a Lei nº 12.403/2011 – "Ninguém poderá ser preso senão em flagrante delito ou por ordem escrita e fundamentada da autoridade judiciária competente, em decorrência de sentença condenatória transitada em julgado ou, no curso da investigação ou do processo, em virtude de prisão temporária ou prisão preventiva" –, foi declarado constitucional pelo STF quando do julgamento, no final do ano passado, das Ações Diretas de Constitucionalidade nº 43 e 44. A nova redação legal atribuída ao art. 283, pelo Pacote Anticrime, parece ter seguido a mesma inspiração – "Ninguém poderá ser preso senão em flagrante delito ou por ordem escrita e fundamentada da autoridade judiciária competente, em decorrência de prisão cautelar ou em virtude de condenação criminal transitada em julgado" –, já que a "ordem judicial escrita e fundamentada" recai, pelo aposto explicativo, nas hipóteses de (a) prisão cautelar ou (b) condenação transitada em julgado.

Ora, mas se o dispositivo é constitucional em sua redação anterior e também em sua nova redação, como conciliar com este preceito normativo a noção de que será feita a execução provisória da condenação imposta no tribunal do júri? Trata-se de flagrante contrariedade do Pacote Anticrime com o texto constitucional, com a interpretação que lhe deu o Supremo Tribunal Federal nos julgamento das mencionadas ações diretas de inconstitucionalidade, mas também de contradição interna do diploma legislativo, pois o que disposto em relação ao rito do tribunal do júri é nova hipótese de prisão provisória no curso do processo, que não é prisão cautelar, porque não ancorada nos requisitos do art. 312, e que também não é decorrente de flagrante ou de condenação transitada em julgado. Veja-se, é de clareza solar que o dispositivo do art. 283, em sua redação anterior ou na atual, não prevê a hipótese de prisão decorrente de sentença condenatória recorrível, ainda que se trate de sentença proferida no julgamento do tribunal popular: a prisão decorrente de sentença é somente aquela quando tiver a condenação transitado em julgado. Mesmo que se diga que a regra específica prevista no rito do tribunal do júri é norma especial em relação ao art. 283 do CPP em sua nova redação, não será possível superar o dilema de que também a Constituição Federal exige a ordem judicial fundamentada ou o trânsito em julgado da condenação (excluídas, portanto, as condenações recorríveis ou provisórias).

Há construção que deve ser severamente criticada, já endossada pelo Ministro Fux no julgamento das ADCs 43 e 44, no sentido de que por prisão decorrente de "ordem escrita e fundamentada do juiz" deveria se compreender inclusive a criação de novas hipóteses prisionais, que não a prisão decorrente de sentença condenatória definitiva ou prisão cautelar. Aqui, o engano é epistêmico. Evidentemente, quando o juiz é obrigado a fundamentar uma prisão cautelar, ele tem de mirar requisitos que estão previstos em Lei (arts. 312 e 313 do CPP). A prisão não é certa nem obrigatória. Depende de o juiz fundamentar, concretamente, porque estão presentes, no caso examinado, os requisitos que estão dispostos em abstrato na legislação. Não há como fundamentar uma prisão, em ordem escrita, se for criada modalidade sem requisitos dispostos em lei, ou, ainda, se a Lei não confere a opção de não prender. Que tipo de fundamentação oferecerá o juiz presidente do tribunal do júri, para determinar a execução provisória da sentença condenatória, que não o mero automatismo de ter sido o réu condenado a pena igual ou superior a 15 anos? O desfecho é obrigatório, então a opção é *ex lege*, e não decorrente de ordem escrita e fundamentada. A prisão decorre do fato de ter sido o réu condenado a 15 ou mais anos de reclusão, então, independentemente da análise das hipóteses de prisão cautelar (arts. 312 e 313 do CPP), o recolhimento é obrigatório. Qual seria a fundamentação? Tal disposição continua a violar, portanto, os preceitos constitucionais de que o réu não pode ser preso senão após a apuração de sua culpa de modo definitivo (presunção de não culpabilidade) ou por ordem escrita e fundamentada da autoridade judicial (aí mirando requisitos legais que podem ou não levar à prisão). Dito de modo mais claro, a fundamentação, para a hipótese de prisão decorrente de condenação definitiva, é aquela constante da sentença que reconhece a existência de um fato típico, ilícito e culpável, declarando a autoria sobre o réu, disposição esta alcançada pelo manto da coisa julgada; durante o curso do processo, a ordem escrita e fundamentada deve sê-la com base em parâmetros externos (não a vontade do juiz, mas o que está previsto em lei como requisito à imposição da medida cautelar), verificados conforme a análise judicial criteriosa, pois a prisão é hipótese de exceção no sistema constitucional. Se a opção é obrigatória e automática, sem parâmetros externos de verificação, então não há ordem escrita e fundamentada, mas sim a prisão imposta *ex lege* – *lege* esta que confronta com a Constituição Federal e com a própria redação atribuída ao art. 283 do CPP.

Malgrado se possa objetar que o caminho da execução provisória da sentença condenatória no rito do tribunal do júri não é obrigatório, pois, conforme as previsões dos §§ 3º e 5º do art. 492 do CPP, tanto o juiz presidente como o tribunal, no recebimento da apelação, poderiam lhe atribuir efeito suspensivo e determinar a sustação da ordem de recolhimento prisional, ditos dispositivos consagram um verdadeiro "salto carpado" de inversão do princípio constitucional da presunção de inocência. Usando expressões *abstratas e vagas*, dizem que o juiz presidente ou o tribunal poderão suspender a prisão se for alegada "questão substancial" que faça "plausível" a reforma do julgamento ou sua anulação. Ora, mas como se discute, objetivamente, o que é **plausível** e o que é **questão substancial?** O que tratou de prever a reforma, neste ponto, infelizmente, é que a presunção de inocência não vale para o julgamento do tribunal popular quando for aplicada pena igual ou superior a 15 anos, bem ainda que a suspensão da ordem prisional estará à livre disposição discricionária do juiz presidente ou do tribunal local. Verdadeira inversão da presunção constitucional de inocência.

A nova previsão parece criticável, também, pelo critério adotado da pena igual ou superior a 15 anos de reclusão. Por maior que seja o esforço que se tente fazer, não se entende por que a decisão do Júri Popular que condena o réu a uma pena de 15 anos de reclusão merece maior credibilidade do que aquela que condena o acusado a 14, 12 ou 8 anos de reclusão. A *ratio* parece ser: se o juiz presidente fixou a pena em 15 anos ou mais, certamente não errou; se a pena é inferior a isso, é preciso alguma cautela e aguardar o trânsito em julgado. De onde partiu tal premissa do legislador? De se lembrar que a dosimetria da pena é muito mais afeta ao juiz presidente do que aos jurados, pois o primeiro é quem analisa sozinho os vetores judiciais (art. 59 do CP), as agravantes e atenuantes, além de atribuir peso às qualificadoras reconhecidas pelo conselho de sentença na quesitação (aí sim tem sua análise limitada). O critério dos 15 anos, portanto, sequer se presta a homenagear o princípio da soberania dos veredictos...

O Supremo Tribunal Federal irá se debruçar sobre este tema, pois aprazado para fevereiro de 2020 o julgamento de ações nas quais se discute se é possível a execução provisória da condenação recorrível emanada do tribunal do júri, já tendo o Ministro Celso de Mello concedido medida cautelar para suspender o cumprimento da condenação, mas, em um cenário onde alguns ministros já se declararam favoráveis à prisão imediata após o julgamento do tribunal popular (Min. Dias Toffoli, Min. Barroso e Min. Fux, pelo menos, deram sinais de que são favoráveis à execução antecipada e imediata), realmente não se sabe o que esperar.

Melhor solução é que a Suprema Corte do país consiga preservar a coerência entre seus julgados, especialmente em face do recente julgamento das ADCs 43 e 44, pois, se a Constituição Federal e o próprio Código de Processo Penal somente admitem a prisão decorrente de condenação com trânsito em julgado, não há razão alguma para pensar que decisão condenatória proveniente do júri popular, sem trânsito em julgado, possa autorizar a prisão. E se pela via do ativismo judicial quiserem consagrar essa burla ao primado da presunção de inocência, que se o faça com argumentos verdadeiros, e não sob pretensa defesa do princípio constitucional da soberania dos veredictos do tribunal popular (art. 5º, XXXVIII, "c", da CF). A soberania do tribunal popular sempre foi entendida como a prerrogativa que possuem os jurados de decidir o mérito da ação penal, nos crimes dolosos contra a vida, sem a influência do juiz togado e sem a possibilidade de que o tribunal de apelação venha a sobrepor-se a tal decisão de mérito, pois somente por uma vez, se entender que a decisão dos jurados é manifestamente contrária à prova dos autos, poderá determinar a renovação do julgamento (art. 593, § 3º, do CPP). Em síntese, não cabe ao juiz presidente, togado, tampouco ao tribunal, substituir a decisão de mérito dos jurados pela sua, se há alguma vertente probatória nos autos que conforta a decisão dos jurados.

É muito claro, porém, àqueles que militam na área criminal, que inúmeras vicissitudes podem fazer com que o juiz tente impor sua convicção sobre a dos jurados, podendo até mesmo proferir a sentença condenatória contra a vontade dos jurados ou, noutra variante, suprimir a submissão das teses defensivas ao crivo dos jurados.

Em todos esses casos, a prisão, uma vez fixada pena igual ou superior a 15 anos, será automática, decorrendo mais da interpretação do juiz sobre a resposta dos jurados do que da própria vontade destes.

Talvez seja preciso exemplificar, para que fique mais claro. O caso paradigma conhecido como "massacre do Carandiru" é um deles. O Coronel Ubiratan foi condenado, em primeiro grau, perante o tribunal popular, a cumprir 632 anos de reclusão pela morte de 102 detentos na casa de detenção. O julgamento ocorreu em 2001 e, naquela época, a quesitação ocorria de modo destacado por teses defensivas, ao contrário do que ocorre hoje, onde um quesito genérico ("O jurado absolve o réu?") responde a todas as teses absolutórias invocadas. Pois os jurados, à época, recusaram a tese de que o comandante geral da polícia militar havia agido em estrito cumprimento do dever legal, reconhecendo, portanto, a antijuridicidade da conduta. Todavia, a defesa invocou também a excludente da culpabilidade pela inexigibilidade de conduta diversa, que foi aceita pelos jurados em quesito posterior. O juiz presidente, entretanto, tornou sem efeito a resposta do quesito da exclusão da culpabilidade, pois seria aparentemente contraditório com a resposta do quesito anterior (exclusão da ilicitude por estrito cumprimento do dever legal), já que a razão pelas quais os jurados consideraram plausível, diante dos argumentos da defesa, afirmar que dele não seria exigível conduta diversa era exatamente o fato de estar agindo em cumprimento do dever funcional de comandante da corporação militar. Todavia, terminou o Tribunal de Justiça de São Paulo, por seu órgão especial, por anular a sentença do juiz presidente para consolidar a absolvição proclamada pelos jurados na resposta ao quesito da culpabilidade. O tribunal paulista, naquele caso, entendeu que as teses eram distintas (uma exclui a culpabilidade do agente, outra a ilicitude da conduta) e, assim, nada impedia que os jurados negassem a primeira e afirmassem a segunda. Nada mais fez do que aplicar o art. 593, § 1º, do CPP: "se a sentença do juiz-presidente for contrária à lei expressa ou <u>divergir das respostas dos jurados aos quesitos</u>, o tribunal *ad quem* fará a devida retificação". O caso, portanto, não foi submetido a novo julgamento pelo tribunal popular, pois, como dito, o TJSP reconheceu que o juiz presidente usurpou a sua atribuição e se sobrepôs à decisão dos jurados, que foi absolutória por exclusão da culpabilidade. Fosse hoje, o Coronel Ubiratan teria sido preso no julgamento de primeira instância, **com o pretenso argumento de proteção da soberania dos veredictos**, quando, em verdade, o que fez o juiz presidente foi exatamente sobrepor sua vontade à dos jurados. É preciso desfazer esse mito, portanto, de que o julgamento pelo tribunal popular é simples e que o que expressado na sentença proferida em plenário só pode resultar da manifestação soberana e válida dos jurados. Há léguas de distância entre a vontade dos jurados soberanos e a legitimidade da condenação proferida pelo juiz presidente, que depende de toda a regularidade formal com que conduzido o procedimento em plenário. Não se esqueça, aliás, que na Constituição Federal, ao lado da soberania do tribunal popular, está escrito, no art. 5º, XXXVIII, "a", da CF, que o julgamento deve ser balizado pela plenitude de defesa. Se não for assegurada a plenitude de defesa – certamente, mais por alguma conduta do juiz presidente ou do promotor de justiça, e não pelo agir dos jurados –, a manifestação não será válida.

Mas cumpre percorrer outros exemplos do cotidiano de um defensor plenarista, para que não fique a impressão de que o caso invocado está ultrapassado, já que a forma de quesitação hoje vigente impediria aquele equívoco, pela existência do quesito genérico da absolvição. Adiante, portanto. Após a reforma de 2008, como já dito, passou a ser obrigatória a formulação de quesito genérico que concentra todas as teses absolutórias em favor do réu. Assim, serão os jurados indagados primeiro sobre a materialidade do fato, quesito comumente conjugado com o nexo causal (no crime de homicídio, o mais comum dos dolosos contra a vida, significa reconhecerem os jurados que o resultado morte ocorreu e que ele decorreu, *v.g.*, de disparos de arma de fogo ou golpes de arma branca, etc.). Após, diz o art. 483, II, serão os jurados indagados sobre a autoria delitiva. Posteriormente, nos termos do inciso III, devem ser indagados se "o jurado absolve o acusado?" (art. 483, § 2º, do CPP). Trata-se, exatamente, de quesito que simplifica o questionário e consagra a soberania dos veredictos, pois o réu poderá ser absolvido não somente pelas teses invocadas pela defesa técnica, mas por teses que o próprio réu tenha invocado em autodefesa (interrogatório em plenário), simplesmente por clemência, pelo conceito social de que dispõe na sociedade que integra ou até mesmo por argumentos que foram vislumbrados apenas por um jurado específico, sem que teses tenham sido aventadas em plenário.

Pois, ainda hoje, inobstante a clareza ímpar do art. 483 do CPP, é preciso discutir, levando-se o tema até o STJ, se o quesito genérico da absolvição deve ou não ser dirigido aos jurados. Confira-se:

> PROCESSO PENAL. AGRAVO REGIMENTAL NO RECURSO ESPECIAL. INCIDÊNCIA DA SÚMULA 568/STJ. TRIBUNAL DO JÚRI. AUTORIA E MATERIALIDADE RECONHECIDAS. ABSOLVIÇÃO DO RÉU. CONTRADIÇÃO. INEXISTÊNCIA. ABSOLVIÇÃO GENÉRICA. QUESITO OBRIGATÓRIO INDEPENDENTEMENTE DA TESE DEFENSIVA.
>
> 1. Não há falar em ofensa ao princípio da colegialidade em razão de se ter julgado o presente recurso por meio de decisão monocrática, uma vez que, de acordo com a Súmula 568/STJ, "o relator, monocraticamente e no Superior Tribunal de Justiça, poderá dar ou negar provimento ao recurso quando houver entendimento dominante acerca do tema".

> **2. A jurisprudência desta Corte Superior de Justiça é no sentido de que o art. 483, inciso III, do Código de Processo Penal traduz uma liberalidade em favor dos jurados, os quais, soberanamente, podem absolver o acusado mesmo após terem reconhecido a materialidade e autoria delitivas, e mesmo na hipótese de a única tese sustentada pela defesa ser a de negativa de autoria. Precedentes.**
>
> 3. Agravo regimental improvido (BRASIL, 2016c).

Ora, neste caso específico, optando o juiz por suprimir o quesito genérico da absolvição (art. 483, III, do CPP), terá invadido a soberania do colegiado popular e proferido a sentença condenatória, eventualmente superior a 15 anos de reclusão, por seu livre arbítrio, sem colher da forma correta o assentimento dos jurados para a condenação, tendo isso como efeito a imediata prisão do réu, já que a sentença proferida pelo juiz presidente terá força executiva imediata. Ou seja, o juiz presidente, nesse caso, vigente a novel previsão legislativa, terá solapado a vontade dos jurados e terá determinado a execução provisória da pena exatamente em homenagem à soberania dos veredictos do tribunal popular. Não é de causar perplexidade?

Mantendo-se no plano da quesitação, apenas para manter a problemática neste foco, é pertinente reportar o caso do *excesso culposo de legítima defesa*. Alguns juízes entendem que a tese não pode ser quesitada de modo autônomo. Isso porque só há excesso se houve antes legítima defesa. Ocorre que, no terceiro quesito, se tiverem os jurados respondido SIM, terão absolvido o réu pela legítima defesa real, e, respondendo NÃO, automaticamente estarão condenando o réu por crime doloso, pressupondo a inexistência de legítima defesa (inexistente esta, resta afastado também seu excesso culposo).

A *ratio,* porém, não é das melhores. Primeiro, por um argumento simples. Se ao juiz togado, por exemplo, julgando crime que não seja doloso contra a vida (lesão corporal grave ou gravíssima), seria dado reconhecer o excesso culposo de legítima defesa, é fato que aos jurados, apreciando o crime doloso contra a vida, deve ser assegurada a mesma **liberdade decisória**. Em síntese, a tese existe no plano jurídico e deve ser possível o seu reconhecimento pelos jurados, que não podem ter a sua cognição limitada, exatamente pela soberania que lhes é reservada.

Segundo, é incorreto pressupor que a resposta NÃO dos jurados ao quesito da absolvição afasta a legítima defesa com qualquer consectário. A resposta NÃO contempla inclusive a hipótese de legítima defesa com excesso doloso da causa excludente da ilicitude. O excesso doloso de legítima defesa nada mais é do que a quebra da proporcionalidade da reação ou o uso imoderado dos meios de defesa, com dolo de matar (além daquele de meramente se defender), razão pela qual, reconhecido o excesso doloso, há de ser o réu condenado. Assim, não há outra via senão, uma vez invocada a tese subsidiária de legítima defesa com excesso culposo, ser formulado quesito específico após o terceiro ("o jurado absolve o acusado?").

Delmar Pacheco da Luz (2011, p. 16-27), no artigo intitulado **"Tribunal do Júri: a nova quesitação"**, disserta:

> Outra hipótese de desclassificação imprópria será quando sustentado que o acusado apenas excedeu-se culposamente no emprego da excludente de ilicitude, prevista no parágrafo único do art. 23 do Código Penal: 'o agente, em qualquer das hipóteses deste artigo, responderá pelo excesso doloso ou culposo'. Como destaca Alberto Silva Franco, o excesso pode se dar em qualquer das causas de exclusão de ilicitude, já que todas elas estabelecem um limite para quem age ao seu abrigo (Código Penal e sua Interpretação, 8.ed. São Paulo: Revista dos Tribunais, 2007, p. 199). Como sublinha o mesmo autor: 'por outro lado, o excesso será culposo quando o agente, por não ter empregado o dever de cuidado que nas circunstâncias lhe era exigível, desvia-se dos limites fixados pela lei para a excludente, sempre que o resultado lesivo de sua conduta esteja tipificado como crime culposo.' (ibidem).
>
> Vale lembrar aqui que dentre os crimes da competência originária do Júri, ou seja, dentre os crimes contra a vida, o único que prevê a modalidade culposa é o homicídio.
>
> Tratando-se de matéria atinente ao mérito, ela será obrigatoriamente formulada ao Conselho de Sentença, a quem compete definir se o alegado excesso na atuação sob o abrigo de uma das excludentes de ilicitude teria sido apenas culposo, já que o eventual excesso doloso afasta, por falta de requisito, a própria excludente, concluindo-se pela condenação do acusado.
>
> Como o novo sistema não contempla a formulação individualizada dos requisitos da excludente, como acontecia no sistema antigo, o reconhecimento do excesso terá que ser sustentado pela defesa como tese específica, a ser formulada de maneira direta:
>
> "O réu excedeu apenas por culpa os limites da legítima defesa (ou de qualquer das outras excludentes)?"
>
> **<u>O reconhecimento do excesso culposo, no entanto, não deve ser confundido com a desclassificação do homicídio doloso para culposo (o que pode se</u>**

> **dar apenas na desclassificação própria – quando os jurados não julgarão o mérito do fato, limitando-se a afastar a forma dolosa, como visto acima).**
>
> Vale transcrever aqui a lição de Hermínio Alberto Marques Porto sobre a natureza jurídica do excesso culposo: 'o excesso culposo, *nomem juris* para identificar o parágrafo único do art. 23 do CP, indica regra de relação da pena ao fato 'se este punível como crime culposo', enquanto a figura não contém conceito de culpa própria; o excesso de defesa, ou excesso na legítima defesa, nomes de melhor coadunação à figura, não contém, reiteramos, os elementos da infração culposa, e a menção feita pelo parágrafo ao 'crime culposo' é restrita a um objetivo de chamamento ou referência para encontro de quantidade penal' (Júri, 9.ed. São Paulo: Malheiros Editores Ltda., 1998, p. 230).
>
> Por essa razão, **não há qualquer incompatibilidade do reconhecimento do excesso culposo com o homicídio tentado**. Hipótese em que sobre a pena do homicídio culposo incidirá a redução decorrente da tentativa (de um a dois terços).
>
> O reconhecimento do excesso culposo, ou excesso na defesa, como quer Hermínio Marques Porto, prejudica o exame de eventuais qualificadoras, pois a medida da pena será a do § 3º do art. 121 do Código Penal, o que é incompatível com o reconhecimento da forma qualificada do homicídio.
>
> Quanto à causa de aumento de pena prevista na parte final do § 4º do art. 121, entretanto, é ela compatível **pois a condenação pelo excesso culposo é condenação por homicídio doloso a que se aplica, por política criminal, a pena da forma culposa**.

O eminente Desembargador Gaúcho Aramis Nassif (2009, p. 151), hoje aposentado, na obra **"O Novo Júri Brasileiro"**, chega à mesma conclusão:

> O aparente impasse desenha-se, todavia, porque feita a opção dos jurados pela condenação, estaria afastada, também, a possibilidade de que fosse reconhecido que o acusado tenha, apenas, excedido-se culposamente nos limites da excludente.
>
> Seria hipótese de buscar a defesa a desclassificação para homicídio culposo? Não. É que a tese desclassificatória antecede ao da condenação e, então, ficaria sem resposta outra indagação: como reconhecer o excesso sem a condenação?
>
> A verdade é que não se pode admitir que, por se tratar de julgamento pelo Tribunal do Júri tenha sido abolida a possibilidade de condenação por ter o agente se excedido no exercício da descriminante. Tal entendimento determinaria

> equiparação daquele agente que, em determinado momento, defendia-se de agressão injusta, atual ou iminente, mata o agressor e aquele que jamais esteve em posição defensiva e simplesmente comete o homicídio.
>
> Convence, em forçada interpretação, que seja possível adotar a regra do § 4º para a superação do impasse, ou seja, consumada a condenação, e sustentada a tese da excludente, a pedido da defesa, formular o quesito sobre o excesso culposo, mesmo que não resulte em desclassificação da infração para outra de competência do juiz singular.

Saulo Brum Leal (2001, p. 250-251), citando jurisprudência nos dois sentidos e argumentando ser hoje preponderante o entendimento de que o excesso culposo deve ser quesitado, mesmo no crime de homicídio tentado, assevera:

> Por algum tempo resistimos à ideia de questionar o júri sobre o quesito do excesso culposo na tentativa de homicídio. Mas posteriormente, para não praticar uma injustiça para com o réu acusado de tal crime, resolvemos, como Presidente do Tribunal do Júri da Comarca de Porto Alegre, formular tal quesitação.
>
> Acontece que, no caso, não se trata de crime culposo o cometido pelo acusado, mas sim de um fato em que é aplicada a pena de um crime culposo, pela simples razão de ter o réu agido com excesso na excludente invocada e acolhida pelos jurados. O excesso afirmado pelo júri não torna o crime culposo, porque não deve ser confundido o excesso culposo da excludente com o crime culposo.
>
> Ademais, para o crime consumado admite-se a formulação de tal quesito, e para a tentativa, crime menor, inadmite-se. Como negar-se para crime menor um tratamento mais favorável e admitir-se o mesmo tratamento para o crime punido com pena maior? Seria preferir que o acusado então consumasse o delito, pois aí estaria tendo tratamento penal mais benéfico.
>
> A matéria, atualmente, já é mais pacífica no sentido da obrigatoriedade de formulação de tal quesito e independentemente de arguição no recurso.

Ainda distinguindo o homicídio culposo do excesso culposo de legítima defesa no homicídio, consigna Hermínio Alberto Marques Porto (2005, p. 243) que:

> Na culpa, 'a vontade e a previsão não se encontram presentes em todo processo delituoso; só a conduta inicial é voluntária: o resultado lesivo não é querido pelo agente e previsto ele o é, só excepcionalmente, nos casos de culpa consciente', punindo-se, no delito culposo, 'a previsibilidade e também

> a previsão do evento, já no excesso, 'no excesso de defesa, o evento não é previsível, não se prevê, mas é querido', daí não decorrer dúvida de 'que o excesso culposo previsto pelo Código não se harmoniza com a norma do delito culposo', e, como no excesso, o resultado foi desejado, nele pode ser encontrado o 'esquema do dolo, que pressupõe a previsão e voluntariedade do evento', esquema submetido a uma valoração excepcional que, adstrita a 'razões atinentes à situação concreta de agir', levou o legislador a considerar 'oportuno' puni-lo como delito culposo.

Essa é a peculiaridade doutrinária que permite solucionar adequadamente a questão: o excesso culposo não torna o crime culposo, até mesmo porque não existe legítima defesa por imperícia, negligência ou imprudência. Aquele que se defende de uma injusta agressão age com consciência e vontade e, portanto, dolosamente. A culpa reside apenas no excesso, ou seja, decorre de culpa o fato de o agente não ter conseguido manter a sua reação de defesa no plano da proporcionalidade e daquilo que se esperava como uso moderado dos meios necessários.

Veja-se, outra vez, que, negando-se o juiz presidente a quesitar os jurados sobre a tese defensiva de excesso culposo (a qual, se acolhida, levará à aplicação da pena do homicídio culposo, que jamais será próxima de 15 anos de reclusão), terá condenado o réu sem tomar em correto escrutínio a vontade dos jurados, e, inobstante, terá determinado, no rito hoje vigente, a prisão provisória do acusado, em pretensa homenagem à soberania do tribunal popular, quando em verdade o juiz presidente restringiu a possibilidade de formação de convicção pelo colegiado popular.

É dever alertar que ainda hoje encontra-se resistência jurisprudencial para a quesitação do excesso culposo, como se vê dos precedentes a seguir indicados:

> RECURSO ESPECIAL. TRIBUNAL DO JÚRI. EXCESSO CULPOSO. QUESITAÇÃO. AUSÊNCIA. NULIDADE NÃO CONFIGURADA. LEI Nº 11.689/2008. QUESITO GENÉRICO. ENUNCIADO Nº 83 DA SÚMULA DO STJ. DISSÍDIO JURISPRUDENCIAL. RECURSO INTERPOSTO SOMENTE PELA ALÍNEA A. RECURSO NÃO ADMITIDO. (RIO GRANDE DO SUL, 2019a).
>
> JÚRI. LEGÍTIMA DEFESA. QUESITAÇÃO RESPONDIDA NEGATIVAMENTE. AUSÊNCIA DE QUESITO SOBRE EXCESSO CULPOSO. INEXISTÊNCIA DE NULIDADE. Como vem decidindo o Superior Tribunal de Justiça, e cita-se jurisprudência recentíssima: "No tocante à nulidade do julgamento decorrente da ausência de quesito sobre o excesso culposo, verifica-se que o entendimento assente nesta Corte é no sentido de que, após a entrada em vigor da

> Lei nº 11.689/2008, é apenas obrigatória a quesitação relativa à absolvição do réu pelos jurados. Assim, a ausência de quesitação específica no tocante ao excesso culposo na legítima defesa não é causa de nulidade, nem há falar em inconstitucionalidade de referida norma. (AgRg no AREsp 1447106, j. em 15.8.2019, DJe 20.8.2019). Embargos infringentes rejeitados. Unânime. (RIO GRANDE DO SUL, 2019b).

Agora na direção oposta, reconhecendo a obrigatoriedade da quesitação autônoma do excesso culposo:

> APELAÇÃO CRIME. TRIBUNAL DO JÚRI. INOVAÇÃO DEFENSIVA EM SEDE DE TRÉPLICA. AUSÊNCIA DE QUESITAÇÃO. OCORRÊNCIA DE CERCEAMENTO DE DEFESA. NULIDADE DO JULGAMENTO. Ocorrência de cerceamento de defesa. Indeferimento de formulação de quesito baseado em tese defensiva de excesso culposo de legítima defesa, aventada em sede de tréplica. Inovação defensiva em Plenário que não deve ser analisada somente pela ótica do princípio do contraditório, mas também pela perspectiva do princípio da plenitude de defesa. Quesitação de tese suscitada pela defesa em Plenário que era impositiva. Súmula 156 do Supremo Tribunal Federal que prevê que "é absoluta a nulidade do julgamento, pelo Júri, por falta de quesito obrigatório". Acolhimento da preliminar de nulidade do julgamento e remessa dos autos à origem para realização de novo Júri. PRELIMINAR ACOLHIDA. RECURSO PROVIDO. (RIO GRANDE DO SUL, 2019c).
>
> JÚRI. TENTATIVA DE HOMICÍDIO. EXCESSO CULPOSO. DECISÃO CONTRÁRIA À PROVA DOS AUTOS. SENTENÇA DO JUIZ PRESIDENTE CONTRÁRIA À DECISÃO DOS JURADOS. Necessidade de indagação sobre o excesso culposo na legítima defesa putativa, na hipótese de homicídio tentado, pois a culpa se configura apenas no excesso e não no núcleo do tipo que permanece doloso. Correta a quesitação. Decisão que acolhe, em parte, a tese da legítima defesa putativa, reconhecendo o excesso culposo abrigada em uma das vertentes probatórias emergentes no processo não pode ser considerada contrária à prova dos autos. Julgamento que se convalida. Entretanto, contrária à decisão dos jurados a sentença da Juíza Presidente, declarando o réu absolvido com fundamento no artigo 386, V, do Código de Processo Penal, pois, diante do resultado do julgamento, o acusado restou condenado na esdrúxula figura do homicídio culposo tentado, cabendo, então a aplicação da pena correspondente. Sentença que se anula a fim de evitar supressão de instância. APELO DO MINISTÉRIO PÚBLICO PARCIALMENTE PROVIDO COM FULCRO NO ARTIGO 593, III, B, DO C.P.P. (BRASIL, 2003).

Ora, a tese que nega a quesitação autônoma do excesso culposo suprime a possibilidade de que venham os jurados a reconhecer a tese, que existe fática e juridicamente. Se a resposta positiva ao terceiro quesito encerra o julgamento, por estar o réu absolvido por uma legítima defesa real, o mesmo não pode ser dito da resposta condenatória ("NÃO" ao terceiro quesito), que pode significar que o réu nunca agiu em legítima defesa, que agiu em legítima defesa com excesso doloso, ou, ainda, que agiu em legítima defesa com excesso culposo. O quesito autônomo, portanto, apenas tornará objetiva a distinção entre essas três hipóteses, não se olvidando que, de qualquer modo, o reconhecimento do excesso culposo de legítima defesa implica *condenação do réu* nas penas do crime de homicídio culposo (de modo que a resposta NÃO ao terceiro quesito jamais haveria de ser tomada como incompatível com essa tese, máxime porque delito culposo e excesso culposo são coisas distintas).

A dissidência jurisprudencial anteriormente reportada demonstra, claramente, que é cotidiana a prática de suprimir-se a possibilidade de os jurados se pronunciarem sobre determinado tema para validar julgamentos obscuros, que não refletem necessariamente a vontade dos jurados. Haveria outros exemplos, como o uso de provas surpresa pela acusação em plenário (não juntadas oportunamente aos autos), o uso não fundamentado de algemas e, pior que isso, a referência em plenário às algemas para incutir indevidamente nos jurados a influência desabonadora de que o réu é pessoa perigosa e deve ser condenada mesmo com poucas provas[5], e assim por diante.

---

[5] Ainda hoje a matéria precisa ser levada ao STJ: "AGRAVO REGIMENTAL. USO DE ALGEMAS EM SESSÃO DE JÚRI. AUSÊNCIA DE JUSTIFICATIVA CONCRETA. NULIDADE ABSOLUTA. NECESSIDADE DE NOVO JULGAMENTO. SÚMULA VINCULANTE 11 DO STF. AGRAVO PROVIDO.

1. O uso de algemas – de quem se apresenta ao Tribunal ou ao juiz, para ser interrogado ou para assistir a uma audiência ou julgamento como acusado – somente se justifica ante o concreto receio de que, com as mãos livres, fuja ou coloque em risco a segurança das pessoas que participam do ato processual.

2. Não se mostra aceitável que se obvie a presunção de inocência (como regra de tratamento) e se contorne o rigor da Súmula Vinculante n. 11 com motivação genérica e abstrata que, na prática, serviria para todos os casos de pessoas julgadas pelo Tribunal do Júri, visto que se cuida de órgão jurisdicional incumbido de julgar os crimes mais graves do Código Penal, definidos quase sempre como hediondos.

3. A menos que se aduza alguma peculiaridade do caso concreto, a denotar efetivo risco de que o réu, com mãos livres, poderá pôr em risco a segurança dos circunstantes ou fugir – risco que não pode decorrer do simples fato de responder por crime hediondo – revela-se ilegal a manutenção do réu algemado durante a sessão de julgamento, máxime perante juízes leigos, para quem o simbolismo do uso de algemas pelo acusado possui significado mais relevante do que se se tratasse de julgamento perante juiz togado" (RHC n. 76.591, Ministro Rogerio Schietti Cruz, DJe 30/3/2017).

4. Agravo regimental provido para prover o recurso especial e reconhecer a nulidade absoluta do julgamento realizado em plenário pelo 4º Tribunal do Júri da comarca da Capital/SP nos autos do Processo n. 0004044-28.2008.8.26.0052, determinando que o agravante seja submetido a novo julgamento em plenário, a ser realizado sem o uso de algemas, salvo a ocorrência de algum motivo concreto, devidamente relatado e que justifique a imposição do gravame." (BRASIL, 2017).

As agruras de um defensor criminal, portanto, passam muito longe de querer desprezar a liberdade e soberania que possuem os jurados para decidir o mérito da ação penal, respondendo o questionário. São raras as possibilidades consistentes de impugnar-se a decisão dos jurados porque manifestamente contrária à prova dos autos. Seria preciso que nenhuma vertente probatória confortasse a decisão de mérito tomada pelo conselho de sentença, o que se apresenta verdadeiramente excepcional e raro no cotidiano forense. A problemática real e tormentosa passa pelo fato de que o rito do tribunal do júri é complexo e muitas, quase infinitas, possibilidades existem para que a vontade dos jurados seja suprimida ou não seja escrutinada de modo válido, afora outras possibilidades de que o ritual seja nulo pela inobservância do direito de plenitude de defesa.

Assim, se quiser a Suprema Corte consagrar a execução provisória da condenação de primeira instância advinda do tribunal popular, que o faça por argumento diverso da soberania dos veredictos. Vigente a presunção constitucional de inocência, parece razoável que somente com o trânsito em julgado a pena possa ser executada, mesmo porque aí se terá a declaração judicial definitiva de que a vontade dos jurados foi *corretamente escrutinada* (não decorre, portanto, da substituição da vontade do juiz presidente em sobreposição àquela dos jurados) e o procedimento transcorreu em conformidade com a plenitude do direito de defesa, da qual depende incondicionalmente sua validade.

4. Ao encerrar, o convite ao debate: homenagem a Renata Almeida da Costa

Diversas são as nuances do "Pacote Anticrime", que somente a prática do dia a dia trará à tona. Outras tantas são as "angústias" que desde já se somam – apenas mais um tópico: o "novel" Acordo de Não Persecução Penal, sem a vigência do Juiz de Garantias, pode se tornar um mecanismo nefasto para os acusados –, as quais, por certo, serão objeto de análise acurada da academia.

E falar em academia é falar na homenageada desta coletânea. Renata, forjada nas Jornadas de Literatura de Passo Fundo, é uma professora nata, que ama ser e estar na academia. É o espaço do encontro dela com ela mesma, do encontro de Renata com as "angústias" que lhe movem.

As reflexões aqui propostas, pois, nos fazem rememorar das conversas e aprendizados dos tempos de assessoria do Desembargador Amilton Bueno de Carvalho. Naquela época, o diálogo diário era guiado pela presença do "chefe", um marco teórico e pessoal na vida de todos nós. Passados esses anos, temos um pouco de cada um na nossa trajetória. Renata seguiu o seu caminho: aquele que ela e Germano já há muito traçaram.

Fica aqui, pois, um convite ao debate.

Referências

BRASIL, **Decreto-lei nº 2.848, de 7 de dezembro de 1940**. Código Penal. Disponível em: <http://www.planalto.gov.br/ccivil_03/decreto-lei/del2848compilado.htm>. Acesso em: 16 jul. 2020.

BRASIL, **Decreto-lei nº 3.689, de 3 de outubro de 1941**. Código de Processo Penal. Disponível em: <http://www.planalto.gov.br/ccivil_03/decreto-lei/del3689compilado.htm>. Acesso em: 16 jul. 2020.

BRASIL. **Lei nº 13.964, de 24 de dezembro de 2019.** Aperfeiçoa a legislação penal e processual penal. Disponível em: <http://www.planalto.gov.br/ccivil_03/_ato2019-2022/2019/lei/L13964.htm>. Acesso em: 16 jul. 2020.

DA LUZ, Delmar Pacheco. Tribunal do Júri: a nova quesitação. **Revista do Ministério Público do RS**, n. 70, Porto Alegre, set./dez. 2011, p. 11-32. Disponível em: <http://www.amprs.org.br/arquivos/revista_artigo/arquivo_1325162169.pdf>. Acesso em: 16 jul. 2020.

FERRY, Luc. **Aprender a viver:** filosofia para os novos tempos. Rio de Janeiro: Objetiva, 2007.

LEAL, Saulo Brum. **Júri Popular:** doutrina, quesitos, jurisprudência, modelos, legislação. 4.ed. Porto Alegre: Livraria do Advogado, 2001.

NASSIF, Aramis. **O novo júri brasileiro.** Porto Alegre: Livraria do Advogado, 2009.

PAVIANI, Jayme. **Ensinar:** deixar aprender. Porto Alegre: Edipucrs, 2003.

PORTO, Hermínio Alberto Marques. **Júri.** 11.ed. São Paulo: Saraiva, 2005.

STRECK, Lenio Luiz. **O Que é Isto – Decido Conforme Minha Consciência?** 4.ed. (Coleção O que é isto?) Vol. 1. Porto Alegre: Livraria do Advogado, 2012.

SUPERIOR TRIBUNAL DE JUSTIÇA. **AgRg no AREsp 1053049** – São Paulo. AGRAVO REGIMENTAL. USO DE ALGEMAS EM SESSÃO DE JÚRI. AUSÊNCIA DE JUSTIFICATIVA CONCRETA. NULIDADE ABSOLUTA. NECESSIDADE DE NOVO JULGAMENTO. SÚMULA VINCULANTE 11 DO STF. AGRAVO PROVIDO. [...]. Rel. Ministra MARIA

THEREZA DE ASSIS MOURA, Rel. p/ Acórdão Ministro SEBASTIÃO REIS JÚNIOR, SEXTA TURMA, julgado em 27/06/2017, Publicado em: 02/08/2017. Disponível em: <https://stj.jusbrasil.com.br/jurisprudencia/485203575/agravo-regimental--no-agravo-em-recurso-especial-agrg-no-aresp-1053049-sp-2017-0025672-9/inteiro-teor-485203594>. Acesso em: 17 ago. 2020.

SUPERIOR TRIBUNAL DE JUSTIÇA. **AgRg no AREsp 1490467** – Distrito Federal. PROCESSO PENAL. AGRAVO REGIMENTAL NO RECURSO ESPECIAL. INCIDÊNCIA DA SÚMULA 568/STJ. TRIBUNAL DO JÚRI. AUTORIA E MATERIALIDADE RECONHECIDAS. ABSOLVIÇÃO DO RÉU. CONTRADIÇÃO. INEXISTÊNCIA. ABSOLVIÇÃO GENÉRICA. QUESITO OBRIGATÓRIO INDEPENDENTEMENTE DA TESE DEFENSIVA. [...]. Relator Min. Reynaldo Soares da Fonseca, Quinta Turma, julgado em 24-05-2016, Publicado em: 01-06-2016c. Disponível em: <https://ww2.stj.jus.br/processo/revista/documento/mediado/?componente=ATC&sequencial=60819283&num_registro=201402784702&data=20160601&tipo=5&formato=PD>. Acesso em: 16 jul. 2020.

SUPREMO TRIBUNAL FEDERAL. **Arguição de Descumprimento de Preceito Fundamental** – ADPF Nº 347 – Distrito Federal. Custodiado – Integridade Física E Moral – Sistema Penitenciário – Arguição De Descumprimento De Preceito Fundamental – Adequação. Cabível É A Arguição De Descumprimento De Preceito Fundamental Considerada A Situação Degradante Das Penitenciárias No Brasil. Sistema Penitenciário Nacional – Superlotação Carcerária – Condições Desumanas De Custódia – Violação Massiva De Direitos Fundamentais – Falhas Estruturais – Estado De Coisas Inconstitucional – Configuração [...]. Relator Min. Marco Aurélio, julgado em 09-09-2015, Publicado em: 19-02-2016b. Disponível em: <http://stf.jus.br/portal/jurisprudencia/listarJurisprudencia.asp?s1=%28ADPF%24%2ESCLA%2E+E+347%2ENUME%2E%29+OU+%28ADPF%2EACMS%2E+ADJ2+347%2EACMS%2E%29&base=baseAcordaos&url=http://tinyurl.com/nh82k29>. Acesso em: 16 jul. 2020.

SUPREMO TRIBUNAL FEDERAL. **HC nº 133992** – Distrito Federal. Habeas Corpus. Processo Penal. Substitutivo De Agravo Regimental. Não Conhecimento. Audiência De Apresentação. Realização Obrigatória. Direito Subjetivo Do Preso. Prisão Convertida Em Preventiva. Prejuízo. Inexistência. Ordem Concedida De Ofício. [...]. Relator Min. Edson Fachin, julgado em 11-10-2016, DJe 11-10-2016a. Disponível em: <http://stf.jus.br/portal/jurisprudencia/listarJurisprudencia.asp?s1=%28HC+N%BA+133992%29&base=baseAcordaos&url=http://tinyurl.com/y7fwx3fo>. Acesso em: 16 jul. 2020.

SUPREMO TRIBUNAL FEDERAL. **HC nº 177.012**/SP. Habeas Corpus. Relator Min. Gilmar Mendes, julgado em 25-10-2019, DJe 29-10-2019.

SUPREMO TRIBUNAL FEDERAL. **Regimento interno:** atualizado até a Emenda Regimental n. 53/2020. [recurso eletrônico]. Brasília: STF, Secretaria de Documentação, 2020. Disponível em: <http://www.stf.jus.br/arquivo/cms/legislacaoRegimentoInterno/anexo/RISTF.pdf>. Acesso em: 16 jul. 2020.

TRIBUNAL DE JUSTIÇA DO ESTADO DO RIO GRANDE DO SUL. **Apelação Crime, Nº 70005725320,** Câmara Especial Cível, Tribunal de Justiça do RS. JÚRI. TENTATIVA DE HOMICÍDIO. EXCESSO CULPOSO. DECISÃO CONTRÁRIA À PROVA DOS AUTOS. SENTENÇA DO JUIZ PRESIDENTE CONTRÁRIA À DECISÃO DOS JURADOS. Relator: Vanderlei Teresinha Tremeia Kubiak, Julgado em: 31-07-2003. Disponível em: <https://www.tjrs.jus.br/site/busca-solr/index.html?aba=jurisprudencia>. Acesso em: 16 jul. 2020.

TRIBUNAL DE JUSTIÇA DO ESTADO DO RIO GRANDE DO SUL. **Apelação Crime, Nº 70079540126,** Terceira Câmara Criminal, Tribunal de Justiça do RS. APELAÇÃO CRIME. TRIBUNAL DO JÚRI. INOVAÇÃO DEFENSIVA EM SEDE DE TRÉPLICA. AUSÊNCIA DE QUESITAÇÃO. OCORRÊNCIA DE CERCEAMENTO DE DEFESA. NULIDADE DO JULGAMENTO. Relator: Diogenes Vicente Hassan Ribeiro, Julgado em: 27-03-2019, publicado em 16-04-2019. Disponível em: <https://www.tjrs.jus.br/site/busca-solr/index.html?aba=jurisprudencia>. Acesso em: 16 jul. 2020.

TRIBUNAL DE JUSTIÇA DO ESTADO DO RIO GRANDE DO SUL. **Apelação Crime, Nº 70079540126,** Terceira Câmara Criminal, Tribunal de Justiça do RS. APELAÇÃO CRIME. TRIBUNAL DO JÚRI. INOVAÇÃO DEFENSIVA EM SEDE DE TRÉPLICA. AUSÊNCIA DE QUESITAÇÃO. OCORRÊNCIA DE CERCEAMENTO DE DEFESA. NULIDADE DO JULGAMENTO. Relator: Diogenes Vicente Hassan Ribeiro, Julgado em: 27-03-2019, publicado em 16-04-2019. Disponível em: <https://www.tjrs.jus.br/site/busca-solr/index.html?aba=jurisprudencia>. Acesso em: 16 jul. 2020.

TRIBUNAL DE JUSTIÇA DO ESTADO DO RIO GRANDE DO SUL. **Embargos Infringentes e de Nulidade, Nº 70082272501,** Primeiro Grupo de Câmaras Criminais, Tribunal de Justiça do RS. JÚRI. LEGÍTIMA DEFESA. QUESITAÇÃO RESPONDIDA NEGATIVAMENTE. AUSÊNCIA DE QUESITO SOBRE EXCESSO CULPOSO. INEXISTÊNCIA DE NULIDADE. [...]. Relator: Sylvio Baptista Neto, Julgado em: 04-10-2019, publicado em 14-10-2019. Disponível em: <https://www.tjrs.jus.br/site/busca-solr/index.html?aba=jurisprudencia>. Acesso em: 16 jul. 2020.

TRIBUNAL DE JUSTIÇA DO ESTADO DO RIO GRANDE DO SUL. **Recurso Especial, nº 70083253286**, Segunda Vice-Presidência, Tribunal de Justiça do RS, RECURSO ESPECIAL. LESÃO CORPORAL. RAZÕES RECURSAIS. TEMPESTIVIDADE. MERA IRREGULARIDADE. RECURSO ADMITIDO. RECURSO ESPECIAL. NULIDADES. INVASÃO DE COMPETÊNCIA. TRIBUNAL DO JÚRI. [...]. Relator: Almir Porto da Rocha Filho, Julgado em: 26-11-2019, publicado em 22-11-2019. Disponível em: <https://www.tjrs.jus.br/site/busca-solr/index.html?aba=jurisprudencia>. Acesso em: 12 mai. 2020.

É POSSÍVEL APLICAR A JUSTIÇA RESTAURATIVA POR MEIO DA MEDIAÇÃO PENAL?[1]

Raffaella da Porciuncula Pallamolla[2]
e Daniel Achutti[3]

RESUMO. No presente artigo, procurar-se-á demonstrar que a justiça restaurativa não se confunde com as suas práticas, e que estas podem ser realizadas de diferentes formas. Serão abordadas algumas particularidades do desenvolvimento da justiça restaurativa no Brasil, para tentar compreender o motivo pelo qual se pode perceber certa confusão conceitual entre justiça restaurativa e círculos restaurativos. A partir dessa constatação, buscou-se elucidar que tanto o círculo quanto a mediação penal se constituem como práticas de administração de conflitos, as quais se utilizam, a exemplo de outras práticas, do modelo teórico proposto pela justiça restaurativa. Como conclusão, propõe-se a ampliação do uso da mediação penal no país, para que se some aos já difundidos círculos restaurativos, como forma de consolidar a justiça restaurativa como um modelo flexível e plural de administração de conflitos criminais.

---

[1] Artigo em homenagem à Prof.ª Dr.ª. Renata Almeida da Costa, Coordenadora e Professora do Programa de Pós-Graduação em Direito da Universidade La Salle (RS) e atual Presidente da ABraSD (Associação Brasileira de Pesquisadores em Sociologia do Direito), por sua destacada trajetória e contribuição para os estudos em Direito e Sociedade. A condução criteriosa dos projetos de pesquisa desenvolvidos no âmbito do PPGD e o cuidado com a compreensão sobre os impactos do direito na sociedade – e da sociedade no direito – justificariam a homenagem por si só, mas a convivência com Renata já há alguns anos faz com que se trate também de um agradecimento pelas diversas bancas, aulas, seminários, reuniões e demais atividades acadêmicas que tivemos o privilégio de com ela compartilhar.

[2] Doutora em Ciências Sociais pela PUCRS, com período de estudos na Universidade de Bologna (Itália). Mestre em Ciências Criminais pela PUCRS e em Criminologia e Execução Penal pela Universidad Autónoma de Barcelona (UAB). Consultora PRODOC/PNUD e DEPEN – Departamento Penitenciário Nacional (Ministério da Justiça e Segurança Pública) para o desenvolvimento de proposta de Política Nacional de Práticas Restaurativas no Sistema Prisional Brasileiro (2016-2019). Coordenadora e professora do Curso de Direito da Universidade La Salle (RS). Advogada. E-mail: <raffaella.pallamolla@unilasalle.edu.br>.

[3] Doutor em Ciências Criminais pela PUCRS, com período de estudos na Universidade de Leuven (Bélgica). Professor permanente do Programa de Pós-Graduação em Direito e do Curso de Direito da Universidade La Salle (RS). Advogado. E-mail: <daniel.achutti@unilasalle.edu.br>

Palavras-chave. Justiça restaurativa. Mediação penal. Círculos restaurativos. Administração de conflitos. Justiça criminal.

1. Introdução[4]

Em que pesem os primeiros projetos-piloto de justiça restaurativa no Brasil estarem prestes a completar 15 anos,[5] falar de justiça restaurativa ainda é tarefa pouco fácil. O tema em si desperta desconfiança e resistência, em especial de juristas ligados à área do direito penal e processual penal. Tais reações, todavia, estão quase sempre atreladas ao desconhecimento sobre a temática, e muitas vezes acaba por ser necessário apresentar noções nem muito amplas e vagas, e nem muito restritivas, desse modelo de justiça, que está *em construção e em constante transformação*,[6] e refletir sobre uma proposta de *modelo de justiça restaurativa* adequado à cultura brasileira e contrastá-lo ao que de fato é a justiça restaurativa no Brasil.

De uma maneira bastante geral, pode-se dizer que a justiça restaurativa é vista como uma forma de administração de conflitos distinta daquela prevista pelo modelo de justiça penal tradicional. Possui princípios diferentes dos sustentados pelo modelo tradicional (baseado no processo penal e na imposição de penas) e propõe, dentre outras coisas, a participação da vítima e do ofensor (investigado/réu/apenado) na resolução do conflito, a reparação do dano decorrente do delito (simbólica e/ou materialmente) e a responsabilização do ofensor de maneira não estigmatizante e excludente.[7]

Através da utilização de práticas de administração de conflitos baseadas no diálogo entre aqueles direta e/ou indiretamente implicados no conflito/crime, busca-se alcançar um acordo sobre o que deve ser feito em relação à ofensa e ao dano causado à vítima. Pode-se ainda dizer que este modelo almeja a constrição do sistema de justiça criminal tradicional, sobretudo no que diz respeito à redução da aplicação de penas (principalmente da pena privativa de liberdade).[8]

---

4 Este artigo é a continuação de outros, cuja temática é semelhante, porém com enfoque ampliado. Para acompanhar o estudo anterior, conferir: Achutti e Pallamolla, 2018.

5 Para mais informações acerca dos referidos projetos, conferir: CNJ, 2018.

6 Sobre a constante metamorfose conceitual da justiça restaurativa, conferir: Sica, 2007; Pallamolla, 2009.

7 Para uma leitura mais ampla sobre as bases conceituais e possíveis potenciais da justiça restaurativa, conferir: Sica, 2007; Pallamolla, 2009; Giamberardino, 2015; Rosenblatt, 2015; Achutti, 2016a.

8 Para uma diferenciação aprofundada dos modelos, conferir: Pallamolla, 2009; Zehr, 2008; Roche, 2007; Walgrave, 1993, *apud* Jaccoud, 2005. Para uma maior compreensão sobre o potencial da justiça restaurativa para colaborar com a redução do uso do sistema penal, conferir: Giamberardino, 2015; Achutti, 2016a.

É certo que a justiça restaurativa é um tema presente em diversos países ocidentais[9] e nas últimas duas décadas também no Brasil.[10] No entanto, se hoje é possível falar num *modelo de justiça restaurativa* com certa clareza e precisão, há algumas poucas décadas isso era impensável.

Foi diante da insuficiência e inadequação do modelo institucionalizado de administração de conflitos oferecido pela justiça penal que práticas de justiça restaurativa, paulatinamente, passaram a ser experimentadas em diversos países a partir da década de 1970. As primeiras e mais conhecidas experiências foram realizadas no Canadá (1974), Estados Unidos da América (1978), Noruega (1981) e Nova Zelândia (1989).[11] Destas, as da Noruega e da Nova Zelândia se desenvolveram no contexto da justiça juvenil, sendo que apenas esta última utilizou a *conferência de grupo familiar* (*family group conference*) como prática restaurativa. Todas as demais experiências utilizaram a *mediação vítima-ofensor* (VOM) e eram voltadas para casos envolvendo ofensores adultos.

As primeiras experiências, em sua grande maioria, foram de iniciativa de agentes de condicional (*probation officers*) e de atores da comunidade. No caso do Canadá e dos EUA, a organização cristã dos menonitas desempenhou importante papel.[12] Naquela altura, tais experiências sequer eram identificadas como justiça restaurativa, tratava-se apenas de estratégias pontuais que propunham uma abordagem inovadora dos conflitos que haviam ingressado na esfera da justiça criminal ou juvenil.

Com o passar dos anos, à mediação vítima-ofensor foram agregadas outras práticas, a exemplo das conferências (inicialmente na Nova Zelândia) e dos círculos restaurativos (usados primeiramente no Canadá) (VAN NESS; STRONG, 2010, p. 28-29).

Pode-se dizer que na década de 1970 a justiça restaurativa se encontrava em fase experimental. Já na década de 1980, tais experiências foram institucionalizadas e outras, em outros contextos, surgiram. Finalmente, na década seguinte (1990), a justiça restaurativa se expandiu e se articulou mais com o sistema de justiça criminal, de forma a ser inserida em todas as etapas do processo penal (JACCOUD, 2005, p. 166).

---

9 A título de exemplo, conferir: Dünkel, Grzywa-Holten e Horsfield, 2015.

10 Sobre a expansão da justiça restaurativa no Brasil, por todos, conferir: Pallamolla, 2017; CNJ, 2018.

11 Sobre a cronologia dos programas pioneiros de justiça restaurativa, conferir: Van Ness e Strong, 2010.

12 Para mais detalhes sobre as primeiras experiências com justiça restaurativa, conferir: Van Ness e Strong, 2010.

Evidentemente, esse desenvolvimento da justiça restaurativa não foi uniforme em todos os países. No Brasil, as primeiras experiências com justiça restaurativa no âmbito do Poder Judiciário foram implementadas em 2005,[13] através do projeto "Promovendo Práticas Restaurativas no Sistema de Justiça Brasileiro", organizado e financiado pelo Ministério da Justiça (Secretaria da Reforma do Judiciário), Secretaria Nacional de Direitos Humanos e pelo Programa das Nações Unidas para o Desenvolvimento (PNUD). Foram três projetos-piloto, um em Porto Alegre/RS, outro em São Caetano do Sul/SP e outro em Brasília/DF. Todos hoje detêm a condição de programas, ou seja, estão solidamente institucionalizados no âmbito de seus respectivos Tribunais de Justiça.[14, 15] Os dois primeiros utilizam as práticas dos círculos de construção de paz e restaurativo e se desenvolvem no âmbito da justiça juvenil, enquanto o último utiliza a mediação vítima-ofensor para casos envolvendo ofensores adultos.

E este é o ponto que irá receber maior atenção, e é aqui que se começa a responder à pergunta proposta no título deste artigo: "é possível aplicar a justiça restaurativa por meio da mediação penal?".

Para tentar responder a esta pergunta, propõe-se, primeiramente, introduzir a perspectiva crítica de Louk Hulsman, que referia inexistir uma classificação *natural* para os diferentes tipos de infrações encontrados nas legislações de qualquer país. Em seguida, procurar-se-á demonstrar que a justiça restaurativa não se confunde com as suas práticas, e que estas podem ser realizadas de diferentes formas. Nesse contexto, serão abordadas algumas particularidades do desenvolvimento da justiça restaurativa no Brasil, para tentar compreender o motivo pelo qual se pode perceber certa confusão conceitual entre *justiça restaurativa* e *círculos restaurativos*.

---

[13] Importante referir que, antes mesmo da implementação dos três projeto-pilotos, houve algumas experiências esparsas no âmbito comunitário e também no âmbito judicial. Pode-se dizer que desde 1995 há relatos de experiências com justiça restaurativa no Brasil. A respeito desse período inicial de experimentações, conferir: Pallamolla, 2017.

[14] Além dos três programas mencionados, há muitos outros em andamento vinculados a Tribunais de Justiça dos estados brasileiros. Em recente pesquisa financiada pelo Conselho Nacional de Justiça, uma equipe coordenada pela Prof.ª Dr.ª Vera Regina Pereira de Andrade realizou extenso levantamento e diagnóstico dos projetos/programas em andamento nos tribunais brasileiros. Para maiores informações, conferir: Conselho Nacional de Justiça, 2018.

[15] Para uma visão sobre a forma de abordagem e compreensão da justiça restaurativa em decisões judiciais proferidas pelo Tribunal de Justiça do Rio Grande do Sul, conferir: Achutti e Pallamolla, 2017.

2. Louk Hulsman e a classificação arbitrária da natureza das infrações[16]

Reconhecidamente um dos principais nomes do abolicionismo penal, Louk Hulsman (1920-2009) foi advogado e, posteriormente, professor de Direito Penal na Universidade Erasmus, em Rotterdam, Holanda.

Para Hulsman, não havia alternativa: seria necessário abolir o sistema penal caso o objetivo de uma determinada sociedade envolvesse a redução da violência, a garantia da liberdade, ou outra finalidade que pudesse ser considerada oficial. Para alcançar este fim, seria fundamental a desconstrução da linguagem convencional da justiça criminal, para que se permitisse encontrar uma nova forma de compreensão dos eventos considerados delituosos. Segundo o autor, não basta procurar uma solução interna aos conflitos: seria necessário questionar a própria noção de *crime* e, com ela, a noção de *autor.* "se não deslocarmos esta pedra angular do sistema atual, se não ousarmos quebrar este tabu, estaremos condenados, quaisquer que sejam nossas boas intenções, a não sair do lugar" (HULSMAN, 1986, p. 95).

Para o autor, por se tratar do ponto central da estrutura do sistema jurídico-penal, colocar o conceito de *crime* em questão obrigaria "a uma completa renovação de todo o discurso em torno do chamado fenômeno criminal e da reação social que ele suscita" (HULSMAN, 1986, p. 95). Acreditava Hulsman, portanto, que o primeiro passo para superar as limitações cognitivas do sistema penal envolveria, necessariamente, a mudança de sua linguagem.

Todavia, Hulsman estava ciente de que a mera troca de linguagem não seria suficiente se as antigas categorias predominassem a compreensão dos novos vocábulos, de modo que seria importante "olhar a realidade com outros olhos" (HULSMAN, 1986, p. 97). Para Vera Andrade (2006, p. 473), a abolição, "em primeiro lugar, deve ser a abolição da justiça criminal em nós mesmos: mudar percepções, atitudes e comportamentos".

De acordo com Hulsman, "cada situação é única" e, portanto, poderá ser interpretada das mais diversas formas, a depender das pessoas ou dos grupos envolvidos. "O certo, porém, é que a opção 'crime' jamais será fecunda" (HULSMAN, 1986, p. 103), pois no momento em que se inicia a interferência do sistema penal, os seus protagonistas passam a ser meros coadjuvantes, simples *colaborares* para o *bom funcionamento* do sistema de justiça: "tanto quanto o autor do fato punível, que, no desenrolar do processo, não encontra mais o sentido do gesto que praticou, a pessoa atingida por

---

16 Alguns pontos deste item foram trabalhados de forma mais detalhada em: Achutti (2016a e 2016b).

este gesto tampouco conserva o domínio do acontecimento que viveu" (HULSMAN, 1986, p. 82).

Esses e outros argumentos se somam à lição a que se quer chegar, quando o autor refere que não existe uma realidade ontológica para determinar a natureza de uma infração como *penal* ou *civil*: o que existe é, antes disso, uma *classificação jurídica arbitrária*, estabelecida – como no caso brasileiro – por legisladores, que em determinado momento histórico estabelecem o que é crime e o que, por consequência, não é (HULSMAN, 1986).

Nesse sentido, Hulsman (1986, p. 66-67) buscava demonstrar que não existe uma *realidade ontológica* do crime, mas, antes, que o *conceito de crime* é uma construção social e que, portanto, pode ser igualmente objeto de desconstrução. De acordo com o autor, a partir de então seria possível reorganizar o debate da criminologia e da política criminal, e tal postura apontaria para a abolição da justiça penal, uma vez que "o delito como realidade ontológica" seria a pedra fundamental deste tipo de justiça.

Reconhecendo tal perspectiva, resta impossível eventual afirmação de que a mediação *não* se aplica a casos penais. Isso equivale a aceitar que é possível estabelecer, a partir da natureza dos fatos envolvidos, que existe uma clara e evidente *realidade ontológica* para cada conflito. Não seria possível ignorar, portanto, na esteira de Hulsman, que tais definições são criadas por seres humanos, e que uma simples lei pode alterar todo o panorama da natureza de uma infração – e, portanto, de um conflito: o que define a natureza de um conflito será, sempre, a classificação jurídica do fato envolvido – que, por sua vez, é estabelecida pelo legislador.

Dessa forma, tomando-se a lição de Hulsman, não é possível definir, de antemão, que a mediação (penal) não pode ser utilizada em conflitos de natureza criminal, justamente porque a definição da natureza de um conflito é fruto de uma criação humana e, portanto, é passível de sofrer qualquer tipo de alteração.

3. Justiça restaurativa e círculo restaurativo: distinções conceituais necessárias

Dentre os três programas brasileiros pioneiros de justiça restaurativa mencionados na introdução, pode-se afirmar que os dois com maior repercussão nacional são os desenvolvidos nos Estados do Rio Grande do Sul e de São Paulo. Em ambos os casos, os programas ultrapassaram as fronteiras das cidades onde foram inicialmente implementados e estão presentes em diversas cidades desses estados, tendo atingido a condição de programas vinculados aos seus respectivos Tribunais de Justiça.

O fato de que os dois programas de justiça restaurativa do Brasil com maior repercussão sejam desenvolvidos sobretudo no âmbito da justiça juvenil e utilizem as práticas dos círculos de construção de paz e restaurativo (conforme o modelo difundido no Brasil pela capacitadora estadunidense Kay Pranis[17]) pode ajudar a entender o motivo pelo qual a justiça restaurativa no Brasil é muitas vezes confundida – ou até mesmo *identificada* – como sendo aquela que aplica o *círculo restaurativo* como *único procedimento possível* (ou *único método possível*) e adequado aos casos envolvendo adolescentes em conflito com a lei.[18]

O fato é que, ao ser identificada com a prática do círculo, a justiça restaurativa no Brasil parece ter se fechado para outras práticas, em especial para a mediação (*penal* ou *vítima-ofensor*). Seria como se a ideia de que a mediação pode ser aplicada a qualquer *espécie* de conflito, familiar ou que envolva as partes de um contrato, por exemplo, *exceto os conflitos criminais*, tenha se pacificado sem maiores questionamentos.

Isso se deveria ao fato de que a mediação possui(ria) princípios incompatíveis com a *natureza* dos casos criminais, os quais pressupõem um desequilíbrio intrínseco entre as partes, o que impediria, por exemplo, que se estabelecesse uma igualdade entre elas.

Esta concepção é tão forte, e atingiu diferentes segmentos, que a Lei de Mediação (Lei nº 13.140, de 26 de junho de 2015) não faz qualquer referência à aplicação da mediação no contexto criminal, e cumpre ressaltar que parte da referida lei foi introduzida no Novo Código de Processo Civil, o que reforça o direcionamento da mediação para casos não penais.

É importante salientar que esse entendimento também é sustentado por um dos autores pioneiros em justiça restaurativa, o estadunidense Howard Zehr. Para ele, o próprio *termo* mediação é inadequado para casos criminais, pois "as vítimas de estupro ou mesmo de roubo não querem ser vistas como 'partes de um conflito'"

---

[17] A respeito da influência de Kay Pranis na justiça restaurativa brasileira, conferir: Pallamolla, 2017.

[18] Esse desenvolvimento focado no sistema de justiça juvenil pode ser explicado, por exemplo, pela maior flexibilidade outorgada pelo Estatuto da Criança e do Adolescente aos atores responsáveis pela aplicação das medidas socioeducativas em relação às escassas brechas legais que possibilitam a aplicação da justiça restaurativa na justiça penal de adultos (por exemplo, via artigo 66 do Código Penal e artigos 71 e seguintes da Lei nº 9.099/95); no entanto, não há espaço para tratar do tema aqui.

(2012, p. 19). Além disso, segundo Zehr (2012), a mediação pressupõe a utilização de uma linguagem neutra, a qual, novamente, não coadunaria com os princípios da justiça restaurativa: "para participar de um encontro de justiça restaurativa, na maioria dos casos o ofensor deve admitir algum grau de responsabilidade pela ofensa, e um elemento importante de tais programas é que se reconheça e se dê nome a tal ofensa" (Zehr, 2012, p. 19).

No entanto, o argumento de Zehr se desfaz diante das experiências com mediação penal em vários países. De fato, a mediação é utilizada para lidar com diversos tipos de crimes, inclusive crimes graves, como é o caso dos crimes sexuais. Por proporcionar um ambiente mais reservado (e seguro) à vítima, esta prática tem sido preferida por programas voltados a esse tipo de crime.

Para uma melhor percepção do alcance da prática da mediação em matéria penal, exemplar a obra *Restorative justice and mediation in penal matters,* organizada por Frieder Dünkel, Joanna Grzywa-Holten e Philip Horsfield (2015), em que são narradas as experiências de 36 países europeus em justiça restaurativa e mediação penal. A maioria dos países avaliados utiliza com regularidade a mediação penal como prática restaurativa, sem qualquer distinção quanto à maior ou menor *intensidade restaurativa* em relação a outras práticas. Pressupor que uma determinada prática é mais *restaurativa* do que outra significa romper com a própria ideia de que não há um conceito fechado em torno da justiça restaurativa[19] e, sobretudo, que seria possível determinar de forma objetiva quando isso ocorre.

Outro exemplo mais próximo à realidade brasileira pode ser encontrado em um país vizinho, a Argentina. No contexto portenho, a mediação é utilizada para conflitos penais e sua aplicação é identificada como justiça restaurativa, variando conforme a legislação de cada província.[20]

De qualquer forma, o que se quer destacar é, em primeiro lugar, a importância de se conceber a justiça restaurativa como um modelo de justiça que pode lançar mão de diversas *práticas restaurativas* para ver alcançados seus objetivos – que podem ser os mais variados (instaurar o diálogo, buscar a reparação do dano, ouvir as necessidades de vítima e ofensor e, na medida do possível, atendê-las, etc.) – e, em segundo lugar, a importância da prática da mediação para a justiça restaurativa.

---

19 A respeito do conceito aberto de justiça restaurativa, conferir: Sica, 2007, e Pallamolla, 2009.

20 Para uma descrição mais detalhada sobre a mediação penal na Argentina, conferir: Achutti e Souza, 2018.

Dessa forma, questiona-se: qual a relação entre mediação e justiça restaurativa? É certo que ambas possuem histórias diferentes, mas que, em boa medida, cruzam-se. Conforme Miers (2003, p. 51), cada um dos conceitos é mais amplo e mais restrito do que o outro, simultaneamente. Assim, segundo este autor, por um lado a justiça restaurativa é mais restrita do que a mediação porque se aplica somente à esfera criminal, enquanto a mediação é utilizada em conflitos criminais e de outras esferas. Por outro lado, a justiça restaurativa é mais ampla em relação às possíveis respostas que o ofensor pode dar, alcançadas por outros meios que não a mediação (trabalhos prestados com a finalidade de reparar a vítima e, em alguns países, indenizações determinadas pelo tribunal, etc.), ao passo que a mediação, na esfera criminal, refere-se apenas às relações entre vítima e ofensor que são estabelecidas na mediação.

No entanto, é preciso salientar que a diferenciação feita por Miers – há mais de dez anos – encontra algumas limitações na atualidade, visto que existem programas de justiça restaurativa direcionados a conflitos que extrapolam os limites do sistema de justiça criminal, a exemplo de programas desenvolvidos para lidar com conflitos escolares, conflitos na comunidade, ou, ainda, conflitos desencadeados no ambiente de trabalho.

Ainda assim, não há dúvida de que, dentre as inúmeras práticas restaurativas existentes, a mediação é a mais utilizada e também a que possui mais tempo de aplicação (SCHIFF, 2003, p. 317-318; RAYE; ROBERTS, 2007, p. 213). Ela "consiste en el encuentro víctima-ofensor ayudadas por un mediador con el objetivo de llegar a un acuerdo reparador" (LARRAURI, 2004, p. 442).

Mais recentemente, observam-se algumas alterações na clássica formação da mediação, sendo cada vez mais comum a inclusão dos familiares e amigos da vítima e do ofensor, a fim de proporcionarem maior apoio aos implicados. Percebe-se, igualmente, outra variação do processo chamada de *shuttle diplomacy*. Nesta variante, o mediador encontra-se com a vítima e o ofensor separadamente, sem que estes venham posteriormente a encontrar-se face a face. Esta prática consiste numa *mediação indireta*, já que a comunicação entre vítima e ofensor é feita somente por intermédio do mediador. Ela é utilizada em diversos programas de mediação vítima-ofensor (VOM) na Europa e pode ser adequada para lidar com casos em que existe um sério desequilíbrio de poder entre as partes (RAYE; ROBERTS, 2007, p. 219).

Também surge, recentemente, a figura do comediador e de múltiplas vítimas e ofensores que participam do mesmo processo de mediação. Este último caso ocorre nas hipóteses quando ofensor ou vítima não podem ou não querem encontrar a outra parte, podendo-se formar grupos de vítimas que se encontrarão com um grupo de ofensores (que não são os mesmos que cometeram delitos contra aquelas vítimas), num processo substitutivo. Tal processo busca viabilizar o diálogo entre vítimas, ofensores e, eventualmente, representantes da comunidade, para falarem sobre as causas e consequências do delito (RAYE; ROBERTS, 2007, p. 212 e 216-7).

O processo de mediação entre vítima-ofensor visa possibilitar que estas partes se encontrem num ambiente seguro, estruturado e capaz de facilitar o diálogo. Antes de se encontrarem, vítima e ofensor passam por conferências separadas com um mediador treinado que explica e avalia se ambos se encontram preparados para o processo. Segue-se o encontro entre ambos, no qual o mediador comunica ao ofensor os impactos (físicos, emocionais e financeiros) sofridos pela vítima em razão do delito e o ofensor tem, então, a possibilidade de assumir sua responsabilidade no evento, enquanto a vítima recebe diretamente dele respostas sobre por que e como o delito ocorreu. Depois dessa troca de experiências, ambos acordam uma forma de reparar a vítima (material ou simbolicamente) (SCHIFF, 2003, p. 318). Como se pode notar, a mediação penal é bastante flexível, adaptando-se às necessidades do caso concreto.

Com o uso da mediação, pretende-se desfazer os mitos e estereótipos relacionados tanto à vítima (alguém frágil e desempoderado) quanto ao ofensor (criminoso). Segundo Tony Peters e Ivo Aertsen, responsáveis por um projeto de investigação sobre mediação na Bélgica, um dos efeitos mais importantes do processo de mediação é a *destruição dos mitos com relação à vítima e ao infrator*, o que decorre da participação ativa de ambos no processo restaurador:

> Ambas partes involucradas en la experiencia de mediación ven un tipo de "justicia" en vez de, pasivamente, recibir "justicia". Desde este enfoque, ambas partes se sienten más responsables y abandonan los estereotipos tradicionales de su forma de pensar: "el delincuente intratable" y la "víctima que se aprovecha" se convierten en "mitos" impracticables (PETERS; AERTSEN, 1995, p. 140).

Assim, ao contrário do procedimento da justiça penal tradicional, que respalda e reproduz os mitos sobre o autor do crime através da seleção de informações dirigidas à acusação e à sentença, na mediação o enfoque está nas informações que possam aproximar as partes em conflito a fim de chegarem a um acordo (PETERS; AERTSEN, 1995, p. 141).

4. Considerações finais

A mediação, sem dúvida, é uma forma diferente de encarar o evento *crime*. Ela traz os implicados para o cerne da discussão a fim de que participem do processo de justiça e troquem experiências, e com isso auxilia as partes a compreenderem a dimensão social do crime (conflito). Todavia, por inserir essa complexidade na justiça criminal, a mediação não se apresenta como uma prática simples, mas, sim, como algo que demanda muito dos que dela participam, pois "exige que os indivíduos (quer isoladamente ou como membros da sociedade) encarem e reconheçam os interesses dos outros como condicionantes das suas próprias ações ou omissões" (MIERS, 2003, p. 51).

Voltando ao Brasil, a justiça restaurativa, a partir de 2013, tem sido impulsionada pelo Conselho Nacional de Justiça (CNJ). Em janeiro de 2013, foi publicada a Emenda n. 1 à Resolução 125 do CNJ, a qual estabeleceu que os Tribunais de Justiça deveriam criar "Núcleos Permanentes de Métodos Consensuais de Solução de Conflitos", e estes poderiam implementar e estimular a implementação de programas de mediação penal ou outra prática restaurativa, visando sua utilização nos conflitos que sejam da competência dos Juizados Especiais Criminais e dos Juizados da Infância e da Juventude.

O interessante é que a Resolução conferiu lugar de destaque para a mediação penal, pois era a única prática restaurativa ali especificada. No entanto, atualmente, a regulamentação da justiça restaurativa pelo CNJ é outra e bastante diferente. Isso porque a Resolução 125 foi alterada pela Emenda n. 2 (publicada em 08 de março de 2016), e esta suprimiu por completo a menção à justiça restaurativa do corpo da Resolução 125.

A aparente ausência de regulamentação pelo CNJ, contudo, durou pouco tempo. Em maio de 2016 foi publicada a Resolução n. 225, que "dispõe sobre a Política Nacional de Justiça Restaurativa no âmbito do Poder Judiciário". Diferentemente da regulamentação anterior, a nova resolução não conceitua nem especifica nenhuma prática restaurativa, abrindo o campo, aparentemente, para novas práticas. Apesar da abertura conferida pela Resolução n. 225, a prática restaurativa massivamente utilizada ainda é a dos círculos.

A ideia de que a justiça restaurativa é aplicada por meio de práticas 'circulares' – e que traria em si o conceito de 'circularidade' –, além de ser uma ideia difundida na prática, também está presente no discurso dominante sobre o tema. Em recente obra publicada pelo CNJ (CRUZ, 2016) sobre justiça restaurativa e a Resolução 225 de 2016, diversos textos utilizam a ideia da circularidade.

No primeiro texto do livro, escrito por Marcelo Salmaso – um dos relatores da proposta de resolução do CNJ –, são enumerados os tipos de *técnicas para a resolução de conflitos* desenvolvidas pela justiça restaurativa desde os anos 1970, apontando o "processo vítima-ofensor", a "conferência familiar", o "círculo restaurativo" e o "processo circular" como alguns exemplos. Ao mesmo tempo em que reconhece a multiplicidade das práticas restaurativas possíveis, o autor aponta para uma prevalência do uso do 'processo circular' no Brasil – o que atribui a particularidades da sociedade brasileira:

> De qualquer forma, o que se observa é que o processo circular tem sido aquele mais utilizado no Brasil, pois, a meu ver, tomando em conta as particularidades nacionais e a forma estrutural da sociedade brasileira – mormente no que toca à desigualdade social –, vem apresentando maior eficácia, justamente por envolver, para além das partes conflitantes e seus familiares, também a comunidade e a Rede de Garantia de Direitos, todos reunidos para entenderem as suas responsabilidades sobre como reparar o mal causado e desarmar as "molas propulsoras" existentes na sociedade, que "empurram" as pessoas à violência e à transgressão (*in* CRUZ, 2016, p. 41).

Tal perspectiva, frise-se, afigura-se bastante plausível. Importante ponto, todavia, deve ser relembrado: a prevalência do uso dos círculos também possui relação direta com o fato da prática circular ter sido difundida no Brasil de modo quase exclusivo pelo Poder Judiciário, que *optou* pela capacitação focada nos círculos, o que acabou por se espalhar país afora e, em alguns casos, gerou o efeito colateral indesejado da confusão conceitual entre *justiça restaurativa* e *círculos restaurativos*.

Além disso, o autor salienta que a Resolução (225/2016) teria deixado margem para que outras práticas fossem usadas no país, desde que nelas fossem envolvidos o ofensor, a vítima, os familiares ou pessoas próximas a ambos (a chamada 'comunidade de apoio'), a comunidade direta ou indiretamente envolvida com o conflito e, ainda, "representantes da Rede de Garantia de Direitos, conforme previsto no artigo 1º, *caput*, e incisos I e III da Resolução nº 225/2016 (SALMASO *in* CRUZ, 2016, p. 41). Nesse sentido, apesar de afirmar uma abertura, a indicação, na Resolução 225/2016, sobre *quem* deve participar das práticas acaba por (re)direcionar para a adoção de uma prática *circular*, uma vez que indica a participação de terceiros (representantes da Rede de Garantia de Direitos) não necessariamente envolvidos com o conflito em si, e que em alguns casos poderiam inclusive ser dispensados.

De qualquer forma, o que se quer destacar é que, a despeito da marcada ausência da mediação penal no cenário nacional, é possível projetar um futuro promissor a partir do reconhecimento de algumas ideias, já apontadas em outro lugar por Pallamolla (2018, p. 157):

> a) a importância de se conceber a justiça restaurativa como um modelo de justiça que pode lançar mão de diversas práticas restaurativas para ver alcançados seus objetivos – que podem ser os mais variados (instaurar o diálogo, buscar a reparação do dano, ouvir as necessidades de vítima e ofensor e, na medida do possível, atendê-las, etc.);
>
> b) a importância da prática da mediação para a justiça restaurativa em razão das inúmeras experiências que fizeram e fazem uso desta prática em outros países, inclusive para abordar problemas complexos e crime graves [...].

Como conclusão, pode-se dizer que a mediação (penal ou vítima-ofensor) é um dos meios mais utilizados no mundo atualmente enquanto prática restaurativa, e, apesar de ainda ser pouco utilizada no Brasil, é possível projetar sua expansão para os próximos anos. Os motivos são vários, mas o fato de envolver menos pessoas, ter um custo reduzido e abordar de forma mais direta os conflitos criminais, além de poder ser utilizada com menos dificuldade em ambientes menos propícios a reunir um grande número de pessoas (p. ex., em um presídio, ou em casos de violência doméstica ou sexual), ajuda a compreender a sua importância, sobretudo em momentos de crise financeira.

Necessário reconhecer, nesse sentido, que as práticas não necessariamente circulares possuem tantos elementos restaurativos quanto as práticas circulares, e que tudo depende, ao fim e ao cabo, de *como* elas são aplicadas. Uma prática circular pode ter resultados desastrosos se mal conduzida ou mal aplicada, e o mesmo vale para qualquer outra prática restaurativa, seja ela qual for. O importante é abrir os horizontes para compreender que existem outras práticas restaurativas que podem ser utilizadas no Brasil, com longa escala de avaliações e reavaliações no exterior, e perceber que classificações apriorísticas que excluem determinadas práticas, sob a justificativa de que não atendem a essa ou aquela característica, pode culminar inclusive na redução das possibilidades de desenvolvimento da justiça restaurativa.

Fechar os conceitos aplicáveis à justiça restaurativa, vale dizer, equivale praticamente a uma contradição em termos: se não é possível estabelecer sequer um conceito definitivo para *o que* é a justiça restaurativa, menos ainda podemos predefinir *como aplicá-la*. É justamente a sua abertura conceitual que garante o seu não engessamento e, quiçá, sua força e longevidade.

Referências

ACHUTTI, Daniel. A contribuição de Louk Hulsman para um modelo crítico de justiça restaurativa: breves apontamentos teóricos. **Conpedi Law Review**, vol. 2, n. 1, 2016b, p. 22-37.

ACHUTTI, Daniel. **Justiça restaurativa e abolicionismo penal:** contribuições para um novo modelo de administração de conflitos no Brasil. 2.ed. São Paulo: Saraiva, 2016a.

ACHUTTI, Daniel; PALLAMOLLA, Raffaella. Justiça restaurativa e mediação penal. Afinal, qual a relação entre elas? *In*: DORNELLES, Ricardo Cesar Correa Pires; GROSSI, Herta (orgs.). **Reflexões sobre Mediação.** Porto Alegre: OAB/RS, 2018.

ACHUTTI, Daniel; PALLAMOLLA, Raffaella. Levando a justiça restaurativa à sério: análise crítica de julgados do Tribunal de Justiça do Rio Grande do Sul. **REDES – Revista Eletrônica de Direito e Sociedade**, vol. 5, n. 2, 2017, p. 279-289.

ACHUTTI, Daniel; SOUZA, Cláudio Daniel. Justiça restaurativa e sua relação com a justiça criminal: estudo de caso sobre a aplicação da mediação penal em Buenos Aires. *In*: MELLO, Kátia Sento Sé; BAPTISTA, Bárbara Gomes Lupetti; FILPO, Klever Paulo Leal (orgs.). **Potencialidades e incertezas de formas não violentas de administração de conflitos no Brasil e na Argentina.** Rio de Janeiro: UFRJ e CAPES, 2018.

ANDRADE, Vera Regina Pereira de. Minimalismos e abolicionismos: a crise do sistema penal entre a deslegitimação e a expansão. **Revista da ESMESC**, vol. 13, n. 19, 2006.

CONSELHO NACIONAL DE JUSTIÇA. **Pilotando a justiça restaurativa:** o papel do Poder Judiciário. CNJ: Brasília, 2018.

CRUZ, Fabrício Bittencourt. (coord.). **Justiça restaurativa:** horizontes a partir da Resolução CNJ 225. Brasília: CNJ, 2016.

DÜNKEL, Frieder; GRZYWA-HOLTEN, Joanna; HORSFIELD, Philip (eds.). **Restorative justice and mediation in penal matters:** a stock-taking of legal issues, implementation strategies and outcomes in 36 European countries. Mönchengladbach (Alemanha): Forum Verlag Godesberg, 2015.

GIAMBERARDINO, André Ribeiro. **Crítica da pena e justiça restaurativa.** Florianópolis: Empório do Direito, 2015.

HULSMAN, Louk. Critical criminology and the concept of crime. **Contemporary Crises** (título atual: Crime, Law and Social Change), vol. 10, n. 1. Amsterdam, 1986.

JACCOUD, Mylène. Princípios, Tendências e Procedimentos que Cercam a Justiça Restaurativa. *In*: SLAKMON, Catherine; DE VITTO, Renato Campos Pinto; GOMES PINTO, Renato Sócrates (orgs.). **Justiça Restaurativa.** Brasília: Ministério da Justiça e PNUD, 2005, p. 163-188.

LARRAURI, Elena. Tendencias actuales en la justicia restauradora. *In*: ÁLVAREZ, Fernando Pérez (ed.). **SERTA:** in memoriam Alexandri Baratta. Salamanca: Universidad de Salamanca – Aquilafuente, 2004, p. 439-464.

MIERS, David. Um estudo comparado de sistemas. *In*: **Relatório DIKÊ** – Proteção e Promoção dos Direitos das Vítimas de Crime no âmbito da Decisão-Quadro relativa ao estatuto da vítima em processo penal. Lisboa, 2003, p. 45-60.

NORDENSTAHL, Ulf Christian Eiras. **Mediación penal:** de la práctica a la teoría. Buenos Aires: Librería Histórica, 2005.

PALLAMOLLA, Raffaella da Porciuncula. **A construção da justiça restaurativa no Brasil e o protagonismo do Poder Judiciário:** permanências e inovações no campo da administração de conflitos. Tese de Doutorado. Programa de Pós-Graduação em Ciências Sociais, Escola de Humanidades, Pontifícia Universidade Católica do Rio Grande do Sul, Porto Alegre, 2017.

PALLAMOLLA, Raffaella da Porciuncula. **Justiça restaurativa**: da teoria à prática. São Paulo: IBCCRIM, 2009.

PALLAMOLLA, Raffaella. A mediação penal no Brasil: presente e futuro. *In*: MELLO, Kátia Sento Sé; BAPTISTA, Bárbara Gomes Lupetti; FILPO, Klever Paulo Leal (orgs.). **Potencialidades e incertezas de formas não violentas de administração de conflitos no Brasil e na Argentina.** Rio de Janeiro: UFRJ e CAPES, 2018

PETERS, Tony; AERTSEN, Ivo. Mediación para la reparación: presentación y discusión de un proyecto de investigación-acción. **Cuaderno del Instituto Vasco de Criminología San Sebastián**, n. 8, Extraordinario, dic. 1995, p. 129-146.

RAYE, Barbara E.; ROBERTS, Ann Warner. Restorative processes. *In*: JOHNSTONE, Gerry; VAN NESS, Daniel W. (eds.). **Handbook of Restorative Justice.** Cullompton, UK; Portland, OR: Willan Publishing, 2007, p. 211-227.

ROCHE, Declan. Retribution and restorative justice. *In*: JOHNSTONE, Gerry; VAN NESS, Daniel W. (eds.). **Handbook of Restorative Justice.** Cullompton, UK; Portland, OR: Willan Publishing, 2007, pp. 75-90.

ROSENBLATT, Fernanda Fonseca. **The role of community in restorative justice.** London; New York: Routledge, 2015.

SALMASO, Marcelo. Uma mudança de paradigma e o ideal voltado à construção de uma cultura de paz. *In*: CRUZ, Fabrício Bittencourt. (coord.). **Justiça restaurativa:** horizontes a partir da Resolução CNJ 225. Brasília: CNJ, 2016.

SCHIFF, Mara. Models, Challenges and The Promise of Restorative Conferencing Strategies. *In*: VON HIRSCH, Andrew; ROBERTS, Julian V.; BOTTOMS, Anthony; ROACH, Kent; SCHIFF, Mara. (eds.). **Restorative Justice and Criminal Justice:** Competing or Reconcilable Paradigms? Oxford, UK; Portland, OR: Hart Publishing, 2003, p. 315-338.

SICA, Leonardo. **Justiça restaurativa e mediação penal.** Rio de Janeiro: Lumen Juris, 2007.

VAN NESS, Daniel W.; STRONG, Karen Heetderks. **Restoring Justice:** an introduction to Restorative Justice. New Providence, NJ: LexisNexis, Anderson Publishing, 2010.

ZEHR, Howard. **Justiça Restaurativa.** São Paulo: Palas Athena, 2012.

ZEHR, Howard. **Trocando as lentes:** um novo foco sobre o crime e a justiça. Justiça restaurativa. São Paulo: Palas Athena, 2008.

O SISTEMA DE JUSTIÇA CRIMINAL TRADICIONAL E A JUSTIÇA RESTAURATIVA: ENTRE O PARADIGMA PUNITIVO E UMA NOVA FORMA DE ADMINISTRAÇÃO DE CONFLITOS CRIMINAIS NO BRASIL

Cláudio Daniel de Souza[1]

RESUMO. O presente artigo tem como foco o estudo da justiça criminal tradicional, bem como da justiça restaurativa. Busca-se, por meio de pesquisa bibliográfica e apresentação de dados, elucidar questões acerca do fracasso do sistema de justiça criminal tradicional brasileiro e, sobretudo, demonstrar a possibilidade de mudança na forma de administração de conflitos criminais através do estudo da justiça restaurativa, a partir da perspectiva do abolicionismo penal.

Palavras-chave. Justiça criminal. Justiça restaurativa. Abolicionismo penal.

1. Introdução

O sistema de justiça criminal tradicional no Brasil tem sido objeto de vários estudos críticos pelo fato de não apresentar resposta satisfatória à sociedade e tampouco uma redução nos índices de violência no país. Nessa lógica, deve-se levar em consideração que a teoria da pena adotada pelo Código Penal Brasileiro (CP), especificamente em seu artigo 59, *caput*, é a teoria mista, ou seja, da retribuição e prevenção. A Lei nº 7.210/1984 – Lei de Execução Penal (LEP) – aponta que a principal finalidade da pena é a prevenção, estabelecendo em seu artigo 10, *caput*, que a assistência ao preso e ao internado é dever do Estado, visando prevenir o crime e orientar o retorno à convivência em sociedade. Todavia, o que se percebe é que o sistema penal[2]

---

[1] Mestre em Direito pela Universidade La Salle. Coordenador dos cursos de pós-graduação em Direito do Centro Universitário Ritter dos Reis – UniRitter. Professor do curso de Direito do Centro Universitário Ritter dos Reis – UniRitter. Advogado. E-mail: <claudiodaniel.adv@gmail.com>.

[2] Aborda Vera Regina Pereira de Andrade (2006, p. 169-170) que por sistema penal compreende-se "a totalidade das instituições que operacionalizam o controle penal (Parlamento, Polícia, Ministério Público, Justiça, Prisão), a totalidade das Leis, teorias e categorias cognitivas (direitos + ciências e políticas criminais)

não colabora para a reinclusão do indivíduo apenado na sociedade, muito embora a já mencionada LEP possua previsão explícita quanto à assistência ao egresso[3], e também não auxilia na reparação do dano causado à vítima.

Desse modo, reformas pontuais no sistema de justiça criminal no país são negligenciadas no plano executivo, pois as medidas existentes não são suficientes sequer para a efetivação de direitos fundamentais da pessoa encarcerada, o que demonstra "a ineficácia da Constituição Penal de garantias em detrimento da plena efetividade da Constituição Penal criminalizadora e punitiva" (CARVALHO, 2015, p.188).

Por conta disso, este trabalho irá abordar questões acerca do sistema de justiça criminal no Brasil, principalmente no que concerne à sua falência (BITENCOURT, 2001), não só por não atingir os objetivos a que se propõe e pela seletividade de sua clientela, mas, sobretudo, em razão do encarceramento em massa[4] que ocorre no país nos últimos anos e a consequente violação de direitos fundamentais e humanos da pessoa encarcerada. Para tanto, serão apresentados dados do Departamento Penitenciário Nacional (DEPEN), a fim de demonstrar a seletividade da clientela do sistema de justiça criminal no Brasil e, principalmente, asseverar que a pena privativa de liberdade no país é a principal resposta à violência criminal. Serão demonstradas,

---

que programam e legitimam, ideologicamente, a sua atuação e seus vínculos com a mecânica de controle social global (mídia, escola, universidade), na construção e reprodução da cultura e do senso comum punitivo que se enraíza, muito fortalecidamente, dentro de cada um de nós, na forma de microssistemas penais". Eugenio Raúl Zaffaroni e José Henrique Pierangeli (2011, p. 69-67) apontam que "chamamos 'sistema penal' *ao controle social punitivo institucionalizado,* que na prática abarca a partir de quando se detecta ou supõe detectar-se uma suspeita de delito até que se impõe e executa uma pena, pressupondo uma atividade normativa que cria a lei que institucionaliza o procedimento, a atuação de funcionários e define os casos e condições para essa atuação. Esta é a ideia geral de 'sistema penal' em um sentido limitado, englobando a atividade do legislador, do público, da polícia, dos juízes, promotores e funcionários e da execução penal. Em sentido mais amplo, entendido o sistema penal – tal como temos afirmado – como 'controle social punitivo institucionalizado', nele se incluem ações controladoras e repressoras que aparentemente nada têm a ver com o sistema penal".

[3] Conforme o relatório de pesquisa de reincidência criminal no Brasil do IPEA (2015, p. 31), "[...] além do caráter retributivo, a sanção penal deve ter como função 'reeducar' e proporcionar condições para a 'harmônica integração social do condenado ou internado'. Nessa perspectiva, as instituições penitenciárias têm a atribuição de executar um conjunto de atividades que visem a esse fim. Essas atividades devem promover o 'tratamento' penal com base nas assistências material à saúde, jurídica, educacional, social, religiosa e ao trabalho".

[4] Segundo Debora Regina Pastana e Leonardo Mendonça Davi (2014, p. 138), encarceramento em massa no Brasil apresenta-se em virtude do controle social autoritário e seletivo, "traduzido em aumento desproporcional de penas, maior encarceramento, supressão de direitos e garantias, endurecimento da execução penal, entre outras medidas igualmente severas".

também, as principais decisões referentes às petições recebidas pela Comissão Interamericana de Direitos Humanos (CIDH) com o intuito de exemplificar a situação emergencial no que tange aos aspectos estruturais da maioria dos cárceres no Brasil. Também será abordada a falta de respostas dos substitutivos penais implementados no país a partir das reformas legislativas realizadas.

Após a análise dos pontos citados, a necessidade de repensar o sistema de justiça criminal tradicional perpassa, também, pela ausência de protagonismo das partes no decorrer do processo criminal e a falta de reparação ao dano causado à vítima, uma vez que a expropriação do conflito por parte do Estado construiu uma estrutura processual que não proporciona espaço para o diálogo entre vítima e ofensor (CHRISTIE, 1992). Nessa linha de pensamento, com a ideia "de que o Estado é o lesado pela ação de um indivíduo em relação ao outro" (ANITUA, 2008, p. 43), trazendo a substituição do dano pela infração, na atual estrutura do processo penal, como observa André Giamberardino (2015) e Ulf Christian Eiras Nordenstahl (2008), não há espaço para a vítima, que figura como mero objeto de prestação de depoimentos no decorrer da instrução processual, pois é escanteada e não tem seu dano reparado. Nils Christie destaca esse cenário em um de seus principais artigos, *Los conflictos como pertinencia*, de 1977. Para o autor (1992, p. 162) "la víctima [...] es empujada completamente fuera del escenario, y reducida a ser la mera desencadenante del asunto". O autor ainda trabalha com a ideia de que as vítimas são "duplas perdedoras", na medida em que perdem em primeiro lugar diante do ofensor, e em segundo perdem diante da negação do direito em termos de participação no decorrer do processo (CHRISTIE, 1992), havendo, assim, necessidade em repensar o sistema de justiça criminal tradicional.

Nesse sentido, o presente trabalho também traz a justiça restaurativa como uma possibilidade de resposta diversa do sistema de justiça criminal tradicional, em razão da possibilidade de ser um sistema diverso ao sistema comum, tendo como foco a reparação do dano causado, bem como a responsabilização dos envolvidos, podendo representar "um novo ideal, uma nova possibilidade de enfrentar os conflitos criminais, abandonando-se o velho paradigma de culpa-castigo para um paradigma de diálogo-consenso" (ACHUTTI, 2009, p. 106).

São esses motivos, dentre outros possíveis, mas que não serão aqui abordados, que conduzem à reflexão acerca da possibilidade de implementação dos meios alternativos de resolução de conflitos no Brasil, especialmente a justiça restaurativa. Assim, serão delineados aspectos teóricos sobre a justiça restaurativa, bem como da prática da mediação penal.

2. O sistema de justiça criminal no Brasil: observações preliminares

No momento da elaboração da lei penal, conhecido como criminalização primária,[5] o discurso proferido pelas agências políticas tem como alicerce a proteção social, no sentido de que as normas penais são feitas para todos. Alessandro Baratta (2011, p. 176) afirma que a criminalização primária possui conteúdos de valores do "universo próprio de uma cultura burguesa-individualista dando a máxima ênfase à proteção do patrimônio privado", atingindo, portanto, "as formas de desvio típicas dos grupos socialmente mais débeis e marginalizados". Para o autor (BARATTA, 2011, p. 162), o mito da igualdade do Direito Penal pode ser resumido da seguinte maneira:

> a) o direito penal protege igualmente todos os cidadãos contra ofensas aos bens essenciais, nos quais estão igualmente interessados todos os cidadãos (princípio do interesse social e do direito natural); b) a lei penal é igual para todos, ou seja, todos os autores de comportamentos antissociais e violadores de normas penalmente sancionadas têm iguais *chances* de tornar-se sujeitos, e com as mesmas consequências, do processo de criminalização (princípio da igualdade).

Alessandro Baratta (2011, p. 162) destaca três proposições que desvendam o mito de que o Direito Penal é um direito igual por excelência:

> a) o direito penal não defende todos e somente bens essenciais, nos quais estão igualmente interessados todos os cidadãos, e quando pune as ofensas aos bens essenciais o faz com intensidade desigual e de modo fragmentário; b) a lei penal não é igual para todos, o *status* de criminoso é distribuído de modo desigual entre os indivíduos; c) o grau efetivo de tutela e distribuição do status de criminoso é independente da danosidade social das ações e da gravidade das infrações à lei, no sentido de que estas não constituem a variável principal da reação criminalizante e da sua intensidade.

Por isso, diante das proposições destacadas por Alessandro Baratta, a seletividade do sistema de justiça criminal agrega a primeira ofensa ao narcisismo penal apontada por Salo de Carvalho (2015), qual seja: o ideal de eficiência do controle punitivo

---

5 Conforme Zaffaroni et al. (2003, p. 43), a criminalização primária é o ato e o efeito de sancionar uma lei penal material que incrimina ou permite a punição de certas pessoas. Trata-se de ato formal fundamentalmente programático: o *deve ser* apenado é um programa que *deve ser* cumprido por agências diferentes daquelas que o formulam. Em geral, são as agências políticas (parlamentos, executivos) que exercem a criminalização primária, ao passo que o programa por elas estabelecido deve ser realizado pelas agências de criminalização secundária (policiais, promotores, advogados, juízes, agentes penitenciários).

do delito e do desvio. Para o autor, o poder criminalizador das agências penais não opera de forma eficiente porque a fundamentação de que a norma penal alcança todas as pessoas sem fazer nenhuma distinção não se sustenta, pois apesar de serem "estabelecidas universalmente (igualdade formal) as normas definidoras de ilícitos, a atuação das agências ocorre, invariavelmente, de forma seletiva (desigualdade material)" (CARVALHO, 2015, p. 173).

Ou seja, inegável que a criminalização secundária[6] proporciona ao agente estatal que opere de forma seletiva, já que, partindo do pressuposto de que as forças policiais abordam com mais facilidade pessoas que apresentam estereótipo de potenciais criminosos construídos pelo senso comum, especialmente os despossuídos, a seleção do sistema penal acaba tendo como foco os segmentos sociais marginalizados, acentuando "ainda mais o caráter seletivo do direito penal" (BARATTA, 2011, p. 165).

Nessa linha, Vera Regina Pereira de Andrade (2015, p. 266) afirma que o "sistema penal se dirige quase sempre contra certas pessoas, mais do que certas ações legalmente definidas como crime", a partir da constatação de que a clientela do sistema penal é composta "regularmente em todos os lugares do mundo por pessoas pertencentes aos baixos estratos sociais", concluindo, dessa forma, "que há um processo de seleção de pessoas às quais se qualifica como delinquentes e, não, como se pretende, um mero processo de seleção de condutas qualificadas como tais". É nesse mesmo viés, tratando-se do período de 1825 a 1848, que Michel Foucault (2015, p. 21) aborda de forma clara a questão da seletividade do sistema penal, no sentido de sua instauração e de seu funcionamento:

> [...] Em primeiro lugar, durante o período que vou tratar, de 1825 e 1848, no momento da instauração e do funcionamento do grande sistema cujas linhas principais haviam sido dadas pelo *Code d'instruction criminelle* [Código de Instrução Criminal] de 1808 e pelo Código Penal de 1810, na França, uma coisa fica clara: está em curso a guerra social, não a guerra de todos contra todos, mas a guerra dos ricos contra os pobres, dos proprietários contra aqueles que não possuem nada, dos patrões contra os proletários. Segundo elemento: a consciência clara e perfeitamente formulada no discurso da época de que as leis sociais são feitas por pessoas às quais elas não se destinam, mas para serem aplicadas àqueles que não as fizeram.

[6] A criminalização secundária é a ação punitiva exercida sobre pessoas concretas, que acontece quando as agências policiais detectam uma pessoa que supõe-se tenha praticado certo ato criminalizado primariamente, a investigam, em alguns casos privam-na de sua liberdade de ir e vir, submetem-na à agência judicial, que legitima tais iniciativas e admite um processo [...] (ZAFFARONI et al, 2003, p. 43).

E, concretizando questões relativas à seletividade do sistema de justiça criminal tradicional, Francisco Bissoli Filho (2002, p. 79) preconiza que essa segregação é fruto da incapacidade do sistema "reagir a todas as condutas consideradas nocivas e a todos os seus atores", produzindo as cifras negras e as cifras douradas da criminalidade, justificando que:

> A primeira demonstra que a grande maioria dos fatos típicos e de seus autores acaba não sendo submetida ao processo de criminalização; a segunda, as que, dentre as pessoas selecionadas, estão em flagrante desvantagem; as que pertencentes às camadas mais débeis, deixando imunes as pertencentes aos estratos privilegiados, em relação às quais a criminalidade se apresenta em 'cifras douradas', pois induz a que se acredite que os integrantes destas classes têm menos propensão ou envolvimento em práticas consideras criminosas (BISSOLI FILHO, 2002, p. 79-80).

Os questionamentos realizados pela criminologia crítica a respeito da funcionalidade e desmistificação do princípio da igualdade legal do sistema de justiça criminal tradicional (HULSMAN, 1989, p. 91), e aqui apontados de forma breve, são nítidos no cenário brasileiro, pois, conforme será visto no item posterior, vive-se no país uma espécie de "holocausto" quando refere-se ao sistema carcerário brasileiro, afinal "el sistema siempre consiguió su clientela en los sectores con más desventajas y aún lo sigue haciendo" (HULSMAN, 1989, p. 89).

Apenas a título de exemplo, Jacqueline Sinhoretto (2006, p. 136-137) refere que, no Brasil, estudos sobre a justiça criminal têm assinalado "a aplicação desigual da justiça entre os grupos étnicos, as classes, os gêneros, responsável pela disjunção entre justiça penal e justiça social". A autora (SINHORETTO, 2006, p. 140-141) expõe que os negros no país "são mais frequentemente presos durante o processo", como mais condenados que os brancos, além de o processo criminal ter sua tramitação mais rápida do que os demais.

Os dados do Levantamento Nacional de Informações Penitenciárias (INFOPEN) e as petições recebidas pela Comissão Interamericana de Direitos Humanos (CIDH), analisados no próximo item, demonstram a situação caótica em que se encontra o sistema de justiça criminal brasileiro[7], não só na questão de seletividade dos

---

[7] Importante frisar que as taxas de encarceramento são um indicador incompleto para medir índices de punitividade, entendida em termos amplos como os níveis de dor e sofrimento produzidos pelo sistema penal, mas ao mesmo tempo é um bom ponto de partida ao referir-se sobre a dimensão crucial de sua extensão (SOZZO, 2016, p. 10).

encarcerados, mas, sobretudo, em virtude das altas taxas de encarceramento do país, levando-se à necessária reflexão acerca de formas alternativas para lidar com conflitos criminais no Brasil.

2.1. Os dados do INFOPEN e as petições recebidas pela Comissão Interamericana de Direitos Humanos

Conforme último Levantamento Nacional de Informações Penitenciárias – INFOPEN (DEPEN; MINISTÉRIO DA JUSTIÇA E SEGURANÇA PÚBLICA, 2017), o Brasil se encontra na terceira posição no *ranking* mundial do encarceramento, com 726.712 presos – destacando-se o déficit de 358.663 de vagas do sistema, em razão de possuir 368.048 vagas, chegando à taxa de ocupação de 197,4% –, ficando atrás apenas dos Estados Unidos, com 2.145.100 presos, e da China, com 1.649.804 encarcerados. Dessa forma, importante salientar o crescimento da população carcerária brasileira de 1990 a 2016, veja-se:

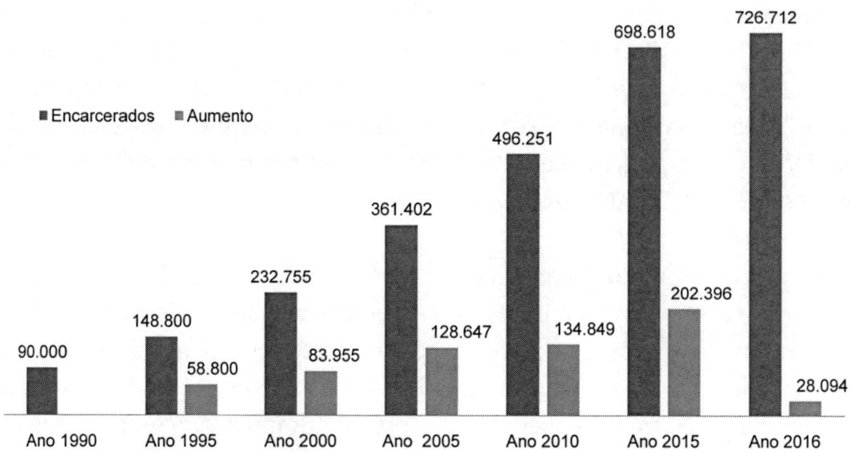

Figura 3. Aumento da população carcerária no Brasil nos últimos 25 anos.
Fonte: INFOPEN (DEPEN; MINISTÉRIO DA JUSTIÇA E SEGURANÇA PÚBLICA, 2017)

Pode-se perceber na Figura 3 que, de 1990 a 1995, a população carcerária brasileira teve um aumento de 65%, ao passo que, de 1995 a 2000, o aumento foi de 56,42%. Já no ano de 2005, o número de encarcerados no país chegou a 361.402, representando aumento de 55,27% em relação ao ano de 2000, que possuía 232.755 presos. Com relação ao ano de 2010, observa-se que o aumento da população carcerária em relação ao quinquênio anterior foi de 37,31%, sendo que em 2015 passou para 40,79%. Por fim, considerando que os dados constantes no relatório INFOPEN foram coletados até julho de 2016, pode-se afirmar que, de dezembro de 2015 a junho de

2016, o aumento do número de encarcerados foi de 4,02%. Assim, o aumento da população carcerária no Brasil nos últimos 25 anos foi de 707%.

No que concerne às taxas de encarceramento, o relatório dispõe que no ano 2000 existiam 137 pessoas presas para cada grupo de 100 mil habitantes no país. No ano de 2016 constatou-se que o número de pessoas presas para cada grupo de 100 mil habitantes passou para 352,6 pessoas, o que representa um aumento de 258%.

Para compreender o incremento nos índices de encarceramento no Brasil nos últimos anos, importante destacar os fatores apontados por Carvalho (2010, p. 154-155):

> (a) a criação de novos tipos penais a partir do novo rol de bens jurídicos expressos na Constituição (campo penal); (b) ampliação da *quantidade* de pena privativa de liberdade em inúmeros e distintos delitos (campo penal); (c) sumarização do procedimento penal, com o alargamento das hipóteses de prisão cautelar (prisão preventiva e temporária) e diminuição das possibilidades de fiança (campo processual penal); (d) criação de modalidade de execução penal antecipada, prescindindo o trânsito em julgado da sentença condenatória (campo processual e da execução penal); (e) enrijecimento da *qualidade* do cumprimento da pena, com a ampliação dos prazos para progressão e livramento condicional (campo da execução penal); (f) limitação das possibilidades de extinção da punibilidade com a exasperação dos critérios para indulto, graça, anistia e comutação (campo da execução penal); (g) ampliação dos poderes da administração carcerária para definir o comportamento do apenado, cujos reflexos atingem os incidentes de execução penal (*v.g.* Lei nº 10.792/03) (campo penitenciário).

Carvalho (2010, p. 155) chega à conclusão de que haveria necessidade de uma reforma geral "que atingisse todas as fases de persecução criminal", a fim de diminuir as taxas de encarceramento no Brasil, o que remete ao estudo dos meios alternativos de resolução de conflitos, principalmente pelo fato de possuírem abordagem diversa da justiça criminal tradicional, o que possibilita romper com o paradigma de a pena privativa de liberdade ser a única forma de lidar com conflitos dessa espécie no país.

Outro aspecto importante encontra-se na composição da população carcerária por tipificação penal. No Brasil a maior concentração de pessoas privadas da liberdade está relacionada aos crimes patrimoniais e aos crimes da Lei de Drogas. Do total de encarcerados no país, 38,37% – o que representa 278.809 pessoas – encontram-se presos por terem sido condenados ou estarem aguardando julgamento por crimes contra o patrimônio, demonstrando-se que, de fato, o Direito Penal brasileiro alinha-

-se às críticas de Baratta (2011) no sentido de dar ênfase à proteção do patrimônio privado, ao passo que 28% – 176.691 presos – das incidências penais correspondem aos crimes de tráfico de drogas.[8] Deve-se levar em consideração que política criminal de drogas colabora para o aumento da população carcerária, pois, como salienta Carvalho (2016, p. 125):

> O contexto atual pode ser interpretado a partir da crença moderna na ciência (penal) e na pretensão da racionalidade do *logos* punitivo. A confiança na capacidade de a tecnologia penal solucionar problemas como o das drogas e o do terrorismo (narcisismo penal) obtém como resultado a maximização incontrolável e a generalização desmesurada da repressão.

Entre o ano de 2005 e até junho de 2016, o número de presos por tráfico de drogas passou de 9% para 28%. Importante levar em consideração que esse aumento significativo dos encarcerados deve-se à Lei nº 11.343, de 23 de agosto de 2006, que teria como principal fundamento livrar a pena privativa de liberdade do usuário e endurecer as penas para o traficante, mas acabou por contribuir para o encarceramento em virtude da inconstitucionalidade do artigo 28 da referida lei (LEMGRUBER; BOITEUX, 2014), como explica Carvalho (2016, p. 342 e 343):

> Pensar o uso de drogas desde o ponto de vista dos envolvidos com a situação-problema impõe perceber a conduta como autônoma e o dano como próprio (autolesão). Assim, desde o princípio da ofensividade (art. 5º, XXXV, CR), questionável a constitucionalidade do art. 28 da Lei nº 11.343/06 e seus correlatos incriminadores.
>
> [...]
>
> Aliados aos argumentos decorrentes do princípio da lesividade e da autonomia individual, os princípios da igualdade e da inviolabilidade da intimidade e da vida privada (art. 5º, X, CR) permitem a densificação da tese da inconstitucionalidade do art. 28 da Lei de Drogas.

---

[8] Conforme informação constante no Relatório INFOPEN, entre as unidades prisionais que participaram do levantamento de junho de 2016, 60% informaram receber, com ou sem regularidade, o atestado de pena a cumprir das pessoas em provação de liberdade no estabelecimento. Previsto na Lei de Execução Penal como um direito do preso, o atestado serve à determinação do regime de cumprimento da pena e ao acompanhamento e atualização do cálculo total da pena a ser cumprida, após considerações de remições. Entre as unidades prisionais que dispunham de informação sobre o tipo penal, foram registradas 620.583 incidências penais, distribuídas entre os grupos do Código Penal e de legislações específicas (DEPEN; MINISTÉRIO DA JUSTIÇA E SEGURANÇA PÚBLICA, 2017).

A partir dos dados INFOPEN, a Figura 4 demonstra o total de pessoas privadas da liberdade no Brasil por tipificação penal e a Figura 5 traz o encarceramento a partir de incidências relacionadas às drogas:

Figura 4. Quantidade de presos por tipificação penal.
Fonte: INFOPEN (DEPEN; MINISTÉRIO DA JUSTIÇA E SEGURANÇA PÚBLICA, 2017).

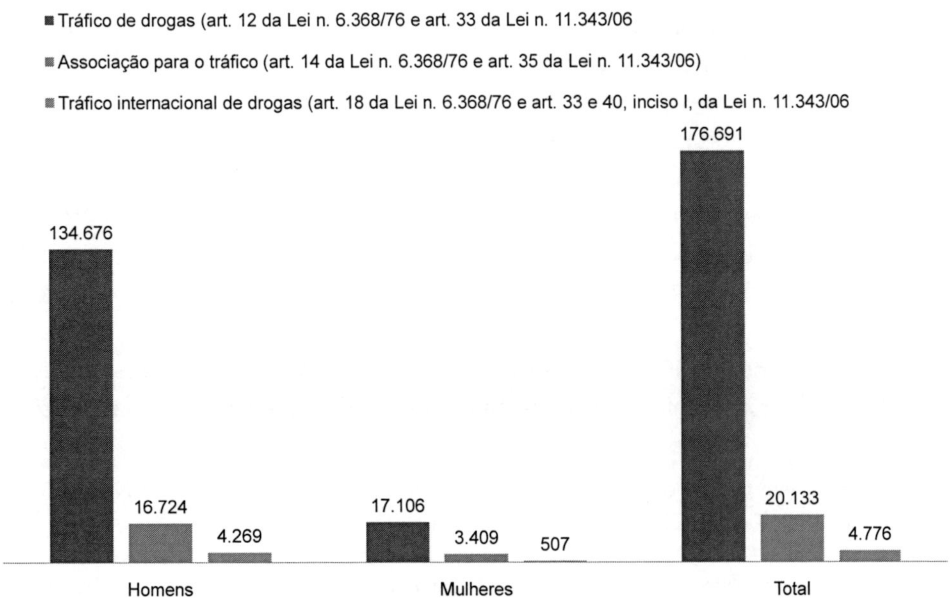

Figura 5. Encarceramento por drogas no Brasil.
Fonte: INFOPEN (BRASIL, 2017).

Por fim, importante demonstrar o perfil da clientela do sistema de justiça criminal no Brasil, que se caracteriza da seguinte forma:

a) Quanto à faixa etária dos apenados: 30% possuem de 18 a 24 anos de idade; 25%, de 25 a 29 anos de idade; 19%, entre 30 a 34 anos; 19%, entre 35 a 45 anos; 7%, de 46 a 60 anos; 1%, de 61 a 70 anos.
b) Quanto à raça, cor ou etnia: 64% da população carcerária é composta por negros; 35%, brancos; 1%, amarela, indígena e outras.
c) Quanto à escolaridade: 4% são analfabetos; 6%, alfabetizados sem cursos regulares; 51% não concluíram o ensino fundamental; 14% possuem o ensino fundamental completo; 15% não concluíram o ensino médio; 9% possuem o ensino médio completo; e 1% possui o ensino superior incompleto.[9]

Os dados apresentados neste item demonstram como o sistema de justiça criminal brasileiro age de forma seletiva e não apresenta uma resposta efetiva aos conflitos criminais no país. Não se trata, portanto, de trazer em números o cansado discurso de que o sistema se encontra falido, mas, sim, demonstrar a inegável ação da justiça criminal sobre os despossuídos.

Além de todos os aspectos já abordados, há uma consequência ainda mais grave com relação ao punitivismo no Brasil: a violação de direitos fundamentais e humanos das pessoas privadas da liberdade. O encarceramento em massa, o estado emergencial dos presídios e a falta de assistência do Estado aos presos com consequente violação de direitos humanos têm desencadeado o recebimento de petições na CIDH, órgão principal e autônomo da Organização dos Estados Americanos (OEA). Dependendo da gravidade do objeto das petições, após análise pelos responsáveis, se preenchidos os requisitos do artigo 25 do Regulamento da CIDH,[10] poderão ser adotadas medidas cautelares para o caso. A CIDH proporciona, também, que o peticionante apresente diretamente à Comissão a solicitação de medidas cautelares em situação de gravidade e urgência.

Frisa-se que, do ano de 1996 a 2016, a CIDH recebeu 36 petições relacionadas ao Brasil com objetos diversos, conforme levantamento realizado no *site* da OEA.[11] Das petições

---

[9] Para acesso as informações complementares, verificar Relatório INFOPEN (DEPEN; MINISTÉRIO DA JUSTIÇA E SEGURANÇA PÚBLICA, 2017).

[10] COMISSÃO INTERAMERICANA DE DIREITOS HUMANOS. **Regulamento da Comissão Interamericana de Direitos Humanos.** Disponível em: <http://www.cidh.org/Basicos/Portugues/u.Regulamento.CIDH.htm>. Acesso em: 24 jul. 2020.

[11] ORGANIZAÇÃO DOS ESTADOS AMERICANOS. **Medidas Cautelares.** Disponível em: <http://www.oas.org/es/cidh/decisiones/cautelares.asp>. Acesso em: 20 jul. 2020.

recebidas, destacam-se os Pedidos Cautelares n. 08/2013 e 208/2016, que versam sobre a superlotação dos presídios e suas consequências. Esses pedidos cautelares exemplificam a maneira desumana que o Estado trata os indivíduos encarcerados.

O Pedido Cautelar n. 208/2016 foi elaborado em favor dos presos do Instituto Penal Plácido de Sá Carvalho, do estado do Rio de Janeiro, em razão das preocupantes condições de detenção e graves deficiências na infraestrutura, como: (I) falta de acesso contínuo à água para consumo humano; (II) falta de ventilação; (III) falta de iluminação adequada; e (IV) falta de assistência à saúde, dentre outras. Na oportunidade, a CIDH solicitou ao Brasil, de acordo com o artigo 25 do Regulamento da CIDH, que:

> a) Adopte las medidas necesarias para proteger la vida e integridad personal de las personas privadas de libertad en el Instituto Penal Plácido de Sá Carvalho; b) Tome acciones inmediatas para reducir sustancialmente el hacinamiento al interior del Instituto Penal Plácido de Sá Carvalho, de acuerdo a estándares internacionales; c) Provea condiciones adecuadas de higiene en los recintos, acceso a agua para consumo humano, y proporcione los tratamientos médicos adecuados para las personas detenidas, de acuerdo a las patologías que presenten; d) Adopte las medidas necesarias para contar con planes de emergencia ante cualquier eventualidad; e) Concierte las medidas a adoptarse con los beneficiarios y sus representantes; e f) Informe sobre las acciones adoptadas a fin de investigar los hechos que dieron lugar a la adopción de la presente medida cautelar y así evitar su repetición.

A seu turno, o Pedido Cautelar n. 08/2013 versa sobre o Presídio Central de Porto Alegre, no estado do Rio Grande do Sul, e foi enviado à CIDH no ano de 2013. Na ocasião, o pedido solicitava medidas cautelares urgentes devido à superlotação extrema, falta de controle do Estado em vários âmbitos das instalações, entre outras situações que poderiam afetar o direito à vida e a integridade física dos apenados. A solicitação da CIDH foi nos seguintes termos:

> Tras analizar los alegatos de hecho y de derecho presentados por los solicitantes y el Estado, la Comisión considera que la información presentada permite suponer que las personas privadas de libertad en el PCPA se encontrarían en una situación de gravedad y urgencia, puesto que sus vidas e integridad personal estarían en grave riesgo. En consecuencia, de acuerdo con el Artículo 25 del Reglamento de la CIDH, la Comisión solicitó al Estado de Brasil que adopte las medidas necesarias para salvaguardar la vida e integridad personal de los internos del Presidio Central de Porto Alegre; que provea condiciones

> de higiene en el recinto y proporcione tratamientos médicos adecuados para los internos, de acuerdo a las patologías que éstos presenten; que implemente medidas tendientes a recuperar el control de seguridad en todas las áreas del PCPA, siguiendo los estándares internacionales de derechos humanos y resguardando la vida e integridad personal de todos los internos.

Entretanto, mesmo após as solicitações da CIDH, a situação no Brasil não tomou contornos diferentes, pois, como pode-se perceber dos dados citados, o encarceramento não apresenta redução, e tampouco as situações apontadas por meio de petições envidas à CIDH foram resolvidas pelos gestores responsáveis pelas casas prisionais.

A ideia que se pretendeu desenvolver até aqui não está somente vinculada ao encarceramento no Brasil nos últimos 25 anos e suas consequências, mas, sobretudo, à forma como são tratados os conflitos penais no país, mesmo aqueles que não possuem uma vítima propriamente dita, como, por exemplo, os crimes relacionados à Lei de Drogas, que continuam a ter uma abordagem ultrapassada e violenta, sem apresentar uma resposta efetiva à sociedade, como expõe Thaiza de Carvalho Correia (2017, p. 79):

> O modelo de sistema penal atual segue um rigor punitivista irracional, pois, apesar de embasar-se em finalidades preventivas, não há metas no sentido dos entes federativos diminuírem a criminalidade, não se fiscaliza o atuar dos estabelecimentos prisionais, nem se essas sanções estão efetivamente cumprindo suas diretrizes.

Ademais, não se pode deixar de levar em consideração que a propagação das mensagens midiáticas dramáticas e aterrorizantes alimentam a sensação de impunidade e insegurança na sociedade (PASTANA, 2007, p. 102). Como bem salienta Louk Hulsman (2012, p. 35), "a imagem que as pessoas têm da justiça criminal, em boa parte, se baseia na apresentação de suas atividades, como estas são passadas pela mídia", colaborando para a formação do senso comum chamado de "populismo criminológico" (BATISTA, 2012, p. 100), chegando-se, assim, à convicção de que o sistema de justiça criminal tradicional é a melhor resposta à violência, muito embora o que se constate, por meio dos dados mencionados, seja o fracasso de um sistema que vive de promessas.

Como forma de tentar minimizar o uso da pena privativa de liberdade como principal resposta ao crime e, consequentemente, diminuir o encarceramento no país, foram implementados os substitutivos penais no Brasil, objeto de estudo do próximo item.

2.2. As penas alternativas no Brasil: a duvidosa política criminal de desencarceramento no país

Conforme dispõe Carvalho (2010, p. 158), "a partir da década de 70 são desenvolvidos mecanismos penais, processuais penais e de execução com objetivo de evitar a prisionalização", e dentro desses mecanismos encontram-se as chamadas penas alternativas. Cezar Roberto Bitencourt (2006) salienta que as penas alternativas são fruto do Direito Penal Mínimo, fragmentário, garantista e subsidiário.

No Brasil em 1984, com a Lei nº 7.209/1984, foi realizada uma reforma no Código Penal, oportunidade em que o legislador classificou as penas da seguinte maneira: (I) privativas de liberdade; (II) restritivas de direito; e (III) multa (BITENCOURT, 2001). Na Constituição Federal de 1988 as penas alternativas se encontram no artigo 5º, inciso XLVI, da seguinte forma: privação ou restrição de liberdade, perda de bens, multas, prestação social alternativa e suspensão ou interdição de direitos.

Com as penas alternativas introduziu-se "a possibilidade de substituição da pena privativa de liberdade aplicada aos crimes culposos e daquelas de até um ano aplicadas aos crimes dolosos pelas penas restritivas de direito", inclusive a conter a oportunidade de suspensão condicional da execução da pena em caso de condenação (SOUZA, 2013b, p. 2). A reforma trouxe um redimensionamento do "instituto da suspensão condicional da pena, dotando-o de maiores exigências, com a finalidade de torná-lo mais eficaz, visando à prevenção especial sem descurar da prevenção geral" (BITENCOURT, 2001, p. 248). Todavia, para Carvalho (2010, p. 158), é com as medidas restritivas de direito "que os atores jurídicos passam a conceber forma de sanção distinta do aprisionamento".

A Lei nº 7.224, de novembro de 1984, criou os juizados de pequenas causas, competente para julgamento de processos equivalentes até vinte salários mínimos, sendo facultativa a representação por advogado. Contudo, apesar de criados para proporcionar fácil acesso ao poder judiciário, a implementação dos juizados não ocorreu em todos os estados do Brasil naquele momento (OLIVEIRA JÚNIOR; FERREIRA, 2014).

Os Juizados Especiais Criminais foram regulamentados no Brasil dez anos mais tarde por meio da Lei nº 9.099/95 – conhecida como Lei dos Juizados Especiais – "como tentativa de fazer frente à crise do processo penal tradicional" (ACHUTTI, 2014, p. 128). Vale salientar que os processos penais encaminhados para esse rito são guiados pelos seguintes princípios informadores: (a) oralidade; (b) informalidade; (c) economia processual; e (d) celeridade (ACHUTTI, 2009). Além disso, cumpre acrescentar que a formação dos Juizados Especiais Criminais proporcionou a possibilidade de composição civil dos danos entre vítima e ofensor, com consequente extinção da punibilidade do crime, bem como a possibilidade de transação penal em casos de menor potencial ofensivo – crimes em que a pena máxima não seja fixada acima de dois anos –, oportunidade propiciada pelo Ministério Público para oferecer ao réu aplicação imediata da pena restritiva de direitos ou multa (CARVALHO, 2010). Ainda, a Lei nº 9.099/95 trouxe, em seu artigo 89, a possibilidade de suspensão condicional do processo para crimes em que a pena mínima fosse de até um ano.

Porém, para Alexandre Wunderlich (2004, p. 249-261), com o advento da Lei nº 9.099/1995 houve um retrocesso, "um modernismo que é antigo e uma desburocratização que cada vez mais se burocratiza". Ou seja, uma forma criada para proporcionar o diálogo entre as partes envolvidas em crimes de menor potencial ofensivo acabou por reproduzir vícios que não refletem as características propostas pela Lei nº 9.099/95.

O autor (WUNDERLICH, 2004, p. 249-261) chega a essa conclusão pelos seguintes motivos: (a) "excessivo número de conflitos e a burocratização judicial"; (b) "processo de seletividade exercido pela vítima e seu poder denunciante"; (c) "despreparo dos juízes na mediação do conflito"; (d) ausência da vítima em audiência e a consequente criação do instituto da desistência tácita em ação penal pública; (e) "conciliação infrutífera nos casos de violência contra a mulher e a ausência de assistência estatal no pós-conflito"; (f) "o descumprimento dos termos legais da audiência preliminar: audiências a distância e/ou coletivas"; (g) "realização de audiências sem a presença do Ministério Público e as partes sem assistência jurídica"; (h) "dificuldade para o arquivamento, imposição de aceitação de transação penal e ausência de critério razoável para o oferecimento da proposta"; (i) "transação penal com imposição de pena e seu descumprimento: pena sem processo"; e (j) "transação penal: ausência de devido processo legal, violação ao princípio da presunção de inocência e privatização da justiça".

Em legislação posterior, por meio das Leis nº 9.605/1998 e nº 9.714/1998, foram criadas novas espécies de penas restritivas de direitos, ampliando-se os limites das penas privativas de liberdade substituíveis por restritivas de direitos – "casos em que a pena fixada judicialmente não fosse superior a quatro anos de reclusão" (CARVALHO, 2010, p. 159) – ou cuja execução pode ser suspensa (SOUZA, 2013b).

Com o advento da já mencionada Lei nº 11.343/2006 (Lei de Drogas),

> O porte ou cultivo de drogas ilícitas para uso próprio passaram a ser punidos exclusivamente através de advertência sobre os efeitos das drogas, prestação

> de serviços à comunidade e medida educativa de comparecimento a programa ou curso educativo. Em caso de recusa no cumprimento pelo condenado, não há previsão de pena privativa de liberdade, cabendo ao juiz admoestá-lo verbalmente ou lhe aplicar multa (SOUZA, 2013a, p. 2).

Entretanto, os dados do Relatório INFOPEN atestam um efeito diverso daquele preconizado pela Lei de Drogas. O Relatório INFOPEN aponta que 26% do total dos apenados do sexo masculino e 62% das mulheres encarceradas encontram-se em cumprimento de pena ou aguardando sentença por tráfico de drogas. É possível dizer, assim, que a Lei nº 11.343/2006 acabou por contribuir para o aumento da população carcerária no Brasil, desmistificando a ideia de que o referido dispositivo legal poderia auxiliar na diminuição da aplicação da pena privativa de liberdade.

A criação das penas e medidas alternativas tem como principal fundamento a minimização do uso da pena privativa de liberdade. No entanto, a implantação desses instrumentos de política criminal suscita questionamentos: (I) quanto à eficácia na redução da população carcerária; e (II) quanto à ampliação do poder de controle do Estado, no sentido de contribuir para a criminalização de condutas que antes eram tratadas de outro modo (BARRETO, 2010). É nesse sentido que, apesar de seu aparente caráter humanitário, e quando desacompanhadas de meios efetivos de aplicação e fiscalização, as penas alternativas podem representar uma nova fase de insucesso das penas, mesmo que amparadas sob o imperativo da necessidade de resultados mais efetivos no combate à criminalidade (AZEVEDO, 2005).

As tentativas de amenizar o uso da pena privativa de liberdade no país por meio dos substitutivos penais restaram fracassadas, dado que "ao invés de ingressarem no sistema penal no lugar da pena de cárcere, somaram-se a ele, aumentando o campo de atuação do controle formal" (PALLAMOLLA; ACHUTTI, 2014, p. 275). É nesse sentido que apontam os estudos realizados por Carvalho (2010), que chega à conclusão de que houve uma inegável evolução do controle do poder punitivo não carcerário, além de não diminuir os níveis de encarceramento no país, pois, para o autor, "o problema, portanto, não é a Lei em si, mas a ausência de mecanismos que permitam sua real eficácia para substituir (e não agregar) as penas de prisão pelas restritivas de direito" (CARVALHO, 2010, p. 160-161).

Diante disso, a menção das penas alternativas no presente trabalho procura sintetizar que incorporar ao sistema de justiça criminal tradicional medidas alternativas ao aprisionamento não trouxe resultados positivos para o país, principalmente no que concerne aos índices de encarceramento e resposta ao crime, o que nos remete ao estudo de uma abordagem distinta de lidar com conflitos criminais, mesmo tratando-se de um sistema complementar ao sistema de justiça criminal tradicional.

Por conta disso, faz-se necessário estudar aspectos teóricos acerca da justiça restaurativa, a fim de proporcionar uma reflexão acerca da forma como são tratados os conflitos criminais no país e, sobretudo, oportunizar uma reflexão acerca de uma nova forma de justiça criminal.

3. Justiça restaurativa como alternativa ao sistema de justiça criminal tradicional

Abordar questões relacionadas ao Direito Penal e ao Processo Penal no Brasil tem sido um grande desafio para os juristas e para o meio acadêmico, principalmente quando os meios de comunicação sustentam a sensação de impunidade e insegurança no país, "criando a realidade de um mundo de pessoas *decentes*" (ZAFFARONI, 2013, p. 197), o que, consequentemente, alimenta o discurso do senso comum de que se vive no país da impunidade (PASTANA, 2007), muito embora os dados apresentados no presente trabalho demonstrem a contrariedade do discurso.

Por isso, diante da constatação da séria crise de legitimidade e eficiência que atravessa o sistema de justiça criminal tradicional (ZAFFARONI, 1991), a análise de um sistema alternativo de resolução de conflitos na seara penal, especificamente a justiça restaurativa, deve ser priorizada. Nesse sentido, parte-se do pressuposto de que a justiça restaurativa enquanto sistema alternativo de resolução de conflitos na seara penal pode instituir um meio democrático para resolução dos conflitos em virtude da participação direta dos envolvidos no caso e daqueles que se sentirem lesados pelo ato delituoso.

A elucidação dos modelos abolicionistas e minimalistas é necessária para a compreensão de como a justiça restaurativa deve ser interpretada dentro do sistema de justiça criminal tradicional. Nesse sentido, torna-se necessária uma importante distinção entre esses dois conceitos com o escopo de ampliar o entendimento dos meios alternativos de resolução de conflitos.

Para Zaffaroni (1991, p. 97-98) "existem diferentes abolicionismos", pois "os autores abolicionistas não compartilham de uma total coincidência de métodos, pressupostos filosóficos e táticas para alcançar os objetivos, uma vez que provêm de diferentes vertentes de pensamento".[12]

Nessa perspectiva, o abolicionismo penal pode ser dividido em abolicionismo em sentido lato e estrito (ANDRADE, 2006). O abolicionismo penal em sentido amplo seria quando a totalidade do sistema penal é considerada como um problema social e, dessa forma, a abolição do sistema em sua integralidade é a única solução possível (DE FOLTER, 1989). Seria o abolicionismo radical, ou seja, "sua radical substituição por outras instâncias de solução de conflitos [...] que surge nas últimas décadas como resultado da crítica sociológica ao sistema penal" (ZAFFARONI, 1991, p. 97).

Em contraposição, o abolicionismo em sentido estrito propugna o abolicionismo da pena de morte, da prisão e de outros institutos, mas não do sistema penal como um todo.

Conforme Andrade (2006, p. 172)

> Ainda que a abolição reconheça níveis macro e micro mais ou menos acentuados nos diferentes abolicionistas por valorizarem a dimensão comunicacional e simbólica do sistema penal, estão de acordo em que abolição não significa pura e simplesmente abolir as instituições formais de controle, mas abolir a cultura punitiva, superar a organização "cultural" e ideológica do sistema penal, a começar pela própria linguagem e pelo conteúdo das categorias estereotipadas e estigmatizantes [...] que tecem, cotidianamente, o fio dessa organização (pois tem plena consciência de que de nada adianta criar novas instituições ou travestir novas categorias com conteúdos punitivos).

Portanto, o abolicionismo pode não implicar em uma abolição de todo o sistema penal e "propor uma reconstrução de vínculos solidários de simpatia horizontais ou comunitários, que permitam a solução desses conflitos sem a necessidade de apelar para o modelo punitivo formalizado abstratamente" (ZAFFARONI, 1991, p. 104).[13]

---

[12] Eugenio Raúl Zaffaroni (1991, p. 98) aponta que "neste sentido, deve ser assinalada a preferência marxista de Thomas Mathiesen, a fenomenológica de Louk Hulsman, a estruturalista de Michel Foucault e, poderia ainda acrescentar, a fenomenológico-historicista de Nils Christie".

[13] Para Vera Regina Pereira de Andrade (2006, p. 173), "trata-se de ultrapassar a mera cobertura ideológica de ilusão de solução hoje simbolizada no sistema penal, para buscar, efetivamente, soluções (punir x solucionar) deslocando o eixo tanto do espaço, do Estado para a comunidade, quanto de modelo, de uma organização cultural punitiva, burocratizada, hierarquizada, autoritária, abstrata, ritualística e estigmatizante para uma organização cultural horizontal, dialogal, democrática e local de resposta não violenta a conflitos que passa por uma comunicação não violenta".

Diferente do abolicionismo, o minimalismo penal tem como sua principal característica o princípio da intervenção mínima do direito penal e, consequentemente, o uso da pena privativa de liberdade como *ultima ratio*. Atrelado a isso, o minimalismo penal preconiza a busca de penas alternativas, apoiado, portanto, na gravidade do delito para imposição da pena, ou seja, crime grave pena de prisão e crime leve penas alternativas. No Brasil pode-se dizer que o minimalismo penal aparece a partir da reforma penal de 1984, bem como da introdução das penas alternativas e implementação dos juizados especiais criminais destinados aos crimes de menor potencial ofensivo (ZAFFARONI et al, 2003), como tratado no item 2.2.

Segundo Vera Andrade (2006, p. 174), é possível fazer uma divisão dos modelos minimalistas em duas linhas: (a) os que partem da deslegitimação do sistema penal (concebida como uma crise estrutural de legitimidade) para o abolicionismo ou minimalismo como meio; e (b) os que partem da deslegitimação (concebida como uma crise conjuntural de legitimidade) para a relegitimação do sistema penal ou minimalismos como fim em si mesmo. A autora (ANDRADE, 2006, p. 174-175) completa que os primeiros modelos são "estratégias de curto e médio prazo de transição para o abolicionismo", e os segundos partem "da deslegitimação do sistema penal, mas acreditam que ele possa ser relegitimado, e o minimalismo é apresentado como um fim em si mesmo – um direito penal mínimo para uma sociedade futura".

Deve-se levar em consideração, portanto, que a análise da justiça restaurativa em sentido amplo remete aos ideais abolicionistas.[14] Para os teóricos desse sistema alternativo, trabalhar com a justiça restaurativa como sistema complementar ao sistema de justiça criminal tradicional sem limitações do seu uso, ou seja, sem limitações legislativas quanto aos crimes que podem sem resolvidos por esse meio, colaboraria para expansão da justiça restaurativa, dando alternativa de escolha aos envolvidos no sentido de dizerem qual a melhor maneira para resolverem o seu conflito. Desse modo, se estaria trabalhando para a mudança da cultura punitivista, havendo possibilidade de ser menos incidente o sistema de justiça criminal tradicional.

De outro lado, fazer uma análise da justiça restaurativa enquanto sistema complementar ao sistema de justiça criminal tradicional, porém com limitações impostas

---

[14] Conforme Salo de Carvalho (2002, p. 263-264) o abolicionismo penal congrega autores que durante as décadas de 60 e 70 comungaram "propostas político-criminais estruturadas na premissa da radical contração/substituição do sistema penal por outras instâncias resolutivas dos conflitos sociais". Em outras palavras, o abolicionismo "tem seu foco voltado para a construção de uma crítica capaz de deslegitimar de forma radical o sistema carcerário, visando à instauração de uma maneira notavelmente diferente de lidar com situações tidas oficialmente como delituosas" (ACHUTTI, 2014, p. 91).

pelo legislador na abrangência das práticas, acaba caracterizando a adoção dos meios alternativos sob a ótica minimalista na medida em que algumas tipificações penais, e nos casos mais comuns os crimes mais graves, ainda só poderão ser tratadas por meio do sistema de justiça tradicional.

Por conta disso, o presente item tem como objetivo a análise dos pontos teóricos acerca da justiça restaurativa e as principais diferenças desse sistema da justiça criminal tradicional.

3.1. Aspectos teóricos acerca da justiça restaurativa e suas diferenças em relação ao sistema de justiça criminal tradicional

Trabalhar com os meios alternativos de resolução de conflitos, especialmente na seara penal, é, como preconiza Boaventura de Sousa Santos (2011, p. 124), "a criação de uma cultura jurídica que leve os cidadãos a sentirem-se mais próximos da justiça".

Em primeiro lugar, cumpre destacar que desde os anos 1970 vários programas e práticas restaurativas têm sido trabalhados em diversos países do mundo, oferecidos como alternativas paralelas ou no mesmo âmbito do sistema jurídico vigente (ZEHR, 2015). As mais conhecidas experiências sobre justiça restaurativa surgiram no Canadá na década de 1970, nos Estados Unidos da América em 1978, na Noruega em 1981 e na Nova Zelândia em 1989 (PALLAMOLLA, 2015). Howard Zehr (2015, p. 12) salienta que, a partir de 1989, "a Nova Zelândia fez a justiça restaurativa o centro de todo o seu sistema penal para a infância e juventude". Todavia, ainda se pergunta: afinal, o que vem a ser justiça restaurativa?

Daniel Achutti e Raffaella Pallamolla (2014, p. 437) referem que as raízes mais importantes da justiça restaurativa podem ser agrupadas em três tendências: primeiro os movimentos pelos direitos das vítimas e os temas feministas, que buscavam a expansão do uso do sistema penal para incluir as suas demandas; segundo o comunitarismo, que enxerga a comunidade como meio (pois seria o local ideal para o desenvolvimento mais fértil da justiça restaurativa) e como fim (os processos restaurativos seriam construtivos para o ressurgimento da vida comunitária) para a justiça restaurativa; e, por último, o abolicionismo penal, oriundo da criminologia crítica dos anos 1970 e 1980, que apontava para a necessidade de abolir o sistema de justiça criminal e substituí-lo por um modelo deliberativo de administração de conflitos.

Porém, deve-se frisar que a justiça restaurativa não possui um conceito fechado, dado que seu conceito vem sendo modificado, assim como suas práticas, desde os primeiros passos acadêmicos e experiências práticas (PALLAMOLLA, 2009). Nessa linha, para Leonardo Sica (2007), a justiça restaurativa possui um conceito ainda em formação, justamente por ser um conjunto de práticas em busca de uma teoria, e para Fernanda Rosenblatt (2015, p. 30) a justiça restaurativa significa "coisas diferentes, para pessoas diferentes". Conforme os ensinamentos de Zehr (2015, p. 23), "a justiça restaurativa não é um programa ou projeto específico". Para o autor (ZEHR, 2015, p. 23),

> Muitos programas adotam a justiça restaurativa no todo ou em parte. Contudo, não existe um modelo puro que possa ser visto como ideal ou passível de implementação em qualquer comunidade. Mesmo após três décadas, estamos ainda em uma fase de aprendizado muito intenso nesse campo. As práticas mais interessantes que têm surgido nos últimos anos não passavam pela cabeça daqueles que deram início aos primeiros programas, e muitas ideias inovadoras surgirão em virtude do diálogo e experimentação. Do mesmo modo, todos os modelos estão, em alguma medida, atrelados à cultura. Portanto, a justiça restaurativa deve ser construída de baixo para cima, pelas comunidades, através do diálogo sobre suas necessidades e recursos, aplicando os princípios às situações que lhe são próprias. A Justiça Restaurativa não é um mapa, mas seus princípios podem ser vistos como uma bússola que aponta na direção desejada. No mínimo, a Justiça Restaurativa é um convite ao diálogo e à experimentação.

É nesse aspecto que Pallamolla (2015) se mostra precisa ao informar a "importância de se conceber a justiça restaurativa como um modelo de justiça que pode lançar mão de diversas práticas restaurativas para ver alcançados seus objetivos – que podem ser os mais variados". A partir dessa dificuldade em definir o que vem a ser justiça restaurativa, Mylène Jaccoud (2005, p. 169) preconiza que a "justiça restaurativa é uma aproximação que privilegia toda forma de ação, individual ou coletiva, visando corrigir as consequências vivenciadas por ocasião de uma infração, a resolução de um conflito ou a reconciliação das partes ligadas a este". Tony Marshall aponta, também, uma possível conceituação para esse sistema: "justiça restaurativa é um processo pelo qual as partes envolvidas em uma específica ofensa resolvem, coletivamente, como lidar com as consequências da ofensa e suas implicações para o futuro" (MARSHALL, 1996, *apud* ACHUTTI, 2014, p. 63).

Para Guadalupe Pérez Sanzberro (1999, p. 172), existem critérios gerais que permitem delimitar o alcance das práticas restaurativas, assinalando três condições básicas para submeter determinado caso ao procedimento restaurativo: "1) existencia de una víctima personal, individualizable (no obsta que sean varias); 2) una cierta entidad de la infracción penal, excluyéndose los supuestos de bagatela; 3) reconocimiento del hecho o hecho esclarecido".

Segundo a doutrina, a justiça restaurativa possui três concepções distintas: (a) a concepção do encontro; (b) a concepção da reparação; e (c) a concepção da transformação (ZEHR, 2015). Achutti (2014, p. 64-65) traz a lição do que vem a ser cada concepção da justiça restaurativa, destacando que: a concepção do *encontro* possui uma maior ênfase na liberdade de manifestação dos envolvidos para a resolução do conflito; a concepção *reparadora* possui o enfoque da reparação do dano causado; e a concepção *transformadora* procura identificar os mecanismos restaurativos como formas de elaboração coletiva da justiça que, a partir das intensas experiências pessoais dos envolvidos no enfrentamento e na resolução dos conflitos, proporcionaria uma transformação na forma como cada um percebe e encara o seu modo de vida.

A justiça restaurativa também é guiada por princípios e valores. Os princípios restaurativos estão elencados na Resolução n. 2002/2012 da Organização das Nações Unidas,[15] sendo divididos em cinco seções, em um total de 23 princípios referentes às definições e à operacionalidade da justiça restaurativa. Os valores dessa justiça não são estáticos, pois são moldados com base em análises empíricas que verificam o funcionamento das práticas restaurativas (PALLAMOLLA, 2009). Menciona Pallamolla (2009, p. 60-66) que os valores restaurativos se dividem em três grupos: (i) valores obrigatórios: não dominação, empoderamento, obedecer aos limites máximos estabelecidos legalmente como sanções, escuta respeitosa, preocupação igualitária com todos os participantes, *accountabilitty/appealability*[16] e respeito aos direitos humanos; (ii) valores que guiam o processo; e (iii) valores que não podem ser exigidos dos participantes, pois são valores dependentes do desejo de cada participante.

A partir dos princípios e valores informados, Achutti (2014, p. 77-82) refere que existem diferentes tipos de práticas restaurativas, como: (a) apoio à vítima; (b) conferência restaurativa; (c) círculos de sentença e cura; (d) comitês de paz; (e) conselhos de cidadania; (f) mediação vítima-ofensor, dentre outras. Entre as práticas

---

15 ARCOS. **Nações Unidas – Conselho Econômico e Social.** Disponível em: <http://www.arcos.org.br/livros/estudos-de-arbitragem-mediacao-e-negociacao-vol4/parte-vi-miscelanea/nacoes-unidas-conselho-economico-e-social>. Acesso em: 24 jul. 2020.

16 Preconiza Raffaella Pallamolla (2009, p. 63) que este é o valor mais defendido pelos doutrinadores, pois "qualquer pessoa envolvida em um caso penal ou de outra esfera do direito deve ter seu direito de optar por um processo restaurativo ao invés do processo judicial tradicional; a opção contrária também deve ser admitida".

mencionadas, destaca-se a mediação vítima-ofensor, em razão de ser a prática mais utilizada, sobretudo em países da Europa.

Feitas essas considerações acerca dos aspectos teóricos básicos da justiça restaurativa, importante traçar as diferenças entre esse sistema e o sistema de justiça criminal tradicional, a fim de demonstrar a forma distinta como a justiça restaurativa trabalha com conflitos criminais. Zehr (2015, p. 37) traz os seguintes apontamentos no sentido de diferenciar a justiça restaurativa da justiça retribuitiva: na justiça tradicional o crime é uma violação da lei e do Estado, ao passo que na justiça restaurativa o crime é uma violação de pessoas e de relacionamentos; para a justiça criminal as violações geram culpa, já na justiça restaurativa os atos delituosos geram responsabilidades; o sistema de justiça criminal tradicional exige que o Estado determine a culpa e imponha uma punição (sofrimento), diferente da justiça restaurativa, que envolve vítimas, ofensores e membros da comunidade, em um esforço comum para reparar os danos; e o foco central da justiça criminal é o da retribuição, diverso da justiça restaurativa, que procura identificar as necessidades da vítima e a responsabilidade do ofensor, com o intuito de que este repare o dano causado.

Para Renato Sócrates Gomes Pinto (2005, p. 24-27; SANTOS, 2014) as diferenças entre os dois sistemas ficam evidentes na medida em que: (a) na justiça tradicional, o Estado possui o monopólio do conflito, oposto da justiça restaurativa, que procura devolver o conflito às partes envolvidas e à comunidade, ou seja, é uma justiça participativa; (ii) a justiça retributiva traz a questão da culpabilidade individual voltada para o passado – estigmatização[17] –, ao contrário da justiça restaurativa, que tem a ideia da responsabilidade pela restauração, numa dimensão social, compartilhada coletivamente e voltada para o futuro; (iii) no sistema de justiça criminal tradicional

---

[17] Louk Hulsman (HULSMAN; CELIS, 1993, p. 69) aduz que "o sentimento de culpa interior que às vezes se invoca para justificar o sistema penal – o autor de um crime teria necessidade do castigo – nada tem a ver com a existência de tal sistema. Não se trata de negar que os homens possam experimentar uma profunda perturbação a propósito de alguns de seus atos ou comportamentos. Mas, é preciso afirmar com toda a convicção que não é a existência do sistema penal que provoca tal sentimento, tanto quanto não é este sistema que poderá dar àquele que sofre, com sua consciência, a transformação interior de que possa necessitar. Nossas experiências profundas nada têm a ver com o sistema penal. Ao contrário, é preciso denunciar as culpabilizações artificiais que este sistema produz. Em inúmeros casos, a experiência do processo e do encarceramento produz nos condenados um estigma que pode se tornar profundo. Há estudos científicos, sérios e reiterados, mostrando que as definições legais e a rejeição social por elas produzida podem determinar a percepção do eu como realmente 'desviante' e, assim, levar algumas pessoas a viver conforme esta imagem, marginalmente. Nos vemos de novo diante da constatação de que o sistema penal cria o delinquente, mas, agora, num nível muito mais inquietante e grave: o nível da interiorização pela pessoa atingida do etiquetamento legal e social".

não há preocupação quanto às necessidades do ofensor, da vítima e da comunidade afetada pelo conflito, ao passo que a justiça restaurativa preza pelo comprometimento dos envolvidos, com o escopo de proporcionar a inclusão e justiça social; (iv) na justiça retributiva o ritual é solene e público, diferente da restaurativa, onde os encontros são confidenciais; (v) quanto aos resultados, importante frisar que no sistema de justiça criminal tradicional a principal resposta é a pena privativa de liberdade, as penas restritivas de direito e multa, enquanto na justiça restaurativa preza-se pela reparação; (vi) no que tange aos efeitos para a vítima no atual sistema de justiça criminal, esta não é levada em consideração, ocupa lugar periférico e alienado no decorrer do processo criminal, aparecendo apenas para prestação de depoimentos no decorrer da instrução processual, o que não ocorre na justiça restaurativa, oportunidade em que ela possui voz ativa no processo restaurativo, pois tem conhecimento sobre o que se passa; e (vii) quanto aos efeitos para o infrator, observa-se que na justiça tradicional ele é considerado pelas suas faltas, ao contrário do que preconiza a justiça restaurativa, pois neste sistema é visto seu potencial de responsabilizar-se pelos danos e consequências do delito.

Nordenstahl (2005, p. 33), por sua vez, completa:

> El sistema tradicional evoca el procedimiento adversarial, modelo impuesto desde los mismos programas de estudio de formación profesional universitaria de derecho y para el que está preparado todo el sistema judicial. Académicamente aún es resistida la introducción en la currícula de materias afines a los métodos alternativos, a las que se les asigna menor puntaje o carga horaria. Por el contrario, el modelo restaurativo deja de lado el método adversarial y busca una solución acordada en un ámbito propicio para el diálogo, proceso éste conducido por un operador (llámase mediador, conciliador o facilitador) que tiene a su cargo el trabajo de promover la comunicación entre las partes a través de la aplicación de técnicas y dinámicas adecuadas.

A partir das premissas elencadas quanto às diferenças entre a justiça restaurativa e o sistema de justiça criminal tradicional, verifica-se que a justiça restaurativa tem como escopo colocar as partes no mesmo nível – levando-se em consideração a atual estrutura vertical do processo penal em que as partes são representadas por advogados e o juiz detém o monopólio de proferir a decisão para o caso – e pode, portanto, romper com o senso de que a pena privativa de liberdade é a melhor maneira para lidar com conflitos criminais, visto que proporciona o diálogo entre os envolvidos, rompendo o paradigma autoritário de imposição de soluções jurídicas, típico da justiça criminal tradicional, trazendo a possibilidade de outro tipo de resposta aos atos delituosos.

4. Considerações finais

O trabalho procurou demonstrar a falência do sistema de justiça criminal brasileiro por meio dos dados do Levantamento Nacional de Informações Penitenciárias (INFOPEN), das solicitações da Comissão Interamericana de Direitos Humanos (CIDH), da falta de respostas dos substitutivos penais implementados no país ao longo das últimas décadas e, essencialmente, pela falta de protagonismo das partes no processo criminal, o que proporcionou encaminhar a abordagem para os meios alternativos de resolução de conflitos na seara penal, especialmente a justiça restaurativa.

Os dados do INFOPEN deixaram em evidência a seletividade do sistema tradicional, sobretudo a quem ele se dirige. Do mesmo modo, os pedidos enviados à CIDH são a comprovação do estado crítico dos cárceres no Brasil, especificamente no que concerne à estrutura dos presídios, que leva à violação de direitos fundamentais da pessoa encarcerada. Da mesma forma, frente à reconhecida crise do sistema penal, os substitutivos penais apontam que as alternativas à pena privativa de liberdade colaboraram para o aumento do controle penal, o que pode gerar certa desconfiança na implementação da justiça restaurativa enquanto forma alternativa de administração de conflitos penais.

Ainda, abordaram-se questões teóricas da justiça restaurativa com o intuito de aclarar suas peculiaridades que a difere do sistema de justiça criminal tradicional, que tem como alicerce o discurso da prevenção e retribuição, o que permitiu chegar à seguinte conclusão: a justiça restaurativa busca a composição do conflito por meio do diálogo, voltando-se para as partes, principalmente vítima e ofensor, verdadeiros protagonistas do conflito; já o sistema tradicional tem no processo penal sua principal ferramenta de resposta ao crime e, consequentemente, retira do conflito os implicados, na medida em que o Estado é o detentor do processo criminal.

Também, a justiça restaurativa, como uma nova possibilidade de administração de resolução de conflitos penais, pode colaborar para a mudança de como se encara o delito na sociedade, justamente pelo fato desse sistema reaproximar os envolvidos, afastando os estigmas e construindo uma justiça democrática despida de preconceitos e discriminações, tirando de foco a ficção elaborada pela mídia de massa, que cria representações sociais sobre o fenômeno crime com o intuito de deturpar os fatos atingindo o sensacionalismo e, consequentemente, criando espetáculos (FRANÇA, 2012), pois "seleccionan hechos atípicos, se los presentan como estereotipos y se los contrasta con la normalidad típica", provocando "una mistificación del mundo que está en contacto con la justicia penal" (HULSMAN, 1989, p. 96).

Além das questões elencadas, devido ao sistema de justiça criminal tradicional possuir uma estrutura voltada para o processo penal, oportunidade em que os atores curvam-se aos procedimentos legais, a justiça restaurativa aparece como uma possibilidade concreta de romper com a maneira de se lidar com conflitos penais no país, pelo fato de buscar, por meio do diálogo, a reparação do dano oriundo do conflito criminal e, principalmente, por possuir características abolicionistas. São os ideais abolicionistas que fundamentam e motivam a implementação das vias alternativas como uma nova forma de administração de conflitos penais na sociedade contemporânea. A adoção da justiça restaurativa, portanto, representa a conscientização de que o sistema atual se encontra em crise e, acima de tudo, não apresenta respostas satisfatórias à sociedade, colaborando para a mudança cultural de como se lida com conflitos criminais no país.

Assim, a despeito das imposições legislativas e interferências do Estado na forma de institucionalização da justiça restaurativa, desde que respeitados seus parâmetros teóricos, deve-se levar em consideração que será um avanço a adoção desse sistema no Brasil. Mas é importante sublinhar que os limites e desafios da justiça restaurativa só serão identificados a partir do estudo das experiências de países que implementaram esse sistema e, sobretudo, do estudo dos projetos desenvolvidos no Brasil, para sua consolidação como novo paradigma de justiça.

Referências

ACHUTTI, Daniel. **Justiça restaurativa e abolicionismo penal**: contribuições para um novo modelo de administração de conflitos no Brasil. São Paulo: Saraiva, 2014.

ACHUTTI, Daniel. **Modelos contemporâneos de justiça criminal**: justiça terapêutica, instantânea e restaurativa. Porto Alegre: Livraria do Advogado, 2009.

ACHUTTI, Daniel; PALLAMOLLA, Raffaella da Porciuncula. Justiça restaurativa. *In*: LIMA, Renato Sérgio de; RATTON, José Luiz; AZEVEDO, Rodrigo Ghiringhelli de (orgs.). **Crime, polícia e justiça no Brasil.** São Paulo: Contexto, 2014, p. 436-449.

ANDRADE, Vera Regina Pereira de. **A ilusão de segurança jurídica:** do controle da violência à violência do controle penal. 3.ed. Porto Alegre: Livraria do Advogado, 2015.

ANDRADE, Vera Regina Pereira de. Minimalismos, abolucionismos e eficienticismo: a crise do sistema penal entre a deslegitimação e a expansão. **Revista Sequência**, vol. 27, n. 52, Florianópolis, 2006, p. 163-182.

ANITUA, Gabriel Ignacio. **Histórias dos pensamentos criminológicos.** Trad. Sérgio Lamarão. Rio de Janeiro: Revan, 2008.

AZEVEDO, Mônica Louise de. **Penas alternativas à prisão:** os substitutivos penais no sistema penal brasileiro. Curitiba: Juruá, 2005.

BARATTA, Alessandro. **Criminologia crítica e crítica do Direito Penal:** introdução à sociologia do direito penal. Trad. Juarez Cirino dos Santos. 6. ed. Rio de Janeiro: Revan, 2011.

BARRETO, Fabiana Costa Oliveira. **Dez anos da política nacional de penas e medidas alternativas.** Ministério da Justiça, 2010. Disponível em: <http://depen.gov.br/DEPEN/dirpp/cgap/pesquisas/diagnostico10anospoliticanacionalpenasmedi.pdf>. Acesso em: 17 ago. 2020.

BATISTA, Vera Malaguti Batista. **Introdução crítica à criminologia brasileira.** 2.ed. Rio de Janeiro: Revan, 2012.

BISSOLI FILHO, Francisco. Punição e divisão social: do mito da igualdade à realidade do apartheid social. *In*: ANDRADE, Vera Regina Pereira de (org.). **Verso e reverso do controle penal:** (des)aprisionando a sociedade da cultura punitiva. Homenagem a Alessandro Baratta, vol. 2. Florianópolis: Fundação Boiteux, 2002, p. 75-91.

BITENCOURT, Cezar Roberto. **Falência da pena de prisão:** causas e alternativas. 2.ed. São Paulo: Saraiva, 2001.

BITENCOURT, Cezar Roberto. **Novas penas alternativas.** 3.ed. São Paulo: Saraiva, 2006.

CARVALHO, Salo de. **A política criminal de drogas no Brasil:** estudo criminológico e dogmático da lei nº 11.343/06. 8.ed. São Paulo: Saraiva, 2016.

CARVALHO, Salo de. **Antimanual de criminologia.** São Paulo: Saraiva, 2015.

CARVALHO, Salo de. Considerações sobre as incongruências da justiça penal consensual: retórica garantista, prática abolicionista. *In*: WUNDERLICH, Alexandre (org.). **Escritos de direito e processo penal:** em homenagem ao professor Cláudio Tovo. Rio de Janeiro: Lumen Juris, 2002, p. 263-283.

CARVALHO, Salo de. Substitutivos penais na era do grande encarceramento. **Revista Res Severa Verum Gaudim – Revista Científica dos Estudantes de Direito da UFRGS**, vol. 2, n. 2, Porto Alegre, nov. 2010, p. 146-171.

CHRISTIE, Nils. Los conflictos como pertenencia. *In*: MAIER, Julio B. J. (compilador). **De los delitos y de las víctimas**. Buenos Aires: Ad-Hoc, 1992, p. 158-182. Disponível em: <http://www.pensamientopenal.com.ar/system/files/2015/01/doctrina40529.pdf#viewer.action=download>. Acesso em: 16 jul. 2020.

COMISSÃO INTERAMERICANA DE DIREITOS HUMANOS. **Regulamento da Comissão Interamericana de Direitos Humanos**. Disponível em: <http://www.cidh.org/Basicos/Portugues/u.Regulamento.CIDH.htm>. Acesso em: 16 jul. 2020.

CORREIA, Thaiza de Carvalho. A justiça restaurativa aplicada à violência doméstica contra mulher. *In*: VALOIS, Luiz Carlos et al (orgs.). **Justiça Restaurativa.** Belo Horizonte: Editora D'Plácido, 2017, p. 77-104.

DE FOLTER, Rolf S. Sobre la fundamentación metodológica del enfoque abolicionista del sistema de justicia penal: una comparación de las ideas de Hulsman, Mathiesen y Foucault. *In*: **Abolicionismo penal.** Trad. Mariano Alberto Ciafardini y Mirta Lilián Bondanza. Buenos Aires: Sociedad Anónima Editora Comercial, Industrial y Financiera, 1989, p. 57-86.

DEPEN; MINISTÉRIO DA JUSTIÇA E SEGURANÇA PÚBLICA. **Levantamento Nacional de Informações Penitenciárias INFOPEN.** Atualização – junho de 2016. Brasília: Ministério da Justiça e Segurança Pública; Departamento Penitenciário Nacional, 2017. Disponível em: <http://www.justica.gov.br/noticias/ha-726-712-pessoas--presas-no-brasil/relatorio_2016_junho.pdf>. Acesso em: 16 jul. 2020.

FOUCAULT, Michel. **A sociedade punitiva:** curso no Collège de France (1972-1973). Trad. Ivone C. Benedetti. São Paulo: WMF Martins Fontes, 2015.

FRANÇA, Leandro Ayres. **Inimigo ou a inconveniência de existir.** Rio de Janeiro: Lumen Juris, 2012.

GIAMBERARDINO, André. **Crítica da pena e justiça restaurativa.** Florianópolis: Empório do Direito, 2015.

GIAMBERARDINO, André. O confisco do conflito na historiografia penal. **Redes – Revista Eletrônica Direito e Sociedade**, vol. 6, n. 2, Canoas, ago. 2018.

HULSMAN, Louk. Alternativas à justiça criminal. *In*: PASSETTI, Edson (coord.). **Curso livre de abolicionismo penal.** 2.ed. Rio de Janeiro: Revan, 2012, p. 35-69.

HULSMAN, Louk. La criminología crítica y el concepto de delito. *In*: **Abolicionismo penal.** Trad. Mariano Alberto Ciafardini y Mirta Lilián Bondanza. Buenos Aires: Sociedad Anonima Editora Comercial, Industrial y Financeira, 1989, p. 87-107.

HULSMAN, Louk; CELIS, Jacqueline Bernat de. **Penas Perdidas:** o sistema penal em questão. Trad. Maria Lúcia Karam. Niterói: Luam, 1993.

INSTITUTO DE PESQUISA ECONÔMICA APLICADA. **Reincidência criminal no Brasil:** relatório de pesquisa. Rio de Janeiro: IPEA, 2015. Disponível em: <https://www.

ipea.gov.br/portal/images/stories/PDFs/relatoriopesquisa/150611_relatorio_reincidencia_criminal.pdf>. Acesso em: 16 jul. 2020.

JACCOUD, Mylène. Princípios, Tendências e Procedimentos que Cercam a Justiça Restaurativa. *In*: SLAKMON, Catherine; DE VITTO, Renato Campos Pinto; GOMES PINTO, Renato Sócrates (orgs.). **Justiça Restaurativa.** Brasília: Ministério da Justiça e PNUD, 2005, p. 163-188.

LEMGRUBER, Julita; BOITEUX, Luciana. O fracasso da guerra às drogas. *In*: LIMA, Sergio Renato de; RATTON, José Luiz; AZEVEDO, Rodrigo Ghiringhelli de (orgs.). **Crime, polícia e justiça no Brasil.** São Paulo: Contexto, 2014, p. 357-362.

NORDENSTAHL, Ulf Christian Eiras. **¿Dónde está la víctima?:** apuntes sobre victimologia. Buenos Aires: Libreria Histórica, 2008.

NORDENSTAHL, Ulf Christian Eiras. **Mediación penal:** de la práctica a la teoría. Buenos Aires: Librería Histórica, 2005.

OLIVEIRA JÚNIOR, Almir de; FERREIRA, Helder. Penas alternativas. *In*: LIMA, Renato Sérgio de; RATTON, José Luiz; AZEVEDO, Rodrigo Ghiringhelli de (orgs.). **Crime, polícia e justiça no Brasil.** São Paulo: Contexto, 2014, p. 382-391.

ORGANIZAÇÃO DOS ESTADOS AMERICANOS. **Medidas Cautelares.** Disponível em: <http://www.oas.org/es/cidh/decisiones/cautelares.asp>. Acesso em: 16 jul. 2020.

PALLAMOLLA, Raffaella da Porciuncula. Justiça restaurativa e mediação penal: afinal, qual a relação entre elas? **Canal Ciências Criminais**, 20 maio 2015. Disponível em: <https://canalcienciascriminais.com.br/justica-restaurativa-e-mediacao-penal--afinal-qual-a-relacao-entre-elas-2/>. Acesso em: 16 jul. 2020.

PALLAMOLLA, Raffaella da Porciuncula. **Justiça restaurativa:** da teoria à pratica. São Paulo: IBCCRIM, 2009.

PALLAMOLLA, Raffaella; ACHUTTI, Daniel. Justiça criminal e justiça restaurativa: possibilidades de ruptura com a lógica burocrático-retribucionista. *In*: VALOIS, Luiz Carlos et al (orgs.). **Justiça Restaurativa.** Belo Horizonte: Editora D'Plácido, 2017, p. 265-283.

PASTANA, Débora Regina. Medo e opinião pública no Brasil contemporâneo. **Revista Estudos de Sociologia**, vol. 12, n. 22, Araraquara, 2007.

PASTANA, Debora Regina; DAVI, Leonardo Mendonça. Encarceramento em massa no Brasil: um estudo de caso na cidade mineira de Uberlândia. **Revista da Ajuris**, vol. 41, n. 134, jun. 2014, p. 135-162.

PINTO, Renato Sócrates Gomes. Justiça restaurativa é possível no Brasil? *In*: SLAKMON, Catherine; DE VITTO, Renato Campos Pinto; GOMES PINTO, Renato Sócrates (orgs.). **Justiça Restaurativa.** Brasília: Ministério da Justiça e PNUD, 2005, p. 19-39.

ROSENBLATT, Fernanda Fonseca. **The role of community in restorative justice.** London; New York: Routledge, 2015.

SANTOS, Boaventura de Sousa. **Para uma revolução democrática da justiça.** 3.ed. São Paulo: Cortez, 2011.

SANTOS, Cláudia Cruz. **A justiça restaurativa:** um modelo de reacção ao crime diferente da justiça penal. Porquê, para quê e como? Coimbra: Coimbra, 2014.

SANZBERRO, Guadalupe Pérez. **Reparación y conciliación en el sistema penal:** ¿Apertura de una nueva vía? Granada: Editorial Comares, 1999.

SICA, Leonardo. **Justiça restaurativa e mediação penal.** Rio de Janeiro: Lumen Juris, 2007.

SINHORETTO, Jacqueline. **Ir aonde o povo está:** etnografia de uma reforma da justiça. Tese (Doutorado em Sociologia) – Departamento de Sociologia da Faculdade de Filosofia, Letras e Ciências Humanas, Universidade de São Paulo, São Paulo, 2006.

SOUZA, Guilherme Augusto Dornelles de. Das penas "necessárias" às penas "eficientes"? Continuidades e rupturas nos discursos sobre crime e punição nas alternativas penais à prisão entre a reforma da parte geral do Código Penal em 1984 e aprovação da Lei 9.714/98. IV Congresso ABraSD, I Encontro de Pesquisa do Moinho Jurídico. Sociologia do direito em prospetiva: para uma cultura de pesquisa, Recife, 11-13 nov. 2013b, p. 1231-1250. **Anais...** Disponível em: <https://www.academia.edu/5119306/Das_penas_necess%C3%A1rias_%C3%A0s_penas_eficientes_Continuidades_e_rupturas_nos_discursos_sobre_crime_e_puni%C3%A7%C3%A3o_nas_alternativas_penais_%C3%A0_pris%C3%A3o_entre_a_reforma_da_parte_geral_do_C%C3%B3digo_Penal_em_1984_e_a_Lei_9.714_98>. Acesso em: 16 jul. 2020.

SOUZA, Guilherme Augusto Dornelles de. O "mínimo necessário de força punitiva": continuidades e rupturas nos discursos sobre crime e punição nas Leis 9.605/98 (crimes ambientais), 9.714/98 (penas alternativas) e 11.343/06 (drogas). IV Seminário Internacional do Programa de Pós-Graduação em Sociologia da UFSCar "Olhares e diálogos sobre as mudanças no Brasil e na América Latina", São Carlos, 26-28 ago. 2013a. **Anais...** Disponível em: <http://www.seminarioppgs.ufscar.br/Anais.html>. Acesso em: 16 jul. 2020.

SOZZO, Máximo. Postneoliberalismo y penalidade em América del Sur: a modo de introducción. *In*: SOZZO, Máximo (org.). **Postneoliberalismo y penalidad en América del Sur.** Ciudad Autónoma de Buenos Aires: Clacso, 2016, p. 9-28.

WUNDERLICH, Alexandre. A vítima no processo penal: impressões sobre o fracasso da Lei n. 9.099/1995. **Revista Brasileira de Ciências Criminais**, São Paulo, vol. 12, n. 47, mar./abr. de 2004.

ZAFFARONI, Eugenio Raúl et al. **Direito Penal brasileiro:** Teoria Geral do Direito Penal. 4.ed. Vol. 1. Rio de Janeiro: Revan, 2003.

ZAFFARONI, Eugenio Raúl. **A questão criminal.** Trad. Sérgio Lamarão. Rio de Janeiro: Revan, 2013.

ZAFFARONI, Eugenio Raúl. **Em busca das penas perdidas:** a perda de legitimidade do sistema penal. 5.ed. Trad. Vania Romano Pedrosa e Amir Lopez da Conceição. Rio de Janeiro: Revan, 1991.

ZAFFARONI, Eugenio Raúl; PIERANGELI, José Henrique. **Manual de direito penal brasileiro:** parte geral. Vol. 1. 9.ed. São Paulo: Revista dos Tribunais, 2011.

ZEHR, Howard. **Justiça restaurativa.** Tradução de Tônia Van Acker. 2.ed. São Paulo: Palas Athena, 2015.

A FORÇA DO DIREITO ADMINISTRATIVO: PERSPECTIVAS SOCIOLÓGICAS DO CAMPO JURÍDICO-ADMINISTRATIVO

Leonel Pires Ohlweiler[1]

RESUMO. O estudo investiga as possibilidades de diálogo entre o Direito Administrativo e a sociologia reflexiva de Pierre Bourdieu. A metodologia utilizada foi pesquisa bibliográfica de caráter interdisciplinar. Examina as relações entre o campo jurídico-administrativo e os campos de poder com relação à divisão do trabalho de dominação simbólica. Destaca a interpretação como historicização dos textos normativos, bem como a autoridade da linguagem do Estado. Problematiza as dimensões dos campos administrativos dinásticos e burocráticos. A conclusão foi sobre a necessidade de implementar algumas medidas para ampliar o processo de democratização do campo administrativo.

Palavras-chave. Campo Administrativo. Democracia. Dominação Simbólica. Linguagem Burocrática.

1. Introdução

O estudo aqui desenvolvido delimitará um possível diálogo entre o Direito Administrativo e a sociologia, de modo mais específico, a partir do texto *A Força do Direito* de Pierre Bourdieu (BOURDIEU, 1989, p. 209-254). Trata-se de investigação realizada pelo sociólogo que discute o modo de funcionamento do campo jurídico, com suas lógicas, estruturas, modos de funcionamento e o caráter simbólico dos produtos do campo. O autor não se preocupou de modo direto com o Direito Administrativo, mas muitas de suas discussões com o campo jurídico e o campo judicial relacionam-se com indagações necessárias para examinar as relações administrativas entre o Estado e

[1] Desembargador do Tribunal de Justiça do Estado do Rio Grande do Sul. Pós-Doutor pela Universidade Federal de Santa Catarina. Mestre e Doutor em Direito. Professor da Graduação e do Mestrado em Direito da Universidade La Salle – Canoas, RS. E-mail: <leonelpires@terra.com.br>.

a sociedade, na linha das pesquisas realizadas junto ao Programa de Pós-Graduação em Direito da Universidade La Salle.

O problema discutido neste breve estudo consiste no seguinte: examinando a passagem dos campos administrativos dinásticos para os campos administrativos burocráticos é possível erigir hodiernamente mecanismos para democratizar o funcionamento da Administração Pública?

Algumas possíveis respostas exigem situar o modo de funcionamento do campo administrativo, exatamente considerando os pressupostos sociojurídicos indicados por Pierre Bourdieu, desde a divisão do trabalho no interior do campo, o discurso jurídico-administrativo, a interpretação no Direito Administrativo, a autoridade da linguagem oficial e o destaque especial à construção dos campos administrativos dinásticos até o paulatino desenvolvimento dos campos administrativos burocráticos.

A metodologia utilizada foi pesquisa bibliográfica. O caráter interdisciplinar exigiu aproximar autores responsáveis por estudos históricos do Direito e do Direito Administrativo com investigações realizadas no âmbito da sociologia.

Em hipótese alguma se pretende esgotar as dimensões possíveis do diálogo profícuo entre Direito Administrativo e a sociologia reflexiva, pois o texto aqui desenvolvido constitui-se o início do debate, cujo principal mérito reside em não adotar as categorizações dogmáticas para pensar a Administração Pública e sim o caráter relacional, imprescindível para compreender o sentido democrático do Estado e da sociedade.

2. A divisão do trabalho no campo jurídico-administrativo, o discurso jurídico e o funcionamento do campo administrativo

A reflexão sobre as condições de possibilidade de o Direito Administrativo possuir um caráter emancipatório exige o debate sobre o modo de compreensão predominante em tal campo jurídico, marcado por duas grandes questões destacadas por Pierre Bourdieu, o formalismo, afirmando a autonomia da forma jurídica em relação ao mundo social, e o instrumentalismo, no qual o direito é visto como reflexo ou utensílio a serviço dos dominantes (BOURDIEU, 1989, p. 209).

Vale a menção expressa do sociólogo:

> A ciência jurídica, tal como a concebem os juristas e, sobretudo, os historiadores do direito, que identificam a história do direito com a história do

> desenvolvimento interno dos seus conceitos e dos seus métodos, apreende o direito como um sistema fechado e autónomo, cujo desenvolvimento só pode ser compreendido segundo a sua dinâmica interna (BOURDIEU, 1989, p. 209).

O Direito Administrativo também resultou de tais referências do senso comum, ao menos em sua matriz teórica europeia que, via Portugal, desembarcou inicialmente no Brasil, conhecimento fundado na "razão moderna", cujo paradigma consistia em erigir um conhecimento jurídico autônomo, dotado de preceitos abstratos detalhados, utilizando a metodologia dedutivista (CALVO GARCIA, 1994, p. 33). Os sistemas jurídico-administrativos deveriam incorporar tais postulados para serem classificados como científicos[2], o campo de conhecimento independente e apartado das dimensões do mundo social, suas demandas e pressões. A abordagem necessária para caminhar em sentido oposto, como aduz Pierre Bourdieu, reside problematizar os produtos do campo jurídico-administrativo com o intuito de verificar os possíveis reflexos das relações de força, por meio das demandas econômicas, bem como identificar mecanismos de dominação (BOURDIEU, 1989, p. 210).

Não se trata de compreender o fenômeno jurídico apenas a partir do seu próprio fundamento interno ou adotar a perspectiva externalista, na qual tudo depende de fatores externos ao mundo jurídico, pois sustenta o seguinte:

> As práticas e os discursos jurídicos são, com efeito, produto do funcionamento de um campo, cuja lógica específica está duplamente determinada: por um lado, pelas relações de força específicas que lhe conferem a sua estrutura e que orientam as lutas de concorrência ou, mais precisamente, os conflitos de competência que nele têm lugar e, por outro lado, pela lógica interna das obras jurídicas que delimitam em cada momento o espaço dos possíveis e, deste modo, do universo de soluções propriamente jurídicas (BOURDIEU, 1989, p. 211).

O Direito Administrativo, portanto, funciona como um campo no qual, dadas as características do sistema brasileiro, a concorrência pelo monopólio de dizer o direito divide-se entre os próprios agentes burocraticamente autorizados do campo

---

[2] O Direito Administrativo produzido no século XVIII, pós Revolução Francesa, manterá o pressuposto da razão calculista mencionada por Juan Ramón Capella: "durante algum tempo o cometa da razão calculista que promete um mundo feliz recorrerá ao firmamento das ideias: um mundo crescentemente próspero e iluminado, um mundo de progresso [...] um mundo que se supõe organizado racionalmente" (CAPELLA, 1997, p. 103).

do Estado, membros do Poder Judiciário, ao exercerem o controle jurisdicional da Administração Pública (artigo 5º, inciso XXXV, CF), os doutrinadores, os publicistas brasileiros, lutando por reconhecimento, a capacidade legítima de interpretar os textos que consagram a visão de mundo social[3], além dos agentes políticos que entregam produtos estruturantes da organização administrativa. Assim, avanços e recuos, desenvolvimento de ações administrativas e decisões democráticas em maior ou menor grau, construção de posturas arbitrárias, resultam do estado de relações de força preponderantes em determinados momentos históricos, sociais e políticos e não de instâncias mágicas ou metafisicamente construídas, eis que o verdadeiro princípio do sistema de regras e práticas jurídico-administrativas reside na "lógica paradoxal de uma divisão do trabalho" (BOURDIEU, 1989, p. 213).

A concepção de campo jurídico-administrativo possibilita ingressar no universo da crítica relacional, quer dizer, não se pretende aqui investigar o tema da Administração Pública por meio de categorizações, classificações ou grupos perfeitamente identificados e separados, mas como *espaço de relações* (BOURDIEU, 1989, p. 28) e a noção de campo[4] contribui para tal mister. Delimitação importante, para atender aos limites deste breve estudo, consiste na impossibilidade aqui de abarcar os diversos agentes e suas relações com as questões administrativas integrantes dos subcampos judicial e político-legislativo, motivo pelo qual as indagações realizadas circunscrevem-se mais ao campo administrativo da burocracia do Estado.

O modo de funcionamento do campo, com suas lógicas internas, viabiliza compreender a facilidade dos agentes na crença de o Direito Administrativo possuir fundamento nele próprio, ensejando a construção do *habitus* segundo o qual o conhecimento jurídico nada deve às condições sociais nas quais o fenômeno jurídico-administrativo se manifesta (BOURDIEU, 1989, p. 214). Trata-se do mencionado *efeito de apriorização* inscrito na própria lógica de funcionamento do campo jurídico-administrativo

---

[3] As lutas entre os profanos e os profissionais favorecem o trabalho contínuo de racionalização, conforme Pierre Bourdieu, de modo que "o sistema das normas jurídicas apareça aos que o impõem e mesmo, em maior ou menor medida, aos que a ele estão sujeitos, como *totalmente independente* das relações de força que ele sanciona e consagra" (BOURDIEU, 1989, p. 212).

[4] A relevância da noção de campo é dada por Pierre Bourdieu ao explicitar algumas bases da sua sociologia reflexiva: "a noção de campo é, em certo sentido, uma estenografia conceptual de um modo de construção do objecto que vai comandar – ou orientar – todas as opções que há que fazer, a saber, verificar que o objecto em questão não está isolado de um conjunto de relações de que retira o essencial de suas propriedades. Por meio dela, torna-se presente o primeiro preceito do método, que impede que se lute por todos os meios contra a inclinação primária para pensar o mundo social de maneira realista, ou, para dizer como Cassirer, *substancialista* [...]" (BOURDIEU, 1989, p. 27).

detectado na linguagem burocrática utilizada, com a produção da neutralização e universalização, nos seguintes termos:

> O efeito de neutralização é obtido por um conjunto de características sintáticas tais como o predomínio das construções passivas e das frases impessoais, próprias para marcar a impessoalidade do enunciado normativo e para constituir o enunciador em sujeito universal, ao mesmo tempo imparcial e objectivo. O efeito da universalização é obtido por meio de vários processos convergentes: o recurso sistemático ao indicativo para enunciar normas, o emprego da retórica da atestação oficial e do auto, de verbos atestativos na terceira pessoa do singular do presente ou do passado composto que exprime o aspecto realizado [...] (BOURDIEU, 1989, p. 215-216).

Como sustenta Bourdieu, não se trata de mera máscara ideológica, mas modo de funcionamento do campo jurídico, a fim de institucionalizar o princípio da autonomia real e capaz de influenciar compreensões e práticas fundadas na concepção de racionalidade, utilizada para a elaboração dos produtos do campo, das regras, dos procedimentos e estabelecer a posição ocupada pelos agentes, considerando a divisão do trabalho. Logo, o significado prático de leis tratando dos temas sobre a Administração Pública, práticas cotidianas do campo burocrático e atos administrativos estão submetidos às lutas simbólicas que ocorrem no interior do campo, contrapondo-se diferentes compreensões e modos de exercício das competências, ou seja, ações realizadas por intérpretes autorizados (BOURDIEU, 1989, p. 217). As observações do autor são necessárias para compreender o processo de construção de sentidos normativos diferentes, dependendo da época e das circunstâncias de funcionamento do campo, além dos interesses prevalentes e das relações de força estruturantes.[5]

Vale destacar o seguinte:

> A própria forma do *corpus* jurídico, sobretudo seu grau de formalização e de normalização, depende sem dúvida muito estritamente da força relativa dos teóricos e dos práticos, dos professores e dos juízes, dos exegetas e dos peritos,

[5] Daí a necessidade de utilizar a história social da produção jurídica e do discurso jurídico, evidenciando-se assim as posições em jogo nesta luta simbólica, além das posições dos agentes na divisão do trabalho jurídico e as relações de força que estruturam o campo (BOURDIEU, 1989, p. 218). No caso do tema deste breve estudo, além da divisão entre teóricos e práticos existem outros elementos significativos, como a distinção entre a construção da relação de força simbólica de intérpretes, integrantes do campo de poder do Estado, exigindo-se a avaliação da dinâmica entre o campo jurídico-administrativo e os subcampos burocráticos da Administração Pública.

> nas relações de força características de um estado do campo (em dado momento numa tradição determinada) e da capacidade respectiva de imporem a sua visão do direito e da sua interpretação (BOURDIEU, 1989, p. 218).

Mas além dos sentidos normativos, as relações entre o campo jurídico-administrativo com o campo de poder produzem perspectivas variadas sobre o peso atribuído às espécies normativas, leis, decretos, medidas provisórias, atos administrativos regulamentares, etc., dependendo da dominação desenvolvida em determinado espaço-tempo, sobressaindo-se produtos diferentes do campo burocrático, diversificando os usos sociais do Direito Administrativo. No entanto, como alude Pierre Bourdieu, em que pese tal estado de concorrência entre os agentes, também existe a *divisão do trabalho de dominação simbólica* na qual os adversários utilizam-se uns aos outros e o cânone jurídico funciona como "reservatório de autoridade que garante, à maneira de um banco central, a autoridade dos actos jurídicos singulares" (BOURDIEU, 1989, p. 219), considerando o próprio *habitus* jurídico mais inclinado para identificar o labor jurídico como mera aplicação da lei.

3. A interpretação no direito administrativo e a historização da norma

A análise crítica adotada neste breve estudo parte do pressuposto sociológico de que a interpretação não pode ter nela própria a sua finalidade (BOURDIEU, 1989, p. 213). Na visão tradicional a interpretação é processo orientado para fins práticos, mas com divergências limitadas entre os intérpretes, adotando alguns postulados, como a impossibilidade de haver textos jurídicos concorrentes, sob pena de configurar antinomia, cuja resolução é operada por critérios dogmaticamente construídos. No entendimento do sociólogo, "como no texto religioso, filosófico ou literário, no texto jurídico estão em jogo lutas, pois a leitura é uma maneira de apropriação da força simbólica que nele se encontra em estado potencial" (BOURDIEU, 1989, p. 213).

Em relação às regras e princípios do campo administrativo ocorre similar jogo pela apropriação da força simbólica do texto no âmbito dos sentidos erigidos no campo burocrático. Os agentes de tal campo estão inseridos em espaços integrados por instâncias hierarquizadas e competentes para solver as divergências hermenêuticas, por meio de atos administrativos decisórios e interpretativos editados por autoridades hierárquicas, detentoras de poderes. Ultrapassar tal estado de coisas exige colocar em xeque o que Bourdieu denomina *coesão do habitus*, conjunto de disposições estruturadas e estruturantes, responsáveis por inserir nos agentes pré-compreensões, visões de mundo, maneiras práticas de ação, etc. O funcionamento do campo direciona-se exatamente para construir visões uniformes e hierarquizadas das forças simbólicas dos textos, bem como lidar com categorizações taxionômicas, é o caso de interesse público, ordem pública, moralidade, desvio, abuso de poder etc.

É nesse contexto que é preciso contrapor a compreensão jurídico-administrativa, calcada no dogmatismo, ou seja, o agente do campo parte de pressupostos aceitos como verdadeiros, sem qualquer prova, pensa *ex datis* (KAUFMANN; HASSEMER, 2002, p. 26), não perguntando pelas condições sociais de produção do Direito Administrativo ou relações entre os campos produtores de sentidos oficiais. O olhar é de alcance curto, focado na textualidade do texto. Por óbvio, não se defende a substituição do Direito Administrativo pela sociologia jurídica, mas tão-somente destacar o excessivo dogmatismo[6] do campo jurídico-administrativo, olvidando as dimensões sociais e simbólicas das produções normativas.

Os movimentos de aplicação das regras do campo jurídico-administrativo contam com a atuação de integrantes da burocracia do Estado e de administrativistas, publicistas especializados. Assim, para Pierre Bourdieu, a perspectiva da história social da produção jurídica e do discurso jurídico, considerando as lutas simbólicas que ocorrem no interior do campo e a tomada de posição dos diversos agentes, é necessária (BOURDIEU, 1989, p. 218), investigando-se a prevalência em determinados momentos de referências normativas diferentes para a construção dos sentidos jurídico-administrativos, bem como a disposição prática, voltada para posturas gerencialistas e marcadas pelo eficientismo.

O sociólogo destaca ainda duas grandes tendências do campo jurídico, ora adotando-se o paradigma positivista, ora privilegiando o casuísmo do concreto, do contexto, ou, ainda, do interesse de Estado prevalente. Em especial no âmbito do Direito Administrativo, o paradigma francês exegético exerceu grande influência. A necessidade de sistematizar e regular o exercício da atividade da Administração Pública decorre da concepção natural-racionalista do século XVIII, institucionalizando-se uma mentalidade utópica fundada na crença sobre a possibilidade de descobrir por meio da razão os princípios básicos da legislação perfeita (OHLWEILER, 2017, p. 20).

De outra banda, como aduz Oswaldo Aranha Bandeira de Mello, igualmente surgiu a denominada Escola Técnico-Jurídico na Alemanha, com o objetivo "de eliminar do seu estudo as preocupações políticas e históricas, a fim de reduzi-lo ao método

[6] Como ressalta Luis Alberto Warat, o dogmatismo "apresenta-se como a tentativa de construir uma teoria sistemática do direito positivo, sem formular nenhum juízo de valor sobre o mesmo, convertendo-a em uma mera ciência formal" (WARAT, 1995, p. 16). Para aprofundamento da questão sob a perspectiva hermenêutica no âmbito do Direito Administrativo ver OHLWEILER (2017, p. 9-18).

técnico-jurídico, através da construção doutrinária em que se criassem teorias gerais do próprio direito [...]" (MELLO, 2007, p. 88), exercendo ampla influência no campo administrativo, desconsiderando tratar-se de ciência operativa na qual se estudam as normas de conduta do ser humano e suas relações recíprocas, como finaliza o autor[7]. A aplicação das regras jurídico-administrativas enfrentará, portanto, os problemas do aprisionamento aos códigos de coerência e posturas universalizantes ou imersa no casuísmo, quando muito ordenada por repertórios doutrinários e jurisprudenciais.

Os agentes do campo jurídico-administrativo podem desenvolver algumas funções, dependendo muito da posição ocupada e das lutas simbólicas desenvolvidas. De qualquer modo, constata-se (a) a função de adaptação ao real, em relação àqueles agentes mais próximos da gestão de conflitos; (b) ao contrário de agentes desvinculados da prática e imersos em abstrações dogmáticas, cujas atividades voltam-se mais para assegurar a rigidez do rigorismo racional do modo de funcionamento do campo; (c) o trabalho de paulatinamente introduzir mudanças, mas aquelas indispensáveis à sobrevivência do campo; (d) a função de assimilação, por meio do trabalho de racionalização e formalização do conjunto de regras produzidas pelo campo, com o propósito de assegurar coerência e constância ao longo do tempo das diversas disposições por vezes contraditórias e complexas e, ao mesmo tempo, fornecer material para aplacar em termos a visibilidade arbitrária da decisão de aplicação (BOURDIEU, 1989, p. 221). Corolário deste labor interpretativo, os agentes tendem a procurar critérios de legitimidade na letra da lei, colocando em prática o método dedutivo, objetivando criar, no caso deste breve estudo, um *Direito Administrativo Nomológico*,[8] para utilizar a expressão de Pierre Bourdieu (BOURDIEU, 1989, p. 221).

No entanto, trata-se de tarefa inócua, na medida em que não há como laborar com as regras e princípios do campo jurídico administrativo obedecendo à "lógica dedutivista", até porque, nos termos lembrados pelo sociólogo, não há nunca dois casos

---

[7] Segundo Pierre Bourdieu, "os juristas e outros teóricos do direito tendem a puxar o direito no sentido da teoria pura, quer dizer, ordenada em sistema autónomo e autossuficiente, e expurgado, por uma reflexão firmada em considerações de coerência e de justiça; os juízes ordinários e outros práticos, mais atentos às aplicações que dele podem ser feitas em situações concretas, orientam-no para uma espécie de casuística das situações concretas e opõem, aos tratados teóricos do direito puro instrumentos de trabalho adaptados às exigências e à urgência da prática, repertórios de jurisprudência, formulários de actos, dicionários de direito (e amanhã banco de dados)" (BOURDIEU, 1989, p. 220).

[8] Os agentes voltados para tal mister propõem-se a criar uma ciência que "enuncie o dever-se cientificamente; como se quisessem reunir os dois sentidos separados da ideia de "lei natural", eles praticam uma exegese que tem por fim racionalizar o direito positivo por meio do trabalho de controle lógico necessário para garantir coerência do corpo jurídico e para deduzir dos textos e das suas combinações consequências não previstas, preenchendo assim as famosas "lacunas" do direito" (BOURDIEU, 1989, p. 221).

perfeitamente idênticos, colocando em xeque os códigos de coerência e posturas universalizantes. A tarefa de interpretação no Direito em geral e no Direito Administrativo opera a *historicização da norma*, "adaptando as fontes a circunstâncias novas, descobrindo nelas possibilidades inéditas, deixando de lado o que está ultrapassado ou o que é caduco" (BOURDIEU, 1989, p. 223). O conteúdo prático do texto jurídico-administrativo e das decisões proferidas pelos agentes do campo resulta das lutas simbólicas e depende de diversos fatores como a distribuição desigual de competências técnicas e sociais, a capacidade de mobilizar os meios e recursos jurídico-administrativos disponíveis, além da capacidade de utilização eficaz (BOURDIEU, 1989, p. 224).

A investigação por meio da sociologia reflexiva abre novas dimensões para analisar o modo de aplicação das regras, princípios e atos administrativos, ultrapassando-se a categorização e adotando o ponto de vista relacional, aproximando o campo burocrático das relações sociais. Logo, no intuito de melhor compreender o modo de funcionamento do campo jurídico-administrativo e as decisões tomadas por seus agentes, urge dar-se conta da racionalização utilizada para conferir eficácia simbólica, escondendo, por vezes, o quanto de arbitrário nelas contidas. A invisibilidade de tal dimensão do poder da decisão jurídica faz parte do processo de dominação simbólica.

4. Direito administrativo, poder e *habitus*: autoridade da linguagem do campo jurídico-administrativo

Como referido, o Direito Administrativo francês contribuiu sobremaneira para a teorização racional-dogmática do regime da Administração Pública. A ideia de *regime administrativo* relaciona-se com o pretexto de submeter o Estado, enquanto poder, ao Direito, mas não à lei civil e sim ao conjunto de disposições que conferem a este Direito uma caracterização diferente, no intuito de abarcar a pressuposta superioridade da atividade administrativa. Igualmente não se pode olvidar o sentido simbólico de erigir a linguagem capaz de abarcar de modo racional os problemas da Administração Pública, conferindo o caráter de neutralidade e mais adequada para tecnicamente solver as lides com os cidadãos, nominados, inclusive, no jargão burocrático como "administrado".

A França foi o exemplo mais bem acabado de regime administrativo, exercendo papel importante o Conselho de Estado, responsável pelo desenvolvimento do campo administrativo de viés dogmático e que influenciou diversos países da Europa, inclusive Portugal, matriz teórica de formação do campo administrativo brasileiro. No entendimento de Fernando Garrido Falla, o regime administrativo francês possui como características a existência de um conjunto de normas aplicáveis à Administração que se constituem em *Direito especial*, autônomo e independente do Direito comum ou civil, bem como a jurisdição administrativa distinta e separada dos tribunais ordinários, além da noção de serviço público, pois o regime administrativo somente poderia ser aplicável às atividades que constituem serviço público (GARRIDO FALLA, 1994, p. 81).

A construção teórica e prática, portanto, de um campo jurídico-administrativo próprio importa na imposição de fronteiras entre os que estão preparados para entrar no jogo e os que, ao entrarem, permanecem de fato excluídos (BOURDIEU, 1989, p. 225), pois não podem operar toda a conversão das disposições linguísticas do mundo social, mas somente aquelas capazes de circularem no mencionado campo, seguindo seus interesses, lógicas e linguagem apropriada. Trata-se do que se poderia nominar de *monopólio jusadministrativista*, por intermédio do qual as construções espontâneas da visão dos casos são revogadas.

Tal postura não é mera coincidência e sim constitutiva de relações de poder capazes de fundamentar sistemas diferentes de pressupostos jurídicos e visões de mundo sobre os fenômenos mobilizadores do capital normativo. Vale a referência expressa de Pierre Bourdieu (1989, p. 226):

> [...] ele é constitutivo de uma relação de poder, que fundamenta dois sistemas diferentes de pressupostos, de intenções expressivas, numa palavra, duas visões do mundo. Este desvio, que é o fundamento de um desapossamento, resulta do facto de, através da própria estrutura do campo e do sistema de princípios de visão e de divisão que está inscrito na sua lei fundamental, na sua *constituição*, se impor um sistema de exigências cujo coração é a adopção de uma postura global, visível sobretudo em matéria de linguagem.

A linguagem do campo jurídico-administrativo é ao mesmo tempo *constituída* e *constituinte*, sua necessária adoção importa passaporte para ingresso no campo administrativo e, simultaneamente, referência linguística construída para a permanência e circulação. Não se pode olvidar, segundo já mencionado, o campo administrativo moderno resultou da própria linguagem produzida pela cultura jurídica ao longo dos séculos XVII e XVIII na Europa Ocidental, nos termos das indicações de Antônio Carlos Wolkmer (2018, p. 40)[9], fruto das condições engendradas pela

[9] O entendimento do autor é fundamental para bem compreender as bases da modernidade e a construção do campo jurídico administrativo a partir de tais referências políticas, sociológicas e jurídicas: "antes de tudo, importa considerar a nova visão de mundo que emerge com a chamada Modernidade (uma invenção ocidental e europeia), fundada numa racionalização ético-filosófica e técnico-produtiva, expressando valores, crenças e interesses próprios de camadas sociais competitivas em luta contra o feudalismo aristocrático-fundiário" (WOLKMER, 2018, p. 41).

formação social burguesa e do desenvolvimento econômico do capitalismo, alicerçando a preponderância dos interesses liberal-individualistas e a estrutura estatal centralizada.

A utilização da linguagem jurídico-administrativa pelos diversos agentes do campo administrativo não pode contentar-se com referências mitigadoras da racionalidade formal, como a questão do contexto, de adaptar a linguagem oficial para dimensões práticas de utilização. Considerando as observações de Pierre Bourdieu, a linguagem jurídico-administrativa determina um sistema de princípios de visão e de divisão, determinando a circunstância de, valendo-se da mesma palavra, nomear coisas completamente diferentes em relação ao uso cotidiano da linguagem por *não iniciados* – que não integram o *mundo oficial* (BOURDIEU, 1989, p. 225-226). As divergências linguísticas não se reduzem a contextos múltiplos apenas, mas decorrem das estruturas de espaços sociais diferentes, com lógicas e interesses não coincidentes muitas vezes.

Conforme aludido, muito embora a princípio pareça irrelevante, faz parte do modo de expressão linguística referir-se ao cidadão como "administrado", cujo significado remete para a seguinte semântica: "cidadão em geral, quando participante da relação jurídico-administrativa, ou o funcionário na mesma relação jurídico-administrativa. Temos então, na relação jurídico-administrativa, de um lado o Estado, a Administração, o poder subordinante, de outro lado o administrado, funcionário público ou não, pessoa subordinada" (CRETELLA JÚNIOR, 1998, p. 20). Constata-se de modo claro a expressão normativa do Direito Administrativo para construir o sentido de vínculo de subordinação.

A linguagem oficial do campo administrativo, desse modo, contribui para a formação do *habitus* normativo, resultado do conjunto de forças simbólicas dominantes, com o propósito de obter previsibilidade e calculabilidade de um Direito Administrativo racional, engendrando ações comuns dos agentes na categorização dos conflitos, orientados por mecanismos de percepção e estruturação da juridicização, além de processos estruturantes de subordinação e dominação.

A racionalidade da qual se fala é de caráter meramente formal, diretamente ligada à própria concepção da igualdade formal que consagrava o Estado de Direito liberal-individualista, concretizando um modo de resolução de conflitos com a aparência de isenção na regulação, encobrindo o caráter ideológico do direito burguês, convertendo-o "em sistema capaz de desmascarar a realidade social, apresentando-o como o reino juridicizado e carente de conflitos ou compromissos materiais, a instância neutra que garantiria o livre jogo das leis naturais da vida social" (CALVO GARCIA, 1994, p. 70).[10]

A dimensão simbólica da linguagem resulta na construção do campo jurídico-administrativo marcado pelo "direito estatal, centralizado, escrito, previsível (segurança e certeza jurídicas) e normativo. Sua estrutura técnico-formal é constituída por um complexo de normas de teor geral, abstrato, coercível e impessoal" (WOLKMER, 2018, p. 43).

Não se pode olvidar que o *habitus* jurídico-administrativo possui o *efeito homogeneizador* (BOURDIEU, 1989, p. 231), exigindo atenção para as referências normativas e seus produtos, pois a situação do mundo social possui diversas dimensões possíveis e algumas não se enquadram nos critérios do *habitus*, impondo-se assim, por meio da linguagem do campo, uma representação normativa e dogmática. As variadas necessidades dos cidadãos não se transformam automaticamente em pretensões administrativas. Como recorda Pierre Bourdieu, ocorre a construção da realidade social, e a configuração apta para ingressar no campo depende dos próprios agentes (BOURDIEU, 1989, p. 232). A linguagem jurídico-administrativa, nesse aspecto, possui dimensão constitutiva relevante e o conflito pode ser reduzido ou potencializado, dependendo dos interesses do agente em manter a posição no campo ou aumentar o capital simbólico e, por intermédio das categorizações dogmáticas, justificadas pelo sentido de público, o conflito já ingressa no campo administrativo sob suspeita, desqualificado juridicamente por abarcar interesses inferiorizados em relação aos interesses do Estado, desconhecendo-se que o rótulo oficial encobre inúmeros outros interesses absorvidos pela lógica de funcionamento da burocracia.

Demandas direcionadas para a esfera da burocracia podem ser simplesmente transfiguradas na medida da necessidade para que não sejam viáveis, perdendo a capacidade de circular no campo administrativo, enfraquecidas pelo caráter constitutivo da linguagem oficial do Estado. Mas outras questões ainda são dignas de nota. Quando o cidadão direciona a pretensão para que a Administração Pública adote uma solução necessita valer-se da linguagem do campo, algo materializado por profissionais do campo jurídico ou entidades representativas. De qualquer modo, quando se trata de

[10] A linguagem jurídica produzida pelo campo administrativo em suas instâncias oficiais reforça a concepção racionalista, cujos princípios fundamentais são os seguintes: a) o mundo constitui-se em um sistema ordenado, regido por leis universais e necessárias; b) o homem é um ser racional, dotado de capacidade para compreender tal legislação objetiva; e c) a ciência consiste no descobrimento e formalização de ditas leis, por meio de proposições universais dotadas de idêntica necessariedade e universalidade que seu objeto (PUCEIRO, 1981, p. 24).

relação direta do cidadão, o grande desafio é como simplificar o uso da linguagem para que o campo burocrático não seja algo distante e impessoal para o cidadão e, em especial, esfera na qual não consiga confiar. O racionalismo dogmatizante, valendo-se da estrutura da linguagem, confere aparente aplicação neutra e objetiva dos textos jurídicos aos conflitos sociais.

A reflexão sobre a linguagem, por outro lado, também é capaz de indicar o quanto de manipulação existe por parte de agentes do campo jurídico interessados em salvaguardar interesses financeiros, inflando as disputas do mundo social, nos seguintes termos destacados por Pierre Bourdieu (1989, p. 232):

> São também os profissionais que produzem a necessidade dos seus próprios serviços ao constituírem em problemas jurídicos, traduzindo-os na linguagem do direito, problemas que se exprimem na linguagem vulgar e ao proporem uma avaliação antecipada das probabilidades de êxito e das consequências das diferentes estratégias, e não há dúvida de que eles são guiados no seu trabalho de construção das *disputas* pelos seus interesses financeiros, e também por suas atitudes éticas ou políticas, princípio de afinidades socialmente fundamentadas com os seus clientes [...].

O capital linguístico envolvido na relação entre os agentes do campo jurídico-administrativo, no plano interno, é objeto de disputas para erigir ou manter posições ocupadas, em especial nas disputas sobre quem ditará as regras do jogo e das lutas simbólicas, mas, em contrapartida, a linguagem técnica, nas projeções externas, atua como elemento para demarcar e aumentar a autonomia do campo, contribuindo assim para reforçar o *monopólio da interpretação legítima* (BOURDIEU, 1989, p. 235), oficial, melhor expressão da técnica necessária para lidar com as questões entre a Administração Pública e a sociedade.

5. Dimensões dos campos jurídico-administrativos: do campo dinástico ao campo burocrático

As dimensões simbólicas e práticas de constituição do campo jurídico-administrativo já foram destacadas antes, institucionalizando algumas fronteiras entre o possível e o inviável, caracterizando relações de poder. Mas o campo jurídico do *Direito da Administração Pública* incorpora outro princípio do Direito Moderno, o princípio da impessoalidade: "refere-se à situação de neutralidade diante da particularidade individual, pois a aplicação da norma tem a pretensão de estender-se a uma quantidade indefinida de pessoas, de modo aleatório e não particularizado" (WOLKMER,

2018, p. 44). O efeito da juridicização no interior do campo opera a "neutralização das coisas em jogo" (BOURDIEU, 1989, p. 228), transformando os conflitos sociais em questões reguladas e sustentadas por argumentos "racionais", resolvidos por agentes especializados, admitindo-se de modo excepcional, sem causar estranheza dos pares, a resolução de maneira flexível, devido à circulação de interesses políticos e econômicos integrando a "lógica" das disputas democráticas.

Os agentes do campo jurídico-administrativo fazem questão de colocar que, na verdade, são terceiros independentes dos grupos sociais em conflito, encarregados de organizar, resolver, decidir, aplicando de forma imparcial as formas codificadas, "pois que são definidas segundo regras formais e logicamente coerentes de uma doutrina percebida como independente dos antagonismos imediatos" (BOURDIEU, 1989, p. 228). A grande contradição, no caso da Administração Pública, consiste na circunstância de os mesmos agentes com competência reconhecida para resolver serem também agentes do campo burocrático do Estado. O campo jurídico-administrativo organiza, segundo as regras vigentes, as manifestações públicas dos conflitos sociais e que tendem a normalizar as situações vivenciadas pelos cidadãos porque, frente ao modo de funcionamento do campo, tais pessoas são formalmente iguais, escondendo assim profundos processos de exclusão.

O destaque à questão do campo administrativo ocorre em virtude de vislumbrar o Estado não como um bloco, mas um campo, e o campo da Administração é setor particular do campo de poder:

> Em outras palavras, o Estado não é um bloco, é um campo. O campo administrativo, como setor particular do campo do poder, é um campo, isto é, um espaço estruturado segundo oposições ligadas a formas de capital específicas, interesses diferentes. Esses antagonismos, cujo lugar é esse espaço, têm a ver com a divisão das funções organizacionais associadas aos diferentes corpos correspondentes (BOURDIEU, 2014, p. 50-51).

A partir do que foi anteriormente destacado, neste item haverá apenas uma proposta de investigação a ser posteriormente aprofundada, na qual as reflexões sobre Administração Pública e Sociedade, além do Direito Administrativo, ocorrem de modo relacional, ou seja, por intermédio da discussão sobre a história social dos campos administrativos. Ainda que em determinados períodos, adotando parâmetros da modernidade eurocêntrica institucionalizada, existam dificuldades para vislumbrar espaços sociais organizados, é crível laborar com a ideia de *transmutação de conflitos* das partes interessadas no debate (BOURDIEU, 1989, p. 229) a partir dos agentes que o integram e conhecem as regras do jogo burocrático do campo jurídico-administrativo, "quer dizer, as leis escritas e não escritas do campo – mesmo quando se trata daquelas que é preciso conhecer para vencer a letra da lei [...]" (BOURDIEU, 1989, p. 229).

A transmutação relaciona-se com o processo de *mediação* (BOURDIEU, 1989, p. 229). As partes perdem a relação direta e imediata que possuem com a própria causa, na medida em que os agentes serão os portadores da voz e dos interesses transmutados com base em visões de mundo diversas e necessárias para a circulação eficaz no campo administrativo. É interessante como em determinados períodos da história modificaram-se tais visões de mundo e os pressupostos epistemológicos, políticos e sociais para a circulação dos conflitos no interior do campo.

A ideia de campo administrativo, para fins desta reflexão, não se equipara ao conceito de Estado, muito embora esteja interligada de modo direto, mas com a existência de agentes administrativos defendendo interesses, concretizando o *habitus*, as disposições incorporadas, em luta pelo conjunto de capitais do campo, distribuídos de maneira desigual. O campo administrativo caracteriza-se como espaço estruturado de posições, postos, cargos, cujas propriedades dependem das posições dos agentes nesse espaço, dotado de algumas leis de caráter geral no que diz respeito ao modo de funcionamento, marcado por lutas entre os novos integrantes e os dominantes, com ações voltadas para defender o monopólio e a exclusão da concorrência (BOURDIEU, 1983, p. 89).

O denominado Estado Dinástico, ao qual se refere Pierre Bourdieu, permite a discussão sobre o Campo Administrativo Dinástico, apresentando agentes monárquicos, com poderes dinásticos, materializado na figura do rei, agindo como "chefe da casa", servindo-se das propriedades da casa, valendo-se da nobreza como capital simbólico (BOURDIEU, 2005, p. 43), para acumular poder e construir uma administração. O espaço administrativo, desse modo, alicerça-se em relações de poder de caráter monárquico e teocrático, institucionalizando ações autoritárias e, ao mesmo tempo, contando no início com o corpo de poucos funcionários para os propósitos de intervenção do poder, como arrecadação de impostos, execução de obras públicas e assegurar a defesa contra inimigos externos (AMARAL, 1998, p. 53).

O campo administrativo dinástico manifestou-se na forma dos Estados Antigos, com as seguintes referências:

> a) Não eram Estados nacionais, ou seja, o povo não estava ligado pelas tradições, lembranças, língua e cultura, mas por produtos de guerras e conquistas; b) modelo social baseado na separação rígida de classes e no sistema de castas (camadas

> sociais fechadas sem mobilidades); c) governos marcados pela autocracia ou por monarquias despóticas e o caráter autoritário e teocrático (domínio dos sacerdotes) do poder político; d) sistema econômico (produção rural e mercantil) baseado na escravidão; e) profunda influência cultural da religiosidade. A religião dominava amplamente a vida dos povos antigos (WOLKMER, 1990, p. 24).

Trata-se de um campo organizado pela dominação carismática, além de o dominante oferecer proteção e manutenção, o que retira autonomia das relações políticas, eis que o poder baseava-se em relações pessoais e relações afetivas socialmente instituídas (BOURDIEU, 2005, p. 44), cuja consequência foi a estruturação da relação de administração fundamentalmente de caráter patrimonial com amplos sistemas de apadrinhamento e clientela (BOURDIEU, 2005, p. 48), além da confusão com questões da Justiça. Não se pode olvidar ainda a presença constante dos regimes de escravidão. Ao longo da história, diversos agentes figuraram nos campos administrativos dinásticos com diferentes formas de interesses e disposições incorporadas para a resolução de problemas, como os magistrados gregos com mandatos de um ano e a função de trabalhar na administração da *polis*, funcionários auxiliares dos magistrados (escribas e secretários), os pretores romanos.

Alguns campos administrativos estruturavam-se para concretizar ações de intervenção de poder e não proteger os particulares, centrando-se em cobrar impostos e defesa contra inimigos externos. Os atos reais de nomeação caracterizam documentos simbólicos e reveladores das disposições vigentes incorporadas em determinados períodos, como o *Djet* dos egípcios (GILISSEN, 2003, p. 54), explicitando os vínculos diretos entre reis/imperadores e integrantes dos corpos burocráticos. O agente dinástico principal possuía assim prerrogativas reais para dispor de pessoas e bens (GILISSEN, 2003, p. 54), marcadas pelo *habitus* centralizador.

Mas o campo administrativo dinástico igualmente manifestou-se em alguma dimensão nas formas das organizações medievais[11], em parte considerando as peculiaridades do

---

[11] Segundo António Francisco de Sousa, o que hoje chamamos de Administração central no período da Alta Idade Média denominava-se *Officium Palatinum*, com oficiais exercendo atribuições de auxiliar o Rei; dentre as funções havia o Mordomo-Mor, que realizava os serviços do palácio, administrando a Casa Real, fazenda régia e domínios da Coroa, o Cavalariço, encarregado das cavalarias reais, o Camareiro, com funções relacionadas aos aposentos reais, e o *Scanciarius*, encarregado das adegas do Rei, além dos Alferes do Rei, chefe da guarda real, e o Notário Real, incumbido da redação, autenticação e guarda de documentos. De fato, o poder do rei assentava-se num poder fático e não em normas jurídicas, mas além do rei existia uma Cúria Régia, constituída por nobres do reino, com funções de assessoria ou assistência ao rei nas suas principais decisões (SOUSA, 1995, p. 19-20).

período de fragmentação do poder e, por consequência, dos componentes do campo administrativo. De qualquer modo, muito embora não houvesse o Direito Administrativo enquanto disciplina, existiam regras difusas de organização administrativa. O período medieval notabilizou-se pela grande instabilidade política, econômica e social, não havendo, como elemento de segurança jurídica, um poder unificado, pelo contrário, a fragmentação é algo típico, havendo pulverização do poder político entre nobres, bispos, corporações, etc. (GIANNINI, 1987, p. 22).

Não se pode olvidar que instância relevante das relações de poder situava-se na vassalagem, e os grandes vassalos, como alude John Gilissen (2003, p. 189), eram duques, marqueses, condes e até bispos, possuidores de vastos feudos, com ampla margem de organização e administração e, em certos aspectos, quase independentes em relação ao rei. A concepção do Direito era essencialmente teocêntrica, havendo tensões permanentes entre o universalismo e o localismo na Alta Idade Média, constituindo-se emanação natural, divina, da sociedade, inexistindo um Direito Público como direito especial para regular tais relações, pois a tônica era que o Rei e seus agentes regiam-se pelo mesmo direito aplicado aos particulares (SOUSA, 1995, p. 22-24).

O espaço das administrações, deste modo, não passava de um poder doméstico (FORSTHOFF, 1958). As relações patrimoniais e pessoais entre senhores e vassalos e entre estes e os servos dos seus domínios funcionavam nos moldes do contrato de vassalagem dos vassalos do conde de Flandres ao novo conde Guilherme da Normandia:

> Em primeiro lugar, fizeram homenagem da maneira seguinte. O conde perguntou ao futuro vassalo se ele queria tornar-se seu homem, sem reserva, e este respondeu-lhe: "quero", depois com as suas mãos apertadas nas do conde, aliaram-se com um beijo. Em segundo lugar, aquele que tinha prestado homenagem comprometeu a sua fé ao delegado do conde nestes termos: "prometo por minha fé ser, a partir deste instante, fiel ao conde Guilherme e de lhe guardar contra todos, e inteiramente, a minha homenagem, de boa-fé e sem embustes"; e em terceiro lugar, jurou o mesmo sobre as relíquias dos santos (GILISSEN, 2003, p. 193).

Na Baixa Idade Média (séculos X a XV) o cenário de estruturas de organização[12] e relações de poder começa a se alterar, surgindo algum nível de complexidade dos

---

[12] Na Baixa Idade Média surgem estruturas administrativas mais complexas e os Oficiais Régios paulatinamente substituem o Conselho Régio. A Chancelaria, conforme António Francisco de Sousa, constituía o núcleo burocrático central, com funções de redigir documentos reais, autenticação e registro, formada

governos, consolidação do poder divino do Rei, valendo-se da nomeação de *oficiais régios*. A Igreja começou a gozar de grande poder político, havendo a difusão do Direito Romano, com o propósito de unificar a regulação jurídica e sobrepujar os direitos locais, além do reforço do poder do Rei e de outros agentes dos campos políticos e administrativos, como imperadores, duques, condes e outros príncipes territoriais (GILISSEN, 2003, p. 239). As cidades surgem como organizações administrativas de modo a superar a hierarquia feudal, na medida do desenvolvimento do comércio e da indústria da época, e a lei, ainda abarcando poucos domínios, marcados pelos costumes, alcança em especial o âmbito do direito administrativo (GILISSEN, 2003, p. 265).

A questão da legislação influenciou diretamente o modo de funcionamento dos espaços de organização administrativa, incumbência do rei, mas também dos senhores poderosos, utilizando tal prerrogativa inclusive para a concessão de privilégios, mais parecido com atos de governo e também poderiam abarcar dimensões mais gerais. Nos séculos XIV e XV aumenta o papel dos Parlamentos na tarefa legislativa. A legislação do fim da Idade Média, segundo John Gilissen, dizia respeito em especial ao Direito Administrativo, surgindo as Ordenanças reais, no início apenas para confirmar costumes e depois criando regras novas: "de uma forma geral, as leis do rei intervinham, sobretudo em matéria de direito público, muito menos em matéria de direito privado. As *ordenances* visavam, antes de mais nada, a manutenção da ordem pública e de uma boa administração no reino: organização administrativa, judiciária, financeira, militar, econômica, etc." (GILISSEN, 2003, p. 298).[13]

Ainda para caracterizar os campos administrativos dinásticos, a partir dos séculos XV e XVI institucionaliza-se o denominado Estado Moderno, paulatinamente partindo da fragmentação do poder, característica do período medieval, para a concentração de poder em organismos institucionalizados, objetivando regular a vida da população em determinado território, criando-se em diversos países aparatos administrativos e

---

pelos Chanceleres, além de notários, escrivães, secretários, conservadores, seladores e relatores. Ainda na organização central é digno de destaque A Cúria de Conselho e Assessoria, convertendo-se mais tarde no Conselho do Rei, inicialmente apenas consultivo e adquirindo posteriormente funções decisórias (SOUSA, 1995, p. 48-49). Vale destacar que tais estruturas eram integradas por funcionários domésticos próximos do rei e por nobres, e algumas Cortes admitiram a participação da burguesia.

[13] O autor alude, ainda, às ordenanças dos Príncipes territoriais, grandes senhores de terras que, em determinadas épocas e locais, possuíam o direito de edito, dependendo das relações de subordinação de facto com o rei ou imperador, bem como Ordenações Urbanas, das cidades: "a necessidade de uma legislação urbana resulta, por um lado, da quase autonomia de certas cidades, por outro lado, das necessidades económicas e sociais da vida urbana. O costume dos burgueses, muitas vezes, já distinto do das regiões rurais muito antes da redacção das primeiras cartas urbanas, nem sempre basta para assegurar a manutenção da ordem pública e o desenvolvimento político, social e económico na cidade" (GILISSEN, 2003, p. 300).

erigindo-se sistemas de prerrogativas estatais.[14] Não se pode olvidar alguns elementos importantes como o racionalismo científico dos séculos XVII e XVIII, a expansão do capitalismo comercial e financeiro, além da concepção política de o Rei constituir-se fonte de todo o poder (SOUSA, 1995, p. 101-102). Algumas lutas típicas do campo administrativo dinástico residem na coexistência das estruturas burocráticas do Estado com importantes resquícios estamentais:

> Por outro lado, surgiu nesta época uma forte estrutura burocrática do Estado, a qual, no entanto, teve de coexistir com importantes resquícios estamentais. A nova tendência uniformizadora e centralizadora entrou frequentemente em conflito com as unidades internas acentuadamente autónomas, dotadas de uma estrutura própria (SOUSA, 1995, p. 102).

O aumento das funções públicas determinou o crescimento da burocracia a serviço do rei, além da utilização do sistema de conselhos, órgãos colegiados dotados de competências específicas, por exemplo, relacionadas à guerra, fazenda, surgindo estruturas mais ou menos coordenadas com agentes públicos para a materialização de serviços, além da possibilidade de venda de alguns ofícios públicos para o financiamento do tesouro público, em especial nas épocas de maiores dificuldades econômicas (SOUSA, 1995, p. 116). A paulatina construção do campo burocrático do Estado trava a constante luta para diferenciar-se da lógica do campo administrativo Dinástico, conduzindo "à constituição de uma ordem propriamente política dos poderes públicos, dotada de lógica própria (a razão de Estado), de valores autônomos, de linguagem específica, e distinta do doméstico (real) e do privado" (BOURDIEU, 2005, p. 59), objetivando a dissociação da posição e do seu ocupante, da função e do funcionário, do interesse público, dos interesses privados, como alude o sociólogo.

A nota característica do campo dinástico reside no patrimonialismo:

> O patrimonialismo é essa espécie de golpe de Estado permanente pelo qual uma pessoa se apropria da coisa pública, um desvio para vantagem da pessoa de posses e dos lucros ligados à função (pode assumir diversas formas e, se é

---

[14] Conforme Antonio Carlos Wolkmer, o Estado Absolutista apresentou as seguintes particularidades: "a) um regime de governo absolutista: centralização de todos os poderes na pessoa do rei; b) o Estado é territorial e Nacional: surge na França, Inglaterra e Espanha a consciência de Nação e nacionalidade; c) o Estado se reveste de um poder supremo e ilimitado: a soberania; d) o processo da secularização gera um Estado secular, marcando a separação entre Estado e Igreja; e) materializa-se um conceito de Direito laicizado, produto da generalidade, dessacralização e racionalização burguesa; f) desenvolvem-se o mercantilismo econômico e o advento da economia monetária" (WOLKMER, 1990, p. 25).

> particularmente visível na fase dinástica, permanece uma possibilidade permanente nas fases ulteriores [...] (BOURDIEU, 2005, p. 59).

No entanto, a burocratização concretiza-se de início por meio da própria concentração de poder, sob a justificativa de expropriação de poderes privados, inclusive em termos de poderes administrativos. Na Alemanha é interessante o exemplo do conceito de polícia, abarcando todas as atividades de administração pública, cujo fundamento reside na necessidade de garantir a "boa ordem da cidade", muito embora posteriormente sofra consideráveis restrições, excluindo-se as questões de justiça, passando para os tribunais, e após os assuntos militares e de política externa ou financeiro, restringindo-se, de modo derradeiro, às atividades para salvaguardar os reinos de perigos, atuando de modo preventivo (SOUSA, 1995, p. 120).

A última fase do antigo regime caracteriza-se pela formação do campo administrativo burocrático alimentado pelas "razões de Estado", erigindo o discurso oficial de organizar e ordenar a sociedade. A administração, desse modo, programa e executa reformas, como alude António Francisco de Sousa, "libertando-se gradualmente dos tradicionais constrangimentos de tipo corporativo" (SOUSA, 1995, p. 122). O Estado, como instituição forte, para concretizar os desideratos de polícia e realizar o processo de desfeudalização, implicava rupturas com fidelidades domésticas, desenvolvendo-se a criação de cargos providos não mais pela hereditariedade e sim pela nomeação (BOURDIEU, 2005, p. 61), ato oficial de institucionalização substituindo antigos laços particulares pela vontade do rei.

O campo administrativo burocrático distanciava-se do caráter pessoal dos governos feudais, pois os funcionários, em parte, eram alçados a tal *status* pela capacidade de incorporar o capital cultural do Estado da época, cujos agentes eram oriundos dos colégios, formando a alta e média burocracia, como aduz o autor, bem como "dotados de recursos específicos ajustados às necessidades da administração, como a escrita e o direito, eles asseguram para si, desde cedo, o monopólio dos recursos mais tipicamente estadísticos. Sua intervenção contribui indiscutivelmente para a racionalização do poder" (BOURDIEU, 2005, p. 62). Os juristas contribuem para erigir o espaço público do Estado mediante o desenvolvimento de conhecimentos próprios, uma teoria do Estado e filosofia política sobre o modo de compreensão da coisa pública e funcionamento do campo administrativo relativamente autônomo, independente de instâncias políticas e econômicas, movido pela lógica específica do público (BOURDIEU, 2005, p. 65).

6. Considerações finais: poder de nomeação, juridicização no campo administrativo e prática democrática

Os campos administrativos dinásticos em suas complexas manifestações históricas e os campos burocráticos indicam a multiplicidade de lutas simbólicas travadas para a prevalência de determinadas visões de mundo, com autoridades disputando o monopólio do poder e a imposição do princípio da coisa pública. Os diversos agentes dos campos, submetidos à autoridade, por meio de decisões burocráticas, atos sobre a propriedade e liberdade, distribuição da justiça em alguns períodos históricos, exercendo a polícia das cidades, etc., ao resolver problemas do mundo social, implicam na prevalência de determinada visão do campo administrativo, do Estado, eis que detentores do monopólio da violência simbólica legítima (BOURDIEU, 1989, p. 236), constituindo atos de nomeação ou de instituição, segundo destaca o sociólogo, são atos de categorização sobre o que é digno de figurar como público e o modo de preponderância sobre o privado.

O produto de tal campo, o Direito Administrativo, consagra a ordem estabelecida, ao erigir a visão desta ordem, a visão do Estado, garantida por mecanismos institucionais e a linguagem oficial, atribuindo, aos agentes públicos, poderes reconhecidos para dizer o direito na instância burocrática, editando decretos, atos administrativos, certificações, concretizando ordens e, como refere Bourdieu, fixando alguns limites às lutas travadas e direcionadas ao campo burocrático, além dos próprios conflitos internos. Logo, aplicando ao Direito Administrativo:

> O Direito é, sem dúvida, a forma por excelência do poder simbólico de nomeação que cria as coisas nomeadas e, em particular, os grupos; ele confere a estas realidades surgidas das suas operações de classificação toda a permanência, a das coisas que uma instituição histórica é capaz de conferir a instituições históricas (BOURDIEU, 1989, p. 237).

Por meio das indagações lançadas aqui, é possível compreender a importância do papel desenvolvido pelos agentes do campo, a formação do *habitus*, das lutas que ocorrem no seu interior, além das atividades direcionadas para análise crítica dos efeitos simbólicos dos poderes da Administração. O mais interessante é que os campos administrativos dinásticos não se restringem ao mero interesse histórico. Cada vez mais, por múltiplos fatores, ingressam no funcionamento das atuais organizações do Estado, confundindo-se em camadas e circularidades normativas com a atuação dos campos burocráticos.

Na antiguidade, como aludido, preponderam os agentes do campo como agentes imperiais, de caráter monárquico, cuja legitimidade formal e simbólica reside nos poderes dinásticos ou teocráticos, configurando-se pelo modo de funcionamento da Casa do Rei, em que tudo lhe pertence, submetendo, dominando pessoas e coisas. As organizações administrativas, muito embora produzidas em baixa escala, funcionam legitimadas pela lógica dos campos de poder da antiguidade, preponderando o imaginário de guerras e conquistas, institucionalizando funções públicas por meio de relações pessoais e sistemas de apadrinhamento e clientelismo.

No contexto dos campos administrativos durante a Idade Média, não se pode olvidar, existiam o sentido de insegurança e fragmentação do poder, elementos propícios para a Igreja assumir o papel influente de salvar a todos pela razão divina. Alguns agentes dos campos de poder figuram nas instâncias fragmentadas de organização administrativa, como nobres, bispos, além das corporações. A própria sociedade compreendia-se por meio da vassalagem, e o Direito configurava-se pelo fundamento teocêntrico. Os campos administrativos eram mais poderes de caráter doméstico, situação alterada paulatinamente a partir da Baixa Idade Média, com algumas funções mais bem estruturadas, como os Oficiais Régios, a Chancelaria, Notários, Escrivães, Secretários, etc. O poder pessoal ainda é a tônica da distribuição do capital administrativo, até porque muitas estruturas originavam-se dos próprios funcionários domésticos do Rei. Elemento importante de configuração do campo, as leis eram resultado da Casa do Rei ou de senhores poderosos, pois só com o desenvolvimento de algumas condições políticas os parlamentos assumem tarefa de destaque na elaboração das leis.

A modernidade, por fim, inicia-se marcada pela concentração de poder nos campos políticos e administrativos, aumentando as esferas de organização das cidades, até para atender a demandas do capitalismo em expansão, adotando a tendência para a universalização e centralização, sendo que muitos campos administrativos possuem como característica a criação de Conselhos, com funções iniciais de assessoramento dos reis até adquirirem competências decisórias. Assiste-se, assim, a crescente burocratização, a fim de substituir os poderes fundados no patrimonialismo para, em nome da razão de Estado, impor mecânicas diferentes de funcionamento dos campos de poder. A oficialização de atos burocráticos possui tal propósito, criar efeitos simbólicos de decisões imparciais e de caráter universal, ainda que muitas vezes apenas funcionam como palimpsesto jurídico, eis que nas camadas escondidas preponderam relações pessoais e fundadas na lógica da Casa do Rei.

As coisas jurídico-administrativas, portanto, resultam exatamente do poder simbólico de nomeação exercido pelos campos administrativos, a normatização produz efeitos e faz o mundo social. Para não cair refém de tais produtos jurídicos é relevante constantemente indagar sobre as condições sociais desta eficácia, dos limites de tais atos mágicos, dando-se conta de que os próprios esquemas de compreensão e de decisão dos agentes do campo decorrem de estruturas estruturadas historicamente construídas e estruturantes, portanto, das categorias de pensamento e ação (BOURDIEU, 1989, p. 238). O olhar aqui proposto, dialogando com a sociologia reflexiva, abre possibilidades de compreensão do campo jurídico-administrativo no horizonte da história social do campo e as homologias com outros campos de poder.

É relevante também inserir nas indagações sobre a eficácia simbólica dos atos oriundos do campo administrativo o aspecto das disposições constitutivas do *habitus*, ou seja, deve-se reconhecer as especificidades da violência legítima do Estado, por intermédio de normatizações administrativas específicas e poderes sancionatórios, competências concretizadas pelos agentes do campo, mas a eficácia dos atos de nomeação do campo jurídico-administrativo "se exerce na medida e só na medida em que o direito é socialmente reconhecido e depara com um acordo, mesmo tácito e parcial, porque responde, pelo menos na aparência, a necessidades e interesses reais" (BOURDIEU, 1989, p. 239-240). Observou-se o processo de transmutação dos campos administrativos, do dinástico para o burocrático, e a conexão direta com as relações de poder e concepções predominantes de organização da sociedade pelos detentores da linguagem oficial.

As investigações realizadas por Pierre Bourdieu permitem problematizar o campo administrativo do Estado com o propósito de torná-lo mais democrático no seu modo de funcionamento, até porque a sistemática de articulação do campo depende dos processos de distribuição de capitais, cultural, econômico, social e simbólico. Loïc Wacquant, ao analisar as possibilidades democráticas da obra de Bourdieu, refere em dois textos alguns princípios capazes de orientar a tarefa, cujo labor do sociólogo focou-se em questões como poder simbólico, o problema da representação política, delegação, nomeação e o não reconhecimento:

> O epicentro ocupado pela noção de poder simbólico e pelas questões de representação, delegação, nomeação e (não) reconhecimento na obra de Bourdieu sugere que estas últimas constituem um repositório importante e inaproveitado de conceitos, teorias e ideias para repensar as relações entre liberdade, justiça e política, bem como uma orientação útil para a ação que visa solidifica-las (WACQUANT, 2005, p. 20).

Tais referências (WACQUANT, 2005, p. 24-37) concretizam-se:

a) pela reformulação do papel dos agentes do campo científico do Direito Administrativo, pois é relevante dar-se conta do modo de produção dos discursos científicos e os efeitos simbólicos, criando estruturas de compreensão, mas, ao mesmo tempo, decorrem das condições de possibilidade do conjunto de disposições incorporadas;
b) com efeito, cada vez mais, inclusive diante da realidade de crise institucional do Brasil, produzir e construir mecanismos para identificar os processos de dominação simbólica, como a linguagem oficial capturada pela lógica burocrática ou de instâncias econômicas;
c) a ação crítica necessária para renovar o campo administrativo exige uma espécie de invenção política por meio de discussões voltadas para o modo de funcionamento dos campos burocráticos, mas também abarcando e analisando a formação do *habitus* do espaço da Administração Pública;
d) desenvolver a ação crítica exige ultrapassar a superfície das normatizações em direção à historicização das práticas e do senso comum e oficial do Estado por meio da sociologia reflexiva, o que leva, deste modo,
e) à discussão das condições sociais de possibilidade das ações práticas do campo jurídico-administrativo e, por fim,
f) atentar para a eficácia do poder simbólico do Direito Administrativo.

Enfim, são apenas algumas possibilidades de pesquisa na área do Direito Administrativo sob a perspectiva sociojurídica, contribuindo para o aprofundamento da democracia dos campos administrativos, sem a tentação ingênua de crer em mundos perfeitos, mas, segundo Loïc Waquant: "[...] a democracia é mais bem entendida não como um Estado afirmativo – de igualdade formal, capacidade igual ou liberdades compartilhadas –, mas como um processo histórico de negação ativa de negação social, um esforço sem fim para tornar as relações sociais *menos* arbitrárias, as instituições *menos* injustas, as distribuições de recursos e as opções *menos* desequilibradas, o reconhecimento *menos* escasso" (WACQUANT, 2005, p. 35).

As condições de possibilidade para dotar os campos da Administração de maior nível emancipatório, desse modo, exigem conectar com a sociedade, com o mundo social e suas vicissitudes, ao invés de laborar com universos formais e distantes dos cidadãos, bem como dar-se conta das dimensões simbólicas de exercício de poder e estruturar as relações jurídico-administrativas por intermédio do *habitus* democrático.

Referências

AMARAL, Diogo Freitas do. **Curso de Direito Administrativo.** Vol. I. 2.ed. Coimbra: Almedina, 1998.

BOURDIEU, Pierre. Da Casa do Rei à Razão de Estado: um modelo da gênese do campo burocrático. *In*: WACQUANT, Loïc (org.). **O Mistério do Ministério:** Pierre Bourdieu e a política democrática. Rio de Janeiro: Revan, 2005.

BOURDIEU, Pierre. **O Poder Simbólico.** Trad. Fernando Tomaz. Lisboa: DIFEL, 1989.

BOURDIEU, Pierre. **Questões de Sociologia.** Rio de Janeiro: Marco Zero, 1983.

BOURDIEU, Pierre. **Sobre o Estado.** Trad. Rosa Freire d'Aguiar. São Paulo: Companhia das Letras, 2014.

CALVO GARCIA, Manuel. **Los Fundamentos del Método Jurídico:** una revisión crítica. Madrid: Tecnos, 1994.

CAPELLA, Juan Ramón. **Fruta Prohibida:** una aproximación histórico-teorética al estudio del derecho y del estado. Madrid: Editorial Trotta, 1997.

CRETELLA JÚNIOR, José. **Dicionário de Direito Administrativo.** 4.ed. Rio de Janeiro: Forense, 1998.

FORSTHOFF, Ernst. **Tratado de Derecho Administrativo.** Madrid: Instituto de Estudios Políticos, 1958.

GARRIDO FALLA, Fernando. **Tratado de Derecho Administrativo.** Parte General. Vol. 1. 12.ed. Madrid: Tecnos, 1994.

GIANNINI, Massimo Severo Giannini. **Premisas Sociológicas e Históricas del Derecho Administrativo.** Madrid: Instituto Nacional de Administración Pública, 1987.

GILISSEN, John. **Introdução Histórica ao Direito.** 4.ed. Lisboa: Fundação Calouste Gulbenkian, 2003.

KAUFMANN, Arthur; HASSEMER, Winfried. **Introdução à Filosofia do Direito e à Teoria do Direito Contemporâneas.** Lisboa: Fundação Kalouste Gulbenkian, 2002.

MELLO, Oswaldo Aranha Bandeira de. **Princípios Gerais de Direito Administrativo.** Vol. I. Introdução. 3.ed. São Paulo: Malheiros, 2007.

OHLWEILER, Leonel Pires. **Os (Des)Caminhos Hermenêuticos do Direito Administrativo:** historicidade e constitucionalização para a efetividade dos princípios jurídicos. Rio de Janeiro: Lumen Juris, 2017.

PUCEIRO, Enrique Zuleta. **Paradigma Dogmatico y Ciencia del Derecho.** Madrid: Editoriales de Derecho Reunidas, 1981.

SOUSA, António Francisco de. **Fundamentos Históricos de Direito Administrativo.** Lisboa: i Editores, 1995.

WAQUANT, Loïc. Indicadores sobre Pierre Bourdieu e a Política Democrática. *In*: WACQUANT, Loïc (org.). **O Mistério do Ministério:** Pierre Bourdieu e a política democrática. Rio de Janeiro: Revan, 2005.

WARAT, Luiz Alberto. **Introdução ao Estudo do Direito.** Vol. 2. Porto Alegre: Sergio Antônio Fabris Editor, 1995.

WOLKMER, Antônio Carlos. **Elementos para uma Crítica do Estado.** Porto Alegre: Sérgio A. Fabris, 1990.

WOLKMER, Antônio Carlos. **História do Direito no Brasil.** 10.ed. Rio de Janeiro: Forense, 2018.

Impressão e acabamento
psi7 | book7
psi7.com.br book7.com.br